思微室颜真卿研究

朱关田 著
姚建杭 编

西泠印社出版社

朱曼倬先生的颜学研究

王家葵　薛龙春

沙孟海先生门下五人，朱关田（曼倬）先生的考据学术允称第一。曼倬先生潜心唐代书法史四十年，是这一领域最为重要的学者[1]。所撰《唐代书法考评》《唐代书法家年谱》《中国书法史·隋唐五代卷》《初果集——朱关田论书文集》《隋唐五代署书人墓志年表》等，为书学研究者案头必备；论者评价其成就，"贯通三百多年的隋唐书法史，积功至巨"[2]。尤为难能的是，先生主政浙江书坛十余年，处交游酬酢激流之中，仍用志不分，从事学术研究，成果踵出，为书坛瞩目，也为年轻一辈学者作出极好的示范。

颜真卿是朱先生的主要研究对象，先后出版《颜真卿传》《颜真卿年谱》《吴兴太守道家流——颜真卿在湖州》，主持编撰《中国书法全集·颜真卿》《颜真卿书法全集》，内容涉及史学、书学、金石文物等多个领域，套用"红学"的说法，朱曼倬先生是"颜学"——颜真卿之学的开创者。

一、史传诀微

朱曼倬先生修习书法专业，导师沙孟海先生强调"学问基础"，陆维钊先生早年曾担任清华大学国学研究院王国维助教，于史学尤称专门。故傅璇琮先生序《初果集——朱关田论书文集》，谓朱先生"于史学领域亦多有填补空白的功绩，实

---

[1] 方爱龙认为，朱曼倬先生"以《唐代书法的源流》一文为起点，以《唐代书法考评》《颜真卿传》《李邕》等著作为小结，以《中国书法史·隋唐五代卷》《唐代书法家年谱》二大卷为总结，向学术界提交了一系列足以代表当代中国书学研究最高水准的成果"。见方爱龙：治史求精密，书翰尚简逸——朱关田先生的书学研究与创作探索，中国书法，2003年，第11期，页41。

[2] 丛文俊：朱关田《唐代书法家年谱》评述，中国书法，2002年，第11期，页57。

为嘉惠后学的大手笔",称赞其"不颛意于书学一隅,而有治史的襟怀"[3],询非虚誉。通阅《颜真卿年谱》《吴兴太守道家流:颜真卿在湖州》两书,最能体现"良史之才"。

1.《颜真卿年谱》

年谱是传记的变体,以编年方式叙述谱主生平。编撰年谱看易实难,谱主资料稍微齐备,即可按年月剪裁成编,但要达到梁启超所言"人的专史"之高度则非容易。

南宋留元刚编过一部《颜鲁公年谱》,通常附刻于《颜鲁公文集》之后,清代黄本骥病其简略,乃"博稽史传,详采遗文,按岁重编"。黄谱远较留谱详瞻,补缺纠谬为数不少。

曼倬先生所编《唐代书法家年谱》其卷六即为《颜真卿年谱》[4],2008年出版的单行本《颜真卿年谱》[5]则为定稿。此谱"以颜真卿的传奇一生为经线,以相对独立并且置于突出显要位置的人物交游和作品考证为纬线,以风云变幻的唐代历史事件作为谱主宦海沉浮的大背景,旁收远绍,评人论世"[6]。朱谱依正史本传及殷亮《颜鲁公行状》所载事迹为主干,其援引史传者,大多能发明补充;史传所无,则广引博采,史乘典章、诗赋文集、金石著录、书画题记、碑碣墓志,靡不涉猎;较之留、黄二谱,颇能廓清事实,破千载之昏昧。

如鲁公遇害之年月,异说甚多。《旧唐书·德宗纪》谓贞元元年(785)正月"癸丑,始闻太子太师鲁郡公颜真卿为希烈所害",本传则云"兴元元年(784)八月三日,乃使阉奴与景臻等杀真卿"。《颜真卿神道碑》亦谓"今上兴元元年八月三日,蹈危致命,薨于蔡州之难"。《新唐书·德宗纪》则说贞元元年八月"丙戌,李希烈杀宣慰使颜真卿"。此与《颜鲁公行状》说"(贞元元年)八月二十四日

---

[3] 见傅璇琮"《初果集》序",载朱关田:《初果集——朱关田论书文集》,荣宝斋出版社,2008年,序页3。
[4] 朱关田:《唐代书法家年谱》,江苏教育出版社,2001年,页313-434。
[5] 朱关田:《颜真卿年谱》,西泠印社出版社,2008年。
[6] 陈根民:超轶前贤,独领风骚——朱关田新编《颜真卿年谱》刍议,书法,2009年,第3期,页77。

又使景臻等害于龙兴寺幽辱之所,凡享年七十七"合,但《新唐书》本传言卒年七十六为小异。

留元刚最先发现此问题,乃根据颜真卿贞元元年正月十九日尚有《移蔡帖》,故判断《旧唐书》所记颜真卿于兴元元年八月三日遇害,次年(贞元元年)正月京师闻讣的说法为不可靠。又考证颜真卿年岁云:"按,大历十三年公年七十,为刑部尚书,三抗章乞致仕,不允。后死于贞元元年,当年七十七。"

留谱未书卒日,贞元元年条仅云:"八月,希烈使阉奴与辛景臻等缢杀公于龙兴寺。"[7] 黄本骥同意留元刚的意见,并提出颜真卿遇害的具体时间为贞元元年八月十三日乙丑,至同月二十四日丙戌始闻于朝[8]。

朱谱正文谓颜真卿以贞元元年"八月二十四日遇害于蔡州龙兴寺"。考证部分先引《颜鲁公行状》的记载,指出作者殷亮为颜真卿内侄,故"所记当不误"。又举李皋《请表太师颜真卿忠节疏》云:"臣见蔡州归顺脚力张希璨、王仕禹等说,去年八月二十四日,蔡州城中见封,有邻儿,不得名字,云希烈令伪皇城使辛景臻、右军安华于龙兴寺杀颜真卿,埋于罗城西道南里,并立碑。"两相佐证,可为信史。至于《旧唐书》颜真卿卒于兴元元年八月的谬说,朱谱认为可能是受《颜真卿神道碑》的误导。按,《颜真卿神道碑》开篇即说"今上兴元元年八月三日,蹈危致命,薨于蔡州之难",正文叙事则云:"贞元初,希烈陷汝州,是时公幽辱已三岁矣,度必不全,乃自为墓志,以见其志。是年,遇害于汝州之龙兴寺,春秋七十有六。"时间上自相矛盾,故判断首句之"兴元元年",乃是出于"传刻之讹误"。这段考证如老吏断狱,曲直分明,最为可信。前修未密,后出转精,此之谓也[9]。

梁启超在《中国历史研究法(补编)》中说,年谱以北宋吕大防《韩文年谱》

7　留元刚:《颜鲁公年谱》。见鲁一同等:《王右军年谱·颜鲁公年谱》,浙江人民美术出版社,2016年,页97。

8　黄本骥:《颜鲁公年谱》。见前揭《王右军年谱·颜鲁公年谱》,页136。黄本骥在《颜鲁公年谱》中没有说明此卒日的来历,从谱中小字按语来看,黄将《旧唐书》本传"兴元元年八月三日,乃使阉奴与景臻等杀真卿"句,误看为"兴元元年八月十三日",臆断史家误"贞元"为"兴元",于是确定颜真卿遇害时间为贞元元年八月十三日。

9　按,朱曼倬先生1993年所作《颜真卿书法评传》仍用黄本骥之说,谓颜真卿卒于"公元七八五年即唐德宗贞元元年八月十三日,享年七十八岁";同书附录之《颜真卿年表》又将卒日记为八月廿日;2001年出版的《唐代书法家年谱》乃修订为八月二十四日,卒年七十七岁。

《杜诗年谱》为最早,其做谱的动机,乃是"觉得那些文字感触时事的地方太多,作者和社会的背景关系很切;不知时事,不明背景,冒昧去读诗文,是领会不到作者的精神的;为自己用功起见,所以做年谱来弥补这种遗憾"[10]。

同样的道理,书法家年谱也需要将重要书法作品编入。留谱、黄谱皆注意及此,但局限于条件,收录不全且讹误甚多。按照曼倬先生的意见,颜真卿的书迹具有"文物、文献、书法艺术三重价值"[11],朱谱全面检视颜真卿传世作品,辨别真赝优劣,考订年月事迹,较之旧谱乃有长足进步。

朱谱尤其注意梳理颜真卿的交游,在每一年主要事迹之后,设立人物交游考证专项,全谱涉及关联人物三百余名。

这样的安排颇具创意,如陈根民先生所论:"(朱谱)借由所交游人物这一视角,很能够看出一个人的品位、影响力以及历史地位等。对于朱关田本人而言,他原本就极为看重书法家的社会交往活动,从来不把书法仅仅看成是纯粹的、只局限于书斋雅室里的游艺遣兴而已,而一直将书法行为置于历史大文化、大背景的前提下来观照和研究。因为在他看来,古代的书法绝大部分属于政治家与文化人(或一身而兼政客、文人等)的心画,脱离了历史环境,单纯去讨论书法,似乎变得意义一般。正因为如此,他对颜真卿的交游特别地强调,在谱中提升到前所未有的高度。事实上,对于颜真卿交游研究的确是一把十分理想的深入堂奥的钥匙。由于他拥有特殊的政治地位,加之出身于世家阀阅,身份显贵,因而其交游范围之广泛完全出乎人们的想象,几乎涵盖渗透到了当时朝野的各个层面。"[12]

曼倬先生这部《颜真卿年谱》,不仅是书法史研究的翘楚,"为当今谱牒学领域增添了浓墨重彩的一笔"[13],在唐史研究领域也属上乘之作。

10　梁启超:《中国历史研究法(补编)》,中华书局,2016年,页83。
11　朱关田:颜真卿书法艺术及其影响,见刘正成主编:《中国书法全集》第25卷,荣宝斋,1993年,页17。
12　陈根民:超轶前贤,独领风骚——朱关田新编《颜真卿年谱》刍议,书法,2009年,第3期,页79。
13　陈根民:用志不纷凝于神,博见洽闻通以和——记朱关田先生近年的书学研究,中国书法,2008年,第8期,页60。

2.《吴兴太守道家流——颜真卿在湖州》[14]

坊间有颜真卿传记数种,曼倬先生也写过《颜真卿传》[15],而具别传性质的《吴兴太守道家流——颜真卿在湖州》[16]则更加精彩。

白谦慎先生讨论年谱与学术专著的关系时指出:"学术专著讲究论述阐发,年谱基本上录而不述,详细记录谱主生平事迹的点点滴滴,可以保存更多的原始材料,正好和学术论著互补。当一位学者编过年谱后,就会对谱主的生平事迹了然于心,做其他方面的专门研究自然能左右逢源。"[17]

《吴兴太守道家流——颜真卿在湖州》完成于《颜真卿年谱》之后,正是由年谱衍生出来的优秀学术专著。全书八个章节,从对颜真卿出守湖州时间的质疑落墨,对颜氏在湖州四年多时间里的政务周旋、学术活动、宗教寄寓、周边友人、诗酒唱和及书法作品进行详细的钩稽、考辨与评述。其可重视者有二:一是作者对于唐代史书、笔记与文学作品相当熟悉,故能旁征博引,条串勾连,对相关史实随时进行辨正补益;二是作者精于书法,故对于作品真伪之判断、优劣之比较,匪仅据旧说敷衍成章,而是敢下断语,申发新意。

本书最大的亮点,与其说是书法方面的,毋宁说是史学方面的。比如本书开篇即对颜真卿出守湖州时间进行考证,引颜真卿《宋璟碑》《臧怀恪碑》及《与夫人帖》入说,指出颜氏注授新职必在大历七年(772)十一月十四日奉承迁葬之后。这一论证足以推翻殷亮《颜真卿行状》及留元刚《颜鲁公年谱》九月之说。如他指出赞宁《宋高僧传》以为皎然与颜真卿早事交游,《全唐文》将《泛爱寺重修记》收归颜真卿名下,陆游以张志和《渔歌子》中"西塞山"为蜀地名矶等等,皆属舛误。对于这时颜真卿的佞佛、谀鬼,与人交往多不及政事和宴集联句潇洒从俗等景况,使之在"忠臣烈士"的历史形象之外,更提供了不少鲜活的面向。凡此种种,正可见得朱先生的研究脉络与清代学术传统间紧密之关联。

《吴兴太守道家流——颜真卿在湖州》一书对于唐宋书史及书学文献亦随手订

---

14 本标题下主体部分论述,见薛龙春:《吴兴太守道家流——颜真卿在湖州》读后,书法,2011年,第12期,页52。
15 朱关田:《颜真卿传》,上海书画出版社,1990年。
16 朱关田:《吴兴太守道家流——颜真卿在湖州》,浙江古籍出版社,2010年。
17 白谦慎:年谱和艺术史研究,书法,2015年,第12期,页69。

正。如根据羲、献父子曾出任吴兴太守，王羲之七世孙智永亦寄籍于斯，然而颜真卿对此皆漠不关心，传世文字尤鲜涉及二王，进而论证鲁公追摹右军书法之事或属可疑。颜真卿一生未入集贤院，无由接触内府名作，又非识鉴之才，盖一善书而不知书者也。通过考察，朱先生认为，苏轼以颜真卿《东方朔画赞》乃临摹王羲之原本及桑世昌认为颜真卿曾临摹《兰亭序》，皆为不经之说。

今天的书法史研究多强调书史与相关学科之间的关联，满足于讨论书法风格如何传承、影响及技法手段如何转换的固有程式，则我们的研究永远无法参与到当代学术的对话之中。久而久之，书法史研究不仅会不断边缘化，为其他社科研究者忽视，而且自身的视野也会不断变得狭隘与单调。所谓鼓铸旧钱，必致粗恶。今天的艺术史研究越来越强调研究者能够在具体历史时空中，把握艺术与环境之间的微妙关系。人们所关心的也许不完全是艺术品本身，而是艺术品所指涉的社会史内容，比如艺术品所使用的材料、艺术品的功能、艺术品生产和存放（或展示）的场合、艺术品的消费与流通方式，等等。对于环境的关怀，总是相对"开放"的，研究者需要竭尽全力寻找各种各样的蛛丝马迹，来重构艺术史的场景。

对于这些新兴的研究企向，朱曼倬先生或许未必关心，但是他所秉承的学术传统（甚至包括叙述传统），却有效地实现了书法研究与相关研究领域的沟通。一个文学史研究者因为接触不到书法史研究领域的素材而觉得狭隘，朱先生使用的材料与得出的结论或许能为他们提供重要的依据与线索。譬如本书对唐代文学集团多所属意，颜真卿主持编纂的《韵海镜源》是我国最早集释诸书文字训诂的一部词典，修订于湖州任上。除了揭橥本书的学术价值之外，朱先生认为，纂修活动因积聚大量文学之士，诗酒唱和，无意之间形成了以江东文士、州县属吏为主体，以颜真卿、陆羽和释皎然为领袖的文学结社。而且还更进一步认为，颜真卿乃是李华、萧颖士集团的一位健将，只不过文名为书法所掩。这将裨益于唐中叶的文学研究。从这个意义上说，朱先生的研究不仅体现为书法史场景的重构，也对其他学科提供了有力的支撑。

朱曼倬先生善于将书家及作品置于历史框架之中加以讨论，其间有看不到的人生阅历在起作用。如苏轼认为，颜真卿在湖州追立放生池碑，有谏言肃宗之意，此说在书史上所得响应最多。但朱关田考证此碑追立之时，代宗执政已逾一纪。因此他的追立意不在谏，而在于怀旧，在展示先帝恩德及前朝寄重的同时，亦可寻索颜真卿现实的用心。又如在讨论徐浩与颜真卿书法地位时，朱关田指出徐浩书名当日远过真卿，乾元初年窦臮的《述书赋》已记其善书，而有关颜真卿书法的评论直到晚唐才出现。徐浩因旧居中书，且掌集贤院事，他的真、行二体在当时有巨大影响，院内书手大多根底徐浩，而中唐之后的墓志书风亦多从徐浩出。虽说陆羽《论徐颜二家书》抑徐而扬颜，但朱关田认为不过出于文人意气，不能因此混淆了徐、颜书法在当时的实际地位和影响。

目前的古代书法史的研究，多竞谈方法。其实方法只是一种视角，而门径大抵相近。若没有对文献与图像资料的细致搜集与排比，没有对史料有机的勾连与阐释，没有对作品风格与形式切实的把握，再高妙的方法也难以奏效。朱曼倬先生关于颜真卿的史学研究，让我们感受深刻的，正是一种踏实恳切的研究作风和基础研究的魅力。

二、书学研究

按照传统史学习惯，艺文尚在事功之下，故《旧唐书·颜真卿传》仅言"少勤学业，有词藻，尤工书"，《新唐书》稍稍增益"善正、草书，笔力遒婉，世宝传之"数字而已。沙孟海先生撰《近三百年的书学》刊载《东方杂志》，可算是书法进入现代学术领域之嚆矢。朱曼倬先生书法科班出身，又得老辈亲授，于书法研究最是当行；颜学领域，在颜真卿书法评价、颜真卿书迹考证等方面皆有创造性贡献。

1.《颜真卿书法评传》

《颜真卿书法评传》刊于朱先生主编的《中国书法全集·25·颜真卿一》[18]，与颜真卿书法相关的论文还有载于《唐代书法考评》中的《颜真卿书法艺术及其影响》[19]，载于《初果集——朱关田论书文集》中的《颜真卿与徐浩》[20]，以及《中国书

18　刘正成主编：《中国书法全集》第25卷，荣宝斋，1993年，页1。亦收入朱关田主编：《颜真卿书法全集（珍藏版）》第一卷，浙江摄影出版社，2020年，页1。
19　朱关田：《唐代书法考评》，浙江人民美术出版社，1992年，页121。亦收入前揭《中国书法全集》第25卷，页17。
20　朱关田：《初果集——朱关田论书文集：朱关田论书文集》，荣宝斋出版社，2008年，页59。

法史·隋唐五代卷》之第四章"雄秀独出的颜真卿"[21]。

评传从颜真卿家族的书法传统入说,"(颜氏家族)自西晋迄唐,以儒雅传家,重在学识,尤以训诂、书法见称于世"[22]。引颜真卿《草篆帖》"自南朝以来,上祖多以草隶篆籀为当代所称",著名者如九世祖颜腾之,因为草书有风格,见称于梁武帝;六世祖颜协以工草隶,名闻荆楚间;曾祖颜勤礼也曾以能书名世;祖父颜昭甫硕学鸿儒,擅长篆隶草书;父亲颜惟贞自少失怙,寄养在舅氏殷仲容家,和其兄颜元孙一起接受殷氏笔法。由此见其书法成就之渊源有自。

朱先生注意到,五世祖颜之推虽精研字学,却视书法为杂艺,在《颜氏家训》中明确告诫"此艺不须过精",谓"慎勿以书自命"。由此影响颜真卿的书法态度,指出:"颜真卿秉承家教,起初亦慎勿以书自命,其书契之作,意在适用记事而已;唯其性之爱重,所见亦多,玩习趋变,随意自娱,不求其名而反显其名。"

循此思路,为颜真卿早期书作《多宝塔碑》被斥为俗书,"近世椽吏家鼻祖"提供一种解释。评传说:"颜真卿早年'学书计',自然出于家庭的传授,受到殷仲容书风的影响,或如其伯父、二兄全仿古人。加上书法自陈隋以来,渐趋匀整,入唐则更加严正,敛入规矩。颜真卿曾参加吏部铨选,而其铨选'楷书遒美'为其择人四才之一。这种'楷书遒美'的标准,是受到当时时代书风的左右。当是时,褚遂良为一代教化主,天下习褚书者十之八九。褚殁之后,薛稷、钟绍京、魏华、魏栖梧辈并主书坛,狂逸如张旭,其楷书《郎官石柱记》平实劲健,也难脱尽时代的风尚,更何况承绪家法的颜真卿。颜真卿书《多宝塔碑》时,年届中年,其书之所以匀稳腴劲,秀媚多姿,不同于他以后所书碑版的风貌,正是时代使然,岂能严加苛求,以后责前。"

《东方朔画赞》作于《多宝塔碑》之后两年,评传认为:"鲁公——以方整之笔书之,一无性情可见。其铭石记事之间,实类似秘书省楷书手誊录善本,一笔一画,意在文字楷正为善。其方严腴劲、秀媚多姿者,乃平常书判写牍功夫。"《东方朔画赞》传世拓本剜凿失真,是否纯出于"书判写牍功夫",尚可讨论,但将这段话移评《多宝塔碑》,尤其是晚近新出之《王琳墓志》《郭虚己墓志》,则确定不

21　朱关田:《中国书法史·隋唐五代卷》,江苏教育出版社,1999年,页157。
22　朱关田:颜真卿书法评传。见前揭《中国书法全集》第25卷,页1。

移,此正是王世贞谓颜早年书法"不无佐吏之恨"者。

大历年间为颜真卿书法的鼎盛时期,朱先生总结说:颜真卿自肃宗朝始,仕途偃蹇,不能尽信于君,尤其永泰二年(766)因忤权相出贬外郡,心灰意懒,不复有功名羁绊,其俯结隐逸,广交文学,雅好摄生,尤佞佛理,且抚、湖之任,政简务闲,既不外张,亦无自贬,悠然而具王谢之风,于诗文之外,多寄情翰墨,以书自娱。是故常常自采乐石,命吏干磨砻,然后擘窠大书,由家童镌刻之。综观鲁公存世书迹,十有八九出于斯时。颜真卿于书遂始见矜练,力求文质并重,以臻适宜。所以《续书断》有称鲁公大历年间书法千变万化,各具风韵,"观《中兴颂》则宏伟发扬,状其功德之盛;观《家庙碑》则庄重笃实,见夫承家之谨;观《仙坛记》则秀颖超举,象其志气之妙;观《元次山铭》则淳涵深厚,见其业履之纯"。朱长文之说虽别具会心,然于鲁公晚年之笔,不失笃论[23]。

历史研究不应该被道德评价所左右,但考索颜真卿书法地位之构建,讨论颜真卿书法之接受,皆离不开道德考量。朱先生很早就注意到颜真卿的"忠节"与"颜体"形成之关系,在1981年完成的硕士论文《唐代书法的源流》中说:"颜真卿平生的卫道思想和尽职行为,尤其是他的死节,正是统治集团'表忠节,劝来世'的难能可贵的教材。颜真卿的人品,遂为楷模,而受到时代的颂扬。'如公之忠贤,使不善书,千载而下,世固爱重,况超逸若是,尤宜宝之'。由此,颜真卿刚健雄浑的艺术风格,随着他的政治声誉,影响日益深远。他的书法地位,也就日益隆大,几乎直趋书圣王羲之,取而代之。"[24]

这一观点不仅在《颜真卿书法评传》中有进一步说明,《颜真卿书法艺术及其影响》还由欧阳修《集古录跋尾》把颜书比作"忠臣烈士,道德君子",因此引出一段重要议论:"我们这里不讨论'忠臣烈士,道德君子'的字是否如同颜书,也不讨论学习颜书是否便是忠臣。但是,从中可以说明,颜书之所以为历代统治阶级所重视、道学家们所利用,使之流传广泛,影响深远,不仅仅是颜书破二王书体,别树一帜,而更主要的是由于颜真卿的'忠节',可以为统治阶级'表忠节,劝来世',为他们的政治服务。正是由于历代地主统治阶级利用了颜真卿这个忠臣

---

23 前揭《中国书法史·隋唐五代卷》,页165。
24 历届书法专业硕士学位论文选,第1卷,荣宝斋,2007年,页36。

偶像，又加上颜书的独特风格，而这种独特风格符合儒家雅正的艺术标准，更能起到积极的宣传作用。所以在宣传过程中常常突出他的继承性，甚至把他的书法艺术直接归纳到王羲之正统的轨道上，有意无意地掩盖了颜真卿推陈出新，移风易俗，应顺历史发展规律，大胆变革的进步作用。"[25]

颜真卿与徐浩交游之考察，是朱曼倬先生颜真卿书法研究中的一项个案。《多宝塔碑》由徐浩题额、颜真卿书丹，由于此帖脍炙人口，在学书者心目中，徐颜似乎理所当然地"亲密无间"。按，徐浩与颜真卿年龄相若，唐人即将二人并举，如陆羽《论徐颜二家书》说："徐吏部不授右军笔法，而体裁似右军；颜太保授右军笔法，而点画不似。何也？有博识君子曰：盖以徐得右军皮肤眼鼻也，所以似之；颜得右军筋骨心肺也，所以不似。"此即显例。宋代米芾也有一段议论涉及徐浩与颜真卿，《海岳名言》云："徐浩为颜真卿辟客，书韵自张颠血脉来，教颜'大字促令小，小字展令大'，非古也。"言下之意，颜真卿的书法一定程度得自徐浩的传授。

朱先生对此不以为然。在《徐浩事迹系年》天宝十一载（752）徐浩题颜真卿所书碑额条下专门提出，玄宗以来，历肃、代、德宗三朝，徐颜同朝为官，二人联手书碑，仅此一例。至于颜真卿书《郭敬之墓碑》，其阴郭敬之子孙题名由徐浩书题，颜书《王密德政碑》与徐浩书唐德宗敕同在一石，皆属于"各书其文，两者互不关联"。徐浩是权相元载党羽，颜真卿则因谏阻元载引用私党而横遭贬逐，朱先生认为："徐、颜两人盖宗派相异，忠奸有别，遂互不往来。"[26]

以"忠奸"判断交往，结论似嫌武断。比如颜真卿大历五年应徐璹之请，为其父徐秀撰神道碑，此碑由韩择木书丹，李阳冰篆额。据《新唐书·元载传》，元载败，"与载厚善坐贬者"达数十百人，其中即有徐璹。徐显然是元载的党羽，而颜真卿仍应其请求撰写父碑，关系不可能不深。

颜真卿与徐浩的交往问题尚待进一步研究，朱先生对《海岳名言》之辩误则是十分正确的意见。朱先生指出："徐浩、颜真卿、张旭三位都是唐代大名家，耳熟能详，但具体如何，细究起来问题还是不少，如徐浩为鲁公辟客，鲁公守平原时固有徐浩为其抗叛义军之将士，然其'浩'为讹字，本作'皓'，'白'字旁非

---

25 朱关田：颜真卿书法艺术及其影响。见前揭《中国书法全集》第25卷，页19。
26 前揭《唐代书法考评》，页268。

'水'字旁，米芾误涉。又如徐浩、鲁公相传并为张旭弟子，浩传世有《书论》，鲁公亦有《述张长史笔法十二意》，主张大小一伦，这是否出自张旭传授，是大可质疑的。"[27]

2.《颜真卿书迹著录散记》

书家作品是书史研究的基本材料，辩真赝、考年代为第一要义。朱曼倬先生精通书法，熟悉史料，对颜真卿传世书迹有深入考证，其成果先后见于《唐代书法考评》之《颜真卿书迹考辨》[28]，《唐代书法家年谱》之《颜真卿书迹考略》[29]，而以《初果集——朱关田论书文集》之《颜真卿书迹著录散记》[30]最为详密。

沙孟海在《唐代书法考评》序中说："曼倬此书，主要在考人、考事、考时、考地、考言、考行、考仕历、考书迹、考渊源、考影响，先作考证，然后给予各人以评价。他的工作是踏实的工作，他的方法是科学的方法。"[31] 朱先生对颜真卿书迹的研究，也是采用这样的科学方法，综合各种因素，谨慎结论。

颜真卿书迹以《雁塔题名》为最早，这是开元二十二年（734）颜二十六岁举进士第后所题，留元刚摹刻入《忠义堂帖》，今存残卷不见此题，至为遗憾。

1997年河南偃师出土《郭虚己墓志》，2003年洛阳出土《王琳墓志》，分别刻于天宝八载（749）、开元二十九年（741），早于天宝十一载（752）所立《多宝塔碑》，成为目前存世最早的颜真卿书法作品。如《颜真卿书法评传》所论，《多宝塔碑》为颜真卿早期书法，"虽然受到殷仲容以及二王、褚遂良、张旭诸家的影

---

27 朱关田：又读《与刘江书》（代序）。见沙孟海原著，朱关田选编：《沙孟海论艺》，上海书画出版社，2010年，页4。《颜真卿书法评传》亦有类似意见："颜真卿平原太守任上确有一位名徐皓的门客，但他后来成为义军将领。而这位徐浩，时任武部郎中，远在京师。或浩、皓音近，米芾不察，误记。"按，沙孟海《海岳名言注释》已经注意到，为颜真卿辟客的徐浩应该是一位中下级武官，与时任襄阳太守的徐浩不是一人。见沙孟海：《沙孟海论书丛稿》，上海书画出版社，1987年，页139。朱曼倬先生进一步从书学主张上加以辨正。

28 前揭《唐代书法考评》，页261。亦收入前揭《中国书法全集》第25卷，页31。

29 前揭《唐代书法家年谱》，页435。

30 前揭《初果集——朱关田论书文集》，页357。亦载《颜真卿书法全集》第八卷，天津人民美术出版社，2009年，页2276；《颜真卿书法全集（珍藏版）》第八卷，浙江摄影出版社，2019年，页134。

31 沙孟海：唐代书法考评·序。见前揭《唐代书法考评》，页2。

响,但已在此基础上趋于精密腴劲,成为颜真卿书体的初期面目"[32]。而《王琳墓志》《郭虚已墓志》的出土,颜真卿楷书早期发展轨迹一下子明朗化了。故朱先生认为,就书法意义而言,二志"虽然早于是碑(指《多宝塔碑》),但因其墓志形小字细,闻世又迟,影响是不能同日而语的"[33]。

书画赝伪古已有之,朱先生特别擅长利用史料证伪、鉴真。如赫赫有名的《自书告身帖》,著录首见于《忠义堂帖》,墨迹本今藏日本书道博物馆,朱曼倬先生以四点理由质疑此件的真实性。

一则时间与史书记载不合。告身提到"太后崇徽,外家联属,顾先勋旧,方睦亲贤",这是指德宗生母睿真皇后沈氏,安史乱中陷于东都,遂失所在,莫测存亡,德宗即位以后遥尊为皇太后。具体时间,两《唐书》皆记为建中元年(780)八月丁巳,即二十六日,与告身所署时间八月二十五日不合。不仅如此,颜真卿迁太子少师的时间,据《旧唐书·德宗纪》为八月戊午,即二十七日,颜真卿自撰之《颜家庙碑》说为八月己未,即二十八日,皆较告身之二十五日为晚。

二则注官与制度不合。唐代职官以勋官、散官与职事官结合,"阶高拟卑曰行,阶卑拟高曰守"。告身三省复审官员如于邵"银青光禄大夫中书舍人权知礼部侍郎",其中"银青光禄大夫"为从三品文散官,中书舍人是正五品职事官,此属于"阶高拟卑",应该写作"银青光禄大夫行中书舍人权知礼部侍郎";同理,其后"正议大夫吏部侍郎上柱国吴县开国公赐紫金鱼袋",在"正议大夫"与"吏部侍郎"之间也当有一"行"字。

三则违背唐代铨选制度。唐制百官注拟必经三铨,即《旧唐书》所谓"三铨注拟讫,皆当铨团甲,过左右仆射。若中铨、东铨,则过尚书讫,乃上门下省。给事中读,黄门侍郎省,侍中审,然后进甲以闻,听旨授而施行焉"。《朱巨川告》所记:"朝仪大夫守给事中臣崔容读,银青光禄大夫守门下侍郎同平章事上柱国臣杨炎省,侍中阙。"与制度一致。《自书告身帖》则少侍中一款,给事中条不署名姓,且误"读"为"审",杨炎条下夺一"臣"字。按,给事中以"审"为"读",乃是潜越职事,不合章程。杨炎署款不称臣者,更是大不敬。颜真卿曾在吏部任职,

---

32 前揭《中国书法全集》第25卷,页5。
33 前揭《颜真卿书法全集(珍藏版)》第一卷,页4。

熟悉三铨之事，且身为礼仪使，有"深达礼体"之称，对此无礼之事，岂能熟视无睹。不仅如此，此帖"奉敕如右，牒到奉行。建中元年八月廿六日，告光禄大夫太子少师"二十六字，为《赠殷氏兰陵郡太君制》中语，见《忠义堂帖》。按例，《太师少师告》中亦不当有此语。

其四，颜氏世代重视字法，颜元孙曾撰《干禄字书》，分正、通、俗三体，其中专门提到"若须作文言及选曹诠试，兼择正体用之尤佳。所谓正者，并有凭据，可以施著文章、对策、碑碣，将为允当"。颜真卿也曾在大历九年（774）书丹立石，以示后人。告身属于雅言，高文大册，理当择正体而书之。但告中"规""年""当""启""光""徽""况""属""专""叔""稷""本""体""亦"诸字一反常规，弃正体不用，而择通体或俗体书之。此外，还有"懿""馨"等字写作别体字。

如此，《自书告身帖》为伪作，可无疑义矣。[34]

《王琳墓志》晚近新出，因为非正常发掘所得，且同时出土两件[35]，作为目前所见颜真卿存世最早书迹，风格与稍后的《郭虚己墓志》《多宝塔碑》差别较大，真伪问题乃无可回避。

朱先生注意到，此志颜真卿结衔为"朝散郎前行秘书省著作局校书郎"，墓主王琳以开元二十九年（741）秋七月薨，考颜真卿以开元二十六年（738）在校书郎任上丁内忧，守丧洛阳，上一年服阕，墓志用"前"字，盖当时尚未迁转，此为合理也。这一细节应该是作伪者不易考虑周全者，遂为真实性提供保证。但徐峤为当时名士，祖孙三代为中书舍人，何以令年仅三十三岁，亦无显赫书名的九品前资官颜真卿书写夫人墓志，也需要提供解释。朱先生引《旧唐书·徐坚传》谓坚妻"即侍中岑羲之妹"，则岑羲为徐峤舅氏。又据《颜真定碣》，颜真卿为岑羲之兄岑献的内侄，则颜真卿与徐峤为群从兄弟，故徐峤虽然年长秩高，请颜真卿书写墓志也在情理之中。

颜真卿稿草书以三稿（《祭侄文稿》《祭伯父文稿》《争座位帖》）三表（《谢赠

---

34 在朱先生之前，曹宝麟先生已有论文对《自书告身帖》的真实性提出疑问，朱曼倬先生所举证据更将此问题坐实。见曹宝麟：颜真卿自书《告身》证讹，中国书法，1986年，第3期，页31。

35 一件今由国家博物馆收藏，一件边侧镌刻有"天宝元年冬十一月壬寅迁赵郡君慈源县开国公徐公同穴复刻记"字样者，今藏洛阳师范学院河洛石刻艺术博物馆。

祖官表》《谢兼御史大夫表》《让宪部尚书表》）最有名，朱先生考证及综述前贤鉴定意见认为，六件作品中只有《祭侄文稿》[36]与《争座位帖》为颜真卿真迹，三表"殆出自市井书估之下三流者也"[37]，《祭伯父文稿》则"本自祭文而作伪，出一习颜氏行草书者手笔[38]"。

这些看法都非常正确，我还想贡献一点意见。如《祭侄文稿》《争座位帖》都是文本写定以前的草稿，故涂抹改易随处可见。可以想象，这样的草稿之所以能够保留，首先归于作者本人收贮文件资料的良好习惯，也得益于作者后人对祖先遗泽的珍护，更重要的是，一定在某个时间被热爱书法文物的人（官方或者商贾）以"抄底"的方式收藏，然后渐渐分散，作为书法名品。

按，《洞天清录·古翰墨真迹辨》"鲁公真迹"条说："颜鲁公之后寓居永嘉。好事者守郡，闻其家有鲁公真迹一筐，以狱事罗织之而择其尤者摹郡斋，筐书遂归泉南，晚年卜居武夷之下，以声妓自随，一夕暴雨洪水发漂，所居无踪迹，其人暴尸溪侧，筐不知所在。"[39]此事发生在南宋，应该是影射永嘉太守留元刚之巧取豪夺，所言"择其尤者摹郡斋"，即是指《忠义堂帖》。故事所言不一定真实，但一定程度上可以视为颜真卿家藏手迹流出世间的曲折反映。颜真卿的后人枝分叶布，《祭侄文稿》《争座位帖》等墨迹应该是更早一些时间，比如唐末宋初，某一族后裔因故散出者。

颜真卿的传世作品，碑刻以外，信札占了很大比例。其中正式书函如《与李太保帖八首》（包括著名的《鹿脯帖》《乞米帖》）、《与夫人帖》等，平阙、称谓、寒暄问候语皆符合书仪。而如《修书帖》《与蔡明远帖》《邹游帖》《乍奉辞帖》《守政帖》《文殊帖》《湖州帖》《刘中使帖》《草篆帖》等，不仅行草字大如胡桃，格式也完全不符合书仪，恐怕不是正式书信，而是自家留存的备份文件，与《祭侄文稿》等以相同方式从家中流出。

如果这一推测合理，其他一些形制特殊的颜真卿书迹也可以获得新的解释。比

---

36 不知为何，《颜真卿书迹著录散记》未讨论《祭侄文稿》，但在《颜真卿年谱》至德三年条有详细考证。
37 前揭《初果集——朱关田论书文集》，页485。
38 前揭《初果集——朱关田论书文集》，页370。
39 赵希鹄：《洞天清录》，浙江人民美术出版社，2016年，页41。

如小字《麻姑仙坛记》，黄庭坚说"乃庆历中一学佛者所书"，《集古录》则谓"笔画巨细皆有法，愈看愈佳，然后知非鲁公不能书"，莫衷一是，此或许颜真卿写碑以前设计的"小样"；又如《送刘太冲序》，形制与前述书信底稿近似，或许也是家中留存者；甚至如《自书告身》，现在流传者固然可能出于后人伪造，但其造作的依据，或许就是家中旧藏的原件。

3.《颜真卿著述考》

颜真卿著作宏富，历乱散佚，宋代以来，经宋敏求、留元刚、黄本骥等整理编辑，基本完备，朱曼倬先生有《颜真卿著述考》[40]，主要是对黄本骥所编《颜鲁公文集》的补苴与辨正，其中讨论《张长史十二意笔法论》《永字八法颂》两则涉及书学。

颜真卿曾得张旭传授笔法，他在《怀素上人草书歌序》自述说："吴郡张旭长史，虽姿性颠逸，超绝古今，而模楷精详，特为真正。真卿早岁，尝接游居，屡蒙激昂，教以笔法。"宋代乃有题名颜真卿的《述张长史笔法十二意》出世，后收入文集，并被留元刚编入《颜真卿年谱》；此篇除文本外，《职思堂法帖》收有天宝五载（746）颜真卿具名的手写本。

此篇被认为是颜真卿的重要书学思想，如沈尹默《历代名家学书经验谈辑要释义》对此篇有专门阐释，有论云："钟繇概括地提出笔法十二意，是值得学书人重视的。以前没有人作过详悉的解说，直到唐朝张颜对话，才逐条加以讨论。"[41] 其实，宋人即对这篇有所怀疑，朱先生考证文本认为，所谓"平、直、均、密、锋、力、转、决、补、损、巧、称"十二意，"纯属空谈，一无妙理"。十二意以及二王、元常优劣论，俱出自《法书要录》卷二所收《梁武帝观钟繇书法十二意》，其他问答词也肤浅枝蔓，多见抄袭之辞。更据史实论证《张长史十二意笔法论》中所涉及的人物、事件、时间皆有抵牾，判断此篇"为后人伪托，或可无疑矣"。这一论断具有说服力，可以成为定论者。

---

40 前揭《初果集—朱关田论书文集》，页485。亦载前揭《颜真卿书法全集（珍藏版）》第八卷，页214。

41 沈尹默：《沈尹默书法论丛》，上海人民美术出版社，2015年，页96。

《永字八法颂》首见于《书苑菁华》，后收入文集。朱先生乃详考颜真卿从早年《多宝塔碑》《东方朔画赞》，到中晚年作品《郭氏家庙碑》《李玄靖碑》《颜氏家庙碑》诸"永"字，皆不依所谓"八法"来书写，由此断定其出于后人伪托。

所以朱曼倬先生在《中国书法史·隋唐五代卷》中明确说，"颜真卿存世不见论书之作"，唯可以从永泰元年（765）所作《刑部侍郎孙逖文集序》窥见其艺术观点[42]。

三、法帖新编

对书法家而言，作品集的意义甚至超过文集，法帖亦可归于作品集的范畴。朱曼倬先生似乎没有重编颜真卿文集的打算，他更偏重于颜真卿作品集的研究与纂辑，如对《忠义堂帖》的研究，以及主编《中国书法全集·颜真卿》《颜真卿书法全集》，皆是颜学领域的重要成果。

1. 宋拓颜真卿《忠义堂帖》

据叶梦得《石林避暑录话》卷四云："颜鲁公真迹宣和间存者犹可数十本，其最著者《与郭英义议论坐位书》在永兴安师文家，《祭侄季明文》《病妻乞鹿脯帖》在李观察士衡家，《乞米帖》在天章阁待制王质家，《寒食帖》在钱穆甫家，其余《蔡明远帖》《卢八仓曹帖》《送刘太真序》等不知在谁氏，皆有石本。《坐位帖》安氏初析居分为二，人多见其前段，师文后乃并得之，相继皆入内府，世间无复遗矣。"[43]这是北宋时期颜真卿书迹存世的基本情况，其中《争座位帖》等已经刻帖。如前引《洞天清录》，南宋留元刚又从颜真卿后人处获得"真迹一筐"，并"择其尤者摹郡斋"，此即第一部颜真卿个人法帖《忠义堂帖》。

《忠义堂帖》嘉定八年（1215）由留元刚摹集，后两年巩嵘添刻数种。此帖拓本传世无多，据《庚子销夏记》卷六"颜鲁公忠义堂帖"条云："宋人有忠义堂祀颜鲁公，嘉定刘（留）元刚刻鲁公帖置其中，极其劲秀，计十卷，末有嘉定丁

---

42 前揭《中国书法史·隋唐五代卷》，页159。
43 叶梦得：《石林避暑录话》，卷四，上海书店，1990年，页24。

丑东平巩嵘跂。予仅得八卷，贮海云阁。"[44]孙承泽海云阁所藏八卷，乃宋刻宋拓孤本，今由浙江省博物馆收藏。沙孟海先生曾为影印本撰写前言，称"此帖所收藏颜真卿书迹，多属精本、稀见本。其中常见各帖，取与他刻校观，亦复神采奕奕，传真程度较高"[45]。

朱曼倬先生撰写"宋拓颜真卿《忠义堂帖》"长篇论文[46]，详述刻帖的来龙去脉，对八卷本所存四十余帖，逐一考证来历。

《忠义堂帖》以《移蔡帖》冠首，正书三十六字："贞元元年正月五日，真卿自汝移蔡，天也。天之昭明，其可诬乎。有唐之德，则不朽耳。十九日书。"朱先生考证说："（此帖）为颜真卿最后之书迹，著录首见是帖。颜真卿卒日，新旧《唐书》本传所说有异，留元刚据是而证《新唐书》贞元元年为是。"

颜真卿留下的信札书迹中，《与李太保帖八首》是很重要的一组，包括《朝回帖》《乞米帖》《鹿脯帖》《疏拙帖》《捧袂帖》《鹿脯后帖》《奏事帖》《奉别帖》，前六种刻入《忠义堂帖》。

受书人皆为"李太保"，米芾以为是李光颜，《宝晋英光集》云："李大夫者，名光颜，唐功臣也。"王澍则认为是李光弼。朱先生引颜真卿撰《李光弼碑》，光弼以广德二年七月薨，九月乃"追赠太保"，显然不合。检《新唐书·李光弼传》提到，光弼弟光进，代宗即位"拜检校太子太保，封凉国公"，正是其人。朱先生将诸帖内容串联在一起，总结说："其荐引张溆，庇之幸甚；举家食粥，乞之以米；病妻服药，渴惠鹿脯，以及病疮少愈，勿忧为佳；马病朝回，未遂驰谒……其往复告示，殊不胜其勤，可见友情之深。"

不仅如此，《鹿脯帖》云："病妻服药，要少鹿肉，干脯有新好者，望惠少许。"朱先生注意到，《颜鲁公文集》脱漏"干"字，文意稍别。《画禅室随笔》云："《鹿脯帖》真迹与宋拓本不唯字形大小不伦，乃其文亦小异。"按，董其昌所言《鹿脯帖》宋拓本，乃指坊间所刻者，其文为："病妻服药要鹿脯，有新好者？

---

44 孙承泽：《庚子销夏记》，卷六，浙江人民美术出版社，2012年，页148。
45 《宋拓本颜真卿书忠义堂帖》，西泠印社出版社，1994年，宋拓忠义堂帖影印本前言。
46 见启功、王靖宪主编：《中国法帖全集》，第9册，湖北美术出版社，2002年，页1。亦见前揭《初果集——朱关田论书文集》，页225。此文初稿刊于1981年《书谱》杂志，收入前揭《唐代书法考评》，页158。

惠少许。"《墨林快事》也说："此帖原文药须鹿肉，恐鹿肉难得，乃思及于鹿脯中新好者，如今之不得鲜姜用干姜也。今云药兼鹿脯，何以又云新好者？文理不通。"皆指别刻之《鹿脯帖》文句不通。而《忠义堂帖》本作"病妻服药，要少鹿肉"，正与《墨林快事》言"此帖原文药须鹿肉"相合，故朱先生认为，《忠义堂帖》本"或即以墨迹上石者，故远胜其他诸刻"。此意见可为定论。

2.《颜真卿书法全集》

影印作品与镌刻法帖都以传播书法图像为目的，而现代印刷技术所具有的还原逼真程度，远远超过古代传拓。朱曼倬先生以一流颜真卿研究专家的身份，主持编纂多种颜真卿作品集，以2019年浙江摄影出版社所出《颜真卿书法全集（珍藏版）》[47]最称完善。

全集凡八册，前七卷为颜真卿书法作品，第八卷为"朱关田之颜真卿研究"，包括年谱、家族世系，以及交游、书迹、著述等的考证。作品集以创作时间为序，从颜真卿33岁所书《王琳墓志》至77岁所书《移蔡帖》，共70件作品。其中《王琳墓志》《郭虚己墓志》《西亭记》，皆晚近新出，古人未见者。

王国维说："古来新学问起，大都由于新发现。"不仅学问如此，书法风尚也受新出范本的影响。以颜体楷书为例，《麻姑仙坛记》是清代民国书法家学习的主要范本，何绍基题跋称"神光炳峙，璞逸厚远，实为颜书各碑之冠"，如钱沣、谭延闿皆取法此碑；1922年西安出土《颜勤礼碑》，20世纪80年代文物出版社收入历代碑帖法书选，因为采用简装普及本，颇受学书者欢迎，遂取代《麻姑仙坛记》成为主流。颜的行草书，前代主要取法《争座位帖》，通过优劣不等的翻刻本揣摩鲁公笔法，直到秘藏深宫的《祭侄文稿》付诸影印，普通人也能摩挲下真迹一等的法书墨妙，《争座位帖》的影响力遂退居《祭侄文稿》之下。可以想见，《颜真卿书法全集》将颜真卿存世书作汇为一编，其功与《忠义堂帖》相埒，深远影响必有过之。

留元刚编订年谱、汇刻法帖，黄本骥重编文集、考证碑刻[48]，两家筚路蓝缕，

---

47 朱关田主编：《颜真卿书法全集（珍藏版）》第一卷，浙江摄影出版社，2019年。
48 黄本骥有《颜书编年录》四卷，考订颜真卿碑刻三十余种。

草创之功不可没;朱曼倬先生后来居上,于史传述作、书学考据、图籍编订,皆有特出贡献;作为颜学功臣,朱先生与留、黄鼎足而三矣。

目 录

颜真卿年谱 ··· 001

 唐中宗景龙三年己酉（公元七〇九年）一岁················· 003
 唐睿宗景云元年庚戌（公元七一〇年）二岁··················· 004
 唐睿宗景云二年辛亥（公元七一一年）三岁··················· 005
 唐玄宗先天元年壬子（公元七一二年）四岁··················· 005
 唐玄宗开元元年癸丑（公元七一三年）五岁··················· 007
 唐玄宗开元二年甲寅（公元七一四年）六岁··················· 007
 唐玄宗开元三年乙卯（公元七一五年）七岁··················· 007
 唐玄宗开元四年丙辰（公元七一六年）八岁··················· 007
 唐玄宗开元五年丁巳（公元七一七年）九岁··················· 008
 唐玄宗开元六年戊午（公元七一八年）十岁··················· 008
 唐玄宗开元七年己未（公元七一九年）十一岁··············· 008
 唐玄宗开元八年庚申（公元七二〇年）十二岁··············· 008
 唐玄宗开元九年辛酉（公元七二一年）十三岁··············· 008
 唐玄宗开元十年壬戌（公元七二二年）十四岁··············· 009
 唐玄宗开元十一年癸亥（公元七二三年）十五岁············ 009
 唐玄宗开元十二年甲子（公元七二四年）十六岁············ 009
 唐玄宗开元十三年乙丑（公元七二五年）十七岁············ 009
 唐玄宗开元十四年丙寅（公元七二六年）十八岁············ 009
 唐玄宗开元十五年丁卯（公元七二七年）十九岁············ 010
 唐玄宗开元十六年戊辰（公元七二八年）二十岁············ 010
 唐玄宗开元十七年己巳（公元七二九年）二十一岁········· 010

唐玄宗开元十八年庚午（公元七三〇年）二十二岁…………… 010

唐玄宗开元十九年辛未（公元七三一年）二十三岁…………… 010

唐玄宗开元二十年壬申（公元七三二年）二十四岁…………… 010

唐玄宗开元二十一年癸酉（公元七三三年）二十五岁………… 012

唐玄宗开元二十二年甲戌（公元七三四年）二十六岁………… 012

唐玄宗开元二十三年乙亥（公元七三五年）二十七岁………… 013

唐玄宗开元二十四年丙子（公元七三六年）二十八岁………… 013

唐玄宗开元二十五年丁丑（公元七三七年）二十九岁………… 014

唐玄宗开元二十六年戊寅（公元七三八年）三十岁…………… 016

唐玄宗开元二十七年己卯（公元七三九年）三十一岁………… 016

唐玄宗开元二十八年庚辰（公元七四〇年）三十二岁………… 016

唐玄宗开元二十九年辛巳（公元七四一年）三十三岁………… 020

唐玄宗天宝元年壬午（公元七四二年）三十四岁……………… 021

唐玄宗天宝二年癸未（公元七四三年）三十五岁……………… 022

唐玄宗天宝三载甲申（公元七四四年）三十六岁……………… 022

唐玄宗天宝四载乙酉（公元七四五年）三十七岁……………… 023

唐玄宗天宝五载丙戌（公元七四六年）三十八岁……………… 023

唐玄宗天宝六载丁亥（公元七四七年）三十九岁……………… 023

唐玄宗天宝七载戊子（公元七四八年）四十岁………………… 025

唐玄宗天宝八载己丑（公元七四九年）四十一岁……………… 025

唐玄宗天宝九载庚寅（公元七五〇年）四十二岁……………… 026

唐玄宗天宝十载辛卯（公元七五一年）四十三岁……………… 028

唐玄宗天宝十一载壬辰（公元七五二年）四十四岁…………… 029

唐玄宗天宝十二载癸巳（公元七五三年）四十五岁…………… 029

唐玄宗天宝十三载甲午（公元七五四年）四十六岁…………… 030

唐玄宗天宝十四载乙未（公元七五五年）四十七岁…………… 031

唐玄宗天宝十五载丙申（公元七五六年）四十八岁…………… 034

唐肃宗至德二载丁酉（公元七五七年）四十九岁……………… 042

唐肃宗至德三载戊戌（公元七五八年）五十岁⋯⋯⋯⋯⋯⋯⋯⋯046

唐肃宗乾元二年己亥（公元七五九年）五十一岁⋯⋯⋯⋯⋯⋯⋯050

唐肃宗乾元三年庚子（公元七六〇年）五十二岁⋯⋯⋯⋯⋯⋯⋯052

唐肃宗上元二年辛丑（公元七六一年）五十三岁⋯⋯⋯⋯⋯⋯⋯054

唐肃宗宝应元年壬寅（公元七六二年）五十四岁⋯⋯⋯⋯⋯⋯⋯054

唐代宗宝应二年癸卯（公元七六三年）五十五岁⋯⋯⋯⋯⋯⋯⋯057

唐代宗广德二年甲辰（公元七六四年）五十六岁⋯⋯⋯⋯⋯⋯⋯059

唐代宗永泰元年乙巳（公元七六五年）五十七岁⋯⋯⋯⋯⋯⋯⋯061

唐代宗永泰二年丙午（公元七六六年）五十八岁⋯⋯⋯⋯⋯⋯⋯064

唐代宗大历二年丁未（公元七六七年）五十九岁⋯⋯⋯⋯⋯⋯⋯067

唐代宗大历三年戊申（公元七六八年）六十岁⋯⋯⋯⋯⋯⋯⋯⋯067

唐代宗大历四年己酉（公元七六九年）六十一岁⋯⋯⋯⋯⋯⋯⋯069

唐代宗大历五年庚戌（公元七七〇年）六十二岁⋯⋯⋯⋯⋯⋯⋯072

唐代宗大历六年辛亥（公元七七一年）六十三岁⋯⋯⋯⋯⋯⋯⋯074

唐代宗大历七年壬子（公元七七二年）六十四岁⋯⋯⋯⋯⋯⋯⋯080

唐代宗大历八年癸丑（公元七七三年）六十五岁⋯⋯⋯⋯⋯⋯⋯085

唐代宗大历九年甲寅（公元七七四年）六十六岁⋯⋯⋯⋯⋯⋯⋯089

唐代宗大历十年乙卯（公元七七五年）六十七岁⋯⋯⋯⋯⋯⋯⋯093

唐代宗大历十一年丙辰（公元七七六年）六十八岁⋯⋯⋯⋯⋯⋯096

唐代宗大历十二年丁巳（公元七七七年）六十九岁⋯⋯⋯⋯⋯⋯101

唐代宗大历十三年戊午（公元七七八年）七十岁⋯⋯⋯⋯⋯⋯⋯108

唐代宗大历十四年己未（公元七七九年）七十一岁⋯⋯⋯⋯⋯⋯110

唐德宗建中元年庚申（公元七八〇年）七十二岁⋯⋯⋯⋯⋯⋯⋯114

唐德宗建中二年辛酉（公元七八一年）七十三岁⋯⋯⋯⋯⋯⋯⋯117

唐德宗建中三年壬戌（公元七八二年）七十四岁⋯⋯⋯⋯⋯⋯⋯118

唐德宗建中四年癸亥（公元七八三年）七十五岁⋯⋯⋯⋯⋯⋯⋯120

唐德宗兴元元年甲子（公元七八四年）七十六岁⋯⋯⋯⋯⋯⋯⋯122

唐德宗贞元元年乙丑（公元七八五年）七十七岁⋯⋯⋯⋯⋯⋯⋯123

颜真卿家世 ··· 127

颜真卿母族 ··· 137

　　唐玄宗开元五年丁巳（公元七一七年）··························· 141
　　唐玄宗开元六年戊午（公元七一八年）··························· 141
　　唐玄宗开元八年庚申（公元七二〇年）··························· 142
　　唐玄宗开元九年辛酉（公元七二一年）··························· 142
　　唐玄宗开元二十六年戊寅（公元七三八年）····················· 143

颜真卿妻族 ··· 145

　　唐玄宗开元二十二年甲戌（公元七三四年）····················· 147

颜真卿交游考 ·· 151

　　一、交游考之平原交游 ·· 153
　　二、交游考之湖州交游 ·· 163
　　三、交游考之翰墨交游 ·· 187
　　四、交游考之释道交游 ·· 193
　　五、交游考之官宦交游 ·· 196

颜真卿在湖州 ·· 213

　　一、出守湖州 ·· 215
　　二、潜心儒学 ·· 235
　　三、儒释神侣 ·· 258
　　四、隐逸适从 ·· 274
　　五、吴兴胜事 ·· 294
　　六、政务周旋 ·· 311
　　七、翰墨余论 ·· 328

八、在湖年表…………………………………………… 356

颜真卿书迹著录考略……………………………… 361

　　一、雁塔题名…………………………………………… 363
　　二、张仁蕴碑…………………………………………… 363
　　三、王琳墓志…………………………………………… 364
　　四、罗婉顺志…………………………………………… 365
　　五、郭虚己墓志………………………………………… 366
　　六、多宝塔碑…………………………………………… 367
　　七、扶风孔子庙堂碑…………………………………… 370
　　八、咸宁县孔子庙碑…………………………………… 371
　　九、东方朔画赞………………………………………… 372
　　一〇、东方朔画赞碑阴记……………………………… 372
　　一一、郭敬之墓碑……………………………………… 374
　　一二、颜母陈夫人碑…………………………………… 374
　　一三、祭伯父文稿……………………………………… 374
　　一四、请御书表………………………………………… 378
　　一五、马承光碑………………………………………… 378
　　一六、荐福寺碑………………………………………… 379
　　一七、与蔡明远帖二首………………………………… 379
　　一八、题卢楞伽壁画…………………………………… 380
　　一九、鲜于氏离堆记刻石……………………………… 380
　　二〇、韦缜碑…………………………………………… 381
　　二一、争坐位帖………………………………………… 382
　　二二、郭氏家庙碑……………………………………… 384
　　二三、岑夫人志………………………………………… 388
　　二四、与李太保帖八首………………………………… 389
　　二五、东林寺题名……………………………………… 390

005

二六、西林寺题名	391
二七、颜显甫碑	391
二八、玄侃法师碑	392
二九、鲜于仲通碑	392
三〇、奖谕仲通碑	394
三一、鲜于氏里门记	394
三二、靖居寺题名	395
三三、"祖关"两字	395
三四、守政帖	395
三五、桥仙观碑记	397
三六、谢康乐翻经台记	398
三七、颜乔卿碣	399
三八、颜幼舆碑	399
三九、颜允臧碑	400
四〇、颜真长碑	401
四一、魏夫人仙坛碑	402
四二、逍遥楼刻石	403
四三、书马伏波语	403
四四、殷践猷碣	405
四五、殷摄碑	406
四六、颜允南碑	407
四七、张景佚碑	408
四八、元子哲碑	408
四九、律藏院戒坛记	409
五〇、麻姑仙坛记	409
五一、大唐中兴颂	412
五二、大宗碑	414
五三、颜含碑	417

五四、刻清远道士诗	419
五五、横山庙碑	420
五六、题蒲塘客旅	421
五七、江宁国题名	421
五八、三教会宗堂	421
五九、志公像赞	423
六〇、送刘太冲序	423
六一、颜默碑	425
六二、八关斋功德记	426
六三、开元寺僧碑	428
六四、宋升碑	428
六五、宋升碑侧记	431
六六、广平帖	432
六七、与夫人帖	432
六八、颜元孙碑	435
六九、元结墓表	436
七〇、文殊帖	438
七一、华严帖	439
七二、文殊堂额	440
七三、沈氏述祖德碑阴记	440
七四、干禄字书	441
七五、放生池书迹三种	442
七六、妙喜寺碑	444
七七、颜杲卿碑	445
七八、竹山堂连句	446
七九、湖州帖	447
八〇、法华山题"流觞屿"三字	449
八一、欧阳琟碑	449

八二、刘中使帖 451

八三、章仇公夫人魏氏墓志 453

八四、送辛子序 453

八五、射堂记 455

八六、柳恽西亭记 455

八七、永兴寺额 456

八八、项王碑阴述 456

八九、李抱玉碑 457

九〇、李抱玉庙碑 458

九一、李玄靖碑 458

九二、杜济墓志 杜济碑 461

九三、祖庙碑 462

九四、殷君夫人颜氏碑 463

九五、康希铣碑 465

九六、怀圆寂上人诗 467

九七、瑶台帖 467

九八、马璘新庙碑 467

九九、颜勤礼碑 469

一〇〇、张敬因残碑 473

一〇一、"龙溪"两字 475

一〇二、臧怀恪碑 475

一〇三、千金陂碑 477

一〇四、臧氏故宅碑 478

一〇五、臧氏纠宗碑 478

一〇六、唐兴寺主碑 480

一〇七、张日昌碑 481

一〇八、"骆驼桥"三字 481

一〇九、谢太傅塘碑阴记 481

一一〇、湖州石柱记……482

一一一、韦璟碑……482

一一二、"真卿"二字……482

一一三、颜氏家庙碑 碑后记……483

一一四、颜氏家庙碑后额……483

一一五、王密碑……487

一一六、裴儆纪德颂……487

一一七、朱巨川告……488

一一八、元德秀碑……489

一一九、奉命帖……490

一二〇、"天中山"三字……490

一二一、郭福善碑……490

一二二、皋陶碑……492

一二三、裴将军诗……492

一二四、慈竹诗……493

一二五、寒食帖……493

一二六、乍奉辞帖……493

一二七、与卢仓曹帖二首……494

一二八、一行帖……495

一二九、南来帖……495

一三〇、讯后帖……496

一三一、御史帖……496

一三二、颜氏六告……497

一三三、与柳冕帖……498

一三四、泰山题名……499

一三五、坐怀帖……499

一三六、"霄汉阁"三字……499

一三七、临十七帖……500

一三八、益州学馆庙堂记⋯⋯⋯⋯⋯⋯⋯⋯⋯⋯⋯⋯⋯⋯⋯ 500

一三九、洼尊碑⋯⋯⋯⋯⋯⋯⋯⋯⋯⋯⋯⋯⋯⋯⋯⋯⋯⋯⋯ 500

一四〇、"虎邱剑池"四字⋯⋯⋯⋯⋯⋯⋯⋯⋯⋯⋯⋯⋯⋯⋯ 500

一四一、玄妙观老君赞⋯⋯⋯⋯⋯⋯⋯⋯⋯⋯⋯⋯⋯⋯⋯⋯ 501

一四二、华严寺鉴法师碑⋯⋯⋯⋯⋯⋯⋯⋯⋯⋯⋯⋯⋯⋯⋯ 501

一四三、自书告身帖⋯⋯⋯⋯⋯⋯⋯⋯⋯⋯⋯⋯⋯⋯⋯⋯⋯ 501

一四四、旌儒庙碑⋯⋯⋯⋯⋯⋯⋯⋯⋯⋯⋯⋯⋯⋯⋯⋯⋯⋯ 504

一四五、与兄帖⋯⋯⋯⋯⋯⋯⋯⋯⋯⋯⋯⋯⋯⋯⋯⋯⋯⋯⋯ 504

一四六、华严经⋯⋯⋯⋯⋯⋯⋯⋯⋯⋯⋯⋯⋯⋯⋯⋯⋯⋯⋯ 505

一四七、摩利支天经⋯⋯⋯⋯⋯⋯⋯⋯⋯⋯⋯⋯⋯⋯⋯⋯⋯ 505

一四八、三表⋯⋯⋯⋯⋯⋯⋯⋯⋯⋯⋯⋯⋯⋯⋯⋯⋯⋯⋯⋯ 506

颜真卿著述考⋯⋯⋯⋯⋯⋯⋯⋯⋯⋯⋯⋯⋯⋯⋯⋯⋯ 509

一、李梗墓志铭⋯⋯⋯⋯⋯⋯⋯⋯⋯⋯⋯⋯⋯⋯⋯⋯⋯⋯ 511

二、臧怀亮墓志铭⋯⋯⋯⋯⋯⋯⋯⋯⋯⋯⋯⋯⋯⋯⋯⋯⋯ 511

三、独孤彦夫人陈至墓志铭⋯⋯⋯⋯⋯⋯⋯⋯⋯⋯⋯⋯⋯ 512

四、华严帖⋯⋯⋯⋯⋯⋯⋯⋯⋯⋯⋯⋯⋯⋯⋯⋯⋯⋯⋯⋯ 512

五、与李太保帖⋯⋯⋯⋯⋯⋯⋯⋯⋯⋯⋯⋯⋯⋯⋯⋯⋯⋯ 513

六、世系谱序⋯⋯⋯⋯⋯⋯⋯⋯⋯⋯⋯⋯⋯⋯⋯⋯⋯⋯⋯ 514

七、张长史十二意笔法论⋯⋯⋯⋯⋯⋯⋯⋯⋯⋯⋯⋯⋯⋯ 515

八、汎爱寺重修记⋯⋯⋯⋯⋯⋯⋯⋯⋯⋯⋯⋯⋯⋯⋯⋯⋯ 516

九、永字八法颂⋯⋯⋯⋯⋯⋯⋯⋯⋯⋯⋯⋯⋯⋯⋯⋯⋯⋯ 517

十、天台山国清寺智者大师传⋯⋯⋯⋯⋯⋯⋯⋯⋯⋯⋯⋯ 518

颜真卿年谱

颜真卿，字清臣。(《旧唐书》卷一二八列传，《新唐书》卷一五三列传）

小名羡门子，别号应方。(殷亮《颜鲁公行状》）

▶ 唐中宗景龙三年己酉（公元七〇九年）一岁

中宗李显自神龙元年正月乙巳（二十四日）复位，至今已五年。六月庚子（十五日），以经籍多缺，使天下搜括。(《旧纪》）

颜真卿生于京兆长安县敦化坊祖宅。

徐松《唐两京城坊考》卷三：(西京）"次南敦化坊。……西门之北，秘书监颜师古宅"。又注："贞观、永徽间，颜师古、欧阳询、沈越宾住此坊。颜即南朝旧族，欧阳与沈又江左士人，时人呼为'吴儿坊'。"

颜真卿《家庙碑额阴记》："高祖记室君国初居此宅，虢州君、舍人君侍焉。堂今置庙地。高祖妣殷夫人居十字街西北壁第一宅，秘书监君、礼部侍郎君侍焉。虢州君居后堂，华州君于堂中生焉，今充神厨。少保君堂，今充斋堂。厅屋充亚献、终献斋室。""高祖记室君"即秦王记室颜思鲁；"虢州君、舍人君"即赠虢州刺史颜勤礼、太子通事舍人颜育德兄弟；"秘书监君、礼部侍郎君"即秘书监颜师古、礼部侍郎颜相时兄弟。"华州君"即华州刺史颜元孙；"少保君"即赠太子少保颜惟贞。是知祖宅自高祖至父、伯四代未经迁徙，颜真卿亦当生于斯，长于斯。

▶ 唐睿宗景云元年庚戌（公元七一〇年）二岁

景龙四年六月壬午（二日）中宗崩于神龙殿，年五十五。立温王重茂为皇太子，皇后韦氏知政事，相王旦参谋政事。丁亥（七日），殇帝即位，时年十六，尊皇后韦氏皇太后，改元唐隆。庚子（二十日），临淄王李隆基起兵诛诸韦，封平王。癸卯（二十三日），睿宗即位。丁未（二十七日），立平王李隆基为皇太子。七月己巳（二十日），改元景云。（《旧纪》《通鉴》）

父颜惟贞以清白为察访使魏奉古等人所器重，睿宗即位后即荐选为薛王友。

《颜氏家庙碑》："以清白五为访察使魏奉古等所荐。五邸初开，盛选僚属，拜薛王友、柱国。"薛王李隆业初封，时在本年六月己酉（二十九日），颜惟贞自太子文学迁薛王友，盖在七月初。

薛王友，从五品下，《旧唐书》卷四四《职官》："友陪侍规讽。"

弟颜允臧生。

颜允臧为颜惟贞第八子，颜真卿之弟。据《颜允臧碑》"君讳允臧……大历三年冬十一月五日乙亥，奄忽感暴疾，终于私第，春秋五十九"云，逆推盖生于本年。

本年，六月二十日，钟绍京以诛诸韦之功自苑总监迁为中书侍郎，参知机务。二十三日，同中书门下三品。睿宗即位，即除中书令。二十六日，改户部尚书，封越国公，实封五百户，依前知政事。寻出为蜀州刺史。薛稷，六月二十三日，以谏议大夫为太常少卿。二十八日，迁黄门侍郎，参知机务。七月十九日改左散骑常侍，罢知机务。（《旧纪》《通鉴》）

李邕，自常州司户召拜左台殿中侍御史。八月十二日，谯王李重福谋立东都，邕留台与洛阳长史崔日知共挫逆势，因功加阶为朝散大夫，除户部员外郎。（《通鉴》《李邕年谱》）

五月，陈州立卢藏用隶书张说《唐龙兴寺碑》，见署"吏部侍郎修文馆学

士"。(《宝刻丛编》)

▶ 唐睿宗景云二年辛亥（公元七一一年）三岁

二月初二日，皇太子李隆基监国，伯父颜元孙始以太子舍人独掌令诰，甚得时誉。

《颜元孙碑》："君讳元孙……迁洛阳丞、著作佐郎、太子舍人。时玄宗监国，独掌令诰，当时以为纶言之最。"李隆基以皇太子监国始于二月丁丑（二日），见《旧纪》。元孙以太子舍人独掌令诰，盖在同时。而其自著作佐郎改太子舍人，盖在元年六月李隆基册封皇太子选配府僚之时。

二月上旬，父颜惟贞以旧僚之谊为长安县丞萧思亮撰写墓志铭。

颜惟贞《萧思亮墓志》："君讳思亮，字孔明，兰陵人也。……解褐补益州金堂县尉，历雍州同官县尉、武功主簿、乾封县尉、长安主簿。岁满为丞……以景云二年次丁亥（辛亥）正月廿日，终于京师崇化里第，春秋六十有七。呜呼哀哉！即以其年二月景子（丙子）朔十五日庚寅，迁窆于神和原，礼也。……仆也不才，义深僚旧，追感平昔，承睑无从，敬述芳猷，志于幽隧。"是文盖撰于二月上旬。萧思亮任职长安主簿，乃元孙、惟贞兄弟长安县尉长官。惟贞结衔"中大夫"，盖从四品下散官。

▶ 唐玄宗先天元年壬子（公元七一二年）四岁

正月己丑（十九日），改元太极。五月辛巳（十三日），改元延和（《旧纪》作辛未，即三日）。七月壬辰（二十五日），睿宗传位于皇太子李隆基。八月庚子（三日），玄宗即位，尊睿宗为太上皇。甲辰（七日），改元先天。（《通鉴》）

七月初三，父颜惟贞因伯姊御史大夫张知泰妻鲁郡夫人亡故，执礼太严，哀伤过甚，遇疾而卒，时年约四十三。散官，通议大夫。遗孤十人，可知者阙疑、允南、乔卿、真长、幼舆、真卿与允臧。

史不记惟贞卒年，《颜氏家庙碑》仅言："伯姊御史大夫张知泰妻鲁郡夫人亡，将葬，数家占君不宜临圹，君哭而拒之，曰：'岂有忘手足之痛，牵拘忌而忍自绝乎！'弗从。其年秋七月才生明，遘疾而殁。"按《颜氏家庙碑》记惟贞散官通议大夫，盖其终官。其去年撰有《萧思亮墓志》，标题"中大夫行薛王友"。其散官"中大夫"仅低"通议大夫"二阶。据《旧纪》，景云二年夏四月壬寅大赦，京官四品以下加一阶；三年正月己丑，改元太极，内外官四品以下又加一阶，如是颜惟贞散官自中大夫而至通议大夫，盖在本年正月。唐制职事三年一调，颜惟贞自景云元年出任王友，至终不改，盖卒于本年。以景龙三年年四十计，当享寿四十三岁。

按《殷践猷碣》有"长妹兰陵郡太夫人，真卿先妣也。中年孀嫠，遗孤十人，未能自振，君悉心训奖，皆究恩意，故能长而有立"云，颜惟贞卒后，殷夫人当携孤寄居于通化坊之娘家，依舅氏而养育之。

陆据撰神道碑志述之。后六十八年即建中元年颜真卿立家庙，又撰文追叙之。

《颜氏家庙碑》："君讳惟贞，字叔坚……君仁孝友悌，少孤育，舅殷仲容氏蒙教笔法。家贫无纸笔，与兄以黄土扫壁，木石画而习之，故特以草隶擅名。天授元年糊名考，判入高等，以亲累，授衢州参军，与盈川令杨炯、信安尉桓彦范相得甚欢。又选授洛州温县、永昌二尉，每选皆判入高科。侍郎苏味道以所试示介众，曰：'选人中乃有如此书判。'嗟叹久之。遂代兄为长安尉、太子文学。以清白五为访察使魏奉古等所荐。五邸初开，盛选僚属，拜薛王友、柱国。……与会稽贺知章、陈郡殷践猷、吴郡陆象先、上谷寇泚、河南源光裕、博陵崔璩友善，事具陆据所撰《神道碑》。累赠秘书少监、国子祭酒、太子少保。"陆据碑文，已佚。

伯父颜元孙出为润州刺史。

《颜元孙碑》："元宗登极，同列皆选中书舍人，君让范阳卢俌。俄为琚等所挤，出为润州长史。"按琚即太子中书舍人王琚，为元孙东宫同僚。玄宗即位后，迁中书侍郎，史称其开元初"为上所亲厚，群臣莫及"（《通鉴》）。其排挤元孙，盖在本年出任中书侍郎不久，原因俟考。

▶ 唐玄宗开元元年癸丑（公元七一三年）五岁

七月甲子（初三），玄宗与岐王范、薛王业、兵部尚书同中书门下三品郭元振诸人定计诛太平公主党。十一月戊子（二十八日），加尊号为开元神武皇帝。十二月庚寅（初一日），改元开元。尚书左右仆射为左右丞相；中书省为紫微省；门下省为黄门省，侍中为监；雍州为京兆府，洛州为河南府；长史为尹，司马为少尹。（《旧纪》《通鉴》）

▶ 唐玄宗开元二年甲寅（公元七一四年）六岁

正月，弘文馆学士、直学士、学生请愿夜读书，及写供奉书人、拓书人原在内宿者，亦听之。（《唐会要》卷六四）

▶ 唐玄宗开元三年乙卯（公元七一五年）七岁

▶ 唐玄宗开元四年丙辰（公元七一六年）八岁

伯父颜元孙因清白为扬州大都督府长史按察使王志愔儿女婚事，遭其诬告，降阶夺禄，黜归田里。

《颜元孙碑》："出为润州长史，迁滁州刺史。按察使王志愔以清白名闻，拜沂州。志愔娶于颜（陆）余庆，以男求婚，君拒之，遂诬奏请，降阶夺禄。其初，君与执事者因□官有忤，至是憾焉，遂黜归田里。君屏私第，傲然无闷者十年。"按王志愔以扬州长史充巡察使，在本年七月六日，见《唐大诏令集》卷一〇四苏颋《遣王志情（愔）等各巡察本管内制》。扬州大都督府督扬、滁、常、润、和、宣、歙七州。元孙为其下僚，自滁迁沂，盖在王志愔七月六日充使之后。《太平广记》卷三二八引《御史台记》："陆余庆，吴郡人。……主睿宗辒车不精，出授沂州刺史。"睿宗卒于本年六月，十月，葬桥陵，见《旧纪》。元孙为陆余庆前任，任日甚短。其自润州长史迁滁州刺史，盖在二年。

▶ 唐玄宗开元五年丁巳（公元七一七年）九岁

十一月，敕秘书省昭文馆兼广召诸色能书者充，皆亲经御简。（《唐会要》）

▶ 唐玄宗开元六年戊午（公元七一八年）十岁

▶ 唐玄宗开元七年己未（公元七一九年）十一岁

九月四日，改昭文馆依旧为弘文馆，学生三十八人。（《唐会要》）

▶ 唐玄宗开元八年庚申（公元七二〇年）十二岁

▶ 唐玄宗开元九年辛酉（公元七二一年）十三岁

颜真卿随母殷氏南下寄居于苏州吴县令外祖殷子敬官舍。

颜真卿《刻清远道士诗因而继作》："不到东西寺，于今五十春。来从旧赏，林壑宛相亲。"其诗并李德裕追和诸石刻，《宝刻丛编》记在苏州条下。计有功《唐诗纪事》卷二四"颜真卿"条下亦记："吴门有清远道士《同沈恭子游虎丘诗》……鲁公爱之，刻于岩际，并有继作。"按颜真卿大历六年闰三月抚州代到，八月至上元，见《乞御书题额恩敕批答碑阴记》。其《大宗碑》亦记："顷自抚州代到，获展旧山。"抚州至上元必经苏州。大历六年，颜真卿六十三岁，逆推五十年正在本年。

《殷践猷碣》记："父子敬，太常博士，吴县令。"吴县令盖其终官。"叔父临黄尉子玄"，盖其弟兄。子玄之丧，子敬盖在太常任上。参碣"君之捐馆，以清白留遗，家道率然。夫人躬甘菲粝，劝勉桑稽，晏息晨兴，以率励僮仆，行之数岁，经费羡焉"云，家境未见殷实。殷夫人又"中年孀嫠，遗孤十人，未能自振"。其依父作苏州之行，必在殷践猷亡故之后，而外祖殷子敬正除吴县令，似在本年为近是。

▶ 唐玄宗开元十年壬戌（公元七二二年）十四岁

伯父颜元孙起家为濠州刺史，中书令张嘉贞引荐知制诰，属其罢职，未行。

《颜元孙碑》："君屏私第，傲然无闷者十年……起为濠州刺史，累加朝议大夫、上柱国。中书令张嘉贞深相器重，方引知制诰……属罢相，不行。"按张嘉贞罢相，《旧纪》记在明年正月戊申，"坛场使、中书令张嘉贞贬为幽州刺史"。《通鉴》记在二月己酉，盖是。元孙，四年黜归田里，见上谱。其起家为濠州刺史，盖在本年。而受张嘉贞器重引荐制诰未行者，必在本年正、二月间。

▶ 唐玄宗开元十一年癸亥（公元七二三年）十五岁

▶ 唐玄宗开元十二年甲子（公元七二四年）十六岁

春卿为张敬忠剑南节度判官。

《颜勤礼碑》："又为张敬忠剑南节度判官、偃师丞。"春卿为剑南节度判官，始于本年七月七日张敬忠接任剑南节度之后，详见下谱《颜春卿职官考》。

▶ 唐玄宗开元十三年乙丑（公元七二五年）十七岁

四月五日，改集仙殿丽正书院为集贤院，院内五品以上为学士，六品以下为直学士，中书令充学士，知院事；散骑常侍徐坚为副。贺知章以礼部侍郎充学士，韦述、吕向并以左补阙充直学士。（《唐会要》）

▶ 唐玄宗开元十四年丙寅（公元七二六年）十八岁

▶ 唐玄宗开元十五年丁卯（公元七二七年）十九岁

仲兄颜允南以挽郎选糊名考试，判入高等，授鹑觚县尉。

《颜允南碑》："君讳允南，字去惑……开元十五年以挽郎选糊名考，判入高等，授鹑觚尉。"

▶ 唐玄宗开元十六年戊辰（公元七二八年）二十岁

五月，内出二王真迹及张芝、张昶等古迹总一百六十卷，付集贤院，依文拓本进内，分赐诸王。（《唐会要》）

颜真卿取字清臣，别号应方。

《颜鲁公行状》："公姓颜，名真卿，字清臣……别号应方。"

▶ 唐玄宗开元十七年己巳（公元七二九年）二十一岁

▶ 唐玄宗开元十八年庚午（公元七三○年）二十二岁

▶ 唐玄宗开元十九年辛未（公元七三一年）二十三岁

▶ 唐玄宗开元二十年壬申（公元七三二年）二十四岁

伯父颜元孙卒于其子春卿翼城县丞任所，年约六十五岁。有文集三十卷，著《干禄字书》一卷，并行于世。

颜元孙，据上考生于乾封三年，至本年为六十五岁。《旧唐书》卷一八七下《忠义下》记："（元孙）历官长安尉、太子舍人，亳州刺史，卒。"《新唐书》卷一九二《忠义中》称其"有名垂拱间，为濠州刺史"。以《颜元孙碑》

引广德二年春三月二十二日制曰"故濠州刺史"，及颜真卿《祭伯父濠州刺史文》，终官拟为濠州刺史。濠一作豪，《旧传》亳州刺史，盖豪州刺史之误。然是碑标题："朝议大夫守华州刺史。"华州刺史曰守者，盖为职官，卒时当任是职。观碑"起为濠州刺史，累加朝议大夫、上柱国，中书令张嘉贞深相器重，方引知制诰，（原本缺）右职，属罢相，不行。代至，风疾停家"云，其缺文或有华州之记。

后三十一年（广德二年）三月，赠秘书监。明年（永泰元年）颜真卿撰书神道碑追述之。

《颜元孙碑》："君讳元孙，字聿修……少孤，养于舅殷仲容家。身长六尺二寸，聪锐绝伦，工词赋章奏，有史才，明吏事。……尤善草隶。仲容以能书为天下所宗，人造请者笺盈几，辄令代遣，得者欣然，莫之能辨。举进士……解褐鼓（彭）城主簿，历登封尉。与弟赠太子少保讳惟贞府君调选，屡以高等同登甲科。相代为长安尉，翰林伟之。……迁洛阳丞、著作佐郎、太子舍人。……（玄宗）遂御小殿赐食，因出诸家书迹数十卷，曰：'闻公能书，可为寡人定其真伪。'君分别以进上，玄宗大悦，因赐藤笺、笔墨、衣服等物。尝和游苑诗，御札八分批答云：'孔门入室，鲁国称贤。翰墨之妙，莫之与先。'君一览无遗，兼该故实。韦安石以宰相兼庶子，特相礼重，官务一以咨君。……俄为琚等所挤，出为润州长史，迁滁州刺史。按察使王志愔以清白名闻，拜沂州。志愔娶于颜（陆）余庆，以男求婚，君拒之……遂黜归田里。君屏私第，傲然无闷者十年，与陈郡殷践猷、上谷寇泚、武功苏晋、吴郡陆象先友善，相见未尝不毕景。起为濠州刺史。累加朝议大夫、上柱国。……文集三十卷，著《干禄字书》一卷，并行于世。续祖父涉令光庭注《后汉书》。常山之陷也，殁焉。广德二年春三月二十有二日，制曰……可赠秘书监。真卿表谢。"

颜元孙五子：春卿、杲卿、曜卿、旭卿、茂曾。

《颜元孙碑》："呜呼！君有五子，皆有才名。春卿……授偃师县丞；杲卿……充安禄山营田及度支判官、太常丞、摄常山太守。禄山反，诛其土门使，及囗（原本阙）拜卫尉卿、兼御史中丞。城陷，诟詈，为贼所屠害。乾元中赠太子太保，谥曰忠节；曜卿……淄川司马；旭卿……允山令；茂曾……嘉陵司马。"

本年，梁升卿隶书张九龄《张说暨夫人王氏墓志》，署衔"朝散大夫中书舍人"。(《唐五代署书人墓志年表》)

▶ 唐玄宗开元二十一年癸酉（公元七三三年）二十五岁

伯父颜元孙权葬于东京鹍店高村原夫人元氏故兆。

《颜元孙碑》：(开元二十年)"明年，葬于东京鹍店东北高村原夫人新城县君元氏故兆，异穴而堋，权也。"

▶ 唐玄宗开元二十二年甲戌（公元七三四年）二十六岁

颜真卿举进士第。试《梓材赋》《武库诗》，登甲科。

《颜鲁公行状》："年弱冠，开元二十二年进士及第，登甲科。"颜真卿《尚书刑部侍郎赠尚书右仆射孙逖文公集序》："真卿昔观光乎天府，实荷公之奖掖。"《旧唐书》卷一九〇中《孙逖传》："(开元)二十一年，入为考功员外郎、集贤修撰。逖选贡士二年，多得俊才。初年则杜鸿渐至宰辅，颜真卿为尚书。后年拔李华、萧颖士、赵骅登上第。逖谓人曰：'此三人便堪掌纶诰。'"留元刚《颜鲁公年谱》记本年试《梓材赋》《武库诗》。《登科记考》卷八记同年进士杜鸿渐、郜昂、魏缜、张茂之、梁洽、王澄以及阎防、李琚为状元。《文苑英华》卷六九收有郜昂、魏缜、梁洽、王澄《梓材赋》四篇，郜昂目下注："以'理材为器，如政之术'为韵。"颜真卿之赋及《武库诗》，早佚。

娶房州刺史京兆韦景骏之孙、太子中舍人韦迪之女。

有《雁塔题名》。

《宝刻类编》卷二颜真卿条下："雁塔题名。京兆。"

唐玄宗开元二十三年乙亥（公元七三五年）二十七岁

颜真卿偕萧颖士、李华、赵骅、柳芳、殷寅、陆据、邵轸始作开（元）天（宝）八士之交。

《登科记考》卷八开元二十三年进士科：萧颖士、李华、赵骅、柳芳、状元贾至。
《三贤论》："汝南邵轸纬卿有词学标干；天水赵骅云卿，才美行纯；陈郡殷寅直清，达于名理；……河南陆据德邻，恢恢善于事理；河东柳芳仲敷，该练故事……是皆厚于萧（颖士）者也。尚书颜公（真卿），重名节，敦故旧，与茂挺少相知。颜与陆据、柳芳最善；茂挺与赵骅、邵轸泊华最善，天下谓之颜萧之交。殷寅、源衍睦于二交之间。"
《新唐书》卷二〇二《萧颖士传》："时人语曰：'殷（寅）、颜（真卿）、柳（芳）、陆（据）、李（华）、萧（颖士）、邵（轸）、赵（骅）。'以能全其交也。"颜与其结交，盖始于本年登科伊始。

唐玄宗开元二十四年丙子（公元七三六年）二十八岁

季春，经吏部铨选试《对三命判》入高等，举拔萃科。授朝散郎、秘书省著作局校书郎。

《颜鲁公行状》："二十四年，吏部擢判入高等，授朝散郎、秘书省著作局校书郎。"按《册府元龟》卷六二九《铨选部·条制》："唐制，凡选始于孟冬，终于季春。"封演《封氏闻见记》卷三《铨曹》："贞观十九年……始奏选人取所由文，解，十月一日赴省，三月三十日毕。"颜真卿以选人集于尚书省始于去年十月，而其注拟职事，盖在本年季春。
《登科记考》卷八列颜真卿本年偕卢先之等登拔萃科。

始与高适结交。

高适《奉寄平原颜太守》，序曰："初，颜公任兰台郎，与余有周旋之分，而于词赋，特为深知。"按高适去年赴长安，应制科试，见其《酬秘书弟兼寄幕下诸公》诗序"乙亥岁，适征诣长安"。参李颀《答高三十五留别便呈于十一》"累荐贤良皆下就"句，其与颜真卿结交，盖始于本年高适滞留长安之时，在颜真卿任职校书郎前后。

本年，始编纂《韵海镜源》。

《妙喜寺碑》："真卿自典校时，即考五代祖隋外史府君与《法言》所定《切韵》，引《说文》《苍雅》诸字书，穷其训解，次以经、史、子、集中两字已上成句者，广而编之，故曰'韵海'；以其镜照原本，无所不见，故曰'镜源'。"按颜真卿季春授职校书郎，其编纂《韵海镜源》当始于同时或稍后。

▶ 唐玄宗开元二十五年丁丑（公元七三七年）二十九岁

正月，应相州刺史张嘉祐之请为相州周太师尉迟公（迥）祠庙撰铭。

阎伯玙《周太师蜀国公尉迟公祠庙碑》序云："开元丁丑岁，上选建众哲，辑宁庶邦。相州刺史张公嘉祐……起忠贞之庙，制享献之祀。"颜真卿《周太师蜀国公尉迟公祠庙碑铭》亦有："邺有贤守，是为张公。馨香明德，乃建闷宫。乃建闷宫，闷宫有恤，乃建丰碑……"参陆增祥《八琼室金石补正》卷五六所记"开元廿六年二月廿五日"，颜真卿撰写碑铭，时在今冬明春之际。

去冬十月，仲兄允南偕堂兄弟春卿、杲卿、曜卿调集吏部，为侍郎席建侯所赏重。至本年季春，擢授右武卫兵曹参军。

《颜允南碑》："后与从父兄春卿、杲卿、曜卿调集，皆为吏部侍郎席建侯所赏重，时论荣之。寻授右武卫兵曹。"《颜元孙碑》："春卿……转翼城丞。与弟杲卿、曜卿、从父弟允南调选，同日于铨庭为侍郎席建侯所赏，授偃师丞。"颜真卿《摄常山郡太守卫尉卿兼御史中丞赠太子太保谥忠节京兆颜公（杲卿）神道碑铭》亦记："公讳杲卿……开元与兄春卿、弟曜卿、从父弟允南俱从调吏部，皆以书判超等，同日于铨庭为侍郎席建侯所赏，翰林拭目焉，擢授魏郡录事参军。"参其后"当官正色，举劾无所回避，采访使张守珪以清白闻，迁范阳郡户曹"云，张守珪见任本州采访使，时在开元二十七年六月前，见《旧纪》：六月甲戌，"幽州节度使兼御史大夫张守珪以贿贬为括州刺史"。又《唐会要》卷七八"采访处置使"条下记："二十七年二月七日敕文：'三载考绩，黜陟幽明，允叶大猷，以劝天下。比来诸道所通善状，但优仕进之辈，与为选调之资。责实徇名，或乖古义。自今已后，诸道使更不须善状。每三年，朕当自择使臣，观察风俗，有清白政理者，当别擢用。'"张守珪通善状者若在敕文颁下之前，而杲卿以清白擢授范阳郡户曹，必在二十七年敕文同时，或稍后。由是而上推三年，其考绩始于本年。二十四年，颜真卿铨选，不见同调。杲卿兄弟偕从弟允南调集吏部，盖在其后，或即去年季冬，而注拟新职，则属本年。

七月五日，姑母颜真定卒于其子殷成己尉氏县尉官舍，年八十四。后三十五年即大历七年十一月间，颜真卿新授湖州刺史，途经洛阳时为其撰书神道碣铭，并立石于墓前。

《颜真定碣》："君号真定……昭甫府君之季女，钱塘丞殷履直之妻也。……不幸开元二十五年秋七月有五日以随牒，终于成己尉氏尉之公馆，享年八十四。粤以明年春正月合祔于东京万安山之王宝原，礼也。"又记："天后当宁，旁求女史。太夫人殷氏以彤管之才，膺大家之选，召置左右，不遑顾复。二弟曰秘书监元孙府君、太子少保惟贞府君，藐焉始孩，顷隔怙恃。君躬自诲育，教之诗书，悉擅大名，皆君力也。叔父吏部郎中敬仲府君，为酷吏所诬，君率二妹宜芳（长举）令裴安期妻、司业岑献妻割耳诉冤，因获减死。……真卿童孺时，特蒙君教言辞音剖（原文缺）延寿《王孙赋》，崔氏《飞龙篇》，江淹《造化篇》《五都赋》。"

三子：嘉绍、齐望、成己。六女：李氏妻、王元淑妻、蔡九言妻、颜昭粹妻、杨钦妻、颜阙疑妻。

《颜真定碣》："君有三子：长曰武康丞嘉绍……次曰处士齐望……幼曰晋州长史成己……六女：长适李氏……孝养于君；次适王元淑，著《汉春秋》；次适蔡九言……次适颜昭粹……□□杨钦……幼适我兄阙疑。"

邵轸登进士科。（《唐摭言》）

怀素生。（拙文《怀素〈自叙〉考》注二）

本年，五月十五日，长安立史惟则隶书徐彦伯《唐万回神迹记》，隶书并篆额阳伯成《碑阴记及赞》，见署"太子右内率府录事参军集贤院学士（待制）"。（《丛编》）

▶ 唐玄宗开元二十六年戊寅（公元七三八年）三十岁

正月，赴东京参预姑母颜真定葬礼。

《颜真定碣》："不幸开元二十五年秋七月有五日以随牒，终于成己尉氏尉之公馆，享年八十四。粤以明年春正月合祔于东京万安山之王宝原，礼也。"颜真卿为其亲侄，当亲临葬礼。

母殷夫人卒，年六十余，颜真卿兄弟丁内忧，去职守丧。

《颜允南碑》："（开元）二十六年丁内忧，以毁闻。"殷夫人为颜真定弟妇，礼当莅临东京守丧。其死，盖在颜氏葬礼之后，或亦因礼严哀甚而致之。

▶ 唐玄宗开元二十七年己卯（公元七三九年）三十一岁

▶ 唐玄宗开元二十八年庚辰（公元七四○年）三十二岁

仲兄允南服阕，转右领军录事参军。

《颜允南碑》:"二十六年丁内忧,以毁闻。服阕,转右领军录事参军,与从祖姑子刘同昇齐名。"旧制三年之丧,二十五月而毕。允南兄弟服阕,盖在本年。

四月,友人源衍卒,享年三十四岁。陆据撰墓志铭称述之,其《源衍墓志》(失题)有云:"君讳衍,河南人也。左丞府君讳光裕之中子。开元中,辟孝廉,调补郏城尉,以家艰免。后授家令寺主簿。素清羸,前年有加淡气,若不胜衣矣,常以寒食散自强。至廿八年夏四月疾动,终于河南私第,时年卅四。有二女,无子。其月乙酉,诸弟卜殡于河南县梓泽原,礼也。……后来有柳芳、王端、殷晋(寅)、颜真卿、阎伯玙,皆稀世鸿宝,一相遇便为莫逆之交。夫君辩不如柳,庄不如王,介不如陈郡,勇退不如颜氏,危言不如伯玙,然此五君子动静周旋,辄以君为表缀。"

偃师县丞堂兄春卿卒于长安,临终诿其子女于真卿。

《新唐书》卷一九二《颜春卿传》:"终偃师丞。临终,捉真卿臂曰:'尔当大吾族,顾我不得见,以诸子诿汝。'后真卿主其婚嫁。"按上考颜允南二十五年新授右武卫兵曹,春卿与其同日而铨,新授偃师县丞。唐制"三载考绩",见玄宗二十七年二月七日赦文,春卿至终未改他任,卒时盖未值"三年考绩"。春卿盖卒在长安,或即卒于本年季冬调集吏部参选之时。《黄谱》系春卿卒年于二十九年,在东都者,微误。

附:颜春卿职官考

《颜元孙碑》:"(子)春卿……明经拔萃,历蜀县尉,长史苏颋举茂才异等,未试,充张敬忠节度差判官,转翼城丞,与弟杲卿、曜卿、从父弟允南调选,同日于铨庭为侍郎席建侯所赏,授偃师县丞。"《新唐书》为春卿立传,本之而略详,其记:"十六举明经、拔萃高第,调犀浦主簿。尝送徒于州,亡其籍,至廷,口记物色,凡千人,无所差。长史陆象先异之,转蜀尉。苏颋代为长史,被谮击狱,为《棕榈赋》自托,颋遽出之。魏征远孙瞻罪抵死,春卿为请玉真公主,得不死,时人高其节。终偃师丞。"

按犀浦，隶益州，其次畿主簿，正九品下阶，释褐初仕似见略高，《颜勤礼碑》所记"县尉"，盖是。陆象先乃春卿父友，其为益州长史，《旧纪》有记始于先天二年七月"癸丑，中书侍郎陆象先为益州大都督府长史兼剑南道按察兵马使"。《大诏令集》卷五三《陆象先益州大都督府长史制》署曰"开元元年十月"。参《旧唐书》卷九二《韦抗传》"（韦抗）开元三年，自左庶子出为益州长史"云，陆象先在州二年，春卿得其褒异改蜀县尉，时在开元初年。

苏颋为益州长史，《旧唐书》卷八八本传记在开元八年自中书侍郎除礼部尚书，罢知政事之后，即《旧纪》所记正月己卯即二十六日之后。陈钧《苏颋其人及其诗文》记其"开元八年，颋除礼部尚书。次年，检校益州大都督府长史。十一年，随驾北巡，祭汾阴后土。事毕，二次入蜀，仍为益州长史。十二年离任近京"。郁贤皓《苏颋事迹考》记：其二次入蜀，分别定于九年春、十一年秋。其至州理冤狱为春卿平反，当以九年初入蜀为近是。又张敬忠见任剑南节度凡二度，先正后副，见陆增祥《八琼室金石补正》卷五三《青城山常道观敕并阴》："（开元）十三年正月十七日，左散骑常侍、益州大都督府长史、剑南道节度大使、摄御史中丞、本道采访经略大使、上柱国张敬忠上表"；吴廷燮《唐方镇年表》卷六引《酉阳杂俎》："成都有《唐平南蛮碑》，开元十九年剑南节度副大使张敬忠所立。"参《旧唐书》卷九九《张嘉贞传》："（开元）十一年……因出为幽州刺史……明年，复拜户部尚书，兼益州长史，判都督事。……明年，坐与王守一交往，左转台州刺史。"张嘉贞出贬台州，《旧纪》记在十二年秋七月，张敬忠为其后任，盖始于同时。上揭《旧唐书》所记两"明年"，后一"明年"盖衍。若是，颋举其茂才异等，盖在十一年秋日二次入蜀之后，而未试充剑南节度判官，又当在十二年七月张敬忠接任节度之后。

高适有《同颜少府旅宦秋中》《九月九日酬颜少府》诗，刘开扬《高适诗集编年笺注》前诗注："《唐百家诗选》题作《同颜六少府旅居秋中之作》，可从。颜六疑即颜杲卿（真卿称为'二兄'，见《颜鲁公文集》补遗）之弟春卿，尝为蜀尉，终偃师丞（《新唐书·忠义列传》）。"后诗笺曰："此适续和颜六之作也。"吴汝煜、胡可先《全唐诗人名考》，从之。其实，春卿乃杲卿兄，刘氏误，其排行不当称六。又，上考春卿任职犀浦、蜀县二县尉，时在开元十二年七月前，时高适正"二十解书剑，西游长安城"（《别韦参军》）不久，见刘氏《高适年谱》。即使孙钦善《高适年谱》提前三年，是时客居梁宋，亦未见春卿离蜀。参《颜元孙碑》记其父元孙"元宗登极，同列皆选中书舍人，君让范阳卢俌，俄为琚等所挤，出为润州长史，迁滁州刺史。按察使王志愔以清白名闻，拜沂州。志愔娶于颜（陆）余庆，以男求婚，君拒之，遂诬奏请，降阶夺禄。其初，君与执事者因□官有忤，至是憾焉，遂黜归田里。君屏私第，傲然无闷者十年。……起为濠州刺史，累加朝议大夫、上柱国。中书令张嘉贞深相器重，方引知制诰（缺）右职，属罢相，不行。代到，风疾停家"云，张嘉贞罢相，《旧纪》记在十一年正月戊申，有"坛场使、中书令张嘉贞贬为幽州刺史"云。元孙起家为濠州刺史，盖在十年。唐制州牧三年，代到，时在十二三年。春卿归乡侍奉，盖在其风疾停家之后。高诗之颜少府，必非春卿其人。

《颜元孙碑》："开元二十年秋七月生明，薨于绛州翼城县丞之官舍，随子春卿任也。"开元十二三年，颜元孙风疾停家，至二十年卒，已经七八年，其寄居春卿官舍，盖始于翼城县丞任上。唐制三年一秩，春卿自蜀移官绛州，或始于十八九年。

偃师丞，《新唐书》称终官，盖卒于任上。参《颜杲卿碑》"开元与兄春卿、弟曜卿、从父弟允南俱从调吏部，皆以书判超等，同日于铨庭为侍郎席建侯所赏，翰林拭目焉，擢授魏郡录事参军。当官正色，举劾无所回避，采访使张守珪以清白闻，迁范阳郡户曹"云，《旧纪》记张守珪自幽州节度使出贬括州，时在开元二十七年六月甲戌，其以幽州节度使兼河北采访处置使荐引颜杲卿盖在其前。又，《唐会要》卷七八记："二十七年二月七日敕文：三载考绩，黜陟幽明，允叶大猷，以劝天下。……每三年，朕当自择使臣，观察风俗，有清白政理者，当别擢用。"杲卿以清白为采访使奏闻而迁范阳户曹，若以开元二十七年为下限，其魏郡录事"三载考绩"，盖始于二十五年。唐制吏部铨选其注拟新职时在季春，春卿偕弟杲卿同日擢用为偃师县丞者，必在二十五年季春。以其至死未见迁除，又当在满秩之前，或调集吏部参铨尚未注授新职。《新唐书》记其"临终，捉真卿臂曰：'尔当大吾族，顾我不得见，以诸子诿汝。'后真卿主其婚嫁"云，盖卒在长安，而颜真卿尚未起家。按颜真卿自二十六年丁内忧，服阕时在二十八年。春卿之卒，若不在二十七年冬日即必在二十八年初春。

参颜杲卿被杀于天宝十五载，年六十五，见《新唐书》卷一九二本传，逆推开元二十八年应四十九岁，春卿为其兄，当长几岁，年五十而有余，生于武则天垂拱、天授年间。《新唐书》所记"十六举明经、拔萃高第"者，盖在长安初年。

▶ 唐玄宗开元二十九年辛巳（公元七四一年）三十三岁

冬日，为润州刺史、江南东道采访使徐峤正书其所撰夫人王琳墓志。

二〇〇三年秋，洛阳龙门镇张沟村出土《唐故赵郡君太原王氏墓志铭》，次行有署"朝散郎前行秘书省著作局校书郎颜真卿书"云，按颜真卿自开元二十六年校书郎任上丁内忧，守丧洛阳，去年服阕。其兄允南转右领军录事参军。此石所署结衔冠一"前"字，盖未转迁，故翌年即以前资官受人荐举而赴试。

《唐故赵郡君太原王氏墓志铭》，简称《王琳墓志》，长九十厘米，宽九十点五厘米。全文三十二行，行三十二字。志边右侧另题"开元廿九年记"字样。王琳字宝真，徐峤之妻。峤时衔"润州刺史江南东道探访处置兼福建等州经略使慈源县开国公"。

是志有记王琳"以今辛巳之年秋七月二旬有八日，薨于润州之正寝……即以其年十一月二日，安厝于龙门西岗清河王岭"，颜真卿正书铭石，必在其"危旌旅榇，溯江而回……万里孤帆，爰届洛都"之后，即在其秋冬之日，尤以冬十月为近是。徐峤（六八七—七四二），字仲山，一作巨山，冯翊人，郡望湖州长城，为一代名士，自徐齐聃、坚至其祖孙三代为中书舍人，时人传为佳话，且时守大郡，年职并高，颜真卿以九品前资官而正书其所撰夫人志，其中必有原委。

按《旧书》卷一二〇《徐坚传》记"坚妻即侍中岑羲之妹"，岑羲乃峤之舅。颜真卿为岑献内侄，见《颜真定碣》"君号真定……叔父吏部郎中敬仲府君,为酷吏所诬,君率二妹宜芳(长举)令裴定期妻、司业岑献妻割耳诉冤"云,国子司业岑献即羲之兄,亦峤之舅。颜之与峤乃为群从兄弟,小二十二岁。《王琳墓志》,盖出峤之所请。徐峤墓志与《王琳墓志》同时出土,惟无首题。刘迅撰、刘绘正书。其高八十九厘米,宽八十八厘米,略小于《王琳墓志》。按徐峤,《新唐书》列传,见《新唐书》卷一九九,然极简略。是志所记甚详,可补阙如。其有记峤葬在"天宝元年九月癸卯……春秋五十有六",颜真卿所书其夫人之志,盖出之最晚手笔。

▶ 唐玄宗天宝元年壬午(公元七四二年)三十四岁

正月丁未朔,改元天宝,诏前资官及白身人有儒学博通、文辞秀逸及军谋武艺者,所在具以名荐。二月丁亥,上加尊号为开元天宝圣文神武皇帝。丙申,改侍中为左相,中书令为右相,左右丞相依旧为仆射,又黄门侍郎为门下侍郎。东都为东京,北都为北京,天下诸州改为郡,刺史改为太守。(《旧纪》《通鉴》)

九月十八日,颜真卿以前资官由扶风郡太守崔琇荐举,入勤政务本楼参加"博学文词秀逸"制科考试,上第。十月,依资授京兆醴泉县尉。

《颜鲁公行状》:"天宝元年秋,扶风郡太守崔琇举博学文词秀逸。玄宗御勤政楼策试,上第。以其年授京兆府醴泉县尉。"《唐会要》卷七六《制科举》:"天宝元年文辞秀逸科,崔明允、颜真卿及第。"按《册府元龟》卷六四三《贡举部·考试一》:"天宝元年九月庚申,御花萼楼试文武举人,命有司供食。……十月应文词秀逸举人崔明允等二十人。……并科目各依资授官。"颜真卿参加唐玄宗策试时在九月庚申(十八日)。其上第,依资授醴泉尉,当在十月初。《通鉴》卷二一五"天宝元年勤政楼"条下胡三省注:"帝于兴庆宫西南隅建二楼:花萼相辉楼在西临街,以燕兄弟;勤政务本楼在南,以修政事。"参《唐两京城坊考》卷一"勤政务本楼"条下注:"按明皇劳遣哥舒翰及试制举人尝御此楼会。"本年御试文武举人盖在勤政楼,《行状》所记为是,《元龟》似误。

弟允臧解褐为太康县尉。

《颜允臧碑》："君讳允臧，字季宁……解褐太康尉，太守张倚、采访使韦陟皆器其亲（清）严，与之均礼。"按太康县属陈州即淮阳郡，张倚任太守，时在二年，见《旧唐书》卷一一三《苗晋卿传》："天宝二年春，御史中丞张倚男奭参选，晋卿与（宋）遥以倚初承恩，欲悦附之，考选人判等凡六十四人，分甲乙丙科，奭在其首。众知奭不读书，论议纷然……玄宗大集登科人，御花萼楼亲试，登第者十无一二；而奭手持试纸，竟日不下一字，时谓之'曳白'。上怒，晋卿贬为安康郡太守，遥为武当郡太守，张倚为淮阳（郡）太守。"《元龟》及《通鉴》并记在正月，颜允臧之任太康县尉，盖在其前即本年春日。何以入仕，无考。

▶ 唐玄宗天宝二年癸未（公元七四三年）三十五岁

▶ 唐玄宗天宝三载甲申（公元七四四年）三十六岁

正月丙申朔，改年为载。（《通鉴》）

仲兄允南为江南经略使判官。

《颜允南碑》："与从祖姑子刘同齐名，长又相善，尝寓书与之。……寻为同昇江南经略判官。"刘同昇任江南经略使，见赵晋用《赛雨经石文》："我明太守兼江南采访处置漳潮等六郡经略使彭城刘公名同昇，惠恤人隐，保厘东夏。……大唐天宝五载季夏壬午三日甲申记。"文内有"江阴县令窦修睦"云云。其"明太守"者，必为晋陵郡太守。刘同昇任晋陵郡太守始于本年二月，《新纪》有记：二月"丁丑，河南尹裴敦复、晋陵郡太守刘同昇、南海郡太守刘巨麟讨吴令光"。参李华《润州鹤林寺故径山大师碑铭》"故采访使常州刺史刘同昇"及德宣《隋司徒陈公舍宅造寺碑》"（晋陵郡）太守刘公同昇兼江东道采访使"云，其以晋陵郡太守兼经略使亦当始于同时。允南自右领军录事改为江南经略使判官，盖在本年。以"三年考绩"计，乃出之秩满擢迁。

▶ **唐玄宗天宝四载乙酉（公元七四五年）三十七岁**

▶ **唐玄宗天宝五载丙戌（公元七四六年）三十八岁**

四月间，颜真卿以清白为关内道黜陟使王铁荐举，授通直郎，陟长安县尉。

《颜鲁公行状》："授京兆府醴泉县尉，黜陟使户部侍郎王铁以清白名闻，授通直郎，长安尉。"《旧唐书》卷一〇五《王铁传》："五载，又为京畿、关内道黜陟使，又兼充关内采访使。"《旧纪》：本年正月"丙子遣……御史中丞王铁等七人分行天下，黜陟官吏"。《新纪》记在三月丙子。《旧纪》似夺三月字样。三月丙子，为二十四日，颜真卿迁长安县尉，盖在四月间。

▶ **唐玄宗天宝六载丁亥（公元七四七年）三十九岁**

自长安县尉迁御史台监察御史，秋日，巡复诸陵，寻充河东、朔方军试复屯交兵使。

《颜鲁公行状》："六载，迁监察御史……寻充河东、朔方军试复屯交兵使，凡阅举纠士伍舒惨之情，事理无不必当。"参颜真卿《使过瑶台寺有怀圆寂上人》诗序"迁监察御史，巡复诸陵"云，其充河东、朔方军试复屯交兵使，盖在其后。又，《唐会要》卷二"公卿巡陵"："天宝六载八月一日敕，每年春秋之时，巡谒诸陵。"颜真卿巡复诸陵，时在八月一日之后。以明年八月岑参《胡笳歌送颜真卿使赴河陇》诗意推之，其先后出使皆在秋季。颜真卿自长安县尉迁监察御史，盖在其前春、夏之时。

十月二十五日，奉旨送敕至东京，偕崔寓、张万顷处置洛阳令杨慎名，有怨声。

《旧唐书》卷一〇五《杨慎矜传》："二十五日，诏杨慎矜、慎余、慎名并赐自尽。……乃使监察御史颜真卿送敕至东京，殿中侍御史崔寓引慎名，令河南法曹张万顷宣敕示之。……及宣敕了，慎名曰：'今奉圣恩，不敢稽留晷刻，但以寡姊老年，请作数行书以别之。'寓揖真卿，真卿许之。"

至五原郡理冤狱。

《颜鲁公行状》："七载，又充河西、陇右军试复屯交兵使。五原郡有冤狱，不决，公理之。时方久旱，而甘泽立应，郡人呼为御史雨。"按五原郡即盐州，属朔方，参《新纪》："七月乙酉，以旱降死罪，流以下原之。"殷亮所记颜真卿理冤狱事，盖属本年。七载，误。

长子颇约生于本年。

《颜鲁公行状》："初，刘客奴以渔阳归顺，时史思明与（李）光弼、（郭）子仪相持于赵、定之间，客奴遣使越海与公计会，公使判官贾载将男颇为质信，泛海以军粮及战士衣服遗之。时颇始年十岁余，公更无子息，三军恳请留之，不从。"刘客奴遣使逾海与颜真卿商议归顺事，《通鉴》系在至德元载四月间，是年颇"始年十岁余"，盖生于本年。

结交于鲜于仲通。

颜真卿《中散大夫京兆尹汉阳郡太守赠太子少保鲜于公（仲通）神道碑铭》："六载，拜监察御史。……真卿与公同在御史（台）。"真卿与其接通家之欢者，盖始于本年。

陆据为父颜惟贞撰写神道碑铭，蔡有邻隶书，十月，立于万年县墓前。

赵明诚《金石录目》第一二五八：《唐颜惟贞碑》，陆据撰，蔡有邻八分书。天宝六载十月。"按颜惟贞卒于景云二年，是时已经三纪，其立石者，或因忌日而追述之。以上所引李华《三贤论》，陆据与颜真卿最善，颜惟贞碑文殆出颜真卿请托之。是文已佚。

▶ 唐玄宗天宝七载戊子（公元七四八年）四十岁

八月仲秋，以监察御史充河西、陇右军试复屯交兵使。岑参作《胡笳歌送颜真卿使赴河陇》壮行之。

《颜鲁公行状》："七载，又充河西、陇右军试复屯交兵使。"参岑参诗"凉秋八月萧关道"句，颜真卿出使，盖始于八月间。

结识鲁炅于陇右节度使哥舒翰座上。

《旧唐书》卷一一四《鲁炅传》："天宝六载，陇右节度使哥舒翰引为别奏。颜真卿为监察御史，使至陇右，翰尝设宴，真卿谓翰曰：'中丞自郎将授将军，便登节制，后生可畏，得无人乎？'炅时立在阶下，翰指炅曰：'此人后当为节度使矣。'"真卿出使陇右，唯见本年，其结识鲁炅盖在是时。

▶ 唐玄宗天宝八载己丑（公元七四九年）四十一岁

春日，再以监察御史充河东、朔方军试复屯交兵使。使河东时，劾奏郑氏兄弟母亡二十九年未葬失礼。

《颜鲁公行状》："八载，又充河东、朔方军试复屯交兵使。有荥阳郑氏兄弟三人，或居令长，或尉京畿剧任，往年母亡，殡于太原佛寺空园之内，经二十九载未葬，公乃劾奏之，敕三人放归田里，终身勿齿。"按唐制以监察御史巡察地方，每岁春秋两季发使，春曰"风俗"，秋曰"廉察"。颜真卿所劾郑氏事，属风俗，盖在春季。

返京，奏劾金吾将军李延业曾召蕃客内宴引驾仗不报事，从而出之。八月，迁殿中侍御史。

《颜鲁公行状》："左金吾将军李延业素承恩渥，曾召蕃客内宴，引驾仗不报台，公责之。延业凭恃权势，于朝堂喧愤，公奏之，出为济南太守，朝廷惮焉，不敢不肃。八月，迁殿中侍御史。"按李延业喧愤朝堂，盖在京都，是时颜真卿已完使回台复行御史之责。

《唐语林》卷六："(颜真卿)迁监察御史，因押班，责武班中喧哗者，命小吏录奏次，即哥舒翰也。翰恃有新破石壁（堡）城功，泣诉明皇，坐鲁公轻侮功臣，贬蒲州掾。"颜真卿不见有蒲州掾之贬，哥舒翰盖李延业之讹。

兄幼舆自新息县主簿拜左卫率府兵曹参军。

《颜幼舆碑》："调补汝南郡新息县主簿……哥舒翰之攻石堡城，请君随军，拜左卫率府兵曹参军，恩敕赐绯鱼袋。"按陇古节度使哥舒翰攻石堡城，《旧纪》记在本年八月。幼舆除率府兵曹，盖在石堡城改名神武军之闰六月同时。

为高适诗集作四言诗数百字并序。

高适《奉寄平原颜太守》："洎擢在宪司，而仆寓于梁宋，今南海太守张公之牧梁也，亦谬以仆为才，遂奏所制诗集于明主。而颜公又作四言诗数百字并序，序张公吹嘘之美，兼述小人狂简之盛，遍呈当代群英。"按南海太守张公即张九皋，《旧唐书》卷一一一《高适传》："天宝中……宋州刺史张九皋深奇之，荐举有道科。"张九皋奏其诗集，盖在本年。颜真卿为之题诗，作序，必在其前。参高适《答侯少府》"诏书下柴关，天命敢逡巡。赫赫三伏时，十日到咸秦"云，时出盛夏之前。

侍御史任上，□有《大唐故军左羽林军大将军东莞郡开周公上柱国臧府君（怀亮）墓志铭》，有称"勒于故北海郡太守江夏李筐之碑志也，故极权而为之铭"云。明年五月廿一日入窆三原茔。撰并正书《唐故之部尚书赠太子太师郭公（虚己）墓志铭》明年巳月十五日入窆。偃师首阳山。撰《唐故朝议庚子陈留郡开封县令李府君（梗）墓志铭》，明年十一月廿四日入窆于凤栖原。

▶ 唐玄宗天宝九载庚寅（公元七五〇年）四十二岁

春日，援救中丞宋浑未果。出为东都畿采访处置使判官。

《颜鲁公行状》:"时中丞宋浑以私怨为御史吉温、崔珪所诬告,谪贺州。公谓珪、温,曰:'奈何以一时之忿而欲危宋升裔乎?'由是与二人不平。宰相杨国忠初党于温,亦怒公之不附己,令吉温讽中丞蒋洌奏公为东京畿采访判官。"按宋浑之贬,时在九年,贬因出自坐赃巨万,惟其贬地不记贺州,《通鉴》记"夏四月己巳","流潮阳";《旧纪》曰"二月壬午","长流高要郡"。《元龟》同,其卷四八三"台省部·贪黩"有记:"宋浑,玄宗时为御史中丞,天宝九载四月,坐贼伏罪,诏曰:'……宜除名,长流岭南高要郡。'"《旧纪》二月,盖四月之误。殷亮所记或为初贬。

颜真卿《有唐开府仪同三司行尚书右丞相上柱国赠太尉广平文贞公宋公(璟)神道碑》:"列宪台以执简,承谕德之深知。"谕德即太子左谕德宋浑,乃其广德年间职事。《旧纪》记颜真卿列宪台,时浑为中丞,两人相知必始于监察御史任上。

七月十三日,六兄幼舆因疾卒于左卫率府兵曹任上,享年四十八,即窆于万年县凤栖原祖茔之西北。后十八年即大历四年四月,颜真卿撰书神道碑铭志述之。

《颜幼舆碑》:"拜左卫率府兵曹参军,恩敕赐绯鱼袋。不幸以天宝九载秋七月旬有三日遇疾而终,春秋四十八。即以其月窆于万年县凤栖原先茔西北,礼也。"又记:"君讳幼舆,字令轨。……美容止,有器度,故小名粲焉。孝悌仁和,精详礼法,博涉《史记》《汉书》,尽究其义理。起家后土斋郎,调补汝南郡新息县主簿,恪谨官次,备闻修洁,纲纪吏人,罔弗畏慕。太守赵国公王琚,器君才名,待以殊礼,县之庶务,悉以见咨。家素清贫,从母之孀嫠者,宗族之茕单者,皆仰给焉。君悉心奉养,情礼弥笃。"

夫人殷氏,曹州司法参军、丽正殿学士殷践猷之长女,永宁尉殷寅之妹,后十四年即广德二年卒于江陵。五年后即大历四年,归葬合祔于万年县,见下谱。

幼舆履历:

幼舆字令轨。小名粲。颜真卿六兄。精详礼法，博涉《史记》《汉书》，尽究其义理。

起家后土斋郎，调补汝南郡新息县主簿。

天宝八载，拜左卫率府兵曹参军，赐绯鱼袋。卒于任。

夫人殷氏。见上谱。

四子：顶、颉、愿、顿。是时，孟、叔在侍焉。

《颜幼舆碑》："夫人……弃床帐于江陵。仲子凤翔参军颉臬、季子顿不幸早夭。大历四年夏四月壬戌，季弟真卿命君孟子前武功丞顶、叔子左千牛愿度远日而合祔焉。"

十二月，颜真卿再入御史台为侍御史。是时仲兄允南为左补阙，冬至朝贺，同行登殿。

《颜鲁公行状》："九载十二月，转侍御史。"《颜允南碑》："……荐为朝廷左补阙。玄宗尝撰《华岳碑》并书，天宝九载，令御史大夫王铁打百本以赐朝臣，家获二本者四族，而君以两省官，弟真卿以殿中侍御史居其一焉。每正至朝贺，宰相以下登殿者不过三十人，而君与真卿、王铁法服于含元殿，蹈舞而衣接焉。朝觐宴集必同行列，故君赋诗云：'谁言百人会，兄弟皆沾陪。'"按真卿再转侍御史，《黄谱》记在八月。以常衮《御史大夫王公（铁）墓志铭》"以御史大夫领京兆尹"参《旧唐书》一〇五本传"九载五月，兼京兆尹"云，王铁奉命打百本御书《华岳碑》，盖在五月出任京兆尹之后。而其与允南、真卿兄弟"正至朝贺""蹈舞衣接"者，则必始于本年冬至日。《黄谱》当误，今从《行状》。

▶ 唐玄宗天宝十载辛卯（公元七五一年）四十三岁

季春，颜真卿自侍御史改兵部员外郎，掌判南曹。

《颜鲁公行状》："九载十二月，转侍御史。百余日，转武部员外郎、判南曹。提纲目，锄苛细，武调者多感而怀之。"

按兵部十一载三月改武部，真卿以九载十二月转侍御史，百余日，再转武部员外郎，时在季春未改名之前。参《大唐西京千福寺多宝佛塔感应碑文》结衔"朝议郎判尚书武部员外郎"云，判者，盖未实授。殷亮武部之谓，盖出追叙之误。

弟允臧自太康县尉赴选，举才可宰百里制科，授延昌县令。

《颜允臧碑》："天宝十载，制举县令，对策及第，授延昌令。"《登科记考》卷九"天宝十载"条下"才可宰百里科"记有颜允臧。

▶ 唐玄宗天宝十一载壬辰（公元七五二年）四十四岁

三月乙巳改吏部为文部，兵部为武部，刑部为宪部。（《通鉴》）

应西京千福寺楚金禅师之请，正书岑勋《千福寺多宝塔碑》，徐浩题额。四月二十二日，立于寺内法华院塔前。

张彦远《历代名画记》卷三："千福寺，在安定坊。……《楚金和尚法华感应碑》，颜鲁公书，徐浩题额。碑阴，沙门飞锡撰，吴通微书。"参《萃编》卷八九《大唐西京千福寺多宝佛塔感应碑文》题记："南阳岑勋撰，朝议郎判尚书武部员外郎琅邪颜真卿书，朝散大夫检校尚书都官郎中东海徐浩题额。"《法华感应碑》，盖其异名。

颜、徐合作书碑始见此例。徐浩去年曾任检校金部员外郎，其相识盖始于颜真卿郎官任上。

▶ 唐玄宗天宝十二载癸巳（公元七五三年）四十五岁

本年春，有诏补尚书省郎官十余人出守州牧，颜真卿为平原郡太守。六月赴任，岑参赠《送颜平原》以壮行。

岑参《送颜平原》序："十二年，有诏补尚书十数公为郡守，上亲赋诗，舫群公宴于蓬莱前殿，仍赠以缯帛，宠饯加等。"参《颜鲁公行状》："十二载，国忠以前事衔之，谬称精择，乃遂出公为平原太守，其实去之也。"《旧唐书》卷一一二《李峘传》："杨国忠秉政，郎官不附己者悉出于外，峘自考功郎中出为睢阳太守，寻而弟岘出为魏郡太守。"唐礼重内轻外，《行状》所言杨国忠忌而出之者，或是。据岑诗"夏云照银印，暑雨随行辀"云，其出守平原，当在六月。然授命盖出季春，与吏部注拟同时。

▶ 唐玄宗天宝十三载甲午（公元七五四年）四十六岁

至郡，与郡人封绍、高筼及族弟颜浑等人始修《韵海镜源》条目，成二百卷，至安禄山叛乱止，纂成四分之一。

《妙喜寺碑》："天宝末，真卿出守平原，已与郡人渤海封绍、高筼、族弟今太子通事舍人浑等修之，裁成二百卷。属安禄山作乱，止具四分之一。"参《颜鲁公行状》"公初在平原，未有兵革之日，著《韵海镜源》，成一家之作。始创条目，遂遇禄山之乱，寝而不修者二十余年。及至湖州……撰定为三百六十卷"云。其在平原所修二百卷，盖条目也。

季冬，河北采访使、东平王安禄山判官殿中侍御史平冽，监察御史阎宽、李史鱼，右金吾胄曹宋謇巡按至郡，颜真卿迎之于境，相与狎游安德县东北之东方朔庙，见其开元八年原刺史韩思复所立画赞碑，磨损不堪，于是援翰重书，复刊于石，并撰碑阴记志之。及范阳逆起，未及立。其前撰书二碑，一纪颜氏先祖颜斐、颜之推俱守平原，至颜真卿凡三典兹郡；一纪同时台省擢牧诸郡十余人者。后十余年，颜真卿抚州任上，是州别驾吴子晁甚重之，或起石，或重勒，立于原地。

颜真卿《东方先生画赞碑阴记》："东方先生画赞者，晋散骑常侍夏侯湛之所作也。……开元八年，刺史韩公思复刻于石碑。真卿去岁拜此郡，属殿中侍御史平公冽，监察御史阎公宽、李公史鱼，右金吾胄曹宋公謇，咸以河北采访使、东平王判官巡按狎至，真卿候于境上，而先生祠庙不远道周，亟与数公暨家兄淄川司马曜卿、长史前洛阳令萧晋用、前醴泉尉李伯鱼征君、左骁卫兵曹张璲、麟游尉韦宅相、朝城主簿韦有夏、司经正字毕燿、族弟浑、前参军郑悟初同兹谒拜，退而游于中唐，则韩之刻石存焉。金叹其文字纤靡，驳薛生金，四十年间已不可识。真卿于是勒诸他山之石，盖取其字大可久，不复课其工拙，故援翰而不辞焉。……有唐天宝十三载季冬辛卯朔建。"《封氏闻见记》卷十"修复"："颜真卿为平原太守，立三碑，皆自撰亲书。其一立于郡门内，纪周（同）时台省擢授牧诸郡者十余人；其一立于郭门之西，纪颜氏曹魏时颜裴（斐）、高齐时颜之推，俱为平原太守，至真卿凡三典兹郡。其一是东方朔庙碑。镌刻既毕，属幽方起逆，未之立也。及真卿南渡，胡寇陷城，州人埋匿此碑。河朔克平，别驾吴子晃，好事之士也，掘碑使立于庙所。其二碑求得旧文，买石镌勒，树之都（郡）门，时颜任抚州，子晃拓三碑本寄之。"盖书镌已毕而未及立也。

荐引处士张镐，入为左拾遗，凡三年，位至宰相。

《颜鲁公行状》："公至郡，访孝义名节之士，皆旌其门闾，或蠲其户役。安陵处士张镐，多才博识，隐居。公诣其居与之抗礼，因廉使巡察，乃荐焉。其后，镐官至中书侍郎、同平章事。"《旧唐书》卷一一一本传："天宝末，杨国忠以声名自高，搜天下奇杰，闻镐名，召见荐之，自褐衣拜左拾遗。"参《元龟》卷六八《求贤二》："十三载二月诏：自临御以来四十余年，械朴延想，寤寐求贤，林薮无遗，旌招不绝。犹虑升平已久，学业增多，至于征求，或遗僻陋。其博通坟典，洞晓玄经，清白著闻，词藻宏丽，军谋出众，武艺绝伦者，任于所在自举。仍委郡县长官精加铨择，必取才实相副者奏闻。"颜真卿以郡守铨择而荐引张镐者当在前。唐制秋日廉察，杨国忠"召见荐之"者，盖在郡守奏闻之同时或稍后。

▶ 唐玄宗天宝十四载乙未（公元七五五年）四十七岁

十一月丙寅（十一日），范阳节度使安禄山率蕃、汉之兵十余万，以诛杨国忠为名，反于幽州。癸酉（十八日），以郭子仪为灵武太守、朔方节度使。

封常清自安西入奏，请开府库、募骁勇，渡河进击。甲戌（十九日），以常清为范阳、平卢节度使，乘驿诣东京募兵，旬日得六万人。乃断河阳桥，为守御之备。甲申（二十九日），以京兆牧、荣王琬为元帅，命高仙芝副之，统诸军东征。十二月丙戌朔，安禄山自灵昌渡河，陷灵昌郡。辛卯（初六），又陷陈留，甲午（初九），继陷荥阳。丁酉（十二日），东京失守。辛丑（十六日），诏皇太子统兵东讨。丙午（二十一日），斩封常清、高仙芝于潼关，以哥舒翰为太子先锋兵马元帅，领河、陇兵募守潼关以拒之。（《旧纪》《通鉴》）

平原郡属河北道，颜真卿知其节度安禄山必反，初夏即遣亲客蹇昂奏状。状留禁中不报。

《颜鲁公行状》："十四载，禄山祸谋将发，公遣子至范阳启禄山，以今年冬合当入计，禄山猜之不许。公既不得离郡，乃遣亲客、前汉中长史蹇昂奏其状。状留禁中不报。"蹇昂后为杨国忠门客，本年夏，曾为宰相求禄山阴事，见《通鉴》卷二一七"天宝十四载"条下所注《考异》引《唐历》："是夏，京兆尹李岘贬零陵太守。先是，杨国忠使门客蹇昂、何盈求禄山阴事，命京兆尹围捕其宅，得安岱、李方来等与禄山反状，使侍御史郑昂之缢杀之。禄山怒……上惧其生变，遂归过于岘以安之。"《旧唐书》卷一〇六《杨国忠传》所记略同。颜真卿遣其亲客蹇昂上京奏状，盖在其前。

按本年颜真卿长子颎，年仅十岁，见下引，不当上启范阳。其记子者，当为侄即所谓犹子者也。何兄之子及其名，俟考。

安禄山果反，河朔尽陷。十二月上旬，颜真卿遣本郡司兵李平乘驲间道驰报。尝得封常清书并募捕逆贼牒散发河北诸郡。

《颜鲁公行状》："十一月，禄山反于范阳，众号十五万，长驱，自赵、定而南趋洛阳，散榜诸郡，莫敢枝梧。禄山乃榜公，令以平原、博平兵七千人防河，以博平太守张献直为副。公登时使平原兵（曹）参军李平乘驲奏之。平至东京，见封常清，云：'吾得上旨，凡四方奏事者，使开函而再封之。'平听焉。常清遂倚帐操笔寄书于公，论国家之事，词意甚切，并附募捕逆贼牒数十封至平原，令坚相待。公从之，使亲表及门客送于诸郡，因此多有。而常清乃寻自败绩焉，有敕赐死于陕州，竟不接声。平之未至京师也，玄宗叹曰：'河北二十四郡，无一人向国乎？'及闻平至，遣中使五六辈迎之，兼敕平奔马直至寝殿门，然后令下奏事，毕，玄宗大喜，顾谓左右曰：'颜真卿如何人，朕兼未曾识，而所为乃尔！'"

安禄山自赵、定而趋洛阳，始于十二月初一，见《旧纪》："十二月丙戌朔，禄山于灵昌郡渡河。"其令所隶平原、博平两郡兵防河者，盖在同时。洛阳之陷在十二日，李平至东京会见封常清当在其陷之前数日。颜真卿得封常清所书募捕逆贼牒，盖在其间即十二月初。

颜真卿先是预备战事，范阳反后，即召募勇士，以为讨逆之计。至十二月十八日，执杀安禄山来使段子光，会清池尉贾载、盐山尉穆宁共斩伪署景城太守刘道玄，传首平原。颜真卿即召贾载、穆宁及清河尉张澹诣郡计事。是时，饶阳太守卢全诚、济南太守李随、清河长史王怀忠、景城司马李昕、邺郡太守王焘及河间法李奂各以众归，共推颜真卿为盟主，军事皆禀焉。有诏北海太守贺兰进明率精锐五千人济河为助。

《颜鲁公行状》："安禄山镇幽州十余载，末年反迹颇著，人不敢言，公亦阴备之，因岁终式修城，乃浚濠增堞，坏环垣，立植本，内为御敌之计，外托胜游之资。及兵兴，果赖其固而城得全。……禄山之发范阳也，时平原郡有静塞屯平卢镇兵三千五百人，并已发赴镇，在路未达，公悉追回，更追诸县武举及猎射人兼召募精勇，旬日至万余人，遣宗子平原郡录事李择交统之，骁勇之士刁万岁、和琳、徐皓、马相如、高抗朗分押营伍，皆千夫之长，乐以义举，腹心无阻而为其将帅焉。……时饶阳太守卢全诚与司马李正举兵据其城，河间司法参军李奂杀禄山所置长史王忠于济南。月余日，清河义兵复归本郡，济南太守李随下游弈将訾嗣贤渡河，得博平伪太守马冀，据其郡，各有众数千，或至万人，相次于平原，共推公为盟主。公三辞，后听焉。"参令狐垣《光禄大夫太子太师上柱国鲁郡开国公颜真卿神道碑铭》"是时渔阳太守卢全诚、济南太守李随、清河长史王怀忠、景城司马李昕，各有众数千，或至万人，以附于公。邺郡太守王焘被禄山移摄河间，焘俾掾吏李奂斩伪署河间长史杜暮睦，以河间众归于公。北海太守贺兰进明率精锐五千济河，有诏助公讨伐"云，时拥众来归平原者有卢全诚、李正、李随、王怀忠、李晖、王焘和李奂诸人，上引殷亮"河间司法参军李奂杀禄山所置长史王忠于济南"者，盖误杜暮睦为王忠。《通鉴》及《黄谱》本此又误王忠为王怀忠。

《行状》记执杀段子光在结盟之后，且云："十二月，禄山陷东京，害留守尚书李憕、御史中丞卢奕、判官巩县尉蒋清等，因使以三人之首来徇河北，且以胁降诸郡。逆使者段子光至……遂命腰斩子光。……自此义合归者益多矣。斩段子光之日，沧州清河县兵五千攻常山，太原节度使王承业拥兵最近，不时出救，常山遂陷。"按颜真卿执杀段子光，《通鉴》记在十二月壬寅即十八日，杲卿起义反正，在丙午即二十二日，并见《颜杲卿碑》，而常山之陷，时在明年正月壬戌即八日，并非同时，盖误。今从《通鉴》。

令外甥卢逖赴常山郡联络太守堂兄颜杲卿。不数日，颜杲卿举旗反正。于是，河北诸郡响应，凡十七郡归顺朝廷，附禄山者，唯范阳、卢龙、密云、渔阳、汲、邺六郡而已。

《颜杲卿碑》："天宝十四载冬十一月，禄山反范阳，至藁城，公与长史袁履谦同谒，乃矫授公紫，履谦绯。因令崇州刺史李钦凑以兵七千人守土门……会禄山害东京留守李憕、中丞卢奕、判官蒋清，传首胁并海诸郡。前二日，真卿以平原太守斩其使，令外甥卢逖以购禄山敕送于饶阳、常山。后二日，逖至，公悲喜不自胜，犹未敢宣示。其夕，钦凑至……醉以酒而斩之。履谦入告，公与相持而泣，喜其事之集也，遂使（李）峻、（李）栖默开土门"云，参上引《通鉴》所记，颜杲卿据郡反正，仅距平原举义四日。

▶ 唐玄宗天宝十五载丙申（公元七五六年）四十八岁

正月乙卯朔，安禄山称帝，国号燕，改元圣武。六月辛卯（初九日）潼关失守，乙未（十三日），玄宗仓皇西奔，丙申（十四日），至马嵬驿，军士杀杨国忠诸人，玄宗被迫缢杀杨贵妃。丁酉（十五日），将发马嵬，百姓请留太子李亨，许之。己亥（十七日），京师沦陷。七月庚辰（二十八日），玄宗至成都。太子七月辛酉（初九日），至灵武，甲子（十二日），即皇帝位尊玄宗为上皇帝，改元至德，是为肃宗。（《通鉴》《旧纪》《新纪》）

正月十五日，颜真卿因守城拜户部侍郎，兼本郡防御使，即以景城长史李晖为副使，李铣、贾载、沈震为判官。三月二十九日，又加河北采访处置使，乃以王延昌为判官，张澹为支使。始结交魏郡太守河北采访使李光弼。

《颜鲁公行状》："玄宗乃以公为户部侍郎，依前平原太守，充本郡防御使，仍与节度使李光弼计会招讨。公以景城长史李晖为副，李铣、贾载、前侍御史沈震为判官。是月，以诏公为河北采访处置使，公又以前咸阳尉王延昌为判官，张澹为支使。"按本年颜真卿之迁除，《旧纪》有记："十五载春正月……乙巳，加平原太守颜真卿户部侍郎，奖守城也。……三月壬午朔，以河东节度使李光弼为御史大夫、范阳节度使。乙酉，以平原太守颜真卿为河北采访使。"而《通鉴》分别记为正月己巳，三月壬午。正月乙卯朔，乙巳乃下月二十一日；三月甲寅朔，乙酉乃下月初二。《旧纪》并误，今从《通鉴》。

三月间，清河客李萼为郡人乞师于颜真卿。颜真卿结纳李萼意见，联结清河郡，并以平原、清河、博平三郡之兵收复魏郡。由是军声大振。

《颜鲁公行状》："时清河郡寄客李华（萼），为郡人来乞师于公，曰：'窃闻公高义首唱，河朔归顺之人皆依倚，以为声气洪赡，人心可用。若不倦于听，则仆请言之。'公曰：'何如？'华（萼）曰：'国家旧制，江淮郡租布贮于清河，以备北军费用，为日久矣！相传为天下北库。今所贮者有江东布三百余万匹，河北租调绢七十余万，当郡彩绫十余万，累年税钱三十余万，仓粮三十万。时讨默啜，甲仗藏于库内五十余万，编户七十万，见丁十余万，计其实，足以三平原之富；料其卒，足以二平原之强。若因抚而有之，以两郡为腹心唇齿，其余乃四支耳，安敢有不从者哉！彼要仆为行人，以造公之垒，仆明见其可同心也，取命于屏藩之外，惟公图之。'公曰：'所合之众，未曾知战，自死且急，安有恤邻之暇哉？虽然，诺足下之请，则可为乎？'华（萼）对曰：'清河遣仆致命于公者，盖欲禀义□大贤以济谋，非力不足，而借公之师，以当强寇也。瞻仰高意，未有决词定色与济清河也，安敢言为哉！'时华（萼）才年二十余，皆沮云，必动众无成。惟公奇之，迫于众情，未□许耳。华（萼）乃就馆操书，以达其意。意者略言：清河去逆就顺，以全实之资，上公之军而承公之命。时不纳而疑之，即仆回辕之后，清河必有所托，系与他人与公为西面之难，无什日之期耳。公及噬脐乎？公览而惊之，遂排群议，独仗其决，借兵六千人。兵既出平原，次于竟（境）上，华（萼）将把公手而归，公曰：'兵既行矣，可以言吾子之意否？'华（萼）曰：'近闻朝廷遣程千里统精兵十万，自太行东下，拟诣崞口，助河北诸军讨灭叛逆，而崞口为贼所守，千里兵不得东出，须先伐魏郡袁知泰（泰，禄山所署伪太守），纳旧太守司马垂，使为西南主，分开崞口，出千里之军，因令讨邺郡以北直至幽府已来未顺城邑。平原、清河率同盟诸将，以十万人直指河阳，分效兵巡河而悉制其奔冲之路。计王师东讨洛邑，必不减二十万，河南诸郡义师，西向临之，亦不减十万，公当表请坚壁勿战，不旬月而贼有溃败相图之势矣！'公然之，遂移牒清河等诸郡，并遣人（大）将宗子李择交，副将平原令范东馥，偏裨和琳、徐皓等十余人，促兵清河合势，以便宜从事。华（萼）复命于清河，因兵合之际，修永济渠，引水绕州城上，大修守战之具。旬日而毕。又以清河四千兵与平原连踪而西。时博平亦义兵千人来合，于是，三郡之师屯于博平郡堂邑县西南十里。袁知泰遣其麾下将白嗣深、乙舒蒙等率二万人来拒战。三郡之兵，尽日苦斗，遂大败之。斩首万余级，生擒一千余人，马一千匹，军资器械，不可胜数。其日，魏郡城东南面女墙一百五十步，无故而崩（去郡邑百里，战日而崩，所以为异）。知泰走投汲郡。于是，自魏郡以东至堂邑百余里，莫不携壶浆于道侧，以候官军。公声益震，境内稍安。"颜真卿拔魏郡，《旧纪》记在"六月癸未朔"，《黄谱》本之。《通鉴》记在三月，为是，今从之。

让堂邑之功于贺兰进明。

《颜鲁公行状》："时贼将史思明围饶阳，恐平原救之，仍遣游弈兵来拒。

前锋去旧县十里，公惧不敌，乃遣骁将刁万岁以三千兵逆之，坚壁不战。又以书过河，招北海太守贺兰进明，统马步兵五千来助。公陈兵而迎之，相揖哭于马上，凄恸三军，宴犒甚厚。进明遂屯平原城南，息养士马。公每事咨谋之，自是兵威之重稍移于进明矣。而公不以为嫌，进明未有所之。李择交兵入清河，寻又破于堂邑。而因公以有功礼逊于进明，加河北招讨使。择交、东馥征进官级。其清河、博平有功，不录一人。时论进明必有后败，未期，果失律于信都城下，有诏抵罪。公纵之使赴行在。进明以全，乃公护之也。君子曰'窃人之财，犹为之贼'。况窃人之功乎！进明之不死，幸也。然公亦过于宽厚矣。"进明失律信都者，《通鉴》不取，其从《旧唐书》卷一二三《第五琦传》，"进明攻信都郡，久之，不克。录事参军长安第五琦劝进明厚以金帛募勇士，遂克之"云，盖是。其加河北招讨使，盖窃颜真卿堂邑之功，"奏其状，取舍任意"。《新传》所记真卿"以河北招讨使让之"，亦误。

是时，平卢游弈使刘正臣将谋范阳举旗反正，颜真卿遣判官贾载越海遗军资十余万，以子颇为质信，坚其意志。王玄志、田神功、董秦、侯希逸、李正己、许杲卿等将并偕刘正臣归顺于平原。

《颜鲁公行状》："时平山、赵郡已拔，刘正臣（本名客奴）归顺于平原。平卢等十七郡，公先据之。于是横截贼路……初，刘客奴以渔阳归顺，时史思明与光弼、子仪相持于赵、定之间。客奴遣使越海与公计会，公使判官贾载将男颇为质信，泛海以军粮及战士衣服遗之。时颇始年十岁余，公更无子息，三军恳请留之，不从。及载等回，公乃与渔阳声势相连。寻又使人迎其军，比至，公已弃平原，归于行在，竟不及事。然自肃宗已来，河南及诸道立功大将如王元忠、田神功、董泰（秦）、侯希逸、李正己、许杲卿等，初皆是公自北海迎致之者，终无私谒焉。"《旧唐书》卷一四五《刘全谅传》："父客奴，由征行家于幽州之昌平。少有武艺，从平卢军。……自白身授左骁卫将军，充游弈使，自是数有战功。……天宝末，安禄山反……客奴与平卢诸将同议，取知海（吕知海，安禄山所署平卢节度使）杀之，仍遣与安东将王玄志遥相应援，驰以奏闻。十五载四月，授客奴柳城郡太守、摄御史大夫、平卢节度支度营田陆运、押两蕃渤海黑水四府、经略及平卢军使,仍赐名正臣。"李光弼、郭子仪拔赵郡,《通鉴》记在本年四月,"庚子,攻赵郡,一日,城降"。庚子,十七日,其平赵郡,盖在十八日。刘客奴以平卢归顺平原,盖在其后。而其谋反正,遣使越海计会于颜真卿者,则必在其前。

初,颜真卿闻河北节度使李光弼出井陉,即敛军还平原,以待光弼。闻郭子仪、李光弼引兵西入井陉,真卿始复区处河北军事。

《颜鲁公行状》:"时方盛暑,公知光弼、子仪禁断侵掠,将士少衣服,乃送十五万帛,为三万人装以遣。人至饶阳,属潼关不守,两军却入土门,遂留不行。然河北诸郡,公始复指麾征讨之事。"参颜真卿《皇帝即位贺上皇表》"伏承贼陷潼关,驾幸蜀郡,李光弼、郭子仪等正围博陵郡,收兵入土门。王师既还,百姓震恐"云,潼关失守,时在六月初九。玄宗西幸蜀郡,始于六月十三日,李光弼与郭子仪引兵入井陉,当在六月十三日之后。颜真卿去年十二月曾为河北义军盟主,诸郡军事皆禀焉。至本年三月二十九日,李光弼自河东节度使改为范阳长史、河北节度使,职掌兵政,而颜真卿加封采访使,处理民事,其军事则归节度指挥矣。当其引兵西去,河北失其节度,采访使乃为最高职事,民事之外,兵政例当兼之,颜真卿遂复区处河北军事。

潼关失守,驾幸蜀郡,颜真卿于六月二十七日命脚力人张云子间道上表。后又遣招讨判官李铣相继赴行在,潜至灵武。七月十二日,皇太子李亨即位,尊玄宗为上皇,改元至德。张云子、李铣先后奉敕书及即位改元敕书回平原。颜真卿即散布诸郡宣奉,并上《皇帝即位贺上皇表》。又令前监察御史郑昱奉敕书赴河南江淮宣布。于是,所在郡邑,风从不疑,而王命遂通。张云子回,宣授工部尚书兼御史大夫,依前河北招讨采访处置使;李铣回,加银青光禄大夫。

《皇帝即位贺上皇表》:"臣真卿言,六月二十七日,伏承贼陷潼关,驾幸蜀郡。李光弼、郭子仪等正围博陵郡,收兵入土门。王师既还,百姓震恐,忧惶危惧,若无所归。臣不胜悲愤之深,遂遣脚力人张云子间道上表。犹恐不达，又差招讨判官、信都郡武邑县主簿李铣相继间行。铣及云子前后并到灵武郡，奉皇帝七月十二日敕，伏承陛下命皇太子践祚改元。皇帝上陛下尊号曰'上皇天帝'，臣及官吏僧道耆寿百姓等，蹈舞抃跃，不胜感咽。其张云子回，皇帝授臣工部尚书，兼御史大夫。其李铣回，又授臣银青光禄大夫。"参《颜鲁公行状》"肃宗之在灵武也，公前后遣判官李铣及马步军张云子以蜡为弹丸，以帛书表，实于弹丸之内，潜至灵武奏事。有诏以公为工部尚书兼御史大夫，依前河北招讨采访处置使。又于丸内奉敕书及即位改年敕书至平原，散下诸郡宣奉焉。又令前监察御史郑昱奉敕书宣布河南江淮，所在郡邑，风从不疑，而王命遂通，则公之力也"云，张云子、李铣奉敕书回平原，时在七月十二日肃宗即位之后。工部、大夫品阶，并高于户部侍郎二阶，参肃宗即位诏"内外文武官九品以上加两阶"（《旧纪引》）云，其迁当在肃宗即位同时。

行牒招李萼以求赡济之略。先是李萼因颜真卿让功于贺兰进明而辞去。至是，复诣平原，为之谋集军资。有《访求清河行人李华（萼）牒》。

《颜鲁公行状》："公以兵兴半年，军用已竭，思所以赡济之，未得其略。先是，清河行人李华（萼），自堂邑战胜后，又睹公辞权而不有之，遂藏于人间，不及见。公再三盟约，号令诸郡，及以文牒求之……华（萼）于是复诣平原与公相见。公因问以足用之计，华（萼）遂与公数日参议，定以钱收景城郡盐，沿河置场，令诸郡略定一价，节级相输，而军用遂赡。时北海郡录事参军第五琦，随刺史贺兰进明招讨于河北，睹其事，遂窃其法，乃奏肃宗于凤翔，至今用之不绝，然犹未得公本策之妙旨焉。"参《新唐书》卷一四九《第五琦传》"肃宗驻彭原，进明遣琦奏事，既谒见，即陈……帝悦，拜监察御史、勾当江淮租庸使"云，肃宗驻彭原时，在九月戊辰（十七日），李萼初行榷盐之法，盖在其前。而其因颜真卿访求而复诣平原者，当在颜真卿始复区处河北军事六月间或稍后。

有《修书帖》。

《修书帖》，又目《贼军帖》，《留谱》系在本年，参其"贼军未平，使仆不愤见，故先修书，但召诸子弟与语"云，盖是。今从之。

十一月，叛将史思明攻陷河间、景城诸郡。又遣其将康没野波攻平原。颜真卿谋于众，知孤军不敌，乃于二十二日弃郡。渡河，经广陵、丹阳诸郡，各与采访使李希言、李成式计会，竟未果。

《旧唐书》卷一五五《穆宁传》："真卿得书大喜，因奏署大理评事、河北采访支使。……其后，宁计或不行，真卿追蹙弃郡，夜渡河而南，见肃宗于凤翔。帝问拒贼之状，真卿曰：'臣不用穆宁之言，功业不成。'"是即本自穆员《秘书监致仕穆元堂志》所记："（穆宁）既而从颜公登陴誓众，以必死与之俱生。援绝孤城，公志愈厉。颜公麾下有非公所制者，伺公请沐，中夜迫颜公跳。比及于河，公方自拔。他日，颜公诣行在所自讼，有立者公之力，无成者己之咎。"参颜真卿《让宪部尚书表》"臣常使判官、钜鹿郡南和县丞贾载，侄男永王府典军广成及行官邓昌珍、杨神功、裴法成等十余人，将彩物绢帛相继渡海，与刘正臣计会，共和两番。正臣等克期南来，行已有日，属逆贼史思明、尹子奇等乘其未至，悉力急攻，诸郡无援，相次陷没，皆由臣孱懦无谋，致此颠沛，诚合殉命危难，死守孤城，以为归罪阙庭，愈于受擒贼手，所以俛俛偷生过河。缘刘正臣使杨神功将牒与臣，索兵马及盘瓶锦帐，令应接奚、契丹等，不与其勾当。伏恐陛下贻忧，又恩敕先超授吴郡司士郑毓乐安郡太守，令于江淮南两道度僧道取钱，与臣召募士马，令应接河北，臣由此未获即赴行在"云，是时平原内无兼月之蓄，外绝同盟之援。穆宁之计，或为死守，然其与城共存亡，终非上策。且其弃城，贼将康没野波亦网开一面，见颜真卿《特进行左金吾卫大将军上柱国清河郡开国公赠开府仪同三司兼夏州都督康公（康阿义屈达干）神道碑铭》所称："真卿之弃平原也，康没野波为贼骑将，缓策不追。及闻渡河，然始奔蹙，是以得脱于难，平原人至今称之。"

《让宪部尚书表》："遂至广陵、丹阳等郡，各与采访使计会，竟不得兵马。"参《颜鲁公行状》"公乃将麾下骑数百，弃平原渡河，由淮南、山南取路，朝肃宗于凤翔所在"云。其渡河南下，当先历广陵、丹阳诸郡，然后水路至荆襄。其言不及永王李璘事，盖在李璘谋反之前。广陵属淮南道，丹阳属江南东道。据《通鉴》本年十二月甲辰,"吴郡太守兼江南东路采访使李希言平牒璘,诘其擅引兵东下之意。璘怒,分兵遣其将浑惟明袭希言于吴郡,李广琛袭广陵长史、淮南采访使李成式于广陵"之记,颜真卿至广陵、丹阳等郡,"各与采访使计会"者,盖李希言、李成式等人。时在李璘遣将袭两郡即十二月甲辰之前。

仲兄京兆府士曹允南,长安沦陷后,道出骆谷,追赴行在。召拜尚书屯田员外郎,加朝散大夫。

《颜允南碑》:"十五年,长安陷,舆驾幸蜀,朝官多出骆谷,至兴道,房琯、李煜、高适等数十人尽在。中丞田良邱为哥舒翰行军司马,既败,犹自振矜,因诵表云:'翰北行师,未当挫衄,盖缘运数潜迫,人神同弃,职之人故,匪翰之由。'众皆默然,君独抗声叱之,曰:'公何得尚为贼说征祥乎!'(李)峘等因欲殴击,魏仲犀与之同罪,逊词引去,不敢枝梧,一座皆壮之。恩诏召拜尚书屯田员外郎,加朝散大夫。"

弟延昌令允臧,潼关失守后,劝其太守李揖投奔灵武行在。至德初,追赴彭原,拜监察御史,赐绯鱼袋。

《颜允臧碑》:"潼关陷,太守李揖计未有所出,君劝投灵武。至宁、朔,属同罗招六蕃府,绝不得通。肃宗闻君诚,至德初,追赴彭原行在所,拜监察御史,赐绯鱼袋。"

堂兄杲卿因常山失守,被安禄山执送洛阳,支解死于天津桥柱,时年六十五。其子季明、甥卢逖先死于正月八日城陷之时。是时,颜氏一门死于刀锯者三十余人。

《颜杲卿碑》:"春正月,贼使平卢兵马使史思明寇诸郡。思明既来,攻六日城平,粮井皆竭,遂为贼所陷。男季明、外甥卢逖,皆遇贼,遂以公、履谦至东京……乃系公于天津桥南柱,令割肉以自啖。公诟詈不已,遂钩以断舌。

问更敢尔否,公犹盛气含胡以应之。还被支解而终,观者痛心焉!"《旧唐书》卷一八七下本传记:"其月(正月)八日,城陷。"《旧纪》记在"壬戌",即八日,《通鉴》同。其死洛阳,盖在数日后。《颜杲卿碑》及《旧唐书》不记享寿,《新传》有记"年六十五",当有据,今从之。

▶ 唐肃宗至德二载丁酉(公元七五七年)四十九岁

正月乙卯(初六日)安庆绪弑其父禄山,寻即帝位。二月戊子(十日),肃宗至凤翔。四月戊寅朔,郭子仪为司空、天下兵马副元帅,统诸节度;李光弼为司徒。九月丁亥(十二日),元帅广平王俶将朔方等军及回纥、西域之众十五万,发凤翔,东向讨逆。癸卯(二十八日),收复西京。甲辰(二十九日),捷书至凤翔,即日遣使迎上皇还京都。十月壬戌(十八日),收复东京。癸亥(十九日),肃宗发凤翔,遣使入蜀奉迎上皇。丁卯(二十三日),入西京。是日上皇发蜀郡。十二月丁未(初四),上皇还西京。戊午(十五日),立广平王俶为楚王,加郭子仪司徒,进封代国公;李光弼蓟国公。以蜀郡为南京,凤翔为西京,西京为中京。(《旧纪》《通鉴》)

侍中、中书令、兵吏部等并仍旧罢郡为州,复以太守为刺史。(《旧志》)

颜真卿由荆襄北趋行在,次襄阳,会肃宗使中官曹日升来宣慰。因南阳为贼所围已数月,路绝不得入。颜真卿偕中官冯廷瑰为之劝说太守魏仲犀派骑护送入城,以致宣命,且返襄阳取粮,南阳因是遂久守不陷。

《旧唐书》卷一一四《鲁炅传》:"炅收合残卒,保南阳郡,为贼所围。……肃宗使中官将军曹日升来宣慰,路绝不得入。日升请单骑入致命,(襄阳太守魏)仲犀曰:'不可,贼若擒吾敕使,我亦何安!'颜真卿适自河北次于襄阳,谓仲犀曰:'曹使既果决,不顾万死之地,何得沮之!纵为贼所获,是亡一使者;苟得入城,则万人之心固矣。公何爱焉?'中官冯廷瑰曰:'将军必能入,我请以两骑助之。'日升又自有僗骑数人,仲犀又以数骑共十人同行。贼徒望见,知其骁锐,不敢逼。日升既入城,炅众初以为望绝,忽有使来宣命,皆踊跃一心。日升以其十人至襄阳取粮,贼虽追之，不敢击，遂以一千人取音声路运粮而入，贼亦不能遏，又得相持数月。"参《旧纪》至德二载正月甲寅（初五）"将作少监魏仲犀为襄阳、山南道节度使"，颜真卿至襄阳，盖在魏仲犀出任襄阳太守之后。

经邓州内乡县，草书二嫂允南夫人陈氏碑。

陈鉴《碑薮》："《颜母陈夫人碑》，颜真卿草书。在邓州内乡县。"按颜氏兄弟夫人可知者，长兄阙疑，为殷履直幼女，见《殷履直碣》；六兄幼舆，为殷践猷长女，见《颜幼舆碑》；弟允臧，为奉明县君韦氏，见《颜允臧碑》。三兄乔卿、四兄真长，无考。二兄允南，《颜允南碑》未曾提涉夫人事，亦不见其合祔于祖茔。惟其碑有记允南天宝中叶自殿中侍御史出贬襄阳丞。碑主陈夫人必为颜真卿二嫂，颜频、颜颖之母。内乡在邓州西北析水上游，为京襄往返水陆转驿处。允南有子名频，参碑记"真卿使频奏事彭原，上文章"云，彭原为肃宗行在，时在至德元载，频当随叔守平原郡。颜真卿弃郡赴行在，频亦当随行。陈氏碑在内乡，盖先夫而亡，权窆内乡而未克迁葬。颜母，乃依频而言。盖是时狼烟正炽，郡邑多虞，行色匆匆，未允颜真卿叔侄从容扫祭，故草书铭石，以为权宜之举。是文，若非出自颜真卿亦当代其所撰，而以后者为近宜。

行次武当，授宪部尚书，有让表。四月至凤翔。

《旧传》："四月，朝于凤翔，授宪部尚书。"参《让宪部尚书表》"累奉圣旨，许臣入奏，行至武当郡，又奉恩命除臣宪部尚书，兼令使者送告身与臣"云，其授宪部，时在武当，盖在四月至凤翔之前。

时中书舍人兼吏部侍郎崔漪带酒容入朝；谏议大夫李何忌在班不肃，并弹劾之。五月十日，房琯获罪罢相，左拾遗杜甫疏救之，肃宗怒，诏御史大夫韦陟、礼部尚书崔光远并颜真卿三司推问。寻代韦陟为御史大夫，有让表。

颜真卿兼任御史大夫，《留谱》记在本年六月，其注："新史、《行状》，月日不同，今从《家谱》。"按《行状》记在正月，而《旧传》云："二载四月，朝于凤翔，授宪部尚书，寻加御史大夫。中书舍人兼吏部侍郎崔漪带酒容入朝；谏议大夫李何忌在班不肃，真卿劾之，贬漪为右庶子；何忌西平郡司马。"《旧唐书》卷一一一《房琯传》亦记："颜真卿时为大夫，弹何忌不孝，琯既党何忌，遽托以酒醉入朝，贬为西平郡司马。"参同书卷九二《韦陟传》："拾遗杜甫上表论房琯有大臣度，真宰相器，圣朝不容，辞旨迂诞。肃宗令崔光远与陟及宪部尚书颜真卿同讯之。陟因入奏曰：'杜甫所论房琯事，虽被贬黜，不失谏臣大体。'上由此疏之。时朝臣立班多不整肃，至有班头相吊哭者，乃罢（韦）陟御史大夫，颜真卿代，授吏部尚书。"《旧唐书》前后两说虽异，然颜真卿弹劾李何忌者，盖有之。房琯罢相，《旧纪》记在五月丁巳即十日。杜甫得解，仍使就朝列，时在六月一日，有《奉谢口敕放三司推问状》记其事。《留谱》所从《家谱》六月者，显误。《行状》"正月"，乃"五月"之误。"正""五"形近，盖出抄写之讹。

大夫任上，颜真卿恪守是职，以肃正朝廷为己任。九月十二日，广平王李俶将兵东向讨逆，其都虞候管崇嗣先王上马，弹劾之。西京收复，肃宗将发凤翔，还京都，左司郎中李巽先行陈告宗庙之礼，有司署祝文称"嗣皇帝"，即告礼仪使崔器遽奏改之，中旨宣劳。又鉴于太庙毁，奏请筑坛，皇帝向庙三日哭，以达礼体。朝廷酌而从之。

《旧传》："元帅广平王领朔方蕃汉兵号二十万来收长安，出辞之日，百僚致谒于朝堂……管崇嗣为王都虞候，先王上马，真卿进状弹之。……虽天子蒙尘，典法不废，洎銮舆将复宫阙，遣左司郎中李巽先行，陈告宗庙之礼，有司署祝文，称'嗣皇帝'。真卿谓礼仪使崔器曰：'上皇在蜀，可乎？'器遽奏改之。中旨宣劳，以为名儒深达礼体。时太庙为贼所毁，真卿奏曰：'春秋时，新宫灾，鲁成公三日哭。今太庙既为盗毁，请筑坛于野，皇帝东向哭，然后遣使。'竟不能从。"按广平王李俶发兵东向讨逆，时在九月丁亥即十二日，颜真卿以宪部尚书兼御史大夫随百僚送行，并弹劾管崇嗣者，盖在同时，或稍后一日。肃宗发凤翔，时在十月癸亥即十九日，参《旧唐书》卷一一五《崔

044

器传》"从肃宗至凤翔，加礼仪使；克复二京，为三司使"云，有司草仪祝文，崔器遽奏改之者，当在十月壬戌即十八日收复东京迁为三司使之前。《旧纪》："九庙为贼所焚，上素服哭于庙三日，入居大明宫。是日，上皇发蜀郡。"《通鉴》记哭庙在入居大明宫之后。以《旧纪》所记是月"己巳，文武胁从官免冠徒。跣，朝堂待罪，禁之府狱，命中丞崔器劾之"云，己巳，即二十五日，距肃宗丁卯（二十三）还京仅间一日。肃宗三日哭于庙者，当在入居大明宫之后，抑或始于同时。《通鉴》所记为是。颜真卿奏状，盖在肃宗入居大明宫之后。以《旧纪》所记而言，是奏，肃宗已酌而从之。《旧传》"竟不能从"者，未实。

颜真卿扈从还京，未几忤旨，出贬同州，有谢表。

《颜鲁公行状》："又除御史大夫，未几，因忤圣旨，贬冯翊太守。"参《旧纪》"十二月戊午朔，上御丹凤门，下制大赦。……文武三品已上赐爵一级，四品已下加一阶，赐酺五日"云，其蜀郡、灵武扈从功臣自太子太师韦见素以下包括颜真卿仲兄司膳郎中允南并见赐爵进级，唯独颜真卿三品宪部尚书兼御史大夫，不见转迁。其出贬当在下制大赦之前。按十二月甲辰朔，戊午为十五日，《旧纪》误。又，肃宗《御丹凤楼大赦制》："（士庶受贼官禄，为贼用者）宜令御史台、宪部、大理三司据状勘责，条件闻奏"。颜真卿为宪部尚书，三司之一，理应参与按狱，而《旧唐书》卷五〇《刑法》记所置三司使竟"以御史大夫兼京兆尹李岘、兵部侍郎吕䛊、户部侍郎兼御史中丞崔器、刑部侍郎兼御史中丞韩择木、大理卿严向等五人为之"。不见颜真卿其人，盖已贬谪。肃宗御丹凤楼，《旧纪》记在十一月壬申朔，《通鉴》记在"十月壬申"。按十一月乙亥朔，不见壬申，《通鉴》"十月壬申"为是。十月乙巳朔，壬申为二十八日。若是，其前已见忤旨。《旧传》："授宪部尚书，寻加御史大夫……军国之事，知无不言，为宰相所忌，出为同州刺史。"按当时所谓宰相者，以肃宗十二月十五日《收复两京大赦文》所记左相苗晋卿以外，同中书门下平章事者尚有：左仆射郭子仪、司徒李光弼、宪部尚书李麟、中书侍郎崔圆（时封中书令）、中书侍郎张镐等人，加上右仆射裴冕为右丞相，其数相中不知见忌于何人,参肃宗《颜真卿谢冯翊太守批》(集本"冯翊太守"作同州刺史)"卿夙负名器,列在朝廷,委弄印之传,兼曳履之宠,而乃事乖执法,情未灭私"云,颜真卿见忌于宰相者,乃出猜测。《行状》所记忤旨,盖是。

仲兄允南至蜀郡,迁司膳郎中,玄宗闻真卿至凤翔,遣驿马送至相见。其后,扈从肃宗还西京,改司封郎中。十二月十五日,以蜀郡扈从之臣,赐爵金乡县开国男,散官加正议大夫。

《颜允南碑》:"迁司膳郎中。真卿至自河北,玄宗给君驿(马)至凤翔令相见。从肃宗入西京,迁司封。……寻封金乡县开国男,累加正议大夫、上柱国。"

弟允臧以监察御史充朔方兵健衣资使,郭子仪请为判官,随其东向讨贼。八月,迁殿中侍御史。收复京城,衔命宣抚,都人大悦。时仲兄允南为司封郎中,真卿为宪部尚书兼御史大夫,兄弟三人同时台省,当代无比。十二月十五日,以立功之臣,迁栎阳县令。

《颜允臧碑》:"寻充朔方兵健衣资使,郭公子仪请为判官。……二年秋八月,迁殿中侍御史,真卿表谢。……京城收……衔命宣抚,都人大悦。出为栎阳令。"栎阳县,畿县;令,正六品上,品高殿中侍御史(从七品上)二阶,其迁除当在以立功之臣进级加封即十二月十五日之后,与允南同时。《颜允南碑》:"从肃宗入西京,迁司封。真卿以尚书兼大夫,弟允臧又为殿中,兄弟三人同时台省,当代无比,时人钦羡焉。"参上述颜真卿至京,未几即出贬同州事,颜氏兄弟三人同时台省者,殆未经一月。颜真卿《谢颜允臧殿中侍御史表》,已佚。

▶ 唐肃宗至德三载戊戌(公元七五八年)五十岁

正月戊寅(初五),册皇帝尊号曰光天文武大圣孝感皇帝,二月乙巳(初三),奉册上皇徽号曰太上至道圣皇大帝。丁未(初五),改至德三载为乾元元

年。三月戊寅（初六），立张淑妃为皇后。(《旧纪》《通鉴》)

二月十七日，祖昭甫赠华州刺史，三月五日，迁蒲州刺史，充本州防御史。封爵丹阳县开国侯。与将军赵玼计会游弈兵马。十八日，至任蒲州。上谢表并谢祖官表，由中官张抱诚奏之。

《行状》："乾元元年三月，又改蒲州刺史、本郡防御史，封丹阳县开国子，食邑一千户。"参颜真卿《蒲州刺史谢上表》"臣真卿言：臣今月十一日伏奉五日恩制，除臣使持节蒲州诸军事、蒲州刺史，充本州防御史。臣缘同州先无佐官，蒲州书鱼未到，迟回累日，不敢赴上。中使张抱诚至，奉宣恩命，令臣与将军赵玼计会游弈兵马，昨以十八日至州上讫。祗承宠命，伏增感伤"云，其除命在三月五日。谢表，盖作于十八日至任蒲州后。又，《谢赠祖官表》："臣真卿言：伏奉二月十七日恩制臣亡祖……超赠使持节华州诸军事、华州刺史。……谨因中使内谒者监张抱诚冒死陈谢以闻。"《蒲州刺史谢上表》与《谢赠祖官表》，盖作于蒲州，并由中使张抱诚奏上之。《留谱》记在四月，《黄谱》从之，不知何据。

三月朔日，舅母萧氏卒于邠州，年八十一。

《殷践猷碣》："夫人兰陵萧氏……乾元元年，太夫人季女适于邠州司马陆超，板舆随牒。俄而遘疾，三月朔日，终于超之官舍，春秋八十有一。龟筮未从，因权殡于三水。"

五月二十八日，肃宗追赠堂兄常山太守颜杲卿太子太保，谥曰忠节；其子泉明，郫县令；威明，太仆丞。子侄为逆所害者季明、诩、诞以及子干、沛、颇、卢逖、沈盈等八人并加赠五品京官。杲卿夫人崔氏封清河郡太夫人。颜真卿与其仲兄国子司业颜允南并上表谢。是时，侄泉明因史思明降唐，自范阳归东京，求其父尸，侍柩回长安。嗣后，颜真卿又命其赴河北求访颜氏群从姐妹及常山将吏家属流落异地者，凡五十余家，三百余口，悉留蒲州，并加赡给，久之，各随其所适遣资以送之。

九月三日，泉明携其兄季明首榇自河北归长安，途经抚州，颜真卿有《祭侄季明文》奠祀之。明年正月，葬杲卿于祖茔。季明、卢逖祔之。后十六年即大历九年颜真卿撰神道碑志述之。

《旧唐书》卷一八七下《颜杲卿传》："至德二载冬，广平王收复两京，史思明以河朔归国。时真卿为蒲州刺史，乃令泉明于求访血属。杲卿妹先适故榆次令张景儋，妹女流落贼中，泉明一女亦落贼中，俱索购钱三万。泉明悉索所费，购姑女而还，比复纳购，己女遂失。而袁履谦已下，父之将吏妻子奴隶三百余人，转徙贼中，穷窭无告。泉明悉以归蒲州，真卿赡给。久之，随其所诣而资送之。泉明求父尸于东都，得其行刑者，言杲卿被害时，先断一足，与履谦同坎瘗之。及发瘗得尸，果无一足，即日与履谦之尸，各为一柩，扶护还长安。"按史思明降唐，《旧纪》记在至德二载十二日己丑即二十二日。参《新唐书》卷一九二《颜杲卿传》："泉明有孝节，喜振人之急。既为（王）承业所遣，未至而常山陷，故客寿阳。史思明围李光弼，获泉明，裹以革，送幽州，间关得免。思明归国，而真卿方为蒲州刺史，令泉明到河北求宗属。"泉明之归，时在史思明归唐之后。颜真卿自同州迁蒲州，时在本年三月初五，十八日至任，见上谱。十月初九即移官饶州。参《颜杲卿碑》："杨国忠受（张）通幽诡说，贾深又不证明，竟不蒙恤问。乾元元年夏五月二十八日，肃宗乃追赠太子太保。……赠季明、诩，左右赞善；诞，义王咨议；侄子干，都水使者；沛，尚食奉御；颇，洗马；（卢）逖，郑王友；从父甥博野尉沈盈，大理正；封夫人崔氏清河郡太夫人；授泉明郫县令；男威明太仆丞；侄男翙汉州司马；孙证左内仓曹；讯兵书（曹）。谥公忠节。从父弟国子司业允南洎真卿表谢。"泉明扶护父柩归至长安，当在本年赠官封谥之前，肃宗之追赠或即由是而奏请之。碑记颜真卿兄弟并上表谢，其奏盖与京官颜允南有关。颜真卿《祭侄季明文》有"吾承天泽，移牧河关。泉明比者，再陷常山。携尔首榇，及兹同还"云，其明记九月三日，泉明奉叔命赴河北求访血属归之蒲州者，在其授郫县之后，九月三日之前。颜真卿遣资各送其适者，又当在十月九日移官饶州之时。《通鉴》记泉明东京求父尸先于赴河北访血属，甚是，今从之。

《颜杲卿碑》："明年春正月，葬于京城凤栖原先茔西北，礼也。"杲卿之葬，当有确日。参赵明诚《金石录目》卷八："第一五〇四《唐颜杲卿残碑》，颜真卿撰并正书。大历九年。"及其卷二九题记"右《颜杲卿碑》，真卿撰。元和中，旧石刓缺，其甥卢佐元重书而刻之"云，是碑盖撰书于大历九年。惟其年岁久远，已不复见其葬日，遂阙如如是。

蒲州任上，书有《马承光碑》，杜光泰撰。本年立在泾州。

十月初九，为酷吏唐旻所诬，改饶州刺史。十二日，道出华阴，携王延昌、穆宁、张澹、刘晸、郑镇同谒华岳金天王神祠。有《华岳题名》。

《颜鲁公行状》："是年（乾元元年）为酷吏唐旻所诬，贬饶州刺史。"《华岳庙题名》："皇唐乾元元年，岁次戊戌冬十月戊申，真卿自蒲州刺史蒙恩除饶州刺史。十有二日辛亥次于华阴，与监察刺（御）史王延昌、大理评事摄监察御史穆宁、评事张澹、华阴令刘晸、主簿郑镇同谒金天王神词（祠）。"及《祭伯父濠州刺史文》"维乾元元年岁次戊戌十月庚子朔二十一日庚申……真卿敢昭告于亡伯故朝议大夫豪（濠）州刺史府君之灵曰……真卿时赴饶州至东京，得申拜扫"云，本年十月戊申为初九。华阴属京兆府华州治所，在东京西六百八十里。自抚州至东京必经是地。

十月二十一日，赴饶州途中，道出东京，有《祭伯父文》祭告于伯父颜元孙墓前。

《颜元孙碑》："君讳元孙，字聿修……（开元二十年秋七月卒）明年，葬于东京鹞店东北高村原夫人新城县君元氏故兆，异穴而堋，权也。"参《祭文》"敢昭告于亡伯故朝议大夫豪（濠）州刺史府君之灵曰……谨以清酌庶羞之奠，以伯母河南县君元氏配。尚飨"云，其文当撰于东京，而宣于墓田。伯母封号，祭文与碑文不同，不知何故？河南赤县，新城上县，新城或出后改。

仲兄允南迁国子司业。

《颜杲卿碑》："乾元元年夏五月二十八日，肃宗乃追赠太子太保……谥公忠节。从父弟国子司业允南泊真卿表谢。"五月二十八日，允南见称国子司业，其由尚书省迁任国子监者当在本年五月前。

▶ 唐肃宗乾元二年己亥（公元七五九年）五十一岁

元结自湖北大冶猗玗洞迁至江州瀼溪，颜真卿与之游豫，且规其苟戏。

元结《戏规》："元子友倚于云丘之巅，戏牧儿曰：'尔为牧歌，当不责尔暴。'牧儿歌去，乃暴他田，田主鞭之，啼而冤元子。啼不止，召其父而止之。元子友真卿闻之，书过于元子，曰：'嗟嗟次山，苟戏小儿，俾陷鞭焉，而蒙冤之。彼牧儿望次山，犹怡隶不敢干其主。及苟戏，乃或者小和与次山犹仇雠，斯岂慎德也欤！吾闻君子不苟戏，无似非，如何惑一儿，使不知所以蒙过，此非苟戏似非之非者邪，恶不必易此。'元子报真卿曰：'於戏，吾独立于空山之上戏歌，牧儿得过，几不可免。彼行于世上，有爱憎相忌，是非相反，名利相夺，祸福相从，至于有蒙戮辱者焉，得不因苟戏似非，世儿惑之以及者乎！真卿，吾当以戏为规。'"按元结空山之谓，其苟戏，当在隐居期间。参颜真卿《唐故容州都督兼御史中丞本管经略使元君（结）表墓碑铭》："君讳结，字次山……天宝十二载举进士……遂登高第。及羯胡首乱，逃难于猗玗洞，因招集邻里二百余家奔襄阳，玄宗异而征之，值君移居瀼溪，乃寝。乾元二年，李光弼拒史思明于河阳，肃宗欲幸河东，闻君有谋略，虚怀召问，君悉陈兵势，献《时议》三篇。上大悦，曰：'卿果破贼，朕忧遂停。'乃拜君右金吾兵曹、摄监察御史，充山南东道节度参谋。"李光弼拒史思明于河阳，《旧纪》记在本年九月庚寅即二十七日。又，元结《瀼溪铭》记："乾元戊戌，浪生元结始浪家瀼溪之滨。瀼溪，盖溢水。分称瀼水。夏瀼江海，则百里为瀼湖，二十里为瀼溪。"溢水，或称溢江，胡三省《通鉴》注："溢口在浔阳，今江州德化县西一里有溢浦。"瀼溪，孙望《元次山年谱》记在江西瑞昌县，盖是。颜真卿自去年十月初九出贬饶州，是时元结正隐居江州。饶州在彭蠡湖东隅，自蒲至饶，必经江州。《元结碑》所谓"真卿不敏，常忝次山风义之末"者，盖始于是时。江、饶毗邻，《元和郡县图志》有记："今州南五十二里彭蠡湖是也。"

陆路仅距三百七十里。颜、元，宜时有交往。元结《戏规》之真卿其人，盖饶州刺史颜真卿无疑，姑系于本年。

饶州任上，游览鄱阳县荐福山，见有欧阳询所书《荐福寺碑》，乃建亭护之。

《宝刻类编》卷二"颜真卿"条下记有"《荐福寺碑》，饶，雷震破"云，参王象之《舆地纪胜》卷二三饶州"碑记"，是碑目下引《冷斋夜话》："范文正公守饶州，有书生献诗，甚工，生自言平生未尝饱。时欧阳率更《荐福寺碑》墨本直千钱，文正为打千本，使售京师，纸墨已具，一夕雷击碎其碑。坡诗'一夕雷轰荐福碑'，盖谓是也。"《荐福寺碑》，盖欧阳询旧石。《大清一统志》卷三一五："'鲁公亭'，在鄱阳县荐福山。《明一统志》：'山有唐欧阳询所书《荐福寺碑》，颜真卿尝覆以亭，后人因名。'"《宝刻类编》引入颜真卿名下，诚误。

六月九日，除升州刺史，充浙江西道节度使，兼江宁军使，辟荆南戎昱入幕。途经金陵，有《与蔡明远书》《邹游帖》。秋末至任，有谢表。会宣谕使左骁卫郎将史元琮、中使张庭玉奉诏宣布各地置放生池至升州，乃撰《天下放生池碑铭》一章，绢写，托之奉进，并乞肃宗御书题额。

颜真卿《谢浙西节度使表》："臣真卿言，伏奉六月九日，恩制以臣为升州刺史，充浙西节度使兼江宁军使。……制书以今月四日至饶州。臣以今日发赴本道，取都统节度观察使李垣处分讫，即赴升州。""兼江宁军使"，《行状》作"兼宋亳都防御使"，今从谢表。《蔡明远帖》："真卿昔刺饶州，即尝趋事，及来江右，无改厥勤，靖言此心，有足嘉者。一昨缘受替归北，中止金陵，阖门百口，几至糊口。明远与夏镇不远数千里，冒涉江湖，连舸而来，不惮晷刻，竟达命于秦淮之上。又随我于邗沟之东，追攀不疲，以至邵伯南埭，始终之际，良有可称。今既已事方旋，指期斯复。江路悠缅，风涛浩然，行李之间，深宜尚慎。"上引"今月四日至饶州"者，"今月"为七月。其自饶州北上，历江、浙，经淮南，走运河而至扬州，复沿江上溯，"江路悠缅，风涛浩然",至升州,当在秋末。又据颜真卿《乞御书天下放生池碑额表》:"臣去年冬任升州刺史日,属左骁卫郎将史元琮、中使张庭玉等奉宣……臣时不揆愚昧,辄述《天下放生池碑铭》一章,又以俸钱于当州采石兼力拙自书,盖欲使天下元元知陛下有好生之德,因令微臣获广昔贤善颂之义,遂绢写一本,附史元琮奉进兼乞御书题额,以光扬不朽。"其撰写碑铭,绢书奉上,盖在本年冬季。其至升州上谢表,当在其前即秋冬之际。进奉碑铭及乞御书题额,所托者不见有中使张庭玉,盖已先回,谢表似先随其晋京奉进矣。戎昱《闻颜尚书陷贼中》有称"闻说征南没,那堪故吏闻"。参《唐才子传》卷三《戎昱传》"初事颜平原,尝佐其征南幕,亦累荐之"云,其入颜真卿幕,盖始于本年。

▶ 唐肃宗乾元三年庚子(公元七六〇年)五十二岁

闰四月己卯(十九日)改元上元元年。(《旧纪》《通鉴》)

以宋州刺史刘展反状已萌,即预战事,以备不虞。都统使李峘以为过防骇众,密奏之。正月十九日,受诏入朝,由杭州刺史侯令仪代之。未至京,拜刑部侍郎。

《颜鲁公行状》:"刘展反状已露,公虑其侵轶江南,乃选将训卒,缉器械为水陆战备。都统使李峘以公为太早计,因密奏之。肃宗诏追,未至京,拜刑部侍郎。"参颜真卿《谢浙西节度使表》"即赴升州,即当缮修甲兵,抚循将士,观察要害,以备不虞"及《旧唐书》卷一一二《李峘传》"(乾元)二年,以宋州刺史刘展握兵河南,有异志,乃阳拜展淮南节度使,而密诏扬州长史邓景山与峘图之"云,其拜升州刺史及后受诏入京,盖与预饬战备以图刘展有关。据《旧纪》正月"辛巳……以杭州刺史侯令仪为升州刺史,充浙江西道节度兼江宁军使"之记,辛巳,十九日,颜真卿入京之诏,殆与侯令仪改迁同日。

途经洛阳为洛阳令李构撰写《李侍御写真赞》。

是赞,《留谱》记在乾元二年,《黄谱》从之。黄本骥编入《颜鲁公文集》卷六且有按:"《唐书·宰相世系表》有两李构,一武后相元素之孙,赵郡李氏也。此则姑臧房元德之孙，陇西李氏也。"查《新表二上》李氏姑臧房，有"构，泉州刺史"。郁贤皓《唐刺史考》"泉州"条下记："李构，大历中。"且引《八闽志》《闽书》称"大历间刺史"。其时代相近，黄本骥所说盖是。参赞云"举板迎揖，吾将答焉"，及其序"前殿中侍御史正议大夫行洛阳县令，陇西李构年三十七"云，盖颜真卿宪台故旧，迎揖者，时在洛阳任上，故系于本年返京途经洛阳之日。

闰四月十九日，因改元晋爵县公。

《旧传》："旋拜升州刺史、浙江西道节度使，征为刑部尚书。"《通鉴》亦有"刑部尚书颜真卿首率百僚上表，请问上皇起居"之记。据《鲜于氏离堆记》"乾元改号上元之岁秋八月哉生魄，猥自刑部侍郎以言事忤旨，圣恩全宥，贬贰于蓬州"云，及《颜真卿神道碑》所记"肃宗有诏追拜刑部侍郎，进爵县公"。《旧传》"刑部尚书"，《通鉴》从之，盖出侍郎之误。按《旧志》，县公，"从二品，食邑一千五百户"，高县侯一等。其晋爵，当系改元之封，《旧纪》改元在闰四月己卯即十九日。

七月中旬，擘窠大书《天下放生池碑》，随表进奉，再求肃宗御书题额。既许，未及下，会十九日玄宗自兴庆宫移居西内，颜真卿首率百僚上表，请问起居。不日，又因与御史中丞敬羽语及政事，被告忤旨，于八月十六日出贬蓬州长史。途经新政县遇故旧成都兵曹鲜于昱，因邀撰《鲜于氏离堆记》颂述其父鲜于仲通。

《乞御书天下放生池碑额表》："缘前书点画稍细，恐不堪经久，臣今谨据石擘窠大书一本，随表奉进，庶以竭臣下偻偻之诚，特乞圣恩，俯遂前请，则天下幸甚。"及《乞御书题额恩敕批答碑阴记》"肃宗皇帝恩许既有斯答，御札垂下，而真卿以疏拙蒙谴，粤若来八月既望，贬授蓬州长史"云，参顾炎武《金石文字记》卷四之记，是表"正书，上元元年七月"。其据石擘窠大书，盖在随表奉进之前。

《颜鲁公行状》："上元元年秋，时御史中丞敬羽狙诈险惨，班列皆避之。

公曾与之语及政事，遂遭诬，贬蓬州长史。"《旧传》："李辅国矫诏迁玄宗居西宫，真卿乃首率百僚上表请问起居，辅国恶之。"参《颜真卿神道碑》"御史中丞敬羽，诈佞取恩，恶公刚直，以谤语阴中之。天威赫然，责命斯极，贬蓬州刺史"云，其与敬羽语者，盖出玄宗迁居西宫事。颜真卿上表请问玄宗起居，上引《通鉴》系在本年七月丁未即十九日。其随表进奉，乞请御书题额，盖在其前。确日无考，权记中旬。

正书王屿《请御书逍遥楼碑额表》铭于玄宗《登逍遥楼诗碑》后。

《丛编》卷十引《集古录目》："《唐玄宗登逍遥楼诗》，唐玄宗御制并分书。太常卿姜皎书年月。蒲州刺史王屿以诗刻石，请御书；碑额表一，蒲州刺史颜真卿书；答诏，肃宗书。以乾元元年立。"撰人王屿，《旧纪》乾元二年七月丁亥，"刑部尚书王屿为蒲州刺史，充蒲、同、绛三州节度使"。《集古录目》所记乾元元年，盖三年之讹。是时，颜真卿迁饶州，除升州，已离蒲多年，不当仍题蒲州之衔。若出旧书，王屿之表必出尚书任上，至蒲始刻之。

▶ 唐肃宗上元二年辛丑（公元七六一年）五十三岁

九月二十一日制去"乾元大圣光天文武孝感"尊号，去上元年号，但称元年，以建子月（十一月）为岁首。(《旧纪》《通鉴》)

颜真卿在蓬州长史任上，救灾恤患，民称其德。

《颜鲁公行状》："贬蓬州长史。公乐道自怡，不以介怀。"然未言及政绩。《黄谱》"公在蓬州，救灾恤患，民颂其德"之记，盖有所据，今从之。

▶ 唐肃宗宝应元年壬寅（公元七六二年）五十四岁

建巳月（四月）甲寅（初五），上皇崩于西内神龙殿，年七十八。甲子（十五日），改元宝应，复以建寅月为正月。丁卯（十八日），肃宗崩于长生殿，年五十二。己巳（二十日），皇太子豫即位，是为代宗。(《旧纪》《通鉴》)

五月，召拜为利州刺史。因羌贼围城，不得至任，乃追赴上都。其前即本月十六日，新政县铭刻其正书《鲜于氏离堆记》于州门序左右。

《乞御书题额恩敕批答碑阴记》："今上即位，宝应元年夏五月，拜利州刺史。"又，《旧纪》：五月"丁酉，御丹凤楼，大赦。……内外文武官三品以上进爵，四品已下加阶"。及《鲜于氏离堆记》所署"帝唐龙集后壬寅仲夏己卯朔十五日甲午"，不记利州职衔，利州之迁，盖在丁酉大赦之后。按五月己卯朔，甲午为十六日；十五日为癸巳，上引"十五日甲午"，误。又，丁酉为十九日。颜真卿自蓬州赴任利州，道经新政之时《离堆记》盖已竣工。

又，《行状》记"宝应元年八月，代宗有诏除利州刺史"。其盖以建寅月为正月，五月作八月。今从《黄谱》。

十一月初，归至西京，会仲兄国子司业允南病剧。不十日，即逝，年六十九。十二月十六日，葬于祖茔，撰书神道碑志述之。

《颜允南碑》："宝应元年冬十一月，真卿自利州蒙召至上都，君遇疾已革（缺），而泣曰：'吾忍得见汝。'因哽咽不自胜。其十日顷逝于私第，享年六十九。呜呼！明日庚申葬于万年县凤栖原先茔之北，祔也。"按十一月丙子朔，不见庚申。庚申乃十二月十六日，"明日庚申"盖"明月庚申"之讹。

颜允南履历：

颜允南，字去惑，真卿仲兄。少以词藻擅名，兼工草隶书，尤善五言诗。

开元十五年以挽郎选糊名考，判入高等，授鹑觚尉；

二十五年季春，与从兄春卿、杲卿调集吏部，皆得侍郎席建侯所赏识。寻授右武卫兵曹；

二十六年，以母忧去职；

服阕，转右领军录事参军；

天宝三载，为晋陵太守刘同昇（从祖姑子）江南东道采访处置漳潮等六郡经略使判官。改迁大理评事。从调，吏部侍郎达奚珣以书判超等，荐为左补阙，俄迁殿中侍御史，以忤杨国忠出贬襄阳丞；移河东司户、京兆士曹；

十五载，长安陷，出骆谷追驾赴蜀，拜屯田员外郎，加朝散大夫，改司膳郎中；

至德二载，真卿至凤翔，玄宗遣之自蜀郡至，与相见。长安收复，随肃宗入京，除司封郎中，封爵金乡县男，散官正议大夫，受勋上柱国；

乾元元年，迁国子司业。不五年，卒于任上。

夫人陈氏，先卒于襄阳丞任上。

二子：颖、颎。

《颜允南碑》："二子，颖、颎，皆好为五言诗。真卿使颎奏事彭原，上文章，蒙擢校书郎，早卒；颖，简直洁己，以左卫兵曹选为侍郎崔器所赏，累授河南府士曹。"

十二月，京兆尹户部侍郎判度支刘晏举以自代，除户部侍郎。有《谢户部侍郎表》。

《颜鲁公行状》："除利州刺史。十二月，拜户部侍郎，加银青光禄大夫、上柱国。"参代宗《答颜真卿谢吏部侍郎批答》"复银青之旧阶，鸣水苍之杂佩"云，其加银青光禄大夫，当在明年三月改任吏部之后。《旧唐书》卷一二三《刘晏传》："时颜真卿以文学正直出为利州刺史，晏举真卿自代为户部。"及《旧纪》"（二年正月）户部尚书、兼御史大夫、都统淮南节度、观察等使越国公李峘卒"之记，其户部侍郎，盖刘晏举以自代，为李峘副手。按颜真卿天宝十五载正月曾任户部侍郎，至是复任，遂为实授。参《颜允南碑》仅记利州，不言户部，其举代当在"明月庚申"，即十二月十六日之后。《谢表》更在其后。《颜鲁公文集》卷一《谢户部侍郎表》目下注"宝应元年五月"，"五月"盖"十二月"之讹。

本年，以仲兄国子司业允南官加赠父惟贞秘书少监（七月二十七日）；母殷氏赠兰陵郡太夫人（十月九日赠，明年十一月一日下）。

《忠义堂帖》："正议大夫行国子司业颜允南亡父故通议大夫行薛王友□

柱国惟贞。右可赠秘书少监。……宝应元年七月廿七日下；正议大夫行国子司业上柱国金乡县开国男颜允南亡母赠兰陵郡太君殷氏。右可赠兰陵郡太夫人。……宝应元年十月九日。……宝应二年十一月一日下。"

▶ 唐代宗宝应二年癸卯（公元七六三年）五十五岁

闰三月辛酉（十七日），葬至道大圣大明孝皇帝于泰陵，庙号玄宗。庚午（二十六日），葬文明武德大圣大宣孝皇帝于建陵，庙号肃宗。七月壬寅（初一），上代宗尊号曰宝应元圣文武皇帝。壬子（十一日），改元广德。冬十月丙子（初七），因吐蕃犯京畿，车驾幸陕州。辛巳（十二日），至陕州。庚寅（二十一日），郭子仪收复京城。十二月丁亥（十九日），车驾发陕州，甲午（二十六日），至京师。（《旧纪》《通鉴》）

七月二十六日，敕弘文、崇文两馆学生皆以资荫补，所司经文业须精熟，楷书字体皆正（通上）者与出身。（王应麟《玉海》卷一六五）

三月，改吏部侍郎，寻复阶银青光禄大夫。有《谢表》。

《乞御书题额恩敕批答碑阴记》："（宝应）二年春三月改吏部。"参《谢吏部侍郎表》"臣真卿言，伏奉某月、日恩制以臣为吏部侍郎；又奉某月、日恩制加臣银青光禄大夫"云，改除吏部与其复阶，并非同时。参《旧纪》所记本年正月"甲午……国子祭酒、兼御史大夫、京兆尹刘晏为吏部尚书、同中书门下平章事、度支诸使如故"。《通鉴》系在正月癸未，前甲午十一日。颜真卿盖刘晏吏部副手。

五月二十四日，参与尚书省试制举人，列朝邑尉李郱为拔萃科上等。

《旧纪》：五月"丙寅，尚书省试制举人，命左右丞、侍郎对试，赐食如旧仪"。韩愈《中大夫陕府左司马李公（郱）墓志铭》有记："（李郱）年十四五……以朝邑员外尉选，鲁公真卿第其所试文上等，擢为同官正尉。曰：'文如李尉，乃可望此。'"其对试制举人，第李氏文为上等者，盖始于五月丙寅即二十四日。

七月十一日，改元广德，加阶金紫光禄大夫。八月二十七日，除江陵尹、兼御史大夫，充荆南节度、观察处置使。有谢表。举内侄殷亮为推官。未行，受代。十月，代宗幸陕，扈从至行在，除尚书右丞。

《颜鲁公行状》："广德元年，又加金紫光禄大夫，充荆南节度使、观察处置使。迟留未行，为密近所诬，遂罢前命。代宗幸陕，公扈从至行在，除尚书右丞。"参《乞御书题额恩敕批答碑阴记》"广德元年秋八月，拜江陵尹、兼御史大夫，充荆南节度、观察处置等使。未行，受代。转尚书右丞"及颜真卿《谢荆南节度使表》"臣真卿言，伏奉二十七日，恩制除臣江陵尹、兼御史大夫，充荆南节度、观察处置使"云，旧制改元大赦，并进爵加阶。颜真卿加金紫光禄大夫，当在七月十一日改元广德同时。又，《旧纪》："八月，以荆南节度使李岘为宗正卿。"参《旧唐书》卷一一五《卫伯玉传》"广德元年冬，吐蕃寇京师，乘舆幸陕。以伯玉有干略，可当重寄，乃拜江陵尹、兼御史大夫，充荆南节度、观察等使"云，颜真卿乃李岘后任。其补任者即为卫伯玉。江陵尹诸职之制书，盖下于八月二十七日。《殷践猷碣》："亮以校书郎迁寿安尉，为真卿荆南节度推官。"殷亮，盖以寿安尉充推官。

十二月十九日，车驾发陕州，扈从还京，建议先谒陵庙，然后还宫，为宰相元载所阻，不从。

《颜鲁公行状》："除尚书右丞。宰相元载与公不叶，公亦面数之，不为之屈。及銮驾还宫，公曾建议先谒庙，然后即安宫阙，事竟不行。时载方在于立班，更顾公曰：'所见虽美，其如不合事宜。'公怒而进曰：'用舍在相公耳，言者何罪乎？然朝廷纪纲，岂堪相公再破除也。'载自此衔之而不忘。"此事，《通鉴》系在十二月甲午即二十六日至京之前，盖是。

本年三月，正书独孤及撰《韦缙碑》，立在京兆。

《丛编》卷七引《京兆金石录》："《唐赠太常卿韦缙神道碑》，唐独孤及撰，颜真卿书。宝应二年立。"《全唐文》卷三九〇独孤及《唐故朝议大夫申王府司马上柱国赠太常卿韦公（缜）神道碑铭》："公讳缜，字某，职方（知人）之仲子也。……入为申王府司马。……会寝疾终于位，是岁开元十二年岁在甲子冬十一月二十二日，春秋若干。……宝应二年春三月，以子为大夫，故诏追赠公太常卿。……由是，楚州（幼章）稽首于庙，见托撰德，垂懿万亿。"其铭石立碑，盖在宝应追赠太常卿之后。碑云"孟子幼成……天宝十载，自尚书兵部郎出守汉中，兼山南西道采访处置使"，天宝十载，颜真卿正自殿中侍御史改任兵部员外郎，盖韦幼成同僚。

十一月初，正书父惟贞、母殷夫人赠告。

《金石录目》第一三八四："《唐颜惟贞并殷夫人赠告》，子真卿正书。宝应二年十一月。"参《忠义堂帖》，即其《赠颜惟贞秘书少监》《赠兰陵郡太君殷氏兰陵郡太夫人》两制。殷夫人与韩择木母张氏同制，其记"宝应二年十一月一日下"，盖书于制下后数日。父告或同时所书。

弟允臧复拜侍御史、兼太子中允。

《颜允臧碑》："宝应中，复拜侍御史、兼太子中允。"宝应凡二年，姑系于本年。

▶ 唐代宗广德二年甲辰（公元七六四年）五十六岁

先是，颜真卿请召朔方节度仆固怀恩入朝，至本年正月初五，除检校刑部尚书、兼御史大夫，充朔方行营汾晋等六州宣慰使。后三日敕命前往。未行，留知省事。

《旧纪》："二年春正月……癸卯，尚书右丞颜真卿为刑部尚书、兼御史大夫，充朔方宣慰使。"癸卯，即初五日。《乞御书题额恩敕批答碑阴记》："（广德元年）明年春正月，检校刑部尚书、兼御史大夫，充朔方行营汾晋等六州宣慰使以招谕太师（保）、中书令仆固怀恩，不行，遂知省事。"参《通鉴》"丙午,遣检校刑部尚书颜真卿宣慰朔方行营"云,丙午,初八日,颜真卿奉命赴朔方宣慰仆固氏,盖在是日。

《旧唐书》卷一二一《仆固怀恩传》:"先是,尚书右丞颜真卿请奉诏召怀恩,上因以真卿为刑部尚书、兼御史大夫往宣慰之。真卿曰:'臣往请行者,时也;今方受命,事无益矣。'上问其故,对曰:'怀恩阻兵,是其反侧明矣。顷陛下避狄于陕郊,臣方责以《春秋》之义,云寡君蒙尘于郊,敢不恭问官守。当是时也,怀恩来朝,以助讨贼,则其辞顺。今陛下攘去犬戎,即宫京邑,怀恩进不勤王,退不释众,其辞曲,必不来矣。且明怀恩反者,独辛云京、李抱玉、骆奉先、鱼朝恩四人耳,自外朝臣,咸言其枉。然怀恩将士,皆子仪部曲,恩信结其心,陛下何不以子仪代之,喻以逆顺祸福,必相率而归耳。'上从之。"颜真卿请奉诏召仆固氏者,时在去年吐蕃侵犯京都,代宗避走陕州之日,即十月间。其未行,盖失时机,已无辞可出行宣慰也。

三月,晋封鲁郡开国公,食邑三千户。伯父元孙追赠秘书监。

《颜鲁公行状》:"三月,晋封鲁郡开国公,食邑三千户。"《颜元孙碑》:"广德二年春三月二十有二日,制曰:'故濠州刺史上柱国颜元孙……可赠秘书监。'真卿表谢。今上批答云:'卿之先伯,当代词宗。……训诲之方,因父见子。永惟盛烈,式宠代官。'"颜真卿其晋爵国公,盖出同时。颜真卿《谢表》,佚。

七月五日,临淮郡王李光弼因痈疾卒于徐州王府,年五十八。颜真卿撰神道碑颂述之。张少悌行书铭石,十一月,立于富平墓田。

《旧纪》:"七月己酉,河南副元帅、太尉、兼侍中、临淮王李光弼薨于徐州,废朝三日。"《通鉴》同,惟颜真卿《唐故开府仪同三司太尉兼侍中河南副元帅都督河南淮南淮西荆南山南东道五节度行营事东都留守上柱国赠太保临淮武穆王李公(光弼)神道碑铭》作"广德二年秋七月五日己亥,薨于徐州之官舍"。七月丙申朔,五日为庚子;己酉,十四日,己亥,四日,似讹。己酉,盖上闻朝廷而为之废朝之时。李光弼卒日,今从《神道碑》。参其"九月己未,追赠太保。十二月（十一月）□□太常议行，谥曰武穆。……冬十一月二十七日庚申，泣而咨于王母，虔窆公于富平县先茔之东，礼也"云，碑文盖撰于十一月封谥之后。

十一月十四日，汾阳郡王郭子仪自泾阳来朝，诏宰臣百僚迎之于开远门，并在安福寺举行兴道之会。右仆射郭英乂谄事军容使鱼朝恩，礼遇高于六部尚书，颜真卿会后即作《与郭仆射书》纠正之。不数日，又为郭子仪父郭敬之撰书《郭氏家庙碑》颂述之。

  颜真卿《与郭仆射书》："十一月□日，金紫光禄大夫检校刑部尚书、上柱国、鲁郡开国公颜真卿，谨奉书于右仆射定襄郡王郭公阁下。"参《旧纪》"（十一月）丁未，子仪自泾阳入觐，诏宰臣百僚迎之于开远门，上御安福寺待之"云，十一月甲午朔，丁未为十四日，颜真卿移书郭英乂宜在明日。
  《金石萃编》卷九二《有唐故中大夫使持节寿州诸军事寿州刺史上柱国赠太保郭公（敬之）庙碑铭》碑末标题"广德二年岁次甲辰十一月甲午朔二十一日甲寅建"，其碑盖撰书于郭子仪来朝即十四日后至二十一日之间数日内。

▶ 唐代宗永泰元年乙巳（公元七六五年）五十七岁

  正月癸巳朔，改元永泰元年。（《旧纪》）

正月，正除刑部尚书。会诏赠韦陟尚书左仆射，太常博士程皓议谥"忠孝"，颜真卿以为忠孝不并立，拟之过高。主客员外郎归崇敬又驳之。郭英乂请从太常状奏之。

  《旧唐书》卷九二《韦陟传》："永泰元年，诏曰：'……可赠尚书左仆射。'太常博士程皓议谥为'忠孝'。刑部尚书颜真卿以为忠则以身许国，见危致命，孝则晨昏色养，取乐庭闱，不合二行殊高，以成'忠孝'。主客员外郎归崇敬又驳之，纷议不已。右仆射郭英乂不达其体，请从太常之状而奏。"按《旧纪》记郭英乂五月癸丑为成都尹、御史大夫、充剑南节度使。颜真卿驳程皓之议，当在五月之前。又，颜真卿《捧袂帖》二月十四日自署"刑部尚书"，反观去年十一月二十一日《郭氏家庙碑》；二十七日《李光弼碑》并署"检校刑部尚书"，其正除尚书，盖在去年十二月后至本年二月十四日间。参代宗《改元永泰赦文》"今将大振纲维，益明惩劝。肇举改元之典，弘敷在宥之泽，可大赦天下"云，似以正月朔日改元之际为近是。韦陟赠官，及其谥议，亦当在同时或稍后数日。

自二月十四日致太子太保李光进《捧袂》始，历闰十月十四日《奏事》，至翌年二月十一日《疏拙》，先后书信八通，其荐引张澂，庇之幸甚；举家食粥，乞之以米；病妻服药，渴惠鹿脯，以及病疮少愈，勿忧为佳；马病朝回，未遂驰谒……其往复告示，殊不胜其勤。

《颜鲁公文集》卷四收《与李太保帖》九（八）首，即《捧袂》《奏事》《奉别》《疏拙》《朝回》《乞米》及《鹿脯》前后帖。米芾《宝晋英光集》以为"李大夫者，名光颜、唐功臣也"。王澍《竹云题跋》以为是李光弼，且称："《宝晋英光集》以李太保为光颜，以穆宗初年加同中书门下平章事，当公为刑部尚书时，光颜名位尚微，不得遽称太保。今考光弼传，代宗即位，拜太子太保，正在广德二年，则此太保决知为光弼无疑也。光弼为国元老，尽力王室，与鲁公气类，其从光弼乞米，乞鹿脯宜其不厌于烦矣。"按《李光弼碑》有记："今上登极，宝应元年夏五月进封临淮郡王。广德元年秋七月，加实封三百户，通前后凡二千户。赐铁券，名藏太庙，仍图画于凌烟阁。冬十一月，上在陕州，以公兼东都留守。制书未下，久待命于徐州。将赴东都，属疾痢增剧，公知不起，使使赍表奉辞。广德二年秋七月五日己亥，薨于徐州之官舍。……九月己未，追赠'太保'。"其"太保"乃为赠官，且光弼自上元二年五月出镇临淮，即移徐州，至卒未曾稍留京都与颜真卿操觚论撰。王澍所谓"代宗即位拜太子太保"者，盖误读《新唐书》以光进为光弼。

李太保者，乃其弟光进，见是碑云："次曰光颜，特进、鸿胪卿；……季曰光进，开府仪同三司、太子太保、兼御史大夫、渭北节度使、凉国公。"《李光弼碑》撰于去年，光进已见称"太子太保"，本年交游者，盖李光进其人无疑。米、王之说，并误。

八月仲秋日，因孙宿兄弟之请，为其座师太子詹事孙逖文集作序。

《孙逖集序》："公讳逖，河南巩人。……凡公所著诗歌赋序策问赞碑志表疏制诰，不可胜纪，遭二朝之乱，多有散落。子宿、绛、成等凤奉过庭之训，咸以文章知名，同时台省，乃编次公文集为二十卷。……真卿昔观光乎天府，实荷公之奖擢，见命为序，岂究端倪？时则永泰元年仲秋之月也。"其集二十卷，《旧传》误为三十卷。孙宿、孙绛、孙成，《旧唐书》有传，并附于孙逖传后。

孙逖卒于上元二年（公元七六一年），下距永泰元年（公元七六五年）仅四年，孙宿兄弟编次文集，盖在宝应、广德年间，颜真卿"见命为序"，盖出孙宿兄弟所请托。

十月初，弟太子中允允臧除江陵少尹，又兼侍御史、荆南行军司马。二十一日，六嫂幼舆夫人殷氏卒于江陵。

《颜允臧碑》："广德三年冬十月拜江陵少尹，又兼侍御史、荆南行军司马。"参《颜幼舆碑》"夫人陈郡殷氏兰陵太夫人之兄子，充曹州司法丽正殿学士践猷之元女，高士永宁尉殷寅之女弟，高士寿安尉亮之家姑也。……广德二年（原注引旧本作三年为是）冬十月二十一日弃帐于江陵"云，六嫂殷氏居江陵者，盖随叔赴任。允臧除江陵少尹，盖始于月初。

撰有《赵良弼碑》。

胡聘之《山右石刻丛编》卷七收有《唐陕华庐澧抚越广等州刺史御史中丞岭南浙东两道节度使太子宾客襄武县开国公赠扬州大都督赵良弼碑》，颜真卿撰。按邵说《唐故同州河西县丞赠虢州刺史太常卿天水赵公（叡冲）神道碑》记赵良弼乃河西县丞叡冲之子，"官至陕华等七州刺史、御史中丞、浙东、岭南两道节度使、太子宾客"（《金石萃编》卷九五）。良弼职守，见于史籍者惟《旧纪》：上元元年"十月壬申，以庐州刺史赵良弼为越州刺史，充浙江东道节度使"。《嘉泰会稽志》卷二"太守"："赵良弼，自庐州刺史授，加御史中丞，移岭南节度使。"吴廷燮《唐方镇年表》卷七记良弼仅止于宝应元年，洪州都督张休为其后任。若良弼终于太子宾客任上，参颜真卿宝应元年闰四月拜利州刺史，未至任，改户部侍郎，其后改吏部，至永泰二年二月出贬硖州，见下谱，其撰文当在京师二三年间。确年待考，姑系于本年。

▶ 唐代宗永泰二年丙午（公元七六六年）五十八岁

十一月甲子（十二日）改元大历。(《旧纪》《通鉴》)

是时元载专权，引用私党，惧怕朝臣论奏其短，乃请百官凡欲论事，皆先白长官，长官白宰相，然后奏闻，且以上旨遣御史中丞李进传达。颜真卿即上疏切谏，甚得人心，内侍争写之传播于外。元载恨之，会其摄职谒太庙，以祭器不修言之于朝，乃以诽谤时政罪陷害之。二月初九，出贬硖州别驾，十一日至蓝田，有《疏拙帖》即《硖州帖》。旬余改吉州别驾。

《旧纪》："（二月）乙未，贬刑部尚书颜真卿为硖州员外别驾，以不附元载，栽陷之于罪也。"参《乞御书题额恩敕批答碑阴记》"贬硖州别驾，旬余，移贬吉州"云，二月丁亥朔，乙未，初九日。旬余，盖在下旬。《新传》："贬硖州别驾，改吉州司马。"《行状》："贬硖州别驾，代宗为罚过其罪，寻换吉州别驾。"按《旧志》：硖州，下州。别驾，从五品上；吉州，上州。别驾，从四品下；司马，从五品下。吉州别驾品高硖州二阶；吉州司马品同硖州别驾。又，传颜真卿《天台山国清寺智者大师传》有"唐鲁郡公颜真卿，永泰间贬吉州别驾"云，其移贬吉州者，盖别驾。《新传》"吉州司马"，误。

二月上旬，应故旧康没野波之请，为其父康阿义屈达干撰写神道碑铭。

《康阿义屈达干碑》："公讳阿义屈达干，姓康氏，柳城人。……以（广德）二年青龙甲辰冬十有一月二十日甲寅，感肺疾薨于上都胜业坊之私第，春秋七十有五。……夫人清河郡太夫人交河石氏……先公而薨，永泰二年春二月十日壬申，与公合祔于万年县之长乐原，礼也。"其子康没野波，乃当年平原突围时缓策放生者，与颜真卿有旧谊，见天宝十五载谱。是碑所谓"其孤等，穷人孺慕，靡所置哀，聿求不腆之辞，庶播无疆之美"云者，盖出康氏兄弟之请撰。参《硖州帖》"疏拙抵罪，……真卿缘驿上无马，私乘泡转几死，前进不得，今日始至蓝田。……二月二十一日，硖州别驾颜真卿状上"云，二月十日壬申，颜真卿已发京都，"私乘泡转几死"。其撰写《康阿义屈达干碑》，盖在获罪出贬之前，即广德、永泰间。

六月，至荆州，经古烈士左伯桃墓，节概交感，即题诗一首以祭之。

郑薰《移颜鲁公诗记》："颜鲁公既用贞鲤为元载所忌，由刑部尚书贬夷陵郡别驾。大历六年，又以前秋转庐陵郡，道出宣州之溧水县，县之南经古烈士左伯桃墓，节概交感，即于墓下作诗一首，自题于蒲塘之客舍。词韵凄激，点画崇壮，穷国艺之奇事。"按颜真卿出贬硖州，旬转吉州，不宜道出宣州，途经溧水。今查王存《元丰九域志》记左伯桃墓有三：一、濮州；二、安肃军；三、江陵府。惟不记宣州溧水。又，《太平御览》卷四二二《义下》引《烈士传》："羊角哀、左伯桃二人相与为死友，欲仕于楚，道遥山阻，遇雨雪不得行，饥寒无计，自度不俱生也。伯桃谓角哀曰：'天不我与，深山穷困，并在一人，可得生、官。俱死之后，骸骨莫收。内手扪心，知不如子，生恐无益，而弃子之器能，我乐在树中。'角哀听伯桃入树中而死，得衣粮，前至楚。楚平王爱角哀之贤，嘉其义，以上卿礼葬之竟（境）。角哀梦见伯桃曰：'蒙子之恩而获厚葬，然正苦荆将军家相此，欲役使吾，吾不能听也，与连战不胜。今月十五日当大战，以决胜负。得子则胜，否则负矣。'角哀至期，日陈兵马诣至冢上，作三桐人，自杀，下而从之。"其小说者流，不可凭信，然墓地楚境，则当无疑。参《太平寰宇记》汝阳县条下"荆将军庙，即六国时荆卿也。昔羊角哀梦伯桃与荆卿战，乃自刎以助伯桃。今荆冢犹存"及《元丰九域志》卷六《江津府》"左伯桃墓。羊角哀墓"之记。楚境之外，如濮州、安肃军所见左伯桃墓，盖并出后人追仿以树世规而增置者也。颜真卿所经古烈士左伯桃墓，盖在江陵，郑薰所记洵误。按七月八日颜真卿上庐山，题名东林寺，见下谱。其至江陵瞻仰左伯桃墓，撰诗抒志者，必在本年六月间。其诗已佚。

七月初，历江州，上庐山拜晤同憎、熙怡二大师，惠彦、正义和法真诸律师，并题名于东林（八日）、西林（九日）两寺。同游者内侄殷亮，妻弟韦柏尼以及贾镒、杨鹔诸君。

颜真卿《东林寺题名》："唐永泰丙午岁，真卿以罪佐吉州。夏六月壬戌，与殷亮、韦桓（柏）尼、贾镒同次于东林寺。时则同憎、熙怡二公，惠秀、正义二律师暨杨鹔在焉。"

至任吉州，御史韩涉、刺史梁乘尝见招，欲游青原山靖居寺，未果。

颜真卿《靖居寺题名》："唐永泰二年，真卿以罪佐吉州，闻青原靖居寺有幽绝之致，御史韩公涉、刺史梁公乘尝见招，欲同游而不果。"颜真卿，七月，在江州，其至任当在秋季。韩涉、梁乘见招，盖在至任不久。

撰并正书《鲜于仲通碑》。

《金石录目》第一四〇五——一四〇六："《唐京兆尹鲜于仲通碑》，上、下。颜真卿撰并正书。大历二年正月。"按是碑有记"真卿与公同在御史；亡兄国子司业允南、弟今江陵少尹允臧，又与少伊（叔明）同时台省，既接通家之欢，载敦世亲之好，以为徂谢永久，所有者徽猷；陵谷虽迁，不朽者金石。铭功篆美，敢堕所闻"云，"今江陵少尹允臧"之谓，盖出广德三年十月允臧出任江陵之后，参鲜于弟叔明，碑有称"永泰二年秋八月有诏，自太子左庶子复拜为邛州刺史、兼御史中丞、邛南八州都防御观察等使"，又当在本年八月出守邛州之后。赵明诚所记"大历二年正月"，盖立石年月。鲜于仲通墓田在新政县，距吉州甚远，其撰并正书铭石，当在至任不久。

▶ 唐代宗大历二年丁未（公元七六七年）五十九岁

十月二十六日，偕评事韦甫已以及房澄、陆涓诸人和子侄同游靖居寺。翌日题名于寺。寺僧明则、智清陪焉。

《靖居寺题名》："大历二年十月壬寅，评事韦甫已使将归，乃与别驾李□□，清河房澄，同官主簿陆涓、甫男七步，真卿子侄蔡、顿、泚、颐、旰等同宿于下坊。明日及僧明则、智清而登礼焉。"十月，戊寅朔，壬寅，二十六日。其题记乃在二十七日。

本年有《守政帖》。

《忠义堂帖》第二颜真卿《守政帖》："政可守，不可不守，吾去岁中言事得罪，又不能逆道苟时为千古罪人也。虽贬居远方，终身不耻，绪汝等当须谓吾之寸心，不可不守也。"是帖又称《与绪汝帖》。著录首见洪迈《容斋随笔》。颜真卿平生凡三贬，初同州，次蓬州，复硖州，唯硖州由言事获罪，时在去年二月。《守政帖》，当书于赴吉州任上。以"去岁中"云，盖在本年。是帖，有"道苟时为千古罪人也，虽贬居远方终身不"十七字《忠义堂帖》误裱入《广平帖》中。又，"绪汝等当须谓吾之寸心不可不守"，集本作"会吾之志不可不守也"，盖出别本，或已泐损。

▶ 唐代宗大历三年戊申（公元七六八年）六十岁

吉州别驾任上，怡然自乐，不以谪守远郡为怀。因法源大师之请，撰《天台智者大师画赞》和《天台山国清寺壁上大师说法影像并佛顶及维摩四五六祖像》。《画赞》，后六十年即大和二年，其侄颙（禺）牧台时正书铭石立之。另编次《庐陵集》十卷。

最澄《传教大师全集》有颜真卿《天台山国清寺智者大师传》一文，其末有题："唐鲁郡公颜真卿，永泰间贬吉州别驾，因遇法源大师，遂获隋灌顶法师所著行状，并天台《国清百录》，辄摄其要旨，继此传云。"细品之，纯属他人语气，颜真卿所撰智者大师传，当另一篇。斯文冠名颜真卿，未确。《天台智者大师画像赞》有"止观大师名法源，亲事左溪宏度门。……俾余赞述斯讨论，庶几亿载垂后昆"云，上揭所谓"继此传"者，当撰于同时。又，《天台山国清寺壁上大师说法影像并佛顶及维摩四五六祖像》一卷，见最澄《入唐求法目录》；《庐陵集》十卷，著录首见《颜鲁公行状》，《新书·艺文志》尚见存。

五月，除抚州刺史。

《乞御书题额恩敕批答碑阴记》："大历三年夏五月，蒙恩除抚州刺史。"

《旧志》："抚州，中，隋临川郡。武德五年，讨于林士弘，置抚州。……天宝元年，改为临川郡。乾元元年，复为抚州。……天宝领县四（临川、南城、崇仁、南丰），户三万六百五，口十七万六千三百九十四。在京师东南三千三百一十二里，至东都二千五百四十里。"中州刺史，正四品上。

十一月五日，弟允臧卒于江陵少尹任上，年五十九。同胞兄弟至是，唯存真卿一人。

《允臧碑》："广德三年冬十月，拜江陵少尹，又兼侍御史、荆南（卫伯玉）行军司马。……既而代到，屡诏征入，未得行。大历三年冬十一月五日乙亥，奄忽感暴疾，终于私第，春秋五十九。……真卿衅深祜薄，门祚衰陵，同生之人，零落皆尽，唯形与影，相视不足。"参《殷践猷碣》"长妹兰陵太夫人，真卿先妣也。中年孀嫠，遗孤十人，未能自振"云，颜真卿同生之人，盖有十人。其同父兄弟八人，先亡者有仲兄允南，卒于宝应元年十一月十日，年六十九；六兄幼舆，卒于天宝九载七月十三日，年四十八，各有神道碑记述之。另有长兄阙疑，不见碑记；乔卿、真长，仅见碑目，无从考索，但皆逝于允臧之前似可无疑。另尚有一位无禄早世且不知名位之兄。至今允臧下世，颜氏遗孤除出嫁姐妹二人未能确知之外，唯存颜真卿一人而矣。

允臧履历：

允臧字季宁，颜真卿之弟。

天宝初年，解褐太康尉；

十载，制举县令对策，及第，授延昌令；

至德元载，追赴行在，拜监察御史，赐绯鱼袋；寻充朔方兵健衣资使，节度使郭子仪请为判官；

二年八月，迁殿中御史。十二月，以立功之臣晋栎阳县令，入为侍御史，转大理正；

宝应二年，复拜侍御史，兼太子中允；

广德三年十月，除江陵少尹，又兼侍御史、荆南行军司马。

代到，未行。本年十一月，卒于江陵。

夫人韦氏，奉明县君。

三子：𫖮、颁、颙。

《颜允臧碑》："其兄真卿……乃命侄男前武功丞顶，谂于其妻奉明县君韦氏，其孤前京兆参军𫖮泉颁、禺（颙）等以明年夏四月壬戌归祔君于上都万年县凤栖原先茔之北，礼也。"𫖮，《家庙碑》作𫖮。

▶ 唐代宗大历四年己酉（公元七六九年）六十一岁

抚州任上，颜真卿公务之暇，乃游赏山水，因仰慕晋时王、郭二真君修道异事，辄遣使赴崇仁县宝盖山寻访之，见升天之坛及其师浮丘先生之坛尚在，又得《仙坛碑铭》一通。于是修崇观宇，广大门廊，并撰书《桥仙观碑记》以志之，正月二十五日，立于坛前。

《舆地纪胜》卷二九"抚州碑记"："《颜鲁公宝盖山记》，在崇仁县。"《颜鲁公文集》所作《华盖山王郭二真君坛碑铭》，陈垣《道家金石略》引《三仙真经》为《桥仙观碑记》，且有题记"金紫光禄大夫行抚州刺史上柱国鲁郡开国公颜真卿撰并书。唐大历四年己酉正月二十五日立石"。观其文，有谓"余祗膺圣泽，廉察临川，一日，按地理图，得属邑崇仁县华盖山有王、郭二真君坛存焉，欣睹异事，未原其始。他日公余，因令军将往山下访求碑铭，果得一石记，乃隋开皇五年焚修道士李子真于坏碑上再录出其文，则知王、郭二真君（者），仙不显名。王则方平之从侄（再从），郭乃王之族（？）弟也。……故（列）事昭然，仙踪俨若，虽遗史籍，安泯声华。……因与府官议崇观宇，永利（列）焚修。寻差军将以公用钱诣山换殿宇门廊，不日而回，云工半矣。予德惭好道，任忝分符，原始要终，罕测冲天之日；飞（摛）文染翰，用贻终古之芳"。李冲元《三真记》亦有"临川山秀水灵，颇多前代神仙遗迹，丹井仙坛往往杂出于图记文字间，可以考信，而崇仁华盖山王、郭二真君祠，灵迹尤著。唐颜鲁公取隋开皇五年旧碑所载事为记，不著名字、州里，而世系复舛谬，惟曰……"之记，所谓《华盖山王郭二真君坛碑铭》，乃焚修道士李子真旧文。颜真卿所撰者，盖另一碑铭，今从《道家金石略》。参其立石年月，盖撰书于正月十五日之前，或去年冬日。

王象之"宝盖"之名，盖因山名，其"景物"条下有记："宝盖山，在崇仁里，虽江南绝顶，形如宝盖，故号宝盖。《寰宇记》云，上有浮丘先生坛，王、郭二真君人升仙之地。颜鲁公为之记。"参其"始于金华山修道以图轻举，寻游洞府，白玉笥山将之麻姑洞，中道悦一山，问故老曰：'此为何山？'对曰：'巴陵华盖山也。'"云，黄本骥以宝盖山为华盖山，因而名之者，盖误读碑文也。

三月之春，临川县井山神仙道教上清派始祖晋代女道士魏华存之仙坛观宇，经黎琼仙师徒增修鼎新，颜真卿因邀游赏之，并撰书《魏夫人仙坛碑》颂述之。嗣后，又游华姑仙坛，撰书《华姑仙坛碑》纪述本朝上清派传人黄令微。

颜真卿《抚州临川县井山华姑仙坛碑》："大历三年，真卿获刺是州。明年春三月，山下有女道士曾妙行，梦一女师，令上七层华树，层层掇餐，及寤犹饱，因是不食。尝于观见黎琼仙，跪而拜曰：'梦中所见，乃尊师也。'因请依之，于今觉韶颜润泽，虔修香火于此山，遐迩骇慕焉。呜呼！麻姑得道于名山，南真升仙于龟原，华姑鹤翥于兹岭，琼仙、妙行，接踵而去，非夫天地胚晕，从古以然，则何以仙气氤氲若斯盛者？真卿幸因述职，亲睹厥猷，若默而不言，则来者奚述。"参《魏夫人碑铭》有"真卿刺州，谒拜斯频。乃命仙子，增修鼎新。华姑侍旁，异代同尘"云，华姑仙坛之游，乃在其瞻仰魏夫人仙坛新观之后。其《华姑仙坛碑》盖与《魏夫人仙坛碑》撰且书于同时。

是时，旧友吉州靖居寺僧智清主持临川内史谢灵运翻经台，请佛迹寺僧什喻并道士谭仙岩修饰栋宇，至四月初八日斯功告竣，颜真卿应邀莅临法会，撰书《谢康乐翻经台记》志述之。

《抚州宝应寺翻经台记》："抚州城东南四里有翻经台，宋康乐侯谢公元嘉年初于此翻译《涅槃经》，因以为号。……真卿叨刺是邦，兹用忾息，有高行头陀僧智清，绪发洪誓，精心住持，请以佛迹寺僧什喻、仙台观道士谭仙岩同力增修，指期恢复。自见法堂之遗构，克崇先达之高踪，不泯百里而遥四山，不逼三休而上十地。方超经行之业既崇，斗薮之功斯懋。大历己酉岁四月丙午，都人士庶相与大会，设严供而落焉。以真卿业于斯文，见咨纪述。"四月己亥朔，丙午，初八日。斯文，盖撰于四月初八之后几日。

四月二十四日，颜真卿命侄顶、愿护扶其弟允臧、六嫂幼舆夫人殷氏灵柩，自江陵归葬于长安万年县祖茔。乔卿之墓亦起于同时。先后撰书仲兄允南、六兄幼舆以及乔卿、允臧诸兄弟神道碑。

《颜允臧碑》："其兄真卿……乃命侄男前武功丞顶，念于其妻奉明县君韦氏；其孤前京兆参军频暨颎、禺（颙）等，以明年（大历四年）夏四月壬戌，归祔君于上都万年县凤栖原先茔之北，礼也。"《幼舆碑》亦记"大历四年夏四月壬戌，季弟真卿命君孟子前武功丞顶、叔子左千牛愿度远日而合祔焉"。四月己亥朔，壬戌，二十四日。颜允臧兄弟归祔，盖出同日。

《丛编》卷七引《京兆金石录》："《唐国子司业颜允南碑》，宝应元年立在使厅。"又引《集古录目》"碑不见其首尾，其字画与所叙述，盖真卿所撰并书，其兄允南之碑也"。然观其文有"薛王友赠太子少保惟贞府君""太夫人兰陵郡大夫人殷氏"之谓，参上谱宝应元年七月二十七日封赠其父惟贞秘书少监。秘书少监，从四品上阶，品秩低于太子少保（从二品）。十月二十六日，加封其母殷氏兰陵郡太夫人，与韩择木母张氏同制，《忠义堂帖》其告下有"宝应二年十一月一日下"字样，是碑当非宝应年所立。"戊申之年，葬者通岁"（李昂《李邕墓志》），参《金石录目》第一四二八所记"《唐富平尉颜乔卿墓碣》，弟真卿撰并正书，大历四年四月"。立石年月与《幼舆碑》《允臧碑》同，且《允臧碑》有"同生之人，零落皆尽。……岂图不造，永诀于斯。长号立铭，泣尽继血"之哀，颜允南之碑，亦当并撰且书于同时。《幼舆》《允臧》并记"大历四年夏四月壬戌"归葬于万年县祖茔。参《殷践猷碣》，立于明年，又明言"于州采石刻颂，用寄碣于墓左"。颜允南诸兄弟之碑，盖并出"于州采石刻颂"，四月二十四日一由其侄顶、愿等"用寄碣于墓左"者。长兄杭州参军阙疑，未见碑志，若亦归葬祖茔，则当偕允南诸兄弟并撰书于同时。

▶ 唐代宗大历五年庚戌（公元七七〇年）六十二岁

抚州刺史任上，因殿中侍御史徐缋之请，为其父徐秀撰神道碑志述之。韩择木隶书，李阳冰篆额。三月，立石于京兆少陵原。

《黄谱》："（乾元三年闰四月）肃宗改元上元。公作《朝议大夫徐秀神道碑》。"按《金石录目》第一四三八——一四三九："《唐赠梁州都督徐秀碑》上、下。颜真卿撰，韩择木八分书，李阳冰篆。大历五年三月。"参是碑"君讳秀，东海郯人也。……天宝十三载秋七月九日，终于郡之官舍，春秋七十。……夫人南阳县君樊氏……春秋六十有八，弃堂帐于相州之安阳。天宝十五载秋八月十有四日，爰遵周公之典而合祔焉……乾元中（缋）奉使巴渝，属段子璋构逆，流辈十人皆被屠害，以缋高名，欲留同恶。期之以死，承剑不回。时诸道征求，人不堪命，缋至之邦，必荷仁信，如期而毕"云，梓州刺史段子璋之叛，时在上元二年四月壬午，见《旧纪》；其被平伏，《通鉴》记在五月乙未。徐缋出使巴渝，按期而回，当在上元二年间。其为父撰述碑志，又在其后。《黄谱》"乾元三年"，盖误。又，颜真卿乾元三年八月出贬蓬州，宝应元年除利州，赴任未果，转走上都，徐缋出使巴渝，道出蓬州。又，《太平寰宇记》卷一三九"蓬州"条下记"宝应元年租庸使徐演（缋）奏（郎池）自果州割属蓬州"。徐、颜，是盖有过从。赵明诚所记"大历五年三月"者，若为立石之日，颜真卿撰写碑铭，必始于本年岁初，盖出徐缜之请。

四月，为道士谭仙岩书马伏波语。

《忠义堂帖》第二颜真卿《书马伏波语》题记："有唐大历三年夏四月金紫光禄大夫行抚州刺史上柱国鲁郡开国公颜真卿，白云堂道士谭仙岩立。"谭仙岩即仙坛观道士，麻姑山女道士黎琼仙弟子，详见上谱。颜真卿为之书马援语，盖已至任。"三年"乃"五年"之讹。

夏五月，为舅氏殷践猷及其子殷摄撰写神道碑铭志述之，并于州采石，正书铭刻，遣使立之于河南新安墓田。

《金石录目》第一四四二："《唐大斌令殷摄碑》，颜真卿撰并正书。"《殷践猷碣》："君讳践猷，字伯起，陈郡长平人。……三子摄、寅、克齐等皆克负荷。摄，大斌令；克齐，高平尉，为真卿河东复屯军试判官，并不幸早世。寅聪达有精识，能继先父之业，有大名于天下。……广德二年十有二月，（寅子亮）与弟今荥阳尉永甸甸徒步，力护双椟，合祔君夫人于新安县之龙涧原，三子茔从，理命也。……大历五年夏五月，真卿以恩宥刺抚，于州采石刻颂，用寄碣于墓左。"殷践猷生于上元元年，岁在甲戌，本年为其本命年。颜真卿为其再缮墓田，追立碑铭，且"三子茔从"，以《殷摄碑》推测之，尚顾及茔从三子。由是，殷践猷、殷摄父子二碑之外，同时当另有殷寅、殷克齐之碑在。

为姑表兄弟前抚州刺史张景佚撰书清德颂，立石于城郭。

《舆地纪胜》卷二九"抚州碑记"："《张景倩清德碑》，在州城东三十步。大历五年建，颜真卿文并书、篆额。时景倩为刺史。"参《魏夫人仙坛碑》"（开元）二十九年春三月乙酉，使道士赍龙璧来醮，忽有白鹿自坛东出，至冢间而灭；五色仙蛾集坛上，刺史范阳张景佚以为圣德感应，立碑颂述"及段成式《酉阳杂俎·前集》卷十九所记"天宝初，临川郡人李嘉胤所居，柱上生芝草，形类天尊，太守张景佚截柱献之"云，王象之所谓"张景倩"，乃张景佚之误。朱长文《墨池篇》卷十九有张景佚《叶公庙诗》。按碑主张景佚为张知泰之子，见《旧唐书》卷一八五《张知謇传》，为颜真卿再从姑表兄弟。颜杲卿妹夫榆次县令张景儋盖其兄弟。是碑久佚，已不复见其文字与书法矣。

十二月，因宋俨之请为玄宗朝名宰相宋升撰写神道碑铭。

《宋升碑》："大历五年冬十二月，孙（宋）俨惧遗盛美，不远蒙求。以真卿天禄校文，叨太仆之下列；宪台执简，承谕德之深知。虽青史传信，实录已编于方册，而丰碑勒铭，表墓愿备于论撰。谨凭吏部员外郎卢僎撰所上行状，略陈万一，多恨阙遗。"其受请托依卢僎之行状而论撰宋广平之碑铭，盖始于本年岁末。

又撰书《崇仁令元子哲遗爱颂》。

《舆地纪胜》卷二九"抚州碑记"：《元子哲遗爱碑》，在崇仁县南五步。大历五年，准尚书考功符建立，刺史颜真卿文，今存见《晏公类要》。"《宝刻类编》卷二"颜真卿"条下引作《崇仁令元子哲遗爱碑》，且下又注"撰并书，抚。石今亡"。今从《类编》。

▶ 唐代宗大历六年辛亥（公元七七一年）六十三岁

谢灵运翻经台因观察使魏少游奏请，改宝应寺。至是，修缮一新，律藏院戒坛亦创建竣工，因寺僧智融所请，颜真卿撰文且书以志之。

颜真卿《抚州宝应寺律藏院戒坛记》："大历三年，真卿忝刺抚州，东南四里，有宋侍中、临川内史谢灵运翻《大涅槃经》古台……有高行头陀僧智清者，首事修葺，安居住持。明年秋七月，真卿绩秩将满，有观察使、尚书、御史大夫、赵国魏公愿以我皇帝降诞之辰，奏为宝应寺，仍请山林高行僧三七人。冬十月二十三日……乃请止观大师法源……等同住董修，以资景福。……

云一上足曰智融，精持本事，如会尊众，乃命智光等于普通道场东置律藏院创立戒坛……未几，坛殿郁兴……有唐大历辛亥岁春三月行抚州刺史鲁郡开国公颜真卿书而志之。"按观察使、尚书、御史大夫、赵国魏公即洪州刺史魏少游，大历二年四月至任，四年六月封赵国公，见《旧唐书》卷一一五本传。颜真卿三年任职抚州，唐制州牧三年一秩，"绩秩将满"，时在五年。魏少游其奏改谢灵运翻经台为宝应寺，盖在四年。是文，盖因创立戒坛者智融所请而撰之。

四月，撰书《抚州南城县麻姑山仙坛记》。

《麻姑山仙坛记》："於戏！自麻姑发迹于兹岭，南真遗坛于龟源（原），华姑表异于井山，今女道士黎琼仙，年八十而容色益少；曾妙行梦琼仙而餐花绝粒。紫阳侄男曰德诚，继修香火；弟子谭仙岩法箓尊严，而史玄洞、左通玄、邹郁华皆清虚服道，非夫地气殊异，江山炳灵，则曷由纂懿流光若斯之盛者矣。真卿幸承余烈，敢刻金石而志之。时则六年夏四月也。"参《乞御书题额恩敕批答碑阴记》"大历三年夏五月，蒙除抚州刺史，六年闰三月，代到"云，是时任期已满，而鱼书未到。《仙坛记》或即因黎琼仙诸道士之请而撰志者。

六月，正书旧友容州刺史、本管经略使元结《大唐中兴颂》，立石于祁阳。

《金石萃编》卷九六收有《大唐中兴颂》，标题："尚书水部员外郎兼殿中侍御史荆南节度判官元结撰，金紫光禄大夫前行抚州刺史上柱国鲁郡开国公颜真卿书。"末款："上元二年秋八月撰，大历六年夏六月刻。"目下有注："正书，在祁阳县石崖。"祁阳属永州，颜真卿行迹不至零陵，且本年元结任职容州，见《元结墓表》，参颜真卿结衔曰"前行抚州刺史"，盖书于"闰三月代到"之后，或即书于六月。

同时，撰有《慈恩寺常住庄地碑》，韩择木隶书，代宗篆额。八月，立石于京兆。

《金石录目》第一四五九："《唐慈恩寺常住庄地碑》，颜真卿撰，韩择木八分书，代宗篆额。大历六年八月。"《类编》卷三韩择木条下，记在京兆。参《乞御书题额恩敕批答碑阴记》"六年闰三月，代到，秋八月至上元"云，是碑当撰于"闰三月代到"之后，滞留抚州之日。

抚州任上，与秀才左辅元、姜如璧诸人，增广《韵海镜源》，成五百卷。

《妙喜寺碑》："(《韵海镜源》) 天宝末真卿出守平原……修之，裁成二百卷。属安禄山作乱，止具四分之一。及刺抚州，与州人左辅元、姜如璧等增而广之，成五百卷。"其编纂始末未可确考，姑系于本年卸任离抚之前。

又撰有《千金陂碑》《按杨志坚妻求别适判》。

《千金陂碑》，郑樵《金石略》卷下及《类编》未详所在。《一统志》卷三二二"抚州堤堰"有千金陂，其引《省志》："汝水自盱来达瑶湖，斜直孔家渡，地平土疏，唐时初决一口，其后支港横溢，正道湮淤上元中，守臣建华陂以遏支流。大历中，刺史颜真卿继筑，名土塍陂。"参柏虔冉《新创千金陂记》："(田户邹) 棱曰：'华陂始于上元，在大历中，有若颜鲁公，亦建土塍陂，寻亦废塞。在贞元中，有若戴公 (叔伦)，置冷泉陂，其迹寻荒。……相承八十余年，皆仪图其地，卒不能就。'公 (李渤) 曰：'不然。吾试为汝成之。'……(贞元) 九年八月，凿冷泉故基。……绮错鳞差，二十余派，陂偃五所，以节水势。公又于其上横截汝江，置千金陂。"其名始于贞元九年，颜真卿所撰者，盖名土塍陂。宋人所见，其不记年月，盖易名之后重立者，且已残泐不堪。

范摅《云溪友议》卷上："颜真卿为临川刺史，浇风莫竞，文教大行。……邑有杨志坚者，嗜学而居贫，乡人未之知也。山妻厌其馈饩不足，索书求离，志坚以诗送之曰……其妻持诗诣州，请公牒，以求别醮。真卿案其妻曰……江左十数年来，莫有敢弃其夫者。"其事盖出抚州任上，惟时间未能确考。

左辅元编集临川文章凡十卷，名《临川集》。

《颜鲁公行状》:"大历三年,迁抚州刺史。在州四年,以约身减事为政,然而接遇才人,耽嗜文卷,未曾暂废焉。因命在州秀才左辅元编次所赋为《临川集》十卷。"编次年月无考。《新书·艺文志》尚见存。

八月,水路至上元,嗣后游茅山,有出世之想。自句容南下,经溧水古烈士左伯桃墓,题旧诗于蒲塘客舍。又因其蒲塘与江州蒲塘同名,遂撰文辨之。

《李含光碑》:"大历六年,真卿罢刺临川,旋舟建业,将宅心小岭,长庇高踪。而转刺吴兴,事乖夙愿。徘徊郡邑,空怀尊道之心;瞻望林峦,永负借山之记。"似有出世入道之心。

《颜鲁公文集》卷六《蒲塘辨》:"土俗所呼博浅水,浦与敷音转尔。南有博阳山,土人呼为濮阳山。濮、博声讹。水北有历下村,疑古历陵也。"其下有黄本骥按:"今江西九江府德安县在汉为历陵县,属豫章郡。唐为江州浔阳县地,至五代吴顺义七年,始置德安县,历代因之。禹贡过九江,至于敷浅原。《汉书·地理志》云:'豫章郡历陵县有傅易山(原注:师古曰傅,读曰敷。易,即阳字),傅易川在南,古文以为敷浅源。'《蔡传》云:'今江州德安县傅阳山也。新莽名曰蒲亭。'鲁公所辨之蒲塘,即其地。大中十二年郑薰《移鲁公诗记》云:公转庐陵郡,道出宣州溧水县,南经古左伯桃墓,作诗自题于蒲塘客舍,则误以桃墓、蒲塘皆在溧水。考桃墓在同州合阳县(原注:辨见外集薰记),鲁公经墓作诗,是至德二载出为同州刺史时事。其自书于蒲塘客舍,是永泰二年移吉州司马,道过浔阳时事。传刻于溧水,又不知何时事也。盖作诗一地也(原注:今陕西郃阳县),自书其诗一地也(原注:今江西德安县),刻石又一地也(原注:今江苏溧水县)。"按郑薰记"泊于大中之丁丑岁,八十七年矣。孤宇复闻,扃滕不固,久为飘暴薪牧所困,一挑半刜,往往污缺。余作镇到此,有客谓余者惜之。立召工将王少儒领其部匠,凿垣复匦,移窭于北望楼之西隅,且以为郡居之胜绝。镌石其下,俾后之观者知改置之意无忽"云,参其结衔"宣歙池观察使检校右散骑常侍兼御史大夫",及《丛编》卷十五引《复斋碑录》所记其石立在宣州,郑薰所见颜真卿题诗必在境内。《景定建康志》卷三三"石刻"条下亦记有《左伯桃墓诗》。按《一统志》卷七三"江宁山川"有"蒲塘港",下注:"在溧水县南二十五里。又还步港,在县东南三十五里。二水皆源出方山,西流入石臼湖,或曰即孙吴时蒲里塘也。"又,莆塘桥,同书卷七四"江宁津梁"条下注:"《建康志》:在溧水县南二十五里。《旧志》:尚义桥,在县南,跨莆塘河上。"莆,疑即蒲,《楚辞·天问》"莆萑是营",莆即蒲。另,臧励龢《中国古今地名大辞典》亦记有"蒲塘镇,在江苏溧水县南,道通高淳县"。颜真卿客次溧水,宿蒲塘,或出茅山之游。郑记"大历六年"无误。惟其所题乃江州旧诗,所谓"公转庐陵郡,道出宣州溧水县,南经古左伯桃墓,作诗自题于蒲塘客舍"云,盖误解颜真卿诗意。至于《蒲塘辨》所存四十字,不见其辨,是后人横加标题,抑或其文残损,仅留只字片言,已不得详考焉。以郑记溧水蒲塘,异于江州古历陵,而残句有辨正之意者推之,盖属后者。黄本骥之按,所谓至德二载作诗,永泰二年题诗,并误。

撰有《左纳言史务滋像赞》。

史务滋,宣州溧水人,为武后朝内史,《景定建康志》卷四三《风土志二·古陵》记其墓"在溧水县东北三十五里"。是或亦如经左伯桃墓而题诗于客舍者,因见史务滋墓而题其画像赞于溧水,姑系于《蒲塘辨》之后。

又有《泾县残碑》《江宁国题名》。

郑樵《通志》卷七三《金石略》,颜真卿名下有《泾县残碑》《江宁国题名》,泾县隶宣州;江宁国无考,意"江"字衍,为"宁国题名",宁国县,亦属宣州,盖与《泾县残碑》并作于本年客次宣州之日。

由广德,经湖州,至苏州,游览虎丘,书铭《清远道士沈恭子游虎丘诗》于岩际,并撰诗和之,有《刻清远道士诗因而继作》诗志其事。

颜真卿《刻清远道士诗因而继作》:"不到东西寺,于今五十春。揭来从旧赏,林壑宛相亲。"颜真卿曾居苏州,见上谱。乾元年间出任江左之职,亦似有虎丘之游,然并未值"五十春"。《黄谱》系于本年,盖是,今从之。

《忠义堂帖》第三有《清远道士同沈恭子游虎丘寺有作》并《刻清远道士诗因而继作》两诗。末题"大历五年十二月十日刑部尚书颜真卿书"。按大历五年颜真卿尚在抚州任上,见上谱,不应题衔刑部尚书。其初任刑部尚书,在永泰元年,再任则在大历十二年,并无苏州之游,且书法不类平常所为,二虎字又不避唐讳,殆为伪托。剑池畔有"虎丘剑池"四大字,旧传颜真卿书,或以为亦出于是时,惟其风韵全异,今不取。

此诗,后之追和者甚众,著名有李德裕、皮日休、陆龟蒙诸人,黄本骥皆引入《颜鲁公文集》附鲁公诗后,然皮日休之序,出之《吴郡志》,略少于《全唐诗》,《全唐诗》盖另一本。今补录如下:

圣人为《春秋》,凡诸侯有告则书,无告则不书,盖所以惩其伪而敦其实也。夫怪之与神,虽曰不言,在传则书之者,亦摭其实而为之也。若然者,神之与怪果安邪?噫,圣贤有不得其志者,则必垂之于言也。大则为经诰,小则为歌咏,盖不信于当时,则取诉于后世,抑鬼神有生不得其志者,死亦然邪?若凭而宣之,则石言乎晋,物叫于宋是也。若梦而辩之,则良夫有昆吾之歌,声伯有琼瑰之谣是也。自兹已后,人伦不修,神藻益炽,在君人者,悟之则为端,逆之则为妖,其冥讽昧刺,时出于世者,则与骚人狎客,往往敌于忽微焉。……又幽独君诗二首,亦甚奇怆。予嗜古者,观而乐之,因继而为和答。幽独君一篇,不知孰氏之作,其词古而悲,亦存于篇末。太玄曰……

是诗见于《忠义堂帖》,宋季盖已流传,惟其铭书崖壁上,何以仄小孱弱如是?且是诗"吟眺川之阴","眺川"误为"挽川"。又"虎"字二见,皆不避唐讳。其他"本"字,竖笔中断,"历"字从木,"游"字作"遊"都不类颜真卿平常书法。是帖宣和内府未收,赝迹或出宣和之后。

存世尚有墨迹本,《颜鲁公文集》卷二六引《石刻题跋》记有文彦博、薛昌谔元丰壬戌仲春望日观款,以及余深大观三年四月初八;张晏大德十年丙午三月八日；李倜延祐六年仲秋二十八日；陈继宣德七年四月二日；商辂天顺八年十月；丰坊正德十四年长至后六日题记，还有梅山拙逸、郭畀（天锡）、徐达左诸人跋语。参黄本骥记"原题大历五年十二月十日刑部尚书颜真卿书"，"此帖虎字凡两见，皆直书不避"云，全同《忠义堂帖》，盖本之是帖而加诸人题跋。黄本骥又称："陈继跋与卞氏所录《祭伯父》内陈敬宗跋，语意全同，疑此书是后人伪作。"其亲睹墨迹，且加稽查，洵然可信！

十一月，至白下祭扫祖茔，撰书《颜含大宗碑》立于墓田。

颜之推《观我生赋》："经长干以掩抑，展白下以流连。"句下注："靖侯以下七世故茔，皆在白下。"参颜真卿《晋侍中右光禄大夫本州大中正西平靖侯颜公（含）大宗碑》"真卿小子，惧不克荷。顷自抚州代到，获展旧山，虽碑版沉沦，而丘封俨在，敢扬不朽之烈，庶竭罔极之思"云，其祭扫祖茔，亦当并修颜含以下至颜协七代列祖之墓。《丛编》卷十五引《集古录目》："碑以大历六年十一月立。"其撰书盖在其前。抚州产石，盖亦如《殷践猷碑》"于州采石刻颂，用寄碣于墓左"者。

▶ 唐代宗大历七年壬子（公元七七二年）六十四岁

春日，送旧友刘太冲西游，撰有《送刘太冲序》。

颜真卿《送刘太冲序》："昔余作郡平原，拒胡羯而请与从事；掌铨吏部，第甲乙而超升等夷。尔来蹉跎，犹屑卑位。虽才不偶命，而德其无邻。故冲之西游，期有望矣。江月弦魄，秦淮顶潮。君行句溪，正及春水。勖哉之子，道存何居。"颜真卿平原拒叛，时在天宝十四载；其出任吏部侍郎，时在广德元年，并见上谱。刘太冲，盖其旧僚。其西游上国，颜真卿句溪送行，时在本年春日。

正书晋李阐撰、颜延之铭《颜含碑》，四月初四日，重立于上元祖茔。

《景定建康志》卷四三《风土志》二"古陵颜含墓"："右光禄大夫西平靖

侯颜府君葬靖安道旁。"参其后《考证》所记是碑末款"大历七年岁次壬子夏四月甲寅十四代孙唐金紫光禄大夫前行抚州刺史上柱国鲁郡开国公真卿书重建于旧龟趺上"云，其当为立石之纪。四月辛亥朔，甲寅，初四日。

客次上元日，正书李白《志公像赞》于蒋山寺壁。

杨士奇《东里续集》卷二："今灵谷寺有石刻吴道子画，李白赞，颜真卿书，世称'三绝'。旧刻已坏，此重刻者，不复见书法之妙矣。"按裴敬《翰林学士李公墓碑》"又尝游上元蒋山寺，见翰林赞志公云：'水中之月，了不可取。刀齐尺量，扇迷陈语。'"之记，詹锳《李白诗文系年》系于上元二年李白游金陵之时。颜真卿上元之后游历金陵惟大历六七年、十二年两度。十二年召还上都，"克期首路，竟陵是诊"（《项王碑阴述》），斯出苏台，入毗陵，转丹阳，次建业，未见有书铭刊石、题记留名之举。其从容闲逸、虚空寥廓之慨，正是大历六七年开缺时之行径，惟其具体日期未能确考，姑系于上元之末。

又书有《玄武湖记》以及《玄妙观老君赞》；见题"遗名先生三教会宗堂"颜。

于奕正《天下金石志》"应天府"条下记："《唐玄武湖记》，颜真卿书。"又"苏州府"："《唐玄妙观老君像》，玄宗赞，颜真卿书，吴道子画。"《景定建康志》卷十七《山川志一》"山阜钟山"："大历中处士韦渠牟亦隐于此，号遗名子。颜真卿题其所隐之堂曰'遗名先生三教会宗堂'。"其当各书于大历六七年客次上元，南游苏州之日。然其他金石经籍未见著述，姑系于上元之末，俟考。

赴京途中，道出汝阴，书十四代祖《颜默碑》旧文，立石于颍州。

《金石录》卷二八《唐颜默残碑》："右《唐颜默残碑》者。初，颍州人家以其石为马台，皇祐中，王回深父之弟同容季见而识为鲁公，追建此碑于入阴焉。"参《颜鲁公文集》卷二八《书评八》黄本骥按"颜默字静伯……晋西平靖侯含之父也。公书《含碑》，为晋江夏李阐文，则《默碑》当亦重书旧文，非公自撰"云，甚是。

五月，至宋州。八日，有八关斋会，因宋州刺史徐向之请，撰书《八关斋会报德记》亟颂旧友田神功。田悦篆额。

颜真卿《有唐宋州官吏八关斋会报德记》："有唐大历壬子岁，宋州八关斋会者，此都人士暨文武将吏，朝散大夫、使持节宋州诸军事、行宋州刺史、兼侍御史、本州团练守捉使、赐紫金鱼袋徐向等，奉为河南节度观察使、开府仪同三司、太子太师、左右仆射知省事、兼御史大夫、汴州刺史、上柱国、信都郡王田公顷疾良已之所建也。……（徐向）五月八日，首以俸钱三十万设八关大会，饭千僧于开元伽蓝。……某叨接好仁，饱承余烈，睹兹盛美，益觌求蒙，若不垂诸将来，则记事者奚述。"按是碑已经大中五年崔倬补书而刻之，已不复见其立石日月。参《类编》卷二"颜真卿"条下记"《八关斋会记》，撰并书。田悦篆额。大历七年立"云，盖撰书于本年"五月八日"斋会之后。全称《有唐宋州官吏八关斋会报德记》。

嗣后游汴州，撰书《开元寺僧碑》。

《金石录》卷二八："右《唐开元寺僧残碑》，虽书、撰人姓名残缺，然以字画验之，为颜鲁公书无疑也。初，仁宗朝，吴长文参政在京师僦居，治地得之，当时文士皆为赋诗，今其石尚藏汴上长文家云。"《类编》亦归于颜真卿名下。《乞御书题额恩敕批答碑阴记》有记"七年秋九月归自东京"。颜真卿五月在宋州。汴宋毗邻，汴宋设节度使。颜真卿自宋入都，当有汴州之游。若走水路出通济渠至汴三百里。唐制三十里一驿，其客次开元寺，必在七年五月八日立《八关斋会记》后旬余日。

九月，历郑州归至东都，正书旧文《宋升碑》，昭义军节度使薛嵩乃命邢州刺史封演上石，二十五日，立于沙河墓田。之前，有《广平帖》。

《萃编》卷九七《宋升碑》首题："金紫光禄大夫行抚州刺史上柱国鲁郡开国公颜真卿撰并书。"末记："大历七年岁次壬子九月二十五日孙俨追建。"参颜真卿《唐故太尉广平文贞公宋公神道碑侧记》："真卿时忝监察殿中，为中丞（浑）属吏，故公孙俨泣请真卿论撰之。昭义军节度观察使、尚书左仆射、兼御史大夫、平阳郡王薛公曰嵩……乃命屯田郎中、权（知）邢州刺史封演购他山之石，曳以百牛；俨刻字之工，成乎半岁。磨砻既毕，建立斯崇，远近嗟称，古今荣观……小子何知，附骥托迹于阶序。"王鸣盛《十七史商榷》卷八七注引："古吴杜灏《沙河志》第一卷'古迹'，第二卷'祠祀冢墓等门'，言县北食膳铺、留客村西北里许，有宋公墓，墓前有祠堂，碑在祠内，撰文、书丹、篆额皆颜公，名'三绝碑'。"及《乞御书题额恩敕批答碑阴记》所明言"七年秋九月归至东京"（《忠义堂帖》本），而其自宋至洛，行踪不至邢州。是文盖请撰于抚州，而书在归至洛阳之后。

十一月十四日，迁伯父元孙夫妇柩归葬长安祖茔，并撰书《颜元孙碑》志述之。有《与夫人帖》。

颜真卿《与夫人帖》："真卿顿首，奉承十四日迁厝，承问悲慕，不能自胜。惟攀慕不及，摧毁何堪。痛当奈何，痛当奈何。"黄本骥以为"此帖云……痛当奈何，则是迁母兰陵郡太君殷氏柩与父惟贞合葬而与其夫人韦氏书也"，见《颜鲁公文集》卷二七《书评七》条下按。又见其《年谱》：开元二十六年，"是年母殷夫人卒，权厝于东都"；大历七年，"十一月，自东京迁母兰陵郡君柩归葬上都祖茔"。按颜氏祖茔在京兆万年县宁安乡之凤栖原，曾祖颜勤礼及其殷、柳二夫人合葬于其地；仲兄允南、弟允臧在其北；堂兄杲卿、五兄幼舆夫妇在其西北，皆明载于碑记。其祖显甫，《丛编》卷七引《京兆金石录》亦记其碑立在京兆，亦当并在万年祖茔。父惟贞，卒于薛王友任上，是为京官，其葬关中无须择时护柩以归之。其夫人殷氏，礼当合葬于祖茔，且其仙逝之日，仲兄允南正任右武兵曹，真卿亦职在校书郎任上，并见上谱。兄弟并为京官，绝无权厝东都之礼。参《颜元孙碑》"开元二十年秋七月才生明，薨于绛州翼城县丞之官舍，随子春卿任也。明年葬于东京鹋店东北高村原，夫人新城县君元氏故兆，异穴而堋，权也"云，其所奉承迁厝者，盖为元孙夫妇之柩。又，《颜元孙碑》有称颜惟贞"太子少保"，其所赠"太子少保"时在宝应元年加赠秘书少监之后，大历初年始见。是碑盖撰书于本年迁葬之日，与《与夫人帖》相先后。

起家为湖州刺史，十一月二十六日，撰书《元结墓表》。

《颜鲁公行状》："七年九月，拜湖州刺史。"其本自《乞御书题额恩敕批答碑阴记》"七年秋九月归自东京，起家蒙除湖州刺史"。参《与夫人帖》"真卿离官已久，事须十间，前至郑州。……真卿十一日且发东京，伫望早来、早来。谨不次，真卿顿首。夫人阁下，十一月八日"云，其起家为湖州刺史，盖在其后。《萃编》卷九八《元结碑》标题颜真卿结衔"金紫光禄大夫行湖州刺史"。且记"（元结）七年（春）正月，朝京师，上深礼重，方加位秩，不幸遇疾，中使临问者相望。夏四月庚午，薨于永崇坊之旅馆，春秋五十（五十四），朝野震悼焉。……其年冬十一月壬寅，虔葬君于鲁山青岭泉陂原，礼也"。十一月，丁丑朔，壬寅，二十六日。颜真卿撰书是碑，必在同时而稍后。其除湖州刺史，盖在十一月十四日迁厝元孙夫妇之柩归京后不久。殷亮误读是文，讹以为初至洛阳即接新官。唐制"刺史及五品已上官在外应受替去任，非有征召未得至京，宜委所在州府每两月一度申中书门下，其初状仍具前任政绩，受代年日，中书门下准前置'具员'，量才除授；其家在上都，因自归止者，京兆府申奏"。（《册府元龟》卷六三一《铨选部·条制三》）又，开元二十五年《假宁令》："诸外官授讫，给装束假，其一千里内者四十日，二千里内者五十日，三千里内者六十日，四千里内者七十日，过八千里者八十日，并除程。"（日本仁井田升《唐令拾遗》）颜真卿明年春正月至任湖州，见下谱，湖州离京三千四百余里，束假七十日，新授必在十一月间。是时京兆尹为颜真卿友婿杜济，见《唐会要》卷六一《御史台中·馆驿》："大历五年九月，杜济除京兆尹，充本府馆驿使。"颜真卿以具员而授湖州刺史，盖与杜济有关。

立颜真卿撰书《臧怀恪碑》于三原。

《萃编》卷九五《唐故右武卫将军赠工部尚书上柱国上蔡县开国侯臧公（怀恪）神道碑铭》标题："金紫光禄大夫行抚州刺史上柱国鲁郡开国公颜真卿撰并书。翰林待诏光禄卿李秀岩题额。"参其碑"真卿早岁与公兄（怀亮）子谦为田苏之游，敦伯仲之契；晚从大夫之后，每接常僚之欢"云，大夫即臧希让，怀恪第七子，宝应元年为山南西道节度使，见《通鉴》：宝应元年建辰月（三月）甲午，"以邠州刺史河西臧希让为山南西道节度使"。山南西道节度领蓬州、利州诸州，盖颜真卿蓬州长史、利州刺史（未至任）上司。所谓"每接常僚之欢"者，若始于是时，盖有旧谊，其撰叙《臧怀恪碑》，盖出希让之请。是碑称希让"开府仪同三司、行太子詹事、兼御史大夫、邠宁山南观察使、集贤待制、工部尚书、渭北节度使、鲁国公"，据《旧纪》："（大历四年）六月丁酉，以太子詹事臧希让检校工部尚书、充渭北节度使。……（九年）九月乙巳，渭北节度使、坊州刺史臧希让卒。"其必撰于希让四年正除工部尚书之后，即抚州刺史任上。上揭《萃编》所记"李秀岩题额"，盖"李秀岩模勒"之讹。

本年，洛下偶逢书僧怀素，相与论书，甚见款洽。且为之撰写《怀素上人草书歌行序》称述之。

怀素《藏真帖》："近于洛下偶逢颜尚书真卿，自云颇传长史笔法。闻斯八法，若有所得也。"其与颜真卿交游，盖在本年九至十一月间。陆羽《僧怀素传》中所记颜真卿、怀素论书事，亦出同时。

▶ 唐代宗大历八年癸丑（公元七七三年）六十五岁

正月，至任湖州，先后以杭州富阳丞李萼为本州防御副使，前校书郎权器、前大理司直杨昱为判官，委以州事。

《颜鲁公行状》："拜湖州刺史。公以时相未忘旧怨，乃加勤于政，而以杭州富阳丞李萼为本州防御副使，苏州寓客校书郎权器、昱游客前大理司直杨昱为判官。委以垦草辟田之务于萼；委阅簿检吏接词政之务于器、昱等，而境晏然。"其至任湖州，《乞御书题额恩敕批答碑阴记》记在本年春正月，以《登岘山观李左相石樽联句》，与唱者不见杨昱，其召旧友来湖襄理州事者，盖有先后。

于柳家寺造访游龙兴寺诗僧皎然。

皎然《奉酬颜使君真卿见过郭中寺寺无山水之赏故予述其意答焉》："州西柳家寺，禅舍隐人间。证性轻观水，栖心不买山。履声知客贵，云影悟身闲。彦会前贤事，方今可得攀。"参颜真卿《湖州乌程县杼山妙喜寺碑》"州西南杼山之阳有妙喜寺者，梁武帝之所置也。……时杼山大德僧皎然，工于文什，惠达灵煜，味于禅诵"云，及《丛编》卷十四引《复斋碑录》"《唐立晋谢公碣》，唐裴清撰，僧道诜书，大历七年十月十一日，龙兴寺沙门皎然建"，是时皎然盖居于龙兴寺。两人相聚相知，当始于颜真卿初至湖州之日，即在岘山联唱之前。皎然乃其旧雨，见后谱。颜真卿至郡宜其先访之。柳家寺，无考。

立春后四十五日，例入顾渚山贡茶院主事贡茶事，至谷雨日还郡。

谈钥《嘉泰吴兴志》卷十八"食用故事·茶"引《旧编》："顾渚与宜兴接，唐代宗以其岁造数多，遂命长兴均贡，自大历五年始分山析造。……以刺史主之，观察使总之。"又引《统记》："长兴有贡茶院……旧于顾渚源建草舍三十余间，自大历五年至正（贞）元十六年于此造茶，急程递进取，清明到京。……至正（贞）元十七年刺史李词以院宇隘陋，造寺一所移武康，吉祥额置焉。……刺史常以立春后四十五日入山，暨谷雨还。"颜真卿正月，至任湖州，其立春后四十五日必依常例入山主事贡茶之事。

春仲，登临岘山，与皎然及名士陆羽等赋诗联句，有《登岘山观李左相石樽联句》诗，并序。

《嘉泰吴兴志》卷十二"古迹"："唐开元中，李适之为湖州别驾，南岘山有石觞，可贮五斗酒。适之每携其所亲友登山酣饮望帝乡，时以一醉，士民呼为李相石樽。颜真卿及门生弟侄，多携酒舣楫以游，作《李相石樽晏集联句》，叙云：'因积溜澡石，嵌为樽形，公注酒其中，结宇环饮之处。'"观是，当时尚有诗序，惟早佚，仅留上引数言。

参预联唱凡二十九人，其中有如吴筠、强蒙、王纯、范缙、王修甫、史仲宣、裴幼清、柳淡、尘外（韦渠牟）以及颜颙、颜须、颜顼等十二人，不见六月预撰《韵海镜源》及杼山"往来登历"之记。即使预撰《韵海》者如颜浑、刘茂，亦"未毕，各以事去"，见《妙喜寺碑》。又参权器有"花气酒中馥"句，其宴集联句，盖在本年春仲。以上引《统记》刺史入山"暨谷雨还"所云，当在谷雨之后。

宴集清风楼送吴筠归林屋洞，皎然有《奉同颜使君真卿清风楼赋得洞庭三山歌送吴炼师归林屋洞》诗志其事。又有《滑语联句》《醉语联句》，预唱者李萼、皎然、沈益、陆羽、刘全白诸人。

刘全白，本年越州预唱《经兰亭故池联句》后，即来湖州。皎然诗中"吴炼师"者，乃道士吴筠，亦适从越州来，旋即辞去。有关刘、吴之诗，当出岘山联句后不久。

夏六月，荟集法海、陆羽诸文士于州学及放生池修撰旧著《韵海镜源》。至十月，徙修于杼山。二十一日，建亭于妙喜寺东南，陆羽名之"三癸亭"。有《题杼山癸亭得暮字》《谢陆处士杼山折青桂花见寄之作》诸诗志其事。时浙江西道观察使判官袁高巡部至州，颜真卿陪游杼山，会皎然移居于是山之妙喜寺，相与联唱，有《夜晏咏灯联句》《月夜啜茶联句》《五杂俎拟作联句》，预之者尚见陆士修、张荐、李萼、崔万、殷佐明、蒋志诸人。

《妙喜寺碑》："大历壬子岁，真卿叨刺于湖，公务之隙，乃与金陵沙门法海，前殿中侍御史李萼，陆羽，国子助教州人褚冲，评事汤衡，清河丞、太祝柳察，长城丞潘述，县尉裴循，常熟主簿萧存，嘉兴尉陆士修，后进杨遂初、崔宏、杨德元、胡仲、南阳汤涉、颜祭（察）、韦介、左兴宗、颜策，以季夏于州学及放生池日相讨论。至冬徙于兹山东偏。来年春，遂终其事。前是颜浑，正字殷佐明，魏县尉刘茂，括州录事参军卢锷，江宁丞韦宁，寿州仓曹朱弁，后进周愿、颜暄、沈殷、李莆，亦尝同修，未毕，各以事去。"又记："大历七（八）年，真卿蒙刺是邦，时浙江西观察判官、殿中侍御史袁君高巡部至州，会于此土。真卿遂立亭于东南，陆处士以癸丑岁、冬十月癸卯朔、二十一日癸亥建，因名之曰'三癸亭'。西北于丛桂之间，创桂棚，左右数百步有芳林茂树，悉产丹、青、紫三桂，而华叶异各树。桂下有支径，以袁君步焉，因呼'御史径'。"参皎然《奉和颜使君真卿与陆处士羽登妙喜寺三癸亭亭即陆生所创》《杼山上峰和颜使君真卿袁侍御（高）五韵赋得印字仍期明日登开元寺楼之会》诸诗，袁高游历杼山，时在三癸亭建立之后。上引文中之"季夏"，盖本年六月。其徙修杼山，始于十月，在三癸立亭之前。

陪同袁高、皎然诸人上骆驼桥玩月，登开元寺观碑。有《文殊师利菩萨碑》及《文殊帖》。书有"文殊堂额"。

皎然《奉同颜使君真卿袁侍御高骆驼桥玩月》："山中常见月，不及共游时。水上恐将缺，林端爱落迟。鸟惊宪府客，人咏鲍家诗。永夜南桥望，徘徊若有期。"参上引《杼山上峰和颜使君真卿袁侍御（高）五韵赋得印字仍期明日登开元寺楼之会》及《奉同颜使君真卿开元寺经藏院会观树文殊碑》诸诗，颜真卿、袁高诸人骆驼桥玩月以及开元寺观树文殊碑，并在登历杼山之后。观《文殊帖》"近作一《文殊师利菩萨碑》，但欲发扬主上圣意，盖不近文律耳"。开元寺所树《文殊碑》，盖颜真卿所撰之《文殊师利菩萨碑》，而撰于本年十月袁高次州前后。《文殊碑》，已佚。《嘉泰吴兴志》卷十三"寺院·报恩光孝禅寺"条下引《统记》："文殊堂额，颜鲁公书之。"其或亦出同时。

十二月，姻亲沈怡新立南齐沈骑士述祖德碑，为之撰书《吴兴沈氏述祖德记》，立石德清沈氏先茔。

颜真卿《吴兴沈氏述祖德记》："南齐征士吴兴沈君名骑士，郡人也。……征士尝制述祖德碑，立于金鹅山之先茔……乾元中，为盗火所焚，碑首毁裂，嶔然将堕。过江二十叶孙御史中丞震，移牒郡国，请其封茸。或属兵凶，旷而莫修。……权检校宗事十九叶孙前太庙斋郎怡，拜泣松槚，增修旧茔。……以真卿江南婚姻之旧，中外伯仲之穆，谬忝拜刺，见托斯文，刊诸碑阴，以传无朽……时有唐大历八年冬十二月。"参《授颜真卿太子太师告》"况太后崇徽，外家联属"云，太后乃德宗生母、太子妃沈氏，建中元年遥尊为皇太后，沈震即其弟。沈、颜盖为姻亲，惟不知起于何时何人？

▶ 唐代宗大历九年甲寅（公元七七四年）六十六岁

正月初七日，正书伯父颜元孙《干禄字书》并序之，立石于刺史宅东厅院。

勾咏《干禄字书跋》："石刻在刺史宅东厅院，传之惟艰。"参《干禄字书》末题"有唐大历九年岁次甲寅正月庚子朔七日景午真卿于湖州刺史宅东厅院书之"云，其书，在初七日，铭石而树，盖在其后，例当不甚远隔，似出月内。

本月，立去年秋七月二十五日追建并正书乾元三年所撰之《天下放生池碑》于骆驼桥东。

《金石录目》第一四九七——一四九八："《唐放生池碑》，上、下，颜真卿撰并正书。大历九年正月。"《丛编》卷十四引《集古录目》，同。按《同治湖州府志》卷五〇"金石略五"所收其文末题："臣真卿以乾元三年春三月戊辰撰，至大历七年秋九月（十一月）己亥自抚州刺史蒙除湖州，八年秋七月戊戌于州骆驼桥东追建，吴文休镌。"八年七月，甲辰朔，戊戌，二十五日，参《乞御书题额恩敕批答碑阴记》"州西有白鹤山，山多乐石，于是采而斫之，命吏干磨砻之，家僮镌刻之，建于州之骆驼桥东，盖以抒臣下追远之诚，昭先帝生成之德"（《忠义堂帖》本）云，是碑盖建于去年七月二十五日，而立在本年正月。

春三月，《韵海镜源》修毕，从皎然之请，撰书《妙喜寺碑》志其事。又宴游诸文士，联唱甚盛，有《竹山连句题潘氏书堂》以及《清明日游因送萧主簿》、《修〈韵海〉毕东溪泛舟饯诸文士》、《州中重宴》、《修〈韵海〉毕会诸文士东堂重校》（已佚）诸诗。自去年至本年春，又有起居郎裴郁等文士二十七人来往登历杼山，与颜真卿及其修书诸文士游赏唱酬。

《妙喜寺碑》："大历壬子岁，真卿叨刺于湖，公务之隙，乃与金陵沙门法海……以季夏于州学及放生池日相讨论。至冬徙于兹山东偏。来年春，遂终其事。……而起居郎裴郁，秘书郎蒋志，评事吕渭、魏理、沈益、刘全白、沈仲昌，摄御史陆向、沈祖山、周阆，司议邱悌，临川令沈咸，右卫兵曹张著，兄谟、弟荐、芎，校书郎权器，兴平丞韦桓（柏）尼，后进房夔、崔密、崔万、窦叔蒙、裴继，侄男超、岘，愚子頵、顾，往来登历。时杼山大德僧皎然，工于文什，惠达灵煜，味于禅诵，相与言曰：'昔庐山东林，谢客有遗民之会；襄阳南岘，羊公流润甫之词。况乎兹山深邃，群士响集，若无纪述，何以示将来？'乃左顾以求蒙，俾记词而葳事。"参皎然《同颜使君清明日游因送萧主簿》诗，及《竹山连句题潘氏书堂》末题"会大历九年春三月"（贾晋华《皎然年谱》引一九九〇年六月江苏广陵古籍刻印社刻印发行之残拓），萧主簿，即常熟主簿萧存，修毕遂离去，见上引。颜真卿杼山修书当讫于清明日之前。颜真卿因皎然之请记述杼山修书盛事及其与诸文士联句，盖并出同时而相先后。

会皇甫曾自丹阳来游，旋即辞归。有《喜皇甫曾侍御见过南楼玩月联句》、《重联句》及《同皎然皇甫曾西亭重会〈韵海〉诸生》、《泛舟送皇甫侍御曾》（已佚）诸诗记其交游。

皎然《春日陪颜使君真卿皇甫曾西亭重会〈韵海〉诸生》："为重南台客，朝朝会鲁儒。暄风众木变，清景片云无。峰翠飘檐下，溪光照座隅。不将簪艾隔，知与道情俱。"参其《送皇甫侍御曾还丹阳别业》诗"云阳别夜忆春耕，花发菱湖问去程。积水悠扬何处梦，乱山稠叠此时情。将离有月教弦断，赠远无兰觉意轻。朝右要君持汉典，明年北墅可须营"云，及未见其有预张志和诸人宴集，可知本年春日已辞还丹阳。或其来湖适值《韵海》修毕，诸文士各自归去，不数日即还乡。其客游吴兴，仅三二月而已。

又于骆驼桥东立《乞御书放生池碑额表》以及肃宗批答，并集批答中字以为额。七月二十七日，撰书《碑阴记》志其事。

  《乞御书题额恩敕批答碑阴记》："起家蒙除湖州刺史，来年春正月至任。州东有苕、霅两溪，溪左有放生池焉，即我宝应元圣文武皇帝所置也。州西有白鹤山，山多乐石，于是采而斫之，命吏干磨砻之，家僮镌刻之，建于州之骆驼桥东，盖以抒臣下追远之诚，昭先帝生成之德。额既未立，追思莫逮，客或请先帝所赐敕书批答中诸字以缉而勒之，真卿从焉。……时则有唐大历九年青龙甲寅之岁孟秋甲子日也。"（《忠义堂帖》本）甲寅孟秋，即本年七月。是月戊戌朔，甲子，乃二十七日。其书铭立石，盖在八月间。

秋八月，玄真子张志和自越来访，盛宴待之，从者六十余人，有《观玄真子置酒张乐舞破阵画洞庭三山歌》《落玄真子舴艋舟歌》诸诗。

  颜真卿《浪迹先生玄真子张志和碑铭》："玄真子，姓张氏，本名龟龄，东阳金华人。……性好画山水，皆因酒酣乘兴，击鼓吹笛，或闭目，或背面，舞笔飞墨，应节而成。大历九年秋八月，讯真卿于湖州，前御史李萼以缣帐请焉。俄挥洒横拂而纤纩霏拂，乱抢而攒毫雷驰，须臾之间，千变万化。蓬壶仿佛而隐见，天水微茫而昭合，观者如堵，轰然愕眙。在座六十余人，玄真命各言爵里、纪年、名字、第行，于其下作两句题目，命酒，以蕉叶书之，援翰立成，潜皆属对，举席骇叹。竟陵子因命画工图而次焉。真卿以舴艋既敝，请命更之，答曰：'倪惠渔舟，愿以为浮家泛宅，沿溯江湖之上，往来苕霅之间，野夫之幸矣。'其诙谐辨捷皆此类也。"参皎然《奉应颜尚书真卿观玄真子置酒张乐舞破阵画洞庭三山歌》："道流迹异人共惊，寄向画中观道情。如何万象自心出，而心澹然无所营。手援毫，足蹈（踏）节，披缣洒墨称丽绝。石文乱点急管催，云态徐挥慢歌发。乐纵酒酣狂更好，攒峰若雨纵横扫。天（尺）波潺漫应无涯，片岭崚嶒势将倒。盼睐（来）方知造境难，象忘神遇非笔端。昨日幽奇湖上见，今朝舒卷手中看。兴余轻拂远天色，曾向峰东海边识。秋空（风）暮景飒飒容，翻疑是真画不得。颜公素高山水意，常恨三山不可至。赏君狂尽（画）忘远游，不出轩墀坐苍翠。"其画洞庭三山者，盖在初来谒访颜真卿之时。舴艋舟之更新，及皎然之奉和，盖出同时而稍后。

十二月，有《水堂送诸文士戏赠潘丞联句》。

《水堂送诸文士戏赠潘丞联句》，预唱者为颜真卿、皎然、潘述、陆羽、权器、李萼。参李萼奉潘十五（述）"帘开北陆风"句，出《左传》昭公四年疏"日在北陆，为夏之十二月也"。盖作于本年十二月。

撰书堂兄颜杲卿《神道碑》，立石于祖茔。

《丛编》卷七引《复斋碑录》："《唐赠太子太保颜杲卿碑》，从弟真卿撰，外侄卢佐元书。大历九年，鲁公书建。至贞元十八年，倾倒、石折。元和元年十月，孙男证重建立。"又引《金石录》所记"《唐颜杲卿残碑》，唐颜真卿撰并书。大历九年立"（见《金石录目》第一五〇四）。其原刻，盖出颜真卿自书。湖州产石，其碑亦当如抚州《殷践猷碣》诸碑，于州刻颂，用寄于墓左者。立石之具体日月，俟考。

改开政馆为霅溪馆。

《嘉泰吴兴志》卷十三"宫室"："霅溪馆，《统记》云在府南二百步，本名白𬞟馆。《旧编》云在白𬞟洲西南，梁太守萧琛置。唐开元二十四年，刺史韦明敩改为开政馆。大历元年，刺史颜真卿改今名，以其临霅溪也。"颜真卿大历八年始至任，元年，误，元、九形近，盖九年也。

书《横山庙碑》，重立于灵济庙前。

《颜鲁公文集》卷二八《横山庙碑》条下黄本骥有记："按《全唐文》是碑仅存'神居武陵，其地有湖，每出则神兽前导，形如白马'，凡十有九字。《湖州府志》乌程县有衡山，衡、横字通用，庙祀其山之神。"《横山庙碑》，著录首见《舆地纪胜》卷二四"广德军碑记"。同卷"景物上"又记："祠山，在军西五里，旧为横山，有广德张王祠，天宝中封为祠山。又按《宣城志》，颜鲁公尝书《横山碑》云：'新室之乱，野火燎其祠，建武中复立。'"是碑盖立于广德军。广德，唐时为县，隶宣州，在溧水县东南处，见《元和郡县图志》卷二八《宣州》。

《嘉泰吴兴志》卷十三"祠庙"条有记："灵济庙在子城西北报恩观之右，广德祠山张王也。有敕赐庙额，累封王爵。王，后汉人，初居郡之白鹤山，唐颜真卿碑载其事。"又引《显灵集》云："王讳澂，姓张，后汉时人，初居苕溪之白鹤山。注云其事见湖州碑，大历九年刺史颜真卿书重立，徐浩题额。"以其碑载"新室之乱，野火燎其祠"云，颜真卿"书重立"者即《横山碑》。撰人无考。徐浩题额，盖在大历八年出贬明州别驾道出湖州之日。颜、徐合作碑版，又见一例。

▶ 唐代宗大历十年乙卯（公元七七五年）六十七岁

春日，偕陆羽、徐士衡、李成钜诸人唱和张志和《渔父词》五首。

张君房《云笈七签》卷一一三下引《续仙传》："玄真子，鲁公颜真卿与之友善。真卿为湖州刺史，与门客会饮，乃唱和为《渔父词》，其首唱即志和之词，曰：'西塞山边（前）白鸟（鹭）飞，桃花流水鳜鱼肥。青箬笠，绿蓑衣，斜风细雨不须归。'真卿与陆鸿渐、徐士衡、李成钜共唱和二十五首，递相夸赏。"《太平广记》卷二七引《续仙传》同。参词意，盖撰于春日。张志和自去年秋八月来湖，唱和当在本年。

七月二十八日，杭、苏、湖、越诸州遭大风，海水翻潮，民受其害甚巨。嗣后，散骑常侍萧昕奉命来湖宣谕。有《江外帖》。

《江外帖》："江外唯湖州最卑下，今年诸州水并凑此州入太湖，田苗非常没溺。赖刘尚书与拯，以此人心差安。不然，仅不可安耳。"参《旧唐书》卷三七《五行志》：大历十年"七月己未夜，杭州大风，海水翻潮，飘荡州郭五千余家，船千余只，全家陷溺者百余户，死者四百余人；苏、湖、越等州亦然"。及皎然《陪颜使君饯宣谕萧常侍》"江涛凋瘵后，远使发天都"云，刘尚书即吏部尚书刘晏，去年《乞御书题额恩敕批答碑阴记》有谓"今尚书前相国彭城公刘公晏"是也，时领江淮转运、租庸、盐铁、常平使，见《新唐书》卷一四九《本传》。散骑常侍萧昕来湖宣谕，盖出其托，为恤民减征之事。时在七月己未即二十八日之后。

秋仲，至平望驿，有《登平望桥下作》。张志和戏水而卒，为之撰神道碑称颂之。

平望驿，在乌程县东一百三十里处，乃湖州一大郡境馆驿，参颜真卿《登平望桥下作》诗"登桥试长望，望极与天平。际海兼葭色，终朝凫雁声"云，是写秋色，湖州自萧昕后，已无见重客经从、境驿迎送事。十二年，颜真卿归赴朝廷，时届五月，不值秋声。是诗，盖作于奉侍萧昕完使回京，道出平望之时，即八月初。

《太平广记》卷二七所引《续仙传》"其后真卿东游平望驿，志和酒酣，为水戏，铺席于水上独坐，饮酌笑咏，其席来去迟速，如刺舟声。复有云鹤随复其上，真卿亲宾参佐，观者莫不惊异。寻于水上挥手，以谢真卿，上升而去"云者，虽出道家者流多见夸饰，然其死于平望，洵属可信。张志和，盖随颜真卿诸公奉侍萧昕完使归朝，客游平望，水戏而溺死者。颜真卿为之所撰神道碑，盖出于同时。

秋日，与皎然、李萼游法华寺，皎然有诗志之。题有"游觞屿"三字。

皎然《同颜使君真卿李侍御萼游法华寺登凤翅山望太湖》诗"积翠遥空碧，含风广泽秋"云，时记秋景。明年初春，李萼离湖他任，见下谱。贾晋华《皎然年谱》系于本年秋日，近是，从之。又，陆心源《吴兴金石志》卷三有《颜真卿法华山题字》记"流觞屿，真卿临右军书"二行，且云："右磨崖，高二尺，广二尺三寸，正书，径五寸。署款两行，在右方下，字径二寸余。在乌程县北法华山白雀寺后法华寺。……石存。"参《吴兴志》卷十三《寺院》所记"惠觉寺，在（乌程）县西北一十五里法华山，梁普通二年建号法华寺。寺有偃松、九曲池、流杯亭、望湖亭"云，其题字，盖出游历法华寺同时。惟不合有唐款式，甚有可疑。《吴兴金石记》刊行于光绪十六年，距今仅百十余年，题字当未泐损，俟访之一鉴。

十月，应欧阳崙之请，为其父商州刺史欧阳琟撰书神道碑，立于郑州荥泽县。

颜真卿《游击将军左领军卫大将军兼商州刺史武关防御使上柱国欧阳使君（琟）神道碑》："使君讳琟，字子琟，渤海人。……粤以上元二年秋九月十四日寝疾而终，春秋六十有五。夫人高平徐氏……以大历二年夏六月二十五日终于岳州客舍，享年五十有六。其孤嵩暨中子崙、少子峰等衔恤允穷，竭力襄事，以大历十年冬十月二十四日合祔君暨夫人于荥泽县广武原，遵理命也。崙不远千里，泣而求蒙，敢述无愧之词，式扬不朽之烈。"参《金石录目》第一五〇八——一五〇九："《唐商州刺史欧阳琟碑》，上、下，颜真卿撰并正书。大历十年十月。"欧阳修《集古录跋尾》卷五略同，其撰书，盖在湖州，时出欧阳琟夫妇合葬之前，亦当于州刻颂，用寄墓左者也。

十一月间，有《刘中使帖》。

《刘中使帖》："近闻刘中使至瀛州，吴希光已降，足慰海隅之心耳。又闻磁州为卢子期所围，舍利将军擒获之，吁！足慰也。"参《旧纪》：八月"己丑，田承嗣将卢子期攻磁州"；十月"甲子，昭义节度使李承昭与卢子期战于磁州清水县，大破之，生擒子期以献；……（十一月）丁酉，田承嗣所署瀛州刺史吴希光以城降"。八月壬戌朔，己丑乃二十八日；十月辛酉朔，甲子乃初四日；十一月辛卯朔，丁酉乃初七日。颜真卿闻卢子期被擒，吴希光降归，盖在十一月初七之后，惟其叙吴希光之降先于卢子期之擒，盖出传误。

改孙王庙为吴文皇帝庙。

《嘉泰吴兴志》卷十三"祠庙"："吴文皇帝庙，在仪凤桥南，本名吴太子和庙,在州西陵旁。皓嗣位后,别创于今处。隋季庙毁,唐初重立,以和曾封南阳王曰孙王庙。大历十年,刺史颜真卿以尝追尊立庙,改为吴文皇帝庙。"

长子颇自天宝末年质于平卢将刘正臣,至是始归,皎然有《奉贺颜使君真卿二十八郎隔绝自河北远归》诗志其事。

  颜颇质于平卢军,见上谱,其自河北归,《黄谱》记在本年。参皎然《奉贺颜使君真卿二十八郎隔绝自河北远归》:"相失值氛烟,才应掌上年。久离惊貌长,多难喜身全。比信尚书重,如威太守怜。满庭看玉树,更有一枝连。""满庭看玉树,更有一枝连",参李白"庭前看玉树,肠断忆连枝"(《对雪献从兄虞城宰》)句,颇之是归,当在冬日。去年所撰《颜杲卿碑》不见其归,仍谓其死于逆胡之难,赠五品太子洗马。《黄谱》系在本年,近是,今从之。颇质平卢军,时在天宝十五载,年十岁余至今归,其间隔绝几近二十年。

▶ 唐代宗大历十一年丙辰（公元七七六年）六十八岁

春日,副使李萼改任他职,与皎然、张荐、卢纶诸人饯行之,有《送李侍御联句》《玩初月重送联句》。

  《送李侍御联句》:真卿首句"吾友驻行轮,迟迟惜上春"。《玩初月重游(送)联句》:张荐首句又言"春溪与岸平,初月出溪明"。参皎然《奉同颜使君真卿送李侍御萼赋得荻塘路》"细草暗回塘,春泉萦古渡"句,李萼离湖,时在春日。唐制三年一迁,李萼大历八年以富阳丞改为湖州防御副使,已经三年,且本年秋耿㳞来湖,未见联唱。其改任他职,盖出本年春季。何职,无考。

又送崔子向,有《重送横飞联句》。

  《重送横飞联句》:"春田草未齐,春水满长溪。"(李萼上十二兄)"出饯风初暖,攀光日渐西。"(真卿)"归期江上远,别思月中迷。"(清昼)预唱者李萼、颜真卿、清昼。清昼即皎然;十二兄,乃崔子向。参上引《玩初月重游

（送）联句》，预唱者张荐、李萼、颜真卿、清昼。首句下注有"张荐上十二老丈"云，前诗送李萼，是诗重送者十二老丈，即崔子向。张荐称丈，年辈必高。横飞，乃子向之字。

又有《乐语联句》《馋语联句》。

《乐语联句》《馋语联句》，预唱者李萼、颜真卿、皎然、张荐。时间无考，以其有李萼，当作于本年李萼离湖之前。

四月，应旧僚御史中丞崔祐甫请托，为其父撰述《崔孝公宅陋室铭》。

颜真卿《通议大夫守太子宾客东都副留守云骑尉赠尚书左仆射博陵崔孝公宅陋室铭记》："公讳沔，字若冲，博陵安平人。……（开元）二十七年冬十一月十有七日寝疾薨于位，春秋六十有七。……（嗣子）祐甫能荷先业，以进士高第，累登台省，至吏部郎中，充永平军节度使尚书李公勉行军司马、兼侍御史、中丞。永怀先德，明发不寐，恐茂烈湮沦，罔垂后裔，乃刻《陋室铭》于井北遗址之前，以抒所志。某夙仰名教，实钦孝公之盛德；晚联台阁，窃慕中丞之象贤。又能好我不遗，见托论撰……时则大历十一年青龙景辰孟夏之月也。"参邵说《有唐中书侍郎同中书门下平章事常山县开国子赠太傅博陵崔公（祐甫）墓志铭》："公讳祐甫，字贻孙，系于太岳，代为冠族。……年廿五，乡贡进士高第……调补秘书省校书郎，转寿安尉……寻江西连帅皇甫侁表为庐陵郡司马，兼倅戎幕……转洪州司马，入拜起居舍人，历司勋、吏部二员外郎……遂出佐江西廉使，改试著作郎、兼殿中侍御史。……转检校吏部郎中，改永平军行军司马，金印紫绶，兼中司之秩。"崔祐甫任庐陵郡司马，时在乾元年间，见其所撰《唐魏州寇氏县尉卢公（招）夫人崔氏墓记》："夫人字严爱……属中夏不宁，奉家避乱于江表，弟祐甫为吉州司马。以乾元二年九月七日，寝疾，终于吉州官舍。"其"累登台阁"，盖始于司勋员外郎。司勋属吏部，颜真卿宝应二年三月自户部侍郎改吏部，八月，除江陵少尹兼御史大夫充荆南节度观察使，未行，受代。见上谱。崔祐甫自起居舍人改司勋、吏部员外郎，盖出其时，为颜真卿下僚，故有"晚联台阁，窃慕中丞之象贤"语。

拾遗耿沣充括图书使来吴越，先适湖州，然后赴严、越诸州。夏秋之间又经湖州归朝，会杨凭、杨凝兄弟并旧友陆涓等来游，遂与皎然等宴集联唱，有《与耿沣水亭咏风联句》《溪馆听蝉联句》《送耿沣拾遗联句》。

《水亭咏风联句》，预唱者耿沣、颜真卿、皎然、裴幼清、杨凭、杨凝、左辅元、陆士修、陆羽、权器、□乔、陆涓；《溪馆听蝉联句》，预唱者耿沣、颜真卿、皎然、杨凭、杨凝、权器、陆羽、□乔、裴幼清、□伯成诸人。耿沣有《陪宴湖州公堂》诗志其事，有"谢公为楚郡，坐客是瑶林。文府重门奥，儒源积浪深。壶觞邀薄醉，笙磬发高音。末至才仍短，难随白雪吟"云。梁肃《送耿拾遗归朝廷序》："国家方偃武事，行文道，命有司修图籍。且虑有阙文遗编，逸诗堕礼，分命史臣，求之天下。……拾遗耿君，于是乎拥轻轩，奉明诏，有江湖之役。黾勉己事，将复命阙下。七月乙未，改辕而西。……众君子盖将贺不暇，彼吴秦离别，于我何有。作者之志，小子承命而序之。"《唐才子传校笺》卷四耿沣条下推断其充括图书使"由吴越返京，当即在大历十一年七月"，盖是。耿沣有《夏夜西亭即事寄钱员外》诗："高亭宾客散，暑夜醉相和。细汗迎衣集，微凉待扇过。风还池色定，月晚树阴多。遥想随行者，珊珊动晓珂。""西亭"，即湖州乌程县南之水亭，见颜真卿《梁吴兴太守柳恽西亭记》，"暑夜"，盖时值夏季。《水亭咏风联句》中颜真卿"度弦方解愠，临水已迎秋"，及《溪馆听蝉联句》中权器"晚夏犹知急，新秋别有情"句，宜在夏末秋初。又，刘长卿《送耿拾遗归上都》："若为天畔独归秦，对水看山欲暮春。穷海别离无限路，隔河征战几归人。长安万里传双泪，建德千峰寄一身。想到邮亭愁驻马，不堪西望见风尘。"建德，乃唐严州治所，刘长卿出贬睦州司马，途出严州，适值耿氏归还，而时届暮春。耿沣《赠严维》有称"许询清论重，寂寞住山阴。野路接寒寺，闲门当古林。海田秋熟早，湖水夜渔深。世上穷通理，谁人奈此心"。其有越州之行，时在秋日。耿沣充括图书使来吴越，盖先适湖州，然后赴越、严诸州，又经湖州归朝，时在七月乙未即十一日之前。

秋日，与皎然游白苹洲。又作八角亭供人游息。又作茅亭，书柳恽《江南曲》于其上。

皎然《晦日陪颜使君白苹洲集》：“南朝分古郡，山水似湘东。堤月吴风在，渭裾楚客同。桂寒初结荪，苹小欲成丛。时晦佳游促，高歌听不终。”白居易《白苹洲五亭记》：“湖州城东南二百步抵霅溪，溪连汀洲，洲一名白苹。梁吴兴守柳恽于此赋诗云'汀洲采白苹'，因以为名也。……至大历十一年，颜鲁公真卿为刺史，始剪榛导流，作八角亭以游息焉。”参《嘉泰吴兴志》卷五"洲浦"：“白苹洲在湖州府霅溪东南，梁太守柳恽《江南曲》'汀洲采白苹，日暮江南春'。后人因以名洲。唐大历十一年刺史颜真卿始剪榛导流，作八角亭。又为茅亭，书恽诗于上。”及同书卷十三"亭"：“茅亭亦颜公建，书柳恽《江南曲》于上。后杨汉公作五亭，有记，因列茅亭及旧址于碑”云，颜真卿与皎然集游是洲，盖在其后。诗写秋景，当在本年秋日。

重阳日，与皎然诸人登水楼赏菊。

皎然《九日陪颜使君真卿登水楼》：“重阳荆楚尚，高会此难陪。偶见登龙客，同游戏马台。风文向水叠，云态拥歌回。持菊烦相问，扪襟愧不才。”水楼即柳恽西亭，见《嘉泰吴兴志》卷十三"亭"：“浮玉亭，在乌程县南，临苕溪……或曰即柳恽亭也。恽初作亭，尝与吴均赋诗，后尝名霅水堂，唐隋州刺史刘长卿有《题乌程李明府霅水堂》诗。又名水楼，监察御史皇甫曾有《乌程水楼留别》诗。本朝天圣中县令方仲弓重修，以亭临苕溪，水来自浮玉山，故易今名。”参颜真卿《梁吴兴太守柳恽西亭记》：“湖州乌程县南水亭，即梁吴兴太守柳恽之西亭也。……间岁，颇为州僚据而有之，日月滋深，室宇将坏，而文人嘉客，不得极情于兹，愤愤悱悱者久矣。邑宰李清请而修之。……清，皇家子……弦歌二岁……县称紧，旧矣，今诏升为望。清当受代。……真卿重违耆老之请，启于十连优诏以旌清之采也。……则水亭之功，乃余力也。……大历一纪之首夏也。”斯可知李清为乌程令在本年至下年四月间，其重修西亭，以上引《水亭咏风联句》"临水已迎秋"句言之，竣工在秋前。颜真卿明年仲夏即归朝廷，水楼重阳之会，盖出本年。

应姻亲秀州长史康元瑰之请，为其父台州刺史康希铣撰书神道碑，明年立在越州山阴离渚墓左。

颜真卿《银青光禄大夫海濮饶房睦台六州刺史上柱国汲郡开国公康使君（希铣）神道碑铭》："君讳希铣，字南金……（开元元年）冬十月二十有二日不幸遘疾，薨于会稽觉允里第，春秋七十一。夫人陈郡殷氏，太子中舍人闻礼之曾孙，右清道率令德之孙，洛州录事参军子恩之第五女，睿宗先天二年封丹阳郡夫人。公薨之年，没于东都章善坊私第，春秋六十九。……天宝四载七月四日窆于山阴县离渚村之先茔，卜远日而合葬焉，礼也。……大历十一年元瑰□□□□□□□乞愿言刊勒，惧没徽猷，求无愧之词，垂不朽之事。顾为末学，曷足当仁。"康希铣夫人殷氏乃殷令德之孙，即殷令名之侄孙，殷子敬之从侄女，与颜真卿母殷氏为从姐妹。康希铣夫妇盖颜真卿姻亲长辈。

《丛编》卷十三引《诸道石刻录》："《唐台州刺史康希铣碑》，唐颜真卿撰并书，大历十二年立在离渚。"《金石录目》记为正书。颜真卿明年四月即卸任湖州，克期赴京，未见越州之行，参上引"大历十一年元瑰……求无愧之词，垂不朽之事"云，盖始撰于本年，或亦如《颜杲卿碑》，于州采石刻颂，用寄于山阴墓左。十二年者，乃其立石之年。《诸道石刻录》又记"官遣匠摹本，为村民击碎"云，宋季盖已佚。

又撰有《和政公主神道碑铭》和《唐玄宗贤妃卢氏墓志铭》，并吴通微行书，立在京兆万年县。

《丛编》卷八引《京兆金石录》："《唐肃宗女和政公主碑》，唐颜真卿撰，吴通微行书。大历十一年"；"《唐玄宗贤妃卢氏墓志》，唐颜真卿撰，吴通微书，大历中立"。按吴通微，海州人。吴通玄之弟，兄弟并为翰林学士，《新唐书》《旧唐书》皆有传，见《旧唐书》卷一九〇下《文苑下》《新唐书》卷一四五《窦参传》附。《旧传》："父道瓘为道士，善教诱童孺。大历中，召入宫，为太子诸王授经。德宗在东宫，师道瓘，而通玄兄弟，出入宫掖，恒侍太子游，故遇之厚。"德宗李适，广德二年二月立为皇太子，见《旧纪》。睦王李述诸兄弟，大历十年二月晋封，见《旧唐书》卷一一六《肃宗代宗诸子》。吴道瓘为太子诸王授经，吴通微兄弟随之出入东宫，当在代宗诸子封王之后。和政公主系代宗之妹，太仆卿驸马都尉柳潭之妻，金吾大将军柳晟之母。沈亚之《为汉中宿宾撰其故府君行状》记柳晟"其父以门叶中选，拜太仆卿，尚和政公主。主及太仆继丧，而公年始十二，孝闻宫姻。既去丧，代宗怜之，召养宫中，令与皇子诸王俱受学，故公得通籍中禁。诏以吴大瓘（道瓘）为之师。又以大瓘子通玄、通微为助教，令十日考学绩，劝所进。乾元初……又诏吴大瓘、通微、通玄，令就舍授学"。吴通微行书《和政公主碑》，当出柳晟之请。《玄宗贤妃卢氏墓志》，为宗室所立，吴通微亦当以王傅之善书者书之。和政公主陪葬建陵，卢氏陪葬秦陵，若《和政公主碑》撰于本年，卢氏墓志亦当撰之于同时，并出湖州任上。卢氏墓志，已佚。

建韵海楼。

《嘉泰吴兴志》卷十三"宫室"："韵海楼，唐大历七年刺史颜真卿建。真卿在郡著《韵海镜源》三百六十卷，因以为名，今废。见《旧经编》。"按颜真卿大历八年至任，六月始修《韵海》，至翌年三月修毕，其建楼而名之，盖在其后，"七年"当"十一年"之讹。

▶ 唐代宗大历十二年丁巳（公元七七七年）六十九岁

二月初一日，送辛晃北上，有《送辛子序》。

颜真卿《送辛子序》："醇白之士曰陇西辛晃……二月初吉，金陵气暖。抵淮上之诸侯，所如必合；信滁川之美景，未至方欢。群子赋诗以宠之。"参耿湋《寄司空曙李端联句》，辛晃有"醉中留越客，兴至眄庭柯"句，盖耿湋越中文友。耿湋去年秋日在越州，见上谱。辛晃亦当自越至湖，然后赴金陵，向滁州。群子赋诗饯行，颜真卿为之作序，盖时在本年二月初一。

颜真卿为佛川寺慧明大师菩萨戒弟子。

皎然《唐湖州佛川寺故大师塔铭》："大师讳惠（慧）明，俗姓陈氏。……菩萨戒弟子刺史卢公幼平、颜公真卿、独孤公问俗、杜公位、裴公清，惟彼数公深于禅者也。……常恐大师之言将堕于地，顾谓小子志之。"按慧明大师即六祖曹溪能公之传人方岩策公。其卒于建中元年，享寿八十四。大历八年，颜真卿甫至湖州，年已七十七，大颜公十二年。

三月二十八日，权相元载得罪下狱，不日赐自尽。四月十二日，因杨绾、常衮举荐，诏召入京。是月有《柳恽西亭记》。

《旧纪》：三月"庚辰，宰相元载、王缙得罪下狱，命吏部尚书刘晏讯鞫之。辛巳，制：中书侍郎、平章事元载赐自尽，门下侍郎、平章事王缙贬括州刺史"。四月"癸巳，以前秘书监李揆为睦州刺史。揆故宰相，为元载所忌，二十年流落丐食江湖间，载诛，方得为郡。又召颜真卿于湖州，亦载所忌斥外也"。参《颜真卿神道碑》"大历末，奸臣伏诛，宰相杨绾、常衮举公旧德，宜在中朝，征拜刑部尚书"云，其诏召回朝，盖出杨绾、常衮举荐。三月癸酉朔，庚辰，二十八日；四月壬午朔，癸巳，乃十二日。

《西亭记》："湖州乌程县南水亭，即梁吴兴太守柳恽之西亭也。……间岁，颇为州僚据而有之，日月滋深，室宇将坏，而文人嘉客，不得极情于兹，愤愤悱悱者久矣。邑宰李清请而修之。……夫知邑莫若州，知宰莫若守，知而不言，无乃过乎？今此记述，以备其事，惧不宣美，岂徒愧词而已哉？大历一纪之首夏也。"大历一纪，乃本年；首夏，即四月。

又撰书《射堂记》。题有永兴寺额。

《嘉泰吴兴记》卷十二"军营"："唐有射堂，在白苹洲西，贞元十六年刺史李词建。……今废。颜真卿有《射堂记碑》，在墨妙亭。"参《丛编》卷十四引《集古录目》："《唐射堂记》，唐颜真卿撰并书。碎石缺讹，文理断续，其事迹不可考。大历十二年四月立。"《金石录目》记为正书，年月同，盖撰书于本年。李词建堂之日，不见另撰碑记，盖是时尚见完好。

《吴兴志》卷十三"寺院"记归安县有："鹿苑寺，在射村……后废。唐大历三年沙门明哲募缘请重建，诏赐名永兴寺。元和五年乡贡进士吴行周撰记……又云郡守、工部尚书颜公篆额，即颜真卿也。"永兴寺之额，盖题于《射堂记》同时。惟其引元和五年吴行周记"郡守工部尚书颜公篆额，即颜真卿也"，工部尚书诚误。

永兴寺，在归安县射村，《嘉泰吴兴志》记原名鹿苑寺，梁大同元年夏份舍宅建之。后废，至大历三年沙门明哲重建，诏赐名永兴。宋治平二年改旧名。是额，元和年间当尚在，或毁于会昌初年排佛时。治平改名，盖出重建，已不复可见颜真卿之遗迹矣！

下旬，李阳冰经郡，西上献书，于岘山饯行之，皎然有诗志其事。

皎然《同颜使君真卿岘山送李法曹阳冰西上献书时会有诏征赴京》："汉日中郎妙，周王太史才。云书捧日去，鹤版下天来。草见吴洲发，花思御苑开。羊公惜风景，欲别几迟回。"按《金石补正》卷六四收有大历十二年《平蛮颂》，标题"奉议郎守梁州都督府长史武进县开国男翰林待诏韩秀实书，□□□□□□李阳冰篆额"。同书卷六五建中元年《舜庙碑》，韩秀实结衔同，李阳冰为"京兆□□□□□冰篆额"。按李阳冰（七二四？—七八六？），字少温，京兆云阳人，参《高力士碑》题记"大历十二年岁次丁巳五月辛亥朔十一日辛酉奉敕（立）石，京兆府户曹参军李阳冰篆额"云，李阳冰来湖仍带京兆职，皎然诗称李法曹者，盖前任。其大历四年见任河南府户曹参军，见《卢从道墓志》。以李阳冰本年五月十一日在京奉敕篆额，其来湖盖出户曹公干，而颜真卿岘山送行当在四月十二日诏征赴京后不久。阳冰为当时名书家，李嘉祐从叔。当涂令时李白往依之，嘱其为之编集作序。事迹详见《李阳冰散考》及《李阳冰事迹系年》。

五月初，重立项王庙碑，撰书《项王碑阴述》记其事。

颜真卿《项王碑阴述》："西楚霸王，当秦之末，与叔梁避仇于吴，盖今之湖州也。虽灭秦而宰制天下，魂魄犹思乐兹郡，至今庙食不绝。其神灵事迹，具见竟陵子陆羽所载图经。大历七年，真卿蒙刺是州。十二载，奸臣伏法，恩命追真卿上都，克期首路，竟陵是谂。予以故碑颠趾，尝因仍草莽，已而复之。真卿乃命再加崇树以纪之。时则仲夏方生明之日。"按梁简文帝有《吴兴楚王神庙碑》，见诸欧阳询《艺文类聚》卷七九。严可均《全梁文》以为其"碑文当是东汉楚王英，而题作吴兴楚王则项王矣。误改无疑"。颜真卿所树旧碑，不知是否即此，俟考。《丛编》卷十四引《集古录目》："《唐项王碑阴述》，唐颜真卿为湖州刺史，重建项羽庙旧碑，以大历七年五月刻，记在碑阴。"《金石录目》记在四月，为正书。《舆地纪胜》亦作七年。按颜真卿大历七年四月，尚为具员，时在上元，或自上元赴京途中，见上谱，不当有湖州之行。欧阳诸氏不致于误读碑文者若此。其七年者，盖出他人立石之记，乃颜真卿所树之旧碑。碑主西楚霸王项羽，秦末与叔梁避仇于吴即今之湖州。皎然原居项王祠东之兴国寺，颜真卿加树颠碑，撰文志之，又云"其神灵事迹具见竟陵子陆羽所载图经"，盖缘起于皎然、陆羽两人。

又因旧友景昭法师之请，为其师李含光撰书碑铭，立于茅山玉晨馆。

《李含光碑》："先生姓李氏，讳含光，广陵江都人，本姓弘，以孝敬皇帝庙讳改焉。……先生以大历己酉岁冬十一月十有四日，遁化于茅山紫阳之别院，春秋八十有七。……真卿乾元二年以升州刺史充浙江节度，钦承至德，结慕元微，遂专使致书于茅山，以抒诚恳。先生特令韦炼师景昭复书于真卿，恩眷绸缪，足励超然之志。……而景昭洎郭闳等以先生茂烈芳猷，愿铭金石，乃邀道士刘明素来托斯文。真卿与先生门人中林子殷淑、遗名韦渠牟尝接采真之游，绪闻含一之德，敢强名于巷党，曷足辨于鸿蒙。"参《萃编》卷一〇〇是碑首题："金紫光禄大夫行湖州刺史上柱国鲁郡开国公颜真卿撰并书。"末记："大历十二年季夏五月建，渤海吴崇休镌。"盖撰书于本年，盖亦如欧阳琟碑，于州采石刻颂，用寄于茅山者。《留谱》系于八年、《黄谱》九年，并误。

本年，又有《湖州石柱记》。

颜真卿《湖州石柱记》："乌程县，旧紧，今望。"参《唐会要》卷七〇"新升望县"条："湖州乌程县，大历十二年二月二十一日升。"是记，盖撰于本年升望之后。《丛编》卷十四引《集古录目》："《唐湖州石记》，碑字残缺不见年月及书撰姓名，验其字画，颜真卿也。"《嘉泰吴兴志》卷十八亦记为"颜真卿书，记郡境山川陵墓之类"。若是，盖出颜真卿自书者也。

湖州任上，于谢公塘立《晋谢太傅塘碑》，并撰书碑阴记志之。

颜真卿《谢公碑阴记》："太保谢公，东晋咸和中，以吴兴山水清远，求典此郡。郡西至长城县通水陆，今尚称谢公塘。及迁去，郡人用怀思刻石记功焉。历代至皇唐天宝末，群盗起，公之碑志失于所在。眷求芜没，深为怆然，借旧史遗文敬刊息石。公之雅量宏度，盖嗟叹之不足。"参《嘉泰吴兴志》《舆地纪胜》记在长兴县谢公乡，是记，撰书盖在湖州任上。惟其"历代至皇唐天宝末，群盗起"句，文章不顺，疑有断缺。

颜真卿在湖州日，题有"明月峡"三字。

《嘉泰吴兴志》卷四"峡"："明月峡在长兴县顾渚侧，二山相对，壁立峻峭，大涧中流，巨石飞走，断崖乱石之间，茶茗丛生，最为绝品。……石上多唐人刻字，颜真卿所书，但存仿佛。"颜真卿题字，盖出湖州任上。至宋风化几尽，已不复见其神采。

有《吴兴集》十卷。

《颜鲁公行状》："饯别之文及词客唱和之作，又为《吴兴集》十卷。"《新志》同。焦竑《国史经籍志》尚见存。

本年出平望，经苏州，入毗陵，转丹阳，历建业，溯江西下，至江州，立《祖碑》于祖将军庙前。

欧阳詹《吊九江驿碑材文》："吊伤而有辞者也，噫，九江驿之碑，其何兴辞而吊欤？斯碑之材，昔太师鲁国颜忠肃（文忠）公所建祖亭之碑也。公素负辞华，昭代之铭志，多公之辞，又好采异留名之致。顷为湖州牧，州产碑材石，每使工琢之与词，兼行磨砻而成，常心使用者，不可胜数。斯碑也，终山之穷僻，得之于自然。趺本有龟，护顶有螭，虽不甚成，而拿蹶偾兴，如神如灵。公神而珍之，精选所处，湖州无称立；罢守回朝，载而途卜，出苏台，入毗陵，亦无称立；转丹阳，游建业，亦无称立。次江州，南有湖，湖东有山，蛟奔螭引，直至湖心，顿趾之处，则茂林峭石，势环气胜，非往时所睨，而神祠曰'祖将军庙'在焉。公觌其诡秀与碑材叶，即日以酒脯奠其祖神，出钱五万，造亭曰'祖亭'。……既就，公制亭之文，手勒斯碑而立之。"按颜真卿受命回京，克期而赴，不当能为石选地，有称而立之，且其几经江州，必知祖将军庙之气胜，欧阳是文，似有演绎，饰美过甚。是碑，盖刻颂于湖州，在离任之前。而亭，用以护碑，必之建于其后。欧阳氏又称："公制亭之文，手勒斯碑而立之。公文为天下最，书为天下最，斯亭之地，亦天下最，庶资三善加以斯……以祖亭方九江驿，则兰室鲍肆矣；以鲁公之文方今之文，则牢醴糟糠矣；以鲁公之札翰方今之札翰，则锦绣枲麻矣；以鲁公之用方今之用，则华夏夷狄矣。痛哉斯碑！出祖亭，入九江驿，失鲁公文得人之文，削鲁公之札翰题人之札翰，亡鲁公之用就人之用，是去兰室而居鲍肆，舍牢醴而食糟糠，脱锦绣而服枲麻，黜诸夏而即夷狄，可悲之甚者。"是碑之撰与书，盖并出鲁公手笔。参欧阳文所谓"后典州吏于州之九江驿，有修坏之劳，状其末绩，乃取斯碑铲公之述，置己之述，今为九江驿之碑"云，是碑，贞元间已经磨泐，文辞及其书法遂荡然无存矣。

次洛阳，追立伯母殷履直夫人颜真定碑碣于万安山王宝原。

刘青藜《金石续录》卷三："《唐殷夫人墓志》，右志在河南旧府治门内，掘土得之，委弃粪壤。学博齐君怀瑜言于当事，移置关将军庙中。剥落殊甚，其可识者，篆额'唐钱塘（县）丞殷'（余缺）。首行'钱塘县丞府君夫人□□□'，侧书'并序'二字。次行'第十三侄男金紫光□□□湖州刺史上柱国鲁郡公真卿撰并□'。志云：'君（号）□定，琅邪临沂人。北齐黄门侍郎之推府君之元□，皇朝寿（秦）王记室思鲁府君之曾□，著作郎弘文□贤□之孙，天皇曹王侍读赠华州刺史昭甫（府）君之季女。'以下文字漫漶不可句。"按黄叔璥《中州金石考》卷六引《金石补遗》记是碑"四面环刻……在河南府学道居寺天王殿前，新自地中掘起者"。刘青藜所见有"唐钱塘丞殷"诸字者，仅碑之正面。所谓墓志云者，盖未见碑阴碣字题额。是时碑阴当已泐损，且其出土地及之后移置关将军庙者，与《金石补遗》相左，盖出而复晦，至时遂重见之。参刘青藜卒于康熙中叶，其重见既已移置关将军庙中，则必在康熙初年。

《类编》卷二："《殷履直夫人颜氏碑》，从侄撰并书，开元二十六年立。洛。存。"《中州金石考》从之。参其题记结衔，盖撰书于湖州任上。"开元二十六年"，乃其夫妇合葬之时。湖州产碑材，刻颂亦当在任上。颜真卿湖州之任，不见回朝计事，其洛下扫祭伯母，盖在本年归至京都之日。

八月二十五日，除刑部尚书。

《旧纪》：八月"甲辰，以湖州刺史为刑部尚书"。八月庚辰朔，甲辰，二十五日。颜真卿，广德元年检校刑部尚书，永泰元年正除。本年乃其再任。

十一月二十四日，友婿杭州刺史杜济自常州归葬万年县，撰书神道碑及墓志颂述之。

《杜济碑》："君讳济，字应物，京兆杜陵人。……以大历十二年岁次丁巳秋七月二日辛亥薨于常州之别馆，春秋五十有八。夫人京兆韦氏，曰平仲，房州刺史景骏之孙，礼部尚书琅邪王丘之外孙，太子中舍迪之第三女也。……子婿秘书省校书郎范阳卢少康泊二子匡、陟，缉宁家残，独与子肃匍匐万里，以祇护丧椟。冬十一月至上都，二十四日壬申虔窆公于万年县洪原乡之少陵原，祔先茔也。"参其《墓志》"真卿忝居友婿，亟接周行，痛音徽之永隔，感存没其何已"云，杜济年少于颜真卿，其夫人又曰平仲，盖颜夫人韦氏之妹。常制墓志随窆，参《集古录目》卷八记其结衔曰刑部尚书者，当在八月再任刑部之后。神道碑铭，立于墓左，撰书盖出同时。《金石录目》第一五二八——一五三〇并记其神道碑铭及墓志为颜真卿撰并正书，今从之。

十一月二十日，有献所著《韵海镜源》三百六十卷，诏藏于集贤书院及秘阁。

《旧纪》：大历十二年十一月"癸酉……刑部尚书颜真卿献所著《韵海镜源》三百六十卷"。十一月己酉朔，癸酉，乃二十五日。参《颜真卿碑》"征拜刑部尚书，公乃奏上所著《韵海镜源》，帝嘉之，藏于集贤院及秘阁"云，集贤院、秘阁，分属两省，是时上献，盖有正、副两本。封演《封氏闻见记》卷二"声韵"有记："天宝末，平原太守颜真卿撰《韵海镜源》二百卷。未毕，属胡寇凭陵，拔身济河，遗失五十余卷。广德（大历）中为湖州刺史，重加补辑，更于正经之外，加入子史释道诸建，撰成三百六十卷。其书于陆法言《切韵》外，增出一万四千七百六十一字。先起《说文》，为篆字，次作今文，隶书仍具别体为证，然后注以诸家字书。解释既毕，征《九经》两字以上，取其句末字编入本韵。爰及诸书皆仿此。自为声韵已来，其撰述该备，未有如颜公此书也。大历二（十二）年入为刑部尚书，诣银台门进上之卷，敕（卷、敕两字，盖衍）宣付秘阁，赐绢五百疋。"于是，可一睹其形制也。

《宋史》卷二〇二《艺文志》："《韵海镜源》十六卷。"晁公武《郡斋读书志》不见收存，至宋，是书盖已散佚几尽。

本年，十月，有传怀素草书《自叙帖》。

▶ 唐代宗大历十三年戊午（公元七七八年）七十岁

正月十五日，三上表乞许致仕，不允。

《旧纪》：正月"壬戌，刑部尚书鲁郡公颜真卿三抗章乞致仕，不允"。正月戊申朔，壬戌，十五日。

二月，充使谒拜昭陵，过瑶台寺，有《使瑶台寺有怀圆寂上人》诗志其事。

《金石录目》第一五三三："《唐怀圆寂上人诗》，颜真卿撰并正书。大历十二年十二月。"参其诗序"真卿昔以天宝元年尉醴泉，亟过瑶台寺圆寂上人院。秩满，迁监察御史，巡复诸陵，而上人已去此寺。大历十三年春二月，以刑部尚书谒拜昭陵，慨然有怀"云，赵明诚所记"大历十二年十二月"，显然讹误。

奉敕正书杨绾《李抱玉碑》，立在长安县。

《集古录目》卷八："《太保昭武公李抱玉碑》，中书侍郎平章事杨绾奉敕撰，刑部尚书颜真卿奉敕书。……碑以大历十二年五月立。"《金石录目》第一五二〇："《唐李抱玉碑》，杨绾撰，颜真卿正书。大历十二月五日。"按颜真卿去年八月始除刑部尚书，五月，盖误。《旧唐书》卷一三二《李抱玉传》记其"大历十二年卒……赠太保"，参《旧纪》大历十二年秋七月"己巳，中书侍郎、同中书门下平章事、集贤殿崇文馆大学士、兼修国史杨绾卒"，其五月盖李抱玉卒日。据《丛编》卷七"长安县"引《京兆金石录》："《李抱玉碑》碑阴，祭文韩云卿撰，子自正正书，大历十三年"云，是碑当书于十三年立石之前，参颜真卿本年春三月见任吏部尚书，见下引，又当在三月之前。颜真卿以书法名世，惟少奉敕所书，此乃首通。

三月，改为吏部尚书。撰书《宋升碑侧记》以志其立碑始末。

颜真卿为吏部尚书，《留谱》记在本年，其有考云："按《家谱》以十二年十二月为吏部尚书、充礼仪使。考旧史纪及诗序，今年正月乞致仕；二月谒昭陵，犹为刑部尚书，不应十二年已除吏部。今参之《行状》《神道碑》，史传所载先后，进吏部当在今年，充使乃代宗晏驾之后也。"《黄谱》因是而定于三月。以《宋升碑侧记》明题"十三年春三月吏部尚书颜真卿记"，盖是。今从之。

《宋升碑侧记》："公第三子浑之为中丞也，方欲陈乞御制碑颂，未果，而中受谴责。旋羯胡作乱，事竟不成。真卿时忝监察、殿中，为中丞属吏，故公孙俨泣请真卿论撰之。昭义军节度观察使、尚书左仆射、兼御史大夫、平阳郡王薛公曰嵩……乃命屯田郎中、权邢州刺史封演购他山之石，曳以百牛，僝

109

刻字之工，成乎半岁。磨砻既毕，建立斯崇，远近嗟称，古今荣观。虽大贤为德树善，庸限于存亡，而小子何知，附骥托迹于阶序。真卿刺湖州之日，因成文，请俨刻其侧而志之。未及雕镌，而第六子衡因谪居沙州，参佐戎幕。河陇失守，介于吐蕃。以功累拜工部郎中、兼御史、河西节度行军司马，与节度周鼎保守敦煌，仅十余岁，遂有中丞、常侍之拜。恩命未达，而吐蕃围城，兵尽矢穷，为贼所陷。吐蕃素闻太尉名德……遂赠以驼马，送还于朝。大历十二年十一月以二百骑尽室护归。……上欲特加超奖，且命待制于侧门。十三年春三月吏部尚书颜真卿记。"按大历五年十二月颜真卿抚州任上受宋俨之请，为其祖宋升撰书神道碑铭。七年九月二十五日铭石于墓石，见上谱。其碑侧记，湖州任上已成初文，未及刻，会宋衡之谪而罢。此记乃再稿，补叙宋衡之守敦煌，陷吐蕃，及其吐蕃送归朝廷事。其正书铭石盖在本年三月。《金石录目》作《碑阴记》，记在大历十二年三月立（《丛编》卷六引作"十一年"）。十二年（十一年），盖十三年之讹。

▶ 唐代宗大历十四年己未（公元七七九年）七十一岁

五月辛酉（二十一日），诏皇太子李适监国。是夕，上崩于紫宸殿，年五十三。癸亥（二十三日），皇太子即位于太极殿。八月庚申（二十三日），上尊谥曰睿文孝武皇帝，庙号代宗。十月己酉（十三日），葬于元陵。十二月丁酉（初一），祔于太庙。(《旧纪》《通鉴》)

五月十二日，以吏部尚书充礼仪使，处置山陵事。闰五月，上《请除禫服奏》《请除素练听政奏》，从之。

《颜鲁公行状》："今上谅暗之际，诏公为礼仪使。先自玄宗以来，此《礼仪注》废缺，临事徐创，实资博古，练达古今之旨，所以朝廷笃于讪疾者，不乏于班列，多是非公之为。公不介情，惟搜礼经，执直道而行已。今上察而委之山陵。"参《通鉴》"上时居谅阴，庶政皆委于（崔）祐甫，所言无不允"云，颜真卿其充礼仪使，盖出崔氏举荐。《唐会要》卷三七"礼仪使"条记在五月十二日，时在德宗即位前。《请除禫服奏》《请除素练听政奏》见于文集卷二，目下并注："大历十四年六月。"按唐制皇帝丧"二十七日而除"，见《旧唐书》卷一一九《崔祐甫传》引常衮语。本年五月闰，其二十七日而除，盖在闰月。集注六月，似误。

六月，正书程浩《马璘新庙碑》，韩秀实隶书题额，立于京兆马氏新庙。

《旧纪》：七月"壬申，毁元载、马璘、刘忠翼之第，以其雄侈逾制也"。参《通鉴》"初，天宝中，贵戚第舍虽极奢丽，而垣屋高下，犹存制度，然李靖家庙已为杨氏马厩矣。及安、史乱后，法度堕弛，大臣将帅，竞治第舍，各穷其力而后止，时人谓之木妖。上素疾之，故毁其尤者，仍命马氏献其园，隶宫司，谓之奉成园"云，马璘卒于十一年，此曰新庙碑，盖有别于十三年万年墓田所立常衮《唐赠司马扶风郡王马璘碑》。是碑殆立于七月壬申毁第、献园之前。七月戊辰朔，壬申，初五日。若《集古录目》《金石录目》所记七月者，为立石之日，其正书、铭石，盖在六月间。

七月，自高祖至肃宗七代，庙号尊号，文字繁多，上《请复七圣谥号状》，请取初谥为定。德宗命百官集议，儒学之士，皆从其议，惟兵部侍郎袁傪，独出异议，谓"陵庙玉册、木主皆已刊勒，不可轻改"，事遂寝。

《唐会要》卷二"杂录"："大历十四年七月，礼仪使、吏部尚书颜真卿上言……请高祖以下累圣谥号，悉取初谥为定"条下王溥有按："旧制上谥号，高祖为武皇帝，太宗为文皇帝，高宗为天皇大帝，中宗为孝和皇帝，睿宗为圣真皇帝，玄宗为孝明皇帝，肃宗为孝宣皇帝，其庙号如故，仍请准汉魏及国朝故事，于尚书省议定奏御，乃令尚书省议之。时以谥号前后繁多不经，儒学之臣，思改者久矣。会真卿上奏，皆谓必克正焉，而兵部侍郎袁傪，官以兵达，不详典故，乃上言：'陵庙中玉册既刊矣，不可轻改。'遂罢之。傪曾不知陵中玉册，实纪其初号，后虽追尊，而册文如故。"颜真卿之议遂不行，然观代宗之谥，曰"睿文孝武皇帝"，较之肃宗之"文明武德大圣大宣孝皇帝"、玄宗之"至道至圣大明孝皇帝"者，已见省简，斯也盖与是议有关。

九月，上《亲陵异于诸陵状》，请元陵上食异于泰陵、建陵，以遵远近之制。从之。

《唐会要》卷二一"缘陵礼物"："大历十四年九月，礼仪使颜真卿奏曰：'按后汉《礼仪志》云，古不祭墓。汉诸陵皆有园寝，承秦所为也。建武以来，关西诸陵，但四时特牲祠。每帝幸长安，诸陵乃太牢祠。自洛阳诸陵至灵帝，皆以晦望、二十四气、伏社、腊日及四时祠，无每日上饭。其亲陵一所，宫人随鼓漏理被枕，其与洛阳诸陵及亲陵，降杀不同之文也。又《春秋传》曰，祖祢则日祭，曾祖则月祭，二祧则时享，坛墠则岁贡，大禘则终王。固以亲疏相推，远近为制。又祠部式献、昭、乾、定、桥、恭陵，并朔望上食，岁及冬至、寒食，各设一祭，唯桥陵除此日外，每日供半口羊充荐，是则玄宗之于亲陵，与诸陵且有异矣。今请元陵除朔望及节祭外，每日更供半口羊充荐，准祠部式供拟。泰陵、建陵，则但朔望及岁冬至、寒食、伏腊、社日，各设一祭，每日更不合上食。'制曰可。"是状，《颜鲁公文集》未收，今录之，以供参阅。

十月，代宗神主将祔，上《论元皇帝祧迁状》，请迁元皇帝于西夹室，以准礼合祔。从之。

《旧纪》："十月己酉，葬于元陵。十二月丁酉，祔于太庙。"十月，丁酉朔，己酉，十三日。《旧唐书》卷二五《礼仪五》："大历十四年十月，代宗神主将祔，礼仪使颜真卿以元皇帝代数已远，准礼合祧，请迁于西夹室。"其盖出十月十三日葬代宗于元陵之后。

有《元陵注》一卷。

颜真卿《元陵注》，入《颜鲁公文集》卷三，目下注"大历十四年五月"。按代宗元陵之葬，在本年十月己酉（十三日），见上引，其注当在其前。"大历十四年五月"者，乃颜真卿充任礼议使之日，始注盖出是时。

撰书曾祖《颜勤礼碑》，追立于万年先茔。

《颜鲁公文集》卷二三《书评三》黄本骥《颜勤礼碑》条下有按："是碑文载公集，无建立年月，文中鲁公叙官履至涆为节度、采访观察使，鲁郡公止。公以乾元二年为升州刺史、充浙西节度使、兼浙西节度观察使，碑当作于是年。"《黄谱》即系于乾元二年。按是碑颜惟贞有赠官曰"赠国子祭酒、太子少保"，并出乾元年之后。且黄本骥所谓颜真卿自叙官履，其"举进士，校书郎；举文词秀逸，醴泉尉，黜陟使王铁以清白闻。七为宪官、九为省官、涆为节度采访、观察使、鲁郡公"云者，特少州牧之记。按《集古录跋尾》卷七，记在大历十四年，参《金石录》卷二八题跋"《唐颜勤礼碑》，鲁公撰并书。元祐间，有守长安者后囿建亭榭，多辇取境内古石刻以为基址。此碑几毁而存，然已摩去其铭文"云，其残损以致不见建立年月者，盖出元祐年间。《集古录跋尾》编录于嘉祐六年，先元祐几近三十年，欧阳所见"大历十四年"，必有所据。今从之。

撰书《赠和州刺史张敬因碑》，立于许州墓左。

《集古录跋尾》卷七："右《张敬因碑》，颜真卿撰并书。碑在许州临颍县民田中，庆历初有知此碑者，稍稍往模之，民家患其践田稼，遂击碎之。余在滁阳，闻而遣人往求之，得其残缺者为七段矣。"目下注曰"大历十四年"，似当有据，今从之。是碑北宋时已残损过甚，参端方《匋斋藏石》记："碑已残毁，现存之石，广三尺一寸，高尺寸不计。前后漫灭，惟中间八行，行存四五字。正书，径一寸八九分。"是碑至清末光绪年间残存仅一石，惟得三十余字矣。故宫博物院有端方旧拓本。

碑主张敬因，据《集古录跋尾》所记，乃南阳人，祖澄，父连。

本年，十月，润州立张从申正书萧定《重修延陵季子庙记》，见署"前试大理司直"。(《金石录目》参《金石录补续跋》)

奏请改诸州博士为文学。

《封氏闻见记》卷一《儒教》："今上登极，思弘教本，吏部尚书颜真卿奏请，改诸州博士为文学，品秩在参军之上。其中下州学一事已上，并同上州，每令与司功参军同试贡举，并四季同巡县点检学生，课其事业。博士之为文学，自此始也。"明年八月，颜真卿改太子少师。又，唐制集试始于十月，是奏盖出本年夏秋之时。

奏请停"千秋"之节。

《封氏闻见记》四："肃宗因前事以降诞日为天平地成节。代宗虽不为节，犹受诸方进献。今上即位，诏公卿议。吏部尚书颜真卿奏：'准《礼经》及历代帝王，天降诞日，惟开元中始为之。又复推本意，以为节者，喜圣寿无疆之庆，天下咸贺，故号节曰千秋，万岁之后，尚存此日以为节假，恐乖本意。'于是敕停之。"颜真卿建中元年八月除太子少师，是奏仍署吏部，盖出德宗即位后不久，在肃宗诞日"九月三日乙亥"（《册府元龟》卷二）之前。姑系于本年。

▶ **唐德宗建中元年庚申（公元七八〇年）七十二岁**

正月丁卯朔，御含元殿，改元建中。群臣上尊号曰圣神文武皇帝。赦天下。二月丙申朔，遣黜陟使十一人分巡天下。日本国朝贡。十一月辛酉朔，始复州府上计，内会朝会制。是岁，税户三百零八万五千零七十六，籍兵七十六万八千余人，税钱一千零八十九万八千余缗，谷二百一十五万七千余斛。（《旧纪》《通鉴》）

三月初一，因东都高祖、太宗、高宗三庙木主多亡缺未祔，上表请造之以祔。诏下，议而不决，乃罢。是议至宣宗朝遂行。

《旧纪》："三月丙寅，礼仪使奏东都太庙缺木主，请造，诏下议之，不决。"参《旧唐书》卷二六《礼仪志》："建中元年三月，礼仪使上言：'东都太庙缺木主，请造以祔。'初，武后于东都立高祖、太宗、高宗三庙。至中宗已后，两京太庙，四时并飨。至德乱后，木主多亡缺未祔。于是议者纷然，而大旨有三：其一曰，必存其庙，遍立群主，时飨之。其二曰，建庙立主，存而不祭,若皇舆时巡,则就飨焉。其三曰,存其庙,瘗其主,驾或东幸,则饰斋车奉京师群庙之主以往。议者皆不决而罢。"及《唐会要》卷十六《庙议下》"(会昌五年九月)吏部郎中郑亚等五人议……兼与建中元年礼仪使颜真卿所奏事同。……至(大中元年)五月,宣宗即位,复诏东都备法驾,迎木主归祔太庙"云,颜真卿其议当时议而不决。直至宣宗朝经历后人发明,遂始行之。三月丙寅,乃朔日,为初一。

于敦化坊高祖颜思鲁故宅建颜氏家庙。六月,撰书《颜氏家庙碑》以志之。十月,又撰书《碑后记》并《碑额阴记》,铭石立于庙前。集贤院学士李阳冰为之篆额。

颜真卿《家庙碑额阴记》:"高祖记室君(颜思鲁)国初居此宅,虢州君(颜勤礼)、舍人君(颜育德)侍焉。堂今置庙地。高祖妣殷夫人居十字街西北壁第一宅,秘书监君(颜师古)、礼部侍郎君(颜相时)侍焉。虢州君居后堂,华州君于堂中生焉,今充神厨。少保君(颜惟贞)堂,今充斋堂,厅屋充亚献、终献斋室。"参徐松《唐两京城坊考》卷三:西京"次南敦化坊。……西门之北,秘书监颜师古宅。欧阳询宅。著作郎沈越宾宅"。下注:"贞观、永徽间,颜师古、欧阳询、沈越宾住此坊。颜即南朝旧族,欧阳与沈又江左士人,时人呼为'吴儿坊'。"十字街西北壁第一宅颜师古旧宅,曾为高祖夫人所居,师古、相时兄弟孝奉。高祖之宅,勤礼、育德兄弟陪侍,两者必当毗邻,并在敦化坊西门之北侧。是时,兄弟盖已分居,师古、相时若为第一宅,勤礼、育德则当第二宅。以《碑后记》"建中元年岁次庚申秋七月癸亥朔镌毕。八月己未,真卿蒙恩迁太子少师。冬十月壬子,男頵,封沂水县男;硕,新泰县男。……微躯官阶、勋爵并至二品,子侄八人受封"云,其碑,七月初一日即告刻毕,撰书当在六月间。十月辛卯朔,壬子,乃二十二日,《碑后记》《碑额阴记》铭石,盖在其后。

《颜鲁公文集》卷五收有《世系谱序》,末题"建中元年岁次庚申秋七月癸亥序",全出《碑后记》。其正文亦出自《家庙碑》。然而,因改"绝纶盛美,遂举集于君,君能遵前人,不敢失堕"为"纷纶盛美,举集于兹,述遵前人,不敢失堕"句，而遗乃翁颜惟贞，以致欲盖弥彰，遂显赝品。《黄谱》以为颜真卿所撰，盖误。《新志》有《颜氏家谱》一卷，不记著者姓名，黄本骥以是序证之，亦以为出自颜真卿自撰。以讹相证，诚有失于明智。

殿中少监李洞清嫁女用俗法，举送御史台按之。

《册府元龟》卷五八九"掌礼部"《奏议》十七："（建中元年）十一月辛酉，诏曰……近代别设毡帐，择地而置，乃元魏穹庐之制，不可为准……请罢勿用，皆从之。无何，殿中少监李洞清嫁女用俗法，施毡帐，礼仪使举送御史台按之。真卿寻迁太子少师，依前礼仪使。"唐制礼仪使一人，是时乃颜真卿。此所谓礼仪使者，乃其府署。其举送违者，盖在本年迁少师之前。

八月二十二日，除太子少师，仍充礼仪使。

《旧纪》：八月"戊午，以吏部尚书颜真卿为太子少师，依前礼议使"。八月壬辰朔，戊午，二十七日，与上引《碑后记》"八月己未"，相距一日，颜真卿所记，乃为除命宣谕之日。今从《旧纪》。《旧传》所记"太子太傅"者，误。

《唐会要》卷二四《受朝贺》："建中元年十一月朔，御宣政殿，朝集使及贡士见，自兵兴以来，典礼废堕，州郡不上计，内外不会同者，二十五年，至此始复旧典。"其州府上计制度之恢复，事与礼仪使有关，或即出颜真卿之奏请。

十二月二日，奉敕与博士及光禄卿李涵诸人详定公主、郡县主出降仪，改初唐以来，公主下降，舅姑皆降礼答拜之陋习。有《更定婚礼奏》。

《唐会要》卷八三"嫁娶"："建中元年十一月十六日，敕，宜令礼仪使与博士及宗正卿李琬，汉中王（李）瑀，光禄卿李涵，约古今旧仪及《开元礼》，详定公主、郡主、县主出降觌见之议，条件闻奏，将以化行天下，用正国风。至十一月二日，礼议使颜真卿等奏……"杜佑《通典》卷五八《礼十八》本此亦记"建中元年十一月礼仪使颜真卿等奏"。然是敕下于十一月十六日，颜真卿等人奉命定仪，不当在前。其十一月二日者，盖十二月二日之讹。《颜鲁公文集》卷二收有是奏，内容异于《唐会要》，或出《通典》而有所改省。

▶ 唐德宗建中二年辛酉（公元七八一年）七十三岁

九月，上《庙享议》，请以晋蔡谟等议为定。从之。

《唐会要》卷十三"禘祫上"："建中二年九月四日，太常博士陈京上疏……敕下尚书省，百僚集议。礼仪使、太子少师颜真卿议曰：'……请依晋蔡谟等议。至十月祫享日，奉献祖神主居东面之位，自懿祖、太祖，洎诸祖宗，遵左昭右穆之例。此有以彰国家重本尚顺之明义，足为万世不易之令典也。'"参其后贞元八年太子左庶子李嵘等七人之议，其中有"至建中二年十月，将祫享，礼仪使颜真卿状奏，合出献、懿二祖神主行事，其布位次第，及东向尊位，请依东晋蔡谟等议为定，遂以献祖当东向；以懿祖于昭位，南向；以太祖于穆位，北向，以次左昭右穆，陈列行事"云，当时议者有四，惟其颜真卿独抒高见，以东晋蔡谟议为定。于是，还献祖、懿祖神主于庙，如颜真卿之议。大祫，《通鉴》记在十月癸卯。十月丙戌朔，癸卯，十八日。颜真卿是议既驳陈京，又在大祫之前，盖在九十月间，尤以九月为宜。

有《朝会有故去乐议》。

《留谱》：永泰二年有《庙享议》《朝会有故去乐议》。按《庙享议》在本年九月间，见上谱，其记显误。《朝会有故去乐议》，见《颜鲁公文集》卷二，目下注"永泰二年"。其后黄本骥有按"考公以大历十四年五月代宗崩，德宗即位，充礼仪使，至建中三年八月罢使事。此议题曰'朝会有故去乐'者，'有故者'谓代宗三年丧制未终也，亦应作于建中二年丧制将终之时"云。甚是。今从之，系于本年《庙享议》后。目下所注，盖出旧本留注，黄本骥尊而未改。

本年，正书李舟《王密德政碑》，李阳冰篆额，徐浩书敕书，十月立在明州。

《集古录目》卷八："《刺史王密德政碑》，浙东观察判官李舟撰，太子少师颜真卿书，国子监丞李阳冰篆额。……碑以建中二年十月立，并敕书同刻。敕，徐浩所书也。"《金石录目》第一五七二记为正书。参《新唐书》卷六八《方镇五》："大历十四年，合浙江东、西道置都团练观察使，废浙江东道都团练观察使，以所管州隶浙江西道。建中元年复置。二年又废。"李舟署衔"浙东观察判官"，盖撰于建中元年复置之时，而颜真卿正书铭石，当在本年春夏间。

▶ 唐德宗建中三年壬戌（公元七八二年）七十四岁

十一月，朱滔、田悦、王武俊于魏县称王，滔为冀王、盟主，悦为魏王，武俊为赵王。又劝李纳称齐王。各置官仿唐朝。十二月二十九日，李希烈自称天下都元帅、太尉、建兴王。李纳、朱滔等结纳之，劝其称帝。（《旧纪》《通鉴》）

闰正月二十五日，上《请定武成庙释奠奏》，请每至释奠，奏轩悬之乐。敕所司施行。

《唐会要》卷二三"武成王庙"："至建中三年闰正月二十五日，礼仪使颜真卿奏：'武成王庙用乐……合准诸侯之数，今请每至释奠，奏轩悬之乐。敕旨，宜付所司。'"《颜鲁公文集》卷二所收是奏出自《新志》，略异，或有改省。其目下注："建中二年。"《新志》明记三年，"二年"盖出传抄之讹，今不取。

德宗以姻亲，将委以相位，为权臣所忌。八月二十七日，改太子太师。

《旧纪》：八月"丁丑，以礼仪使太子少师颜真卿为太子太师"。八月辛亥朔，丁丑，二十七日。

《旧传》："杨炎为相，恶之，改太子少傅（师），礼仪使如旧，外示崇宠，实去其权也。卢杞专权，忌之，改太子太师，罢礼仪使，谕于真卿曰：'方面之任，何处为便。'真卿候杞于中书，曰：'真卿以偏性，为小人所憎，窜逐非一，今已羸老，幸相公庇之。相公先中丞传首至平原，面上血，真卿不敢以衣拭，以舌舐之，相公忍不相容乎？'杞瞿然下拜而含怒心。"参《颜真卿碑》"上方倚以为相，为权臣所忌，迁太子太师，外示崇高，实以散地处之"云，其作者令狐峘自称"尝参公会府公卿之末，备位史臣……敢竭不才，恭述所闻"，其言或当不诞。按令狐峘自大历十四年九月丙戌（十九日）至建中元年二月甲寅（初九）为礼部侍郎，见《旧纪》。其职掌天下礼仪、祭享之事，有《谏厚奉元陵疏》，德宗有诏批答。是时当预元陵之务，为颜真卿下僚，且时为史馆修撰，盖有闻知，况且颜真卿"太后崇徽，外家联属"（《授太子少师告》）有姻亲之谊，其倚以为相，不无可能，权臣之忌，或由是而起。然忌者，盖不仅止杨炎、卢杞两人矣。

太师任上，委门人左辅元编集《礼乐集》，凡十卷。

《新志》："颜真卿《礼乐集》十卷。礼仪使所定。"《留谱》记在建中元年，《黄谱》系于二年。参上引《请定武成庙释奠奏》，在本年闰月，编集盖出其后。依例当始于本年罢使之后，即八月间。

正书李华《元德秀墓碣》，李阳冰篆额。明年秋日，立于河南伊阳。时人以墓主、文章、书法、篆额并四绝，号《四绝碑》。

《丛编》卷四"伊阳县"引《集古录目》："《唐元鲁山墓碣》，唐监察御史李华撰，太子太师颜真卿书，□□院学士李阳冰篆额。……碑以建中四年秋立。"《金石录目》第一五七七记为正书。按明年正月十七日颜真卿即充使宣慰淮西，是碑盖书于本年迁除太子太师之后。其或即为其平生所书最后一通碑版。

三月初五日，从兄颜杲卿加赠司徒。

《旧纪》："三月丁亥，赠故卫尉颜杲卿司徒。"三月癸未朔，丁亥初五日。
　　四月二十五，徐浩卒，年八十。赠太子少师。十一月葬于东都偃师祖茔。（《徐浩事迹系年》）

▶ 唐德宗建中四年癸亥（公元七八三年）七十五岁

　　正月庚寅（十三日），李希烈袭陷汝州，执别驾李元平、别署判官周晃为刺史。又取尉氏，围郑州，官军数为所败，东都惊骇。留守郑叔则入保西苑。戊戌（二十一日），遣左龙武大将军哥舒曜讨李希烈，克汝州。夏四月庚申（十四日），以永平等军都统李勉为淮西招讨使，哥舒曜为之副。以荆南节度张伯仪为淮西应援招讨使，山南东道节度使贾耽、江西节度使嗣曹王皋为之副。十月丙午（初二），泾原兵奉命东征，翌日过长安以食劣哗变，奉朱泚为王，帝出奔奉天。朱泚称皇帝，国号秦，建元应天。十二月庚午（二十七日），李希烈陷汴州。（《旧纪》《通鉴》）

正月十七日，奉命赴许州宣慰李希烈。诏下，举朝失色。永平等军节度都统、检校司徒、平章事李勉闻之，密表请留。又遣使追截于途，未果。

　　《旧纪》：正月"甲午，遣颜真卿宣慰李希烈军"。参《旧传》："会李希烈陷汝州，（卢）杞乃奏曰：'颜真卿四方所信，使谕之，可不劳师旅。'上从之。朝廷失色。"及《通鉴》："上问计于卢杞，对曰：'希烈年少骁将，恃功骄慢，将佐莫敢谏止；诚得儒雅重臣，奉宣圣泽，为陈逆顺祸福，希烈必革心悔过，可不劳军旅而服。颜真卿三朝旧臣，忠直刚决，名重海内，人所信服，真其人也。'上以为然。"颜真卿之出使，宣慰叛军，谋出卢杞。正月戊寅朔，甲午，十七日。

　　《旧传》又言："李勉闻之，以为失一元老，贻朝廷羞。乃密表请留，又遣逆于路，不及。"颜真卿奉敕则行，未曾流连。

至洛阳，东都留守兼河南尹郑叔则劝留，未允，毅然赴许州。

　　《颜鲁公行状》："公乘驿驷至东京，河南尹郑叔则劝公，曰：'反状已然，去必陷祸，且须后命，不亦善乎？'公曰：'君命也，焉避之。'"参《通鉴》"李希烈……又遣别将董待名等四出抄掠，取尉氏，围郑州……留守郑叔则入保西苑"云，颜、郑之晤，必在东都西苑。常例驿马日行六驿，一百八十里。

京、洛相距八百三十五里，颜真卿至西苑，当走五天，即在二十二日前后。

既至许州，李希烈先胁后礼，揖送于馆舍。请上表昭雪，见不从，乃诈以其名，数遣其侄颜岘与从吏表奏，以请汴州。德宗知而寝之。嗣后，大陈宴会，欲送归朝，会原汝州别驾李元平在座，颜真卿斥责之，元平惭而潜通，遂改初衷，拘之于官舍。其与诸子书，仅言严奉家庙，恤诸孤而已。

《旧传》："初见希烈，欲宣诏旨，希烈养子千余人，露刃争前，迫真卿，将食其肉。诸将丛绕慢（谩）骂，举刃以拟之，真卿不动。希烈遽以身蔽之，而麾其众。众退，乃揖真卿就馆舍。因逼为章表，令雪己，愿罢兵马。累遣真卿兄子岘与从吏凡数辈，继来京师。上皆不报。每与诸子书，令严奉家庙、恤诸孤而已。"然《颜鲁公行状》异之，谓"方揖公就馆。前后诈为公表奏，自说其强盛，以请汴州者数十。今上知而寝之"。且不记与诸子书。《新传》则折衷其事，有谓"乃就馆，逼使上疏雪己，真卿不从。乃诈遣真卿兄子岘与从吏数辈，继请德宗，不报。真卿每与诸子书，但戒严奉家庙、恤诸孤，讫无他语"。今从《新传》。

三月二十日，荆南节度使张伯仪与淮宁兵战于安州，大败，李希烈以其旌节及所获将士首级夸示于前。愤绝良久，醒后不复与人言。

《颜鲁公行状》："后数月，贼于安州城下破官军，得获将士，以头连夸示于公。公大声叫呼，自床投地，愤绝，良久乃苏。从此，更不复与人言语。"参《旧纪》：三月"丁酉，荆南张伯仪与贼战，败绩"。及《旧传》之记"张伯仪败绩于安州"云，三月戊寅朔，丁酉，二十日。

十月后，自许州馆舍移囚汝州龙兴县佛寺，驿上题《奉命帖》于壁间。

《颜鲁公行状》："及哥舒曜收复汝州，擒检校刺史周晃已下百人。希烈乃遣周曾、康秀林等领二万人来袭哥舒于汝州。曾、秀林行至襄城，乃谋翻兵杀希烈，奉公为节度使以归顺，希烈押衙姚憺亦为内应。先期一日，事泄，希烈乃遣骡子军三千，奄至襄城，杀周曾等，收其期兵而回，因送公于蔡州龙兴寺居焉。"按《旧纪》：二月"乙卯，哥舒曜收汝州。……八月丁未，李希烈率众三万攻哥舒曜于襄城。……（十月）癸丑，李希烈陷襄城，哥舒曜走洛阳"。十月乙巳朔，癸丑，初九日，颜真卿移囚，当在其后。《旧传》本自《行状》而不言蔡州，盖有疑焉。颜真卿囚送蔡州，时在贞元元年，有《移蔡帖》云"贞元元年正月五日，真卿自汝移蔡"。"自汝移蔡"，自有汝州之因。《颜真卿碑》亦有"遇害于汝州之龙兴寺"之说。汝州有龙兴县，龙兴寺盖龙兴之寺省文。参《奉命帖》："真卿奉命来此，事期未竟，止缘忠勤，无有旋意。然中心悢悢，始终不改。游于波涛，宜得斯报。千百年间察真卿心者，见此一事，知我是行，亦足达于时命耳。"《留谱》记留题于驿舍壁。李希烈以颜真卿为质，当随军移止，至是遂改质为囚。襄城在龙兴东五十里许，其移囚盖溯汝水西行，在襄城沦陷后数日间。

在囚所，祭奠反正死难烈士，且自撰墓志，以示死志。

　　《旧传》："希烈……遂送真卿于龙兴寺。真卿度必死，乃作遗表，自为墓志、祭文，常指寝室西壁下云'吾殡所也'。"参《行状》有："公度不得全，自撰墓志以见其心。又就希烈请数人之馔。希烈不知而给之，自陈设之。因为文祭周曾已下为贼所害者，无不唏嘘。其十二月希烈陷汴州，僭逆称号，为惨酷之具以逼公，意欲其屈礼。公愤然而无求生之意，贼以止焉。"祭文乃用之于奠祀周曾等人，其非自为之文，《旧传》盖误。李希烈陷汴州，《旧纪》记在十二月庚午。十二月甲辰朔，庚午，二十七日。其为墓志，盖在李希烈汴州称帝逼其屈节之后。祭文，当在其前，或即在周曾诸人死难后不数日间。

▶ 唐德宗兴元元年甲子（公元七八四年）七十六岁

　　正月朔日，奉天行在改元兴元。下罪己诏，大赦天下。朱泚更国号曰汉，自号汉元天皇，改元天皇。王武俊、田悦、李纳各去王号。李希烈称帝，国号大楚，改元武成，以汴州为大梁府。六月甲辰（初五），朱泚伏诛，传首行在。七月壬午（十三日），车驾还长安。十一月癸卯（初六日），破李希烈之众于陈州，俘斩三万；戊午，克汴州，李希烈遁归蔡州。(《旧纪》《新纪》《通鉴》)

正月，李希烈称帝，数逼之，不为其屈节。

李希烈称帝，《旧纪》记在去年十二月庚午。《通鉴》记在本年改元、下赦令之后，盖是。其有云："王武俊、田悦、李纳见赦令，皆去王号，上表谢罪。惟李希烈自恃兵强财富，遂谋称帝，遣人问仪于颜真卿，真卿曰：'老夫尝为礼官，所记惟诸侯朝天子礼耳！'希烈遂即皇帝位，国号大楚，改元武成……以汴州为大梁府，分其境内为四节度。希烈遣其将辛景臻谓颜真卿曰：'不能屈节，当自焚！'积薪灌油于其庭。真卿趋赴火，景臻遽止之。"其问礼仪于囚所，盖在称帝之前，而逼其屈者，必在其后。

夏日，陆长源权领湖州，撰写《颜鲁公去思颂》。其后，杨昱出任湖州刺史，铭石立于州门之外。

《颜鲁公行状》："今检校国子祭酒杨昱，自御史中丞、京畿采访使除为汉州刺史，转湖州刺史，以旧府之恩，乘州人之请，纪公遗事，刊石立《去思碑》于州门之外，即今都官郎中陆长源之词也。"皎然有《奉和陆使君长源夏月游太湖》，题下有注："此时公权领湖州。"贾晋华据此考定陆长源本年夏权领湖州，见《皎然年谱》。郁贤皓《唐刺史考》卷一四〇"湖州"条，同。又杨昱，《吴兴志》卷十四"郡守题名"："杨顼（昱），贞元四年自濮州刺史授，迁国子祭酒。《统记》云：兴元元年。"《行状》作于贞元二年，见下谱，其已见任检校国子祭酒，《统记》所载为是。其杨昱立石当在其继任陆长源湖州刺史之后。

▶ 唐德宗贞元元年乙丑（公元七八五年）七十七岁

正月朔日，改元贞元，大赦天下。

正月五日，颜真卿自汝州移囚蔡州。十九日，书《移蔡帖》。八月

二十四日，遇害于蔡州龙兴寺。

《旧传》："兴元元年，王师复振，逆贼虑变起蔡州，乃遣其将辛景臻、安华至真卿所，积柴庭中，沃之以油，且传词曰：'不能屈节，当自烧。'真卿乃投身赴火，景臻等遽止之，复告希烈。德宗复宫阙，希烈弟希倩，在朱泚党中，例伏诛。希烈闻之，怒。兴元元年八月三日，乃使阉奴与景臻等杀真卿。先曰：'有敕。'真卿拜，奴曰：'宜赐卿死。'真卿曰：'老臣无状，罪当死，然不知使人何日从长安来？'奴曰：'从大梁来。'真卿骂曰：'乃逆贼耳，何敕耶！'遂缢杀之，年七十七。"《旧纪》：贞元元年正月"癸丑，始闻太子太师鲁郡公颜真卿为希烈所害"。按颜真卿有《移蔡帖》："贞元元年正月五日，真卿自汝移蔡，天也。天之昭明，其可诬乎？有唐之德，则不朽耳。十九日书。"参《行状》"贞元元年，河南王师复振。……希烈审不能为己用，其年八月二十四日，又使景臻等害于龙兴寺幽辱之所，凡享年七十七。明年三月，希烈为麾下将陈仙奇所杀，淮西平，仙奇遣军将营送公神榇于京师"云。淮西平，《旧纪》记在明年四月丙寅（初七），与《行状》合，且殷亮为其内侄，所记当不误。李皋《请表太师颜真卿忠节疏》："臣见蔡州归顺脚力张希璨、王仕禹等说，去年八月二十四日，蔡州城中见封，有邻儿，不得名字，云希烈令伪皇城使辛景臻、右军安华于龙兴寺杀颜真卿，埋于罗城西道南里，并立碑。"《行状》有记李皋上表事，其说盖出自是表。《旧传》兴元元年说，盖本自《颜真卿神道碑》。今检碑记："今上兴元元年八月三日，蹈危致命，薨于蔡州难。……贞元初，希烈陷汝州，是时公幽辱已三岁矣。……是年遇害于汝州之龙兴寺。"其纪年倒置，先后相左，显然有见传刻之讹误。《旧传》所演绎问答之辞，又当出之传奇，且《太平广记》卷三二引《仙传拾遗》《戎闲谭》《玉堂闲话》，亦谓"兴元元年八月三日"。《旧唐书》不检，并误。今从《行状》。

明年正月二十二日，始闻于朝，辍朝五日，谥文忠，赠司徒。四月初七日，淮西牙将陈仙奇鸩杀李希烈，归顺朝廷。二十五日，尚书左丞郑叔则充淮西宣慰使，奠祭于蔡州。陈仙奇遣专使营护神榇归京，其子栎阳县尉颋、秘书省正字硕迎丧于襄城，东都留守贾耽奠祭于灵前，乃权厝汝州。至十一月三日，归葬万年县凤栖原祖茔。故友吉州刺史李萼、检校国子祭酒杨昱、户部员外郎权器以及亲族给事中殷亮、吏部员外郎柳冕诸人协理丧事。江西节度嗣曹王皋上疏请表忠节。殷亮撰《颜鲁公行状》。太子右庶子令狐峘撰述《神道碑铭》，李萼刊石立于墓左。辰州刺史戎昱闻知，即作《闻颜尚书陷贼中》悼之。

《旧纪》：贞元元年正月"癸丑，始闻太子太师、鲁郡公颜真卿为希烈所害，追赠司徒，废朝五日，谥曰文忠"。《旧传》："及淮、泗平，贞元元年，陈仙奇使护送真卿丧归京师。德宗痛悼异常，废朝五日，谥曰文忠。复下诏曰……可赠司徒，仍赐布帛五百端。"《颜鲁公文集》引《旧传》作"谥曰文忠，赠司徒赐布帛五百端"，其间无诏曰字样。按《颜鲁公行状》："贞元元年……明年三月，希烈为麾下将陈仙奇所杀，淮西平。仙奇遣军将营送公神榇于京师。嗣子栎阳县尉頵、次子秘书省正字硕迎丧至汝州襄城县，乃葬焉。……以其年十一月三日，袝葬万年县凤栖原之先茔。有诏赠司徒，谥曰文忠。赙钱五十万、粟二百硕，中使吊祭，仪仗送于墓所，朝野莫不哀伤。"《旧纪》：贞元二年"四月丙寅，淮西李希烈为其牙将陈仙奇所鸩，并诛其妻子，仙奇以淮西归顺。……甲申，诏以淮西牙将陈仙奇为蔡州刺史、淮西节度使"。淮西之平，时在二年，《旧传》："贞元元年"，盖二年之误。参穆员《为淮西宣慰使郑右丞（叔则）祭颜太师文》"维年月日，某使某官某奉敕以清酌庶羞之奠，致祭于故颜太师、赠司徒，鲁公之灵"及《福建观察使郑（叔则）墓志铭》"公讳叔则，字某，荥阳人。……罢镇归省，转尚书左丞。未几，兼御史大夫，抚淮夷反侧之俗"云，其宣慰淮西，盖带宣诏之务。其奠祭颜真卿，盖在陈仙奇受诏为淮西节度使之后。四月庚申朔，甲申，二十五日。右丞，乃左丞之误。又，穆员《为留守贾尚书（耽）祭颜太师文》："巨猾歼夷，幽魂招奉。灵车归路，千里同悲。"《旧纪》亦记：贞元元年六月"壬午，以工部尚书贾耽兼御史大夫、东都留守、都畿汝州防御使。……（二年七月己酉）加东都留守贾耽东都畿唐汝邓等防御观察使。……（九月丁酉）以东都畿唐汝邓等防御观察使贾耽检校尚书右仆射、兼滑州刺史，义成军节度、郑滑等州观察使"。其奠祭颜真卿，盖在东都留守任上即本年九月丁酉改任他职之前，且在陈仙奇遣使营送颜真卿神榇归京途中，或即在权厝汝州襄城之时。按穆员所拟郑、贾祭文，作于蔡、汝之地，其有称"赠司徒"者，德宗之赠官，盖在郑叔则四月宣慰淮西之前。首引《旧纪》所记贞元元年者，一如《旧传》，亦为二年之误。正月壬辰朔，癸丑，二十二日。

《唐语林》卷六"至明年，希烈死，蔡帅陈仙奇奉鲁公丧归京。犹子颜岘实从柳常侍（登）与裴氏（裴郧）女及翦綵同迎丧于镇国仁寺"云，理丧者尚有侄颜岘、青衣翦綵及柳登与裴氏女诸人。

颜真卿家世

祖籍琅邪临沂，自十三代祖颜含随晋元帝渡江，侨居建康上元，至五代祖颜之推自北齐入周，随驾赴长安，即世居京兆，遂为京兆长安人。

《旧唐书》卷一二八本《传记》："琅邪临沂人也。"《新唐书》卷一五三本传不记籍贯，惟称"秘书监师古五世从孙"。查《新唐书》卷一九八上《儒学上》："颜师古字籀，其先琅邪临沂人。祖之推，自高齐入周，终隋黄门郎，遂居关中，为京兆万年人。"《旧唐书》卷七三《颜师古传》亦称其为"雍州万年人"。颜氏一族，自颜之推至颜真卿之父颜惟贞，其居京兆万年业已五世矣！

按颜氏出高阳氏之后，以颜为氏始于春秋时期，根据出自《急就篇》一《颜文章》颜师古注：

颜氏本出颛顼之后。颛顼生老童。老童生吴回，为高辛氏火正，是谓祝融。祝融生陆终，陆终生六子，其五曰安，是为曹姓。周武王封其苗裔于邾，为鲁附庸，在鲁国邾县。其后，邾武公名夷父，字曰颜，故《春秋公羊传》谓之"颜公"，其后遂称颜氏，齐、鲁之间，皆为盛族。

颜真卿《唐故通议大夫行薛王友柱国赠秘书少监国子祭酒太子少保颜君（惟贞）庙碑铭并序》（《颜氏家庙碑》）及《颜鲁公行状》所记略同，惟记始于"颜公"子友"别封郳，为小邾子，遂以颜为氏"。

邾国封地旧在山东邹县，见胡三省《资治通鉴》卷九三注引刘荟《邹山记》："邾城，在鲁国邹县邹山之南，去山二里。"其别封郳地，在山东滕县东南即汉之昌虑县，见《春秋左传正义》卷八庄公五年，"秋，郳犁来朝"条下杜预注："附庸国也。东海昌虑县东北有郳城。"

邾颜居邹，其子别封徙郳，并为鲁国附庸。然据《春秋左传正义》卷二九襄公二年秋七月，"滕、薛、小邾之不至，皆齐故也"条下杜公注："三国，齐之属。"同书卷三〇襄公七年十一月丙辰，"迁莱于郳"条下孔颖达疏《正义》曰：郳即小邾。二年，传曰滕、薛、小邾之不至，皆齐故也。小邾附属于齐，故灭莱国而迁其君于小邾"云云，盖小邾后归属于齐。颜之推《颜氏家训》亦谓："颜氏之先，本乎邹、鲁，或分入齐。"（《诫兵第十四》）

颜氏徙居琅邪，或谓始于曹魏颜盛，见《颜氏家庙碑》："魏有斐（裴）、盛。盛字叔台，青、徐二州刺史、关内侯，始自鲁，居于琅邪临沂孝悌里。"

查颜裴，《三国志》卷十六《仓慈传》称"京兆太守济北颜斐（裴）"。按济北，为汉济北王刘寿领地，都于卢县。卢县即隋置济北郡治所。陈寿既署颜裴郡望为济北，其居济北者必非始自颜裴。临沂，李吉甫《元和郡县图志》卷十一："本汉旧县也，属东海郡……后汉改属琅邪国。"临沂颜氏，亦非必始于颜盛，或与颜裴同为邹、郯颜氏之析居者而始于后汉设立郡国之时。盖其职位崇高且谱牒可稽，后之子孙遂推以为始祖者也。

颜之推《观我生赋》："吾王所以东运，我祖于是南翔。去琅邪之迁越，宅金陵之旧章。作羽仪于新邑，树杞梓于水乡。传清白而勿替，守法度而不忘。逮微躬之九叶，颓世济之声芳。"（《北齐书》卷四五《颜之推传》引）观"吾王"句下自注："晋中宗以琅邪王南渡，之推琅邪人，故称吾王。"复参其后"畴百家之或在"句下自注"中原冠带，随晋渡江者百家，故江东有百谱"云，琅邪颜氏则系随晋南迁所谓"渡江百家"之一者。

《颜氏家训》记："先君先夫人皆未还建邺旧山，旅葬江陵东郭。"（《终制第二十》）参《观我生赋》"经长干以掩抑，展白下以流连"句下自注"长干旧颜家巷"，"靖侯以下七世坟茔，皆在白下"云，颜氏先君先夫人南迁盖侨居于白下长干。白下，胡三省《通鉴》卷一三〇注："晋、宋都建康，新亭、白下皆江津要地，新亭在西，白下在东；白下盖今之龙湾也。按白下城合白石垒，唐武德中，移江宁县于此，名白下县。"后又注"白下，在江宁县界临江津"。江宁即后之上元，《元和郡县图志》卷五记："上元县，本金陵地（王象之引作'本楚金陵邑'），秦始皇时望气者云：'五百年后，金陵有都邑之气。'故始皇东游以厌之，改其地曰秣陵。……（武德）九年，改为白下县，属润州。贞观九年，又改白下为江宁。……乾元元年，改为升州，兼置浙西节度使。上元二年废升州，仍改江宁为上元县。"

长干，刘逵《吴都赋注》："建邺南五里有山岗，其间平地，吏民杂居，号长干。中有大长干、小长干，皆相连。大长干在越城东，小长干在越城西，地有长短，故号大、小长干。"（王琦《李太白全集》卷四《长干行二首》注引）张敦颐《六朝事迹类编》卷下《长干寺》条下亦记："长干是秣陵县东里巷名。江东谓山陇之间曰'干'，建康南五里有山岗，其间平地，庶民杂居，有大长干、小长干、东长干，并是地名。"建邺，因避晋愍帝司马邺讳，于建兴元年改为建康，颜氏先君渡江后则侨居于建康南五里之长干里颜家巷。

靖侯为颜真卿十三代祖颜含谥号。《颜之推传》记："九世祖含，从晋元帝东渡，官至侍中右光禄西平侯。"《颜氏家庙碑》亦记："晋侍中右光禄大夫西平靖侯讳含，字弘都，随元帝过江，已下七叶葬在上元幕府山西。"颜氏侨居建康盖始自颜含。

《晋书》卷八八《孝友传》记颜含："祖钦，给事中；父默，汝阳太守。"《晋侍中右光禄大夫本州大中正西平靖侯颜公（含）大宗碑铭》亦记："盛字叔台，青、徐二州刺史，关内侯……生钦，字公若，明《韩诗》《礼》《易》《尚书》，多所通说，学者宗之，历大中大夫，东莞、广陵太守，葛绎贞子；生默，字静伯，晋汝阴太守，护军将军；生公（含）……"颜氏自颜含随晋元帝渡江，举族南迁，其先祖居琅邪有谱牒可稽者实仅颜盛、颜钦、颜默祖孙三代。

颜真卿《秘书省著作郎夔州都督长史上护军颜公（勤礼）神道碑》："祖讳之推，北齐给事、黄门侍郎，隋东宫学士，《齐书》有传，始自南入北，今为京兆长安人。"《颜氏家训》亦记"邺平之后，见徙入关"（《勉学第八》）。《观我生赋》"予一生而三化"句下自注："在扬都，值侯景杀简文而篡位；于江陵，逢孝元覆灭，至此而三为亡国之人。"《北齐书》卷四二《阳休之传》亦记周武帝平齐之后，颜之推与阳休之、袁聿修、李祖钦、元修伯、司马幼之、崔达拿、源文宗、李若、李孝贞、卢思道、李德林、陆乂、薛道衡、元行恭、辛德源、王邵、陆开明等共十八人，同征、随驾赴长安。其《和阳纳言听鸣蝉篇》即撰于随驾入关道中。自颜含以下，迄至之推，琅邪颜氏侨居建康长干里颜家巷者后凡九世。

《颜氏家训》谓："先君先夫人皆未还建邺旧山，旅葬江陵东郭。"按之推父协，"释褐湘东王国常侍，又兼王府记室；世祖出镇荆州，转正记室。……不求显达，恒辞征辟，游于幕府而已。大同五年卒，时年四十二。"（《梁书》卷五○《文学传·颜协》）普通七年湘东王萧绎出为荆州刺史，大同五年入为护军将军，领石头戍事，见《梁书》卷五《元帝纪》。颜协盖同时随湘东王赴荆州，以至于卒，未及还都，遂旅葬江陵。白下祖茔乃为颜协先祖颜含、颜髦、颜綝、颜靖之、颜腾（胜）之、颜炳之、颜见远七代墓田。

一九五八年南京市文物保管委员会发现四座晋墓，其中一号墓出土墓志砖一方，刻有"琅邪颜谦妇刘氏年卅四以晋永和元年七月廿日亡九日葬"廿四字。颜谦即颜含仲子，颜髦之弟。三号夫妇墓出土"零陵太守章"龟形钮石印一枚，零陵太守者即颜含叔子，颜髦仲弟颜约。二号夫妇墓出土六面铜印一方，曰"颜綝""臣颜綝""颜綝白事""颜綝白笺""颜文和"及"白事"者，乃颜含其孙、颜髦之子颜綝遗物。四号墓出土六面铜印一方，刻有"颜镇之""镇之白笺""臣镇之""镇之言事""颜镇之白事"及"白事"字样，墓主虽不能确考，其为颜含后裔当属无疑。由是可知，所谓"白下祖茔"即在今南京挹江门外东北老虎山麓。

颜真卿世祖：

　　十三代祖　　颜含，字弘都，晋侍中，封西平县侯，《晋书》卷八八有传，称："雅重行实，抑绝浮伪。……年九十三卒（《颜含碑》作九十二），遗命素棺薄殓。谥曰'靖'。……三子：髦、谦、约。髦，历黄门郎、侍中、光禄勋；谦至安成太守；约，零陵太守，并有声誉。"

　　十二代祖　　颜髦，字君道，东晋侍中，封西平定侯。

　　十一代祖　　颜綝，字文和，官至骑都尉，袭西平侯。

　　十代祖　　颜靖之，字茂宗，官至御史中丞。

　　九代祖　　颜腾之，一作胜之，字宏道，官至巴陵太守，以草书名世，因书有风格见称于梁武帝《草书评》。

　　八代祖　　颜炳之，字叔豹，辅国江夏王参军，亦以能书称。

　　七代祖　　颜见远，字见远，北齐御史中丞，以博学志行见称史，《梁书》《南史》有传，附子《颜协传》中，有称"初，齐和帝之镇荆州也，以见远为录事参军。及即位于江陵，以为治书侍御史，俄兼中丞。高祖（梁武帝）受禅，见远乃不食，发愤数日而卒"云（《梁书》卷五〇）。

六代祖 颜协（四九八—五三九），字子和，官至湘东王国常侍，又兼王府记室，大同五年卒，享年四十二。《梁书》卷五〇、《南史》卷七二有传。《南史》本传称："博涉群书，工于草隶、飞白。时吴人范怀约能隶书，协学其书，殆过真也。荆、楚碑碣，皆协所书。时又有会稽谢善勋能为八体六文，方寸千言；京兆韦仲善飞白，并在湘东王府。……府中以协优于韦仲而减于善勋。……湘东王出镇荆州，以为记室。时吴郡顾协亦在蕃邸，与协同名，才学相亚，府中称为二协。……协所撰《晋仙传》五篇，《日月灾异图》两卷，行于世。其文集二十卷，遇火湮灭。子之仪、之推，并早知名。"《颜氏家庙碑》又记有："之善，隋叶令。"盖之推之弟。之仪，《周书》卷四〇、《北史》卷八三有传。

五代祖 颜之推（五二九—？），字介，梁中大通三年生，卒年无考。北齐为黄门侍郎；周，御史上士。入隋，太子召为学士。《北齐书》卷四五、《北史》卷八一有传。《北齐书》本传记："有文三十卷，《家训》二十篇，并行于世。"此外，尚见有《观我生赋》《承天达性记》《训俗文学略》《证俗文字音》《急就章注》《笔墨法》《集灵记》《冤魂志》《诫杀训》《八代读蔡》《七悟》以及《稽圣赋》诸篇。有子三人：思鲁、愍楚、游秦，并以文学名世。愍楚有《证俗音略》一卷。游秦，《新唐书》《旧唐书》皆有传，见《旧唐书》卷七三，《新唐书》卷一九八。有《汉书决疑》十二卷。

四代祖 颜思鲁，字孔归，隋司经校书、东宫学士，唐秦王记室。《旧唐书》卷六一《温大雅传》记："初，大雅在隋与颜思鲁俱在东宫，彦博与思鲁弟愍楚同直内史省，彦将与愍楚弟游秦典校秘阁。二家兄弟，各为一时人物之选。少时学业，颜氏为优；其后职位，温氏为盛。"有子四人：师古、相时、勤礼、育德。师古字籀，崇贤、弘文馆学士，官至秘书监；相时，秦王天策府学士，又为文学馆十八学士之一，官至礼部侍郎。《新唐书》《旧唐书》皆有传，见《旧唐书》卷七三，《新唐书》卷一九八；育德，太子通事舍人，与师古、勤礼并为东宫僚属。

曾祖 颜勤礼，字敬，崇贤、弘文馆学士，秘书省著作郎。永徽六年，坐后夫人柳氏之兄柳奭谏废后事，贬夔州都督府长史。显庆六年，加上护军，寻卒。颜真卿有《颜勤礼碑》志述之。七子：昭甫、敬仲、殆庶、无恤、少连、务滋、辟强。昭甫、敬仲，元配殷夫人出。敬仲，官至吏部郎中，封平昌男。殆庶以下，因坐柳奭事，终身不得仕进。详见后谱。

祖　颜昭甫，本名显甫，字周卿，晋、曹二王侍读。《颜氏家庙碑》有称："幼而颖悟，尤明诂训，工篆籀、草隶书，与内弟殷仲容齐名，而劲利过之，特为伯父师古所赏重，每有著述，必令参定。尝得古鼎二十余字，举朝莫识，尽能读之。"有二子：元孙、惟贞。元孙，字聿修，官至华州刺史，颜真卿有《朝议大夫守华州刺史上柱国赠秘书监颜君（元孙）神道碑铭》志述之。惟贞为颜真卿生父。

父颜惟贞，字叔坚，时任太子文学，年约四十岁。唐中宗景龙三年己酉八月，正书苏颋《武承规墓志》。

《颜氏家庙碑》："君讳惟贞，字叔坚。……天授元年糊名考试，判入高等。以亲累，授衢州参军。……又选授洛州温县、永昌二尉。……遂代兄为长安尉、太子文学。以清白五为察访使魏奉古等所荐。五邸初开，盛选僚属，拜薛王友、柱国。"薛王李隆业初封，时在景云元年六月己酉，见司马光《资治通鉴》卷二〇九。王昶《金石萃编》卷六九收有颜惟贞所撰《唐故朝议郎行雍州长安县丞上柱国萧府君（思亮）墓志铭》，时在景云二年二月，见衔"中大夫行薛王友"。本年盖在太子文学任上。

太子文学为东宫司经局属官，是时皇太子为李重俊。《旧唐书》卷四四《职官三》："司经局：……太子文学三人（正六品）。……文学掌侍奉文章。"

颜惟贞年岁，难以确知，可供考索者三：

一、惟贞兄元孙，《颜元孙碑》有称"开元二十年秋七月才生明，薨于绛州翼城县丞之官舍，随子春卿任也"。惟不记卒年。考碑"年十岁，时叔父吏部郎中敬仲任益府法曹，长史李孝逸闻君少俊，请与相见，座中试《安石榴赋》，君默缀少顷，郎中愕而从之，君授翰立就，不加点窜，孝逸大惊"云，李孝逸为益州大都督府长史，见《通鉴》卷二〇二：仪凤三年正月丙子，"又命益州大都督府长史李孝逸等发剑南、山南兵以赴之"。又《旧唐书》卷六〇《宗室》记：

"孝逸少好学……高宗末，历给事中，四迁益州大都督府长史。则天临朝，入为左卫将军，甚见亲遇。"按则天临朝，始于弘道元年，参高宗《册周王显左卫大将军文》"维仪凤二年岁次丁丑二月甲午朔十二日己巳……惟尔洛州牧、益州大都督兼太子左卫率……周王显……命尔为左卫大将军，余官勋封如故"之记，李孝逸系周王李显后任，任职益府长史盖始于仪凤二年，终于弘道元年。又颜敬仲，其自吏部郎中（从五品上）剧降至正七品下阶大都督府法曹，据颜真卿《杭州钱唐丞殷府夫人颜君（真定）神道碣铭》"君号真定……叔父吏部郎中敬仲府君为酷吏所诬，君率二妹宜芳（长举）令裴安期妻、司业岑献妻割耳诉冤，因获减死"云，盖遭诬获救而左迁郡者。长史李孝逸座中试赋必在京都，亦即在仪凤二年改任益府之时。元孙时年十岁，逆推当生于乾封三年。

二、惟贞妻兄殷践猷，颜真卿《曹州司法参军秘书省丽正殿二学士殷君（践猷）墓碣铭》记："君讳践猷，字伯起，陈郡长平人。……长妹兰陵郡太夫人，真卿先妣也。……开元九年秋七月九日有叔父临黄尉子元之丧，哀恸呕血，终于京师通化坊之私第。……嗟乎！仲尼，圣者也，终于鲁司寇，而君官与之比；公明，达者也，年才四十八，而君寿与之齐。"由开元九年上推年四十八，殷践猷生年在咸亨五年。

三、惟贞有仲子允南，据颜真卿《正议大夫行国子司业上柱国金乡县开国颜府君（允南）神道碑铭》："君讳允南，字去惑……宝应元年冬十一月，真卿自利州蒙召，至上都，君遇疾……因哽咽不自胜。其十日，顷逝于私第，享年六十九"云，盖生于长寿三年。

综上所述，颜元孙生于乾封三年；殷践猷生于咸亨五年，惟贞夫人为其长妹，当略少几岁为三十四五岁；颜允南生于长寿三年。颜惟贞若少其兄元孙两三岁，当生于总章末年或咸亨初年间。以总章三年为上限，天授元年糊名考试正值弱冠，仲子允南生时年二十五岁。

颜真卿排行第七，其兄可知者：长兄阙疑；仲兄允南，乔卿，真长；六兄幼舆。

颜真卿《大宗碑》："（惟贞）七子：阙疑……杭州参军；允南……累迁

司封郎中、国子司业，金乡男；乔卿……富平尉；真长，清直，举明经；幼舆……左卫率府兵曹。"真卿排名第六，《颜氏家庙碑》略同。而《金石萃编》卷一〇一《颜氏家庙碑》标题"第七子光禄大夫行吏部尚书充礼仪使上柱国鲁郡开国公真卿撰并书"。又颜真卿《左卫率府兵曹参军赐紫金鱼袋颜君（幼舆）神道碑铭》："君讳幼舆……惟贞府君之第六子也。"《大宗碑》所记七子，少一人。黄本骥《颜鲁公年谱》以为"公兄之夭者，当在允南以下幼舆之上"者，盖是。

阙疑、乔卿、真长，年岁无考。

允南十六岁，见上揭。

幼舆，参《颜幼舆碑》"君讳幼舆，字令轨……不幸以天宝九载秋七月旬有三日遇疾而终，春秋四十八"云，逆推生于长安三年，本年七岁。

伯姑御史大夫张知泰夫人。

《颜氏家庙碑》："伯姊御史大夫张知泰妻鲁郡夫人亡，将葬，数家占君不利临圹，君哭而拒之，曰：'岂有亡手足之痛，牵拘忌而忍自绝乎！'弗从。"张知泰（？—七〇八），蒲州河东人，徙家于岐。明经入仕，与兄知玄、知晦、知謇，弟知默五人以才貌并名于时。官至右御史大夫，爵封渔阳郡公。《新唐书》《旧唐书》皆有传。《旧唐书》卷一八五下《良吏传》记："知泰以忤武三思，出为并州刺史、天平军使，仍带本官。寻又为魏州刺史。景龙二年卒，优诏褒赠，谥曰'定'。"又记其子景佚与兄知玄子景昇，"开元中皆至大官，门列棨戟"。开元中累赠刑部尚书、特进。

季姑颜真定，钱唐县丞殷履直夫人。

《颜真定碣》："君号真定……皇曹王侍读、赠华州刺史昭甫府君之季女，钱唐丞殷履直之妻也。……不幸开元二十五秋七月有五日以随牒，终于成己尉氏尉之公馆，享年八十四。"其生于永徽五年，本年五十六岁。

颜真卿母族

母殷氏，太常博士、吴县令殷子敬之女。

殷氏家世出自陈郡长平，见《殷践猷墓碣铭》："君讳践猷，字伯起，陈郡长平人。五代祖不害以孝见《梁书》；高祖英童，周御正大夫、麟趾学士；曾祖闻礼，唐太子中书舍人、弘文馆学士；祖令言，校书郎，淄川令；父子敬，太常博士、吴令，累叶皆以德行、名义、儒学、翰墨闻于前朝，君即吴县之元子。……长妹兰陵郡太夫人，真卿先妣也。"按：五代祖不害，林宝《元和姓纂》卷四作不占，其"陈郡长平殷氏"条下记："不占孙闻礼，太子中书舍人，生令名、令德、令言、令威。……令言孙践猷。"殷不害，见《陈书》卷三二《孝行传》："殷不害，字长卿……祖任，齐豫章王行参军。父高明，梁尚书中兵将。……初，不害还也，周留其长子僧首，因居关中。"有弟五人。同书同卷又记殷不佞"第三兄不疑、次不占、次不齐并早亡。不佞最小"。参《旧唐书》卷五八《殷峤传》"殷峤字开山，雍州鄠县人，陈司农卿不害孙也。其先本居陈郡，陈亡，徙关中。父僧首，隋秘书丞，有名于世。……峤从祖弟闻礼，有文学，武德中，为太子中舍人，修《梁史》，未就而卒"云，不害乃殷践猷五代伯祖，颜真卿所记"五代祖"者，盖夺"伯"字。

殷、颜世结秦晋，颜真卿五代祖颜之推夫人即殷外臣之从姐妹，《颜氏家训》有"思鲁等从舅殷外臣，博达之士"之记。四代祖颜思鲁夫人乃殷英童之女，见《颜勤礼碑》："父讳思鲁……娶御正中大夫殷英童女，《英童集》呼颜郎是也。"是碑又记曾祖颜勤礼先夫人亦为陈郡殷氏。祖颜昭甫夫人又为殷令名之女、殷仲容之祖，《颜氏家庙碑》有记："昭甫，字周卿，君之父也。……工篆籀、草隶，书与内弟殷仲容齐名，而劲利过之。"颜真卿季姑颜真定为殷令德之孙、殷仲容从侄殷履直夫人。颜真卿长兄阙疑娶殷履直幼女，六兄幼舆又娶殷践猷长女。加上颜真卿先妣为殷践猷长妹，如是殷、颜表亲婚姻自颜之推起凡六代八人。

今参《元和姓纂》列殷氏系表如下：

139

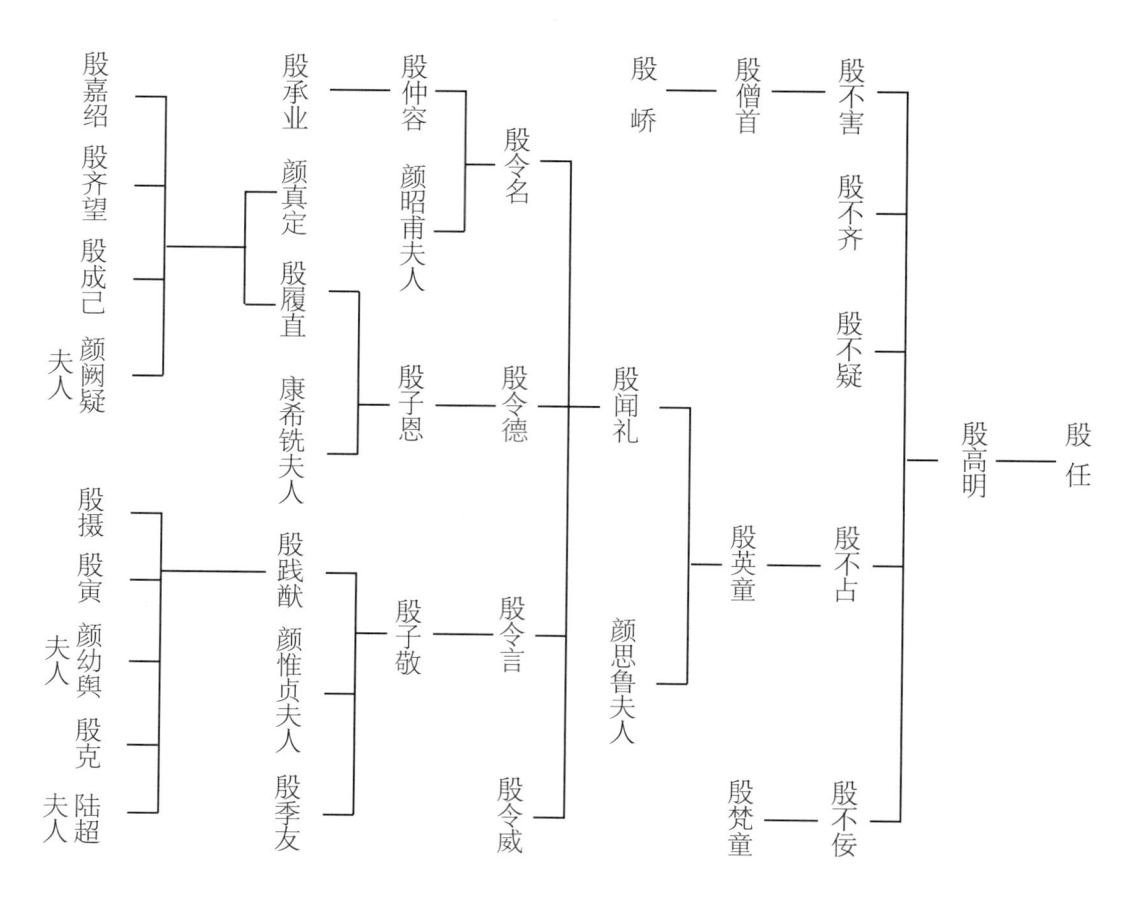

殷氏以翰墨名世，张彦远《历代名画记》卷九"殷令名，陈郡人，父（曾伯祖）不害，累代工书画。殷闻礼，字大端，书画妙过于父（英童）。……闻礼子（孙）仲容，天后任太仆秘书丞、工部郎中、申州刺史，善书画，工写貌及花鸟，妙得其真，或用墨色，如兼五采"云。殷令名书有《裴镜民碑》存世，赵明诚《金石录目》卷二三有"笔法精妙，不减欧、虞"之评。殷仲容则见称于窦臮《述书赋》："殷公、王公（知敬），齐名兼署。大乃有则，小非无据。麒麟将腾，鸾凤欲鷟。题二榜而迹在，叹百川而身去。"颜真卿父辈书法全出自其人。不独《颜氏家庙碑》有"君（惟贞）仁孝友悌，少孤育，舅殷仲容氏蒙教笔法。家贫无纸笔，与兄（元孙）以黄土扫壁，木石画而习之，故特以草隶擅名"云，《颜元孙碑》亦记"君讳元孙……少孤，养于舅殷仲容家。……尤善草隶。仲容以能书为天下所宗，人造请者笺盈几，辄令代遣，得者欣然，莫之能辨"。其书法盖全仿殷氏，与舅不二。颜氏家教，素为严密，

"教妇初来，教儿婴孩"，相沿而演为传统。《颜氏家训》云："吾家儿女，虽在孩稚，便渐督正之；一言讹替，以为己罪矣。"（《音辞第十八》）据《颜元孙碑》记："真卿越自婴孩，特蒙奖异，且兼师父之训，岂独犹子之恩。"参仲兄允南，草隶书深为伯父元孙赏识以及诸从兄弟如曜卿、旭卿、茂曾者并精翰墨，颜真卿婴孩之日，其书法亦一如音辞，并由父辈渐督正之，而其所蒙诱诲者，盖殷氏笔法。

▶ 唐玄宗开元五年丁巳（公元七一七年）

舅氏杭州参军殷践猷举文儒异等科，授秘书省学士，奉召偕韦述等二十人于秘阁刊正典籍。

《殷践猷碣》："解褐杭州参军。……开元初举文儒异等；授秘书省等学士。"徐松《登科记考》记在本年与褚庭诲同科。按《新唐书》卷一九九《马怀素传》："是时，文籍盈漫，皆炱朽蟫断，签縢纷舛，怀素建白：'愿下紫微、黄门，召宿学巨儒就校谬缺。'又言：'自齐以前旧籍，王俭《七志》已详。请采近书篇目及前志遗者，续俭《志》以藏秘府。'诏可，即拜怀素秘书监。乃召国子博士尹知章……桑泉尉韦述……杭州参军殷践猷……分部撰次；践猷从弟秘书丞承业，武陟尉徐楚璧是正文字。"马怀素上奏请选学术之士整比校补省内文书事，《通鉴》系在本年十二月。殷践猷授秘书省学士，入秘阁刊正典籍，盖在同时。

▶ 唐玄宗开元六年戊午（公元七一八年）

舅氏殷践猷迁曹州司法参军，仍以秘书省学士偕韦述等学术之士于乾元殿前同修王俭《今书七志》。六月后，随褚无量校写四部书。十月间，徙入丽正殿充丽正殿直学士。

《殷践猷碣》："授秘书省学士，寻改曹州司法参军、丽正殿（直）学士，与韦述、袁晖同修王俭《今书七志》。"按《旧唐书》卷一〇二《元行冲传》：

"先是秘书监马怀素集学者续王俭《今书七志》，左散骑常侍褚无量于丽正殿校写四部书。"《旧纪》记马怀素卒于本年六月，殷践猷与韦述同修《今书七志》，盖在六月之前，而校写四部书在其后。据《新唐书》卷二〇〇《褚无量传》"帝西还（十月丙申），徙书丽正殿，更以修书学士为丽正殿直学士，比京官预朝会"云，殷践猷自秘书省学士改充丽正殿直学士始于本年十月间。其自杭州参军迁曹州司法参军，盖在其前。以有唐铨选制度推之，盖在本年季春。

▶ **唐玄宗开元八年庚申（公元七二〇年）**

舅氏殷践猷以曹州司法参军、丽正殿直学士与韦述等学士于丽正殿修书院修检《群书四录》，综治经部；韦述治史部。

《殷践猷碣》："寻改曹州司法参军、丽正殿（直）学士，与韦述、袁晖同修王俭《今书七志》及《群书四录》，流别铨次，皆折衷于君。"按《旧唐书》卷一〇二《元行冲传》："先是，秘书监马怀素集学者续王俭《今书七志》，左散骑常侍褚无量于丽正殿校写四部书，事未就而怀素、无量卒，诏行冲总代其职。于是行冲表请通撰古今书目，名为《群书四录》，命学士鄠县尉毋煚、栎阳尉韦述、曹州司法参军殷践猷、太学助教余钦等分部修检，岁余书成，奏上之。"《旧纪》记马怀素卒于六年六月，褚无量卒于本年正月壬申（十九日），元行冲受诏总代其职，时在正月十九日之后，殷践猷奉命综治经部，当出同时或稍后。

▶ **唐玄宗开元九年辛酉（公元七二一年）**

七月九日，舅氏殷践猷卒于曹州司法参军、丽正殿直学士任上，年四十八岁，后四十九年，颜真卿撰写墓碣铭追叙之，以为仁德兼之惟其人也。

《殷践猷碣》："善父母之谓孝，睦昆友之谓悌，孝悌也者，其仁之本欤！经天纬地之谓文，博古知今之谓学，文学也者，其德之蕴欤！谁其兼之，即我伯舅殷君其人矣。君讳践猷，字伯起，陈郡长平人。……幼而聪悟绝伦，长而典礼不易。年十三，日诵《左传》二十五纸，读《稽圣传》一遍，亦诵之。博览群言，尤精《史记》《汉书》、百家氏族之说，至于阴阳、数术、医方、刑法之流，无不该洞焉。与贺知章、陆象先、我伯父元孙、韦述友善。贺呼君为'五总龟'，以龟千年五聚，问无不知也。君性方正，志业淳深，识理清远，人皆望而服之。解褐杭州参军，刺史宋升以相国之重，简贵自居，无所推揖，每见君必特加礼敬。凡政事之诿谣者，皆咨决焉。开元初举文儒异等，授秘书省学士，寻改曹州司法参军、丽正殿（直）学士。……璟与苏颋既入相，每引君询以当代之务。友于兄弟，群从宗党，必尽纠绥之恩。……开元九年秋七月九日，有叔父临黄尉子玄之丧，哀恸呕血，终于京师通化坊之私第。夫人兰陵萧氏，司空瑀之玄孙，括州司马宋国公兴宗之女。……嗟乎！仲尼，圣者也，终于鲁司寇，而君官与之比；公明，达者也，年才四十八，而君寿与之齐。"

按《群书四录》凡二百卷，《旧纪》记在本年十一月丙辰（十三日）奏上之，殷践猷不及见其修成。

三子：摄、寅、克齐。女：颜幼舆妻、陆超妻。

《殷践猷碣》："夫人……教诲三子摄、寅、克齐等，皆克负荷。摄，大斌令；克齐，高平尉，为真卿河东覆屯军试判官，并不幸早世；寅……举宏词，太子校书、永宁尉……贬移澄城丞。……季女适于邠州司马陆超。"《颜幼舆碑》："夫人陈郡殷氏，兰陵郡太夫人之兄子，充曹州司法丽正殿（直）学士践猷之元女，高士永宁尉寅之女弟，高士寿安尉亮之家姑也。"

▶ 唐玄宗开元二十六年戊寅（公元七三八年）

母殷夫人卒，年六十余，颜真卿兄弟丁内忧，去职守丧。

《颜允南碑》："（开元）二十六年丁内忧，以毁闻。"殷夫人为颜真定弟妇，礼当莅临东京守丧。其死，盖在颜氏葬礼之后，或亦因礼严哀甚而致之。

颜真卿妻族

唐玄宗开元二十二年甲戌（公元七三四年）

娶房州刺史京兆韦景骏之孙、太子中舍人韦迪之女。

黄本骥《颜鲁公年谱》本年条下有记："公娶京兆韦氏，房州刺史景骏之孙、太子中舍迪之女也。"参颜真卿《京兆尹兼中丞杭州刺史剑南东川节度使杜公（济）墓志铭》"夫人京兆韦氏，太子中舍迪之第三女也。……真卿忝居友婿，亟接周行"云，颜、杜两人，盖并为韦迪之婿。杜济卒于大历十二年，享寿五十八，少颜真卿十一岁，其夫人为韦迪第三女，真卿夫人盖其姐。

按韦迪，房州刺史景骏之子。韦氏乃有唐杜陵望族，出自隋郿城庄公范之后。《元和姓纂》卷二韦氏"京兆杜陵"："景骏，房州刺史。生述、迪、起、迟、巡、冰。述，工部侍郎，撰国史，集贤学士，礼仪使；……迪，户部员外（郎），生宅相、夏有（有夏）、启强、婴齐、柏尼。夏有（有夏），考功郎中；婴齐，卫尉卿；冰，一名达，生渠牟，太常卿。"

韦景骏，《新唐书》《旧唐书》皆有传，为有唐一代良吏。其子述（？—七五七）即迪之兄，元行冲姑表兄弟，以史学见称于代，《旧唐书》卷一〇二本传称："议者云自唐已来，氏族之盛，无逾于韦氏。……史才博识，以述为最。所撰《唐职仪》三十卷，《高宗实录》三十卷，《御史台记》十卷，《两京新记》五卷，凡著书二百余卷，皆行于代。"又记："（中书令张）说重词学之士，述与张九龄、许景先、袁晖、赵冬曦、孙逖、王翰常游其门。赵冬曦兄冬日，弟和璧、居贞、安贞、颐贞等六人，述弟迪、迥、迅、迟、巡亦六人，并词学登科。说曰：'赵、韦昆季，今之杞梓也。'迪……，学业亦亚于述，尤精《三礼》，与述对为学士，迪同为礼官，时人荣之。"

权德舆《唐故太常卿赠刑部尚书韦公（渠牟）墓志铭》："六代祖范，隋郿城庄公。曾祖余庆，皇坊州刺史。祖景骏，房州刺史。父永（冰），著作郎兼苏州司马。同气齐名，皆以文学论著为贤卿大夫，而著作志气闳迈，落落有奇节。公即第若干子也。……雅为晋国韩公、鲁郡颜公之所荐宠。鲁公尝称'遗名子洞彻三教'。"参李白《寄韦南陵冰，余江上乘兴访之，遇寻颜尚书，笑有此赠》："南船正东风，北船来自缓。江上相逢借问君，语笑未了风吹断。

闻君携伎访情人，应为尚书不顾身。堂上三千珠履客，瓮中百斛金陵春。恨我阻此乐，淹留楚江滨。月色醉远客，山花开欲燃。春风狂杀人，一日剧三年。乘兴嫌太迟，焚却子猷船。梦见五柳枝，已堪挂马鞭。何日到彭泽，长歌陶令前。"及《江夏赠韦南陵冰》："……君为张掖近酒泉，我窜三巴九千里。天地再新法令宽，夜郎迁客带霜寒……"李白乾元初年流夜郎遇赦，还憩汉阳之时，曾与韦冰交游，而其正在张掖令迁赴南陵途中。韦冰，黄本骥《颜鲁公文集》卷十六《外集四》诗下有按，以为"元珪之子，后为鄠令者也。"按：元珪之子，鄠（鄂）县令韦冰者，乃韦坚之弟，卒于天宝五载十月，见《旧唐书》卷一〇五《韦坚传》：五载"七月，坚又长流岭南临封郡，坚弟将作少匠兰、鄂县令冰、兵部员外郎芝、坚男河南府户曹谅并远贬。至十月，使监察御史罗希奭逐而杀之，诸弟及男谅并死"。乾元二年之南陵令乃别一韦冰。权德舆《右谏议大夫韦君（渠牟）集序》有称："初，君年十二，尝赋《铜雀台》绝句，左拾遗李白见而大骇，因授以古乐府之学，且以瑰琦轶拔为己任。"据《韦渠牟墓志》，渠牟卒于贞元十七年七月，享寿五十三，逆推其十二岁，正值乾元二年李白客次江夏相遇南陵令韦冰之时。"韦南陵冰"，盖渠牟父即后为苏州司马韦冰者。仲良所谓"元珪之子，后为鄠令者"，诚误，且鄂与鄠为两地。

冰乃迪弟，渠牟（七四九—八〇一）即颜真卿夫人之从兄弟，自有内弟之份。《韦渠牟墓志》记其："未弱冠，博极今古，尤精史籍，力行过人。……于是传心印之法于金陵，授谷神之道于华阳，或为尘外人，或为遗名子。其达观也，不名一行；其元同也，会归三教。"颜真卿《有唐玄静先生广陵李君（含光）碑铭》亦记："真卿与先生门人中林子殷淑、遗名子韦渠牟尝接采真之游，绪闻含一之德。"李含光系颜真卿神交，始于乾元二年升州刺史充浙江西道节度使任上，是时渠牟尚属少年。《李含光碑》撰立于大历十二年五月，观其追述"大历六年真卿罢刺临川，旋舟建业。将宅心小岭，长庇高踪，而转刺吴兴，事乖夙愿。徘徊郡邑，空怀尊道之心；瞻望林峦，永负借山之记"云，其任湖州之前，或曾有入道之计。参《太平广记》卷三八〇引《广异记》"韦冰宅住上元"，大历八年夏月卒。《韦渠牟墓志》又记："大历末丁著作府君忧，倚庐于壤树之侧。"大历六七年间颜真卿客次上元之日，韦渠牟盖在茅山"传心印之法"。颜真卿与之"接采真之游"当出是时。

《右谏议大夫韦君集序》："尝著《天竺寺六十韵》，鲁郡文忠公序引而和之，使画工图于仁祠，摘句配境，偕为胜绝。……又与竟陵陆鸿渐、杼山僧皎然为方外之侣，沉冥博约，为日最久。"天竺寺在杭州钱塘，据《高僧传》卷五《唐钱塘天竺寺诜法传》："诜初讲天竺寺，盛阐《华严》。时越僧澄观就席决疑，深得幽趣。及终（大历十三年），吴兴皎然为碑……合扬其美者。"寺主诜法乃皎然友好。颜真卿《与澄师帖》："承闻大华严会已遂圆成，取来日要诣彼随喜……澄师大德侍者，十日，敬空。"其澄师即澄观其人。参同书同卷《唐代州五台山清凉寺澄观传》："释澄观，姓夏侯氏，越州山阴人也。……大历中，就瓦棺寺传《起信》《涅槃》……却复天竺诜法师门，温习《华严大经》。"又说："七年，往剡溪……十年，就苏州……大历十一年，誓游五台……"其天竺寺"就席决疑"事，盖在北游五台之前。大历八年夏月，韦渠牟服勤于上元，其游天竺寺，又当在澄观十年就苏州之前。《天竺寺六十韵》，盖记其华严会盛况。颜真卿时任湖州刺史，陆鸿渐、皎然并为门客，权载之所记方外之侣、为日最久者，若始于大历十年预会之时，韦渠牟必有吴兴之游。

　　韦渠牟甥卢纶，有《敕颜鲁公送挺赟归翠微寺》诗，其"挺赟惠学该儒释，袖有颜徐真草迹。一斋三请纪行诗，诮我垂鞭弄鸣镝。寺悬金榜半山隅，石路荒凉松树枯。虎迹印雪大如斗，闰月暮天过得无"云，大历八年有闰，在十一月，时届仲冬，故有"虎迹印雪"之说。是诗盖作于颜真卿至湖初年。卢纶为颜真卿姻亲后辈，必有过从。

　　韦宅相、有夏兄弟，并见颜真卿《东方先生画赞碑阴记》，天宝十三载十月，随姐夫游东方朔祠庙，时宅相任麟游尉，有夏朝城主簿。有夏又有户部之职，先为员外郎，见《郎官石柱记》题名，在王光大、苗丕之间。后为郎中。杜甫有《寄韦有夏郎中》诗。韦有夏即韦宅相弟，《妙喜寺碑》亦作有夏，《姓纂》"夏有"讹。诗曰"省郎忧病士，书信有柴胡。饮子频通汗，怀君想报珠。亲知天畔少，药饵峡中无。归楫生衣卧，春鸥洗翅呼。犹闻上急水，早作取平途。万里皇华使，为僚记腐儒"云，注者以为大历元年作于夔州。"为僚"云云，盖出台省同事。广德二年六月，杜甫因严武荐，有检校工部员外郎之任，杜、韦交游，当始于是时。

　　韦柏尼（七四二—八一七），见于颜真卿东、西林寺题名，惟作"桓尼"。《湖州乌程县杼山妙喜寺碑铭》记其随姐夫往来登历于杼山妙喜寺儒释之会，署衔兴平丞，盖其时职。柏尼终官泾阳县丞，见韦道冲《唐故奉义郎行京兆府泾阳县丞韦府君（柏尼）墓志文》。是文记柏尼事迹甚详，可补史缺，特移录之："有唐高士京兆韦公，元和十二年，寿考七十六，八月七日寓荆而终。……公讳柏尼，贯万年也。……先府君迪，登第太常，终太子中舍人。祖景骏，持节刺房陵，入奉先令。曾祖余庆，赠牧坊州。公即舍人府君季子也。释褐授试左内率府兵曹参军。未几，除华州下邽县尉，历左金吾卫仓曹参军，换京兆府兴平县丞，调选复补泾阳县丞。谢秩挂冠，长揖轩冕。……公夫人早逝，即故詹事范阳卢公幼平之女□也。生一子曰谭；一女行廿四，适著作佐郎于佶，皆不幸夭终。公别出长女曰玄操，从道修律。次子二人，曰汉仪、曰缜。"东、西寺题名"桓尼"，"桓"皆"柏"之讹。

韦迪世系表：

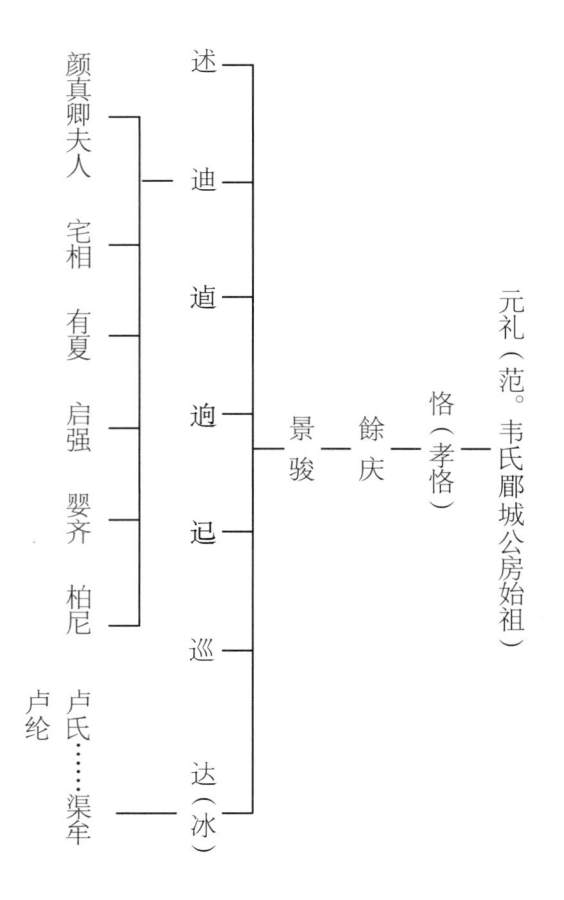

```
                              ┌ 述
                              │
          ┌ 颜真卿夫人 ───── 迪
          │                   │
          ├ 宅相               逌
          │                   │
          ├ 有夏               迥
          │                   │
          ├ 启强               起 ─ 景骏 ─ 馀庆 ─ 恪（孝恪）─ 元礼（范。韦氏郿城公房始祖）
          │                   │
          ├ 婴齐               巡
          │                   │
          ├ 柏尼               达（冰）
          │
          ├ 卢氏……渠牟
          │
          └ 卢纶
```

颜真卿交游考

一、交游考之平原交游

封绍、高篁，郡人，以其参佐州牧编修《韵海》事，盖郡中名儒。

颜浑，族弟。大历九年，官太子通事舍人，预修《韵海》时当未入仕。

平冽，六载十一月，见任监察御史，与颜真卿同僚，见《旧唐书》卷一〇五《杨慎矜传》。《旧唐书》卷二〇〇《安禄山传》："引张通儒、李庭坚、平冽、李史鱼、独孤问俗在幕下，高尚掌书记。"参《新唐书》卷二二五上《逆臣上》记：安庆绪即袭伪燕皇帝位，"改元天和，以高尚、平冽为宰相"云，其后从安禄山叛逆，且至伪相。

阎宽，广平人，阎伯玙从兄弟，见《元和姓纂》卷五"广平阎氏"条。《国秀集》记其"醴泉尉"。按《国秀集》编于天宝三载，其衔或为时职，当为颜真卿醴泉同僚。宽与李白有交往，白有《酬访王司马与阎正字对雪见赠》。

李史鱼（七〇六—七六一），赵郡平棘人，开元廿一年，登多才科，初仕秘书省正字，秩满，调河南参军，历长安尉、监察御史，贬莱阳丞，移朝邑令，拜殿中侍御史，入安禄山范阳幕。安禄山僭号称帝，胁从任刑部侍郎。归唐后为侍御史，充封常清幽州行军司马。后复授侍御史摄御史中丞，充河南节度参谋、河北招谕使。卒后赠户部侍郎。梁肃有《侍御史摄御史中丞赠尚书户部侍郎李公（史鱼）墓志铭》志其事。志记"以上元二年七月二十六日，遇疾终于扬州官舍，春秋五十六"云，唐玄宗天宝十三载甲午盖四十八。

宋謇，《元和姓纂》卷八"河南宋氏"条下有"宋謇"者，侍御史宋温瑗之子，梓州刺史宋温璩之侄。温璩，开元六年有《哀皇后哀册文》，时代相近，或宋謇即其人。

平冽、阎宽、李史鱼、宋謇，唐玄宗天宝十三载甲午并为安禄山河北采访处置使判官，乃颜真卿上级机关属官，是时叛逆未起，忠奸未分，且平、阎为其宪台旧雨，故畅游宴集，甚得其意。参梁肃《李史鱼墓志》"拜公殿中侍御史，参安禄山范阳军事。河北首乱，公胁在围中，危冠正词，诮让元恶，势迫难夺，望重见容。朝廷雅知公忠，迁侍御史、充封常清幽州行军司马，隔于凶盗，诏不下达。公与张休、独孤问俗密结壮侠，志图博浪之举，间遣表章，请固河潼之守。帝用深叹，吾谋未行。会虏将能人性、元浩拥师河上，公诡请劳抚，因以大义谕之。能亦知复，翻然向顺，裂贼左臂，系公之力"云。李史鱼盖一忠义之人，与平冽等并非一丘之貉。

颜曜卿，颜元孙第三子即颜真卿从兄，时任淄川司马。其他无考。

萧晋用，《东方先生画赞碑阴记》记其"长史前洛阳令"，盖由洛阳令迁平原长史者。《尚书省郎官石柱题名》"左司郎中"条下有其题名，在陈澍后，杨恂前。颜真卿拒叛起事，不见记有萧晋用，盖已入迁郎官。

张璲，左骁卫兵曹，事迹仅止于颜氏书迹。

郑悟初，《碑阴记》记"前参军"，盖一郡下旧参军。

李伯鱼，事迹亦仅止于颜氏书迹，其署"前醴泉尉"，又称"征君"，盖弃官归隐者。颜真卿天宝初年曾尉醴泉，亦当为旧雨。《唐诗纪事》十七有李伯鱼者，临淄人，乃宰相张说之姐夫，长安三年已卒，盖另一人。

毕耀，一作曜，又作燿，排行四。东平人。开元末曾为太祝，后历司经局正字。乾元二年，入宪台为监察御史、侍御史，而为酷吏。《旧唐书》卷一八六下《酷吏下》记："（敬）羽与毛若虚在台五六年间，台中囚系不绝。又有裴昇、毕曜同为御史，皆酷毒，人之陷刑，当时有毛、敬、裴、毕之称。"以有文才与孟浩然、杜甫、独孤及、钱起交游。本年为司经局正字。

以上颜曜卿、萧晋用、张璲、郑悟初、李伯鱼、毕耀及颜浑诸人并为颜真卿同谒东方朔庙祠者，同游者尚有麟游尉韦宅相、朝城主簿韦有夏，因系颜真卿妻族，已见上谱，不再另述。

张镐（？—七六四），字从周，博州人。《新唐书》《旧唐书》皆有传，见《旧唐书》卷一一一、《新唐书》卷一三九。广德二年九月，卒于江南西道都团练观察等使任上。《旧传》有记："镐自入仕凡三年，致位宰相，居身清廉，不营资产，谦恭下士，善谈论，多识大体，故天下具瞻，虽考秩至浅，推为旧德云。"赞称"国器"，又评之曰："镐直躬居位，重德镇时，其为人也鲜矣。"

蹇昂，以前汉中长史来游平原，后为杨国忠门客，天宝十四载夏日曾偕何盈为宰相侦求安禄山阴事。参颜真卿《鲜于氏离堆记》"又忝宪司之僚，亟与济南蹇昂奉以周旋，益著通家之好"云，其郡望出自济南，天宝初年亦尝在宪台，为颜真卿僚友。

李平，事迹无考。颜真卿遣其乘驲奏事，当属亲信之人。李华《台州乾元国清寺碑》："耆寿徐君赞、录事徐知古等请于（盈川）县令陇西李公平。"又记"县令李令（公）平，宗室大儒，政之善者"云，查《新唐书》卷七〇上《宗室世系上》"蔡王房"有李平者，翼城令汪之子，河间元王孝恭玄孙，时代相近，或即其人，至德年间官盈川县令。

贾载，字德方，盐山尉任上与东光县尉穆宁共斩伪景城太守刘道玄来归。明年为颜真卿防御使判官，后为元结友朋，元结有《漫酬贾沔州并序》记其事。以贾至《沔州秋兴亭记》"沔州刺史贾载，吾家之良也"云，盖其族人，为河南洛阳人，沔州乃其终官。按《颜杲卿碑》有称杲卿死难，"杨国忠受（张）通幽诡说，贾深又不证明，竟不蒙恤问"。按深，《旧唐书》卷一八七下《颜杲卿传》记为"前真定令"，且记时常山郡执杀安禄山将蒋钦凑，"杲卿遣子安平尉泉明及贾深、张通幽、翟万德，函钦凑之首，械二贼（高邈、何千年）送于京师"。贾深乃以前真定县令客常山为颜杲卿所亲信者。《元和姓纂》卷七记贾深为贾至之兄，并出中书舍人贾曾。至，排行六，杜甫诗称"贾司马六丈"。载，盖为深、至兄弟行，而长于至，宜至有"吾家之良"也云。

穆宁（七一六—七九四），怀州河内人，东光县尉任上偕贾载斩伪景城太守来归，官至秘书监致仕，以家道严见称于史。《新唐书》《旧唐书》皆有传，见《旧唐书》卷一五五、《新唐书》卷一六三。以《旧传》"贞元十年十月卒，时年七十九"之记，本年四十岁。后为颜真卿河北采访支使。穆员《秘书监致仕穆元堂志》有记其与颜真卿交游事："公尝佐黜陟使分巡列郡，与平原守颜公真卿阴图禄山当乱所以御之之画。至是密遣家僮以手疏诣颜公，书无他辞，曰：'夫子为卫君乎？'六字而已。颜公执书感泣，即日以军师之礼致公。公之许颜公也，以长子属于母弟，曰：'唯所往，苟不绝先人之祀，吾无累也。'既而从颜公登陴誓众，以必死与之俱生。援绝孤城，公志愈厉。颜公麾下有非公所制者，伺公请沐，中夜迫颜公跳。比及于河，公方自拔。他日颜公诣行在所自讼，有立者公之力，无成者己之咎。肃宗嗟叹，以玺书征公，且谓颜公曰：'由廷尉评以谏议大夫待之。'既至，会颜公以言事忤旨，其议遂寝。"乾元元年十月十二日，在大理评事兼监察御史任上，偕王延昌、张澹诸人陪颜真卿游华岳，同谒金天王祠，见《华岳题名》。其子穆员后为尚书右丞、淮西宣慰使郑叔则与工部尚书、东都留守贾耽代撰祭颜真卿文，分别奠告于蔡州、襄城灵前。而其时穆宁正以右庶子移病罢归东都有年矣。

张澹，以清河尉来归，后为颜真卿河北采访支使。乾元元年十月十二日，偕王延昌、穆宁诸人陪饶州刺史颜真卿游华岳，同谒金天王祠，见任大理评事，见《华岳题名》。

卢全诚，饶阳太守。安禄山反后，与司马李正举兵据城抵抗之。《新唐书》卷七三上《宰相世系三上》"卢氏大房"有"饶阳太守卢全诚"，乃高宗相卢承庆之弟、考功郎中卢承福之孙，与卢藏用为从兄弟。饶阳为其终官，参《通鉴》至德元载正月条下记"于是邺、广平……等郡复为贼守。饶阳太守卢全诚独不从，（史）思明等围之"云，盖死难于安史之乱中。《千唐志斋》收有《唐故孝廉范阳卢公墓志铭》记卢橙（平仲）为绛郡长史卢全诚第二子，天宝十载卒于东京，年廿三，时代相近，盖即其人，然其世系：北齐黄门侍郎思道—皇朝尚书左丞、雍州长史承业—皇朝故左屯卫将军玢—绛郡长史全诚，与《新唐书》不同，可纠其讹。如是，全诚乃范阳人，为玢之第五子。赵超《新唐书宰相世系表集校》记有四子：恬、橙、恽、恂。绛郡长史乃其前职。

李正，饶阳司马，偕卢全诚拥兵来归。

李随，以济南太守拥兵来附，事迹见《行状》。《新纪》：天宝十四载十二月"壬子，济南郡太守李随、单父尉贾贲、濮阳人尚衡以兵讨安禄山。……十五载正月……丙辰，李随为河南节度使，以讨禄山"。壬子，二十七日，时在颜真卿结盟之后，见下谱。《新唐书》卷七二上《宰相世系表二上》"陇西李氏姑臧房"有秘书监李随，肃宗相李揆从侄，年代相近，或即是人，官至秘书监，卒于平乱之后。

李昢，一作晖，景城司马，一作瀛州长史。《全唐文》卷三七二有《拒贼盟词》："大唐天宝某载月日，瀛州长史李昢、河间司法李奂、摄东光县尉穆宁、盐山尉贾载等盟曰……"誓以讨逆。后为颜真卿防御副使。《旧唐书》卷二〇〇上《史思明传》："又攻景城，擒李昢，昢投河而死。遂使康没野波攻平原，真卿平原失守前一日。"另有李昢，见《新唐书》卷一三九《李泌传》："代宗立……为娶朔方故留后李昢甥，昏日，敕北军供帐。"李昢朔方留后，《通鉴》记在天宝十载正月:"丁酉,命李林甫遥领朔方节度使,以户部侍郎李昪知留后事。"《新唐书》所谓"朔方故留后",盖其终官。是李昪,盖与烈士瀛州长史者别一人。

王焘(?—七五五),《新唐书》有传,见卷九八《王珪传》后:"焘,性至孝,为徐州司马。母有疾,弥年不废带,视絮汤剂。数从高医游,遂穷其术,因以所学作书,号《外台秘要》,讨绎精明,世宝焉。历给事中、邺城太守,治闻于时。"惟其为珪孙,《新表》作曾孙,或夺一曾字。是时为邺郡太守,安禄山移摄河间,王焘俾司兵李奂斩伪河间长史杜暮睦拥兵来归。《千唐志斋》收有《唐故知盐铁福建院事监察御史里行王府君墓志》,记墓主师正(中权)祖王焘"皇朝给事中,房陵、大宁、彭城、□□郡太守,累赠工部尚书、太子少师",河间出于代理,且未行,邺城太守乃其终官,盖死难于天宝末年。赠官为其后所追加。

李奂,河间司兵,随太守王焘来归。

王怀忠,清河长史。据《旧唐书》卷二〇〇上《史思明传》"思明……南拔常山、赵郡。又攻河间,为尹子奇所围,已四十余日……思明既至,合势,贼军益盛。李奂为贼所擒,送东京。……遂使康没野波攻平原,真卿觉之,兵马既尽,渡河而南。攻清河,粮尽城陷,擒太守王怀忠以献禄山",王怀忠、李奂被执于平原失守前后,并殉难于东京。

贺兰进明,北海太守合师平原拒叛者。《新唐书》《旧唐书》皆无传。《唐才子传》卷二记:"进明,开元十六年虞咸榜进士及第。仕为御史大夫。肃宗时出为河南节度使。"又称:"进明好古博雅,经籍满腹,其所著述一百余篇,颇究天人之际,又有古诗乐府等数十篇,大体符于阮公,皆今所传者云。"参李华《衢州刺史厅壁记》"开元天宝中,始以尚书郎超拜名郡,贺兰大夫为之……自逆胡悖天地之慈,犯雷霆之诛,贺兰起北海之师……"云,劳格《唐郎官石柱题名》卷二六"主客员外郎"又有贺兰进明,其或亦为天宝十二载偕颜真卿以郎官出守州牧者。《行状》云:"初,平原之师既西合清河,时贼将史思明围饶阳,恐平原救之,仍遣游弈兵来拒。前锋去旧县十里,公惧不敌,乃遣骁将刁万岁以三千兵逆之,坚壁不战。又以书过河招北海太守贺兰进明统马步兵五千来助,公陈兵而迎之,相揖哭于马上,悽恸三军,宴犒甚厚。进明遂屯平原城南息养人马,公每事咨谋之。自是兵威之重稍移于进明矣,而公不以为嫌。进明未有所之。李择交兵入清河,寻又破于堂邑，而因公以有功礼逊于进明，加河北招讨使。择交、东馥征进官级，其清河、博平有功不录一人，时论进明必有后败，未期，果失律于信都城下，有诏抵罪。公纵之使赴行在。进明以全，乃公护之也。君子曰'窃人之财，犹为之贼'，况窃人之功乎？进明之不死，幸也。然公亦过于宽厚矣。"又说："先是清河行人李华（萼）自堂邑战胜后，又睹公辞权而不有之，遂藏于人间不及见。"参韩愈《张中丞传后叙》、柳宗元《唐故特进赠开府仪同三司扬州大都督南府君睢阳庙碑》并记其拥兵临淮不救睢阳之难事，其人品之劣下，亦自可见之。其后，因治军失律，罢免之，追赴肃宗行在。至德二载，授御史大夫，河南节度使。乾元二年，坐第五琦党，出贬溱州为员外司马，或终于贬所。

沈盈、卢逖，外甥。常山失陷，即遭杀害。参《颜氏家庙碑》："外孙博野尉沈盈、卢逖，并为逆胡所害，各蒙赠五品京官。"及《颜杲卿碑》"至是，赠……（卢）逖，郑王友"云，是时当尚未入仕。所赠五品京官，盖郑王友。

李晖，即李昕，见前条。

李铣，《行状》记："信都郡武邑县尉李铣来投，本县令庞宣远拘留铣母，公以私钱十万募人劫迎之。"参颜真卿《皇帝即位贺上皇表》"又差招讨判官、信都郡武邑县主簿而后充任判官"。《旧唐书》卷一〇七《玄宗诸子》又记："（天宝十五载）十二月，（永王璘）擅领舟师东下，甲仗五千人趋广陵……时河北招讨判官、司虞郎中李铣在广陵，瑶（中官啖廷瑶）等结铣为兄弟，求之将兵。铣麾下有骑一百八十人，遂率所领屯于扬子……同拒于瓜步洲伊娄埭。"事在颜真卿弃平原之后，李铣或随颜真卿至广陵，而流落江东未趋行在者。《旧唐书》卷一四五《李忠臣传》，至德二载有"防河招讨使李铣承制以忠臣为德州刺史"之记。李铣又当有防河招讨使之任。

沈震，吴兴武康县人，德宗生母广平王妃沈氏之弟，据《行状》称"前侍御史"，盖以侍御史入幕。官至秘书少监。颜真卿有甥沈盈，出自吴兴，与沈震同族。参《吴兴沈氏述祖德记》"以真卿江南婚姻之旧，中外伯仲之穆"云，颜氏与太庙斋郎沈怡同辈（沈氏渡江十九叶孙），似比沈震大一辈（沈氏渡江二十孙）。

王延昌，京兆人，以咸阳尉入幕为河北采访使判官。后历户部度支员外郎、郎中，徙吏部郎中，迁京兆少尹，改谏议大夫兼侍殿史、御史中丞、中书舍人、郭子仪行军判官（广德元年），官至吏部侍郎、集贤院待诏，见《旧纪》永泰元年三月条。《宝刻丛编》卷八"京兆万年县"引《集古录目》："《唐吏部侍郎王延昌碑》，唐兵部郎中邵说撰，广州都督徐浩八分书。……碑以大历三年立。""三年"，误。按徐浩自宝应元年复授中书舍人、集贤院副知院事，至大历二年迁工部侍郎，先后六年，见《徐浩事迹系年》。王延昌，广德元年带衔中书舍人，盖与浩同僚，为六舍人之一；永泰元年，奉诏集贤院待诏，与浩同院，后又同事于吏部，并为侍郎，两人盖有行谊，宜浩为之书碑也。其大历三年八月尚在世，见《朱巨川告》注官，有"银青光禄大夫行吏部侍郎延昌，朝议大夫守吏部侍郎绾"之记。唐制吏部侍郎二人，参《册府元龟》卷三三八"元载大历为中书相……杨绾为吏部，谦简自处，不附于载，乃奏浩代绾"云，浩自广州入朝，盖代（杨）绾。又，《旧唐书》卷一一一《代宗记》："（大历二年四月）癸酉，以工部侍郎徐浩为广州刺史、充岭南节度使。"浩自广州入京，盖在三年十月乙未后。三年，盖其卒年。时赠吏部尚书，谥曰宣。浩铭石万年，立石当在明年。乾元元年十月十二日，王延昌监察御史任上，曾陪颜真卿游华岳同谒金天王神祠，见颜真卿《华岳庙题名》。

李光弼（七〇八—七六四），营州柳城人，有唐中兴名将，《新唐书》《旧唐书》皆有传，见《旧唐书》卷一一〇、《新唐书》卷一三六。广德二年七月卒，年五十七。追赠太保，谥曰武穆。颜真卿有《唐故开府仪同三司太尉兼侍中河南副元帅都督河南淮南淮西荆南山南东道五节度行营事东都留守上柱国赠太保临淮武穆王李公（光弼）神道碑铭》志其事。观其碑文"真卿昔守平原，困于凶羯，系公莅止，获保余生"云，其行谊匪浅。尤与其季弟光进（太应）交谊特厚，有《捧袂》八通志其事，详见下谱。

李光弼之与颜氏干系有两事可记。一、《李光弼碑》有记：天宝十五载二月"既望，收常山郡，前是……为史思明所陷，战士死者跆藉于溥洍之上，公亲以衣袂拂去其口上沙尘，因恸哭以祭之，分遣恤其家属，城中莫不感激一心"。李光弼收复常山郡对其军民尤其颜杲卿、袁履谦家属甚见优恤。二、《颜鲁公行状》有记："时方盛暑，公知光弼、子仪禁断侵掠，将士少衣服，乃送十五万帛为三万人装以遣，人至饶阳，属潼关不守，两军却入土门，遂留不行。"李光弼时为河北节度使，掌兵权；颜真卿为采访使，治民事，其送军衣为其职守，所送者盖以同道兵政李光弼为主，或仅李氏一军而已，郭子仪乃出追述时附带。

颜真卿军中友朋如仆固怀恩、田神功、李抱玉、董秦、哥舒曜、张伯仪诸人，并出其部将。

李萼，本名华，或作崿。上引《颜鲁公行状》"是月，又诏公为河北采访处置使。……时清河郡寄客李华（萼），为郡人来乞师于公……时华（萼）才年二十余，皆沮云，必动众无成，惟公奇之"云，事在天宝十五载三月（公元七五六年），下距大历八年（公元七七三年）共十七年，至时当年近四十。其名华改曰萼，当从草，崿字显误。《新唐书》卷一九四《元德秀传》附记："崿字伯高……擢制科，迁南华令。……安禄山乱，崿客清河，为乞师平原太守颜真卿，一郡获全。历庐州刺史。"按崿字伯高者，乃元德秀门生，李华《三贤论》称"赵郡李崿伯高，合大雅之素"者即是。《杨骑曹（极）集序》又记与张茂之、颜真卿、萧颖士、赵骅及李华诸人"连年高第"。座主并为乐安孙逖。孙逖以考功员外郎知贡举仅开元二十二、二十三两年，李崿登科虽不能考其确年，然若非颜真卿（开元二十二年）同榜，亦必出萧颖士（开元二十三年）同年，两者必居其一。以弱冠登科惯例，至天宝末年已逾不惑，与寄客清河才年二十余者断非一人。《新唐书》误。黄本骥《行状》李华（萼）名下注："后因献封事，睿宗有敕改名崿"，亦误。

李萼事迹，大历前可见者：广德元年任监察御史，偕中书舍人王延昌留从郭子仪军旅，西御吐蕃，见《旧唐书》卷一九六上《吐蕃上》。大历八年以杭州富阳丞为湖州防御副使，负责垦草辟田之务，见《颜鲁公行状》。《妙喜寺碑》所记"前殿中侍御史"者，参《太平广记》卷一三二"张纵"条引《广异记》"时殿中侍御史李萼左迁晋江尉"云，盖富阳丞之前职，以其品高，且系京官，故多称呼之。据皎然《五言奉同颜使君真卿送李侍御萼赋得荻塘路》《五言赋得灯心送李侍御萼》及《送李侍御联句》、《玩初月重游联句》（预唱者颜真卿、皎然、张荐、李萼），其离湖似早于张荐。参《旧唐书》卷一四九《张荐传》"大历中，浙西观察使李涵表荐其才可当史任，乃诏授左司御率府兵曹参军"云，李涵，《旧纪》："（大历七年）二月甲寅，以兵部侍郎李涵为苏州刺史，兼御史中丞，充浙西观察使。……（十一年）夏四月戊午朔。丙子，以浙西观察使、苏州刺史、御史大夫李涵知台事，充京畿观察使。"张荐受诏授左司御率府兵曹，必在李涵离任之前，或同时。

《送李侍御联句》颜真卿首句"迟迟惜上春"，《玩初月重游联句》张荐首句"春溪与岸平"云云，盖明写初春。李萼离湖当在大历十一年正月。其后为吉州刺史，贞元二年十一月，偕检校国子祭酒杨昱、户部员外郎权器、给事中殷亮、吏部员外郎柳冕诸人协理颜真卿丧事。后移道州刺史，改岳州刺史，约卒于贞元中。与皎然、崔子向友善，详见下谱。

刘正臣，原名客奴，归朝立功后赐名正臣，怀州武陟人。《新唐书》《旧唐书》皆有传，见《旧唐书》卷一四五、《新唐书》卷一五一《刘全谅传》中，《旧传》称："性忠谨，为军人所信。"又记："正臣奔归，为王玄志所鸩而卒。……大历九年，追赠正臣工部尚书。"陶宗仪《书史会要》卷五有刘正臣，为"自贞观至元和间并能精书学，篆、章、分各著名当时者"，不知是否即其人？若是，亦当一善书者。

王玄志（？—七五八），曾为安东将，与刘正臣谋诛吕知诲。《旧唐书》卷一二四《侯希逸传》记有"诏以玄志为平卢节度使。乾元元年冬，玄志病卒，军人共推立希逸为平卢军使，朝廷因授节度使"云，其归顺不久，即死于病。

田神功（？—七七三），冀州南宫人，原为平卢兵马使。官至检校右仆射，封信都郡王。《新唐书》《旧唐书》皆有传，见《旧唐书》卷一二四、《新唐书》卷一四四。《旧传》称："神功忠朴干勇，当时所称。（大历）八年冬……遘疾，信宿而卒。上悼惜，为之辍乐，废朝三日；赠司徒，赙绢一千匹、布五百端；特许百官吊丧，赐屏风茵褥于灵座，并赐千僧斋以追福。至德已来，将帅不兼三事者，哀荣无比。"杜甫《承闻河北诸道节度入朝欢喜口号绝句十二首》其三即颂其人。颜真卿后亦有《八关斋会报德记》称述之。

董秦（七一六—七八四），幽州蓟人，赐姓李氏，名忠臣，原为刘正臣先锋使。官至检校司空、同中书门下平章事，封西平郡王。《新唐书》《旧唐书》皆有传，见《旧唐书》卷一四五、《新唐书》卷二二四下。《旧传》："忠臣木强率直，不识书，不喜儒生……及朱泚反，以为伪司空、兼侍中。……泚败，忠臣走樊川别业，李晟下将士擒忠臣至，系之有司。兴元元年，并其子并诛斩之，时年六十九，籍没其家。"

侯希逸（七二〇—七八一），营州人（《旧唐书》作"平卢人"），原为平卢裨将。宝应元年以功图形凌烟阁，后封淮阳郡王，官至司空。《新唐书》《旧唐书》皆有传，见《旧唐书》卷一二四、《新唐书》卷一四四。《新传》记其"建中二年，迁司空，未及拜，卒，年六十二……赠太保"。

李正己（七三三—七八一），原名怀玉，正己乃赐名。高丽人。与侯希逸为姑表兄弟。封饶阳郡王，官至司徒。《新唐书》《旧唐书》皆有传，见《旧唐书》卷一二四、《新唐书》卷二一三。《新传》："建中初，闻城汴州，乃约田悦、梁崇义、李惟岳偕叛。……会发疽死，年四十九。兴元初，纳（其子李纳）顺命，诏赠太尉。"

许杲卿，无考。

以上刘正臣、王玄志、田神功、董秦、侯希逸、李正己、许杲卿诸人皆平卢将领，是时率众归朝，颜真卿自北海迎致之。

张云子，《贺表》称"脚力人"，《行状》谓"马步军"，盖一专递文书之军人。

郑昱，参《行状》颜真卿"又令前监察御史郑昱奉敕书宣布河南江淮"云，盖平原门客，曾任御史。

康没野波，柳城人，安禄山部将，至德二载十一月七日随父康阿义屈达干归唐，从李光弼讨贼立功，后九年即永泰二年，颜真卿撰《康阿义屈达干碑》志述之，有"天下之言勇者，以没野波、英俊兄弟为称首"之谓。参其云："真卿之弃平原也，没野波为贼骑将，缓策不追。及闻渡河，始奔蹶，是以得脱于难，平原人至今称之。"盖有恩于颜真卿者。"缓策不追"者，或先有联络。

邓昌珍、杨神功、裴法成，平原行官，曾两度随判官贾载渡海与刘正臣计会归顺事。

郑毓，自吴郡司士迁乐安郡太守，曾奉敕于江淮南两道度僧道，取钱与颜真卿招募士马，应接刘正臣诸人，未果。《唐御史台精舍题名》卷三存其题名，盖宪台出身。

温佶（？—七八〇），字辅国，以字行，并州祁人，温大雅四世孙。《新唐书》有传，见卷九一，其有云："安禄山乱，往见平原太守颜真卿，助为守计。李光弼厚遇之。"是本之于牛僧孺《温佶碑》："鲁郡公真卿守平原，公杖策往谒，云风类随，忠气合发。当是时，二颜横起，房喉咽受偪，□□愁几至（中缺十八字）实系公之助也。"建中元年，卒于邠县，官至太常丞，赠谏议大夫。大和年间，牛僧孺撰神道碑志述之，裴璘正书。颜、温为世交，颜真卿《家庙碑》有记："《国史》称：温大雅在隋与思鲁同事东宫，彦博与愍楚同直内史省，彦将时与游秦同典校秘阁，二家兄弟各为一时人物之选。少时学业颜氏为优，其后职位温氏为盛，温氏谱亦载焉。"

李择交，平原郡录事参军，曾统率义军，为其大将。

范冬馥，平原县令，义军副将。

刁万岁、和琳、徐皓、马相如、高抗朗，义军裨将。

李择交、范冬馥以及刁、和、徐、马、高诸义军将领，不见后事（和琳救河间败绩，为史思明所擒），或并没于平原之难。

段子光，安禄山之平原使者。《行状》："十二月，禄山陷东京，害留守尚书李憕、御史中丞卢奕、判官巩县尉蒋清等，因使以三人之首来徇河北，且以胁降诸郡。逆使者段子光至，初拽入门，子光大呼曰：'仆射，十三日入东京，远近尽降，闻河北诸郡不从，故令我告之。公若损我，悔有日在。'遂历指三首，各言其人。公识其是，恐摇人心，乃谬谓诸将曰：'我审此三人，皆非也。'遂命腰斩子光。"段氏即死于初至平原之日。《姓纂》卷九"云南段氏"有段子光，渭北节度段之英之兄，长川王、试太常卿，盖别一人。

二、交游考之湖州交游

刘全白，即贞元六年为李白撰写《唐故翰林学士李君碣记》者，以其"全白幼则以诗为君所知"云，盖尝得李太白激赏。大历初年，在越，曾预唱《秋日宴严长史宅联句》《经兰亭故池联句》。据《经兰亭故池联句》"欢同癸丑年"句，时在大历八年。颜真卿《妙喜寺碑》署衔评事。考其湖州行踪，岘山联唱外，尚有《滑语联句》《醉语联句》，预唱者颜真卿、皎然、李萼、沈益、陆羽。大历八年冬十月，浙江西道观察使判官袁高巡部至湖州，使君颜真卿及其门客与之联句甚勤，然未见记有其人，是时盖已离去。其"往来登历"者，仅止大历八年。而预湖州宴集唱和者，又当在山阴仲春兰亭联句之后。

裴循，《妙喜寺碑》记为长城县尉，名系之"以季夏于州学及放生池日相讨论。至冬徙于兹山东偏。来年春，遂终其事"条下，盖自始至终预修《韵海镜源》者。参大历九年孟秋甲子所立《放生池碑阴记》，长城尉题名有五人而未见其人，是时盖已离任。湖州行踪，可见者尚有皎然《释裴循春愁》诗，有"蝶舞莺歌喜岁芳，柳丝袅袅蕙带长。江南春色共君有，何事君心独自伤"云。

张荐（七四四—八〇四），字孝举，深州陆泽人，官至工部侍郎。《新唐书》《旧唐书》皆有传，见《旧唐书》卷一四九、《新唐书》卷一六一。《旧传》记："荐少精史传，颜真卿一见叹赏之。大历中，浙西观察使李涵表荐其才可当史任，乃诏授左司御率府兵曹参军。既至阙下，以母老疾，竟不拜命。"按张荐兄弟四人，并见颜真卿《妙喜寺碑》，其兄著署"右卫兵曹"，又一兄荟，弟芳与荐俱不记职守，是时当尚未入仕。湖州行踪，岘山联唱外，可见者尚有《月夜啜茶联句》（预唱者颜真卿、陆士修、李萼、崔万、皎然）、《夜宴咏灯联句》（颜真卿、陆士修、张荐、皎然、袁高），及《送李侍御联句》《玩初月重游联句》《重拟五杂俎联句》《大言联句》《乐语联句》《馋语联句》（颜真卿、皎然、李萼）等。张荐卒于贞元二十年（公元八〇四年），年六十一，见权德舆《唐故中大夫守尚书工部侍郎兼御史大夫史馆修撰上柱国赐紫金鱼袋充吊赠吐蕃使赠礼部尚书张公（荐）墓志铭》。时年二十九岁。当颜真卿招抚李希烈被拘留于叛营之时，张荐任职史馆修撰兼阳翟县尉（黄本骥误以为左司御率府兵曹参军），即上疏请以李希烈在京之母及妻祖母郭氏、妻妹封氏赎回太师，并奏报颜真卿"所遣兄子岘及家僮从官奉表来者五辈，皆留中"而未得上闻之事。其虽未果，颜、张之情谊自可想见。其后，历左拾遗（兴元元年），太常博士（贞元元年），转殿中侍御史（四年），迁工部员外郎、郎中，拜谏议大夫（十一年），改秘书少监，兼御史中丞，除秘书监，徙工部侍郎（二十年），充入吐蕃吊祭使，七月卒于赴途。赠礼部尚书，谥曰宪，权德舆撰墓志铭志述之。其博洽多闻，著述甚富，有《宰辅传略》《五服图》《江左寓居录》以及《灵怪集》二卷、《张荐集》三十卷，见《新书·艺文志》。墓志铭还见有《史遁先生传》《十祖赞》《同僚籍》诸书，今并佚。

吴筠（？—七七八），字贞节，华州华阴人，嵩山嵩阳观道士。《新唐书》《旧唐书》皆有传，见《旧唐书》卷一九二、《新唐书》卷一九六。自安史之乱后，避难江南。大历初年，曾在越州，见《中元日鲍端公宅遇吴天师联句》，预和者严维、鲍防、谢良辅、杜弈、李清、刘蕃、谢良弼、郑概、陈允初、樊珣、丘丹、吕渭、范淹等人，吴天师即其人，并为当年浙东联唱中人。严维、鲍防，又见上引《经兰亭故池联句》题下注。兰亭酬唱，原注三十五人，吴筠诸人并在其内。参皎然《奉同颜使君真卿清风楼赋得洞庭三山歌送吴炼师归林屋洞》诗，吴炼师亦即吴天师吴筠。惟《妙喜寺碑》"往来登历"者不记其人，吴兴宴集亦仅见上引联句两诗，盖自越而来，旋即辞去。大历十三年，吴筠卒于宣城道观，门人私谥曰宗玄先生。《新书·艺文志》记有文集十卷，今仅存《宗玄先生文集》三卷。权德舆有《唐故中岳宗玄先生吴尊师集序》（王颜编集）称："近代游方外而言六义者，先生实主盟焉。"

强蒙，处士，善医，见《全唐诗》卷七八八作者名下注。是或出自皎然《强居人传》，传云："客有强君，隐山之俦也。理昭湮浴，寄于和扁之伎。而时人无能知者。予尝问君以上医之术，君对曰：'夫妙有统于心而通于理，其静为性，其照为觉。觉也者，日月之谓乎；性也者，太虚之谓乎。故理世为儒，可以敷五典；理性为释，可以越四流；理病为医，可以空六腑，使定命，可遒业，疾可亡而世教罕能治之，故医王未悉辨也。'予曰：'至哉斯言，命小子志之。'"郎士元有《赠强山人》诗，其"或棹轻舟或杖藜，寻常适意钓前溪。草堂竹径在何处，落日孤烟寒渚西"云，强山人者即强蒙其人。湖州行踪，仅止岘山一事。《妙喜寺碑》"往来登历"未见其名，盖早已离湖未预杼山之事。李肇《国史补》卷下："大历已后，专学者有……强蒙《论语》……"《新唐书》卷二〇〇《啖助传》亦记："大历时……强蒙以《论语》，皆自名其学。"其不仅善医，且以治《论语》著名。

范缙，无考，《妙喜寺碑》"往来登历"不记其人，吴兴联唱亦仅见于此。盖一如强蒙，岘山之后，旋即辞去。

王纯（七四三—八一四），字德素，京兆万年人，《新唐书》《旧唐书》皆有传，见《旧唐书》卷一二三、《新唐书》卷一四九。参权德舆《唐故尚书工部员外郎赠礼部尚书王公（端）神道碑铭》所记其父王端"尝与故太师颜鲁公暨柳郎中芳、陆员外据、殷永宁寅为莫逆之交"云，颜真卿乃其父执。黄本骥记为外甥，虽未查实，或另有所据。《新传》记："绍少为颜真卿所器，字之曰德素，奏为武康尉。"古人弱冠取字，其卒于元和九年，享年七十二，逆推当在广德元年。是年，颜真卿正任户部侍郎，三月改吏部侍郎，八月除尚书右丞。"武康尉"见于李绛《兵部尚书王绍神道碑》："公尚书（端）第三子也，少以厚实为士友所重，太师颜鲁公守吴兴，特器之，表授武康尉。"查《放生池碑阴记》大历九年所列武康尉四人，不见其人，表授盖在其前。"守吴兴"，盖误。湖州行踪，仅止岘山联唱，时年三十。其后入常州刺史萧复幕（大历十二年）为从事。德宗朝，初为转运盐铁使包佶判官（建中元年），除仓部员外郎（贞元元年），后历大理寺丞（贞元八年），户部郎中、兵部郎中（贞元十三年），户部侍郎、尚书（贞元十八年），官至兵部尚书（贞元二十年），元和九年十一月卒于任上，谥曰敬。李绛撰神道碑志述之。与柳冕并为柳宗元父友。

魏理，《妙喜寺碑》记为评事，其"往来登历"者，盖仅止于颜氏书迹。

王修甫，无考。《妙喜寺碑》"往来登历"不记其人，吴兴联唱，亦仅见于颜氏书迹。

颜岘，《妙喜寺碑》称颜真卿从子，张荐《请赎太师颜真卿归朝疏》记作兄子，然不知出自何兄名下？参元稹《授颜岘赞善大夫制》："尝与从父太师深犯蜂虿毒螫之下。太师没焉，尔之不回，幸于能脱，终超逆地，来谒奉天。列圣念功，访求太师之后，有司昧蔽，不以尔闻。今朕将建东朝，深思赞谕，异时使朕爱子知忠孝之道如尔岘，吾何患焉。"其因汝州之功而受赏奖者，时在长庆二年（公元八二二年）十二月册立景王李湛之前，已上距大历八年凡五十年。赞善大夫盖由安邑、解县两池榷盐巡官、监察御史里行迁任也。其所谓"往来登历"，岘山联唱，正值青年。《竹山联句》残拓记为永穆丞。事迹除上引外，尚有张荐《请赎太师颜真卿归朝疏》"又闻真卿所遣兄子岘及家僮从官奉表来者五辈，皆留中"之记，及王谠《唐语林》卷六所记兴元元年，陈仙奇"奉鲁公丧归京，犹子颜岘实从柳常侍（登）与裴氏女及翳綵同迎丧于镇国仁寺"云。

左辅元，抚州士人，《妙喜寺碑》称"及刺抚州，与州人左辅元、姜如璧等增而广之（《韵海》），成五百卷"。殷亮《颜鲁公行状》亦记："于大历三年迁抚州刺史，在州四年，以约身减事为政，然而接遇才人，眈嗜文卷，未曾暂废焉。因命在州秀才左辅元编次所赋为《临川集》十卷。"其自抚至湖，复预《韵海》修定事，盖蒙颜真卿之召，以竟其"未遑刊削"之业。参左拾遗耿沣充括图书使来湖，辅元曾陪使君宴集，并预《水亭咏风联句》，其盖一以既往，仍为之编纂主事者。后又为颜真卿编次《礼乐集》《吴兴集》。

刘茂，《妙喜寺碑》称魏县尉，为"尝同修（《韵海》）未毕，事去"者。《韵海》修毕，时在明年春日，其预唱联句，仅止岘山，盖未随编书诸人移师杼山。

颜浑，《妙喜寺碑》称族弟，时为太子通事舍人，有"天宝末，真卿出守平原，已与郡人渤海封绍、族弟今太子通事舍人浑等修之（《韵海》），裁成二百卷。属安禄山作乱，止具四分之一"云。其来湖复预修定事，亦如左辅元并出旧雨之谊。湖州行踪，仅止于是。颜真卿所记"亦尝同修未毕，各以事去"者，《韵海》诸生移师杼山之前，其已离湖北归。

杨德元，《妙喜寺碑》称后进，盖晚辈无仕而预《韵海》编纂者。湖州行踪仅见于是。

韦介，《竹山连句》残拓记为京兆人。《妙喜寺碑》称后进，亦当如杨德元为晚辈无仕者。疑为颜真卿妻族小辈。

皎然（七二〇—？），字清昼，简称昼。吴兴本籍人，郡望出自陈郡阳夏。俗姓谢，刘宋谢灵运十世孙。天宝初年，因应试未第出家，初隶于润州江宁长干寺。至德后移居湖州。先隶湖州龙兴寺，至大历八年移居杼山妙喜寺。《高僧传》卷二九有传，称"时颜鲁公为刺郡，早事交游而加崇重焉"。史家大都以其《五言赠李中丞洪》诗所谓"安知七十年，一朝值宗伯"，"七十年"为实志年岁，逆推生年在开元八年前后。时年约五十四岁。按皎然有《冬日送颜延之明府抚州觐叔父》诗，颜真卿曾为抚州刺史，颜延之赴抚州觐省叔父，时在大历三至五年间，皎然与之盖为旧识。按皎然开元二十七年，曾赴京应举求仕，干谒王侯，见贾晋华《皎然年谱》，有《张伯高草书歌》"长安酒榜醉后书，此日骋君千里步"云，作于京华似出亲莅其境。张伯高即草书家张旭，伯高乃其字，颜真卿之师，皎然在京例有干谒，而与颜氏必有周旋。"早事交游"盖始于天宝三载出家之前即寓居京华之数年间，而相知"加崇重"者，则在大历八年湖州重聚之后。

其传又称："颜鲁公真卿命禆赞《韵海》二十余卷。"按颜真卿《妙喜寺碑》

详记《韵海》修订之事，未见皎然参预。称述者有"时杼山大德僧皎然工于文什，惠达灵煜，味于禅诵。相与言曰'昔庐山东林，谢客有遗民之会；襄阳南岘，羊公流润甫之词。况乎兹山深邃，群士响集，若无纪述，何以示将来？'乃左顾以求蒙，俾记词而藏事"云，其纯出赞助典事，又以故事相激劝者。细检皎然奉和有关《韵海》诸诗，亦无一言提涉之。赞宁"禅赞"之记，盖误读碑文，想当然也者。

颜真卿之与皎然，其儒释之交，日见亲密。大凡湖州诗会（前后参与者八十余人）多以皎然为首席。颜真卿有诗，皎然必有奉和。且同声相应，文论几同，于颜氏意旨，皎然《诗式》亦多见采纳。

崔宏，《妙喜寺碑》称后进，当亦如前述诸人为后生预《韵海》者。

史仲宣，无考。事迹仅见于《妙喜寺碑》。

陆羽（七三三—？），字鸿渐，一名疾，字季疵，复州竟陵人。《新唐书》有传，入《隐逸传》。据其《陆文学自传》"上元初，结庐于苕溪之滨，闭关读书，不杂非类"云，客居吴兴已经十余年。《自传》又称"上元辛丑岁，予阳秋二十有九"。其生年当在开元二十一年，是年四十一岁。按陆羽为弃儿，自幼为僧收养。天宝五载，颜真卿友人州牧李齐物教以诗书，始为士人。至德初年避乱来江南，辗转越中。至上元元年定居湖州，结庐于苕水之滨、青塘之野。龙兴寺皎然引以为缁素忘年之交。大历八年春，随前刺史时任大理少卿、祭岳渎使卢幼平自越来湖，颜真卿奉迎缔欢，因而结识之，遂参订《韵海》，预会宴集，列为群彦之首，不以客卿视之。是年十月二十一日，颜真卿于杼山为其筑亭，因适三癸，即癸丑岁、癸卯朔、癸亥日，命之曰"三癸亭"，有《题杼山癸亭得暮字》诗志之，皎然奉和。其后，诏拜为太常寺太祝，未就。贞元初，移居信州上饶，三年迁洪州，旋入湖南（裴胄）幕。在湘日，曾交游长沙僧怀素，有《僧怀素传》称述之。未几，入岭南节度使李复幕，检校太子文学。八年，府罢归江南，寻卒。善著述，见于自传者有《谑谈》三篇、《君臣契》三卷、《源解》三十卷、《江表四姓谱》八卷、《南北人物志》十卷、《吴兴历官记》三卷、《湖州刺史记》一卷、《茶经》三卷、《占梦》三卷，其他可知尚有《湖州图经》（顾况《湖州刺史厅壁记》）、《惊年》（《新书·艺文志》）、《顾渚山记》二卷（《郡斋读书记》）。今仅存《茶经》三卷。又有《论颜、徐二家书》一篇，不知何书散出，盖作于湖州日。李肇《国史补》卷中所记"与颜鲁公厚善"者，盖始于颜真卿吴兴任上。

权器（？—七八三），天水人，官至户部员外郎，为权德舆十四从叔。是时为湖州判官，见《颜鲁公行状》，有"苏州寓客校书郎权器……为判官……委阅簿检吏接词政之务于器"云。又记："重其器，悦其能者……故户部员外郎权公器。"按权德舆其父皋，曾为颜真卿属吏，任浙江西道节度使行军司马。其叔权隼夫人乃颜真卿内弟殷寅之女。权器为其十四从叔者，盖出权皋、权隼从祖兄弟。与皇甫冉友善，皇甫冉《酬权器》诗称："南望江南满山雪，此情惆怅将谁说。徒随群吏不曾间，顾与诸生为久别。闻君静坐转耽书，种树葺茅还旧居。终日白云应自足，明年芳草又何如。人生有怀若不展，出入公门犹未免。回舟朝夕待春风，先报华阳洞深浅。"皇甫氏大历初年羁病丹阳，见其《送陆鸿渐赴越》诗，权器来湖州前亦当一如陆羽为隐逸之流。其后，迁渝州录事，转户部员外郎。建中四年，卒于任上，权德舆有文祭之。其父澈，字幼明，官至高平郡别驾，有文集二十卷，李华编而序之。独孤及有《唐故朝议大夫高平郡别驾权公（澈）神道碑铭》志述之。

陆士修，河南洛阳人，皎然至友殿中侍御史陆士佳之弟。按陆士修兄弟为司勋员外郎陆据之子，参李华《三贤论》"河南陆据字德邻，恢恢善于事理。……颜（真卿）与陆据、柳芳最善"云，颜真卿为其父执。《妙喜寺碑》记嘉兴尉。参《水亭咏风联句》，其修毕《韵海》尚留在吴兴，盖与耿㳟收括图书、颜真卿刊削《韵海》有关。

裴幼清，尚预《水亭咏风联句》《又溪馆听蝉联句》。《妙喜寺碑》不记其预修《韵海》事，盖一寓湖士人。

柳淡，字中庸，以字行，即名诗《征怨》之作者。蒲州虞乡人，萧颖士客居濮阳时门生，颖士爱其才，以女妻之。李敬彝《大唐王屋山上清大洞三景女道士柳尊师真宫志铭》："尊师姓柳氏，讳默然，字希音，河东虞乡人也。高祖范，皇朝尚书右丞；……曾祖齐物，莱、睦二州刺史；祖喜，冀州武邑主簿，避燕寇江南，因自绝禄仕。父淡，幼善属文，通百氏，诏授洪州户曹掾，不就，高论于贤侯之座以终世。……尊师生三岁而失怙恃，见育于祖母。"其父柳喜乃中原贤士大夫避乱渡江者，与皎然友善，皎然有《赠柳喜得嵩山法门自号嵩山老》"一见嵩山老，吾生恨太迟。问君年几许，曾出上皇时"称述之。其女柳默然（七七三—八四〇），迁解于开成五年，享年六十八，上推生于大历八年。所谓三岁失怙恃者当大历十年间。参皎然《送柳淡扶侍赴洪州》题下注："此子素少宦情，共予有西山之好。"又云："中林许师友，忽阻夙心期。自顾青绸好，来将黄鹤辞。少年轻远涉，世道得无欺。烟雨孤舟上，晨昏千里时。离魂渺天末，相望在江湄。无限江南柳，春风卷乱丝。"柳氏侨居似在洪州。观其曾预《竹山连句》，残拓又有"会九年春三月"字样，所谓"扶侍"离湖者，当在九年春末夏初。至洪州不久，或即逝去。皎然称其"少年轻远涉"，柳宗元《先君石表阴先友记》又有"早死"之记，其享寿当未值中年。交友多名士，李端尤见友善，有《留别柳中庸》《送张芬归江东兼寄柳中庸》《宿瓜州寄柳中庸》《江上别柳中庸》《江上逢柳中庸》《溪行逢雨与柳中庸》诸诗记其事。赵璘《因话录》卷三"商部"又记其与陆羽行谊，有"太子陆文学鸿渐名羽……与余外祖户曹府君（原注：外族柳氏，外祖洪府户曹，讳澹，字中庸，别有传）交契深至。外祖有笺事状，陆君所撰"云。陆羽曾移居柳氏故里洪州，见权德舆《萧侍御喜陆太祝自信州移居洪州玉芝观诗序》。其撰述柳氏事状，当在同时，即建中、贞元诏拜太子文学，徙太常寺太祝之后。柳、陆交游，宜始于来游吴兴之日。

尘外（七五一——八〇一），韦渠牟之法名。颜真卿夫人韦氏之从弟，即房州刺史韦景骏之孙，太子中舍人韦迪之侄，南陵令韦冰之子，京兆杜陵人。官至太常卿。详见上谱。《韦渠牟墓志》云"大历末，丁著作府君忧，倚庐于壤树之侧"。《太平广记》卷三八〇引《广异记》"韦冰宅住上元"，大历八年夏月卒。参《妙喜寺碑》不记其"往来登历"事，盖岘山联句后即离去服勤。据《墓志》其卒于贞元十七年，享年五十三，逆推是年二十四岁。服阕，还俗。贞元二年，入浙西观察使幕（观察使初为韩滉，翌年卒，改王纬）。八年入为四门博士。十二年奉诏参与三教论衡，为德宗所识而加宠，授秘书郎，改右补阙，拜左谏议大夫，不周年而三迁。其后历太府卿（十四年），官至太常卿（十六年），明年七月卒于任上。谥曰忠。权德舆有墓志铭称述之。《新唐书》《旧唐书》皆有传，见《旧唐书》卷一三五、《新唐书》卷一六七。撰有《庄子会释》、《老子释文》、《金刚经释文》、《李经疏》、《维摩经疏》、《三教会宗图》、《贞元新集开元后礼》（二十卷）。《新书·艺文志》记有《韦渠牟诗集》十卷。《墓志铭》记有《文集》若干卷。

颜颛、颜须、颜顼，黄本骥记为颜真卿族侄。颛、须，尚预大历九年三月《竹山连句》。

袁高（七二八—七八七），字公颐，中宗复辟功臣袁恕己之孙，沧州东光人。《新唐书》《旧唐书》皆有传，见《旧唐书》卷一五三、《新唐书》卷一二〇，有直名。柳宗元《先君石表阴先友记》称其偕柳淡兄弟为父友，有"贞直忠謇，举无与比"之誉。据碑记，其未预《韵海》事，盖是年初冬来湖，巡毕即回苏州府所。是时浙西观察处置使为苏州刺史李涵。所谓观察判官、殿中侍御史，乃李涵之属官。殿中侍御史或为检校。湖州行踪，可见者有皎然《杼山上峰和颜使君真卿袁侍御五韵赋得印字仍期明日登开元寺楼之会》《奉同颜使君真卿袁侍御（高）骆驼桥玩月》及《夜宴咏灯联句》《拟五杂俎联句》等。其后迁主客、金部二员外郎，改右司郎中，转御史中丞，除京畿观察使（建中二年），俄坐事出贬韶州长史，寻为湖州刺史，拜给事中，据《旧传》"贞元二年……高上疏论之……疏奏，从之。寻卒于官，年六十，中外叹惜"云，大历八年，盖四十六岁。

法海，唐僧有二。一、《六祖坛经》集记者，其"序品"："惠能大师于大疏寺讲堂中，升高座……韶州刺史韦璩及诸官僚三十余人，儒士三十余人，同请大师兄说摩诃般若波罗蜜法，刺史遂令门人法海集记，流行后代。"惠能大师，"惠"通"慧"，即禅宗六祖慧能大师，见《高僧传》卷八《本传》"上元中……乃移住宝林寺。时刺史韦据（璩）命出大梵寺"云，时在高宗朝。又普济《五灯会元》记是法海为曲江人，立有《韶州法海禅师传》，全与此"金陵沙门"不合。二、皎然友，其《报应传序》"右若沙门法海，字文允，俗姓张氏，朱方人也"。又《高僧传》卷六《唐吴兴法海传》："释法海，字文允，姓张氏，丹阳人。"朱方、丹阳，并隶金陵。颜真卿所记"金陵沙门"者，当即其人。《法海传》："释法海……少出家于鹤林寺。……天宝中，预扬州法慎律师讲肆，同昙一、灵一等推为颜、冉焉。"李华《润州鹤林寺故径山（玄素）大师碑铭》亦记："门人法励、法海，亲奉微言，感延霜露，缮崇龛座，开构轩楹。时唯海公，求报师训，庐孔氏之墓，起净明之塔。"金陵法海当出禅宗玄素大师之门，乃"东土五祖"第五祖道信禅师七代传人。参《报应传序》："右若沙门法海……圆入一性，学阶空王，擅当代独悟之名，剖先贤不决之义，一时学外儒释，该通六书，究其源流，三易穷于变化。

尝谓予曰：'佛法一门，独开心地，皆推（椎）轮也。'……公乃救将弛之教，哀弱丧之子，其报应昭验，见闻可凭者，因采而记之，编为三卷。"不独精于佛理，且擅长撰写，颜真卿邀其裨赞《韵海》修定之事，盖得其人。《颜鲁公行状》记有"清河寺僧智海兼善小篆书"者，智海，无考，或出法海之讹。若是法海，盖郡中高僧，亦一善书者。

褚冲，《嘉泰吴兴志》卷十六"贤贵事实"："褚冲，吴兴长城人。学通《礼》《易》，乡贡明经，授奉化簿。辞官归耕，观察使李栖筠表授国子助教，赐绯。清河房惎、天水阎伯筠（均）并师之。"按李栖筠为浙江都团练观察使，《旧纪》记在大历三年"二月己卯"。参《新唐书》卷一四六《本传》："会平卢行军司马许杲恃功，擅留上元，有窥江、吴意……即拜栖筠浙西都团练观察使图之。……杲惧，悉众渡江，掠楚、泗而溃。以功进兼御史大夫。则又增学庐，表宿儒河南褚冲、吴何员等，超拜学官为之师，身执经问义，远迩趋慕，至徒数百人。"许杲之溃，《资治通鉴》卷二二四系在大历三年十二月。李栖筠增设学庐，表荐宿儒诏拜学官者，时在大历初年。褚冲时称宿儒，盖已年老。其署河南，盖其郡望。黄本骥《颜鲁公湖州宾客考》记"字士和"，不知何据？士和乃阎伯均之名，盖误。

汤衡，皎然有《苕溪草堂自大历三年夏新营洎秋及春弥觉境胜因纪其事简潘丞述汤评事衡四十三韵》，大历四年春，汤衡已带评事衔。以其所称"汤子自天德，精诣功不僻"者，盖亦精于佛理。参孟郊《悼吴兴汤衡评事》"君生雪水清，君没雪水浑"云，盖湖州本籍人士。其与皎然交游，可见者尚有《讲德联句》《讲古文联句》《项王古祠联句》《还丹可成诗联句》《与潘述集汤衡宅怀李司直纵联句》《秋日潘述自长城至霅上与昼公汤评事游集累日时司直李公瑕往苏州有阻良会因与二公联句以寄之》诸篇，大都出自大历初年与湖州名士联句。预唱者多见长城丞潘述，而皎然又每每汤、潘并提，两人行谊泂然可知。

柳察，皎然有《送柳察谏议叔》诗云："东城南陌强经过，怨别无心亦放歌。明日院公应问我，闲云长在石门多。"《韵海》修毕，时在大历九年春日，是诗出自送行，必在辞归之时。《妙喜寺碑》记其清河丞、太祝。太祝，乃时职，而清河丞为前官，谏议盖出新迁。皎然以叔相称，年辈必大。

潘述，排行十五，本州人。参皎然《酬李司直纵诸公冬日游妙喜寺题照昱二上人房寄长城潘丞述》及上引《秋日游集》《苕溪草堂》诗,其大历四年已见任长城丞。参《苕溪草堂》诗"潘生入空门,祖师传秘颐"句下注"潘生曾受曹溪禅门",及《春日又送潘述之扬州》"禅室阻清盼"句下注"潘生曾受禅印"云,盖出禅宗六祖慧能门下。其大历初年在京应试宏词科,与李端、卢纶有过从。参李端《送潘述宏词下第归江外(东)》"弈棋知胜偶,射策请焚舟",及卢纶《送潘述应宏词下第归江南》"江楼覆棋好,谁引仲宣过"云,知其又善弈。其预皎然联句,多见汤衡,《苕溪草堂》又潘、汤并称,两人过从盖非一般。《放生池碑阴记》长城丞不见其名,盖是时已秩满离任。颜真卿有《水堂送诸文士戏赠潘丞联句》诗,预唱者潘述、权器、皎然、李萼,其中有云"帘开北陆风"。按《左传》昭公四年疏云:"日在北陆,为夏之十二月也。"联句盖作于《韵海》修毕,即大历九年十二月间。其后不见潘氏湖州行迹,参联句潘述诗"文场苦叩窃,钓渚甘漂泊。弱质幸见容,菲才诚重诺"云,是时或即将离湖他任。

萧存(七三九—八〇〇),字成性,一作伯诚,萧颖士之子,颖州汝阴人。符载《尚书比部郎中萧府君墓志铭》:"君讳存,字成性。……大历初与昌黎韩愈、天水赵赞、博陵崔造,素友善齐名。李大夫栖筠领浙西……奏授苏州常熟县主簿。颜太师真卿典吴兴,纂文编韵,延纳以修术之任。……春秋六十二,(贞元)十五年冬十月五日遘疾。十六年冬十月五日,卒于浔阳溢城之私第。"李栖筠领浙西道观察使,为李涵前任,时在大历三年二月至六年七月,见《旧纪》。其任常熟主簿,必在其时。参皎然《同颜使君清明日游因送萧主簿》诗,萧主簿即萧存,其离湖时在《韵海》修毕,即大历九年清明佳节。以其享年六十二岁计,在湖日为三十四五岁。颜真卿与萧颖士为开天八士之交,甚见友善,详见上谱。颜真卿盖其父执。志又记:"今相国齐公抗、河南尹张式、给事中许孟容、郑鄂州正则、兵部杨郎中凭、凭弟吏部郎中凝、卢补阙景亮、陆殿中澧,投分许与,期于莫逆。"其交流如是皆巨卿高士,诚然不愧为名门之后嗣。

杨遂初,皎然有《五言送杨遂初赴选》诗:"秋风吹别袂,客思在长安。若得临觞醉,何须减瑟弹。秉心凌竹柏,仗信越波澜。春会文昌府,思君每北看。"盖作于《韵海》修毕即大历九年秋日,时正待赴京参铨。

汤涉,《颜鲁公行状》称"吴士汤涉",与南阳不同,南阳盖出郡望。

颜察，颜真卿《靖居寺题名》有"子侄蔡"；《颜鲁公行状》江东文士有颜祭，察、蔡、祭字形相近，盖为一人，传写讹异。

杨遂初、汤涉、颜察，并称后进，盖为无仕晚辈。不见预唱岘山，或大历八年季夏遂至湖州。颜察、颜策，似为颜真卿同姓子侄辈。

殷佐明，正字，为颜真卿内弟殷嘉绍再从弟。《元和姓纂》卷四称其陈郡长平人，官至仓部郎中。李白有《酬殷发明见赠五云裘歌》诗称"谢朓已没青山空，后来继之有殷公"。其"谢朓"句下有注"谢朓宅，在当涂青山下"云，盖撰于宝应元年客留当涂之时。颜真卿有《拟五杂俎联句》，预唱者李萼、殷佐明、袁高、陆士修、蒋志。盖预修《韵海》未毕，而以事离去者，时在大历八年季冬袁高巡郡之后。

卢锷，括州录事参军。

韦宁，江宁丞。按《新唐书》韦氏彭城公房记有韦宁，绛州司兵参军，为彭城敬公澄之曾孙，魏王府长史庆植之孙，左千牛琰之子。按颜真卿夫人韦氏出自郿城庄公之后，为魏安城侯胄之十二代孙，与宁同辈。是韦宁当即其人。绛州司兵，从七品下，略高于县丞，盖为其终官。

朱弁，寿州仓曹。

周愿，《全唐文》卷六二○小传记："汝南人，元和中官兵部员外郎。"据白居易《周愿可衡州刺史尉迟锐可汉州刺史薛鲲可河中少尹三人同制》称："前复州刺史周愿……等，前以符竹分领三郡皆有善政，达于朝廷，举课考能，无愧是选。"其尚有复州、衡州之任。复州任上，曾作《牧守竟陵因游西塔著〈三感说〉》记陆羽事，有云："愿频岁与太子文学陆羽同佐公之幕，兄呼之。羽自传竟陵人，当时羽说竟陵风土之美，无出吾国。予今牧羽国，忆羽之言不诬矣。扶风公（马总）又悉于羽者也。代谓羽之出处，无宗祊之籍，始自赤子，洎乎冠岁，为竟陵苾刍之所生活。老奉其教，如声闻辟支，以尊乎竺乾圣人也。羽字鸿渐，百氏之典学，铺在手掌。天下贤士大夫，半与之游。以方口谔谔，坐能谐谑，世无奈何。文行如轲，所不至者，贵位而已矣。噫！我州之左，有覆釜之地，圆似顶状，中立塔庙，篁大如臂。碧笼遗影，盖鸿渐之本师像也。悲欤！似顶之地，楚篁绕塔，塔中之僧，羽事之僧。塔前之竹，羽种之竹，视天僧影泥破竹，枝筠老而羽亦终。

予作楚牧,因来顶中道场,白日无羽香火,遐叹零落,衣摇楚风,其感三也。"其情谊笃甚,而缘起于吴兴。颜真卿称其后进,是时当尚年轻,亦如杨遂初诸人并为未仕之后生。

颜暄、沈殷、李莆,无考。颜真卿并记为后进,亦当为晚辈,其中颜暄或如颜察、颜策并为颜真卿同宗子侄。

以上引正字殷佐明、括州录事参军卢锷、江宁丞韦宁、寿州仓曹朱弁及后进周愿、颜暄、沈殷、李莆诸人,不见有预岘山联唱,且并为"同修未毕各以事去"者,其预修《韵海》盖仅止大历八年,而始于季夏州学讨论之时。

裴郁(?—八〇〇),出自闻喜裴氏"中眷房",为裴安期之孙即济源令后已之子,与裴郾(左赞善大夫修已之子)为从兄弟,见《新表》。裴安期乃《颜真定碣》中所记姑夫宜芳令(长举县令);裴郾即《唐语林》所记颜真卿以侄女妻之者,裴郁盖颜真卿亲表侄。史记裴郁湖州以前事迹,仅乾元元年见任博士一事,见《新唐书》卷一九二《颜杲卿传》:"乾元初,赠杲卿太子太保,谥曰忠节,封其妻崔(氏)清河郡夫人。初,博士裴郁以杲卿不执政,但谥曰忠,议者不平,故以二惠谥焉。"《旧纪》记其卒于贞元十六年九月丙午(十一日),官至太常卿。起居郎,当为时职。在湖日未见预唱岘山,亦无其他行踪可见,年岁更未容确考之。

蒋志,湖州行踪仅见《拟五杂俎联句》,预唱者颜真卿、李萼、殷佐明、袁高、陆士修、蒋志,似作于大历八年初冬袁高巡郡之日。据碑记时为秘书郎。

沈怡,乃吴兴望族沈骘士十九代孙,曾任太庙斋郎,大御史中丞沈震一辈。沈震乃德宗生母广平王(代宗)妃沈氏之弟,曾以侍御史出任颜真卿平原郡防御使判官。参《授颜真卿太子太师告》"况太后崇徽,外家联属"云,太后即沈震之姐、德宗生母太子妃沈氏,因亡于安史之乱,建中元年追赠皇太后。"外家联属"者,颜真卿当为其姻亲。颜氏自晋西平靖侯含始,侨居上元凡七叶,其"江南婚姻之旧"或即缔结于其时。惟其谱牒未详,难以确考始于何人。颜、沈姻好,可见者有沈盈其人,附见《旧唐书》卷一九二《颜杲卿传》,记为颜杲卿外甥。(《颜杲卿碑》作"从父甥";《颜勤礼碑》作"外曾孙"。)沈盈之母乃颜真卿同祖姐妹,其父之郡望或即为吴兴,与沈震同族。沈怡与颜真卿亦当有姻亲之谊。

杨昱,即杨顼,又作杨真、杨琐,《新唐书》《旧唐书》皆无传。《旧纪》:建中三年七月，"以兵部郎中杨真为御史中丞、京畿观察使"，盖其湖州前任。以《颜鲁公行状》"旧府之恩"云，盖颜真卿湖州旧僚。时颜真卿甫至郡，以"游客前大理司直杨昱为判官"，盖湖州判官。详见上谱。其后出任湖州刺史，刊石立陆长源《颜鲁公去思颂》于州门外以志颂之。《旧唐书》卷一九〇《王仲舒传》："凡与结交，必知名之士，与杨顼、梁肃、裴枢为忘形之契。"交游如是，其偕王仲舒、梁肃、裴枢盖并以文学名世者。

卢晕、元自励、徐自然、刘抗，湖州防御团练副使、别驾。卢晕，《新表》"卢氏北祖大房"封丘令卢雅有子名晕者，参其弟大理主簿炅，有孙钧，元和四年进士登科，见《旧唐书》卷一二七《卢钧传》，年代与卢晕相近，或即其人，为范阳人。

郑滔、王叔卿、徐旻，湖州长史。郑滔，《新表》"郑氏北祖第二房"益都丞郑淳有弟名滔者，不知是否即其人。

张彦弼、黄持志、姚执玉，一作执珪，湖州司马。

路惟衡、曹友谌、康造，湖州录事参军。路惟衡，《元和姓纂》卷八"平阳路氏"记河南功曹钧有子惟衡，"兼殿中御史"。参其从兄路寰，贞元十一年以楚州刺史为洪州刺史、江西观察使（见《旧纪》），年代相近，或即其人。若是，盖平阳人，殿中御史乃其终官。曹友谌又见任安吉令。康造，以录事参军摄安吉县丞，颜真卿《乞御书题额恩敕批答碑阴记》同。皎然《桃花石枕歌送安吉康丞》有称"士遐"，当系其字。后有推官之任，详见下谱。

李瑗，摄湖州司功。

刘中，湖州司兵。

郑寅，湖州参军。

杜无惑，湖州司仓。

谈佚、王湜、姚观，湖州司法。

武叔、韦淮、张庭琇、王应，司户。

元沛、王铦，湖州司田。

郭晰、李群、刘德敏，湖州司士。

李萼，同团练副使、前殿中侍御史，见上谱。

176

李晤，乌程令。李绅《墨诏持经大德神异碑铭》："大历癸丑岁（八年），文忠公颜真卿领郡，余先人主邑乌程，余生未期岁。"参杨夔《乌程县新修廨宇记》"大历中县令李晤，则故相国李绅之先也。相国诞于县署"云，李晤乃李绅之父。皎然《乌程李明府水堂观玄真子置酒张乐丛笔乱挥画武城赞》之"乌程李明府"，即李晤。《旧唐书》卷一七三《李绅传》记："李绅字公垂，润州无锡人。本山东著姓。高祖敬玄，则天朝中书令，封赵国文宪公，自有传。祖守一，成都郫县令。父晤，历金坛、乌程、晋陵三县令，因家无锡。"自可知其家世矣。

李佶、徐彦云、李抱虚，乌程县丞。

李翼，乌程县主簿。《新表》"赵郡李氏东祖"房，仓部员外郎李昂有子名翼，参辛文房《唐才子传》卷一"昂，开元二年王丘下状元及第。天宝间仕为礼部侍郎，知贡举，奖拔寒素甚多"云，年代相近，或即其人。

顾察、薛希镐、吕遥、杨使，乌程县尉。吕遥，《元和姓纂》卷六"诸郡吕氏"房记京兆吕氏有名遥者，京兆仓曹栎阳令回之子，太子家令崇训之孙，高力士夫人吕氏之侄孙，年代相近，或即其人。

朱自勉，长城县令。李调元《全五代诗》卷七三载李翰《朱都知嘉禾屯田纪绩诗》作者名下注："朱自勉，广德中为嘉禾屯田都知。悉修水利畎亩之政，民始殷富。"《吴兴备志》卷七引《浙江通志》："大历间为长兴令，士民颂之，一如嘉禾。"李翰《苏州嘉兴屯田纪绩颂并序》亦记："浙西观察都团练使、御史中丞、兼吴郡宋赞皇公……浙西有三屯，嘉禾为大，乃以大理评事朱自勉主之……朝嘉厥惠，授廷尉评。"盖一循吏。按赞皇公即李栖筠，大历三年至七年为浙西观察使，朱自勉职称大理评事，盖其幕僚。廷尉评，乃其县令前任。

徐明权、施惠整、颜慆，长城县丞。

张遐，长城县主簿。

杜勉、陈巢之〔一作宗（崇）之〕、贾嵘、杨溪、赵琪，长城县尉。

杨宥、曹友谌，安吉县令。

杨齐光、康造，摄安吉县丞。

卢胜，安吉县主簿。

杜轸、程希俊、马伯珍、卢弼、李湮、包审，安吉县尉。

李汉（一作汊）、**张士若**，武康县令。

时尚素、**郑若水**，武康县丞。

孙必（一作沁）、**叶迅**，武康县主簿。

陈演、**长孙瑀**、**杜重英**、**吕液**，武康县尉。

范铦（一作锯），德清县令。

陆造、**钱箕**，德清县丞。

孙演、**李光之**，德清县尉。李光之，李翼同房少府监李察有子名光之者，不知是否同一人。

吕渭（七三五—八〇〇），字君载。河中人。苏州刺史浙西观察使李涵幕僚，衔带大理评事。《新唐书》《旧唐书》皆有传，见《旧唐书》卷一三七、《新唐书》卷一六〇。《旧传》有记："渭举进士，累授婺州永康令、大理评事，浙西观察使李涵辟为支使。"参吕温《唐故通议大夫使持节都督潭州诸军事守潭州刺史兼御史中丞充湖南都团练观察处置等使赐紫金鱼袋赠陕州大都督东平吕府君（渭）墓志铭》"御史大夫李公涵领浙江西道，表授公大理评事，充观察支使"云，碑记为评事，吕渭是时盖以大理评事充浙西道观察支使，为李涵僚佐。大历初年在越州，见严维《中元日鲍端公宅遇吴天师联句》及《寻法华寺西溪联句》《云门寺小溪茶宴怀院中诸公》《自云门还泛若耶入镜湖寄院中诸公》《柏梁体状云门山物并序》《花严寺松潭》《登法华寺最高顶忆院中诸公》诸联句。《高僧传》卷十七《唐越州焦山大历寺神邕传》有称神邕"旋居故乡法华寺……兵曹吕渭……赋诗往复"云，其当任职越州法曹参军。皎然《妙喜寺达公院赋得夜磬送吕评事》："一磬空山至，凝心转清越。细和虚籁尽，疏绕悬泉发。在夜吟更长，停空韵难绝。幽僧悟深定，归客忘远别。寂历无性中，真声何起灭。"其离湖盖在冬日。"往来登历"仅止大历八年。《旧传》记其"贞元十六年卒，年六十六"。是时年三十八。后入朝为殿中侍御史（十一年），贬歙州司马（十四年），至德宗朝贞元二年起为舒州刺史，后历吏部员外郎、驾部郎中、中书舍人、太子右庶子、礼部侍郎，官至湖南观察使、潭州刺史。卒于任上，赠陕州大都督。

沈益，大理评事。戴伟华《唐方镇文职僚佐考》以为"参《妙喜碑铭》，和吕渭并列，疑为（李）栖筠（涵）幕僚"，近是。《颜鲁公文集》卷十一、《杼山集》

十有《滑语联句》,预唱者真卿、昼、全白、萼、益。《全唐诗》卷九八八收是诗,益作李益。黄本骥《湖州宾客考》:"又《滑语联句》有李益。案李君虞,贞元末始以诗名,于是不应大历初即与鲁公诗会,当即房益或沈益之伪。"按房益,见《竹山连句》,署作"詹事司直河南房益",洵与碑所记评事沈益并非一人。参预唱者有全白,即大历八年初冬袁高巡郡前已离去者刘全白。其所谓益者,当即沈益无疑。其"往来登历",仅见于《妙喜寺碑》,盖与刘全白并为过境文士。《书史会要》卷五记有沈益,称"草书体格亦老,但无变化耳"。亦当为一善书者。

沈仲昌,大理评事,《唐方镇文职僚佐考》疑为李栖筠(涵)幕僚。计有功《唐诗纪事》卷四七:"登天宝九载进士第。"参萧颖士《送刘方平沈仲昌秀才同观所试杂文》"山东茂异,有河南刘方平、临汝沈仲昌"云,其当为临汝(今河南临汝)人。大历初年,在越州预唱《秋日宴严长史宅》《严氏园林》。湖州行踪,不见岘山联唱,亦未预杼山盛事,"往来登历"者,盖出自越而来客次吴兴匆匆而已。是时为大理评事。《吴兴志》卷十八记有《乌程令韦公德政碑》,至德二载,沈务本撰,沈仲昌书。亦当一善书者。

陆向,《新表》记为武后时宰相陆元方弟杭州刺史陆彦恭之子,官至漳州刺史。盖苏州吴县人。

沈祖山,《唐诗纪事》卷十三有沈祖仙《秋闺诗》,《全唐诗》卷七七四移录,名下注:"一作山。"盖一有诗名者。

周阆,无考。其与陆向、沈祖山并称摄御史,而湖州行踪,一无可见。其"往来登历"亦当属于客游杼山偶见周旋者。

邱悌,吴兴本籍人,顾况之岳丈,见皎然《送顾处士歌》题下自注"即吴兴丘司仪之女婿即况也"。按《唐才子传》卷三记顾况"至德二载,天子幸蜀,江东侍郎李希言下进士"。是诗有处士之谓,当作于进士之前,而邱悌已见任司仪。司仪,东宫属官,任职京都,参《丛编》卷十四引《复斋碑录》:"《唐修建功德铭》,唐湖州刺史萧公创建佛室,造三世佛及诸功德等铭。武康令韩章撰,前衢州龙游县尉徐浩书,邱悌篆额。大历六年立。"其大历六年已不见职衔。碑记司仪,且在湖州,必系旧职。《丛编》十九又引《复斋碑录》:"《唐东山怀一律师碑》,唐皇甫政撰,褚长文正书,邱悌篆额。贞元八年四月十五日立。"两石相参,其贞元八年尚健在，且以篆书名世。

沈咸，临川令。临川隶抚州，盖颜真卿抚州属官。

张著，字处晦，张荐之兄。陈振孙《直斋书录解题》卷五："《翰林盛事》一卷，唐剡县尉张著处晦撰。"参大历初年预《秋日宴严长史宅》，来湖之前任有剡县尉之职。右卫兵曹，盖大历八年时职。

张暮、张芳，无考。碑记暮为荐兄，芳为其弟，名在荐后。张氏四兄弟除著外，一无职守，盖代宗大历九年尚未入仕。

韦柏尼，颜真卿《东林寺题名》《西林寺题名》并见其人，作"桓尼"。《元和姓纂》卷二"京兆韦氏"："迪，户部员外（郎）生宅相、夏有（有夏）、启强、婴齐、柏尼。""桓尼"，盖"柏尼"之讹。其为颜真卿妻弟。参大历元年江州题名不见署衔，碑记兴平丞者，盖为时职。

房夔，《竹山连句》署为河南人。皎然有《寄崔万芳夏（房夔）》诗："气杀高隼击，惜芳步寒林。风摇苍琅根，霜剪菝莲心。归思忽眇眇，佳期亦沉沉。我身岂遐远，如隔湘汉深。事迹智莫及，顾乖情不任。迟君忘言侣，一笑开吾襟。"按《竹山连句》时在大历九年三月，其偕崔万离湖，必在是年冬季皎然作诗寄赠之前。

崔密，无考。

崔万，见上引皎然《寄崔万房夔》，其与房夔，大历九年冬日已离湖，参《月夜啜茶联句》，预唱者陆士修、张荐、李萼、颜真卿、崔万、皎然，大历八年初冬，盖已在湖州。湖州行踪，尚可见者还有《道观中和潘丞观青溪图联句》，酬唱者皎然、崔万和潘述。

窦叔蒙，处士。《集古录跋尾》卷七收其《海涛志》，谓"其书六篇，一曰《海涛志》，二曰《涛历》，三曰《涛日时》，四曰《涛期》，五曰《朔望体象》，六曰《春秋仲月涨涛解》"。《全唐文》收其第一篇，题作《海涛论》。《直斋书录解题》卷八著录，作一卷。

裴继，无考。

颜超，碑记侄男，当为颜真卿从子，惟其出自何兄，无可确考。

颜颃、颜顾，碑记愚子，必为颜真卿之子，颃、硕二人，其乃初名。《湖州宾客考》以为顾即"公长子，《家庙碑》作颛"；顾"公次子，《家庙碑》作硕"者，盖是。惟长子、次子之谓，显然遗颜颇而不顾矣！

房夔、崔密、崔万、窦叔蒙、裴继以及从子颜超、两子颜颛、颜顾兄弟，碑记并称后进，其"往来登历"共预杼山盛事，时当未仕，属于年少。

裴修，绛州闻喜人，礼部尚书裴宽之侄，河内郡太守裴恂（珣）之子。《玄真子碑》记为校书郎。联句署作前梁县尉。梁县，上县，县尉（从九品上）低于校书郎（正九品上），且已开去，校书郎乃其后迁。其郡望与柳淡并出河东，若同族，亦当为蒲州虞乡人。

康造，会稽人。见署推官。参皎然《桃花石枕歌送安吉康丞》诗序"安吉，古桃州也。今为吴兴右扈，士遐副焉"云，其字当为"士遐"。《放生池碑阴记》记"录事参军""摄安吉丞"，盖以州官兼理县务。唐制推官隶节度使，为本州人士充任，其当为浙东节度使佐官。浙东节度使治所在越州，颜氏所称职衔，当系旧职。湖州交游可见者，有皎然、李萼、崔子向诸人，见《遥和康录事（造）李侍御萼小寒食夜重集康氏园林》、《康录事宅送僧联句》（崔子向预唱）、《夜过（遇）康录事造会兄弟》、《康造录事宅送太祝侄之虔吉访兄弟》诸诗。

汤清河，岑仲勉考谓即汤衡，详见《金石论丛》四《续贞石证史·伪竹山联句厚诬颜真卿》。

颜桀，黄本骥诗后按作颜真卿族人，盖是。

李观，黄本骥诗后按："李观，字元宾，赵郡赞皇人。洛阳丞，迁太子校书郎。"《伪竹山联句厚诬颜真卿》以为"按本既为伪造，则李观姓名犹在存疑之列；就令不误，其时犹八九岁耳，必非元宾其人，若强求以实之，或得为御史李观"云，其说甚是。参其《唐集质疑》"中唐四李观"（收入《唐人行第录》）所记御史李观，即李华从子，永泰二年四月游吴中，见李华《送观往吴中序》，后官至监察御史。李华乃颜真卿友朋，史有"殷、颜、柳、陆、李、萧、邵、赵"，以称其交。颜真卿与其亦当有父执之谊。所记洛阳丞，盖时职。

房益，预《竹山联句》。黄本骥记其"江南人詹事司直"盖出石本，以其所署"詹事司直河南房益"而言，詹事、司直，并隶于东宫，然非一职，而联署者，或出自太子詹事府司直之简谓。河南，盖其郡望，与房夔同房。

玄真子，即张志和，《玄真子碑》志其事："玄真子，姓张氏，本名龟龄，东阳金华人。……年十六游太学，以明经擢第。献策肃宗，深蒙赏重，令翰林待诏，授左金吾卫录事参军，仍改名志和，字子同。寻复贬南浦尉。经量移，不愿之任，得还本贯。既而亲丧，无复宦情，遂扁舟垂纶，逐三江，泛五湖，自谓烟波钓徒。著十二卷，凡三万言，号玄真子，遂以称焉。……兄浦阳尉鹤龄，亦有文学，恐玄真浪迹不还，乃于会稽东郭买地，结茅斋以居之，闭竹门十年不出。……浙江东观察使、御史大夫陈公少游闻而谒之，坐必终日……性好画山水，皆因酒酣乘兴，击鼓吹笛，或闭目，或背面，舞笔飞墨，应节而成。大历九年秋八月讯真卿于湖州，前御史李萼以缣帐请焉。"按陈少游任浙江东道观察使，始于大历五年，见《旧纪》。是时，张志和居会稽已有年矣！大历九年秋八月来湖，当从会稽而至。陆羽曾客越州，见皇甫冉《送陆鸿渐赴越》诗序，与玄真子盖为旧友。湖州行踪，沈汾《续仙传》记有《渔父词》五首，以其所吟"桃花流水"云，必撰于十年春，而水戏仙去，则更当其后，意在同年寒食湖州水嬉之节。皎然又有《奉和颜真卿落元真子舴艋舟歌》，或可补见其操行。志和善书画，《历代名画记》有称"书迹狂逸，自为渔歌，便画之，甚有逸思"。湖州所作《洞庭三山》《武城赞》，皎然并有诗颂述之。

徐士衡、李成巨，唱和之词并佚，事迹仅见于是，亦当偕张志和同时为颜真卿门客者。

萧昕，即萧常侍（六九九—七九一），字中明，河南人。《新唐书》《旧唐书》皆有传，见《旧唐书》卷一四六、《新唐书》卷一五九。大历初年至十二年间任左散骑常侍，见《旧传》："大历初，持节吊回鹘。……加礼以归，为常侍。十二年，朱泚之乱……亡窜山谷间。"参皎然《陪颜使君饯宣谕萧常侍》"江涛凋瘵后，远使发天都"句，其来使湖州，当在江南水灾之后。以《旧纪》大历十年七月，"杭州大风，海水翻潮，溺州民五千家，船千艘"及上引《旧唐书》湖州亦然之记，颜真卿饯别宣谕，必在十年秋日。《旧传》有记其"（贞元）七年，卒于家，年九十"（《新传》作九十三）。时年七十三（六）岁。

黄本骥于诗题下按："萧常侍，颖士也。"萧颖士卒于乾元初年，见李华《祭萧颖士文》"维乾元初三年二月十日，孤子赵郡李华以清酌之奠，祭于亡友故扬州功曹兰陵萧公之灵"云，时代远隔，是注诚误。

欧阳琟（六九七—七六一），字子琟，长沙人，郡望渤海，欧阳询之后裔，初仕安西大都护府参军，充汤嘉惠节度推勾官，后官至游击将军、左领军卫大将军，兼商州刺史。夫人徐氏（七一二—七六七），大历七年十月二十四日合祔。《商州刺史欧阳琟碑》称"崙不远千里，泣而求蒙，敢述无愧之词，或扬不朽之烈"云，盖出欧阳崙之请托而本之于家牒。

《集古录跋尾》记"铭阙其末数句，不补"。其治平元年所得石本已残损，殆有逊于宋次道所见之遗文。

欧阳嵩、崙、峰，事迹仅见于《商州刺史欧阳琟碑》，其蒙求父之碑文，当有湖州之行。颜真卿为之撰并正书之，洵有交情，俟考。

按是碑记欧阳世系："使君讳琟，字子琟，渤海人。其先出自帝颛顼高阳氏，汉有欧阳伯和，伯和孙高，高孙地余，并列儒林。晋有坚石，著名文苑，贤达继轨，其来邈乎。六代祖宗僧宝始自渤海徙居长沙；五代祖颀，陈山阳郡公；高祖纥，陈开府仪同三司、左屯卫大将军，交、广等十九州诸军事、广州刺史，袭山阳郡公，功业并著于前史。曾伯祖询，皇朝银青光禄大夫、给事中，率更（令）、崇贤馆学士，以词学德行见重前朝，笔法孤标，垂名不朽。曾祖允，年十七以名门子入侍，见赏于太宗，十八加正议大夫、鲁王傅，奉使和突厥，不拜虏廷，朝廷嘉之。回，封南海郡公，施、光二州刺史；祖谌，洛州巩县令；父机，汉州什邡令，以休懿传世，著闻于家邦。使君即什邡之第四子。"

其世系，欧阳修于《集古录跋尾》卷七示谬有四："颜公书穆公封山阳郡公，吕学士云，陈无山阳郡。山阳，今楚州是也。当梁陈时，自为南兖州，而以连州为山阳郡，然则《陈书》及《旧谱》，皆云穆公封阳山公为是，而颜公所失者一也；《旧谱》皆云坚石子质，南奔长沙。颜公云，自景达（僧宝）始南迁，其所失者二也；欧阳生以前汉以来，诸史皆云字和伯，而颜公独云字伯和，二字义虽不异，然当从众。又颜氏独异，初无所据，盖其谬尔。其所失者三也。《元和姓纂》及《谌铭》（《欧阳谌墓志铭》），皆云胤（允），约之子，而颜公独以为纥子，其所失者四也。"是疑，甚是。又，欧阳高，《汉书》卷八八记为欧阳生曾孙，《姓纂》同，而颜真卿误以为伯和（和伯）孙。按是碑出自琟子崙之请托。崙乃颀六代孙，年代远隔，且安史之乱后，中唐士族新纂谱系多出疏舛，颜真卿本之家乘，谅有失矣！

崔祐甫（七二一—七八〇），字贻孙，博陵安平人，官至德宗相，赠太傅，谥文贞。《新唐书》《旧唐书》皆有传，见《旧唐书》卷一一九、《新唐书》卷一四三。《旧传》有赞曰："崔祐甫除吏八百，人无闲言。开物成务之才，灭私徇公之道可知也。"建中元年六月一日卒，享年六十，邵说为之撰墓志铭，徐珙隶书，李阳冰篆盖。代宗大历十一年五十六岁，乃其台省旧雨。颜真卿为其父崔沔撰写陋室铭，盖出其请托，而在湖州任上。

杨凭，字虚受，一字嗣仁，虢州弘农人，少孤，侨居于吴。安史之乱后移居苏州。大历九年，进士科状元，后官至京兆尹，《新唐书》《旧唐书》皆有传，见《旧唐书》卷一四六、《新唐书》卷一六〇。参《旧传》"举进士，累佐使府。征为监察御史，不乐检束，遂求免"。是时当登科未久，职在使府。

杨凝（？—八〇三），字懋功，杨凭弟，后为柳宗元岳丈。权德舆《兵部郎中杨君集序》称："君讳凝，字懋功。……早岁违难于江湖间，与伯氏嗣仁、叔氏恭履修天爵，振儒行，东吴贤士大夫号为三杨。"《登科记考》记其为大历十三年潘炎榜，进士科状元。是时尚属白身。杨氏兄弟后以文名天下，柳宗元有"天下号为文章家"（《与杨京兆凭书》）之称。又谓"东薄海、岱，南极衡、巫，文学者皆知诵其词，而以为模准"（《唐故兵部郎中杨君墓碣》）云。

杨氏兄弟在湖曾预唱《水亭咏风》《溪馆听蝉》联句。其弟杨凌，大历十一年进士，初仕协律郎，或亦有湖州之游。

耿沣，蒲州人，客居洛阳，为大历十才子之一。宝应二年进士，见《极玄集》。初仕周至县尉，后入朝任左拾遗。参梁肃《送耿拾遗归朝廷序》与卢纶《送耿拾遗沣充括图书使往江淮》诗，是时正以左拾遗充任括图书使求访遗书于吴兴。湖州行踪，可见者尚有《送耿沣拾遗联句》，预唱者颜真卿、耿沣。《连句多暇赠陆三山人》，预唱者耿沣、陆羽。

乔，失姓。黄本骥疑为"鲁公第三兄乔卿为富平尉者"。按《允臧碑》有"君讳允臧，字季宁……大历三年冬十一月五日乙亥，奄忽感暴疾终于私第，春秋五十九。其兄真卿闻丧哀摧，甚去手足。……真卿衅深祜薄，门祚衰陵，同生之人，零落皆尽，唯形与影，相视不足，岂图不造，永诀于斯"云，参赵明诚《金石录目》第一四二八"《唐富平尉颜乔卿墓碣》，弟真卿撰并正书，大历四年四月"。乔卿墓碣立石同于其弟允臧，并在大历四年夏四月（颜幼舆亦归葬于同时），盖先谢世。黄本骥之疑，殆无因由。

陆涓，《新表》系在陆氏太尉枝下，为武后相陆元方之孙，工部尚书陆景融之子，官至阳翟令，为陆向从侄，并为苏州吴县人。颜真卿大历二年十月壬寅《靖居寺题名》题衔"同官主簿"，至六年二月卢纶《华岳题名》改称"前同官主属"，是时盖已开去。其与卢纶友善，为颜真卿之旧友。

伯成，失姓。按颜真卿有姻亲柳登，即表侄婿柳冕之兄，字成伯，《唐语林》卷六记其有挽鲁公"杀身终不恨，归丧遂如生"词。或即其人，"伯成"，乃其"成伯"之讹。

辛晁，儒者。湖州行踪，仅见于《送辛子序》。序中所记郓州使君即颜游秦，秘书监府君即颜师古，叔侄并为《汉书》学者，辛晁为其合编之《汉略》作序，亦堪可称大儒矣，洵"锐业班汉"之不虚也。"群子赋诗"饯行者，必当有皎然、陆羽诸人在。其与颜氏之友情，盖不仅止于颜真卿一身。

李清，吴兴乌程县令，《唐诗纪事》卷二四记其天宝十二载进士登第，盖与皇甫曾、刘太冲及鲍防同年，并出杨浚榜下。大历初年在越州，偕吕渭及鲍防诸人预唱《柏梁体状云门山物》。颜真卿记其"弦歌二岁"者，又言"县称紧，旧矣，今诏升为望，清当代受"。乌程县升望，《唐会要》卷七〇"新升望县"条下记在大历十二年二月二十一日。李清出任乌程县令，盖始于十年。十二年四月代受，赴京，皎然有诗送行。生平事迹未详，惟见是记"清，皇家子，名公之胤……两参隽义之列，再移仙尉之任，毗赞于蜀邑，子男于吴兴，多为廉使、盛府所辟荐"云。至于政绩，尤见赞许，有称："弦歌二岁而流庸复者六百余室，废田垦者三百顷，浮客臻凑迨乎二千，种桑畜养盈于数万，官路有刻石之堠，吏厨有餐饯之资，敦本经久，率皆如是。……夫知邑莫若州，知宰莫若守，知而不言，无乃过乎？"按皎然诗题《送乌程李明府得陟状赴京》，又有云："士林推玉振，公府荐冰清。为政移风久，承恩就日行。"参是记"真卿……启于十连优诏以旌清之美也"云，李清之移官，盖升迁，出自颜真卿之启旌也。

是记不见有石刻存世，金石经籍亦不见著录。《嘉泰吴兴志》有记嘉祐中张田移颜真卿所书《干禄字书》《放生池碑》《项王碑述》和《射堂记》于忠烈庙而不见有是记，盖早佚于嘉祐之前而或在晚唐年间。《书史会要》卷五记有"李清，喜真行书，吕总谓清书变化自逸，代有斯人"。若同一人，亦当以书名世者。

李阳冰，字少温，京兆云阳人，官至秘书少监，为有唐一代篆书名家，有"有唐字宝"之誉，生平事迹详见《李阳冰散考》。李、颜合作碑版，始见《朝议大夫徐秀神道碑》。

王圆，皎然《苏州支硎山报恩寺法华院故大和尚碑》："大历元祀，州将（牧）韦公元甫、兵部尚书刘公晏、侍御史王公圆……境诱真心，共获殊胜，乃相与飞表奏闻。"大历元年，其见任殿中侍御史。参张保和《新移抚州子城记》"宝应中，太守王公圆以其势卑于邮里，疑悍民而沮长，因徙于西陲"。又《有唐永宁县尉博陵崔佚妻太原王氏墓志铭并序》："夫人讳嫕，万年县令太原王圆之女……高祖实，雅州刺史。曾祖知仁，通事舍人。祖诚，汉州绵竹丞，追赠礼部郎中。"按嫕卒于大历九年，万年县令，盖王圆《岱岳观碑》题名："淄州刺史王圆……大历十四年二月廿乙（一）日同登泰岳。"其宝应中为抚州太守；大历元年为侍御史；九年为万年县令；十四年为淄州刺史。以省客使湖州，当在大历十至十二年间。侍御史，唐人称为端公，皎然有《翔隼歌送王端公》诗，其"王端公"，盖即其人。

张严，无考。参诗题，是时为殿中侍御史。

澄师，即华严宗四祖代州五台山清凉寺释澄观，姓夏侯氏，越州山阴人，见《华严帖考》。《宋高僧传》卷五有传。王蘧常主编《中国历代思想家传记汇注》名下注（七三七—八三八）即开元二十五年至开成三年，年一百零二岁。（范祥雍点校《宋高僧传》引《华严悬谈会玄记》作"开元二十六年戊寅生，开成己未卒，年一百二"相差一年），大历十年其自剡北上，客次吴兴之日，已近不惑。韩愈《送僧澄观》"人言澄观乃诗人，一屋竞吟诗句新"云，盖亦一能诗僧人。又志磐《佛祖统记》卷四二记"师长九尺四寸，手垂过膝，才供二笔，日记万言，宿不离衣，尽形一食"者，甚翔实，洵为"信史"。

裴澄，字庄时，号方舟。出自裴氏东眷房洛州刺史怀节之后，乃皎然友河南少尹裴济之弟，雍县令据之子。皎然《杼山集》卷十《远意联句》《暗思联句》《乐意联句》《恨意联句》中失姓名澄者即是。皎然又有《答裴评事澄获花间送梁肃拾遗》:"波上荻花非雪花,风吹撩乱满袈裟。如今岁晏无芳草,独对离尊作物华。"参朱长文《吴兴送梁补阙归朝赋得荻花》"柳家汀州孟冬月,云寒水清荻花发"句,盖作于吴兴白苹洲。裴澄盖一长居湖州者,时为评事,尝与皎然、陆羽、朱巨川、阎伯玙、房从心、梁肃、朱长文等人联唱交游。《新表》记为"苏州刺史",《吴郡志》卷十一"牧守门"亦见其名,盖为终官。

三、交游考之翰墨交游

杜鸿渐(七〇九—七六九),字之巽,濮州濮阳人,官至宰相,《新唐书》《旧唐书》皆有传,见《旧唐书》卷一二八、《新唐书》卷一二八。《新传》:"(大历)四年十一月卒,赠太尉,谥曰文宪。"《旧传》记"年六十一"。盖生于景龙三年,与颜真卿同岁。

郗昂,即郗纯,因文宗讳改。字高卿,号伊川田父,高平金乡人,太子詹事致仕。《新唐书》《旧唐书》皆有传,见《旧唐书》卷一五七、《新唐书》卷一四三《郗士美传》中。《旧传》:"父纯,字高卿,为李邕、张九龄等知遇,尤以词学见推,与颜真卿、萧颖士、李华皆相友善。"有文集六十卷行世。生卒年无考。《唐会要》卷七九《谥法上》记其"赠户部尚书、潞州都督",谥号"穆"。其子士美,《新传》:"士美年十二,通《五经》《史记》《汉书》,皆能成诵。父友萧颖士、颜真卿、柳芳与相论绎,尝曰:'吾曹异日当交二郗之间矣。'"按士美卒于元和十四年九月,年六十四,见《旧传》,十二岁,盖在大历初年。颜真卿与之讨论者,必在出贬硖州之前。

魏缜,无考。

张茂之,字季丰,南阳人。李华《三贤论》有"南阳张茂之季丰,守道而能断"云,为一慕元鲁山者。

梁洽,张彦远《历代名画记》卷十有处士梁洽,善山水。朱景玄《唐朝名画录》列入能品下,且评之曰:"以花鸟、松石、写真为能,不相让也。"以芮挺章《国秀集》所记"进士梁洽"推之,其天宝初年尚未入仕,处士者或以白身言之。友人高适,有《哭单父梁九少府》诗,单父县尉,盖其终官。

王澄，《新唐书》《宰相世系二中》"琅邪王氏"条中有名澄者，乃中书舍人王弘让之孙，太府少卿王方泰之子，武后相王方庆从侄，时代相近，或即其人。

阎防，河中人。《新唐书》《旧唐书》皆无传，仅《新唐书》之《文艺传》序中提及，谓"若韦应物、沈亚之、阎防、祖咏、薛能、郑谷等，其类尚多，皆班班有文在人间，史家逸其行事，故弗得而述云"。辛文房《唐才子传》卷二有传，称："防，河中人，开元二十二年李琚榜及第。颜真卿甚敬重之，欲荐于朝，不屈。为人好古博雅，诗语真素，魂清魄爽，放旷山水，高情独诣。"《唐诗纪事》卷二六亦有"防在开元、天宝间有文称，岑参、孟浩然、韦苏州（应物）有赠章"云。

李琚（六九六—七四八），字公珮，顿丘人。状元。《新唐书》《旧唐书》皆无传，事迹见张阶《唐故河南府洛阳县尉丘李公（李琚）墓志铭》，其序："其所厚善，则金部郎冯用之、泾阳宰韩景宣、夏长刘晏、廷评王瑞、墨家张㯋而已。每相逢道旧而别，一岁不过数四，而百氏图书之学，八分篆隶之能，虚中独慎之心，秉直怀方之节，已获重于知己，或庶几于古人。……洎开元廿二载，尚书考功郎孙公，天下词伯，喷以《武库诗》备题……遂以乡贡进士擢第。……明年，授公秘书省校书郎，转右骁卫仓曹参军，换河南府洛阳县尉，视事再岁而终。"李琚卒于天宝七载（公元七四八年），以其"自生之岁正月甲子凡三百廿三甲子矣"推算之，盖五十三岁，生于万岁登封元年（公元六九六年），本年三十八岁。是志，蔡希寂正书书丹，其署衔洛阳县尉，与李琚当为同僚友善。

唐制科举正月考试，二月发榜。发榜后，凡及第进士例当参预诸如拜谢座主、参谒宰相以及曲江集宴、雁塔题名、杏园探花、月灯打球一系列礼仪。颜真卿与诸同年盖有周旋。

萧颖士（七一七—七六〇），字茂挺，望出兰陵，颖川人，《新唐书》《旧唐书》皆有传，见《旧唐书》卷一九〇下《文苑下》及卷一〇二《韦述传》《新唐书》卷二〇二《文艺中》。《新传》："天宝初，颖士补秘书正字。于时裴耀卿、席豫、张均、宋遥、韦述皆先进，器其材，与钧礼，由是名播天下。奉使括遗书赵、卫间，淹久不报，为有司劾免，留客濮阳。于是尹征、王恒、卢异、卢士式、贾邕、赵匡、阎士和、柳并等皆执弟子礼，以次授业，号萧夫子。"又记："颖士乐闻人善，以推引后进为己任，如李阳（冰）、李幼卿、皇甫冉、陆渭等数十人，由奖目，皆为名人。天下推知人，称'萧功曹'。尝兄事元德秀，而友殷寅、颜真卿、柳芳、陆据、李华、邵轸、赵骅，时人语曰：'殷、颜、柳、陆、李、萧、邵、赵。'以能全其交也。"萧颖士生于开元五年，见潘吕祺昌《萧颖士研究》（文史哲出版社），本年十九岁。

李华（七一五—七七四），字遐叔，赵州赞皇人。文章与萧颖士齐名，时称"萧、李"。《新唐书》《旧唐书》皆有传，见《旧唐书》卷一九〇下《文苑下》《新唐书》卷二〇三《文艺下》。《新传》："华爱奖士类，名随以重，若独孤及、韩云卿、韩会、李纾、柳识、崔祐甫、皇甫冉、谢良弼、朱巨川，后至执政显官。"《旧传》："华尝为《鲁山令元德秀墓碑》，颜真卿书，李阳冰篆额；后人争模写之，号为'四绝碑'。有文集十卷，行于时。"李华卒年，《新传》记"大历初卒"。潘吕祺昌《萧颖士研究》考证为大历九年，盖是。参李华《寄赵七侍御（骅）诗》"昔日萧邵友（游），四人才成童"，萧、邵句下有注，"萧颖士、邵轸"。四人年岁当相近，李华享寿似近六十。

赵骅（？—七八三），字云卿，邓州穰县人。《新唐书》《旧唐书》皆有传，见《旧唐书》卷一八七下《忠义下》《新唐书》卷一五一《赵忠儒传》。《旧传》，骅作晔，其称："晔性孝悌，敦重交友，虽经艰危，不改其操。少时与殷寅、颜真卿、柳芳、陆据、萧颖士、李华、邵轸，同志友善，故天宝中语曰：'殷、颜、柳、陆、萧、李、邵、赵。'以其重行义，敦交道也。"官至秘书少监，建中四年因泾原兵变，病死山谷。追赠华州刺史。享寿无考，然依上引李华《寄赵七侍御（骅）诗》，李、赵、萧、邵，年岁相近，当七十岁左右。

柳芳，字仲敷，蒲州河东人。《新唐书》《旧唐书》皆有传，见《旧唐书》卷一四九《柳登传》《新唐书》卷一三二。《新传》："开元末，擢进士第，由永宁尉直史馆。肃宗诏芳与韦述缀辑吴兢所次国史，会述死，芳绪成之，兴高祖、讫乾元，凡百三十篇。"后为颜真卿姑表兄弟殷嘉绍之儿女亲家，见《颜真定碣》。官至右司郎中、集贤殿学士。有《唐历》四十卷，《大唐宰相表》三卷，《永泰新谱》二十卷，并行于时。

殷寅，字直清，殷践猷之子，乃颜真卿表兄弟。《新唐书》《旧唐书》皆有传，见《旧唐书》卷一〇二《韦述传》后、《新唐书》卷一九九《儒学中》。天宝四载登进士第，见《登科记考》卷九。《殷践猷碣》记："寅聪达有精识，能继先父之业，有大名于天下。举宏词，太子校书，永宁尉。棰杀谩吏，贬移澄城丞。"《新唐书》卷一四九《王绍传》有记："父端，第进士，有名天宝间，与柳芳、陆据、殷寅友善。据尝有'端之庄，芳之辩，寅之介，可以名世'云。"殷寅以谱学见重于世，《新唐书》卷一九九《柳冲传》有称"唐兴，言谱学者，以路敬淳为宗，柳冲、韦述次之。……后有李公淹、萧颖士、殷寅、孔至，为世所称"。

陆据（七〇一—七五四），字德邻，河南人，官至司勋员外郎。《新唐书》《旧唐书》皆有传，见《旧唐书》卷一九〇下《文苑下》《新唐书》卷二〇二《文艺中》。《旧传》："少孤，文章俊逸，言论纵横。年三十余，始游京师，举进士。公卿览其文，称重之，辟为从事。……天宝十三载卒。"《三贤论》："颜与陆据、柳芳最善。"其撰颜真卿父惟贞神道碑，盖出颜氏兄弟之请。

邵轸，字纬卿，汝南人。王定保《唐摭言》卷一"两监"条下记："李华员外《寄赵七侍御（骅）诗》略曰：'昔日萧邵友（游），四人才成童。'（原注：华与赵七侍御骅，萧十功曹颖士，故邵十六司仓轸，未冠游大学，皆苦贫共敝，五人登科，相次典校。）邵后二年擢第，以冤横贬，卒南中。"其排行十六，年岁与萧颖士、赵骅相近。开元二十五年登进士科，官至司仓，先李华诸人去世。《唐摭言》其后又论"永徽之后，以文儒亨达，不由两监者稀矣。于时场籍，先两监而后乡贡，盖以朋友之臧否，文艺之优劣，切磋琢磨，匪朝伊夕，抑扬去就，与众共之，有如赵（骅）、邵（轸）、萧（颖士）、李（华）……靡不名遂功成，交全分契"云，是亦可见"开（元）天（宝）八士"之交谊。

源衍（七〇七—七四〇），河南人，官室家令寺主簿，开元廿八年卒，年三十四，本年二十九岁。陆据有《源衍墓志》志其事，有"后来有柳芳、王端、殷晋（寅）、颜真卿、阎伯玙，皆稀世鸿宝，一相遇便为莫逆之交。夫君辩不如柳，庄不如王，介不如陈郡，勇退不如颜氏，危言不如伯玙，然此五君子动静周旋，辄以君以表缀云"。

高适（七〇一—七六五），字达夫，渤海蓨人。官至左散骑常侍。《新唐书》《旧唐书》皆有传，见《旧唐书》卷一一一、《新唐书》卷一四三。《旧传》："适喜言王霸大略，务功名，尚节义。逢时多难，以安危为己任。……累为藩牧，政存宽简，吏民便之。有文集二十卷。……而有唐以来，诗人之达者，唯适而已。"两书并记永泰元年正月卒，赠礼部尚书，谥曰忠。唯不知享年。孙钦善《高适年谱》（《高适集校注》附）记享寿六十五，近是。今从之。逆推开元二十四年三十六岁。

岑参（七一五—七六九），荆州江陵人。官至嘉州刺史，有"岑嘉州"之称。据《新唐书》卷七二中《宰相世系二中》，其父仙、晋二州刺史岑植，乃国子司业岑献从兄弟，并为唐太宗宰相岑文本之孙，参《颜真定碣》"君号真定……叔父吏部郎中敬仲府君为酷吏所诬，君率二妹宜芳（长举）令裴安期妻、司业岑献妻割耳诉冤"云，颜真卿为岑献内从侄，与岑参同辈，当为群从兄弟。岑参为有唐名诗人，与高适齐名。《唐才子传》卷三有称："博览史籍，尤工缀文，属词清尚，用心良苦。诗调尤高，唐兴罕见此作。放情山水，故常怀逸念，奇造幽致，所得往往超拔孤秀，度越常情，与高适风骨颇同，读之令人慷慨怀感。每篇绝笔，人辄传咏。"《新唐书》《旧唐书》皆无传。据陈铁民、侯忠义《岑参集校注》附录《岑参年谱》："大历四年己酉（公元七六九年），五十五岁。……岁末，东归不遂，卒于成都旅舍。"

徐浩（七〇三—七八二），字季海，越州人，望出东海郯县。明经出身，官至彭王傅，《新唐书》《旧唐书》皆有传，见《旧唐书》卷一三七、《新唐书》卷一六〇。天宝十一载五十岁，见任检校都官郎中，早具书名。按徐浩天宝十一载出任金部员外郎，虽属检校，亦在省中，颜真卿时判在兵部，盖为同僚，例有周旋。徐、颜合作碑版，首见此例。《旧传》记"建中三年，以疾卒，年八十，赠太子少师"云，逆推天宝十一载五十岁，大颜真卿六岁。详见《颜真卿与徐浩》。

元结（七一九—七七二），字次山，河南鲁山人，辛文房《唐才子传》称武昌，或为其里居。官至容州都督兼御史中丞本管经略使，《新唐书》有传，见卷一四三，谓"后魏常山王遵十五代孙"。大历七年，颜真卿有《元结碑》称述之，惟其卒年五十，傅璇琮《唐才子传校笺》卷三校笺以其《别王佐卿序》"癸卯岁……河南元结次山年四十五"句，记生在开元七年，有称"大历七年应为五十四岁。当以结自叙为准"云，盖是。

戎昱，《新唐书》《旧唐书》皆无传。《唐才子传》称："荆南人。……历虔州刺史。至德中，以罪谪为辰州刺史。"《宣和书谱》卷四记当时御府收有其正书

《早梅诗》一幅，且谓："作字有楷法，其用笔类段季展，然筋骨太刚，而殊乏婉媚，故雅德者避之。尝书其自作《早梅》诗云：'应缘近水花先发，疑是经春雪未消。'岂有得于此者，宜其字特奇崛，盖是挟胜气以作之耳。且古人作字，或出于一手，而优劣相望者，偶在一时之得意与否耳。昱自写其诗，是亦其得意处，故其笔力不得不如是之健；然求其左规右矩，则一出焉，一入焉，而不见其至也。"盖亦一工书者。

李邢（七四九—八二一），朝邑员外尉，经颜真卿铨选，擢同官正尉。后为韩愈儿女亲家，其子监察御史李汉乃愈之婿。《旧唐书》卷一七一《李汉传》作"荆"，出自淮阳王道明之后，官至陕府左司马。长庆元年正月卒，享年七十三岁。

孙宿，《旧唐书》有传，附逖后，有记："历河东掌记，代宗朝历刑部郎中、中书舍人，出华州刺史，卒。"参其后《孙成传》"丁母丧免，终制，出为洛阳令，转长安令。时兄宿为华州刺史，因失大惊惧成喑病。成素孝悌，苍黄请急，不俟报而趋华。代宗嘉之，叹曰：'急难之切，观过知仁。'历仓部郎中"云，宿为华州刺史，时在其弟成长安令任中。按孙绛《唐故中大夫守桂州刺史兼御史中丞充桂州本管都防御经略招讨观察处置使上柱国乐安县开国男赐紫金鱼袋孙府君（成）墓志铭》有称："除洛阳县令。议者谓'仕于关外，实非金属'，未之官，拜长安县令。……遂命为仓部郎中。……无何，命为泽潞太原卢龙等道宣慰使，与王定、裴冀分道同出……遽迁京兆少尹。"成之为宣慰使，在建中初年，见《旧唐书》卷一一八《杨炎传》"李正己上表请杀晏（刘晏）之罪，指斥朝廷。晏惧，乃遣腹心分往诸道：裴冀，成都、河阳、魏博；孙成，泽潞、磁邢、幽州；……王定，淮西。声言宣慰，而意实说谤"云。刘晏赐自尽，《旧纪》记在建中元年七月己丑。宿之牧华州，盖在大历末年，或未值秩满而失哑去职。

孙绛，《新唐书》卷七三下《宰相世系三下》"武邑孙氏"条下记："右补阙。"参其《孙成墓志》结衔"河东观察判官摄北都副留守检校尚书户部郎中兼御史"，其弟成卒时即贞元五年五月廿一日，绛盖在摄北都副留守任上，品阶高于右补阙。补阙之任，盖出早年。

孙成（七三七—七八九），字思退，《旧传》误作退思。《新唐书》有记孙宿兄弟以成最知名。《孙成墓志》记之甚详，可补史传之缺。按志称"君讳成，字思退。……髫岁崇文馆明经及第，参调选部。年甫志学，考判登等，竦听一时，解褐授左内率府兵曹参军。乾元初，荆州长史张惟一表授荆州江陵县尉。……俄而昊苍不惠，文公违代，痛百创巨，食歉蔬溢……居累月，刘晏为京兆，采缀后来，以佐畿剧，遂奏授京兆府云阳县尉……寻除长安县尉。……不三旬，而拜监察御史。……时李凉公作镇汧开岐，盛选官属，遂辟为陇右节度判官兼掌书记"云，李凉公即李抱玉，其以泽潞节度兼任陇右节度使，始于永泰元年正月戊申，见《旧纪》。成请托撰序，盖在其陇右节度判官兼掌书记任上。

韩择木，《姓纂》卷四"广陵韩氏"条下记"状云本颍川人"。至德二载为颜真卿宪部尚书副手，有《相国帖跋》"相国狄公，元功威德，垂之万代。颜尚书家有其请太子归京手奏七百余字，以示昌黎韩择木，为书于其后，子孙宝之"云。其自广德元年太子少保致仕以后，至大历五年已赋闲多年。择木出身侍书，擅名当代，尤以隶书称。窦臮《述书赋》喻显以谓蔡邕，有"韩常侍则八分中兴，伯喈如在；光和之美，古今迭代。昭刻石而成名，类神都之冠盖"之评。朱长文《续书断》列入妙品，与初唐四家虞世南、欧阳询、褚遂良、陆柬之同列，有云："韩择木当肃、代世，以八分得名。时韩云卿以文显，李阳冰以篆显，择木以八分显。天下欲铭其先人功者，不得此三人，不称三服。杜子美云'尚书韩择木，骑曹蔡有邻，开元以来数八分'。观真迹，虽不及汉、魏之奇伟，要之庄重有古法，而首唱于天宝之间，宜置妙品。又如山东老儒，虽姿宇不至峻茂，而严正可畏云。"韩、颜合作碑版，始见《神道碑》。

姜如璧，抚州文士。

四、交游考之释道交游

圆寂，唐代宗大历十三年戊午（公元七七八年），颜真卿充使谒拜昭陵，过瑶台寺，有《使瑶台寺有怀圆寂上人》诗志其事。《金石录目》第一五三三："《唐怀圆寂上人诗》，颜真卿撰并正书。大历十二年十二月。"参其诗序"真卿昔以天宝元年尉醴泉，亟过瑶台寺圆寂上人院。秩满，迁监察御史，巡复诸陵，而上人已去此寺。大历十三年春二月，以刑部尚书谒拜昭陵，慨然有怀"云，赵明诚所记"大历十二年十二月"，显然讹误。

楚金禅师（六九八—七五九），俗姓程氏，京兆广平人，九岁出家，初为西京龙兴寺僧，后主持兴建多宝塔。碑记其"先刺血写《法华经》一部，《菩萨戒》一卷，《观普贤行经》一卷……同置塔下……又奉为主上及苍生写《妙法莲华经》一千部，金字三十六部用镇宝塔。又写一千部散施受持"云，盖一善书者。赞宁《宋高僧传》卷二四有传。传称"以乾元二年七月七日子时，右胁示灭焉。……春秋六十二，法腊三十七"。天宝十一载盖五十五岁。

岑勋，李白友，白有《酬岑勋见寻就元丹丘对酒相待以诗见招》诗记其交游。又有《鸣皋歌送岑征君》《送岑征君归鸣皋山》诗，其岑征君，或以为即岑勋。郭沫若《李白与杜甫》以为《狂歌行赠四兄》乃岑参作，后人误以为杜甫诗，而其四兄即岑征君。岑参，兄弟五人，即渭、况、参、秉、亚。参，排行第三。四兄者，盖其行第四，为其从兄云。参《狂歌行赠四兄》"与兄行年较一岁，贤者是兄愚是弟"云，其大岑参一岁。《多宝塔碑》未署职衔，岑征君盖即其人。岑参之父晋州刺史岑植与国子司业岑献为从兄弟，岑勋、岑参与颜真卿乃为群从兄弟。天宝七载，颜真卿监察御史任上曾出使河西、陇右，参有诗送行，见上谱。又，天宝四载，参曾游千福寺，有《登千福寺楚金禅师法华院多宝塔》诗志其事。陈铁民、侯忠义《岑参集校注》附录《岑参年谱》："大历四年己酉（公元七六九年），五十五岁。……岁末，东归不遂，卒于成都旅舍。"参生于开元三年，少颜真卿六岁，勋盖生在开元二年，天宝十一载四十岁。其书《多宝塔碑》，似出岑勋之荐而与岑参有关。

同恓，无考。

熙怡，俗姓曹，桂阳人，至德初隶东林寺，居耶舍塔院，贞元十二年七月卒，年七十一，许尧佐有《庐山东林寺律大德熙怡大师碑铭》记其事，称"大师精贯六艺，旁达百氏，常与故太师鲁国公颜真卿……为参禅之侣，幽键洞发，宏言两得"云。以贞元十二年卒年上推，本年四十一岁，已居东林寺近十年。以《题名》列名，同恓在前，其在寺内，年资盖高且深于熙怡。

惠秀、正义，无考。以《东林寺题名》云，盖东林寺二律师。

法真，无考。以《西林寺题名》"有法真律师，深究清净毗尼之学，即律祖师志恩之上足，余内弟正义之阿阇黎也"云，乃殷寅师长。参《高僧传》卷十六《唐抚州景云寺上恒传》"释上恒……贞元初，徙居豫章龙兴寺，与庐阜法真、天台灵祐、荆门法裔、兴果神凑、建昌慧琎游也，埙箎合韵，水乳相资"之记，盖一名僧，贞元初与律师上恒、灵祐、神凑以及法裔、慧琎诸高僧交游甚洽。

明则，无考。盖为靖居寺僧。

智清，靖居寺僧，后至抚州，主持谢灵运翻经台复建工程。

法源，天台宗五祖东阳清泰寺玄朗即左溪大师弟子，以李华《故左溪大师碑》"弟子衢州龙丘九岩寺僧道宾、越州法华寺僧法源、僧神邕……皆菩萨僧，开左溪之秘藏"云，参《宋高僧传》卷二六《玄朗传》亦记"越州法华寺法源、神邕"，盖与神邕并隶越州法华寺，且长之。后至抚州参与宝应寺董修。其交游，盖始于初来吉州之时。

谭仙岩，抚州仙坛观道士，麻姑山女道士黎琼仙弟子，参《抚州宝应寺翻经台记》"真卿叨刺是邦，兹用忾息，有高行头陀僧智清，绪发洪誓，精心住持，请以佛迹寺僧什喻、仙台观道士谭仙岩同力增修，指期恢复"及《魏夫人碑》"大历三年，真卿叨刺是州……有仙（坛）台观道士谭仙岩者，修真自远，法侣是宗，请以男官黄道士二七人，抽隶洞灵，共申洒扫；高行女道士黎琼仙七人萃居坛院，精力住持已久，率励往来，增修观宇，从之"云，其与颜真卿道缘非浅。

黎琼仙，华姑黄令微弟子，曾因谭仙岩之请，命其增修魏华存观宇。

曾妙行，黎琼仙女弟子，《华姑仙坛碑》黎、曾并称，且赞之曰"虔修香火于此山，遐迩骇慕焉"。

什喻，临川县东二十里处佛迹寺之僧，因州牧之请，偕仙台观道士谭仙岩为宝应寺董修人。

智融，宝应寺僧，以前称"招提智融"，盖招提寺僧来隶者。道宣六代传人云一之高足。

怀素，字藏真，永州零陵人，大历诗人钱起外甥，陆羽有《僧怀素传》记其生平。其书，《续书断》列为妙品，与初唐四家虞世南、欧阳询、褚遂良、陆柬之同列，有"妙绝，如壮士拔剑，神彩动人"之评。且引颜真卿语："昔张长史之作也，时人谓之张颠；今怀素之为也，仆实谓之狂僧。以狂继颠，孰为不可耶？"怀素与颜真卿交游，仅见大历七年洛下论书事。详见《怀素〈自叙〉考》。

上宏（七三九—八一五），一作上恒，抚州景云寺僧。俗姓饶氏，临川南城人。《高僧传》卷十六《唐抚州景玄寺上恒传》："法付王臣，故与姜相国公辅、颜鲁公、杨凭、韦丹四君友善。"参白居易《唐抚州景云寺故律大德上宏和尚石塔碑铭》："亲近善知识，故与匡山法真、天台灵祐、荆门法裔、暨兴果神凑、建昌惠琎五长老交游。"其匡山法真、荆门法裔（原隶天台）乃颜真卿吉州别驾、抚州刺史任上儒释之交，上宏后起，其与颜真卿结游，"佛法属王臣"者，盖缘起于法真、法裔二长老。

慧明，湖州佛川寺僧，俗姓陈氏，兰陵人。《高僧传》卷二六《唐湖州佛川寺慧明传》"菩萨戒弟子，刺史卢幼平、颜真卿、独孤问俗、杜位、裴清，深于禅味"云，盖本之皎然铭。卢幼平（宝应二年自杭州刺史迁）、独孤问俗（上元三年自明州刺史迁）、杜位（乾元元年自江宁少尹迁）、裴清（大历二年自宿州刺史迁）皆颜真卿前任刺史，其为郡中高僧惠明之菩萨戒弟子，盖出于传统。颜真卿与之交游，必始于至任伊始，或与皎然相先后。

五、交游考之官宦交游

孙逖（六九六—七六一），座师。潞州涉县人，望出东安，少寓巩县，官至刑部尚书。傅璇琮《唐才子传校笺》记其生于武后万岁登封元年，卒于上元二年，享年六十六。谥曰文。《新唐书》《旧唐书》皆有传，见《旧唐书》卷一九〇中、《新唐书》卷二〇二。逖以考功员外郎知贡举，年三十九。《留谱》所记其年试题为《梓材赋》《武库诗》。拟者，参张阶《李琚墓志》"喷以《武库诗》备题"云，盖出其人。

李昂，座师。望出陇西成纪，生平、籍贯不详。《唐才子传》卷二记："开元二年王丘下状元及第。天宝间仕为礼部侍郎，知贡举，奖掖寒素甚多。"《登科记考》卷八记其开元二十四年以考功员外郎知贡举。参《行状》，开元二十四年，颜真卿吏部擢判入高等；《登科记考》记在拔萃科，且引其试文《三命判》，其亦当为昂所奖掖者。

阎伯玙（？—七六五），广平人，官至刑部侍郎，见《元和姓纂》卷五。权德舆《唐故尚书工部员外郎赠礼部尚书王公（端）神道铭》："公与河南元德秀、天水阎伯玙同岁中鹄。"《登科记考》卷八记在开元二十一年。王谠《唐语林》卷一："阎伯玙，袁州刺史。……及改抚州。……到职一年，抚州复治。代宗闻之，征拜户部侍郎，未至，卒。"按常衮有《授阎伯玙刑部侍郎等制》："银青光禄大夫、婺州刺史、本州团练守捉使、上柱国阎伯玙……可行尚书刑部侍郎，散官勋如故。"抚州，盖婺州之误；户部，乃刑部之误。其未至而卒，必在代宗朝大历年间。参李肇《翰林志序》"开元二十六年……始别建学士院于翰林院之南，又有韩纮、阎伯舆（玙）、孟匡朝、陈兼、李白、蒋镇在旧翰林院，虽有其名，不职其事"云，韦执谊《翰林院故事记》略同。以开元二十五年所署"前华州郑县尉"推之，其入翰林院供奉乃在正月撰文之后。《尉迟公祠庙碑》由其作序，颜真卿制铭，州牧张嘉祐于颜氏文辞必有深识。阎、颜两人当有过从。

崔琇（一作秀），《新唐书》卷七二下《宰相世系二下》"崔氏清河小房"有"秀，岐州刺史"，盖即其人，乃后魏青州刺史崔长谦五代孙，左庶子、清河公崔道猷之子。参上引《行状》所记，其乃颜真卿之荐贤人，时任郡太守。

王𫓧（？—七五二），太原祁人。玄宗朝权相。《新唐书》《旧唐书》皆有传，见《旧唐书》卷一〇五、《新唐书》卷一三四。以横虐与宇文融、韦坚、杨慎矜同列，为开元幸人，《旧传》后有史臣云："夫奸佞之辈，惟事悦人；聚敛之臣，无非害物。贾祸招怨，败国丧身，罕不由斯道也。君人者，中智已降，亦心缘利动，言为甘闻，志虽慕于圣明，情不胜于嗜欲，徒有贤佐，无如之何，所以礼经戒其勿蓄。宇文融、韦坚、杨慎矜、王𫓧，皆开元之幸人也，或以括户取媚，或以漕运承恩，或以聚货得权，或以剥下获宠，负势自用，人莫敢违。……然天道恶盈，器满则覆。终虽不令，其弊已多，良可痛也。"以《旧传》所记"九载五月，兼京兆尹，使并如故。𫓧威权转盛，兼二十余使，近宅为使院，文案堆积，胥吏求押一字，即累日不遂。中使赐遗，不绝于门，虽晋公林甫亦畏避之"云，本年御史中丞任上，尚未见其有希旨聚敛，括户以取媚者也。

崔寓，博陵安平人，崔祐甫同族兄弟，永泰二年官至太子少傅。《旧唐书》卷一〇五《杨慎矜传》"诏杨慎矜、慎余、慎名并赐自尽。……乃使监察御史颜真卿送敕至东京，殿中侍御史崔寓引慎名，令河南法曹张万顷宣敕示之"云，是时为殿中侍御史，乃颜真卿宪台同僚。

　　张万顷，吴郡人，钱起诗友，钱起有《谢张法曹万顷小山假景见忆》志其事。参张旭正书张万顷所撰《唐故绛州龙门县尉严府君（仁）墓志铭》，其与张旭，若非同族，亦为同乡，两人盖有交游。《元龟》卷一四九："肃宗至德二载十二月，既收洛阳。先是，博陵太守张万顷陷贼，伪授河南尹，安抚百姓，全活宗枝。帝嘉之，舍其罪，授濮阳太守。"《旧纪》乾元元年十月乙未，"以濮州刺史张方须（万顷）为广州都督、五府节度使"。《颜勤礼碑》所记颜真卿侄颋以"大理司直充张万顷岭南营田判官"，参《元龟》卷二〇〇后记"张万顷为广州刺史，上元二年，以赃贬巫州龙标县尉员外置"云，当在乾元二、三年间。张万顷，《新唐书》《旧唐书》皆无传，或即卒于上元二年贬龙标之后。

　　鲜于仲通（六九四—七五五），名向，以字行，阆州新政人，代为豪族。进士登第，官至京兆尹、剑南节度使。赠卫尉卿、太子少保。有《坤枢》十卷、《文集》十卷行于世。鲜于氏与颜家有通家之好，《鲜于氏离堆记》有称"真卿犹子曰纮，从父兄故偃师丞春卿之子也，尝尉阆中，君故旧不遗，与之有忘年之契。叔明、昱、炅亦笃世亲之欢，真卿因之，又忝宪司之寮，亟与济南蹇昂奉以周旋，盖著通家之好。兄允南以司膳、司封二郎中，弟允臧以三院御史皆与叔明首末联事"云。

　　按，鲜于仲通卒于天宝十四载，葬于翌年，而《京兆尹鲜于仲通碑》有称"弟今江陵少尹允臧"。允臧，自广德三年冬十月拜，至大历三年冬十一月终，在江陵先后三年，参是碑立在大历二年正月而文内又有"永泰二年秋八月有诏"云云，其必撰书于大历改元前后。又，碑内有称其弟晋，"字叔明，敦厚温敏，少以任侠闻。事公（兄）以悌称，与朋以信著，好读书而不为章句，精吏道尤擅循良，再为法官，三秉天宪，二登郎署，一宰洛阳……擢拜商州刺史，无何，超迁京兆尹，不十年而兄弟相代，论者伟之。永泰二年秋八月，有诏自太子左庶子复拜为邛州刺史兼御史中丞、邛南八州都防御观察等使"云，甚详，《鲜于仲通碑》之撰书，盖出斯人之请托。按鲜于晋（？—七八七），曾赐姓李，明经登科，初为杨国忠剑南节度使判官，后官至右仆射，以太子太傅致仕。卒在贞元三年，谥曰襄。《新唐书》《旧唐书》皆有传，见《旧唐书》卷一二二、《新唐书》卷一四七。上引叔明"京兆尹"，《旧传》作少尹，《新传》为尹，或先任少尹后晋尹。又，以"太子左庶子复拜为邛州刺史"，《新唐书》《旧唐书》皆并作"右庶子"，盖出刊刻之误。颜真卿友人岑参、高适并与之交游，岑参有《与鲜于庶子自梓州成都少尹自襄城同行至利州道中》《与鲜于庶子泛汉江》诸诗。高适有《同鲜于洛阳于毕员外宅观画马歌》。

哥舒翰（？—七五七），突厥族哥舒部人，有唐名将，官至尚书左仆射，同中书门下平章事，封西平郡王。《新唐书》《旧唐书》皆有传，见《旧唐书》卷一〇四、《新唐书》卷一三五。天宝十五载六月，因守潼关出战失利，为部下执降禄山，囚于洛阳。至德二载十月十八日收复东京，安庆绪渡河兵败，杀之。后赠太尉，谥曰武愍。

鲁炅（七〇三—七五九），幽州蓟人，乃安史之乱中于南阳竭节保城之忠臣，后官至淮西、襄阳节度使、邓州刺史。《新唐书》《旧唐书》皆有传，见《旧唐书》卷一一四、《新唐书》卷一四七。《新传》记其乾元二年仰药死，年五十七。

王忠嗣（七〇五—七四九），初名训，太原祁人，一作华州郑人。封爵清源县公。史称虎臣，与郭虔瓘、郭知运、王君㚟、张守珪、牛仙客齐名。《新唐书》《旧唐书》皆有传，见《旧唐书》卷一〇三、《新唐书》卷一三三。《旧传》称天宝五载："正月，河、陇以皇甫惟明败衄之后，因忠嗣以持节充西平郡太守，判武威郡事，充河西、陇右节度使。……六载……玄宗大怒，因征入朝……十一月，贬汉阳太守。七载，量移汉东郡太守。明年，暴卒，年四十五。"其"因征入朝"，《通鉴》记在十月。参上引《旧唐书》哥舒翰曾设宴款待使臣，颜真卿至河西，其为节度使亦例当接洽。

张齐邱，贞观功臣张后胤之孙，德宗相张镒之父，《唐方镇年表》记其天宝五载十二月至九载八月任朔方节度使，加管内诸军采访使。八载春日，颜真卿以监察御史充朔方军试复屯交兵使，例当参见之。

李延业，曾召蕃客内宴引驾仗不报事，从而出之。《颜鲁公行状》："左金吾将军李延业素承恩渥，曾召蕃客内宴，引驾仗不报台，公责之。延业凭恃权势，于朝堂喧愤，公奏之，出为济南太守，朝廷惮焉，不敢不肃。八月，迁殿中侍御史。"按李延业喧愤朝堂，盖在京都，是时颜真卿已完使回台复行御史之责。

宋浑，有唐名宰相宋升第三子，《新唐书》《旧唐书》皆有传，见《旧唐书》卷九六、《新唐书》卷一二四《宋升传》后。《旧传》："次浑，与右相李林甫善，引为谏议大夫、平原太守、御史中丞、东京采访使。……浑在平原，重征一年庸调。作东畿采访使，又使河南尉杨朝宗影娶妻郑氏。郑氏即薛稷外孙，姊为宗妇，孀居有色，浑有妻，使朝宗聘而浑纳之，奏朝宗为赤尉。……广德后，浑除太子谕德，为物议薄之，乃留寓于江岭卒。"《宋升碑》："列宪台以执简，承谕德之深知。"谕德即太子谕德宋浑，广德年间曾任太子左谕德。《行状》："时中丞宋浑以私怨为御史吉温、崔珪所诬告，谪贺州。公谓珪、温，曰：'奈何以一时之忿而欲危宋升裔乎？'由是与二人不平。"浑为中丞，在东京采访使前，是时，见任御史大夫中丞乃旧称，颜真卿承其深知，盖始于初为御史之时。参上引《殷践猷碑》："解褐杭州参军，刺史宋升以相国之重，简贵自居，无所推揖，每见君必特加礼敬，凡政事之谣诼者，皆咨决焉。"颜、宋两人交谊盖非仅止己身一辈。

吉温，河南人，有唐名酷吏，以严毒闻。《新唐书》《旧唐书》皆有传，并入《酷吏传》，见《旧唐书》卷一八六下、《新唐书》卷二〇九。《唐御史台精舍题名》"殿中侍御史"条下列名，参《新传》"（李）林甫才其为，（自京兆士曹）擢户部郎中兼侍御史"。《行状》"御史"之称，盖侍御史之泛谓。时颜真卿与之同僚。又，崔球珪，曾为雒县令，与宋浑兄恕有夺妻之仇，见《旧唐书》卷九六《宋升传》："（璟子）恕在剑南，有雒县令崔珪，恕之表兄，妻美，恕诱而私之，而贬珪官。"恕、浑兄弟同时流配外郡，恕夺其妻，时在本年前，县令品阶高于侍御，侍御或御史盖珪之贬官兼职。

曹日升、冯廷瓌，中官。曹日升充南阳宣慰使，有将军之衔。冯廷瓌先在襄阳，与颜真卿例有周旋。

魏仲犀，魏氏西祖房晋御史中丞魏植之后，《姓纂》卷八记"江陵长史、荆南节度"。参上引至德二载正月为襄阳太守、山南道节度使，是盖为终官，卒于乾元初年。郑杓《衍极》刘有定"五代"条下注"（张）旭又得褚遂良余论，以授颜真卿……魏仲犀"云，颜、魏，盖并出张旭门下，有同学之谊。

韦陟（六九五—七六〇），字殷卿，京兆万年人，初唐名相韦安石之子。官至吏部尚书，郇国公。《新唐书》《旧唐书》皆有传，见《旧唐书》卷九二、《新唐书》卷一二二。《旧传》记其上元元年八月卒，年六十五，赠荆州大都督。《新传》记其署名，"自谓所书'陟'字若五朵云，时人慕之，号'郇公五云体'"。颜真卿仲兄允南与其有"忘年之契"；弟允臧太康尉任上，韦陟为河南采访使，乃其上司，得其器重，与之均礼。韦陟与颜真卿瓜葛，除上述之外，尚有谥号之臧否，见《旧传》：永泰元年赠（韦陟）尚书左仆射，"太常博士程皓议谥为'忠孝'。刑部尚书颜真卿以为忠则以身许国，见危致命；孝则晨昏色养，取乐庭闱，不合二行殊高，以成'忠孝'"云。

崔漪，参《新纪》：天宝十五载六月，"辛丑，次平凉郡……（朔方）节度判官崔漪……迎太子，治兵于朔方"。《旧唐书》卷一一三《裴冕传》："（太子李亨）亟入灵武，冕与杜鸿渐、崔漪等劝进。"及《旧纪》肃宗即位后，即七月甲子，"朔方节度判官崔漪为吏部郎中，并知中书舍人"云，崔漪乃朔方节度使郭子仪判官，为肃宗即位劝进者之一。

李何忌，赵郡李氏东祖房左庶子李讷之子，见《新表》。其署"谏议大夫"，盖为终官，或出贬西平后即不在人世。

杜甫（七一二—七七〇），即有唐一代诗人杜子美，河南巩县人。《新唐书》《旧唐书》皆有传，见《旧唐书》卷一九〇下、《新唐书》卷二〇一。《旧传》记：永泰二年卒，"时年五十九"。仇兆鳌《杜工部年谱》记在"大历五年"，近是。杜甫乃颜真卿友婿杜济之从叔，且与颜真卿内弟韦有夏、姻亲岑参、父执贺知章、老师张旭以及友朋高适、李光弼、鲜于仲通、田神功等人并有交往。杜、颜干系，仅见上引三司推问一事。详见《颜真卿与杜甫》。

崔光远（？—七六一），滑州灵昌人，博陵崔氏第三房房州刺史崔敬嗣之孙，官至太子少保，邺国公。《新唐书》《旧唐书》皆有传，见《旧唐书》卷一一一、《新唐书》卷一四一。《旧传》记其"上元二年十月卒"。崔、颜瓜葛，仅见三司推问一事。

管崇嗣，《姓纂》卷四记出自赵郡赵州管氏，职称"乾元，河东节度使"。然

《旧纪》系在上元二年五月，且为节度副大使，其云"辛丑，以鸿胪卿、赵国公管崇嗣为太原尹、兼御史大夫，充北京留守、河东节度副大使"。参《旧唐书》卷一一〇《邓景山传》"上元二年十月……太原尹、北京留守王思礼军储丰实。……属思礼薨，以管崇嗣代之，委任左右，失于宽缓，数月之间，费散殆尽。……上闻之，即日召景山代崇嗣"云。是副大使者，盖主节度事，且因治政宽缓失当，不数月即开去。《姓纂》"乾元，河东节度使"，盖为"上元，河东节度副使"之讹。

崔器（？—七六〇），深州安平人，郡望出自博陵崔氏第二房，为崔寓族侄，见《新表》。官至御史大夫。《新唐书》《旧唐书》皆有传，见《旧唐书》卷一一五、《新唐书》卷二〇九。《旧传》记其卒于上元元年七月。《唐会要》卷七九记其谥曰贞。《颜允南碑》颜真卿记其侄"颖，简直洁己，以左卫兵曹选为侍郎崔器所赏"云，盖在至德、乾元间。

赵琐，以上引"令臣与将军赵琐计会游弈兵马"云，盖同州一武官。

张抱诚，以上引称谓"中使内谒者监"，盖一宦官，乃奉敕来蒲宣布蒲州任命及赠祖官状者。

刘暠、郑镇，无考。是时为东道主即华阳县令、主簿奉迎陪游者。

蔡明远，鄱阳人，颜真卿饶州旧吏，帖有"真卿昔刺饶州，即尝趋事，及来江右，无改厥勤"云。

邹游，参《邹游帖》"闻邹游与明远同来，欲至采石"云，盖亦一友人，偕明远同来金陵者。

史元琮，左骁卫郎将。乾元三年，任宫苑都巡使、御侮校尉、右内率府率员外置同正员、赐紫金鱼袋、内飞龙驱使。其年闰四月十四日，进《请于兴善寺置灌顶道场状》，其文见载《大正藏》第五二卷第八二九页《代宗朝赠司空大辨正广智和上表制集》卷第一。

李峘（？—七六三），出自吴王恪之后，为唐太宗曾孙，以郡王子例封赵国公。《新唐书》《旧唐书》皆有传，见《旧唐书》卷一一二、《新唐书》卷八〇《太宗诸子》。乾元元年十二月，以户部尚书除都统淮南、江东、江西节度宣慰观察处置等使，参《谢浙西节度使表》"臣以今日发赴本道，取都统节度观察使李峘处分讫，即赴升州"云，乃其浙西节度使上级。《旧传》"时（刘）展徒党方强，既受诏，即以兵渡淮。（邓）景山、峘拒之寿春，为展所败。峘走渡江，保丹阳，坐贬袁州司马。宝应二年，病卒于贬所，追赠扬州大都督，官给递乘，护柩还京"云，盖死于刘展叛后三年。

侯令仪，《新唐书》《旧唐书》皆无传。《姓纂》卷五"上谷侯氏"条记唐刑部侍郎侯喜（善）业之孙，兵部侍郎侯知一之子，记作"升、润州刺史"。参《通鉴》上元元年十一月"甲午，（刘）展陷润州，升州军士万五千人谋应展，攻金陵城，不克而遁。侯令仪惧，以后事授兵马使姜昌群，弃城走"之记，令仪官仅止于升州刺史，"润州"当衍。《旧纪》："（乾元二年）六月乙未朔……以饶州刺史颜真卿为升州刺史，充浙江西道节度使。……三年春正月……辛巳……以杭州刺史侯令仪为升州刺史，充浙江西道节度兼江宁军使。"参《行状》"肃宗诏追，未至京，拜刑部尚书"云，侯令仪为其后任，两人宜有交接。

敬羽（？—七六二），河中宝鼎人，为有唐酷吏，官至道州刺史。早年与毛若虚、裴昪、毕曜同时为御史，以酷毒闻，有"毛、敬、裴、毕"之称。《新唐书》《旧唐书》皆有传，见《旧唐书》卷一八六下、《新唐书》卷二〇九。《旧纪》：宝应元年秋七月"庚寅……赐道州司马（刺史）敬羽自尽"。其"赐自尽"于道州即在乾元五年。参《旧传》"及肃宗于灵武即大位，羽寻擢为监察御史……及收两京后，转见委任"云，盖颜真卿至德年间御史台属员。颜、敬交往，或始于肃宗凤翔行在。

鲜于昱，鲜于仲通长子，乾元三年八月相遇新政时正在成都兵曹任上。颜、鲜于两氏有世亲之好，真卿与之交游，盖始于永泰二年为其父撰书碑文之时。

刘晏（七一六—七八〇），字士安，曹州南华人，以丰财忠良先后为肃宗、代宗两朝宰相。《新唐书》《旧唐书》皆有传，见《旧唐书》卷一二三、《新唐书》卷一四九。《旧传》称"为酷吏敬羽所构，贬通州刺史"。参《新传》"诏晏兼京兆尹。……会司农卿严庄下狱，已而释，诬劾晏漏禁中语，宰相萧华亦忌之，贬通州刺史"云。《通鉴》所记刘晏上元二年十月出贬通州，事亦与敬羽有关。其以户部让颜真卿，甚得史称。《旧唐书》史臣有赞曰："举真卿才，忠也；减王缙罪，正也。忠正之道，复出于人。"《新传》："建中元年七月，诏中人赐晏死，年六十五岁。"逆推生于开元四年，宝应元年四十七岁，少颜真卿七岁。

元载（？—七七七），字公辅，凤翔岐山人，官至宰相，《新唐书》《旧唐书》皆有传，见《旧唐书》卷一一八、《新唐书》卷一四五。《旧传》称："载在相位多年，权倾四海，外方珍异，皆集其门，资货不可胜计，故伯和、仲武等得肆其志。轻浮之士，奔其门者，如恐不及。名姝、异乐，禁中无者有之。兄弟各贮妓妾于室，倡优偎亵之戏，天伦同观，略无愧耻。及得罪，行路无嗟惜者。"是时恩宠正盛，元、颜不叶，盖始于本年扈从陕州之时。

　　韦幼成，《新表》系在韦氏南皮房，与"郎官家"韦虚心、虚受为从兄弟。《颜鲁公文集》卷二三《书评三·韦缜碑》下有按"《唐书·宰相世系表》：缜，魏王府长史庆植第八子顼之曾孙。鲁公娶中书舍人迪之女，迪则庆植长子瑶之曾孙也。公以妇族为书其碑"云，不知何据？韦庆植出自彭城公房，与南皮房纯属二枝，且韦迪乃鄜城庄公韦范之后，见开元二十二年条，与彭城公房一无干系，何有妇族之份？颜真卿与之兵部同僚，所书碑，盖出韦幼成、幼章兄弟之请。

　　独孤及（七二五—七七七），字至之，河南洛阳人，应制登科，初仕华阴尉，官至常州刺史，谥曰宪。《新唐书》《旧唐书》皆有传，见《旧唐书》卷一六八、《新唐书》卷一六二。梁肃《朝散大夫使持节常州诸军事守常州刺史赐紫金鱼袋独孤公（及）行状》："上元初，授左金吾兵曹，掌都统江淮节度书记。"参《新传》"辟江淮都统李峘府掌书记"云，独孤及乃上元年间李峘掌书记，颜真卿守升州日，李峘为其上司，颜与独孤氏必有周旋。颜真卿正书铭石，盖缘之于韦幼成、独孤及诸人。

　　郭英乂（？—七六五），字元武，瓜州晋昌人，官至右仆射，封定襄郡王，《新唐书》《旧唐书》皆有传，见《旧唐书》卷一一七、《新唐书》卷一三三《郭知运传》后。元载死党，为颜真卿尚书右丞及检校刑部尚书、刑部尚书上司，《旧传》有称"恃富而骄，于京城创起甲第，穷极奢靡。与宰臣元载交结，以久其权。会剑南节度使严武卒，载以英乂代之，兼成都尹，充剑南节度使。既至成都，肆行不轨，无所忌惮。……又颇恣狂荡，聚女人骑驴击毬，制钿驴鞍及诸服用，皆侈靡装饰，日费数万，以为笑乐。未尝问百姓间事，人颇怨之"。《旧唐书》史臣赞曰"失政"，其非良臣，可以明矣。

　　程皓，岑参友，有《醴泉东溪送程皓元镜微入蜀》诗志其事，陈铁民、侯忠义

《岑参集校注》记在天宝十三载岑参客醴泉之时，盖是。

归崇敬，字正礼，苏州吴县人。官至兵部尚书致仕，翰林学士，充皇太子侍读，《新唐书》《旧唐书》皆有传，见《旧唐书》卷一四九、《新唐书》卷一六四。

李光进，字太应，李光弼季弟，《新唐书》有传，见卷一三六《李光弼传》后，谓："初为房琯裨将，将北军战陈涛斜，兵败，奔行在，肃宗宥之。代宗即位，拜检校太子太保，封凉国公。吐蕃入寇，至便桥，郭子仪为副元帅，光进及郭英乂佐之。自至德后与李辅国并掌禁兵，委以心膂。光弼被谮，出为渭北、邠宁节度使。永泰初，封武威郡王。累迁太子太保，卒。"

张澂，无考。以《捧袂》"因中郎张澂往，谨附状不宣。……张澂昨艰难时，首末得力。愿在麾下有容足处庇之，幸甚"云，盖其平原旧部中郎。

贾镒、杨鹔，无考。

韩涉，时为御史。岑参友，参有《怀叶县关操姚扩韩涉李叔齐》诗志其事。据李嘉言《岑诗系年》，韩涉为御史之前即乾元初，曾官叶县。

梁乘，吉州刺史。刘长卿友，有《送梁郎中赴吉州》《瓜州驿重送梁郎中赴吉州》诗壮其行。其吉州刺史前，盖为郎中，然劳格、赵钺《唐尚书省郎官石柱题名考》仅记为"仓部员外郎"，见卷十八。又，《新纪》"（大历）九年二月辛未，徐州兵乱，逐其刺史梁乘"云，其后盖有徐州刺史之迁。

韦甫已，唐代宗大历二年丁未（公元七六七年），时为大理评事，衔命充使来吉州。

房澄，无考。

宋俨，名相宋升之孙，尉氏令宋华之子，即太仆宋升、御史中丞宋浑之侄，官至苏州刺史，见《新表》宋氏条。宋升为颜真卿校书郎任上长官；宋浑乃颜真卿天宝八载宪台上司，有"深知"之恩。俨与颜真卿自有世亲之谊。

魏少游（？—七七一），字少游，邢州钜鹿人，官至刑部尚书，《新唐书》《旧唐书》皆有传，见《旧唐书》卷一一五、《新唐书》卷一四一。大历六年卒，赠太师（《新传》作太子太师）。《旧传》称："少游居职，缘饰成务，有规检，善任人，果于集事。"上引有谓"观察使"，乃其江南西道观察使之简称。颜、魏之交，盖始于是时。

刘太冲，名文士刘太真之兄，宣州人。望出彭城，晋末随晋元帝永嘉南渡，遂为金陵大族。天宝十二载进士登科，皇甫曾、李清同年。与弟太真并师事萧颖士。按，刘太真，（七二五—七九二），字仲适，天宝十三载登进士科，裴度《刘府君（太真）神道碑铭》有称："弱冠以行义修洁，词藻瑰异，名声藉甚于诸公间。当时文士兰陵萧茂挺，才高意广，诱接甚寡，一见公，便延之座右，以孔门高弟，不在兹乎。天宝中，与伯氏太冲迭升太常第，议者荣之。"萧颖士《江有归舟诗序》亦称"太真元昆，前已甲科，未始间岁，翱其连举"。其兄弟师事萧颖士，盖在进士登科之前。太真，为太冲二弟，其贞元八年三月八日卒，年六十八，盖生于开元十三年，以兄弟先后登科推之，元昆年纪不会太长，或几岁而已。《刘太真碑》记其世系：晋永嘉末，衣冠南渡，遂为金陵人。一代祖悱，隋伏波将军、桂阳太守。高祖关，皇襄州别驾。曾祖轸，皇沂州刺史。祖际，皇洪州录事参军。考若筠，皇赠谏议大夫。又记其兄弟之情，有谓"谏议府君尝被热疾而为疽……后因与元兄营甘鲜之膳，自城邑而归，未至所舍，而遇曛黑，则有偷者，引弓遮道，公遽告之名居，且曰身惟所取，无害吾兄，盗者乃愕然自失，曰不谓是刘家兄弟，乃惭而退。则赵孝之争死让生，不是过也"云。

太冲之师萧颖士乃颜真卿之"少相知"，见上谱。其八士之交，见称于史，首揭于萧颖士之传，如《新唐书》卷二〇二《萧颖士传》有记："颖士友殷寅、颜真卿、邵轸、赵骅，时人语曰殷、颜、柳（芳）、陆（据）、李（华）、萧、邵、赵，以能全其交也。"《旧唐书》卷一八七《赵骅传》骅作晔，所记八士之交亦同。颜、刘之交，盖与萧颖士有关。元昆行谊如是，其弟太真与颜氏情义宜当不浅。

徐向，字文伯，与徐缜同族，并出自"北祖上房"，历衢、江、陈、颖、郑、宋六州刺史，见《新表》"徐氏世系"。以上引宋州刺史云，大历七年正在宋州刺史任上，为颜真卿之东道主。

田悦（七五一—七八四），魏博节度使田承嗣之侄，平州卢龙人，乃田神功族中子弟，官至检校尚书右仆射，封济阳王，《新唐书》《旧唐书》皆有传，见《旧唐书》卷一四一《田承嗣传》《新唐书》卷二一〇《藩镇魏博传》。德宗朝与朱滔、王武俊、李纳结盟称王，国号魏，僭称魏王。兴元元年，去王号。《旧传》："仍令给事中、兼御史大夫孔巢父往魏州宣慰。……悦方宴巢父，为其从弟绪所杀。"参

《新传》死时"年三十四"云，本年当二十三岁。《萃编》卷九八记其碑末题记，悦结衔"宣德郎、楚丘县令"。楚丘，隶宋州，为徐向下僚。颜、田两人，盖有交游，惟其合作碑版，仅见此例。

杨绾（？—七七七），字公权，华州华阴人。元载伏诛，拜中书侍郎、同中书门下平章事，集贤院、崇文馆大学士，兼修国史。七月即卒于任上，赠司徒，谥文简。《新唐书》《旧唐书》皆有传，见《旧唐书》卷一一九、《新唐书》卷一四二。

常衮（七二九—七八三），京兆人。元载伏诛，拜门下侍郎、同中书门下平章事，弘文、崇文馆大学士，与杨绾同执朝政。建中四年正月卒，享年五十五，有文集六十卷。赠左仆射。《新唐书》《旧唐书》皆有传，见《旧唐书》卷一一九、《新唐书》卷一五〇。

杜济（七二〇—七七七），字应物，襄阳人，望出杜陵，杜甫从侄，详见《颜真卿低杜甫一辈》。太子中舍人韦迪三女婿，即颜真卿妻妹夫，有友婿之分。解褐南郑主簿，后官至京兆尹，终于杭州刺史任上。三子：匡、陟、肃。《新表》"襄阳杜氏"条记"匡、陟、缉、宁、杨五子"，盖误读碑文，以"缉宁家残"句中之"缉宁"为杜济两子名。黄本骥《颜鲁公文集》卷十于碑后已考正之。"杨"，为"肃"之讹。"匡、陟、肃"为颜真卿襟侄，是时未见职守，当尚未入仕。杜氏三兄弟，见于史者，仅陟一人，《宋高僧传》卷十六《唐钱塘永福寺慧琳传》有"元和丁亥，太守、礼部员外城南杜陟，请出永福寺登坛"云。元和丁亥，即元和二年。另，《唐才子传》卷七"李远"条记"大和五年杜陟榜进士及第"。元和二年、大和五年分别上距本年三十年、五十五年，两杜陟，盖非一人。前杜陟即元和二年任杭州刺史者盖是。太和五年之进士杜陟，为别一人。四女，长女时适校书郎卢少康。

《唐会要》卷七九《谥法上》"简"条下记有"杭州刺史杜济"。碑、志，并不见，盖出追谥。

杜济为元载集团中人，京兆尹任上为徐浩妾弟侯莫陈怘冒选违典，为御史大夫李栖筠弹劾，史称："始，浩罢岭南节度使，以瑰货数十万饷（元）载，而济方为京兆，邑吏部侍郎，三人者，皆载所厚，栖筠并劾之。"（《新唐书》卷一四六《李栖筠传》）济为之违典，虽承元载意旨，亦当出自徐浩之请托。又，杜济永泰元年剑南节度行军司马任上，因节度严武故，奏请郭英乂为节度，见《新唐书》卷一四四《崔宁传》。按，严武卒于四月庚寅，郭英乂为成都尹、充节度使在翌月癸丑，其奏请，盖在四月庚寅至五月癸丑间，并见《旧唐书》卷十一《代宗纪》，而前年十一月十五日颜真卿因郭英乂谄事军容使鱼朝恩有《与郭仆射书》，先后未隔半年。颜、杜为连襟，视右仆射郭英乂清浊如是，其与权相元载者更有墨朱之判矣！

《集古录跋尾》卷七称《杜济碑》："已残缺，铨次不能成文，第录其字法尔。"宋季盖已残甚，别称《梓州刺史杜济碑》者，洵有由也。

李洞清，郭子仪婿，《元龟》所记"殿中少监李洞清嫁女用俗法……礼仪使举送御史台按之"云，是时为殿中少监，参杨绾《汾阳王妻霍国夫人王氏神道碑》"次女适殿中少监李洞清"云，其为汾阳王郭子仪之婿。殿中少监盖其终官，《旧唐书》卷一二〇《郭曜传》云"子仪薨后，杨炎、卢杞相次秉政，奸谄用事，尤忌勋族。子仪之婿……少府少监李洞清……皆以家人告讦细过，相次贬黜"。其遭贬黜，盖出颜氏之举。少府少监，乃殿中少监之讹。

李琬，宗正卿，《新唐书》《旧唐书》皆无传。《旧纪》记其兴元元年九月庚午卒。盖与荣王琬同名。

李瑀，汉中王，乃让皇帝宪第六子，《新唐书》《旧唐书》皆有传，见《旧唐书》卷九五《睿宗诸子》《新唐书》卷八一《三宗诸子》《让皇帝宪传》附。

李涵，宗室，出自高平王道立之后。累封襄武县公，以右仆射致仕，兴元元年九月后李琬十二日卒，赠太子太保。《新唐书》《旧唐书》皆有传，见《旧唐书》卷一二六、《新唐书》卷七八《宗室》。吴廷燮《唐方镇年表》卷五《浙西》条记：大历七年二月甲寅至十一年四月丙子，为浙西观察使，并本《旧记》。《嘉泰吴兴志》卷十八《食用故事·茶》记："自大历五年始分山析造，岁有客额，鬻有禁令，诸乡茶芽置焙于顾渚，以刺史主之，观察使总之。"湖州茶事由湖州刺史颜真卿主持之，浙西观察使李涵总理之，颜、李之间例有周旋，且来湖名士如吕渭（支使）、袁高（判官）及褚冲、沈益、刘全白、沈仲昌、魏理并出其幕下，盖与茶事有关。《旧传》："德宗即位……除太子少傅，充山陵副使。（因父讳）……由是改涵为检校工部尚书、兼光禄卿，仍充山陵副使。"山陵副使，乃颜真卿副手。

杨炎（七二七—七八一），字公南，凤翔天兴人。大历十四年八月，因宰相崔祐甫荐，以道州司马拜门下侍郎、平章事。《新唐书》《旧唐书》皆有传，见《旧唐书》卷一一八、《新唐书》卷一四五。《旧纪》：建中二年"冬十月乙酉，尚书右仆射杨炎贬崖州司马，寻赐死"。《新传》记其享年五十五，谥平厉。《旧传》有记孙成、李舟为其心腹。张彦远《历代名画记》卷十记其"善山水，高奇雅赡"，又说"余观杨公山水图，想见其为人魁岸洒落也"，盖一善画之人。

卢杞，字子良，玄宗相怀慎之孙，御史中丞卢奕之子。建中二年二月乙巳，以御史大夫为门下侍郎、同中书门下平章事。《新唐书》《旧唐书》皆有传，见《旧唐书》卷一三五、《新唐书》卷二二三下《奸臣下》。

郑叔则（七二二—七九二），荥阳人，明经登科，官至福建观察使，贞元八年四月十六日卒，享年七十一，穆员有《福建观察使郑公（叔则）墓志铭》志其事。《颜鲁公行状》："公乘驿驷至东京，河南尹郑叔则劝公，曰：'反状已然，去必陷祸，且须后命，不亦善乎？'公曰：'君命也，焉避之。'"参《通鉴》"李希烈……又遣别将董待名等四出抄掠，取尉氏，围郑州……留守郑叔则入保西苑"云，颜、郑之晤，必在东都西苑。常例驿马日行六驿，一百八十里。京、洛相距八百三十五里，颜真卿至西苑，当走五天即在二十二日前后。颜、郑交游，仅见于是。

李希烈（？—七八六），燕州辽西人。《新唐书》《旧唐书》皆有传，见《旧唐书》卷一四五、《新唐书》卷二二五中《逆臣传》。《旧传》："希烈少从平卢军，后随李忠臣（董秦）过海至江南。"参《颜鲁公行状》"自肃宗已来，河南及诸道立功大将军如……董泰（秦）……等，初皆是公自北海迎致之者"云，李希烈当年随李忠臣（董秦）过海至河南，盖亦一颜真卿"北海迎致之"者。颜、李，盖出旧交。

李元平，汝州别驾知州事降许州者。《通鉴》记其"本湖南判官，薄有才艺，性疏傲，敢大言，好论兵……为人眇小，无须"。盖一庸劣之人。后为李希烈"大楚"国宰相（同平章事）。

周曾、康秀林，许州军将。

姚憺，许州押衙。

辛景臻，许州军将，李希烈伪皇城使即杀害颜真卿者。

陈仙奇，李希烈牙将，鸩杀希烈，以淮西归顺。贞元二年四月甲申（二十五日），授淮西节度使。未几，为别将吴少诚所杀，赠太子太保。《旧唐书》有传，见卷一四五《李希烈传》附。

贾耽（七三〇—八〇五），字敦诗，沧州南皮人。其为平淮蔡功臣，官至仆射、同中书门下平章事，封魏国公，《新唐书》《旧唐书》皆有传，见《旧唐书》卷一三八、《新唐书》卷一六六。《旧传》："永贞元年十月卒，时年七十六，废朝四日，册赠太傅，谥曰元靖。"

柳冕（？—八〇四），字敬叔，柳芳之子，殷嘉绍之婿，即颜真卿表侄婿。颜真卿有《与柳冕帖》。官至御史中丞、福建观察使，《新唐书》《旧唐书》皆有传，见《旧唐书》卷一四九《柳登传》附、《新唐书》卷一三二《柳芳传》附。颜真卿为其长辈，不仅有父执之分，且具姻亲之谊。大历中历太乐令、右补阙。建中元年坐刘晏事，贬巴州司户。贞元元年任太常博士，迁吏部员外郎，任上偕李萼、杨昱、权器及内弟给事中殷亮协理颜真卿丧事。其后官至御史中丞、福建观察使。《旧传》："冕在福州奏置万安监牧于泉州界，置群牧五，悉索部内马五千七百匹、驴骡牛八百头、羊三千口，以为监牧之资。……以政无状，诏以阎济美代归而卒。"《唐方镇年表》卷六"福建"条引《顺宗实录》："永贞元年四月景寅，罢闽中万安监。先是福建观察使柳冕奏置监，百姓苦之，至是观察阎济美奏罢之。"参梁克家《淳熙三山志》卷二一《郡守》："贞元二十年，阎济美"之记，柳冕以坐政无状，代还，时在贞元末年。《新传》记，"卒，赠工部尚书"。

柳登（？—八二一），字成伯，柳冕之兄，官至右散骑常侍。《新唐书》《旧唐书》皆有传，见《旧唐书》卷一四九、《新唐书》卷一三二《柳芳传》附。《旧传》："长庆二年卒，时年九十余。辍朝一日，赠工部尚书。"柳登、柳冕兄弟，并居集贤院，为柳宗元父镇友，见其《先君石表阴先友记》。

《唐语林》卷六记："至明年，希烈死，蔡帅陈仙奇奉鲁公丧归京。犹子颜岘实从柳常侍与裴氏女及翙绦同迎丧于镇国仁寺。"又记有其挽词："杀身终不恨，归丧遂如生。"柳常侍即柳登，盖颜真卿之迎丧者。

令狐峘（？—八〇五），初唐名臣令狐德棻之玄孙。撰有《玄宗实录》一百卷、《代宗实录》四十卷。官至秘书少监,《新唐书》《旧唐书》皆有传,见《旧唐书》卷一四九、《新唐书》卷一〇二《令狐德棻传》附。《旧传》:"顺宗即位,以秘书少监征,既至而卒。……元和三年……以功赠工部尚书。"《新传》:"在衢十年,顺宗立,以秘书监召,未至,卒。"按《旧纪》:顺宗贞元二十一年正月"丙申,即位于太极殿"。盖卒于贞元二十一年即八月改元永贞之前。其礼部侍郎任上,曾参预元陵之务,为颜真卿下僚,见建中三年谱。《元龟》卷五六二"国史部"《疏谬》条下有记"令狐峘为左庶子、史馆修撰,在史馆修《玄宗实录》百卷,撰《代宗实录》四十卷,虽勤劳,然多遗漏,不称良史。至元和二年,其子丕为太仆寺丞,进峘所撰《代宗实录》四十卷,诏付史馆,赠峘工部尚书。叙事用舍咸不当,而又多于漏略。名臣房琯不立传,直疏如颜真卿而不载"云。所撰碑文,《全唐文》作《光禄大夫太子太师上柱国鲁郡开国公颜真卿墓志铭》,《留谱》始称神道碑,黄本骥从之,径改题曰神道碑铭,引入《颜鲁公文集》卷十四,盖是。

颜真卿在湖州

一、出守湖州

（一）

　　唐代著名书法家颜真卿于大历八年正月（公元773年2月）到达湖州，出任湖州刺史。

　　根据出自《忠义堂帖》[1]颜真卿《乞御书题额恩敕批答碑阴记》：

> 真卿……大历三年夏五月，蒙除抚州刺史，六年闰三月代到。……七年秋九月归至东京。起家蒙除湖州刺史。来年春正月至任。

　　颜真卿起家迁除湖州刺史，殷亮《颜鲁公行状》记在大历七年（772）九月，留元刚《颜鲁公年谱》从之。

　　唐制，凡是注授新职的官员必须克期赴任，若如殷亮所言，颜真卿自九月迁除新职，明年正月始到任，其间滞留先后四个月，这与他谨慎的秉性不合。

　　按，开元二十五年有《假宁令》，其明文规定："诸外官授讫，给装束假，其一千里内者四十日，二千里内者五十日，三千里内者六十日，四千里内者七十日，过八千里者八十日，并除程。"[2]湖州离京三千四百余里，装束假七十日，上引鲁公所记"来年春正月至任"，其吏部注授必在七十日以前，即十一月间。

　　有关史料与殷氏所言也有支吾：

　　一、王昶《金石粹编》卷九七有颜真卿《宋璟碑》[3]，首题"金紫光禄大夫行抚州刺史上柱国鲁郡开国公颜真卿撰并书"，末款"大历七年岁次壬子九月二十五日孙俨追建"。按，宋璟墓田在邢州沙河县，据颜真卿《宋璟碑侧记》[4]"昭义军节度观

1　《忠义堂帖》为存世所见最早的颜真卿书法丛帖，南宋嘉定八年（1215）留元刚编集鲁公书迹摹勒上石，后二年巩嵘续刻七通，合成四十五种，因置于永嘉忠义堂，遂名《忠义堂帖》。今藏浙江省博物馆全帙者，乃宋刻宋拓，凡八册，为孙承泽海云阁旧藏本。
2　［日本］仁井田升：《唐令拾遗·假宁令第二十九》，长春出版社，1989年，页681。
3　全称《有唐开府仪同三司行尚书左丞相上柱国赠太尉广平文贞公宋公（璟）神道碑铭》。
4　全称《唐故太尉广平文贞公宋公（璟）神道碑侧记》。

察使、尚书左仆射兼御史大夫、平阳郡王薛公曰嵩……乃命屯田郎中、权邢州刺史封演购他山之石，曳以百牛；偻刻字之工，成乎半岁。磨砻既毕，建立斯崇，远近嗟称，古今荣观。虽大贤为德树善，庸限于存亡，而小子何知，附骥托迹于阶序"云，大凡碑志皆在墓主死后依凭其行状撰述的，所志撰书人职衔，皆出自题，为其时职。之后书丹铭石，或模勒上石，多依样作业，不加更改。鲁公所署"抚州刺史"，盖其时职。若撰书出之抚州，其铭石必在宋璟墓田。即使不在墓田，亦当在邢州治所，由刻工处置之，而邢州在洛阳东北八百四十里处。又，是碑明记九月二十五日追建，其立石必在颜真卿九月归至洛阳之后。其题衔抚州，盖未注授新职。

二、同书卷九五《臧怀恪碑》[5]，立在京兆三原县。其文称墓主臧怀恪之子希让"开府仪同三司、行太子詹事、兼御史大夫、邠宁山南观察使、集贤待制、工部尚书、渭北节度使鲁国公"，参阅《旧唐书》卷一一《代宗纪》：大历四年"六月丁酉，以太子詹事臧希让检校工部尚书，充渭北节度"；九年九月"乙巳，渭北节度使、坊州刺史臧希让卒"。故是文当撰书于臧希让大历四年（769）正除工部尚书后，大历九年（774）出任坊州刺史之前。臧希让是鲁公蓬州刺史任上的节度使，是为上司。碑有称"真卿早岁与公兄（怀亮）子谦为田苏之游，敦伯仲之契；晚从大夫（希让）之后，每接常僚之欢"云，是时正任"开府仪同三司、行太子詹事"。鲁公与之相遇，必在京都，且希让父墓在三原，隶属于京兆，是碑必撰书于鲁公抚州代到、自洛归京之日即待选期间。其碑题鲁公结衔一如《宋璟碑》，曰"金紫光禄大夫行抚州刺史"，亦是明证。

最可说明问题的是颜真卿的《与夫人帖》，其云：

> 真卿顿首，奉承十四日迁厝。……真卿离官已久，事须十间，前至郑州。……真卿十一日且发东京，伫望早来早来。谨不次。真卿顿首，夫人阁下。十一月八日。……或至十三日得发。

按，是帖十一月八日颜真卿所记，尚称"离官已久"，其注授新职，必在十一

---

[5] 全称《唐故左武卫将军赠工部尚书上柱国上蔡县开国侯臧公（怀恪）神道碑铭》。

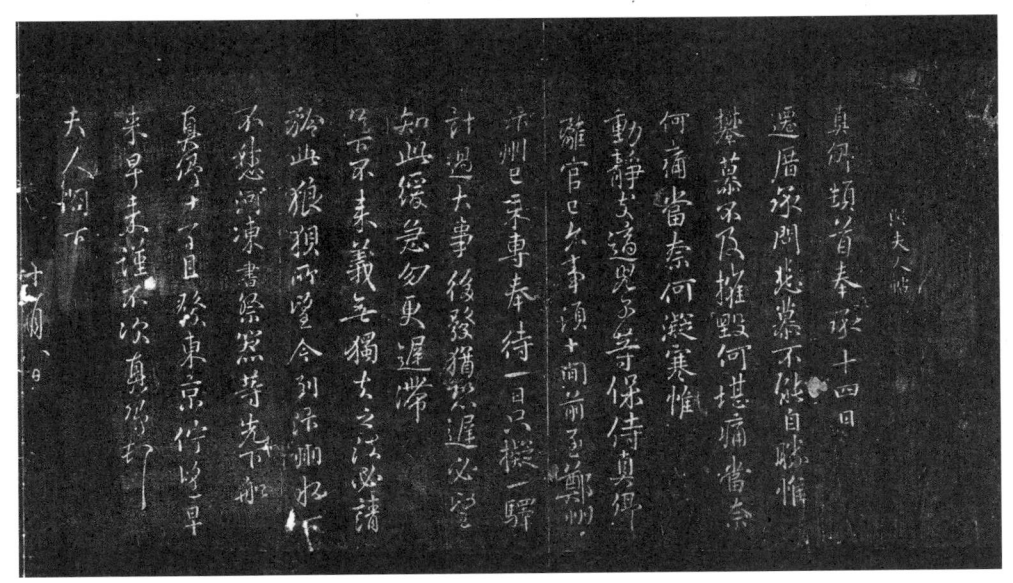

与夫人帖

月十四日奉承迁厝之后。殷亮所记"七年九月拜湖州刺史"者,误。"九月"后,必有漏夺。

颜真卿存世碑志凡自题湖州刺史职衔者,最早见诸《元结碑》[6]。墓主元结是颜真卿在饶州刺史任上的朋友,大历七年四月卒于京都永崇坊旅馆,"其年冬十一月壬寅,虔葬君于鲁山青岭泉陂原"。大历七年十一月,丁丑朔。壬寅,二十六日。观其文"故吏大历令刘衮……等,感念恩旧,皆送丧以终葬,竭资礱石,顾垂美以述诚。真卿不敏,尝忝次山风义之末,尚存尽往,敢废无愧之辞"云,鲁公撰文颂德、书丹铭石者必在大历令刘衮诸群士虔葬元结、立墓鲁山即十一月廿六日之前,而是时已见任湖州。其"蒙除湖州刺史",必在大历七年十一月八日至二十六日之间。

颜真卿自大历六年(771)闰三月代到离任,至七年十一月注授新职,整整做了二十个月的"具员",这期间每两个月皆由所在州府即抚州申奏,全不见"量才除授"。而如今"因自归止",不数月即授新职,盖依助于京兆尹杜济的援引,原由所出有二:(一)杜济是鲁公连襟,当时正在任上。[7](二)唐制,"刺史及五品以上官在外应受替去任,非有征召未得至京,宜委所在州府每两月一度申中书门下,

---

6 　全称《唐故容州都督兼御史中丞本管经略使元君(结)表墓碑铭》。
7 　《唐会要》卷六一《御史台中·馆驿》:"大历五年九月杜济除京兆尹,充本府馆驿使。"又《旧唐书》卷一一《代宗纪》:"大历八年五月乙酉……京兆尹杜济杭州刺史皆坐典选也。以太府卿于颐为京兆尹。"大历五年九月至八年五月,杜济在京兆尹任上。

其初状仍具前任政绩，受代年日，中书、门下准前置'具员'，量才除授，其家在上都，因自归止者，京兆府申奏"[8]。颜真卿祖宅在长安县敦化坊，隶于京兆府，其来京者，当出"自归止者"，依资改转，正由京兆府申报，出之杜济之手。

按，杜济（720—777），字应物，襄阳（治所在今湖北襄阳市）人，望出杜陵，是杜甫的从侄[9]，鲁公的妻妹夫，也是太子中舍人韦迪的第三女婿，政治上是权相元载的党羽。

永泰二年（766）鲁公自刑部尚书剧贬外郡别驾，正出于元氏集团对不同政见的排抑。当是时，元载专权，引用私党，惧怕朝臣直奏皇上议论其非，乃矫旨百官论事，皆先报长官，长官报宰相，然后奏闻。鲁公由是上疏，切谏其害，此即著名的《论百官论事疏》。意见虽然未加采纳，但甚得人心，内侍争写之传播于外，尤受后人的重视，《新唐书》作者即全文引载，借此以申明鲁公正直与明智。当然，此举更遭到元载的忌恨。正好这时鲁公摄职谒太庙，以祭器不修言之于朝，于是即以此为口舌，借诽谤时政的罪名加以陷害，逐出朝廷，远离政治中心。

此事或与杜济无涉，一则当年党争不烈，壁垒未见分明；二则友婿之谊，杜氏例当顾及，即使不加援额，亦有所回避。我们从鲁公为之所作的《杜济墓志铭》[10]中可以看出，当其遽归道山之时，鲁公为之撰文志墓，有称："公以杰俊之材，当艰虞之际，伸其智略，宣力盛时。颉颃鸳鹭之间，总统龙犀之节。旋登琐闼，骤陟尹畿。方当焜耀高衢，升凌台序，而一麾出守，铩翮江皋，竟吉往而凶归，赍此志而没地，吾道憯矣！"又引其夫人自祭文"周旋吴蜀，备历艰危。不陷寇难，赖君携持。一朝孤立，更复何依。鱼失水而鳞悴，树无根而叶委"云，这虽是六年后元载集团遭清算的大历十二年（777）间的事，但亦隐约可见鲁公与杜氏的情谊。志文不仅大申伤愍，还对他曲情回护，加之忌讳，特别是附党元载之事尤见深讳。

至于杜济其他无识无明之行，有如永泰元年（765）剑南节度行军司马行上，因节度严武亡故，杜济偕别将郭英幹、郭善琳奏请郭英义为节度使，《新唐书》卷

---

8 《册府元龟》卷六三一《铨选部·条制三》。
9 拙著《初果集——朱关田论书文集》下编《唐书人随考·（29）颜真卿低杜甫一辈》。
10 全称《京兆尹兼中丞杭州刺史剑南东川节度使杜公（济）墓志铭》。

一四四《崔宁传》记之甚详，甚为不屑，而鲁公亦为之解脱，宣称"公善与人交，于严武情均莫逆。武再充剑南节度，为武行军司马。郭英乂之代武也，矫宣恩命毁玄宗宫为节度使宅，公惊其异谋，移疾不视事。今司空冀国公崔宁既诛英乂，请知使事，公坚卧不起，仍俾通泉令、今前殿中侍御史韦都宾密使家僮潜表事实"云。

又，杜济因为是元载集团中人，元载败后，坐事出贬外郡，即所谓铩翮江东，三年杭州简疏之治，明明消沉无功，鲁公还大加歌颂，有"公务清闲，庭落若无吏焉"之誉。志墓谀文，不可信如是，虽正直如鲁公者亦在所难免，斯益见其友婿之谊，并不以政治之歧异而有所减损。

鲁公平生撰述碑志，多不记墓主夫人，或偶有记载，亦每每省简。而杜济之碑志，其张扬夫人，不拘常调，不仅称之为"精识高明，正家柔克。移天有干夫之蛊，宜室多绥族之仁。六姻称其壶则，四德被于彤管"，又特引其祭夫之文，誉曰："词理精婉，才情恳到，闻者伤慜焉。"鲁公之"自归止者"，京兆尹的申奏以及吏部之注授，固然出之于杜济之力，援额者或有赖于这位妻妹、贤夫人。

（二）

颜真卿"具员"期间，停留上元最久，达九个月，几乎占去一半时间。

上元，本金陵之地，秦改秣陵，吴名建业，宋为建康。晋分秣陵置临江县，太康初改为江宁。唐武德三年（620）改江宁为归化，八年（625）改归化县为金陵，九年（626）改金陵为白下县。贞观二年（628）改为江宁县。至德二年（757）三月置江宁郡。乾元元年（758），于江宁置升州，置浙西节度使。上元二年（761），复为上元，还隶于润州。治所即在今南京市，是颜真卿先祖乔居之地。其十三代祖颜含，在永嘉元年（307）随琅邪王司马睿渡江，后司马睿为晋元帝治于此，颜含因而移居于是州长干里，遂自琅邪临沂举族南迁，至七代祖颜见远，已经七叶一百五十余年矣。

颜之推《观我生赋》"经长干以掩抑，展白下以流连"句下，自注有"长干，旧颜家巷"，"靖侯以下七世坟茔，皆在白下"云。颜真卿《颜含碑》[11]也记："铄吾

11　全称《晋侍中右光禄大夫本州大中正西平靖侯颜公（含）大宗碑铭》。

祖，渡江浦。孝通神，明轶古。凡七叶，葬白下。"

白下即上元古治所，鲁公自十三代祖颜含以下颜髦、颜绿、颜靖之、颜腾之、颜炳之，至颜见远七世先人都葬在此地，换言之，白下是颜氏祖茔所在地。1958年，南京市文物保管委员会在南京挹江门外老虎山发掘四座晋墓，其中一号墓出土墓志砖一方，刻有"琅邪颜谦妇刘氏年卅四以晋永和元年七月廿日亡九月葬"二十四字。颜谦即颜含仲子、颜髦之弟。二号夫妇墓出土六面铜印一方，曰"颜绿""臣颜绿""颜绿白事""颜绿白笺""颜文和"及"白事"者，乃颜含之孙、颜髦之子颜绿遗物。三号夫妇墓出土"零陵太守章"龟形纽石印一枚。零陵太守是颜约职守，颜约是颜含第三子即颜髦仲弟。四号墓出土六面铜印一枚。刻有"颜镇之""镇之白笺""臣镇之""镇之言事""颜镇之白事"及"白事"字样。其墓主虽不能确考，但以颜绿子孙辈多出"之"字排列而推测之，亦当为颜含后裔。

颜真卿先祖颜含以下七叶的白下墓田即在南京挹江门外的老虎山麓，范围之大，殆不仅止于颜含、颜髦、颜绿、颜靖之、颜腾之、颜炳之、颜见远七代直系祖先，例有旁系者在。

上元，又是鲁公乾元初年出任升州刺史，充浙江西道节度使兼江宁军使的治所。当年颜真卿屈临是州，志气并高，俨然以股肱大臣自居。其《谢浙西节度使表》称：

> 臣以为全吴旧国，分阃重权，煮东海以自资，堑西河而作固，九州天险之地，六代帝王之都，是以魏文兴嗟，甘从南北之限；苻坚恃众，爱丧百万之师。岂不以形胜是先，腹心斯切，亲贤重寄，镇遏攸难，矧在庸微，宁堪及此。是以拜命之日，以荣为忧。……即当缮修甲兵，抚循将士，观察要害，以备不虞。假陛下英武之威，遵陛下平明之理，一心戮力，上答天慈。伏惟陛下，察臣愚忠，则死且不朽，无任感戴屏营之至。

事实也是如此。时扬州长史刘展反迹已著，颜真卿选将士，训兵卒，整饬器械，加强水陆战备，以预不测之祸，谋略甚见高远。此事虽因淮南节度处置使李峘的反对，以"过防骇众"而罢，但其拳拳之心，殷殷之鉴，自可想见，真所谓"感戴恩荣，死生知报"对朝廷一片忠勤。

然而一纪之后，山河依旧，气概全异。

试看鲁公在《李含光碑》[12]表述：

> 真卿，乾元二年以升州刺史充浙江（西）节度，钦承至德，结慕玄微，遂专使致书于茅山，以抒诚恳。先生特令韦炼师景昭复书于真卿，恩眷绸缪，足励超然之志。然宗师可仰，望紫府而非遥；王事不遑，寄白云而悠远。洎大历六年，真卿罢刺临川，旋舟建业，将宅心小岭，长庇高踪，而转刺吴兴，事乖夙愿。徘徊郡邑，空怀尊道之心；瞻望林峦，永负借山之记（托）。

宅心，语出陆机《汉高祖功臣颂》"万邦宅心，骏民效足"句，作归心解。颜真卿所谓"将宅心小岭，长庇高踪"云者，似有入道之意。

李含光是神仙道教上清派茅山宗陶弘景的五代传人。

上清派为道教"三清"即（玉清、上清、太清）之一，承传《上清大洞真经》，专以存神法修炼成术。这种方术，并不崇尚金丹和符箓禁咒，而是通过人体精、气、神的修炼，达到修心养性的目的。除去它的某些巫术成分，实际上便是现代流行一时的存想静功。

养生，本来即是颜氏的传统，颜之推《颜氏家训》卷五《养生第十五》曾经作为明训告诫子孙："考之内教，纵使得仙，终当有死，不能出世，不愿汝曹专精于此。若其爱养神明，调护气息，慎节起卧，均适寒暄，禁忌食饮，将饵药物，遂其所禀，不为夭折者，吾无间然。诸药饵法，不废世务也。庾肩吾常服槐实……此辈小术，无损于事，亦可修也。"颜真卿秉承家教，对此津津乐道，不仅对上清派始祖魏华存即南岳魏夫人"谒拜斯频"，命其道中弟子增修观宇，鼎新仙坛，亲撰仙坛碑铭以表其元良道德，即使是本朝得道的"仙姑"如黄令微，也是虔修香火，慕睹大猷，立石以旺其氤氲仙气。平生交游，凡具修炼吐纳功夫者，更是倾心仰慕，莫不记述之，诸如徐秀有"恬淡寡欲，雅好摄生"之称，张志和有"守真养气"之颂，更何况李含光是集医学、仙道于一炉，"总袭妙门，大正真法，所以茅山为道学之所宗"的一代真人，其"宅心小岭"者，盖非虚辞！

12　全称《有唐茅山玄靖先生广陵李君（含光）碑铭》。

按，李含光（682—769），本姓弘，因避孝敬皇帝庙讳，改本姓。广陵江都（治所在今江苏扬州市）人。神龙初年度为道士，出家居在龙兴观，四十八岁从师司马子微（承祯），后移居茅山紫阳观，赐号玄靖。为上清派道士第五代传人，即陶弘景（隐居）——王远知（升元）——潘师正（体元）——司马子微，传三洞真法为帝王之师。工篆籀、楷书。又善文，著有《本草音义》两卷、《老子庄子周易义略》三卷、《内学记》两篇。大历七年（772）柳识撰有《唐茅山紫阳观玄静先生碑》（张从申正书，李阳冰篆额，八月十四日立在茅山），称其"所撰《仙学传记》，阙遗备载，又论三玄异同，著《真经》及《本草音义》，而皆精详祛惑，穷理于学，如钟蕴声"。鲁公之碑亦出韦景昭之请，惟后之五年，遂称"后碑"。鲁公与之乃出神交，不及谋面，然钦承、结慕之情已溢于言表，后之所以奉道尤特崇尚于上清派，以至有出世之想、欲归心茅山者，盖缘起于此人也。

鲁公与道教的因缘，当时流传殊广，有故事二则：

王谠《唐语林》卷六记：

颜鲁公尝得方士名药服之，虽老，气力壮健如年三四十人。

《唐语林》，沈曾植以为"较为详雅"，"多采搢绅之说也"，其《辛丑刳劙记》记元载与颜鲁公同受道箓，有引"鲁公临终之言，曰：老夫受箓及服药，皆有所得"，又记鲁公"吾与元载俱服上药，彼为酒色所败，故不及"云，皆出之是。元载佞佛与奉道，也是事实（有《注周易》一百卷、《南华通微》一卷行世，亦见其佛道造诣），故寐叟深信不疑。

李昉《太平广记》卷三二引《仙传拾遗》及《戎幕闲谭》《玉堂闲话》又记：

真卿年十八九时，卧疾百余日，医不能愈。有道士过其家，自称北山君，出丹砂粟许救之，顷刻即愈。

颜真卿是否真得北山君名药而服之，史无稽查，小说者流，也无从征信，但他确实修炼过上清派的存神之法。他在《李含光碑》中自言：

真卿与先生门人中林子殷淑、遗名（子）韦渠牟尝接采真之游，绪闻含一之德。

中林子殷淑，是李白的友朋，白有《送殷淑三首》《五云山送殷淑》《三山望金陵寄殷淑》诗志其事。遗名子是韦渠牟（751-801）的道号，颜真卿内弟即夫人韦氏从弟、南陵令韦冰之子。是时偕殷淑游于茅山为李含光门人。"采真之游"，出自《庄子》，其外篇《天运第十四》："古之至人，假道于仁，托宿于义，以游逍遥之虚，食于苟简之田，立于不贷之圃。逍遥，无为也；苟简，易养也；不贷，无出也。古者谓是采真之游。"元代道士刘大彬著《茅山志》，凡十二篇，其八作"采真游"，其叙录曰："山源曲而有容，高尚求志之士，栖道其间，不可殚纪，所采古今卓行之著明者。若夫深晦无为，潜升晨景，则曷得而名作《采真游第八》。"上清派茅山宗道士的采真之游，或许便是直仿古代圣人行苟简之法，神采真实，

湖州清风楼，是唐代督贡紫笋茶官吏的居室

一无假伪，任其逍遥从适，随化遨游。

皎然《奉同颜使君真卿清风楼赋得洞庭歌送吴炼师归林屋洞》：

> 名山洞府到金庭，三十六洞称最灵。
> 不有古仙启其秘，今日安知灵宝经。
> 山中炼师栖白云，道成仙秩号元君。
> 三千甲子朝玉帝，世上如今名始闻。
> 吐纳青牙养肌发，花冠玉舄何高洁。
> 不闻天上来谪仙，自是人间授真诀。
> 吴兴太守道家流，仙师远放清风楼。
> 应将内景还飞去，且从分风当此留。
> 湖之山兮楼上见，山冥冥兮水悠悠。
> 世人不到君自到，缥缈仙都谁与俦。
> 黄鹤孤云天上物，物外飘然天自匹。
> 一别千年未可期，仙家不数人间日。

吴炼师即上清派道士天台宗司马承祯的弟子吴筠（？—778），字贞节，华州华阴（治所在今陕西华县）人，嵩山嵩阳观道士。鲁公友善刘全白之妹（刑部郎中元沛夫人）便是受箓于其人。新旧《唐书》列入《隐逸传》，见《旧唐书》卷一九二、《新唐书》卷一九六。玄宗朝为翰林待诏（上元二年见署）。性高洁，善著述，史称其"词理宏通，文彩焕发，每制一篇，人皆传写。虽李白之放荡，杜甫之壮丽，能兼之者，其唯筠乎！"[13] "安史之乱"，避难江南，往来天台、剡中，与诗人李白、孔巢父诗篇酬唱，逍遥泉石之间，人多从之。大历十三年（778）卒于宣城，弟子私谥为宗元先生。大历初年在越州，参与《浙东联唱》，有《经兰亭故池联句》（鲍防、严维、刘全白、吴筠等三十六人）、《中元日鲍端公宅遇吴天师联句》（严维、鲍防、谢良辅、吴筠等十四人），是时正自越归来，偶适吴兴。

诗中"吴兴太守"即颜真卿。"内景"是气功内练的一种名词，唐代务成子

13　《旧唐书》卷一九二《隐逸·吴筠》。

《上清黄庭内景经》注："故曰黄庭，内者，心也；景者，象也。外象谕，即日月、星辰、云霞之象。内象谕，即血肉、筋骨、脏腑之象也。心居身内，存观一体之象色，故曰内景也。"这种内视存守的功法，参阅明代道士张三峰的《采真机要诀》"牢同阴精莫外游。巍然静坐十旬休。幽明不睡常存守，心肾相交得自由。气血通游方是美，形神俱妙始为优。玉枕泥丸空寄信，夹脊双关泉早流"云者，颜真卿的"采真之游"，实际上是一种阴阳双修、保形炼气的静功修炼。鲁公之壮健，终登上寿之年，或赖于是。

（三）

颜真卿与道教上清派传人的交往，并不止于养生一事。大历三年（768）五月，鲁公自吉州迁除抚州，别驾升为州牧。四品中州刺史已是高层文官，仕途开始顺转，只是至州不到半年，"同生之人，零落皆尽，唯形与影，相视不足"[14]，其弟江陵少尹允臧暴疾卒于任所，年仅五十九，不及花甲，同胞十人，仅存鲁公一人矣。

按，鲁公《殷践猷墓碣》记："长妹兰陵太夫人，真卿先姊也。中年孀嫠，遗孤十人，未能自振。"其同生之人，盖有十人，两姊八兄弟，长兄阙疑（杭州参军）、仲兄允南（国子司业，卒在宝应元年十一月一日，年六十九）、三兄乔卿（富平尉）、四兄早夭、五兄真长（明经）、六兄幼舆（左卫率府兵曹参军，卒在天宝九载七月十三日，年四十八），鲁公排行第七，一弟即江陵少尹允臧。鲁公存世有允南、乔卿、真长、幼舆、允臧五石，皆出亲撰并正书，《幼舆》《允臧》两碑皆记由前武功丞顶主事丧事，归祔万年祖茔，在大历四年夏四月壬戌日。抚州产石，且才高政闲，当年鲁公自有葺修万年先茔之事，其六兄一弟包括不知名的两姊之碑志，以及《颜元孙碑》，"于州采石刻颂，用寄碣于墓左"[15]，盖全出之抚州任上。

鲁公吉州别驾任上，已留心佛道，公务之暇，每每游历名胜，瞻仰圣寺，交游高僧，有如左溪大师弟子法源，为之撰述《天台智者大师画赞》《天台山国清寺壁上大师说法影像并佛顶及维摩四五六祖像》诸篇。不二年，改除抚州刺史，又撰《宝应寺律藏院戒坛记》，记律宗自元魏法聪以下，道覆、惠光、愿、洪云、遵、

---

14 颜真卿《诏议大夫行江陵少尹兼侍御史荆南行军司马上柱国颜君（允臧）神道碑铭》。
15 《殷践猷墓碣》。

智首、道宣、洪、法励、满意、法成、道宾、慧澄、慧钦十五代传承之绪。

鲁公在抚州四年，"以约身减事为政，然而接遇才人，耽嗜文卷，未曾暂废焉"[16]，加上抚州为道家胜地，其游赏山水，访寻旧址，记颂异事，修广殿宇，继增香火，"德渐好道"[17]，诸多文字，大半涉及道事，诚如《抚州临川县井山华姑仙坛碑铭》所言：

> 昔麻姑得道而名山，南真（魏华存）升仙于龟原，华姑（黄令微）鹤骖于兹岭，琼仙（黎琼仙）、妙行（曾妙行）接踵而出。非夫天地肸蚃，从古以然，则何以仙气氤氲，若斯者矣？真卿幸因述职，亲睹厥猷，若默而不言，则来者奚述。

上清派道士，尤其茅山宗崇重书法的传统，也是善书者如颜真卿乐于结游的缘由所在。

道教家世相传，除了本身的经籍、医药、方术之外，文学艺术也往往作为传播宗教的资用工具，随之私门授受，尤其书法，自东西晋南北朝时代的天师道以来，善书世家诸如崔、卢、王、郗家族，莫不是奉道世家。同样，奉道世家也多是善书世家。一则道家学经及画符，必藉能书者为之，二则写经本身也是一种功德，不独王羲之为山阴道士写经换鹅，郗愔亦"予自起写道经，将盈百卷[18]。茅山宗始祖陶弘景的《真诰》，亦曾叙述写经画符之事，其记：

> 三君（杨羲、许谧、许翙）手迹，杨君书最工，不今不古，能大能细。大较虽祖效郗（愔）法，笔力规矩，并于二王。而名不显者，当以地微，兼为二王所抑故也。掾（许谧）书乃学杨，而字体劲利，偏善写经，画符与杨相似，郁勃锋势，殆非人功所逮。长史（许翙）章草乃能，而正书古拙，符又不巧，故不写经也。

---

16 殷亮《颜鲁公行状》。
17 颜真卿《桥仙观碑记》，又名《华盖山王郭二真君坛碑铭》。
18 《太平御览》卷六六引《太平经》。

杨羲、许谧、许翙便是上清派魏华存之后的几位宗祖。鲁公《魏夫人仙坛碑》[19]有称魏华存"夫人能隶书"。上清派道士之工书盖出其授受，自有传统，如杨羲的手迹，在唐乾元年间尚存，窦臮即见过他的行书《带名》七行，《述书赋》有"杨真人之正行，兼淳熟而相成，方圆自我，结构遗名，如舟楫之不系，混宠辱以若惊"之评。陶弘景作为上清派魏华存的七代传人，他的书法全出自经书，自谓得杨氏二许三君手迹而"显悟"，据其《真诰》卷二〇《翼真检第二》"孔璪贱时"条下注："楼（惠明家）、钟（义山家）间经亦互相通涉，虽各摹符，而殊多粗略，唯加意润色，滑泽取好，了无复规矩锋势，写经又多浮谬。至庚午岁（齐武帝永明八年），隐居（陶弘景）入东阳道，诸晚学者渐效为精。……时人今知摹二王法书，而永不悟摹真经，经正起隐居手尔。亦不必皆须郭填，但一笔就画，势力殆不异真"云，其在齐梁时代已自成别拘一格的写经体，为诸晚学者所仿效。这种"不类常式，别作一家，骨体劲媚"[20]的书法，与杨羲"祖效郗法"者并出一路，是当年流行的写经体，凭借道教经籍的承传尤其门下的授受，影响十分深远。联想到李含光，曾经奉诏搜求杨羲、许谧、陶弘景的自写经法，"悉备其迹而进上之"，又"楷书上经十三纸以备杨、许之缺"者，有所谓"隶（楷）书尤妙"之誉。

司马子微显然亦擅书法，唐玄宗曾令其以篆、隶、楷三体写《老子经》，勘正文句，定著五千三百八十言为真本。他的书法，时称"金剪刀书"。徐灵府《天台山记》亦记其将笔法传之王羲之，有所谓"夫受笔法，与俗不同，须净其心垢，澄其心思，谋在功书，筋骨附近，气力又须均停。握管与握玉无殊，下笔与投锋不别。莫夸端正，但取坚强。筋力若成，自然端正"云。李含光之书非出其传授亦当受其影响。当年鲁公上井山，登茅山，游仙坛，谒观宇，是否一睹其真经手迹，史无明言。但从颜真卿与上清派传人诸如谭仙岩、韦景昭的行谊，以及永泰年间造访庐山东林、西林两寺之时，作为一迁谪之人，尝受款待，能获观包括谢灵运《涅槃经》在内的寺中珍宝诸事来看，尤留意于经卷。而如今既是奉道之人，又以州牧之贵，在其礼谒名山、参拜紫府之时，主人必然慷慨允请，公示宝藏，任其

---

19 全称《晋紫虚元君领上真司南岳夫人魏夫人仙坛碑铭》。
20 陶翊《华阳隐居先生本起录》。

遍览观中经卷，以一饱眼福。

大历年间颜真卿书法之变，其篆笔隶格，沉雄奇古者，或缘起于奉道，有悟于写经之体。

（四）

然而，颜真卿奉道的主因却在于政治上的失落。

当年颜真卿出贬外郡，自三品刑部尚书遽降为从五品的远州别驾，是由于权臣元载的排挤。

按，元载（？—777），字公辅，凤翔岐山（治所在今陕西岐山县）人。家本贫寒，自幼丧父，因其继父景昇是曹王李明元妃的佣户而冒充其姓为元氏。当是时，宦官李辅国专权擅政，元载遂借与李氏妻元氏同宗，"因是相昵狎"，倾身结托，得其力而为京兆尹，拜同中书门下平章事（即丞相）。代宗即位，又迁中书侍郎、同中书门下平章事，加集贤殿大学士、修国史。李辅国死后，元载弄权结党，史记其"与王缙同列，缙方务聚财，遂睦于载，二人相得甚欢，日益纵横"[21]。

鲁公与这位"性颇奸回，迹非正直"的权臣，一直因为政治观点的不同，多次发生争论，最著名的便是永泰二年的"百官论事"。

元载这个依靠谄事佞臣、专攀高枝的"贪人败类"，自从李辅国被诛之后，唯恐有人攻讦他结党营私，便矫以代宗的旨意，向百官宣布：诸司官奏事颇多，朕不惮省览，加上所奏多是挟私逗毁。自今而后，凡论事者，诸司官须先告长官，长官告宰相，宰相定可否，然后奏闻。这个规定一旦贯彻实行，权力便集中在元载、王缙少数几位宰相也就是元党集团的手中，由是朝野为之嚣然，人神为之共愤，鲁公亟亟上奏，切切以谏，以为：

> 诸司长官者，达官也，皆得专达于天子。郎官、御史，陛下腹心耳目之臣也，故出使天下，事无细大得失，皆俾访察，还以闻。此古明四目、达四聪也。今陛下欲自屏耳目，使不聪目，则天下何望焉。……今天下疮痏未平，干戈日

---

21 《旧唐书》卷一一八《元载传》。

滋，陛下岂得不博闻谠言，以广视听，而塞绝忠谏乎？陛下在陕时，奏事者不限贵贱，群臣以为太宗之治可跂而待，且君子难进易退，朝廷开不讳之路，犹恐不言，况怀厌怠。令宰相宣进止，御史台作条目，不得直进，从此人不奏事矣。陛下闻见，止于数人耳目，天下之士，方钳口结舌，陛下便谓无事可论，岂知惧而不敢进，即（李）林甫、（杨）国忠复起矣。臣谓今日之事，旷古未有，虽林甫、国忠犹不敢公为之。陛下不早觉悟，渐成孤立，后悔无及矣。

然而，朝廷并未引起警悟。相反，在代宗的宽纵下，自大历五年（770）诛鱼朝恩之后，元党集团的势力愈见扩张。史称："元载既诛鱼朝恩，上宠任益厚。载遂志气骄溢，每众中大言，自谓有文武才略，古今莫及。弄权舞智，政以贿成，僭侈无度。"[22]又说："载智略开果，久得君，以为文武才略莫己若。外委主书卓英倩、李待荣，内劫妇言，纵诸子送通贷贿。京师要司及方面，皆挤遣忠良，进贪猥。凡仕进干请，不结子弟，则谒主书。"[23]呜呼！元载，一介书生，贪猥无状之辈，执昏君行忌媢之恶，结私党逞奸邪之恣，权焰炙热，且弥益凶戾，正直忠厚之人如鲁公者，自无进身之路矣！

颜真卿有《咏陶渊明》诗，其云：

张良思报韩，龚胜耻事新。
狙击不肯就，舍生悲缙绅。
呜呼陶渊明，奕叶为晋臣。
自以公相后，每怀宗国屯。
题诗庚子岁，自谓羲皇人。
手持《山海经》，头戴漉酒巾。
兴逐孤云外，心随还鸟泯。

笔者一直怀疑是诗撰写于永泰年间遽遭元载排斥之时。

按，陶渊明，浔阳柴桑人，唐隶属江州，据其《自祭文》"陶子将辞逆旅之

---

[22]《资治通鉴》卷二二四大历五年条。
[23]《新唐书》卷一四五《元载传》。

馆，永归于本宅"云，盖卒于江州，葬于本土。白居易有《访陶公旧宅》诗，其序"今游庐山，经柴桑，过栗里，思其人。访其宅，不能默默"云，汀州柴桑栗里自有陶公旧宅。永泰之后，颜真卿凡二历江州，当其初贬硖州，旬余改吉州，赴任途中经历是州，曾上庐山题名东林、西林两寺。是时虽见消极，但忠义之心并不以小人汹汹而辍止，有《与绪汝帖》"政可守，不可不守。吾去岁中言事得罪，又不能逆道苟时，为千古罪人也，虽贬居远方，终身不耻"之称。再次江州，是在抚州代到之后，参其"宅心小岭，长庇高踪"的慕道思路，及上元蒋山寺正书恭写李白《志公像赞》"水中之月，了不可取。虚空其心，寥廓无主。锦幪鸟爪，独行绝侣。刀齐尺梁，扇迷陈语。丹青圣容，何往何所"的虔信行为，《咏陶渊明》其诗，当是作于大历六年（771）由抚州赴江宁，途经江州，待舟东下之时。

其后，客次苏州，刻铭《清远道士同沈恭子游虎丘寺有作》于虎丘岩际。按，沈恭子即陈朝诗人沈炯，字初明，吴兴武康人，仕梁为吴令，入陈为御史中丞、通直散骑常侍。陈文帝即位，去中丞，加明威将军。天嘉二年，还乡，寻卒。恭子乃其谥号。其有《答张种书》极道虎丘之胜，有"冬桂夏柏，长萝修竹。灵源秘洞，转侧超绝。远涧深崖，交罗户穴"云，洵风流词翰之目。清远道士，盖同时人，而诗称"我本长殷周，遭罹历秦汉"，其果若仙人千年不死而游戏人间者邪？而鲁公深信之、挚爱之，刻铭壁间，且继作以志之。诗云：

不到东西寺，于今五十春。
揭来从旧赏，林壑宛相亲。
吴子多藏日，秦皇厌胜辰。
剑池穿万仞，盘石坐千人。
金气腾为虎，琴台化若神。
登坛仰生一，舍宅叹珣珉。
中岭分双树，回峦绝四邻。
窥临江海接，崇饰四时新。
客有神仙者，于兹雅丽陈。
名高清远峡，文聚斗牛津。

迹异心宁间，声同质岂均。

悠然千载后，知我挹光尘。

是诗一出，追和者众，著名如李德裕、皮日休、陆龟蒙皆有继作。皮日休有诗序称："李太尉卫公（德裕）钦清远之高致，慕鲁公之素尚，又次而和之。颜之叙事也典，李之叙事也丽，并一时之寡和。"又言："太玄曰：大无方，易无时，然后为鬼神也。噫！清远道士果鬼神乎，抑道家者流乎，抑隐君子乎？词则已矣，人则吾不知也。"袭美之不知，真不知也乎？果若其不知，谓鲁公"叙事也典"，亦能曰不知乎？

颜真卿是抱着这种陶渊明式的遁世思想客次上元的，也正是带着这种心理准备接受元党集团对他的铨选和注授的。大历六七年，职掌天下官吏选授、勋封、考课大权的便是元载党羽、吏部侍郎薛邕、徐浩等人。鲁公滞留外郡，守选江南迟迟未得除授，终于"因自归止"，另走门径，不是没有道理的。

（五）

湖州因傍太湖而名之。古属扬州之域，防风氏之国；秦归会稽，汉隶吴郡。吴景帝永安元年（258），归命侯孙皓封乌程侯就国，七年（264）人嗣吴统，于宝鼎元年（266）始合吴郡之侯程、阳羡、永安、余杭、临水五县及丹阳郡故鄣、安吉、原乡、於潜四县共九县置吴兴郡。梁敬帝绍泰元年（555）以震泽为名改震州。陈初罢震州，复为吴兴郡。隋平陈，废吴兴郡，以侯程归属苏州。仁寿二年（602）以太湖为名改湖州，治乌程县。大业二年（606）废湖州，以乌程、长城属吴郡。大业末复置吴兴郡。唐武德四年（621）杜伏威平李子通，复置湖州，领乌程一县，仅存州名而已。七年（624）领乌程、长城、武康三县。贞观元年（627）天下分为十道，隶江南道。麟德元年（664）分长城，置安吉县。天授二年（691）分武康，置武源县（景云二年改临溪，天宝元年更名德清），始领五县。开元二十一年（733）分江南为东西两道，州隶江南东道，有户六万一千一百三十三，乡一百二十二。天宝元年（742）改吴兴郡，隶浙江西道，有户七万三千三百六，人口十七万七千六百九十人。乾元元年（758）复为湖州，有户一万四千一百三十五，

太湖一隅

人口七万六千四百三十人。是时,湖州为上州,下隶乌程、长兴(紧)、安吉、德清、武康(上)五县,治所在乌程。

谚曰:"借手苏,顺手杭,湖州近天堂。"其左毗苏州,右邻杭州,北滨八百里太湖,中注东西苕溪,坐落七十二山峰。自东晋以来,山水清远,号为江表佳郡。颜真卿作为"从三品"上州刺史莅临之时,其地虽经刘展之乱,罹其荼毒不久,但仍不失为江表善地,鱼米之乡。诚如贞元年间李直方《白蘋亭记》所记:"吴兴之南,震泽之阴,曰湖州,幅员千里,棋布九邑,六山屈盘而为之镇;五溪丛流以导其气。其土沃,其候清,其人寿,其风信实。"顾况《湖州刺史厅壁记》亦记:"其野星纪,其薮具区,其贡橘、柚、纤、缟、茶、纻,其英灵所诞,山泽所通,舟车所会,物土所产,雄于楚、越,虽临淄之富,亦不若也。其冠簪之盛,汉晋以来,敌天下三分之一。"是篇写于贞元十五年(799),上距大历中叶仅二十余年,即使三百年后的苏轼,他在《墨妙亭记》中亦说:"吴兴自东晋为善地,号为山水清远。其民足于鱼稻蒲莲之利,寡求而不争。宾客非特有事于其地者不至焉。故凡守郡者,幸以风流啸咏、投壶饮酒为事。"鲁公当年来治之州,盖一东南饶且富之大郡。

六十四岁的颜真卿,正是怀着超然的心态,悠然独往,来到这地处冷僻而文物鼎盛的江表善地。

殷亮《颜鲁公行状》：

> 七年九(十一)月拜湖州刺史。公以时相未忘旧怨，乃加勤于政，而以杭州富阳丞李萼为本州防御副使，苏州寓客校书郎权器、游客前大理司直杨昱为判官。委垦草辟田之务于萼，委阅簿检吏、接词政之务于器、昱等，而境内宴然。

唐制，湖州有上佐（长史、司马），辅佐刺史处理州事；判司（功、仓、户、兵、法、士六曹）分管考课、礼仪、赋税、仓库、户口、驿传、刑狱与工程、水利等州务；录事参军，负有监察、举劾六曹官吏的职责。但是不设判官之职。所谓判官者，乃是辟官，与防御副使一样系协助州牧治理军事的副手。鲁公曾任吏部侍郎之职，明了防御副使以及判官之职责。其防御团练副使、别驾有卢晕、元自励、徐自然、刘杭四人。又有长史郑滔、王叔卿、徐旻，司马张彦弼、黄持志、姚执玉，录事参军路惟衡、曹友谌、康造，摄司功，司兵刘中，参军郑寔，司仓杜无惑，司法谈佚、王浬、姚观，司户武叔、韦淮、张庭琇、王应，司田元沛、王铦，司士郭晰、李群、刘德敏诸人皆在任，不当另有所聘，委之以州务。尽管李萼为旧友，曾于平原郡随其首举义旗，且有谋画之功；判官更是体制外之事。联想到《天下放生池碑阴》所记当时湖州官吏猥多的现象[24]，这固然是由于天宝以后纲纪废坏的结果，但主要还是与这位州牧已潜心物外，弛政取逸，不复以克勤效忠、精励求治为己任的作为有关。从鲁公新设判官、辟请旧雨理事，亦可见其不甚信任旧

---

24 赵明诚《金石录》卷二八有谓："此《记》具列当时僚属名氏，凡团练副使、别驾四人，同团练副使一人，长史三人，司马三人，录事参军三人，司功、司仓、司兵皆一人。司法、司户皆三人，司田、司士皆二人，参军四人；乌程县令一人，丞三人，主簿一人，尉四人；长城县令一人，丞三人，主簿一人，尉五人；安吉县令一人，摄令一人，丞二人，主簿一人，尉六人；武康县令二人（或作一人），丞三人，主簿二人，尉四人；德清县令一人，丞二人，主簿一人，尉三人。一郡而吏员猥多如此，然《史》不能尽记，故详录之于此。"校之存石又多司户、司士各一人，其中曹友谌、康造两见；少武康县丞一人，赵明诚所见盖别一本。按，唐制上州别驾一人，长史一人，司马一人，录事参军一人，六曹参军事各一人；上县令一人，丞一人，主簿一人，尉二人。而湖州一郡，吏员猥多如此，可知有唐王朝自天宝以后，纲纪废坏，职官之滥，已不可收拾。

任之群吏。

　　众所周知，颜真卿自从永泰二年因疏拙言事得罪、遽遭贬逐以来，已一改常态，寄情于山水，沉湎于诗文，或交结时彦，或游览胜景，吟咏酬答，凡有所得，便编纂成集。根据记载，吉州别驾任上编有《庐陵集》十卷。抚州刺史任上，门人左辅元不独为他编次《临川集》十卷，还和姜如璧等人协助完成他的《韵海镜源》增补工作，成五百卷。于是一到湖州，便将州务大事委之于亲近僚属，既不影响政治，亦可脱身物外，周旋释道，交游儒雅，专以风流啸咏、品茗饮酒为乐事矣。

二、潜心儒学

（一）

颜氏家业相传，注重文章。颜之推《颜氏家训》称："朝廷宪章，军旅誓诰，敷显仁义，发明功德，牧民建国，施用多途。至于陶冶性灵，从容讽谏，入其滋味，亦乐事也。行有余力，则可习之。……文章当以理致为心肾，气调为筋骨，事义为皮肤，华丽为冠冕。"又说："吾家世文章，甚为典正，不从流俗。"颜真卿以词学登科，文章宏茂典雅，其奏议率真慷慨，言直气壮；其碑志宗经尚典，宏词沉郁，萧颖士、元结皆引以为同志。

《新唐书》卷二〇二《萧颖士传》记："时人语，曰'殷、颜、柳、陆、李、萧、邵、赵'，以能全其交也。"此八人，除颜真卿外，殷即殷寅字直清，陈郡长平人，颜真卿表兄弟；柳，柳芳字仲敷，河东人；陆，陆据字德邻，河南人；李，李华字遐叔，赞皇人；萧，萧颖士字茂挺，颍川人；邵，邵轸字纬卿，汝南人；赵，赵骅字云卿，邓州穰县人，都是进士出身。柳芳、萧颖士、李华、赵骅同科，并出开元二十三年（735）；邵轸后二年即二十五年（737），陆据在天宝初年（742），殷寅在天宝四载（745）。

按，开元天宝年间，太平盛世，甚重科举，尤其进士，登第犹如跃龙门，"仕进者以文讲业，无他蹊隧。荐绅之论，望三台如登青天"[1]。王定保《唐摭言》卷一《述进士下篇》亦记："缙绅虽位极人臣，不由进士者终不为美。"《唐摭言》其《论》又称："于时场籍先两监而后乡贡，盖以朋友之臧否，文艺之优劣，切磋琢磨，匪朝伊夕，抑扬去就，与众共之，有如赵、邵、萧、李（赵骅、邵轸、萧颖士、李华），娄、郭、苑、陈（娄师德、郭元振、苑咸、陈子昂），靡不名遂功成，交全契分。"参李华《三贤论》所记文士行谊所谓"开天八子"，实际上是以萧颖士、李华为首的一个文学集团，即所谓的李萧古文集团。《三贤论》云：

---

[1] 权德舆《唐故尚书工部员外郎赠礼部尚书王公（端）神道碑铭》。

工部侍郎韦述，修国史，推萧同事；礼部侍郎杨浚，掌贡举，问萧求人。海内以为德选。汝南邵轸纬卿，词举标干；天水赵骅云卿，才美行纯；陈郡殷寅直清，达于名理；河南源衍季融，粹微而周；会稽孔至惟微，述而好古；河南陆据德邻，恢恢善于事理；河东柳芳仲敷，该练故事；长乐贾至幼邻，名重当时；京兆韦收仲成，远虑而深；南阳张有略维之，履道体仁；有略族弟邈季遐，温其如玉；中山刘颖士端，疏明简畅；颖川韩拯佐元，行备而文；乐安孙益盈孺，温良忠厚；京兆韦建士经，中明外纯；颖川陈晋正卿，深于诗书；天水尹征之诚明，贯百家之言。是皆厚于萧者也。尚书颜公，重名节，敦故旧，与茂挺少相知。颜与陆据、柳芳最善，茂挺与赵骅、邵轸洎华最善，天下谓之颜、萧之交。殷寅、源衍睦于二交之间。

萧、李两人是唐代古文运动初期的倡导人物，独孤及《检校尚书吏部员外郎赵郡李公（华）中集序》称："天宝中，公与兰陵萧茂挺、长乐贾幼几（至）勃焉复起，振中古之风，以宏文德。……于时文士驰骛，飙扇波委。二十年间，学者稍厌《折杨》、《皇华》，而窥《咸池》之音者什五六，识者谓之文章中兴。"梁肃《补阙李君（华）前集序》也有"唐有天下几二百载，而文章三变：初则广汉陈子昂以风雅革浮侈；次则燕国（张）公说以宏茂广波澜；天宝以还，则李员外（华）、萧功曹（颖士）、贾常侍（至）、独孤常州（及）比肩而作，故其道益炽"云。

萧颖士字茂挺，颖川（治所在今河南许昌市）人，望出兰陵，或谓"兰陵茂挺"。生于开元五年（717），少颜真卿八岁，"殷、颜、柳、陆、李、萧、邵、李"，其"开天八子"，惟其与鲁公有"少相知"之记。其始交于何时，史无明言，可知有二：

一、先后进士，座主都是孙逖。殷亮《颜鲁公行状》记颜真卿："年弱冠，开元二十二年进士及第，登甲科。"王定保《唐摭言》记："萧颖士，开元二十三年及第。"开元二十二年（734）、二十三年（735），知贡举者皆是考功员外郎孙逖。王谠《唐语林》卷八记："神龙元年以来，累为主司者……孙逖，开元二十二、二十三年。"《旧唐书》卷一九〇本传亦记："孙逖……开元二十一年入为考功员外郎、集贤修撰。逖选贡士二年，多得俊才。初年则杜鸿渐至宰辅，颜真卿为尚书。后年拔李华、萧颖士、赵骅登上第。"

二、《颜鲁公行状》记："二十四年吏部擢判入高等，授朝散郎秘书省著作局校书郎。"萧颖士《与韦司业书》自称："冠岁，射策甲科，见称朝右。"茂挺生于开元五年（717），冠岁在二十四年（736）。据封演《封氏闻见记》卷三《铨曹》记：是时"始奏选人所由文解，十月一日赴省，三月三十日毕"。其二十三年（735）登科后，即于孟冬赴集吏部候选，与颜真卿同时。

唐制二月发榜，凡及第进士例当参加如拜谢座主、参谒宰相等一系列的礼节和仪式，然后还须宴集，著名的如曲江之宴、雁塔题名、杏园探花、月灯打球等。从《宝刻类编》所收《颜真卿雁塔题名》推想，鲁公也当与同辈们一起参加这一系列的活动。惟其先后同年，不当周旋游处，引以为同志。且鲁公去年（开元二十二年）娶太子中舍韦迪之女，是时正新婚燕尔。因此，李华所谓"尚书颜公……与茂挺少相知"者，以其始于是年吏部十月待选之时，是最属可能的。

（二）

这里有一位人物值得注意，即史官韦述。开元二十九年（741）闰四月，韦述任国子司业，萧颖士有《赠韦司业书》一文，其云：

> 顷数岁前，足下新除吏部郎中，时曾与都省之间，昧然一谒。足下亦颇垂顾接，而今得无忘耶！……以正月二十五日至自东京，参后迫兹，遽承足下屡垂访引。又贤弟曾一陪宴席，贵婿徐子，旧所交欢，岂不足假延誉于门庭，披旧积于心腑耶！……足下名卿之孙，相门自出，妙年籍甚，宠驾时贤，俯仰周旋，故已在云霄之上。而仆汝颖之间一后生耳，不知足下何从而见访耶？高命骤临，怪叹无寡，窃为重之。忽记往年奉诣时，足下云："孙大所言第一进士，子则其人。"……计足下之年，应长仆二十许，岁亦已悬矣，而才名位望之隔，则又可知。所不间于凤期者，道耳。

孙大即孙逖，颜真卿、萧颖士的座师，第一进士云者，盖在萧颖士进士及第之后。萧颖士、韦述两人的忘年交必始于是时，在鲁公吏部集选初授校书之前。

韦述是房州刺史韦景骏的长子，是盛唐著名的史臣，曾任集贤院直学士、学士。参史记"韦氏之显者……史才博识有述。所著书二百余篇行于时。弟迪、迥,学业亦亚述。与卣对为学士,与迪并礼官,搢绅高之"[2]云,韦述是鲁公岳父太子中舍人韦迪的长兄,名有叔丈人之分。史又称韦述,"在书府四十年,居史职二十年,嗜学著书,手不释卷。……勒成《国史》一百一十二卷,并《史例》一卷,事简而记详,雅有良史之才,兰陵萧颖士以为谯周、陈寿之流"。又记"家聚书二万卷,皆自校定铅椠,虽御府不逮也。兼古今朝臣图,历代知名人画,魏、晋已来草隶真迹数百卷,古碑、古器、药方、格式、钱谱、玺谱之类,当代名公尺题,无不必备"[3]。唐时族居,韦氏之博学多识及其藏庋之丰对鲁公不无影响。史不记鲁公有预集贤院事,其阅读之事与识鉴所本,盖全出之韦氏家藏。上引萧文所云"贤弟曾一陪宴席"者,或有韦迪预之焉。萧颖士少相知于鲁公,顾其第后守选之初,即登门造访新任吏部郎中韦述,从而成为忘年之交,或出于鲁公之荐引。

至于孙逖(696—761),河南巩县人,郡望出自乐安武水。以精试群材、奖擢士人闻名于时,官至刑部侍郎。又善诗工文,鲁公《尚书刑部侍郎赠尚书右仆射孙逖文公集序》称:"其序事也,则《伯乐川记》及诸碑志,皆卓立千古,传于域中。其为诗也,必有逸韵佳对,冠绝当时,布在人口;其词言也,则宰相张九龄欲掎摭疵瑕,沉吟久之,不能易一字。"清鉴文雅如是,其于门下之士如张茂之、杜鸿渐、萧颖士、李华、柳芳、赵骅、李琚、李崿、李顾、张王玠、阎防、张南容、郗昂以及鲁公诸人自有师范之力、导引之功。

颜真卿与萧颖士之间的诗文往返,不见存录,其后颜萧交游,所能见的亦仅其子萧存一人。

萧存(739—800),字成性,一作伯诚,与韩会、赵赞、崔造相友善,以文章并名天下。韩愈少时,曾得其知赏。大历九年(774)时任常熟县主簿,专程来湖州协助父执颜真卿编修《韵海镜源》。颜真卿《湖州乌程县杼山妙喜寺碑铭》记之甚详:"大历壬子岁,真卿叨刺于湖。公务之隙,乃与金陵沙门法海……常熟主簿萧存……以季夏于州学及放生池日相讨论,至冬徙于兹山东偏,来年春遂终其(《韵海镜源》)事。"萧存在湖日,皎然或参陪之,有《同颜使君清明日游因送萧

---

2 《新唐书》卷一三二《韦述传》。
3 《旧唐书》卷一〇二本传。

主簿》诗志其事,其"谁知赏佳节,别意忽相和。暮色汀洲遍,春情杨柳多。高城恋旌旆,极浦宿风波。惆怅支山月,今宵不再过"[4]云,盖在大历九年(774)清明节。萧存卒于贞元十六年(800),享寿六十二[5],是时年三十五岁。此事虽小,然甚得萧氏后人的重视,引以为荣。有如符载《尚书比部郎中萧府君(存)墓志铭》是作为萧存生平要事载入碑志的,恪然而言"李大夫柄筠领浙西,掇华刘楚,遂奏授(存)苏州常熟县主簿。颜太师真卿典吴兴,纂文编韵,延纳以修述之任"云。

来湖与鲁公相晤者,除了萧存之外,还有萧颖士的女婿柳淡和子弟李阳冰诸人。

柳淡,字中庸,后以字行,即名诗《征怨》的作者。河东虞乡(治所在今山西永济县)人,柳宗元族叔,萧颖士的女婿。善《易》,高尚不仕。大历八年(773)游湖州,鲁公迎为座上客,参与竹山潘氏书堂连句。明年赴洪州,不日去世,享寿不值中年。以文名与皎然、陆羽、李端诸人友善,皆见之诗文。父喜,号嵩山老,参皎然《赠柳喜得嵩山法门自号嵩山老》、《送柳淡扶侍赴洪州》诸诗,亦偕淡来湖,鲁公例有周旋。其女柳默然(773—840)为王屋山上清大洞三景女道士。[6] 淡父得嵩山法门,女为王屋山道士,自身又少无宦情,一生好《易》,盖三世奉道之人。

李阳冰,字少温,京兆云阳(治所在今陕西泾阳县)人,为当时名书家,尤以篆书名高一代,是诗人李嘉祐的从叔。在当涂令任上,李白往依之,嘱其为之编集作序。大历十二年(777)来湖,皎然有《同颜使君真卿岘山送李法曹阳冰西上献书时会有诏征赴京》志其事。按例鲁公亦当有诗,惟已佚去。其后,阳冰历京兆府法曹、国子监丞,官至将作、秘书少监,充集贤院学士,鲁公为名士巨卿撰书碑版,著名如《家庙》(建中元年)、《王密》、《裴儆》(二年)、《元德秀》(四年),多请其为之篆额。陆羽对其亦甚见敬重,有称"昔周王得骏马,山谷之人献神马八匹;叶公好假龙,庭下见真龙一头;颜太师好异典,郭山人闶赠金匮文;李法曹好古篆,莫居士训玉箸字,此四者得非气合不召而至焉"[7]。

4　见《文苑英华》卷二七四,亦见《杼山集》,所载数字异歧。
5　符载《尚书比部郎中萧府君墓志铭》:"春秋六十二,(贞元)十五年冬十月五日遘疾十六年冬十月五日,卒于浔阳溢城之私第。"逆推当生于开元二十七年。
6　李敬彝《大唐王屋山上清大洞三景女道士柳尊师真宫志铭》。
7　葛立方《韵语阳秋》卷一四引《王维画序》。

按，郭山人闳即偕茅山道士景昭邀刘明素来托撰《李含光碑》者；李法曹即李阳冰，法曹乃其来湖时职。"莫居士训玉箸字"，"莫居士"无考；"居士"下夺字，如"法曹"下少阳冰两字同。"训玉箸字"者，盖与郭闳"赠金匮文"同时，在鲁公湖州任上。其四者，前二者玄妙不可知，后二者陆羽亲睹，盖出实事，以玄比实，益见其绝。

鲁公文字鲜涉名书家，张旭、怀素之外，仅阳冰与李邕[8]两人。阳冰之诗已佚去，交游如何，不得而知。李邕可见者，有《孙逖文集序》、《崔沔陋室铭记》及《臧怀亮暨夫人任氏志》三通，《序》称之先达，借以推重座主孙逖，有"江夏李邕自陈州入计，缮写其集，赍以诣公，记知己之分"云；《记》谓沔"为校书郎时，引邕馆于秘阁之下读书者累年，邕由是才名益盛"；《志》称墓主"之志业，毕勒于故北海郡太守李邕之碑述也，故扬榷而为之铭"，盖以名才士目之。

鲁公幕下亦有清河寺僧智海"兼善小篆书"[9]，惟不见论述之，吴兴诗会始终不见其人。阳冰之结交，盖其为文坛之后俊，非仅止于"好篆"一事者。

至于"开天八子"中的其他几位，亦值得一提。

陆据（701—754），字德邻，河南（治所在今河南洛阳市）人，官至司勋员外郎。新旧《唐书》有传，见《旧唐书》卷一九〇下《文苑下》、《新唐书》卷二〇二《文艺中》。《旧传》称："少孤，文章俊逸，言论纵横。年三十余，始游京师，举进士。公卿览其文，称重之，辟为从事。"曾为鲁公父惟贞撰神道碑文，其为颜氏家族所重者可知。

柳芳，字仲敷，蒲州河内（治所今在河南沁阳县）人。新旧《唐书》有传，见《旧唐书》卷一四九《柳登传》、《新唐书》卷一三二。《新传》称："开元末，擢进士第，由永宁尉直史馆。肃宗诏芳与韦述缀辑吴兢所次国史，会述死，芳绪成之，兴高祖，讫乾元，凡百三十篇。"盖一著名史学家，儿子柳冕娶殷嘉绍之女，为鲁公姑表兄弟的儿女亲家，后官至右史郎中，充集贤殿学士。有《唐历》四十卷、

---

[8] 李邕（675—747），字泰和，江都（治所在今江苏扬州市）人，祖籍江夏，郡望出自赵郡，初仕左拾遗，后官至北海太守，世称"李北海"。有唐一代名书家，存世著名的有《叶有道碑》、《楚州娑罗树碑》、《麓山寺碑》、《李思训碑》、《李秀碑》、《灵岩寺碑》与《端州石室记》等。

[9] 殷亮《颜鲁公行状》。

《大新宰相表》三卷、《永泰新谱》二十卷，并行于时。与颜真卿最见友好，且兼姻亲之分。

殷寅，字直清，殷履直之子，是鲁公表兄弟。新旧《唐书》有传，见《旧唐书》卷一〇二《韦述传》后、《新唐书》卷一九九《儒学中》。天宝四载登进士第，鲁公《殷践猷碣》有记其"举宏词，太子校书、永宁尉。棰杀谩吏，贬移澄城丞"。以谱学见重于世，《新传》有称"唐兴，言谱者，以路敬淳为宗，柳冲、韦述次之……后有李公淹、萧颖士、殷寅、孔至，为世所称"，也是著名历史学家，更是鲁公的至亲内弟。

颜真卿与李萧古文集团的关系，是不止于"敦故旧""全期交"即所谓"通家之谊"层次上的。只是李萧集团中人，如陆据、邵轸[10]早世；韦述、赵骅[11]诸人，"安史之乱"中先后陷入贼手，受伪职，虽复用之，终有隔膜；李华原为哥舒翰掌书记，潼关失守，陷贼中，受伪署凤阁舍人。其后以陷贼官出贬杭州司功。广德元年（763）诏征返京，二年（764）征为司封员外郎，以疾不赴，至大历九年（774）卒在楚州。其间一度入李岘幕，加检校吏部员外郎，然后走杭州，游常州，历润州，徙居于楚州，风病目疾，至卒，始终未见有与鲁公晤面的材料。鲁公和李华的关系，虽不多见，但与他的弟子诸如崔祐甫、朱巨川等人也是有着非同一般的行谊的，待下篇详叙之。

鲁公年轻时所交文字之友，除了上引"开天八子"之外，还有王端[12]、阎伯

10　邵轸，字纬卿，汝南（治所在今河南汝南县）人。年岁与萧颖士、赵骅相近，李华《寄赵七侍御》诗有云："昔日萧邵友（游），四人才成童。"句下又注："华与赵七侍御骅，萧十功曹颖士，故邵十六司仓轸，未冠游太学，皆苦贫共弊。同年，三人登科，相次典校。邵后三人及第也。"其开元二十五年登进士科，官至司仓，先李华诸人去世。

11　赵骅（？—783），字云卿，邓州穰县（治所在今河南邓县）人。新旧《唐书》有传，见《旧唐书》卷一八七下《忠义下》、《新唐书》卷一五一《赵忠儒传》。后官至秘书少监，建中四年因泾原兵变，病死山谷，追赠华州刺史。郑澣《唐故金紫光禄大夫守司空致仕赠司徒相国赵公墓志铭》记其"开元中，登进士，宏词甲科……历左补阙，入南官为比部外郎，司膳，仓部二正郎，秘书少监，累赠太保"。又记："与兰陵萧茂挺、赵郡李遐叔、汝南邵纬卿齐名友善。当时胜流以不跻堂室为愧。"曾陷安禄山叛军，受其聘为中书舍人。

12　王端（？—759），太原（治所在今山西太原市）人，初仕校书郎，历监察御史，官至工部员外郎，乾元二年病卒，权德舆撰神道碑颂述之，有称"公方严有志尚，沉粹洁清，不流从俗"。又说："公与河南元德秀、天水阎伯玙，同岁中正鹄。其文峻清，不滑于波流者，《还一斋记》、《惠上人碣铭》，微妙虚空，深入无际。尝与故太师颜鲁公暨柳郎中芳、陆员外据、殷永宁寅为莫逆之交。陆尝言王之庄、柳之辩、殷之介，皆希代鸿宝，知言者以为实录。"

玙[13]、源衍[14]诸人，陆据《源衍墓志》有谓：

> 夫君（源衍）辩不如柳，庄不如王，介不如陈郡（殷寅），勇退不如颜氏，危言不如伯玙，然此五君子，动静周旋，辄以君为表缀。

辩，通辨，"目能辩色，耳能辩声，口能辩味"（《后汉书·仲长统传》），有明察之意；庄，端重，"非礼不诚不庄"（《礼记·曲礼上》）；介，"子不群而介立"（张衡《思玄赋》），"柳下惠不以三公易其介"（《孟子·尽心上》）；而勇退，"量己畏友朋，勇退不敢进"（谢朓《于安城答灵运诗》），盖勇于隐退也，而成语"急流勇退"，则比喻在做官得意或事情顺利时为避祸免谗而及时引退；危言，《后汉书·党锢传序》："又渤海公族进阶，扶风魏齐卿，并危言深论，不隐豪强"句下注："危言，谓不畏危难而直言也。"其"五君子"，柳冲之辩，王端之庄，殷寅之介，颜真卿勇退，阎伯玙危言，虽出陆氏私谥，然颜、柳、王、殷、阎、源之交，莫逆于心者，自可想见。

元结也是古文运动的先驱，欧阳修《集古录跋》有称"笔力雄健，意气超拔，不减韩（愈）之徒也"云。鲁公贬守饶州时，日与之游，有规其苟戏。当其病死长安客所，鲁公即以"常忝风义之末"偕中书舍人杨炎、常衮为之撰写碑志，各抒其德业，其《表墓碑铭》云：

> 次山斌斌，王之荩臣。
> 义烈刚劲，忠和俭勤。
> 炳文华国，孔武宁屯。
> 率性直方，秉心真淳。
> 见危不挠，临难遗身。

---

13 阎伯玙（？—765），广平（治所在今河北鸡泽县）人，开元二十一年先鲁公登进士科，初仕郏县尉，廿六年入翰林院，其历司封员外郎、吏部郎中、起居舍人，袁婺两州刺史。官至刑部侍郎。永泰元年未至任而卒。

14 源衍（707—740），河南洛阳（治所在今河南洛阳市）人，中丞源光裕之子。开元中，辟孝廉，调补郏城尉，以家艰免。后授家令寺主簿。廿八年四月，因病卒，年三十四。陆据为之撰墓志铭述之。

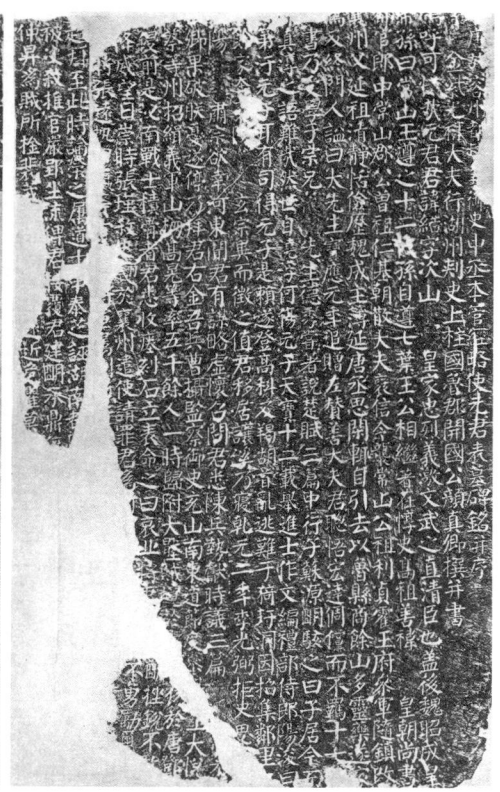

元结表墓碑铭（中国国家图书馆藏拓）

明允全德，今之古人。

（引者按：《碑》有"其心古，其行古，其言古，躬是三者而见重于今"云。）

奈何清贤，赍志莫申。

群士立表，垂声不泯。

（引者按：杨炎、常衮之碑，已佚不见。）

鲁公大元结十岁，时为舍员，滞留京华，不仅蠹然作文，颂述是人，之前还大书深刻其《中兴颂》，立石永州，遂三绝其碑，遗芳千载。[15]

按，鲁公正书铭石，志墓之外，多自出之，恭书他人尤其同侪之文，可见者仅岑勋《多宝塔碑》与元结是颂。欧阳修《集古录跋尾》不收前碑，特称后颂，以为"书字尤奇伟，而文辞古雅，世多模以黄绢为图障"。可见宋贤仰崇之一斑。

按，元结（719—772），字次山，郡望出自河南，世居太原，后移居汝州鲁

---

15 永州人旧以元结颂、鲁公书、祁阳石为三绝，董其昌闻之，以力殊可嗤恨，"盖两公书与文与其人为三绝耳"，详见《画禅室随笔》。

山（今河南鲁山县）。少年倜傥不羁，十七岁始折节读书，从宗兄元德秀学，遂为李华同门。天宝十三载，登进士科。未集选，会安史乱起，举家避难大冶猗玗洞。后迁江州瀼溪，与鲁公游。明年，国子司业苏源明荐之于朝，上《时议》三篇，擢右金吾宾曹参军。冬日，以监察御史充山南东道节度使元瑱参谋（殷亮亦在幕中），因讨贼之功，进水部员外郎。上元元年，充荆南节度使吕諲判官。諲卒，摄节度使事。代宗即位初，拜著作郎，辞官退居樊口。不三年，起家为道州刺史，因见憎于元载而罢官。永泰元年，奉命再理道州。大历三年，迁容州刺史，加授容州都督，充本管经略守捉使。四年四月，拜左金吾卫将军，御史中丞，管使如故。七年，奉召回长安，病死于旅舍，年五十四。古人云："志同气合。"又云："交友投分，切磨箴规。"鲁公之颂元结"其心古，其行古，其言古，躬是三者而见重于今"者，"见重于今"为虚，见重于鲁公乃实。鲁公之所以见重也，盖出契合之深、体悟之切，亦宜鲁公之所向往、所履行者也。

（三）

　　《旧传》称鲁公"乐有词藻"，《新传》本之，谓"工词章"，惟不及文辞，然鲁公亦擅此道，大行于世的《庐陵集》、《临川集》与《吴兴集》，兼载诗、文，便有了文辞。存世可见，如工部尚书郭虚己、河南参军郭揆父子碑志，为其最初受命于御史中丞鲜于仲通之邀，时年四十一，任宪台八品监察御史之时，惟鲁公以诗人自命，如为高适诗集作四言诗数百字序之，而不用之以文。

　　"安史之乱"之后，鲁公为他人撰述碑志，始于广德初年临淮武穆王李光弼碑，不数月又有汾阳王郭子仪家庙碑，皆出之旧雨，如先碑为太子太保、凉国公李光进；后者为原平原判官，时任关中、河东副元帅郭子仪行军司马王延昌之所请。李、郭乃中兴名将，声威并高，鲁公文名遂随之卓然而起，终其代宗一朝，几为大家，朝中重臣、地方巨绅，蒙求大作，请托良多，著名者如下（限于碑志，亲戚以外）：

　　《赵良弼碑》[16]（约代宗初期，763－765）。

16　全称《唐陕华庐澧抚越广等州刺史御史中丞岭南浙东两道节度使太子宾客襄武县开国公赠扬州大都督赵良弼碑》。

244

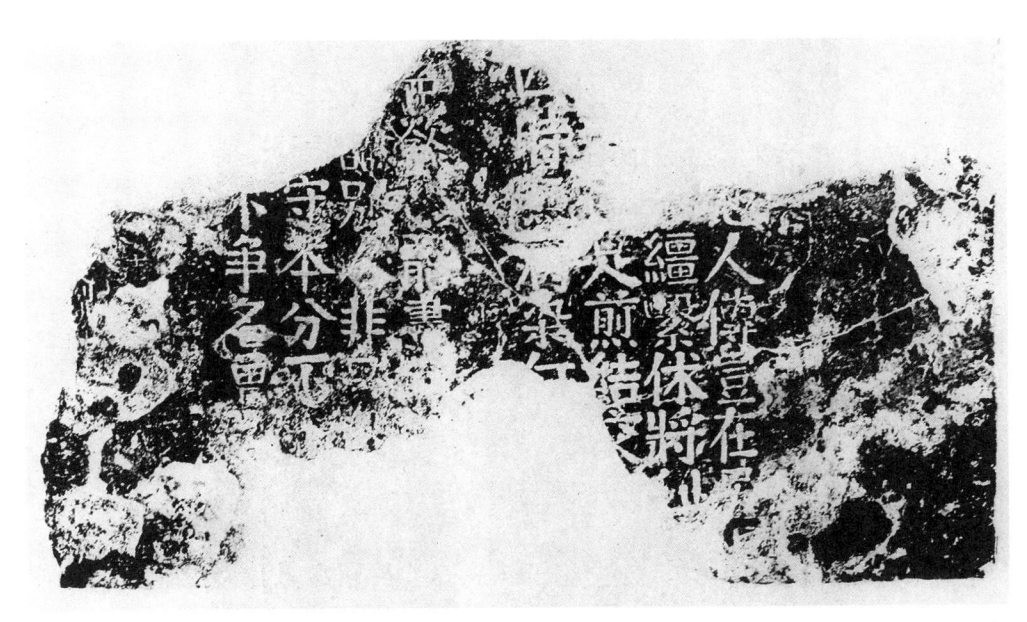

张敬因碑（残石，清末拓本）

《康阿义屈达干碑》[17]（永泰二年二月，766）。

《鲜于仲通碑》[18]（大历二年正月，767）。

《桥仙观碑记》[19]（大历四年正月，769）。

《魏夫人仙坛碑》[20]（大历四年三月，769）。

《华姑仙坛碑》[21]（同上）。

《徐秀碑》[22]（大历五年三月，770）。

《张景佚清德碑》（大历五年，770）。

《元子哲遗爱碑》（同上）。

《李齐物碑》[23]（同上）。

《宋璟碑》[24]（大历五年十二月至六年三月前，770—771）。

《元结墓表》[25]（大历七年十一月，772）。

---

17 全称《特进行左金吾卫大将军上柱国清河郡开国公赠开府仪同三司兼夏州都督康公（阿义屈达干）神道碑铭》。
18 全称《中散大夫京兆尹汉阳郡太守赠太子少保鲜于公（仲通）神道碑铭》。
19 又称《华盖山王郭二真君坛碑铭》。
20 全称《晋紫虚元君领上真司命南岳夫人魏夫人仙坛碑铭》。
21 全称《抚州临川县井山华姑仙坛碑铭》。
22 全称《朝议大夫赠梁州都督上柱国徐府君秀神道碑铭》。
23 全称《金紫光禄大夫守太子太傅兼宗正卿赠司空上柱国陇西郡开国公李公（齐物）神道碑铭》。
24 全称《有唐开府仪同三司行尚书右丞相上柱国赠太尉广平文贞公宋公（璟）神道碑铭》。
25 全称《唐故容州都督兼御史中丞本管经略使元君（结）表墓碑铭》。

245

《臧怀恪碑》[26]（约大历四年至六年间，769—771）。

《文殊师利菩萨碑》（大历八年十月，773）。

《张志和碑》[27]（大历十年八月，775）。

《欧阳琟碑》[28]（大历十年十月，775）。

《和政公主神道碑铭》（大历十一年，776）。

《唐玄宗贤妃卢氏墓志铭》（同上）。

《李含光碑》[29]（大历十二年夏，777）。

《张敬因碑》（大历十四年，779）。

唐制品官，若为登朝官，其碑志秘书省设有专司负责撰铭，"司文者执简以往，刊石旌德"[30]。有另请高明者，必出墓主之特加敬慕与仰重，经郑重申报后始可行之。上引鲁公之作，其中和政公主，肃宗第三女、代宗之同母妹，有京兆尹监护丧事；尤其宋璟，一代名相，亦有河南少尹崔释之充监护，"方欲陈乞御制碑颂，未果"[31]。当年拟请皇上唐玄宗亲撰碑文颂述之，因其第三子御史中丞宋浑遽遭谴责、出贬远郡未能遂愿。直至三十五年后的大历五年十二月，排抑于外的四品抚州州牧颜真卿竟受其孙宋俨的"泣请"，谨凭吏部员外郎卢僎的《行状》，为宋文贞公补了"前碑阙焉"之遗憾（七年九月廿五日铭书于石）。此举，固然是宋家后人"以真卿天禄校文，叨太仆（宋升，时为太仆少卿）之下列；宪台执简，承谕德（宋浑，曾任左谕德，当其御史中丞任上遭诬时，鲁公为之辩白）之深知"（《宋璟碑》）而出之于世谊，然能联翩名相张说之碑（撰而未铭，《张燕公集》有载），亦见其文为同时人如营墓左仆射薛嵩、立石邢州刺史封演之流所重。

近人岑仲勉《隋唐史》将颜真卿与李华、萧颖士、独孤及、贾至列在一起，并称为陈子昂后继者，不失为巨眼灼见。颜真卿当是李、萧古文集团中比肩唱和、飙扇波委的一员骁将，只是他的文名为书法所掩，诚如颜之推之论王右军，有曰：

---

26 全称《唐故右武卫将军赠工部尚书上柱国上蔡县开国侯臧公（怀恪）神道碑铭》。
27 全称《浪迹先生玄真子张志和碑铭》。
28 全称《游击将军左领军卫大将军兼商州刺史武关防御使上柱国欧阳使君（琟）神道碑铭》。
29 全称《有唐茅山元靖先生广陵李君（含光）碑铭》。
30 王维《故右豹韬卫长史赐丹州刺史任君神道碑》。
31 颜真卿《唐故太尉广平文贞公宋公（璟）神道碑侧记》。

"王逸少风流才士，萧散名人，举世惟知其书，翻以能自蔽也。"

颜真卿的文学观点，主要体现在永泰元年（765）八月所写的《尚书刑部侍郎赠尚书右仆射孙逖公文集序》中，他说：

> 古之为文者，所以导达心志，发挥性灵，本乎歌咏，终乎《雅》、《颂》。帝庸作而君臣动色，王泽竭而风化不行。政之兴衰，实系于此。然而文胜质则绣其鞶帨，而血流漂杵；质胜文则野于礼乐，而木讷不华。历代相因，莫能适中。故诗人之赋丽以则，词人之赋丽以淫，此其效也。汉魏已还，雅道微缺；梁陈斯降，宫体聿兴。既驰骋于末流，遂受嗤于后学。是以沈隐侯（约）之论谢康乐（灵运）也，乃云"灵均已来，此未及睹"；卢黄门（藏用）之序陈拾遗（子昂）也，乃云"道丧五百岁而得陈君"。若激昂颓波，虽无害于过正；榷其中论，不亦伤于厚诬！何则？《雅》、《郑》在人，理乱由俗。《桑间》、《濮上》，胡为乎绵古之时？正始皇风，奚独乎凡今之代？盖不然矣。

文章主张在文以载道的基础上，必须重视形式，使之能更好地发挥言志抒情的功能。这个出自《颜氏家训》以典正为上的文学观点，与独孤及"深其致，婉其旨，直而不野，丽而不艳"[32]，提倡文质适中的文艺理论是一致的，它反映并代表了继萧颖士强调"简易"、李华追求"简质"之后的古文运动发展的趋势。所以，颜真卿这种文学观点，后来经他的表侄女婿柳冕的发挥与光大，既反对"文多用寡"[33]，又以"道不及文"[34]为耻，"艳丽之工，君子耻之"[35]，"言而不能文，君子耻之。……语曰：'文质彬彬，然后君子。'兼之者，斯为美矣"[36]。这种质、文并重，使内容与形式有机结合的文学观点，终于成为古文运动中晚期比较全面而正确的文学理论，从而推动了唐代文学艺术的健康发展。

---

32 独孤及《唐故殿中侍御史赠考功郎中萧府君（立）文章集录序》。
33 柳冕《与徐给事论文书》。
34 柳冕《答荆南裴尚书论文书》。
35 柳冕《答杨中丞论文书》。
36 柳冕《答荆南裴尚书论文书》。

（四）

在心为志，发言为诗。颜真卿进士出身，早年即以能诗名天下，尤其五言古诗，历来论诗者每每重之。所存《赠裴将军》诗，词气踔厉，笔力雄伟，惊心动魂处如严霜烈日，令人畏而仰之，郁勃之气，油然萌于五内；著名的《刻清远道士诗因而继作》，其端动冲夷，典妙盖世，招引诸多名公雅士，即如李德裕、皮日休、陆龟蒙等堪称诗坛巨子者，亦步韵追和，并竞高致。

鲁公早年诗友，以岑参、高适最著名，岑参[37]是鲁公群从兄弟，少六岁，现存赠鲁公诗两首，可见其行谊。一《胡笳歌送颜真卿使赴河陇》，在天宝七载，鲁公初迁宪台；二《送颜平原》，在十二载，鲁公初放外郡。两者皆出送别，以后者尤见寄托。移录如下：

送颜平原并序

十二年春，有诏补尚书十数公为郡守，上亲赋诗饯群公，宴于蓬莱前殿，仍赠以缯帛，宠饯加等。参美颜公是行，为宠别章句。

> 天子念黎庶，诏书换诸侯。
> 仙郎授剖符，华省辍分忧。
> 置酒会前殿，赐钱若山丘。
> 天章降三光，圣泽该九州。
> 吾兄镇河朔，拜命宣皇猷。
> 驷马辞国门，一星东北流。
> 夏云照银印，暑雨随行辀。
> 赤笔仍在箧，炉香惹衣裘。
> 此地邻东溟，孤城吊沧洲。
> 海风掣金戟，导吏呼鸣驺。

---

37 岑参（715—769），荆州江陵人，官至嘉州刺史，有唐名诗人，时称"岑嘉州"。其父仙、晋两州刺史岑植乃国子司业岑献从兄弟，而岑献夫人为鲁公伯母颜真定之妹，鲁公是其内从侄，与岑参同辈，乃群从兄弟。

248

郊原北连燕，剽劫风未休。
鱼盐隘里巷，桑柘盈田畴。
为郡岂淹旬，政成应未秋。
易俗去猛虎，化人似驯鸥。
苍生已望君，黄霸宁久留。

高适大鲁公八岁[38]，结交亦早，在其校书任上，从其《奉寄平原颜太守》诗序云："初，颜公任兰台郎，与余有周旋之分，而于词赋，特为深知。洎擢在宪司，而仆寓于梁宋。今南海太守张公（九皋）之牧梁也，亦以仆为才，遂奏所制诗集于明主。而颜公又作四言诗数百字为序，序张公吹嘘之美，兼述小人狂简之盛，遍呈当代群英。"鲁公之于高适，初以诗赋相深知，后以诗序相崇重，"赋诗感知己，独立争遇蒙。金石谁不仰，波澜殊未穷"，始终以诗交也，先后一纪，可谓契切。是见鲁公诗名盖早且大于高适也。

颜真卿才高政闲，居山水清远之地，怀放逸禅悟之心，且敦厚之士其交又多，四海名流慕名而至，切切偲偲，脱略形迹，"释事情已高，依禅境无忧"[39]，风流啸咏，大写狂粗及馋、醉诸相。其与门客联句云：

高歌阆风步瀛洲（皎然），燀鹏瀹鲲餐未休（颜真卿）。
四方上下无外头（李萼），一啜顿涸沧溟流（张荐）。
　　　　　　　　　　　　《大言联句》

苦河既济真僧喜（李萼），新知满座笑相视（颜真卿）。
戍客归来见妻子（皎然），学生放假偷向市（张荐）。
　　　　　　　　　　　　《乐语联句》

38　高适（701—765），字达夫，渤海蓨人，官至左散骑常侍。新旧《唐书》有传，见《旧唐书》卷一一一、《新唐书》卷一四三。两书并记其永泰元年正月卒，惟不记享寿。孙钦善《高适年谱》（《高适集校注》附）记其终年六十五，近是。今从之。
39　皎然《奉酬颜使君真卿王员外圆宿寺兼送员外使回》。

拈锤舐指不知休（李萼），欲炙侍立涎交流（颜真卿）。
过屠大嚼肯知羞（皎然），食店门外强淹留（张荐）。

《馋语联句》

逢糟遇曲便酕酶（刘全白），覆车堕马皆不醒（颜真卿）。
倒著接䍦发垂领（皎然），狂心乱语无人并（陆羽）。

《醉语联句》

联句四首，或以为语意平常，无可咀嚼，疑非颜真卿所作。其实，戏吟乃大历诗风，不独皎然《答李季兰》有"天女来相试，将花欲染衣。禅心竟不起，还捧旧花归"之调侃，刘长卿与李季兰亦有阴疾之谑。高仲武《中兴间气集》记李季兰尝与诸名士集湖州乌程县开元寺，知刘长卿有阴重之疾，乃诮之曰"山气日夕佳"，长卿浪然而对"众鸟欣有托"云。

按，李季兰（？—784），名冶，以字行，为本籍女观，史称"美姿容，神情萧散。专心翰墨，善弹琴，尤工格律"。当时才子颇夸纤丽，殊少荒艳之态，与同郡陆羽、皎然稔熟，"意甚相得"[40]，又是阎伯均恋人，其有《送阎二十六赴剡县》，阎二十六即阎伯均，李季兰称之为"君"，而自称"妾"对举之；又有《得阎伯钧（均）诗》，寄托相思之情。包何《同阎伯钧（均）宿道士观有述》"南国佳人去不回，洛阳才子更须媒。……纵令奔月成仙去，且作行云入梦来"云，洛阳才子即阎伯均，所思女道士乃李季兰，论诗家已有共识。李季兰卒在德宗朝兴元初年，建中年间（780—783）奉召入京，大历中叶尚在湖州，"道家者流"如鲁公者例有周旋，惟史缺如。若有周旋，亦当一如皎然、刘长卿，从容应对，不加礼数。

鲁公联句，存世可见的还有《滑语联句》：

雨里下山踏榆皮（颜真卿），莓苔石桥步难移（皎然）。
芜荑酱醋吃煮葵（刘全白），缝靴蜡线油涂锥（李萼）。
急逢龙背须且骑（李益）。

---

[40] 辛文房《唐才子传》卷二《李季兰传》："时往来剡中，与山人陆羽、上人皎然意甚相得。"

以及《五杂组拟作》(同拟李萼、殷佐明、袁高、陆士修、蒋志五人)、《重拟五杂组》(同拟张荐、李萼、皎然三人):

> 五杂组,绣与锦。往复还,兴又寝。不得已,病伏枕。
> 五杂组,甘咸醋。往复还,乌与兔,不得已,韶光度。

其自称"滑语",与上引《大言》、《乐语》、《馋语》、《醉语》同调,全出游戏之作,不失为大历之声。

李白有《寄韦南陵冰余江上乘兴访之遇寻颜尚书笑有此赠》:

> 南船正东风,北船来自缓。
> 江上相逢借问君,语笑未了风吹断。
> 闻君携伎访情人,应为尚书不顾身。
> 堂上三千珠履客,瓮中百斛金陵春。
> 恨我阻此乐,淹留楚江滨。
> 月色醉远客,山花开欲然。
> 春风狂杀人,一日剧三年。
> 乘兴嫌太迟,焚却子猷船。
> 梦见五柳枝,已堪挂马鞭。
> 何日到彭泽,长歌陶令前。

韦南陵冰者,韦渠牟之父,乃颜真卿岳父韦迪之弟韦冰,乾元二年(759),正自张掖迁任南陵县令。其携伎所访者,便是曾为宪部尚书而时任饶州刺史的颜真卿。"闻君携伎访情人,应为尚书不顾身。……何日到彭泽,长歌陶令前",此事是出于颜真卿之所邀,抑或是这位叔丈的奉献,虽不得而知,但颜真卿乃一性情中人,不少风情。江湖载酒,青楼狎伎,又本是有唐一代士大夫的一种放逸情趣。试看湖州任上,鲁公与其门客,"壶觞邀薄醉,笙磬发高音"[41],"时晦佳游处,

---

41 耿湋《陪燕湖州公堂》。

高歌听未终"[42]，"云态徐挥慢歌发，乐纵酒酣狂更好"[43]。其美酒樽前，歌舞场中，艺伎狎客，自当杂处。"莫唱《阿㜑回》，应云夜半乐"[44]，《阿㜑回》，番曲名，李白亦有"羌笛横吹《阿㜑回》"[45]云，用理相反，可见鲁公对曲调的熟悉和理解，此中也反映了颜真卿潇洒从俗的一面。

李白诗，涉及颜真卿的仅此一首。李白长颜真卿八岁，两人是否交游，虽无记载，但李白晚年所交游者，除上引韦南陵冰是颜真卿的叔丈之外，《酬殷明佐见赠五云裘歌》的诗主殷明佐，是颜真卿的从表兄弟；《送殷淑三首》及《三山望金陵寄殷淑》诗中的殷淑和"授以古乐府之学"[46]的韦牟渠，是颜真卿的姻亲；至于临终授简，俾其编集的李阳冰；因其知遇而为之撰写碣记的刘全白等人，也大都与颜真卿有着一定的行谊。再追述到开元天宝之间，当李白客游上京，与贺知章、汝阳王李琎、左相李适之以及崔宗之、苏晋、张旭、崔遂诸人结为"酒中八仙"之时，颜真卿也在长安，初任校书，嗣为醴泉尉，加上"八仙"之中的贺知章是他父亲颜惟贞的挚友，有父执之分；张旭又是"尝接游居，屡蒙激劝"[47]的业师。李白既是贺知章、张旭的诗伴酒友，颜真卿作为贺、张两氏的弟子，自当相识甚至应有周旋的机遇，只是有关史料有待于进一步发掘和整理了。

（五）

颜真卿在湖州的学术活动主要是修订《韵海镜源》。《韵海镜源》初编，始于开元末年校书郎任上。当时的计划是利用任职所在的秘书省库内经籍，以隋代陆法言《切韵》的韵字为基础，将它的字义，用《说文》、《苍》、《雅》诸字书加以证引训解，然后增补经、史、子、集册部经籍中凡可见的两字以上成句的词汇。如是既收又集，广而纳之，使之无所不包，无所不见，又能鉴察它们各自的渊源所在，

---

42 皎然《晦日陪颜使君白蘋州集》。
43 皎然《奉应颜尚书真卿观玄真子置酒张乐舞破阵画洞庭三山歌》。
44 《水堂送诸文士戏赠潘丞联句》颜真卿奉潘述句。
45 李白《司马将军歌以代陇上健儿陈安》。
46 权德舆《左谏议大夫韦君诗集序》有记："初，君年十一，尝赋《铜雀台绝句》，右拾遗李白见而大骇，因授以古乐府之学，且以瑰琦轶拔为己任。"
47 张旭《怀素上人草书歌序》。

故名之曰《韵海镜源》。只是后来遽遭母忧，解职服勤而作罢。

鲁公天宝末年出任平原太守，在族弟颜浑和郡人封绍、高筼的协助下，旧题新作，已修定条目，但由于渔阳兵变，铁马烟尘，不容书生从事学业，仅具四分之一即二百卷猝然而止。

大历初年，抚州任上，鲁公复与门人左辅元等人编修旧稿，增而广之，成五百卷，始初具规模。

至湖州，下车伊始，鲁公即召集儒、道、释诸贤以修订为首务。先在正经之外，加入释、道诸书，然后删繁求简，修成三百六十卷。其目虽比旧本少一百四十卷，但韵字却在《切韵》的基础上增益了一万四千七百六十一字，致使同时人封演[48]自以为："自为声韵已来，其撰述该备，未有如颜公此书也。"他在《封氏闻见记》卷二中详记之：

> 其书于陆法言《切韵》外，增出一万四千七百六十一字。先起《说文》为篆字，次作今文隶字，仍具别体为证，然后注以诸家字书。解释既毕，征九经两字以上，取句末字编入本韵，爰及诸书皆仿此。自为声韵已来，其撰述该备，未有如颜公此书也。大历二（十二）年，入为刑部尚书，诣银台门进上之卷，敕宣付秘阁，赐绢五百匹。

《切韵》，颜真卿《湖州乌程县杼山妙喜寺碑铭》以为"五代祖隋外史府君（之推）与（陆）法言所定"。《封氏闻见记》卷二亦记"隋朝陆法言与颜（之推）、魏（彦渊）诸公定南北音，撰为《切韵》"。然考陆法言《切韵序》：

> 昔开皇初，有仪同刘臻等八人，同诣法言门宿，夜永酒阑，论及音韵。……因论南北是非，古今通塞，欲更据选精切，除削疏缓，萧、颜多所决定。……法言即烛下握笔，略记纲纪。博问英辩，殆得精华。

---

[48] 封演，俟考。《新唐书》卷五八《艺文二》"封演《古今年号录》一卷"条下注"天宝末进士第"；上引鲁公《宋璟碑侧记》记其时任"屯田郎中权邢州刺史"（大历七年）；《封氏闻见记》题衔"唐朝散大夫检校尚书吏部郎中兼御史中丞"，盖鲁公后辈，为大历年间士人。

所谓"刘臻等八人",即刘臻、颜之推、魏彦渊、卢思道、李若、萧该、辛德源、薛道衡[49];"除削疏缓,萧、颜多所决定",即指萧该与颜之推。

按,"刘臻等八人"其中颜、卢、辛、薛诸人与陆法言之父陆开明(爽)都是北齐文林馆待诏,对于时届弱冠的陆法言,行辈在丈人之列,且当其"取诸家音韵,古今字书,以前记者,定之为《切韵》五卷"之时,颜氏已归道山多年。若以为陆氏的声韵学曾受颜之推的沾溉,《切韵》中又有用颜氏之说,尚可认同,而谓其"共定"之,诚误。鲁公是说,盖彰示祖德,言出私门,是未可尽信的。封氏本之,而未明其彰显之意,以致讹传不征者如此。

《切韵》盖陆法言所撰,刊定于隋仁寿元年(601)。"萧、颜多所决定",实际上是采用了颜之推所谓"共以帝王都邑,参校方俗,考覆古今,为之折衷,推而置之,独金陵与洛下"(《颜氏家训》)的意见,兼用金陵、洛阳,即南北语音来统一当时文字的读音。

从郑樵《通志》卷七一《校雠一》所谓"天宝《切韵》,即开元文字而为韵,《内外转归字图》、《内外传钤指归图》、《切韵枢》之类,无不见于《韵海镜源》"云,《韵海镜源》在《切韵》的基础之上,已拓广到脱胎于梵文如上引《内外转归字图》诸韵,且"引《说文》、《苍》、《雅》诸字书,穷其训解;次以经、史、子、集中两字已上成句者,广而编之",由音及义,自字而词,实际上已成为我国最早集释诸书文字训诂的一部词典。

文字训诂包含音、形、义三者。字音的统一,若始于陆法言的《切韵》;字义尤其经典释义的统一,是以唐初孔颖达的《五经正义》为最初的官方标准,那么,字形的统一,据颜元孙《干禄字书序》"元孙伯祖故秘书监(颜师古),贞观中刊正经籍,因录字体数纸,以示雠校楷书,当代共传,号为《颜氏字样》"云,则是以颜真卿曾伯祖颜师古的《字样》为正字最早的典范。依例《韵海镜源》所收的字及其词句,其义其形,自必以《五经正义》、《颜氏字样》为准则。惟其《字样》"时讹顿迁,岁久还变。后有《群书新定字样》,是学士杜延业续修,虽稍增加,然无条贯。或应出而靡载,或诡众而难依。且字书源流,起于上古,自改篆行隶,渐失本真,若总据《说文》,便下笔多碍。当去泰去甚,使轻重合宜。不揆庸虚,

---

[49] 《广韵》。魏彦渊,一作魏渊。

干禄字书（碑本，第一栏）

久思编辑。顷因闲暇，方契宿心，遂参校是非，较量同异。其有义理全僻，罔弗毕该；点画小亏，亦无所隐。勒成一卷，名曰《干禄字书》云，颜元孙之作已较诸书胜出多多。加之"筮仕观光，惟人所急。循名责实，有国恒规。既考文辞，兼详翰墨，升沉是系，安可忽诸。用舍之间，尤须折衷。目以干禄，义在兹乎！"

唐代科举，尤重在字法，"升沉是系"，"目以干禄"，所以鲁公以《干禄字书》作为其修订、缮写《韵海镜源》字形的唯一依据。大历九年正月初七日，立在刺史宅东厅院中的《干禄字书》，盖是一种纪念，以示《韵海》字形之所本。由是可知，原本是手卷，至是遂裁成数截，上下排列为碑式。"颜氏干禄字书"六字篆书，后之题尚，亦出鲁公手笔。

按，《干禄字书》列楷书一千五百九十九字，以平、上、去、入四声排次，分别标以正、通、俗三种写法，如"咸、减、减，上俗中通下正"。又将形近、音近字加以区分，如"藉、籍，上藉草下簿籍"，"婬、媱，上婬荡字音淫，下妖媱字音遥"。今存《干禄字书》，乃"勾咏潼川本"，盖出"通颜书之士"所摹勒刊石者。《金石萃编》卷九九，记其"碑下截断缺。凡两面，一高七尺八寸五分，一高六尺九寸七分，俱广四尺七寸五分。书分五层，三十三行，行九字，正书。额题'颜氏干禄字书'六字，篆书"。其前有开成四年六月二十九日杨汉公刻本，参其序："才大事简，居多余闲，录《干禄字样》，镌于贞石，仍许传本，示诸后生。一二工人，用为衣食业，昼夜不息，刷缺遂多。亲侄禹（颙）顷牧天台，惧将磨灭，欲以文字移于他石，资用且乏，不能克终。汉公谬憇棠阴，获观墨妙，得以余俸，成禹（颙）之意。自看模勒，不差纤毫，庶笔踪传于永永。"是为翻刻。按，禹（颙）乃颜真卿八弟允臧第三子，《赤城志》记大和二年任台州刺史。《丛编》卷一二引《集古目录》："《唐修桐柏宫碑》……台州刺史颜颙（禹）篆额……碑以大和四年四月立。"颜真卿所撰《天台禅林寺智者大师画像赞》即其所书，立于四年十二月。可知，大和初年，是石已剥缺几尽，开成初年另立者，盖出其传本。

勾咏本，出自南宋绍兴壬戌（十二年），其有《干禄字书记》称："石刻在刺史宅东厅院，传之惟艰，故世罕得善本。而蜀士大夫所见惟板刻，尤鲜得其真。府尹龙阁宇文公比刺湖州，得鲁公所书与杨汉公所摹二本，特为精详。……于是俾以杨、蜀二本参校，若颜书之剥缺者，以二本补焉；不可推究者，阙之，令通颜书之士摹勒刊石于泮……自开成历五季迄皇朝，距今凡五甲子，汉公传本亦浸磨灭，鲁公真迹所存终十四五尔。"是时，杨汉公摹本亦已磨泐殆尽。

《韵海镜源》的修订工作，始于大历八年（773）季夏，终于九年（774）初春。参与者凡分两类：自始至终与修者，有释法海、李萼、陆羽、褚冲、杨清河、柳察、潘述、裴循、萧存、陆士修、杨遂初、崔宏、杨德元、胡仲、汤涉、颜祭、韦介、左兴宗、颜策诸人；同修未毕而各以事去者，有颜浑、殷佐明、刘茂、卢锷、韦宁、朱弁、周愿、颜暄、沈殷、李莆诸人。《韵海》纂修，其不值周年，但无意中已成为以江东文士、州县属吏为主体，鲁公与陆羽、皎然为领袖的一个文学结社。著名的《登岘山观李左相石樽联句》、《竹山连句题潘氏书堂》、《水堂送诸文士戏赠潘丞联句》以及《三言拟五杂组》诸诗，都是联唱于当时。

《韵海镜源》自从开元二十四年（736）颜真卿初仕筹划，经平原、临川两地编目增广，至大历九年（774）湖州任上修毕，先后历玄、肃、代三朝凡三十八年，最后于大历十三年（778）十一月二十五日上献朝廷，诏付集贤院，"曷由旌不朽，盛美流歌引"[50]，遂了宏愿，成千古之业。惟沧桑流变，遗编不永，是书在宋初仅存十六卷，而至绍兴、淳熙年间（1151—1180），晁公武编撰《郡斋读书志》，搜天下遗书之时，《崇文总目》所见之十六卷，已经是散佚殆尽，泯然不可得矣。颜真卿这部"包荒万汇，其广如海，自末寻源，照之如镜"[51]的炳辉巨著，从此之后，仅留存于历史的记载之中了。

湖州有韵海楼，相传为颜真卿修书处。旧在州府之后，为十楼胜景之一，宋时已废不存。今所见者，乃后人追慕胜事而仿建的。虽如是，是楼亦足以志无穷之

50　皎然《奉和颜使君真卿修<韵海>毕诸文士东堂重校》。
51　王应麟《困学纪闻》卷八《小学》。

湖州韵海楼

仰羡，申不尽之遐思。

　　清代江都人吴绮有《玉楼春·题韵海楼》词一首。其前有序，云"韵海楼在郡治内。颜真卿守是土，延诸名士作《韵海镜源》一书于上。朱甍画栋，宏敞壮丽，为一郡大观。今其书不知犹有存否？名人所至，自有可传，岂千载下遂无有闻而兴感者乎。作《玉楼春》"，亦可想见当年情景。兹移录如下，权作本章的结束语：

　　　　名流当日知无数，此地曾为欣赏处。珠帘一片挂春云，画栋几番经暮雨。
　　　　人间传舍无长主，一卷能留千万古。焚香扫地更何人，怅望神仙归紫府。

三、儒释神侣

（一）

　　杼山，在湖州乌程县西南三十里处，其高三百尺，周围一千二百步，相传是夏后杼巡狩之所。山下因有夏王村，两北有夏驾山。此山旧名东张，因其云泉林壑，游者忘返，故又名稽留山。妙喜寺即在其阳，梁武帝所置，以东方有妙喜佛国而名之。寺前二十步处跨涧有黄浦桥，桥南五十步又有黄浦亭，并是刘宋鲍照送客处。其水名黄浦，因出西南黄蘖山，故俗称黄蘖涧，即萧梁江淹赋诗之地。寺偏东有招隐院，其前堂西厦谓之温阁。从草堂东南屈曲有悬崖石径，行百步即至东晋吴兴太守何楷钓台。寺西北五十步处，乃避它古城。

　　大历八年（773），颜鲁公于此设栅立亭，名径建堂，且移师兹境，率诸生修订《韵海》。于是"自秋徂春，编同贯鳞，学比成麟。幸托胜引，亟倍增珍。庶斯见传，金石不泯"[1]。大凡敬仰文雅，文雅之士竞来；崇重学术，学术之风始炽，不数年演进为江表绝胜之地。

　　妙喜寺是皎然的驻锡地，是年皎然五十四岁。

　　皎然（720—？），字清昼，简称昼。吴兴本籍人，郡望出自陈郡阳夏。俗姓谢，刘宋谢灵运十世孙。天宝初年，因应试未第而出家，初隶于润州江宁长干寺。至德后移居湖州。先隶湖州龙兴寺[2]，至大历八年（773）始移居于杼山妙喜寺。

　　赞宁《宋高僧传》卷二九有《唐湖州杼山皎然传》称：

> 颜鲁公真卿命昼赞《韵海》二十余卷。……时颜鲁公为刺郡，早事交游而加崇重矣。

　　其谓颜真卿"早事交游而加崇重"者，不知何据。从皎然《奉酬颜使君真卿见

---

[1] 颜真卿《湖州乌程县杼山妙喜寺碑铭》。
[2] 是寺为陈章皇后永定三年舍宅所建，神龙二年改孝义寺，中宗时复旧名。徐峤之所书《徐陵碑》，立在是寺，皎然当有护持之功。

湖州妙峰山上的皎然塔

过郭中寺，寺无山水之赏，故予述其意以答焉》"州西柳家寺，禅舍隐人间。证性轻观水，栖心不买山。履声知客贵，云影悟身闲。彦会前贤事，方今可得攀"云，鲁公甫抵湖州即访皎然，初晤于郭中寺即龙兴禅寺，是年已六十五岁，不当有称"早事交游"。

按，大历八年立春日即二月初四，祭岳渎使、前湖州刺史卢幼平奠祀会稽山永兴公之后，正由越返京，途经湖州，皎然作为宝应年间的幕宾，曾陪同奉侍，不离左右，有《同诸公奉侍祭岳渎使大理卢幼平自会稽回经平望，将赴于朝廷，期过故林，不至》诗记其事。鲁公作为新任州牧，亦例当奉迎这位朝廷贵客，并送至平望驿离境。这是鲁公初抵湖州的第一次政务活动，其间是有可能与"陪诸公奉侍"者皎然有所周旋，但是时，皎然已逾知天命之年，亦不在早期。[3] 其"早事交游"应指他事，参皎然有《冬日送颜延之明府抚州觐叔父》诗，颜真卿曾为抚州刺史，颜延之赴抚州觐省之叔父即鲁公，时在大历三至五年间，皎然与之盖为旧识。又，开元二十七年（739），皎然曾赴京应举求仕，干谒王侯，有《张伯高草书歌》作于京华，其"长安酒榜醉后书，此日骋君千里步"云，似出亲莅。张伯高即草

---

[3] 皎然年岁，史家大都以其《赠李中丞洪》诗所谓"安知七十年，一朝值宗伯"，"七十年"为实志年，逆推生年在开元八年（720）前后。时年约五十四岁。

书家张旭，伯高乃其字，是颜真卿的业师，皎然在京例有干谒，与鲁公有所周旋。"早事交游"者，盖始于天宝三年（744）出家之前，即寓居京华之数年间，而相知"加崇重"，则在大历八年湖州重聚之后。

同样，赞宁所谓鲁公命皎然"裨赞《韵海》二十余卷"者，是说亦甚可疑。

按，颜真卿《妙喜寺碑》详记《韵海》修订之事，未曾提及有皎然参与事。其所称谓"时杼山大德僧皎然工于文什，惠达灵煜味于禅诵。相与言曰：'昔庐山东林，谢客有遗民之会；襄阳南岘，羊公流润甫之词。况乎兹山深邃，群士响集，若无记述，何以示将来？乃左顾以求蒙，俾记词而藏事'"，仅仅是赞助典事，并以故事激劝颜真卿撰文记颂的一位方外之士。

细检皎然诸诗，诸如：

外学宗硕儒，游焉从后进。
恃以仁恕广，不学门阑峻。
著书裨理化，奉上表诚信。
探讨始河图，纷纶归海韵。
亲承大匠琢，况睹颓波振。
错简记铅椠，阅书移玉镇。
曷由旌不朽，盛美流歌引。
（《奉和颜使君真卿修〈韵海〉毕，会诸文士东堂重校》）

世学高南郡，身封盛鲁邦。
九流宗韵海，七字揖文江。
借赏云归堞，留欢月在窗。
不知名教乐，千载与谁双。
（《奉和颜使君真卿修〈韵海〉毕，州中重宴》）

为重南台客，朝朝会鲁儒。
暄风众木变，清景片云无。

峰翠飘檐下，溪光照座隅。

不将簪艾隔，知与道情俱。

(《春日陪颜使君真卿、皇甫曾西亭重会〈韵海〉诸生》)

诸侯崇鲁学，羔雁日成群。

外史刊新韵，中郎定古文。

(原注：鲁公著书依《切韵》，起东字，脚皆列古篆。)

菁华兼百氏，缣素备三坟。

国语思开物，王言欲致君。

研精业已就，欢宴惜应分。

独望西山去，将身寄白云。

(《奉陪颜使君修〈韵海〉毕东溪泛舟饯诸文士》)

其所记者，全是大历九年（774）春《韵海》后期校雠及宴会之事，其间绝无一言涉及作者预修之功。

赞宁之传，殆误解碑文及皎然诸诗本意，或时有传言，不加检点，浪引而意述之。虽然如此，亦无损于颜真卿与皎然之间的儒释之交。

（二）

崇重浮屠为颜氏传统，《颜氏家训》便谆谆告示子孙"兼修戒行，留心诵读，以为来世津梁"[4]。易言之，即使是顾及世俗的责任，建立家庭，不抛弃妻与子，虽不能出家为僧，也应当修养品性，恪守戒律，留心于佛经的诵读，把这些作为通往来世幸福的桥梁。鲁公其相契严峻，友善上恒，褒异沈真乘之出家，敦慕谢灵运之释经，渊源本出自家教。更何况代宗朝，君臣竞相佞佛，如时相元载、王缙、杜鸿渐诸人，"每侍上从容，多谈佛事，由是中外臣民承流相化，皆废人事而奉佛，

---

[4] 卷第五《归心》第十六。

政刑日紊矣"[5]。时风之下，岂有不染，加上仕途失意，宦海沉沦，入得佛中，自可解脱。

颜真卿与元载集团尽管在政治上发生过严重的冲突，并由此遭到斥逐，但在思想上，尤其对待佛教的态度是十分一致的，引用白居易的话说，也是一位"佩服世教，栖心空门，外为君子儒，内修菩萨行"[6]的佞佛士大夫。颜真卿所撰的《抚州宝应寺律藏院戒坛记》和《宋州官吏八关斋会报德记》，便是典型的实例。

《抚州宝应寺律藏院戒坛记》撰于大历六年（771）六月三日，详叙律宗传授渊源，盛赞西山慧钦律师之功德：

> 如来以身口意三业难调伏也，净尸罗以息其内，行住坐卧四威仪，摄善心也。明布萨以昭其外，故曰波罗提木义是汝之师，则憍陈如之善来，迦叶波之尚法，诸声闻三归约众，十四年以八敬度尼，羯磨相承，其致一也。至汉灵帝建宁元年，有北天竺五丧门支法领等，始于长安译出《四分戒本》兼羯磨，与大僧受戒。至曹魏，有天竺十尼自远而来，为尼受具。后秦姚苌宏始十一年，有梵僧佛陀耶舍译出《四分律本》，而关内先行僧祗，江南盛行十诵。至元魏法聪律师，始阐四分之宗。聪传道覆，覆传惠光，光传云晖、愿，愿传理、隐乐、洪云，云传遵，遵传智首，首传道宣，宣传洪，洪传法励，励传满意，意传法成，成传大亮、道宾，亮传云一，宾传岩超、慧澄，澄传慧钦，皆口相授受，臻于壶奥。钦俗姓徐，洪州建昌人。……属禄山作乱，杖锡南归，居于西山洪井、双岭之间，慕高僧观显之遗踪，于寺北创置兰若，山泉之美，颇极幽绝。钦虽坚持律仪，而志在宏济，好读《周易》、《左传》，下笔成章，著《律仪辅演》十卷。尝撰本州《龙兴寺戒坛碑》，颇见称于作者。……又钦比年以来，为受具者，凡一万余人，江岭湖海之间，幅员千余里，像法于变，此皆钦教道之力焉。

《有唐宋州官吏八关斋会报德记》撰于大历七年（772）五月。时颜真卿自上

---

[5] 《资治通鉴》卷二二四"大历二年"条。
[6] 《祭中书韦相公文》。

元回京，途经宋州，适逢其州长官徐向为了禳祈报恩，替原汴宋节度使、当时的兼判左仆射知省事的田神功设八关斋会。

按，八关斋会始于齐武帝永明元年，以释氏八戒为斋，所谓八戒，即一不杀生；二不偷盗；三不邪淫；四不妄语；五不饮酒食肉；六不著花鬘璎珞，香油涂身，歌舞倡伎，故往观听；七不得坐高广大床；八不过斋后吃食。[7] 俗众所受，一日一夜戒也，谓八戒一斋，通常叫八关，以明禁防。

当是时"五月八日（徐向）首以俸钱三十万设八关大会，饭千僧于开元伽蓝。将佐争承，唯恐居后。已而州县官吏，长史苗藏实等，设一千五百人为一会；镇遏团练官健副使孙琳等，设五百人为一会；耆寿百姓张列等，设五千人为一会。法筵等供，仄塞于郊坰，赞呗香花，喧填于昼夜。其余乡村聚落，来往舟车，闻风而靡督自勤，耸惠而怵先胥懋者，又不可胜数矣"。一次患病，而如是禳祈；一斋之祷，又作如是铺张。且田神功者非良臣，史称上元二年（761）二月，田神功平定刘展之乱，即在其克复扬州之日，"大掠居人资产，鞭笞发掘略尽，商胡大食、波斯等商旅死者数千人"[8]。他虽然是颜真卿当年从安禄山阵营中策反过来的平卢将领之一，朴勇立勋，位至节度，且有克复宋州之功，然其一介武夫，焉能因病而享受一州官民如是禳祈？徐向之辈，其所以如是大肆烜耀报恩，实乃荧惑时人，献谀权臣。此番举措，刚正明识有如颜真卿者岂能不知之，然而，睹邪谄而不言，见媚惑而不恶，竟撰文记述，随意颂扬，有谓"德之所感，沦骨髓而非深；诚之所至，去神明而何远"云。"不资斋明，何以报德"，斯诚如明人赵崡所长叹息者，其佞佛之深也。

《全唐文》卷三三七颜真卿条下收有《泛爱寺重修记》，其云：

> 予不信佛法，而好居佛寺，喜与学佛者语。人视之，若酷信佛法者然，而实不然也。予未仕时，读书讲学，恒在福山，邑之寺有类福山者，无有无予迹也。始傲居，则凡海印、万福、天宁诸寺，无有无予迹者。既仕于昆，时授徒

---

7 或作：一不杀生；二不偷盗；三不非梵行；四不妄语；五不饮酒；六不非时食；七不华鬘庄严其身及歌舞戏等；八不坐卧高广大床。

8 《旧唐书》卷一一〇《邓景山传》。

于东寺，待客于西寺。每至姑苏，恒止竹堂。目予实信其法，故为张侈其事，以惑沙氓，则非知予者矣。

昆，即今江苏昆山县之简称，唐时属苏州吴郡。颜真卿不见仕之于昆。福山，在江苏常熟县，《琴川志》记：在县北四十里处，高九十五丈，周五里。本名覆釜山，其形似也。唐天宝六载（747）改为金凤山。梁乾化三年（913）又改今名。其云："福山，居长江下流，险莫甚焉……钱镠始于福山置戍以防南唐之寇。"其盛，当始于五代。福山之邑即为常熟，宋时尚见记有天宁寺。颜真卿行迹仅止吴郡，即使其十三岁后随母居于外祖殷子敬吴县官舍，固然有常熟之游，亦不当有福山之称，更无得有僦居天宁诸寺之谓。此文必出五代之后人所撰，《全唐文》误收，谨检以附辨之。

皎然是康乐侯的后裔。康乐侯即刘宋元嘉年间与颜真卿十世叔祖颜延之并以文学齐名的谢灵运。不独《宋书》卷六七《谢灵运传论》有"爰逮宋氏，颜、谢腾声。灵运之兴会标举，延年之体裁明密，并方轨前秀，垂范后昆"之记，《南史》卷三四《颜延之传》亦有"是时议者，以延之、灵运自潘岳、陆机之后，文士莫及，江右称潘、陆，江左称颜、谢"之评。

颜真卿对谢灵运这一位先祖所亲厚之人，是十分敬重的，尤其对他翻译《大涅槃经》的功德，倍加留心。不仅上庐山索观东林寺谢氏之遗珍宝藏，至抚州则瞻仰翻经台，有《抚州宝应寺翻经台记》颂述之，铭曰：

摩诃般若，解脱法身。是则涅槃，众经中尊。
昙无肇允，严观是因。实赖同德，宏兹法轮。
谢公发挥，精义入神。理绝史野，文兼郁彬。
一垂刊削，百代咸遵。遗迹忽睹，高台嶙峋。
载悲祖谢，曷践音尘？真卿愀然，悯故孰新？
檀那衣钵，悉力经纶。不日复之，周邦仰仁。
缅怀敦慕，子亦何人？徒愿神交，愧非德邻。
刻铭金石，永永不泯。

同时，详述谢灵运其人及翻经台增修始末，既申"缅怀敦慕"之意，复示"周邦仰仁"之情，且文章明畅，堪称得体。其云：

公讳灵运，陈郡阳夏人也。……公幼颖悟好学，博览群书，文章之美，江左莫逮。以袭祖爵，世人宗之，盛称谢康乐。……公以昙无谶所翻《大涅槃经》，语少朴质，不甚流靡，品数疏简，初学者难以措怀，乃与沙门范惠、严顾、慧观，依旧《泥洹经》共为润色，勒成三十六卷。义理昭畅，质文相宣，历代宝之，盛行于天下。其余感神征应，具如《高僧传》所说。逸乎阶扃不改，栋宇具无。真卿叨刺是邦，兹用忾息。有高行头陀僧智清，绪发洪誓，精心住持，请以佛迹寺僧什喻、仙台观道士谭仙岩同力增修，指期恢复。自是法堂之遗构克崇，先达之高踪不泯。百里而遥，四山不逼；三休而上，十地方超。经行之业既崇，斗薮之功斯懋。

杼山曾有谢临川写真堂，相传是鲁公所建。

（三）

皎然门第崇高，禅学精深，诵念参禅之余，尤留心篇什，子史经书，各臻其极。且文章俊丽，号为释门伟器。尤长于诗，所著《杼山集》十卷，于頔有序称之："得诗人之奥旨，传乃祖之菁华。江南词人，莫不楷范。极于缘情绮靡，故辞多芳泽；师古兴制，故律尚清壮。其或发明玄理，则深契真如，又不可得而思议也。"与诗僧灵澈、道标齐名，有谚曰："霅之昼，能清秀；越之澈，洞冰雪；杭之标，摩云霄。"当时士大夫莫不服其标致。又善交游，有如韦应物、卢幼平、吴季德、陆羽、李萼、皇甫曾、梁肃、秦系、崔子向、薛逢、吕渭、杨逵诸人，所谓一时显宦名公，"或簪组，或布衣，与之交结，必高吟乐道。道其同者，则（皎）然始定交哉"[9]。

湖州历任刺史，卢幼平之外，杨慧（乾元元年至上元元年）、崔论（上元元

9《宋高僧传》卷二九《唐湖州杼山皎然传》。

年）、独孤问俗（宝应元年至二年）、杜位（大历四年）、裴清（大历六年）、樊系（大历十二年）、袁高（建中二年至兴元元年）、陆长源（兴元无年）、杨顼（兴元元年至贞元二年），以及崔石（贞元初年）、郑谔，先后三十年间所谓"深于禅者"，更是倾心结纳，"宴息与游乐，不将衣褐乖"[10]，高吟乐道，泂然"萧散股肱守，自为尘外侣"者也，其受州牧敬重，出世人之为座上客，由来久矣！

"彦会前贤事，方今可得攀。"皎然与颜真卿自结交以来，"不将簪艾隔，知与道情俱"，声气相适，日夕过从，其上凤翅山，望太湖水，泛舟东溪，饯宴诸生，观张乐舞破阵画洞庭三山，游开元寺经藏院立文殊之碑，以及登杼山，攀上峰，走寺院，望水楼，骆驼桥下玩月，苕水溪滨雅集，莫不随侍左右，且能从容酬唱，心赏契合。诸如：

大历八年（773）秋日，浙江西道观察判官、殿中侍御史袁高至郡，颜真卿陪同他登杼山、攀上峰，预开元寺楼会，次骆驼桥玩月，以及夜宴咏灯，皎然皆有奉陪唱和之诗。

大历九年（774）春季，以五言诗驰名的殿中侍御史皇甫曾来湖，颜真卿与之游宴，皎然不独参与其两亭雅集，且联袂酬酢于南楼。

大历十年（775），颜真卿长子颜自河北返回，归至湖州，皎然有诗相贺。

大历十一年（776）初秋，大历十才子之一的耿沣，以左拾遗充任图书使来湖采访图书，颜真卿与之结为忘年之交，并嚣遨游，杯酒联欢，皎然亦厕身其间。

大历十二年（777）四月，京兆府法曹参军、萧颖士弟子、名书家李阳冰西上献书，途经湖州，颜真卿于岘山送行，皎然有《同颜使君真卿岘山送李法曹阳冰西上献书，时会有诏征赴京》诗志其事。

皎然情性清和，资质端懿，又能高迈其心，栖止林峦，禅诗相偶，与道者游，且高门后裔，本籍人氏。鲁公一州薪牧，例从传统礼接释门之英，加上"重名节，敦故旧"，远郡遇旧雨，益见亲近，自然心照不宣，相与倚重。从顺手捡出的如上引诸多细事中，便可见其儒释之交，不同寻常，老而弥笃，直胜其他州牧。

皎然诗兴闲适，有"掇六义之清英，首冠方外"[11]之评。评藻古今人物，所著

10　《赠李中丞洪一首》。
11　权德舆《送灵澈上人庐山回归沃州序》。

《诗式》五卷，议论精当，具"整顿狂澜，出色《骚》、《雅》"[12]之誉。惟其书翰，绝少可见。论书之篇，亦仅见二诗。其中一首，即是著名的《张伯高草书歌》：

> 伯英死后生伯高，朝看手把山中毫。
> 先贤草律我草狂，风云阵发愁钟王。
> 须臾变态皆自我，象形类物无不可。
> 闻风游云千万朵，惊龙蹴踏飞欲堕。
> 更睹邓林花落朝，狂风乱搅何飘飘。
> 有时凝然笔空握，情在寥天独飞鹤。
> 有时取势气更高，忆得春江千里涛。
> 张生奇绝难再遇（原注：王小令草书，古今称绝），草罢临风展轻素。
> 阴惨阳舒如有道，鬼状魑容若可惧。
> 黄公酒垆兴偏入，阮籍不嗔嵇亦顾。
> 长安酒榜醉后书，此日骋君千里步。

张伯高即张旭，伯高是他的字。"长安酒榜醉后书，此日骋君千里步"，似亲莅其境。

按，至德年间皎然已居湖州，陆羽《陆文学自传》有称"洎至德初，秦人过江，予亦过江，与吴兴释皎然为缁素忘年之交"云。皎然曾游京都，有《晨登乐游原望终南积雪》诗，参其《述祖德赠湖上诸沈》"世业相承及我身，风流自谓过时人……饱用黄金无所求，长裾曳地干王侯"，及《妙喜寺达公禅斋寄李司直公孙、房都曹德裕、从事方舟、颜武康士骋四十二韵》"我祖传六经，精义思朝彻。方舟颇周览，逸书亦备阅……中年慕仙术，永愿传其诀"句，慕仙入道以前亦曾干谒侯门，企祈功名，且放荡清狂，寄心高远。是诗盖作于早年客游京师，正书生意气、笑傲王侯之时。

另一首是《陈氏童子草书歌》，其云：

12　辛文房《唐才子传》卷四《皎然上人》。

书家孺子有奇名，天然大草令人惊。
僧虔老时把笔法，孺子如今皆暗合。
飙挥电洒眼不及，但觉毫端鸣飒飒。
有时作点险且能，太行片石看欲崩。
偶然长掣浓入燥，少室枯松欹不倒。
夏室炎炎少人欢，山轩日色在阑干。
桐花飞尽子规思，主人高歌兴不至。
浊醪不饮嫌昏沉，欲玩草书开我襟。
龙爪状奇鼠须锐，水笺白皙越人惠。
王家小令草最狂，为予洒出惊腾势。

昼公以太行崩石喻其点，少室枯松形其画，似作于江北。按，皎然中年入道，学仙无成，寻皈依空门，受戒于杭州灵隐天竺寺，之后行迹不到中原。且此诗不见禅思，亦当作于早年游历京洛、走马荆襄之时，与《张伯高草书歌》相先后。张旭以草书驰名，其宏逸雄劲处，尤得时人推许，李颀有"太湖精"之誉，杜甫有"草圣"之叹。论书家蔡希综《法书论》直称为王子敬之再出，有云："迩来率府长史张旭，卓然孤立，声被寰中，意象之奇，不能不全其古制，就王（羲之）之内弥更减省，或有百字五十字，字所未形，雄逸飞象，是为天纵。又乘兴之后，方肆其笔，或施于壁，或札于屏，则群象自形，有若飞动，议者以为张公亦小王（献之）之再出也。"皎然其诗，所谓"先贤草律我草狂"者，虽不明张旭正草并绝之真诠，或取其乘兴之作，隐其寻常之习，并借诗人清狂之性，肆意夸饰，以申当年"不缚常律"的胸襟，从这一点上说，尚能令人信服或以为至言。但对一童子少年，歌其天然，称其狂逸，似有诳诱之嫌。联想到当年颜真卿对少年上人怀素的引导，"至于吴郡张旭长史，虽姿性颠逸，超绝古今，而楷法精详，特为真正。……忽见师作，纵横不群，迅疾骇人，若还旧观。向使师得亲承善诱，亟挹规模，则入室之宾，舍子奚适"云，"向使"之说，与之迥然不同。

所以不同者，是在于前者为书家之流而后者并不知书，不知书之所谓道。当然这种以直觉意评书法，强不知以为知，逢场作戏，率性漫论者，在唐代是不乏其人的。如杜甫之颂张旭,初谓"俊拔为之主,暮年思转极。未知张(芝)王(羲之)后,谁并百代则"(《殿中杨监见示张旭草书图》);"草书长进,豪荡感激"(《观公孙大娘弟子舞剑器行》),然不数年,竟诮之"吴郡张颠夸草书,草书非古空雄壮。岂如吾甥(李潮)不流宕,丞相(李斯)、中郎(蔡邕)丈人行"(《李潮八分小篆歌》)。当然,这种扬甥抑友,大加菲薄之唱,明眼人一看便知,是认真不得的。又如少年怀素,由零陵历衡阳、次潭州、走广州、经岳州,当其入秦、名噪京都之后,谒名流,走朱门;文酒之会,多见诗篇,称其狂态,诼其绝艺,夸饰形容,并竞之极。有云:

> 忽作风驰如电掣,更点飞花兼散雪。
> 寒猿饮水撼枯藤,壮士拔山伸劲铁。
> ……
> 峥嵘蹙出海上山,突兀状成湖畔石。
> 一纵又一横,一欹又一倾。
> 临江不羡飞帆势,下笔长为骤雨声。
>
> 王邕《怀素上人草书歌》

> 粉壁长廊数十间,兴来小豁胸襟气。
> ……
> 忽然绝叫三五声,满壁纵横千万字。
> ……
> 如熊如黑不足比,如虺如蛇不足拟。
> 涵物为动鬼神泣,狂风入林花乱起。
> 殊形怪状不易说,就中惊燥尤枯绝。
> 边风杀气同惨烈,崩槎卧木争摧折。
> 塞草遥飞大漠霜,胡天乱下阴山雪。
>
> 窦冀《怀素上人草书歌》

有时兴酣发神机，抽毫点墨纵横挥。
风声吼烈随手起，龙蛇迸落空壁飞。
连拂数行势不绝，藤悬查蘖生奇节。
划然放纵惊云涛，或时顿挫萦毫发。

鲁牧《怀素上人草书歌》

忽闻风里度飞泉，纸落纷纷如站鸢。
……
笔下惟看激电流，字成只畏盘龙去。
怪状崩腾若转蓬，飞丝历乱如回风。
长松老死倚云壁，蘗浪相翻惊海鸿。

朱逵《怀素上人草书歌》

兴酣神旺，醉眼朦胧，既谀且诮，逢场作戏，其书非书处，有胜皎然一筹。

论述怀素草书者，存世可见还有李白、许瑶、戴叔伦、任华、苏涣、钱起、马云奇与贯休诗篇以及卢象、李舟、张谓、窦冀残篇遗句。

按，论书诗起于唐初，以岑文本《奉述飞白书势》为发轫，以后李颀《赠张旭》、高适《醉后赠张旭》、李白《草书歌行》以人及书，人书并论，引入正宗，至盛中唐，广而大之，遂见高峰，单篇高歌，杜甫为尤，《李潮八分小篆歌》最具典型；多篇联颂，则以上引草书歌为代表。传世名为怀素之《自叙》，以形似、机格、疾速、愚劣相引述，其张而扬之，议论之精深；华而饰之，伎俩之高明，空前绝后，堪称杰作。

书画同源，其理为一。鲁迅称书法具有三美，意美以感心，音美以感耳，形美以感目，实同于画，尤其文人画。故以画衡书，乃文人不二法门。大历年间诸论书诗，莫不以画视之，鲁公、皎然写张志和画洞庭三山图亦不过尔尔。道可道，非常道。书终异于画，入其堂奥而能言之者，盖鲜。皎然后来之诗，尤其湖州之作，多不言书，亦洵然可知也，其与鲁公交游既久，已悟得其中三昧，不再或不敢贸然雌黄真人、横加议论矣！

華嚴帖

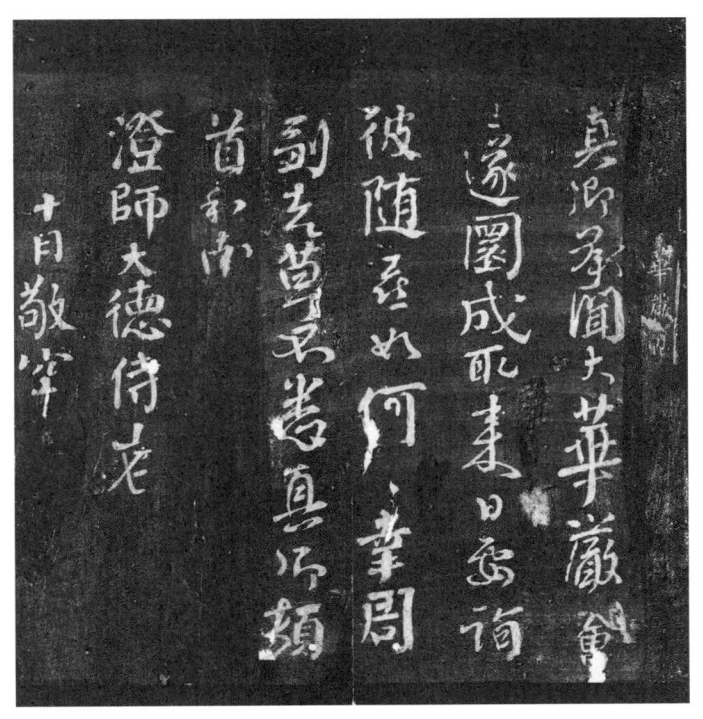

"与善人居，则与之化矣"，颜真卿"兹夕无尘虑，高云共片心"[13]，此时已经成为脱俗超尘的高士，不仅与皎然有莫逆之交，且以"深于禅味"而为当地佛川寺高僧慧明的"菩萨戒弟子"。

除此之外，还有一位澄师大德，见《华严帖》：

> 真卿承闻，大华严会已遂圆成，取来日要诣彼随喜。如何如何？幸周副老草不悉。真卿顿首和南，澄师大德侍老。十日，敬空。

华严会者，讲赞华严经之法会也。大历、贞元年间，华严宗法师名澄者，惟代州清凉寺主澄观。王遽常主编《中国历代思想家传记汇注》名下注"（737—838）"，即开元二十五年至开成三年，年一百二岁。[14] 著有《华严大疏》六十卷。按，《高僧传》卷五有《唐代州五台山清凉寺澄观传》称：释澄观，姓夏侯氏，越州山阴（治所在今绍兴市）人。大历中，就瓦棺寺传《起信》、《涅槃》。又于淮南法藏，受海东《起信疏》义。却复天竺法诜法师门，温习《华严大经》。七年

---

13 《夜集联句》。
14 范祥雍点校《宋高僧传》引《华严悬谈会玄记》作"开元二十六年戊寅生，开成己未卒，年一百二"，相差一年。

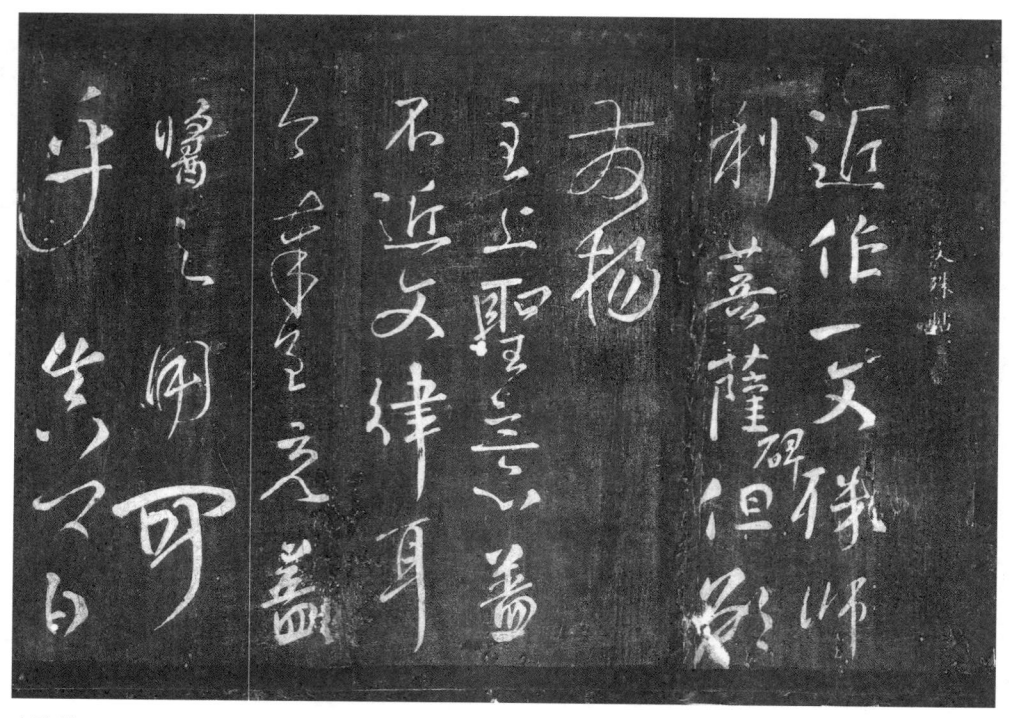

文殊帖

（772），往剡溪。十年（775），就苏州。十一年（776），誓游五台。同书同卷《法诜传》记其"初讲天竺寺，盛阐《华严》。时越僧澄观就席决疑，深得幽趣"。法诜法师天竺寺之初讲，盛阐《华严》，盖在澄观杖锡东往剡溪即大历七年之前。

天竺寺乃皎然初受戒之地，澄师北上又必经吴兴，其再游天竺，盖出九、十年间。韩愈《送僧澄观》"人言澄观乃诗人，一屋竞吟诗句新"云，盖亦一能诗僧人。又，志磐《佛祖统记》卷四二记"师长九尺四寸，手垂过膝。才供二笔，日记万言。宿不离衣，尽形一食"者，甚翔实，洵为"信史"。

《高僧传》记澄观，"朝臣归向，则齐相国杭、韦太常渠牟，皆结交最深"。韦渠牟则颜真卿内弟，曾有杭州之游，权德舆《右谏议大夫韦君（渠牟）集序》记当时韦渠牟"尝著《天竺寺十六韵》，鲁郡文忠公序引而和之，使画工图于仁祠，摘句配境，偕为胜绝。……又与竟陵陆鸿渐、杼山僧皎然为方外之侣，沉冥博约，为日最久"。其《墓志铭》也称"未弱冠，博极今古，尤精史籍，力行过人。……于是传心印之法于金陵，授谷神之道于华阳，或为尘外人，或为遗名子"。参《太平广记》卷三八〇引《广异记》所载，其父韦冰大历八年（773）夏月卒于上元。韦渠牟服除，盖在十年间。其南游杭州，撰写《天竺寺六十韵》者，当在其前，或与澄观参与华严大会、"就席决疑"同时。渠牟、澄观结交，盖始于大历九年澄观适吴之前。"承闻大华严会已遂圜成，取来日要诣彼随喜"云者，盖作于是年天竺寺华严会之后，帖主便是这位参与其盛且"就席决疑"的越僧澄观无疑。

又，颜真卿撰有《文殊碑》。按，《文殊碑》又称《文殊师利菩萨碑》。皎然亦有《奉同颜使君真卿开元寺经藏院会树〈文殊碑〉》诗志其事。而华严宗始祖杜顺和尚即是文殊师利菩萨的化身，澄观又是华严宗第四代传人，自当来湖拜观开元寺所树丰碑，且其由杭入吴，必经湖州，更何况吴兴太守已有"取来日要诣彼随喜"的愿望。澄观应有湖州之游，随州牧颜真卿结善缘于开元寺。《文殊帖》所谓"近作一《文殊师利菩萨碑》，但欲发扬主上圣意，盖不近文律耳，今奉呈充盖酱之用，可乎"云，似对真人所言，有内行人面前不称能之意，帖主即澄观。奉呈者，乃墨本，故有"充盖酱"（充盖酱缸）之说。

四、隐逸适从

（一）

杼山盛产桂花，丹、青、紫三色俱备。大历八年（773）十月二十一日，浙江西道观察判官、殿中侍御史袁高巡视到郡，颜真卿陪游兹山赏桂。桂林有径通幽，因名之曰"御史径"。置桂栅以供宴息观览，并于桂丛东南处创建新亭。新亭竣工之日，颜真卿曾携修书诸生登杼山聚会，皎然有《奉和颜使君真卿与陆处士羽登妙喜寺三癸亭》诗：

> 秋意西山多，列岑萦左次。
> 缮亭历三癸，疏趾邻什寺。
> 元化隐灵踪，始君启高诔。
> 诛榛养翘楚，鞭草理芳蕙。
> 俯砌披水容，逼天扫峰翠。
> 境新耳目换，物远风烟异。
> 倚石忘世情，援云得真意。
> 嘉林幸勿剪，禅侣欣可庇。
> 卫法大臣过，佐游群英萃。
> 龙池护清澈，虎节到深邃。
> 徒想嵊顶期，于今没遗记。

目下原注："亭即陆生所创。""缮亭历三癸"句下又注："三癸以癸丑岁、癸卯朔、癸亥日立。"按，癸丑为王羲之兰亭雅集之岁，又是《兰亭序》问世之年，至是时已七甲子四百二十周年，而唐人视右军为书圣、《兰亭》为名迹，上巳修禊又是江南风俗。"书家者流"鲁公癸丑诸诗竟无一字提及。不独如是，终其一生亦甚少有关右军及其《兰亭》的文字。联想到张怀瓘对右军行草书的评议，颜真卿对书法的理解与追求已迥异于初盛唐之虞、褚诸人矣！

湖州三癸亭

是诗,一作颜真卿《赠僧皎然》,第三联"始君启高诔"句中的"君"为皎然;第九联的"卫法大臣"为袁高,即因为浙江西道观察判官、殿中侍御史袁高的巡视过寺。皎然"缮亭""疏趾""诛榛""鞭草",遂使杼山"境新耳目换,物远风烟异","龙池护清澈"。"佐游群英萃",或谓同修《韵海》诸生。颜真卿《题杼山三癸亭得暮字》:

> 杼山多幽绝,胜事盈跬步。
> 前者虽登攀,淹留恨晨暮。
> 及兹纤胜引,曾是美无度。
> 欻构三癸亭,实为陆生故。
> 高贤能创物,疏凿皆有趣。
> 不越方丈间,居然云霄遇。
> 巍峨倚修岫,旷望临古渡。
> 左右苔石攒,低昂桂枝蠹。
> 山僧狎猿狖,巢鸟来枳椇。
> 俯视何楷台,傍瞻戴颙路。
> 迟回未能下,夕照明村树。

"欻构三癸亭，实为陆生故"，其主建者，乃颜真卿。《妙喜寺碑》更明言"时浙江西观察判官、殿中侍御史袁君高巡部至州，会于此上，真卿遂立亭于东南，陆处士以癸丑岁、冬十一月癸卯朔、二十一日癸亥建，因名之曰'三癸亭'"。由是，前诗所谓"疏、诔、烟、澈"四字，皆对颜真卿而言，似作皎然诗为当。至于日下所注，其讹作陆羽创亭，盖后之误读所加，实非出皎然自注。

陆羽（733—804），复州竟陵（治所在今湖北钟祥市）人，字鸿渐，一字疾，或字季疵。不知所生，竟陵龙盖寺积公和尚拾之于水滨，养育以为弟子，从姓陆氏。既长，从《易经》自筮得《渐》卦，有曰："鸿渐于陆，其羽可用为仪"，乃名羽，字鸿渐。"安史之乱"，他于至德初年避乱，随秦中士大夫渡江南来，辗转越中，至上元元年（760）定居湖州，是年二十九岁，结庐在苕溪之滨的青塘。从此，"身关白云多，门占春山尽。最赏无事心，篱边钓溪近"[1]，闭门读书，不求仕进，终日惟与名僧高士谈宴欢聚，或独行野外，朗读佛经，成吟诵古诗，杖击树木，甚至戏弄流水，行歌行泣，人以为"今之狂人"。他在《陆文学自传》中也自称：

> 有仲宣、孟阳之貌陋，相如、子云之口吃，而为人才辩笃信，为性褊躁多自用意。朋友规谏，豁然不惑。凡与人宴处，意有所适，不言而去，人或疑之，谓生多瞋。又与人为信，虽冰雪千里，虎狼当道，而不愆也。……
>
> 少好属文，多所讽谕。见人为善，若己有之；见人不善，若己羞之。苦言逆耳，无所回避，由是俗人多忌之。

这位直臣高士虽然方口谔谔，但交游极广，周愿《牧守竟陵因游西塔著三感说》称"天下贤士大夫，半与之游"。著名的如皎然、张志和、刘长卿、戴叔伦、权德舆、鲍防、吴筠、孟郊和皇甫曾、皇甫冉兄弟以及柳淡诸文士都与他十分厚善，即使"行气既雄，诗意亦荡"的女道士李季兰，亦乐与其交游往返，谑浪相适。

陆羽正是由于学赡辞逸，诙谐纵辩，是一位东方朔之俦的人物。其深隐简安，

---

[1] 皎然《喜义兴权明府自君山至集陆处士羽青塘别业》。

湖州陆羽墓

避世吴下，读书著书，交友信友，依仗州牧的崇重、同侪的敬仰，无意中在当时湖州文坛起到了枢纽作用。

颜真卿与陆羽结识是在奉迎宴别祭岳渎使卢幼平的座上。

皎然《兰亭古石桥柱赞》有序：

> 山阴有古卧石一枚，即晋永和中兰亭废桥柱也。大历八年春，大理少卿卢公幼平承诏祭会稽山携至，居士陆羽因而得之。生好古者，与吾同志。故赞曰：……[2]

兰亭古石桥柱，顾名思义，即越州山阴兰亭之一旧桥遗存柱石，是卢幼平携至湖州送赠陆羽，抑或是陆羽随卢公前往会稽山祭祀永兴公而亲得于兰亭者，不得而知，然亦无关紧要。是石既至吴兴，皎然诸公所谓"生好古者，与吾同志"者已得获观。鲁公作为州牧，又是卢幼平的后任，自负有迎来送往、"留游缔欢"的政务，例为卢公在湖"奉侍诸公"之首领，同时作为"书家者流"，"在物颇重，则人不弃"，对兰亭古石桥柱亦自当留意，一睹为快。皎然既然已观而赞之，鲁公岂能失之交臂，漠然处之。陆羽作为鲁公陪从，奉侍前任州牧，"因而得之"，鲁

---

[2] 一本作"大历八年春，大理少卿卢公幼平承诏祭会稽山，携居士陆羽，因而得之"。

陆羽所著《茶经》

公与之周旋,盖始于是时。

按,卢公自越返京,逗留吴兴,时在立春即二月初四,而鲁公正甫抵任郡上,因此陆羽与皎然一样,也应该是其来湖初识荆州的一位土著士人。颜、陆结交,殆缘起于是石。

陆羽善于著述,安禄山之乱中原,有《四悲诗》,慷慨激烈,热血中肠,令人拍案而起,不可自止;刘展之窥江淮,作《天之未明赋》,致使感激者涕零如雨,恸哭于途。其他《君臣契》三卷、《源解》三十卷、《江表四姓谱》八卷、《南北人物志》十卷、《吴兴历官记》三卷、《湖州刺史记》一卷、《茶经》三卷、《占梦》三卷、《警年》十卷以及《穷神记》、《顾渚山记》、《杼山记》、《吴兴志》等多种著作,亦与其"有文学,多意思,耻一物不尽其妙"[3]的赡逸卓异的品性一样,为世所重。颜真卿初莅湖州,崇敬有加,礼重异常,有胜于皎然,在杼山为他创建三癸新亭便是明证。此后延纳参与修订《韵海》巨著,且名列前款,引以为"群彦"之首,而不以幕士视之。大凡撰述湖州的有关碑记,庶几全依托于他的《湖州图经》。颜真卿有《谢陆处士杼山折青桂花见寄之什》诗,其云:

群子游杼山,山寒桂花白。
绿萼含素萼,采折自逋客。
忽枉岩中诗,芳香润金石。
全高南越蠹,岂谢东堂策。
会惬名山期,从君恣幽觌。

---

3 李肇《国史补》卷中。

浙江长兴顾渚山是贡茶产地，至今旧貌依稀可见。

陆羽少鲁公二十四岁，可谓忘年之交。"会惬名山期，从君恣幽规"，不仅可见鲁公对他的厚善，亦可知陆羽其人的不俗，更主要的是敬重并结纳土著士人，不失为外来长官初来乍到的一种明智举措。

自是，颜、陆两人，"物远风尘异，倚石忘世情"，经夏历秋，徂冬及春，初集放生池头，复聚三癸亭下。或室内清茗，编韵贯文。或花前小坐，切磋训解。其后又登水堂送友，游溪馆听蝉，同拟岘山观石樽联句，共醉水亭咏风和唱，留下诸多脍炙人口的诗篇。著名的《月夜啜茶联句》：

泛花邀坐客，代饮引情言。（陆士修）
醒酒宜华席，留僧想独园。（张荐）
不须攀月桂，何假树庭萱。（李萼）
御史秋风劲，尚书北斗尊。（崔万）
流华净肌骨，疏瀹涤心原。（颜真卿）
不似春醪醉，何辞绿菽繁。（皎然）
素瓷传静夜，芳气满闲轩。（陆士修）

湖州贡茶院遗址

如是之花间吃茶，月下传唱，不意竟是首创，成为品茗联句的始作俑者。

陆羽以嗜茶闻名于世，所著《茶经》三篇，其讲述茶源、茶法、茶具甚详，时称"茶仙"，后之鹜茶者则祀之为"茶圣"。且湖州产茶，顾渚山所产紫笋茶为天下第一品。当时置有贡茶院，岁贡新茶一万串。贡茶是以芽置焙的，州牧每每在立春后四十五日的一天入山监制，并判别品级，至谷雨日方可返程去主持州政。由是，顾渚山每年立春，常州、湖州州牧相聚品茗，监制贡茶，遂成制度，演以为境上胜会。白居易有诗记之："遥闻境会茶山夜，珠翠歌钟俱绕身。盘下中分两州界，灯前合作一家春。青娥递舞应争妙，紫笋齐尝各斗新……"[4]鲁公自大历八年来湖，至十二年离任，其间有五立春，尝与常州刺史独孤及（九年至十二年）境上欢宴，品判初茗，"紫笋齐尝各斗新"。

贡茶始于大历五年，是时尚属新生，鉴品歌宴亦足以引导风流，令人仰羡。是茶凡分五等，第一级，由陆路急程递送，十天之内即清明节之前必须限令送到，所以又叫"急程茶"。其余四级，可以水路晋京，但也必须在四月份送到。新茶一到京都，先荐宗庙，然后赐于皇族近臣品尝。张文规《湖州贡焙新茶》诗所记"牡丹花笑金钿动，传奏吴兴紫笋来"，便生动而形象地描绘了当时内宫欣闻湖州新茶

4　白居易《夜闻贾常州、崔湖州茶山境会，想羡欢宴，因寄此诗》。

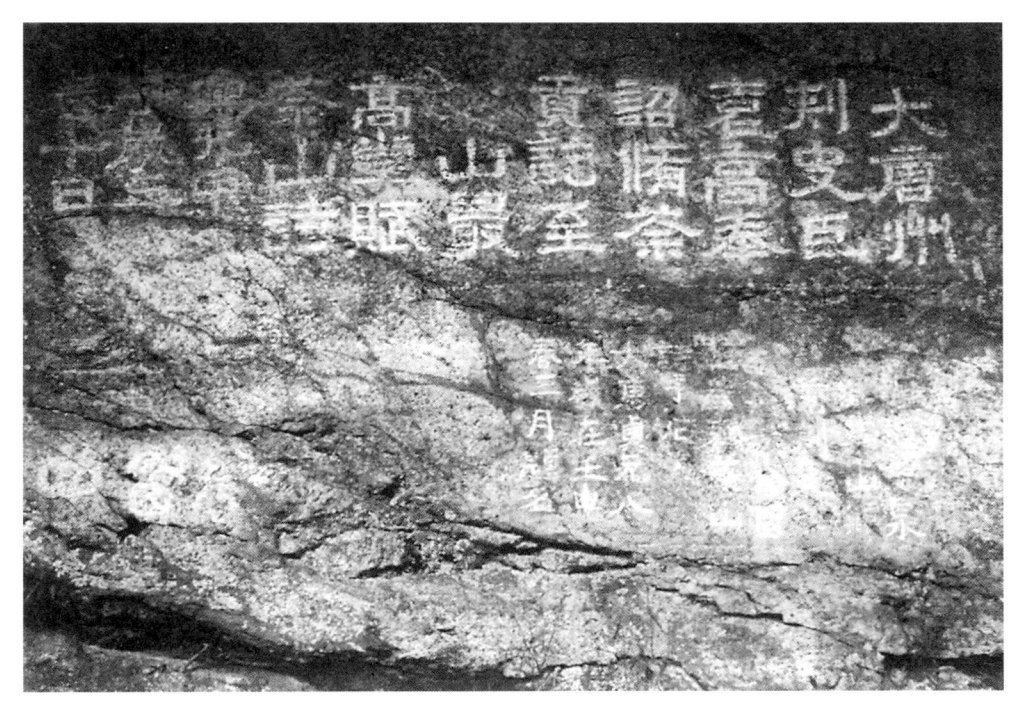

唐代刺史袁高的摩崖石刻，是记录贡茶的见证。

至京的雀跃之情。义兴贡茶或以为初出陆羽之议，有《唐义兴县新修茶舍记》云："义兴贡茶非旧也。前此，故御史大夫李栖筠实典是邦，山僧有献佳茗者，会客尝之。野人陆羽以为芬香甘辣，冠于他境，可荐于上。栖筠从之，始进万两，此其滥觞也。厥后因之，征献浸广，遂为任土之贡，与常赋之邦侔矣。每岁选匠征夫至二千余人云。"[5]其茶之贡，始于义兴太守李栖筠，而谋出之陆羽。庸人之言，殆不虚也。如若出之传奇，归功于陆羽，亦见时人口碑。

顾渚山贡茶院的置建，始于大历五年（770），仅早于颜真卿至任湖州三年，用现代话说，也是个新生专业机构。加上湖州自古有饮茶的风气，"三饭六茶"这个谚语，便出在此。长兴横岗（白羊山）存有刺史修茶贡题名，如袁高（兴元元年）、于頔（贞元八年）、杜牧（大中五年）皆出"奉诏修茶贡讫"留题壁上，是知当年贡茶院即设置于此。《吴兴志》引《统记》"旧于顾渚源建草舍三十余间，自大历五年至正（贞）元十六年于此造茶，急程递进取，清明到京。袁高、于頔、李吉甫各有所述"云，可见其规模。

"竹下忘言对紫茶，全胜羽客醉流霞。"[6]湖州籍门客如皎然者流，都是一班嗜茗

---

5 赵明诚《金石录》卷二九《跋尾十九》引。
6 钱起《与赵莒茶燕》。

胜于酒的文人，更何况对茶素有研究的陆羽，与之怡同兄弟。"蓬生麻中，不扶自直。"颜真卿既亲临茶院监制品评[7]，自大历八年（773）始，每年立春后四十五日必依常例入山主贡茶之事，至谷雨日还郡；又"从君恣幽觌"，在相从至友如陆羽辈弄春泉，赏春茗，领略品尝清趣，虽不见其有关茶事的文章，但从上引联句"流华净肌骨，疏瀹涤心原"来看，茶功盖属不浅。联想到皎然对品茶清趣的感受，"越人遗我剡溪茗，采得金芽爨金鼎。素瓷雪色缥沫香，何似诸仙琼蕊浆。一饮涤昏寐，情来朗爽满天地。再饮清我神，忽如飞雨洒清尘。三饮便得道，何须苦心破烦恼。此物清高世莫知，世人饮酒多自欺"[8]云，颜真卿所谓"净滤肌骨，疏涤心原"的清趣，可谓得其真谛矣。

陆羽也是最早评论颜真卿书法的友朋之一。当时鲁公书法与徐浩齐名，卢纶《敩颜鲁公送挺赟归翠微寺》诗称："挺赟惠学该儒释，袖有颜徐真草迹。"陆羽曾作《论徐、颜二家书》：

> 徐吏部不授右军笔法，而体裁似右军；颜太保授右军笔法，而点画不似。何也？有博识君子曰：盖以徐得右军皮肤眼鼻也，所以似之；颜得右军筋骨心肺也，所以不似。

徐吏部即吏部侍郎徐浩，也是大历三年（768）苏涣《怀素上人草书歌》称之为"亚相书翰凌献之"的徐亚相，著名书法家，字季海，越州人。《新唐书》称其善书，"八体皆备，草隶尤工，世状其法，曰'怒猊抉石，渴骥奔泉'云"[9]。乾元初年，窦臮在《述书赋》中也有"娅姹钟门，逶迤王后"之誉。

陆羽工书，贞元初年撰有《僧怀素传》，甚明草书畅志之理。鲁公洛下与怀素论书语，即出于是篇。他以王羲之书法作为徐、颜两家的唯一渊源所出，且以皮肤眼鼻、筋骨心肺相喻，虽不当引以为确论，但他视颜书高于徐浩者，自有其会

---

7 谈鑰《嘉泰吴兴志》卷一八《食用故事·茶》引《旧编》："顾渚与宜兴接，唐代宗以其岁造数多，遂命长兴均贡，自大历五年始分山析造。……以刺史主之，观察使总之。"又引《统记》："长兴有贡茶院……旧于顾渚源建草舍三十余间，自大历五年至正（贞）元十六年于此造茶，急程递进取，清明到京。……刺史常以立春后四十五日入山，暨谷雨还。"

8 皎然《饮茶诮崔石使君》。

9 《新唐书》卷一六〇《徐浩传》。

《颜氏家庙之碑》篆额并额阴题记

心处,亦不可不谓之一家之言。惟以其筋骨心肺之不可见,有谓似与不似,实属巧譬。

按,鲁公书法出之家学,全从殷仲容来,《颜氏家庙之碑》记其父惟贞、伯元孙兄弟"舅殷仲容氏蒙教笔法……故特以草隶擅名"。《颜元孙碑》又记元孙"少孤,养于舅殷仲容家……尤善草隶。仲容以能书为天下所宗,人造请者笺盈几,辄令代遣,得者欣然,莫之能辨"。其代笔舅氏,人莫能辨,可见酷似不二,全出殷氏。而鲁公"越自婴孩,特蒙奖异,且兼师父之训,岂独犹子之恩"。颜氏家教,素称严密,"教妇初来,教儿婴孩"[10]。参阅《颜允南碑》所谓仲兄允南草隶书深为伯父所赏,其书法盖出家学,渊源殷氏,鲁公亦当不二。以鲁公自言笔法来之张旭,有称"早岁尝接游居,屡蒙激劝,告以笔法"(怀素《自叙》引)。李肇《国史补》卷上亦记鲁公是张旭传人,盖转益于张旭。

---

10 《颜氏家训》卷第一《教子第二》引俗谚,以为"诚哉斯语"。

按，张旭书，同时人比之王献之，如窦臮《述书赋》、蔡希综《法书论》，尤其后者"迩来率府长史张旭，卓然孤立，声被寰中，意象之奇，不能不全其古制，就王之内弥更减省……议者以为张公亦小王之再出也"云，"弥更减省"即今批判性继承之谓也，取其精华，弃其糟粕，并非是全盘吸纳，一味模仿。当是时也，王氏父子，古质今妍，子敬之今妍乃有胜右军之古质，淳醨一迁，质文三变，宜其"胜父"，为初中唐楷式。窦、蔡之论张旭为子敬再出，洵非虚辞。张旭存世之《郎官石记序》及《严仁墓志》，其楷法精劲，风神与殷仲容《裴镜民碑》全同，盖异于右军之古质而类子敬之今妍，也是明证。鲁公之崇尚二王，问题良多，鲁公之追摹王字，更属可疑。其存世文字言及二王者实鲜。

众所周知，王羲之、献之父子先后出任吴兴太守，是鲁公先贤，且有故事流传。如右军任职于永和四年至七年（348—351）间，先鲁公仅四百余年，有《姨母帖》、《吴兴鲊帖》存世；子敬在太元五年至八年（380—383）间，更近五十年，其郡上题书，留下"买王得羊，不失所望"千古名典，成书坛佳话。至于七世孙智永（名法极），陈季寄籍吴兴，于永欣寺书写真草《千字文》八百本散诸江东佛寺，遂为释门"铁门限家法"，衣钵相传，唐时尤盛。其"铁门限""退笔冢"故事，脍炙人口，开元年间（十二年）张怀瓘作《书断》犹记之。陈季下距大历中叶不到二百年，距开元年更近，不到半个世纪。鲁公至任吴兴五年，其周旋士类，交游释道，岂能无闻？且陆羽有《吴兴图经》，鲁公郡上又编有《湖州石柱记》，皆记述吴兴山川陵墓及图志之类如后世之方志，例当知晓，《石柱记》便记有王羲之所建之乌亭。

鲁公善书，惟不甚知书，更非鉴识之家有收藏之好。二王真迹，真与伪者，至唐全入内府，外人不得一见，即如《兰亭》，时有拓本，流布人间亦少。开元年何延之作《兰亭记》即谓："今赵模等所拓在者，一本尚值钱数万也。人间本亦稀少，代之珍宝，难可再见。"嗣后，徐浩《古迹记》有记二王书迹："玄宗开元五年十一月五日，收缀大小二王真迹，得一百五十八卷。大王正书三卷（《黄庭经》第一，《画赞》第二，《告誓》第三。臣以为《画赞》是伪迹，不近真），行书一百五卷（并不著名姓帖），草书一百五十卷（以前《得君书》第一）。小王书都三十卷，正书两卷（《论语》一卷，并注一卷，写成为第一）……及潼关失守，内库法书皆散失。初，收城后，臣又充使搜访图书，收获二王书二百余卷。访《黄庭经》真迹，或云张通儒将向幽州，莫知去处。"另外，侍御史、集贤直学士史惟则奉使晋州，又获扇书《告誓》等四卷并二王真迹四卷。鲁公一生未入集贤院，即使早年任职秘阁，初仕少年，恐不更事，未曾留心翰墨、在意名迹。乱后，久在外郡，又不近三馆，内修图书，如《述书赋》所记前代"带名"书帖、遗石拓本包括二王书迹，窦臮能目睹之，徐浩能手识之，惟特悭于鲁公，一无机遇。

存世书论鲁公学王字者仅二则。

其一，苏轼《东坡题跋》卷四《题颜公书画赞》：

> 颜鲁公平生写碑，惟《东方朔画赞》为清雄，字间栉比，而不失清远。其后见逸少本，乃知鲁公字字临此书，虽小大相悬，而气韵良是。非自得于书，未易言此也。

按，右军《东方朔画赞》，贞观年入内府，褚遂良《右军书目》列正书第三，孙虔礼《书谱》目以为"意涉瑰奇"，偕《乐毅论》、《黄庭经》、《太师箴》、《兰亭集序》、《告誓文》五品，"斯并代俗所传真行绝致者也"。然徐浩以为"是伪迹，

《东方朔画赞》正负两额

不近真"。

董逌《广川书跋》亦记:"《画赞》,世传晋右将军王羲之书,考其笔画蹊径辄不类,知后人为之,托之逸少以传也。……韦挺以《画赞》是伪迹。"

按,韦挺,初唐人,武后相待价之父,贞观初年见任吏部、黄门侍郎,其以为《画赞》是伪迹,盖早于徐浩。

《广川书跋》又记:"昔王濛子修尝求书右将军王羲之,为写《东方朔画赞》与之。敬仁亡,其母见平生所爱,纳棺中,故知此书不传久矣。……夫《画赞》已亡矣而更出者,可以知其为伪也。"

按,董逌,字彦远,靖康末见任司业,距东坡不远,其与之相左以为伪迹,良有由也。宋内府固有是本,参陈思《宝刻丛编》卷一引《诸道石刻录》"永和十二年书与工敬仁,世以为王右军书"云,盖未确记即贞观《右军书目》之本,且"书与王敬仁"与褚遂良所记王循者不同,王敬仁即琅邪王文学王修,司徒左长史王濛之子,敬仁乃其字,见《晋书》。修与循非一人,盖出版本之异。东坡之"气韵良是",纯出会心,一时之见,归在神采,终有别于形质,临与不临皆可得而言之,文人狡狯大率如是。

其二,桑世昌《兰亭考》卷五引《樵隐夜话》:

> 临川寓居勾幼安之父,酷好石刻,尝模一本云:"宝应寺乃颜鲁公故宅,殿后有谢灵运翻经台。台颓毁,于基土中得《兰亭》石刻一段。"勾公得而宝藏之。鲁公临摹,盖有自矣。

抚州宝应寺,原名谢灵运翻经台,大历四年(769)因洪州刺史魏少游之请改今名,六年(771)鲁公撰文志之。其在州东南四里处,盖非州牧厅院,即使曾为鲁公旧宅,基下出土之石刻与故主何涉。临摹一说,谁人信之?

徐浩实有别于鲁公。在玄宗朝,自开元十七年(729)入集贤院充任校理始,历待诏、修撰,至二十四年(736)丁忧离职,担任院内行政官长达八年(其间在朝官如校书郎、右拾遗、监察御史里行、监察御史,外官巩县尉皆为带衔,非实职)。肃宗朝,又以中书舍人充任学士、副知院事;以吏部侍郎兼判院事。自至德元年（756）至大历八年（773）先后充任学士十五年，其间数次充任图书搜访使，收获二王书迹达二百余卷之多，有《古迹记》记述之。浩之于大王行法、小王破体了然于心，独得其善，可谓占尽风光，有胜当年褚遂良玄武门西长波门外贞观故事。大凡见识与阅玩，盖有利于书写，然惟有领悟、能深入三昧，方可启方便之门，发扬广大之，徐浩之所以高于并世鉴家如窦氏之辈，有称于古今，洵然在是。陆羽之评，盖出文人意气，抑徐之扬颜也者。

（二）

"响必应之于同声，道固从之于同类。"大历九年（774）秋八日，陆羽隐逸之友玄真子张志和驾一叶敝舟，沿浙东运河，经钱塘，入东苕溪，由会稽来到湖州。

张志和，本名龟龄，婺州金华（治所在今浙江金华市）人，字子同，年十六游太学，以明经擢第。后献策肃宗，深得赏识，命待诏翰林，带金吾卫录事参军之衔，因改名志和。不久坐事，改南浦县尉，适值丁忧，由是返乡，无复宦情，遂隐于江湖之间，号"烟波钓徒"。因撰有《玄真子》十二卷，又以书名号玄真。其兄鹤龄，恐其浪迹不回，为他在越州东郭筑室安居，因之留居于会稽茅斋，即后来的回轩巷玄真坊。张志和从此居茅屋，席豹皮，着棕履，高卧隐素之几，清酌斑螺之杯，鸣榔惊鱼，杖拿引船，闭门十年不出，以垂钓适其意。而其垂钓者，直仿姜太公之弃饵，殆渔翁之意不在鱼，"乐在风浪钓是闲"[11]，是也哉。

张志和其性冲夷，吐属隽妙，是一位"性迈不束"的道家类人物，撰述《玄真子》之外，还著有《太易》十五卷。张君房的《云笈七籤》把他纳入神仙门，与张果、司马承祯诸人并列于《续仙传》之中。大历初年，陆羽适越之时，尝造访草堂，问有何人往来，答曰："太虚作室而共居，夜月为灯以同照，与四海诸公，未尝离别，有何往来？"如是取无情之物作有情之用，辩捷处见诙谐，并与陆羽相类，亦东方朔之俦。

陆、张之交，始于玄真子隐居会稽之日。陆羽先随鲁公，得遇知己，不二年即大历九年八月，召张志和来游，"讯真卿于湖州"遂为鲁公座上之客。

---

11 张鹤龄《渔父》。

张志和诗文之外，又擅画山水，尤其酒酣气雄之际，墨随笔畅，心手相和，写意传逸，更见精绝。当年初适吴兴之日，欢宴席中，即以"曲尽天真""兴趣高远"的丹青之作，一鸣惊人，获得满堂喝彩，新朋旧雨六十余人为之叹服。颜真卿在《浪迹先生玄真子张志和碑铭》中详细记述了当时的盛况，他说：

（张志和）性好画山水……大历九年秋八月，讯真卿于湖州。前御史李萼以缣帐请焉，俄挥洒，横拂而纤纩霏拂，乱抢而攒毫雷驰。须臾之间，千变万化，蓬壶仿佛而隐见，天水微茫而昭合。观者如堵，轰然愕贻。在坐六十余人，玄真命各言爵里、纪年、名字、第行，于其下作两句题目，命酒以蕉叶书之，援翰立成，潜皆属对，举席骇叹。竟陵子（陆羽）因命画工图而次焉。

皎然亦有《奉应颜尚书真卿观玄真子置酒张乐舞破阵画洞庭三山歌》志其事：

道流迹异人共惊，寄向画中观道情。
如何万象自心出，而心澹然无所营。
手援毫，足蹈节，披缣洒墨称丽绝。
石文乱点急管催，云态徐挥慢歌发。
乐纵酒酣狂更好，攒峰若雨纵横扫。
天波澶漫意无涯，片岭崚嶒势将倒。
盼睐方知造境难，象忘神遇非笔端。
昨日幽奇湖上见，今日舒卷手中看。
兴余轻拂远天色，曾向峰东海边识。
秋空暮景飒飒容，翻疑是真画不得。
颜公素高山水意，常恨三山不可至。
赏君狂尽忘远游，不出轩墀坐苍翠。

洞庭三山，即太湖中的包山与东、西两山。皎然作有《奉同颜使君真卿清风楼赋得洞庭歌送吴炼师归林屋洞》诗，其《洞庭歌》或即是张志和所画的《洞庭三山歌》，以其"山中炼师栖白云，道成仙秩号元君。三千甲子朝玉帝，世上如今

288

名始闻。吐纳青牙养肌发，花冠玉舄何高洁。不闻天上来谪仙，自是人间授真诀。吴兴太守道家流，仙师远放清风楼。应将内景还飞去，且从分风当此留。湖之山兮楼上见，山冥冥兮水悠悠。世人不到君自到，缥缈仙都谁与俦。黄鹤孤云天上物，物外飘然自天匹"云观之，显然是一幅云泉修炼图。

呜呼！张志和之性，高迈不拘，自放草野，不忮不求，静俭自适。所居草堂，橡柱无华，竟不见斤斧之迹。一衣十年，大布为裘，方暑不解。人呼掏河夫，执畚就役，一无忤色。一叶敝舟，泛五湖，走三江，既破且旧，亦不自见其贫。士大夫如是，洵神仙中人也。

敝舟一事，《新唐书》有记："颜真卿为湖州刺史，志和来谒，真卿以舟敝漏，请更之。志和曰：'愿为浮家泛宅，往来苕霅间'，辩捷类如此。"[12] 盖本之鲁公《浪迹先生玄真子张志和碑铭》而更改之。按，鲁公所记其答"傥惠渔舟，愿以为浮家泛宅"云，以喻之"诙谐辩捷"，《新唐书》减去"傥惠渔舟"与"诙谐"数字，立意全变，不仅有所夸饰，与事实也相差远甚。

张志和的敝舟，事实上是更新的，有皎然《奉和颜鲁公真卿落玄真子舴艋舟歌》证之。其云：

> 沧浪子后玄真子，冥冥钓隐江之汜。
> 刳木新成舴艋舟，诸侯落舟自兹始。
> 得道身不系，无机舟亦闲。
> 从水远逝兮任风还，朝五湖兮夕三山。
> 停纶乍入芙蓉浦，击汰时过明月湾。
> 太公取璜我不取，龙伯钓鳌我不钓。
> 竹竿袅袅鱼筻筻，此中自得还自笑。
> 汗漫一游何可期，后来谁遇冰雪姿。
> 上古初闻出尧世，今朝还见在尧时。

皎然诗目题"奉和颜鲁公真卿"云，颜真卿当率先撰句，惟其佚散，不可复

---

12 《新唐书》卷一五三《颜真卿传》。

睹其内容矣。颜真卿有关张志和的文章，存世惟其《浪迹先生玄真子张志和碑铭》一通，称之：

> 士有牢笼太虚，檥掖玄造，摆元气而词锋首出，轧无间而理窟肌分者，其惟玄真子乎？……然立性孤峻，不可得而亲疏；率诚淡然，人莫窥其喜愠。视轩裳如草芥，屏嗜欲若泥沙。希迹乎大丈夫，同符乎古作者。

最后，又铭之曰：

> 邈玄真，超隐沦。齐得丧，甘贱贫。泛湖海，同光尘。
> 宅渔舟，垂钓纶。辅明主，斯若人。岂烟波，终此身。

可见鲁公不仅对他的山水画有着敬仰之心，对他的志向，尤其隐逸之贤、疏闲之品也是十分尊重的。后来李德裕所谓的"渔父贤而名隐，鸱夷智而功高，未若玄真隐而名彰，方而无事，不穷而达，其严光之比欤"[13]，即本之鲁公颂述而加发挥者也。

"辅明主，斯若人。岂烟波，终此身。"当是时也，其铭志和，实亦鲁公自铭矣！

张志和有《渔歌子》五首：

> 西塞山前白鹭飞，桃花流水鳜鱼肥。
> 青箬笠，绿蓑衣，斜风细雨不须归。（其一）
> 钓台渔父褐为裘，两两三三舴艋舟。
> 能纵棹，惯乘流，长江白浪不曾忧。（其二）
> 霅溪湾里钓渔翁，舴艋为家西复东。
> 江上雪，浦边风，笑着荷衣不叹穷。（其三）
> 松江蟹舍主人欢，菰饭莼羹亦共餐。
> 枫叶落，荻花干，醉宿渔舟不觉寒。（其四）

---
13 李德裕《玄真子渔歌记》。

青草湖中月正圆，巴陵渔父棹歌连。

钓车子，橛头船，乐在风波不用仙。（其五）

　　其以渔翁托志，自春及冬，地兼楚越，躬历其境者，非一时之所能为。即为托想之词，亦非其一舟之所能达，顾其第一首首句"西塞山前白鹭飞"云者，盖始作于湖州。

　　西塞山，陆游《入蜀记第四》以为即大冶县的道士矶，其谓"晚过道士矶，石壁数百尺，色正青，了无窍穴，而竹树迸根，交络其上，苍翠可爱。自过小孤，临江峰嶂，无出其右。矶一名西塞山，即玄真子《渔父辞》所谓'西塞山前白鹭飞'者"。按，西塞山有二地，大冶与吴兴。吴兴乃一胜景，即陶岘泊舟吉祥佛舍处，计有功《唐诗纪事》记述显明。梁辰鱼亦有《登西塞山访张志和遗迹诗》。参阅他词，言"霅溪"，言"钓台"（杼山有何楷"钓台"），皆属湖州，张志和所谓"愿浮家泛宅，往来苕霅间"者，其踪迹亦正在吴地。陆放翁所记者，盖未详考也。

　　张君房《云笈七笺》卷一一三下引《续仙传》："玄真子，姓张名志和……鲁

西塞山

霅溪馆

公颜真卿与之友善。真卿为湖州刺史，与门客会饮，乃唱和为《渔父词》，其首唱即志和之词，曰：'西塞山边……'真卿与陆鸿渐、徐士衡、李成钜共唱和二十五首，递相夸赏。"《太平广记》卷二七引《续仙传》同。鲁公、陆羽等人亦当有《渔父词》各五首，惜散佚不见。

词，合乐而唱，旧称曲、杂曲或曲子词，其源于中古时代的歌妓制度。据《唐会要》记载，天宝十年便有诏明示："五品以上正员清官，诸道节度使及太守，并听当家育丝竹，以展欢娱。"以前，还允许"三品以上，所有女乐一部"。由是，蓄养歌妓成风，教坊之外，还有官妓（地方州郡）、家妓（官宦人家）与私妓（市井）诸类。

鲁公身为从三品上州刺史，联想到李白所记其叔丈韦冰"携伎访情人，应为尚书不顾身"的故事以及湖州诗会的曼歌高音，郡上当蓄有歌妓。胡适《词选·自序》称"苏东坡以前，是教坊乐工与娼家妓女歌唱的词"。易言之，宋以前的词全是词人为歌妓应歌而写的曲子。张志和《渔父词》如若胡适所言是"歌唱的词"，鲁公应调酬和，亦当是为座上歌妓应歌而写的即兴之作。

《太平广记》又记："真卿东游平望驿，志和酒酣，为水戏，铺席于水上，独坐饮酌，笑咏其席来去迟速，如刺舟声。复有云鹤随覆其上，真卿亲宾参佐，观者莫不惊异。寻于水上挥手，以谢真卿，上升而去。"上升而去，第溺水而卒之代辞耳。水戏，即水嬉，乃湖州风俗，大凡起自寒食，终于清明，飞舟竞渡，使之轻利，称之飞凫，或曰水车、水马。这种竞渡之戏，相传以为始于越王勾践，盖其断发文身之俗，习水而好战。古有其风，至时为俗，有"宜田蚕"之谓。

张志和酒酣落水盖在水戏之时。按，平望驿，在乌程县东一百三十里处，乃湖州一大郡境馆驿，以吴兴北上大多自是出境。鲁公《登平望桥下作》诗作在大历十年，有"登桥试长望，望极与天平。际海兼葭色，终朝凫雁声"云，是写秋色。湖州自萧昕后，已不见重客经从境驿有迎送之事。大历十二年，鲁公归赴朝廷，亦经是驿。惟时届五月，不值秋声。是诗，盖作于奉侍萧昕完使回京，道出平望之时，即八月初。张志和卒在平望，盖出同时。其自会稽来游，适吴兴正值周年。

五、吴兴胜事

（一）

> 相失值氛烟，才应掌上年。
> 久离惊貌长，多难喜身全。
> 比信尚书重，如威太守怜。
> 满庭看玉树，更有一枝连。

这是皎然上人的一首诗，题目为《奉贺颜使君真卿二十八郎隔绝自河北远归》。二十八郎即鲁公长子颜颇，因其排行二十八，故称二十八郎，"安史之乱"时质于平卢刘客奴军中。殷亮《颜鲁公行状》记之甚详，有谓：

> 初刘客奴以渔阳归顺，时史思明与（李）光弼、（郭）子仪相持于赵、定之间。客奴遣使越海，与公计会，公使判官贾载将男颇为质信，泛海以军粮及战士衣服遗之。时颇始年十岁余，公更无子息，三军恳请留之，不从。及载等回，公乃与渔阳声势相连，寻又使人迎其军。比至，公已弃平原，归于行在，竟不及事。

皎然首句即指当年情景。是时鲁公为平原太守，据城拒叛，且首揭义旗。天宝十五载（756）三月，因采纳李萼的意见，联结清河郡，以平原、清河、博平三地之兵，收复魏郡，军声大振。平卢游奕使刘客奴（正臣）正准备与先锋使董秦及安东将王玄志联兵，合谋讨诛安禄山所署的平卢节度使吕知诲，然后归顺朝廷，便派遣使者逾海前来平原与鲁公联络。鲁公即派遣判官贾载带着长子颜颇前往河北，资助军资十余万。颜颇实际上入平卢军充当了人质，此即皎然诗所云的"比信尚书重"。及至平卢等十七郡来归，鲁公已弃郡奔赴行在，始终不及相聚。

鲁公弃平原奔赴行在，时在天宝十五载（756）十月二十二日。至大历八年（773）颜颇归来，父子已睽离十七年。颜颇"质信"平卢，"始年十岁余"，至时已二十七八岁矣。正因为"比信尚书重",坚定了刘客奴反正的意志,从而招致了平卢十七郡诸如王元忠、田神功、董秦、侯希逸、李正己、许杲卿,以至李希烈在内的诸军将归顺朝廷,在平叛中立下显赫军功,诚如殷亮所谓自肃宗以来,河南及诸道立功大将,"初皆是公自北海迎致之者"。颜颇之为"人质",为父立功立德,其绩至巨。

颜颇滞留河北,鲁公初以为已死难于乱中。乾元元年(758)五月二十八日,肃宗追赠颜杲卿子侄为安禄山所害者八人,上报名单中便有颜颇,赠洗马[1]。大历六年(771)十一月,白下祭祖,其《颜含大宗碑》[2]亦记颇"禄山反,死难,并赠五品官"。如今归来,湖州相见,实属意外,其"惊""喜"之感,盖出实录。

按,鲁公三子,颜颇、颜頵、颜硕。当其初牧平原、质信平卢之时,颇仅十岁余,膝下更无他子。頵、硕盖后来所生,其初名顼、顾,最早见于大历九年(774)所撰的《妙喜寺碑》之中,均不记职守,当未入仕,且呼小名,年纪似幼小。王谠《唐语林》卷六记颜硕小名穆护,穆护原是西域康国摩尼教僧职称谓,鲁公以此作为儿子乳名,当出服膺是教之时。

又按,鲁公友朋中有康没野波者出自柳城胡人,为康国后裔,更是鲁公的恩人,"真卿之弃平原也,没野波为贼骑将,缓策不追。及闻渡河,然始奔蹑,是以得脱于难。平原人至今称之"[3]。康没野波于广德元年(763)随父阿义屈达干至陕州,是时鲁公为尚书左丞,亦扈从返京。翌年阿义屈达干卒于特进、行左金吾卫大将军任上,鲁公改检校刑部尚书,为之撰写神道碑铭,称颂甚高,有谓:"竭诚奉主之谓忠,率义忘躬之谓勇,忠勇不犯则名登于明堂;子仕教忠之谓义,战阵能勇之谓孝,孝慈有裕则道有乎方册。兼此四者,其惟清河公之族乎!"祆教为回纥国教,康国人多信仰之,穆护乃其教职。鲁公能熟详之,且以其为初生子乳名,硕之出生,必在鲁公与康氏父子交游日,即广德初年扈从返京之时。

颜颇,天宝十五载(756)年十岁余,当生在天宝五载(746),鲁公与韦氏已

---

1 《颜杲卿碑》,全称《摄常山太守卫尉卿兼御史中丞赠太子太保谥忠节京兆颜公(杲)神道碑铭》。
2 全称《晋侍中右光禄大夫本州大中正西平靖侯颜公(含)大宗碑》。
3 颜真卿《特进行左金吾卫大将军上柱国清河郡开国公赠开府仪同三司兼夏州都督康公(阿义屈达干)神道碑铭》。

结缡十三年，其为嫡出，上必有数姊。而颙、硕二弟，年岁相悬如是，盖非一母所生。

按，颙、硕职官所记有歧，初见之于《颜氏家庙之碑》，颙为左率仓曹（从八品下），硕为秘书正字（正九品下）；复见于殷亮《颜鲁公行状》，颙为栎阳县尉（正九品下），硕乃秘书省正字。令狐峘《颜真卿神道碑》同。

《颜氏家庙之碑》撰于建中元年（780），先《颜鲁公行状》、《颜真卿神道碑》六年（786），颙自东宫官出为畿尉，硕依然原位，其"左率仓曹""秘书正字"盖出门荫，而畿尉是为注授；硕不见迁叙，盖未成年。

鲁公有一事甚可考索，《唐语林》卷六引《戎幕闲谈》有谓"小青衣剪彩者，颇善承事"及后之由其迎丧，咸遵遗旨云，相传出自《常侍言旨》。诸常侍即柳登，柳芳之子，柳冕之兄，为鲁公姻亲，因官右散骑常侍而称之，以其自言当年曾偕剪彩同迎鲁公之丧于镇国仁寺，所记殆非虚辞。其云：

> 颜鲁公尝得方士名药服之，虽老，气力壮健如年三四十人。至奉使李希烈，春秋七十五矣。临行……乃曰："既如此，疾焉得死吾耶？异日幸得归骨来秦，吾侄女为裴郿妻者（原注：郿，即鲁公之亲表侄），此女最仁孝，及吾小青衣剪彩者，颇善承事；是时汝必与二人同启吾棺，知有异于常人之死尔！如穆护（原注：穆护即鲁公男硕之小名也），天性之道，难言至此。"……至明年，希烈死，蔡帅陈仙奇奉鲁公丧归京。犹子颜岘实从柳常侍（登）与裴氏女及剪彩同迎丧于镇国仁寺。咸遵遗旨，启棺如生。

犹子颜岘，初见于湖州岘山联唱，后随鲁公奉使汝州，"尝与从父太师深犯蜂虿之下"[4]，张荐《请赎太师颜真卿归朝疏》也称"又闻真卿所遣兄子岘及家童从官奉表来者五辈，皆留中"，盖鲁公最倚重之侄。其从剪彩诸人，"同迎丧于镇国仁寺，咸遵遗旨，启棺如生"云，柳登所记虽属小说者流，不可征信，然鲁公之"小青衣剪彩"及其"颇善承事"者，盖事出有因，当必有之。青衣即婢女，既卑且贱，然而却偕鲁公亲侄颜岘、亲侄女裴氏夫人与姻亲右散骑常侍柳登"同迎丧于

---

[4] 元稹《授颜岘赞善大夫制》。

镇国仁寺"，且"咸遵遗旨"，其之亲近，非同寻常。尤可深思者，不记颜颊，仅见颜硕，且呼小名，颊、硕，虽为兄弟，恐非同胞。是事或有演绎，在所夸饰，但是时必有鲁公特见亲厚，义能代夫人料理丧事之人在，其人为青衣剪彩无疑。

按，颜氏以书学传家，颊善书（书迹见存诸著录者凡三：贞元十二年正书并篆额韦稔《复舜庙颂》、永贞元年正书严绶《通公碑》、元和元年正书令狐楚《晋祠新松碑》）而不见硕书。盖硕最晚出，不及初学之年而慈父遽赴危难，终未能得其一二。

鲁公二十六岁结婚，在进士及第之初。夫人韦氏是太子中舍人韦迪长女，年纪无考。其来归，盖及笄之后，或少七八岁。

韦氏乃杜陵望族，六代祖范与曾祖余庆、祖景骏，皆以文学论著为贤卿大夫，有名于时。父迪，与兄迪、迥、记、巡六人，赵冬曦兄弟冬日与和璧、居贞、安贞、颐贞亦六人，并词学登科，见重于时相张说，说有称"赵、韦昆季，今之杞梓也"。韦迪曾为礼官，惟声誉未隆。兄弟六人，长兄述最见著名，虽仪形眇小，然聪敏无比，家有藏书二千。述为儿童时，已记览皆遍，人骇异之。后以史臣立身，新旧《唐书》有传，列于吴兢、徐坚、元行冲、刘子玄之侪，并赞之云："刘、徐等五公，学际天人，才兼文史，俾西垣、东观，一代粲然，盖诸公之用心也。"

史不载韦夫人册封，殷亮《颜鲁公行状》，令狐垣《颜真卿神道碑》亦不见记述。其名门闺秀，名士佳偶，必有嘉言懿行传之于世，惜无一言涉及。鲁公《杜济碑》曾颂述其三妹德行才辞，自可想见同胞之姊亦当非寻常女子。

鲁公文章涉及夫人者，仅见《与夫人帖》一通，出在鲁公卸任抚州之后，即大历七年（772）以员身份返京待命新职之时，妇偕夫行，道出洛阳，为迁伯父元孙夫妇之柩归葬长安祖茔之事。鲁公早行，有告与夫人者，文不长，移录如下：

真卿顿首，奉承十四日迁厝，承问悲慕，不能自胜。惟攀慕不及，摧毁何堪。痛当奈何，痛当奈何！凝寒，惟动静支适。儿子等保侍真卿，离官已久，事须十间前至郑州。汴州已来专奉侍，一日只拟一驿，计过大事后发，犹恐迟，必望知此缓急，勿迟滞。足下不来，义无独去之法，必请矜此狼狈。所望今到汴州，水下不愁河冻，书、祭器等先下船去。真卿十一日且发东京，伫望早来早来！谨不次。真卿顿首，夫人阁下。十一月八日。问讯颂、翔、蒙郎和奴光严，深远忆，或至十三日得发。

其儿子不名，盖出幼小，且由韦氏"保侍"，随之还京。可知鲁公是时膝下仅一子，非其韦氏所出。"儿子"者，或疑为颜頵。

鲁公与韦氏，夫妻情笃，惟是帖之后，一无韦氏消息，盖事关颜頗。按，乾元初年颜頗随伯父杲卿追赠官职，《颜杲卿碑》有记"从父弟国子司业允南泊真卿表谢"，即当时鲁公与二兄允南有谢表。有追赠，必有申报，该申报必亦出自鲁公与允南之手。颜頗之归来，出其不意，实在是有违当年之申报与表谢的。其后《颜勤礼碑》（大历十四年）、《颜氏家庙之碑》（建中元年）已不容更正，只好依然故我，一错到底，否则不好交代。意以为颜頗自河北归来，一至湖州，即加隐遁，其母韦氏亦随之留郡，未返京师。随鲁公返京，且奉伺终身者即青衣剪彩，季子颜硕盖出其人。吴兴有颜氏，为一郡望族，若始自有唐，颜頗盖其始祖。

颜氏在"安史之乱"中还有一事须加申明，即颜杲卿降禄山事。按，颜杲卿（692—756），字昕，颜真卿从兄，即颜元孙第二子，颜春卿之弟，颜曜卿之兄。起家江州司马，转遂州，改郑州，擢魏郡录事参军，迁范阳郡户曹。以鲁公《颜杲卿碑》所记，杲卿自范阳郡户曹入安禄山范阳节度幕担任营判官之职，是出于"安禄山雅闻其名"而奏请的。其后，光禄、太常二承亦是其判官的朝衔。换言之，颜杲卿当年是范阳节度使安禄山的宾客，或所谓私人助理，即使后来的常山郡太守，也非实际职务，是由范阳节度使"度支判官兼摄"之。所以当常山破，杲卿被执送洛阳时，"禄山见杲卿，面责之曰：'汝昨自范阳户曹，我奏为判官，遽得光禄、太常二丞，便用汝摄常山太寺，负汝何事而背我耶？'"禄山之责杲卿，语见鲁公《颜杲卿碑》，此话从何而来，是真有其事，抑或出之传言，不得而知，鲁公既用之，盖有事实依据。

当年禄山是十分器重杲卿的，杲卿的反正，在禄山看来是宾佐对幕主的背叛，其嫉尤深于所俘他官。按，《唐文拾遗》卷一九有赵州司户包处遂《上颜常山书》，出自凌义渠《湘烟录》引包谓《河洛春秋》，有称"明公身荷宠光，位居牧守，乃弃万全之良计，履必死之畏途，取适于目前，忘累于身后，窃为明公不取"。同书又引有《颜杲卿上安禄山》书，编者以为"此书或缓兵之策，未必诬也，题曰伪降上禄山书，而于杲卿千秋大节曾不加损"。两书盖出之有因，非为诬也。是事《颜杲卿碑》亦有隐示，仅云"（禄山）至藁城，公与长史袁履谦同谒，乃矫授公紫，履谦绯"。着紫衣绯，自然接受了安氏的任用，矫与不矫，都是归顺，此即碑中所谓"杨国忠受（张）通幽诡说，贾深又不证明，竟不蒙恤问"之缘由所在。

按，颜杲卿遇难之明年即归葬祖茔，然至大历九年（774）鲁公方撰述称颂，树碑志墓，其间十六年未见立石，恐与其"不蒙恤问"有关。

按，鲁公所守平原郡，亦隶于河北道，河北节度使安禄山同样也是上司（非幕主），当年禄山幕下有判官如平洌、阎宽、李史鱼、宋謇来访，一则叛逆未起，忠奸尚晦，加上平、阎本是宪台旧雨；二则时安禄山任采访使，有巡察州县之责，故鲁公例行公事，款于私曲迎之于境，相与狎游。殷亮《行状》所谓"（安禄山）末年反迹颇著，人不敢言，公亦阴备之"，盖追叙溢美之词。若固有先见，何不通消息于常山，及早脱身。当然后来杲卿能接受鲁公意见，率城反正，义死洛阳，亦不失为忠贞，也是应该加以肯定的。

（二）

李公登饮处，因石为洼尊。（颜真卿）
人事岁年改，岘山今古存。（刘全白）
榛芜掩前迹，苔藓余旧痕。（裴循）
叔子向遗德，山公此回轩。（张荐）
维舟陪高兴，感昔情弥敦。（吴筠）
蔼蔼贤哲事，依依离别言。（强蒙）
岖嵌横道周，迢递连山根。（范缙）
余烈暖林野，众芳揖兰荪。（王纯）
德辉映岩足，胜赏延高原。（魏理）
远水明匹练，因晴见吴门。（王修甫）
陪游追盛美，揆德欣讨论。（颜岘）
器有成形用，功资造化元。（左辅元）

流霞方泔淡，别鹤遽翩翩。（刘茂）
　　旧规倾逸赏，新兴丽初暾。（颜浑）
　　醉后接䍠倒，归时骆骑喧。（杨德元）
　　迟回向遗迹，离别益伤魂。（韦介）
　　览事古兴属，送人归思繁。（释清昼）
　　怀贤久徂谢，赠远空攀援。（崔宏）
　　八座钦懿躅，高名播乾坤。（史仲宣）
　　松深引闲步，葛弱供险扪。（陆羽）
　　花气酒中馥，云华衣上屯。（权器）
　　森沉列湖树，牢落望郊园。（陆士修）
　　白日半岩岫，清风满丘樊。（裴幼清）
　　旌麾间翠幄，箫鼓来朱轓。（柳淡）
　　间路蹑云影，清心澄水源。（释尘外）
　　萍连浦中屿，竹绕山下村。（颜颛）
　　景落全溪暗，烟凝半岭昏。（颜须）
　　去日往如复，换年凉代温。（颜顼）
　　登临继风雅，义激旧府恩。（李萼）

　　此即著名的《登岘山观李左相石尊联句》。
　　李左相即李适之，名昌，以字行，天宝初为左相，开元中曾为湖州别驾。以善饮著名，史称"一斗不乱"。杜甫《饮中八仙歌》历叙当时酒仙贺知章以下八人，其列第三，有"左相日兴费万钱，饮如长鲸吸百川，衔杯乐圣称避贤"之称。适之在吴日，见郡南岘山有石觞，可贮酒五斗，每每携所亲近者登山酣饮，远望帝乡，时时醉之，乡民呼此石觞为"李相石樽"。据《嘉兴吴兴志》所引鲁公此诗序，有"因积溜氿石，嵌为樽形，公注酒其中，结宇环饮之处"数语，可以想见当年景况。
　　按，湖州产酒，尤其长城的箬下春，是当时五大名酒即五春（长城箬下春、荥阳土窑春、富平石冻春、郢州富水春、剑南烧春）之一，且位居首品。唐制，酒为

300

常食料，朝廷有所配给，五品以上四斗半，鲁公尊为四品上州州牧，又为州上土产，例当优待。又州上产鲊，以鲊佐酒，是为常俗，当然还有时新贡品如咸鸭蛋者[5]。聚宴纵酒，时为风气，鲁公厕身其间，自不能免俗。其有小言、大言、乐语、馋语、滑语、醉语诸联句，或以为非公诗也，然非酒无以风流，非醉岂能滑稽。以置酒、张乐、舞破阵助张志和画洞庭三山观之，"独望西山去，将身寄白云"[6]，闲情逸志已宜其大唱"欲炙侍立涎交流"[7]、"覆车堕马皆不醒"[8]矣！

史不载鲁公饮酒如张旭、李白辈，亦不见有如萧颖士自叙酒德的文章[9]，盖不善饮，或者甚检点不因酒醉见张狂。

是时与唱者廿九人，李萼为防御副使，权器乃州判官，裴循署长城县尉，并为鲁公部属；太子通事舍人颜浑和颜岘、颜颢、颜须、颜顼为弟侄；释尘外即韦渠牟与韦介乃其姻亲。此外，释清昼（皎然）、原武康尉王纯为旧雨，刘全白、陆羽、吴筠适从越州来，其他魏尉县刘茂、嘉兴县尉陆士修、大理评事魏理、处士强蒙和张荐、范缙、杨德元、崔宏、王修甫、史仲宣、裴幼清以及抚州左辅元皆是来湖的文士。嗣后，裴循、刘茂、颜浑、陆士修、杨德元、韦介、崔宏以及左辅元诸人便留在郡下辅佐李萼、陆羽修纂《韵海》。根据《妙喜寺碑》所记，当年参与《韵海》编务工作的，联句诸人仅见裴循、刘茂、颜浑、陆士修、杨德元、韦介、崔宏以及左辅元、李萼、陆羽十人。

又，是诗联唱未及《韵海》，盖出在六月州学讨论之前，可以说是鲁公来湖的首届诗会。惟这届诗会以联句的形式出现，在当时尚属新锐。

按，联句始自柏梁台诗，后历魏晋南北朝至盛唐，时有继作。大历初年严维、鲍防浙东联唱，参与诗人颇多，如《经兰亭故池联句》十八韵三十六句，三十七（六）人联唱；句式有五言、六言、七言及一字至九字等多种；形式又分为人各一句、句句押韵的柏梁体，人各四句二韵的六朝体以及人各二句一韵的正规体。浙

---

[5] 湖州咸鸭蛋作为贡品始于大历二年，单黄，岁贡1350枚，至五年，改重黄，增至1550枚，时已偕王羲之所谓的"吴兴鲊"，成为湖州的特产，详见《嘉泰吴兴志》。
[6] 皎然《奉陪颜使君修〈韵海〉毕东溪泛舟饯诸文士》。
[7] 《馋语》。
[8] 《醉语》。
[9] 萧颖士《赠韦司业》。

东是湖州毗邻，时在鲍防任浙东观察使薛兼训幕宾（从事）的广德元年至大历五年间。不仅岘山联唱中人如刘全白、吴筠、陆羽适从越州来，其他如吕渭、李清、沈仲昌、张著、张志和亦曾参与浙东联唱。吴兴联唱或谓浙西联唱，后浙东联唱不三年，接踵之兴，益见广大，固出于风气之流布，亦因府主鲁公之好而倡导之。

吴兴诗会以联唱为最著名，除首赋岘山之外，尚可见者有浙西观察判官袁高、图书搜访使耿沣来访和《韵海》诸生的欢宴雅集，以及竹山题潘氏书堂数事。其中《竹山题潘氏书堂联句》是继岘山之后第二盛事，与唱者颜真卿、陆羽、李萼、裴修、康造、汤清河、皎然、陆士修、房夔、颜粲、颜顗、颜须、韦介、李观、房益、柳淡、颜岘及堂主潘述凡十八人。

  竹山招隐处，潘子读书堂。（颜真卿）
  万卷皆成帙，千竿不作行。（陆羽）
  练容餐沆瀣，濯足咏沧浪。（李萼）
  守道心自乐，下帷名益彰。（裴修）
  风来似秋兴，花发胜河阳。（康造）
  支策晓云近，援琴春日长。（汤清河）
  水田聊学稼，野圃试条桑。（皎然）
  巾折定因雨，履穿宁为霜。（陆士修）
  解衣垂蕙带，拂席坐藜床。（房夔）
  檐宇驯轻翼，簪裾染众芳。（颜粲）
  草生还近砌，藤长稍依墙。（颜顗）
  鱼乐怜清浅，禽闲惠颉颃。（颜须）
  空园种桃李，远墅下牛羊。（韦介）
  读易三时罢，围棋百事忘。（李观）
  境幽神自王，道在器犹藏。（房益）
  昼饮山僧茗，宵传野客觞。（柳淡）
  遥峰对枕席，丽藻映缣缃。（颜岘）
  偶得幽栖地，无心学郑乡。（潘述）

竹山书堂主人潘述，本籍人士，排行十五，曾受禅印，为禅宗六祖慧能门下。大历初年应试未第归乡，李端、卢纶有诗送之，端《送潘述宏词下第归江外（东）》、纶《送潘述应宏词下第归江南》并称其善弈。与皎然友善，皎然有《苕溪草堂自大历三年夏新营，洎秋及春，弥觉境胜，因纪其事，简潘丞述、汤评事衡四十三韵》志其事。由是可知其大历三年（768）见任长城丞，而《放生池碑阴记》长城丞不见其名，盖是时已秩满离任。颜真卿有《水堂送诸文士戏赠潘丞联句》，与唱者潘述、权器、皎然、李萼，其有云"帘开北陆风"。《左传》昭公四年疏云："日在北陆，为夏之十二月也。"盖作于《韵海》修毕，即大历九年（774）十二月间，是时尚在长城丞任上。

其联句诗人，鲁公、陆羽、李萼、皎然（清昼）、柳淡及颜氏子侄之外，可知者：裴修，绛州闻喜人，前梁县尉；康造，字士退，会稽人，本郡录事参军、摄安吉丞，所属"推官"盖旧职；汤清河，即汤衡，本籍人，与潘述同乡好友，皎然作诗每每潘汤并提，如上引《苕溪草堂自大历三年夏新营，洎秋及春，弥觉境胜，因纪其事，简潘丞述、汤评事衡四十三韵》即有"潘生入空门，祖师传秘赜（下注：潘生曾受曹溪禅门）；汤子自天德，精诣功不僻"云，皆精深于佛理，所署"评事"以为旧职；陆士修，陆据之子，殿中侍御史士修之弟，嘉兴尉；房夔、房益同房兄弟，郡望出自河南，后者为太子詹事府司直，前者鲁公称"后进"，盖年少未仕；韦介，鲁公亦称"后进"，乃晚生后辈与子侄同，疑为韦夫人族人；李观，《新唐书》卷二〇三《李华传》记为华从子，称"观字元宾，贞元中举进士，宏辞连中，授太子校书郎卒，年二十九"，后人多从之，如晁公武《郡斋读书志》、黄本骥《颜鲁公集》，其实甚谬，岑仲勉《唐集质疑中唐四李观》已详辨之。四李观即御史观、参军观、少府观、元宾李观。此联句李观，岑氏断以为即御史观，李华之从子，永泰二年四月游吴中，华有《送观往吴中序》记之，盖是，今从之。李华乃鲁公友朋，为"开天八子"即"殷、颜、柳、陆、李、萧、邵、赵"之一，鲁公与观有父执之谊。观所署洛阳丞，盖出实职，是时来湖，或出公干。

是联句有墨迹本流存，目改成《竹山潘氏堂联句》，著录首见《宣和书谱》，末记"会大历九年（774）三月"。陆羽署处士；李萼，前殿中侍御史；裴修，前梁县尉；康造，推官；汤清河，评事；皎然，释；李观，洛阳丞；房益，詹事司直；颜岘，永穆丞；陆士修等八人不见职衔。

按，是书前题"光禄大夫行湖州刺史鲁郡公颜真卿叙并书"，而颜真卿散官光禄大夫，时在大历十二年（777）迁刑部尚书之后，如《颜鲁公文集》所收大历十二年《授颜真卿刑部尚书告》也称："金紫光禄大夫、使持节湖州诸军事湖州刺史……可刑部尚书，散官勋封如故。"

此前，鲁公散官仅止正三品金紫光禄大夫。如大历六年，《大唐中兴颂》结衔"金紫光禄大夫、前行抚州刺史、上柱国、鲁郡开国公颜真卿撰并书"；大历七年，《元结碑》结衔"金紫光禄大夫、行湖州刺史、上柱国、鲁郡开国公颜真卿撰并书"；大历九年，《干禄字书》结衔"第十三侄男金紫光禄大夫、行湖州刺史、上柱国、鲁郡开国公真卿书"。

又，唐制爵分十等，"国公""开国郡公"等同为封爵名称，"开国"两字，题衔必不可少。鲁公封爵为"鲁郡开国公"，属正二品，见上所引碑版结衔。而此联句墨迹本仅题"鲁郡公"，盖不明唐代爵位名称。

至于"昼饮山僧茗"，"茗"作草字头；"远野下牛羊"，"野"字重出土，讹为"墅"；"道在器犹藏"，"器"字本以"犬"守之，而其作"大"字，皆不合《说文》。"禽闲喜颉颃"，"喜颉颃"作"意颉行"。"颉颃"，鸟飞上下，出于《诗经》"燕燕于飞，颉之颃之"[10]，后引申为不相上下，如《晋书》："藩交连辉，颉颃名辈。"此言"颉行"，显然杜撰，与上句"怜清浅"者失对。诸如此类，不言而喻，是非鲁公手迹盖无疑矣。

（三）

"上交不谄，下交不渎。"鲁公数为州牧，每有颂声，且喜交游，敦故旧。其与下僚，多见善用，且具情谊，如平原之刘太冲，饶州之蔡明远，升州之戎昱，行合趋从，千里相从，为天下慕仰之。

刘太冲，名文士刘太真之兄，宣州人。望出彭城，晋末随晋元帝永嘉南渡，

---

10 《燕燕》。

送刘太冲序

遂为金陵大族。天宝十二载进士登科，皇甫曾、李清同年。与弟太真（725—792）师事萧颖士，迭升太常第，为时荣之，萧颖士《江有归舟诗序》志之"太真元昆，前已甲科，未始间年，翱其连举"云。太冲是鲁公平原太守任上的幕宾，鲁公《送刘太冲序》称：

> 刘太冲者，彭城之华望者也，自开府垂明于宋室，择州考绩于国朝，道素相承，世传儒雅，尚矣。夫其果行修洁，斯文彪蔚，鄂不照乎栘华，龙骧骧乎云路，则公山正礼，策高足于前；冲与太真，嗣家声于后，有日矣。昔余作郡平原，拒胡羯而请与从事；掌铨吏部，第甲乙而超升等夷。尔来蹉跎，犹屑卑位。虽才不偶命，而德其无邻。故冲之西游，斯有望矣。江月弦魄，秦淮顶潮。君行句溪，正及春水。勖哉之子，道在何居。

鲁会平原拒叛，时在天宝十四载（755）；其出任吏部侍郎，时在广德元年（763），并见上谱。刘太冲西游上国，鲁公句溪送行，盖在大历七年（772）春日，是时已上距平原从事十七年矣。

蔡明远，鄱阳人，鲁公饶州旧吏，当鲁公迁除升州，自鄱阳赴江宁途经金陵之时，其与邹游连舸而来助鲁公远行，鲁公有《与蔡明远》、《邹游》二札记述之，此即董其昌以为"尤为沉古"[11]者。先札云：

> 真卿昔刺饶州，即尝趋事。及来江右，无改厥勤。靖言此心，有足嘉者。一昨缘受替归北，中止金陵。阖门百口，几至糊口。明远与夏镇不远数千里，冒涉江湖，连舸而来，不愆暑刻，竟达命于秦淮之上。又随我于邗沟之东，追攀不疲，以至邵伯南埭。始终之际，良有可称。今既已事方旋，指期斯复。江路悠缅，风涛浩然。行李之间，深宜尚慎。

其行谊可知！

戎昱，荆南（治所在今湖北江陵）人，有唐名才士，《唐才子传》卷三列传。

---

11 董其昌《画禅室随笔》。

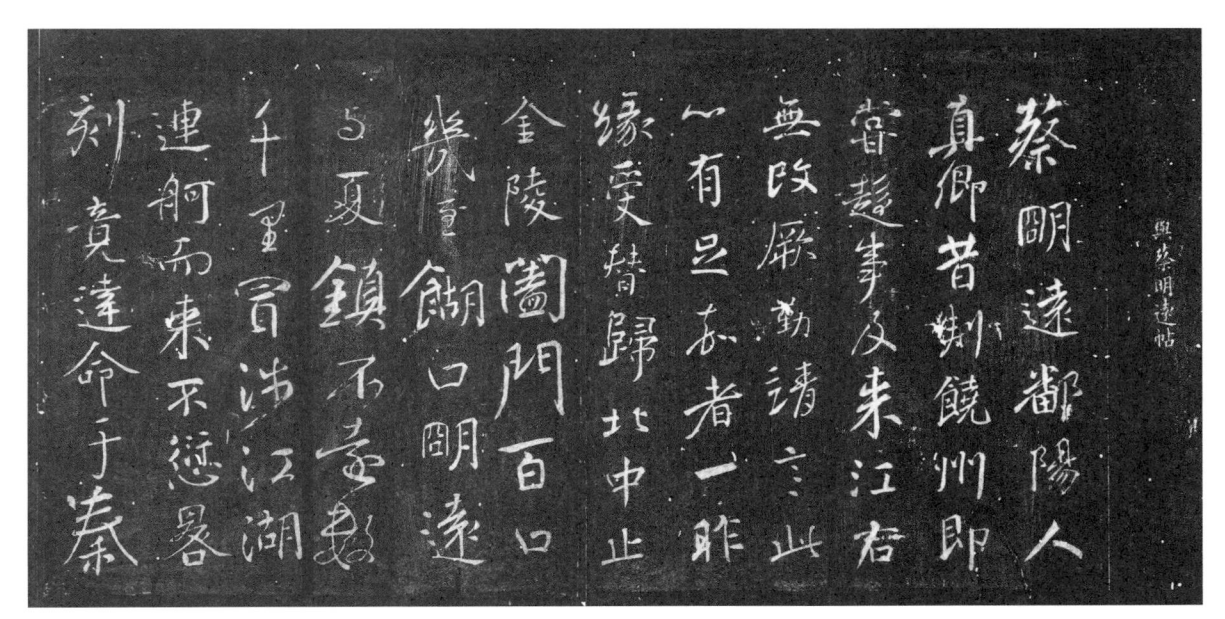

与蔡明远帖（局部）

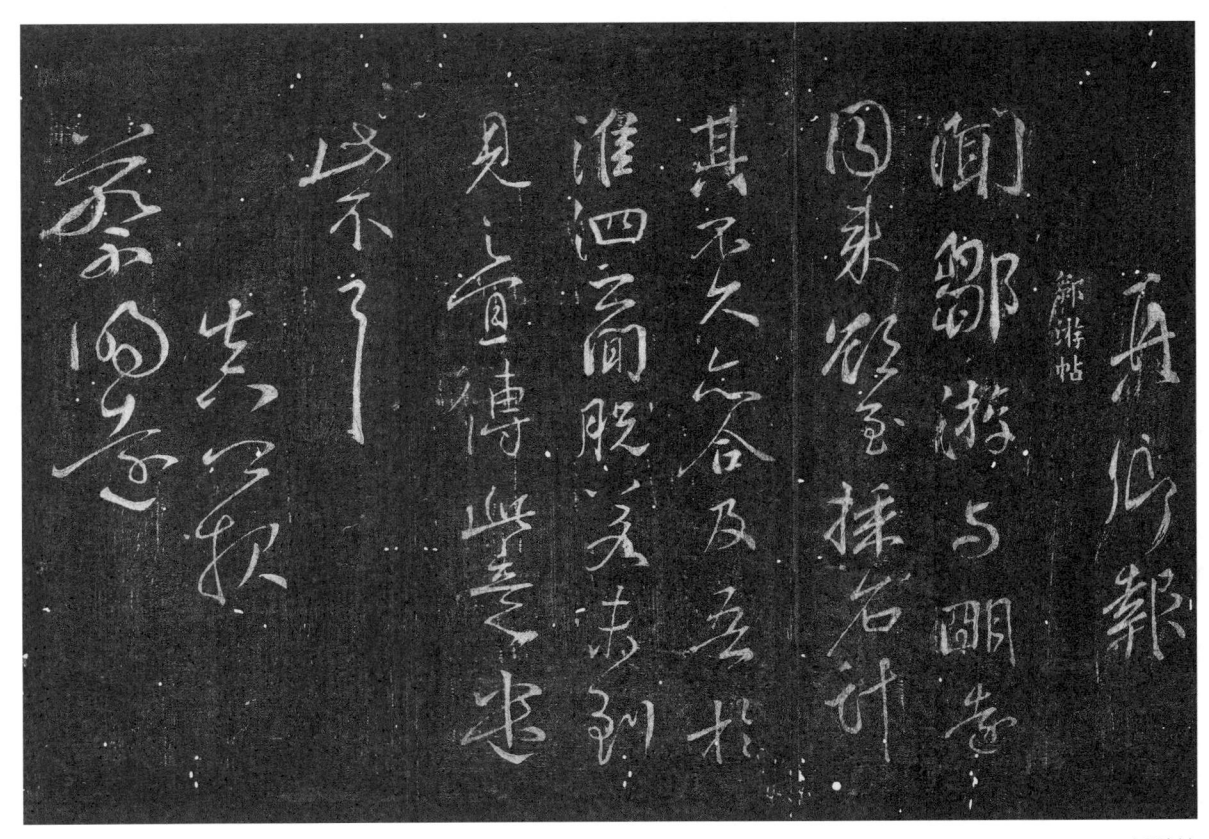

邹游帖

先后入鲁公平原太守、浙西节度使幕为幕宾。贞元初年任辰州刺史时,闻说鲁公充使赴汝州宣慰李希烈,被囚于蔡州,有《闻颜尚书陷贼中》诗哭之:"闻说征南没,那堪故吏闻。能持苏武节,不受马超勋。国破无家信,天秋有雁群。同荣不同辱,今日负将军。"是乃故吏之悼旧主也,非鲁公礼遇下僚,安能有"同荣不同辱,今日负将军"之叹。戎昱不仅工诗,亦善书。辛文房有评:"风流绮丽,不言政化,当时赏音喧传翰苑,固不诬矣。"《宣和书谱》编集者见其《早梅》诗迹,尝叹其有楷法,惟筋骨太刚,殊乏婉媚,犹如其诗。如云"应缘近水花先发,疑是经春雪未消","宜其字特奇崛,盖是挟胜气以作之者也"。当年鲁公与之揖让者,固出之礼仪,亦有赏于昱之风调才艺也。

至于湖州十连启旌的乌程县令李清,又是特例。

鲁公《梁吴兴太守柳恽西亭记》有记:

> 湖州乌程县南水亭,即梁吴兴太守柳恽之西亭也。……间岁,颇为州僚据而有之,日月滋深,室宇将坏,而文人嘉客,不得极情于兹,愤愤悱悱者久矣。邑宰李清请而修之,以摅众君子之意,役不烦费,财有羡余,人莫之知,而斯美具也。……夫知邑莫若州,知宰莫若守,知而不言,无乃过乎。今此记述,以备其事。惧不宣美,岂徒愧词而已哉?大历一纪之首夏也。

大历一纪,乃十二年(777);首夏,即四月,盖作在大历十二年四月受诏回京之际。

西亭,又名水亭,在城西南二里,乌程县南,跨苕溪为之。建于天监十二年(513),以其在郡治西故名西亭,又为吴兴太守柳恽所筑,或曰柳恽亭。时为郡中胜地,"缭以远峰,浮于清流,包括气象之妙,实资游宴之美。观夫构宏材,披广榭,豁达其外,睽眾其中,云轩水阁,当亭无暑,信为仕智之所创制"。其又称水楼,皇甫曾有《乌程水楼留别》诗;鲁公在此尝携皎然诸人泛舟送行,皎然有《同颜鲁公泛舟送皇甫侍御曾》诗志其事;或称雪水堂,刘长卿有《题乌程李明府雪水堂》诗。[12] 惟其"间岁颇为州僚据而有之,日月滋深,室宇将坏"。州僚者乃鲁

---

12 《嘉泰吴兴志》卷一三"亭"下引。

西亭

公佐官,即《妙喜寺碑阴题名》诸人,故有"邑宰李清请而修之"之谓。"请而修之",盖出鲁公首肯,换言之是在州牧支持下修缮的。

按,湖州当年有团练副使、别驾四人,同团练副使一人,长史三人,司马三人,录事参军三人,司功、司仓、司兵各一人,司法、司户三人,司田、司士二人,参军四人,其员猥多,而鲁公联句酬唱,惟见李萼、康造数人,且前者新来,后者摄安吉丞。联想到鲁公自辟旧友李萼为防御(团练)副使,权器、杨旻为判官,"委垦草辟田之务于萼;委阅簿检吏接词政之务于器、旻等"[13]者,其旧留州僚之无行或鄙陋,盖可想而知矣。

然鲁公之记李清,要在政绩,水亭之功,乃其余力。

李清,有唐名才士,天宝十二载进士登第,与皇甫曾、刘太冲及鲍防同年,并出杨浚榜下。大历初年在越州,偕吕渭及鲍防诸人与唱《柏梁体状云门山物》。大历十年(775)继李晤为乌程县令[14],十二年(777)四月代受。在县二年,离任赴

---

13 《颜鲁公行状》。
14 颜真卿记其"弦歌二岁"者,又言"县称紧,旧矣,今诏升为望,(李)清当代受"。乌程县升望,《唐会要》卷七〇"新升望县"条下记在大历十二年二月二十一日。李晤见《妙喜寺碑阴题名》,李清出任乌程县令,盖始于十年。

京之时，皎然有诗送行。参其诗题《送乌程李明府得陟状赴京》，又云"士林推玉振，公府荐冰清。为政移风久，承恩就日行"。李清之去湖，盖出升迁，其陟状乃出鲁公之启旌。"启于十连"，不可不谓用力。

鲁公不仅启旌于朝，且铭石于州，有称：

> 清，皇家子，名公之胤。忠肃明懿，以将其身；清简仁惠，以成其政。弦歌二岁，而流庸复者六百余室，废田垦者三百顷；浮客臻凑迫乎二千，种桑畜养盈于数万。官路有刻石之堠，吏厨有餐饯之资。敦本经久，率皆如是。……清之筮仕也，两参隽乂之列，再移仙尉之任，毗赞于蜀邑，子男于吴兴，多廉使、盛府之所辟荐焉。

"忠肃明懿，以将其身"，李清之德；"清简仁惠，以成其政"，李清之能。鲁公志之，固美其邑宰，实亦在于州牧。

六、政务周旋

（一）

大历十年（775）七月二十八日，是夜杭州大风，海水翻潮，飘荡州郭五千余家，船只千余，陷溺百余户，死者四百余人。苏、湖、越等三州亦受影响，其害甚大。嗣后，散骑常侍萧昕衔命而来，宣谕诸郡。皎然《陪颜使君饯宣谕萧常侍》诗云：

> 江涛凋瘵后，远使发天都。
> 昏垫宸心及，哀矜诏命敷。
> 恤民驱急传，访旧枉征舻。
> 外镇藩条最，中朝顾问殊。
> 文皆正风俗，名共溢寰区。
> 已事方怀阙，归朝早戒涂。
> 繁笳咽水阁，高盖拥云衢。
> 暮色生千丈，秋声入五湖。
> 离歌犹宛转，归驭已踟蹰。
> 今夕庾公意，西楼月亦孤。

萧昕（699—791），字中明，河南人，有唐名才士，新、旧《唐书》有传，见《旧唐书》卷一四六、《新唐书》卷一五九，史臣称之谓"抱哲则知之"。是时以左散骑常侍充使来湖宣谕，人称萧常侍，是鲁公平原太守任上的旧识。当年安陵处士张镐（从周），多才博识，隐居是郡，其自褐衣起拜左拾遗，即出于郡守鲁公所铨择而荐引。《颜鲁公行状》记："公至郡，访孝义名节之士，皆旌其门闾，或蠲其户役。……公诣其（镐）居与之抗礼，因廉使巡察，乃荐焉。""廉使"即萧昕其人。其《旧传》亦记："昕尝与布衣张镐友善，馆而礼之，表荐之曰：'如镐者，用之则为王者师，不用则幽谷一叟尔。'玄宗擢镐拾遗，不数年，出入将相。"[1]萧昕之馆平原，是年七十三（六），大鲁公六（九）岁。[2]此次来湖，盖出朝廷顾问，故有"使发天都"之言，然不见鲁公之诗，其《江外帖》又归功于刘晏，有谓：

> 江外唯湖州最卑下，今年诸州水并凑此州入太湖，田苗非常没溺。赖刘尚书与拯，以此人心差安。不然，仅不可安耳。

刘尚书即吏部尚书刘晏，时领江淮转运、租庸、盐铁、常平使。"与拯"之说，盖有恤民减征之举。萧昕来湖宣谕，是为重臣，州牧侍宴，时贤陪饯，既殷且勤，斯必有文字记之，或经散佚，仅留《江外》一帖。加上鲁公于尚书尤见宣扬，屡示切近，如去年在《乞御书题额恩敕批答碑阴记》中追述仕历，特记："宝应元年夏五月拜利州刺史，属羌贼围城，不得入。恩敕追赴上都，为今尚书、前相国、彭城公刘公晏所让，授尚书户部侍郎。"此事亦见史书，记当年刘晏"复入为京兆尹、户部侍郎、判度支。时颜真卿以文学正直出为利州刺史，晏举真卿自代为户部"[3]。

户部侍郎乃鲁公旧职，天宝十五载（756）正月十五日因守平原城之功遥拜之，惟其朝衔仅是虚职，所守乃是平原太守，充本郡防御使。实任户部，据《旧纪》所记宝应二年（763）正月"甲午，……国子祭酒，兼御史大夫、京兆尹刘晏为吏部尚书，同中书门下平章事、度支诸使如故"，虽出实授，然亦未判度支。史臣谓刘晏"举真卿才，忠也"，非真卿具理财之才，实重其正直乃治国之才，故不及四月（十二月至明年三月）即改除吏部为刘晏副手。

按，史传刘晏上元二年十月出贬通州，事出御史中丞敬羽所构，诬以为"漏禁中语"，而鲁公之遽贬蓬州，亦出其人，并为口祸，见《行状》"上元元年秋，时御史中丞敬羽狙诈险惨，班列皆避之。公曾与之语及政事，遂遭诬，贬蓬州长史"云。自上元元年（760）十月至二年（761）十月一年之内，鲁公由刑部侍郎

---

[1]《旧唐书》卷一四六《萧昕传》。
[2]《旧唐书》卷一四六《萧昕传》贞元"七年，卒于家，年九十"；《新唐书》卷一五九《萧昕传》作"九十三"。今从《新唐书》，盖生于圣历二年。
[3]《旧唐书》卷一二三《刘晏传》。

出降蓬州，刘晏以京兆尹远谪通州，先后都是由于酷吏敬羽的构诬陷害，是否同案，尚待深入。既然冤出一人，不免上下同恶，加上同病相怜，自各有一番感受。

鲁公自宝应二年（763）春三月改任吏部侍郎之后，至八月二十七日除江陵尹、兼御史大夫，充荆南节度、观察处置使，与晏同台"掌天下官吏选授、勋封、考课之政令"，先后半年。惟是时晏任宰相，重在财政，以《旧纪》所记其年"尚书省试制举人，命左右丞、侍郎对试，赐食如旧仪"云，吏部之权责，盖已全仗于侍郎如鲁公者也，如朝邑尉李郱之擢书判拔萃科，其试正出鲁公所第，为韩文正公所称述。[4]

刘晏对鲁公而言，诚为知遇之人。

按，鲁公平生凡四遇知人，除了刘晏之外，还有天宝元年（742）扶风郡太守崔琇，举其博学文词秀逸，玄宗御勤政楼策试上第；其后黜陟使、户部侍郎王铁以清白名闻，由醴泉县尉改长安县尉；最后是大历十二年（777）元载伏诛之后，中书侍郎、同中书门下平章事杨绾与门下侍郎、同中书门下平章事常衮共举旧德，宜在中朝，由南湖州刺史征召为刑部尚书。其中王铁最见至要，值得一叙。

又按，鲁公自进士及第之后，释褐校书郎，第二任畿县尉，第三任由关内道黜陟使王铁以清白举荐为赤县长安尉。翌年迁监察御史，始为清要之官。其后历殿中侍御史，受辟为东都畿采访处置使判官，复入宪台，转侍御史，至天宝十载（751）改兵部员外郎，先后在台五年。由于当时以法理天下，犹重宪官，是为雄要之职，史记开元十四年（726）崔隐甫为御史大夫，大权独揽，"一切督责，事无大小，委令恣决，稍有忤意，便例上其罪，前后贬黜者殆半，群僚侧目"[5]。开元十四年下距是时未值二纪，风气犹存，且中丞王铁又有胜于崔氏，其"清而复要"[6]，更见殊显。或谓是职殊难胜任，"人即长厚，难任弹奏"。又说"凡所取御史，必先质重勇敢者"[7]。而鲁公以勇退闻，虽为王铁下僚，亦能以诤鸣天下，然宅心仁

---

[4] 韩愈《中大夫陕府左司马李公（郱）墓志铭》有记："（李郱）年十四五……以朝邑员外尉选，鲁公真卿第其所试文上等，擢为同官正尉。曰：'文如李尉，乃可望此。'"

[5] 《旧唐书》卷一八五下《良吏传》。

[6] 《旧唐书》卷一八五上《李素立传》。

[7] 《唐会要》卷六〇。

厚[8]，且具恕声[9]，几不染酷吏严刻作风。斯固然由于王𫓧是时未达、行品尚未显露，希旨取媚在其后，亦是在于鲁公为人之根本。

至于其间所谓杨国忠与鲁公的关系，嫌忌其"不附己"，初令人辟为判官，复借诏以尚书郎出为郡守之由，谬称精择，加以报复，《行状》有记：

> 宰相杨国忠初党于温，亦怒公之不附己，令吉温讽中丞蒋冽奏公为东京畿采访判官。……十二载，国忠以前事衔之，谬称精择，乃遂出公为平原太守，其实去之也。

殷亮是记先后两事，前事《新唐书》从之，惟是时杨国忠正担任兵部侍郎兼御史中丞，尚未为相。宰相之谓，盖出追叙。又，京畿采访使以中丞领之，权势并高于其他"择贤刺史领之"之诸道。判官二人，分判尚书六行事及州县簿书，皆使自辟置。蒋冽衔署中丞，东京畿采访使必其所领，判官乃出亲辟，非亲密者不拜。杨氏之"令吉温讽"者，虽事出有因，但终非"怒公之不附己"。

按，御史中丞乃殿中侍御史上司，且鲁公荐人时王𫓧在御史大夫任上，"权任亚于李林甫"[10]，势焰正炽，杨国忠正深相结纳而惟恐不及，岂敢张扬如是，加忌于其之荐人。且御史中丞为殿中侍御史上司，杨国忠虽兼领，名义上与蒋冽一样亦为鲁公长官，鲁公辟署东京畿采访处置使判官，不一年即复入台，迁为侍御史，其岂"去之"者也。盖蒋冽后为安禄山史思明附逆，不齿于人，殷亮为鲁公讳，遂归忌于杨氏与出守平原同。

---

8 殷亮《颜鲁公行状》记鲁公平原拒叛时接纳北海太守贺兰进明，有宽厚之称。其记：是时"又以书过河，招北海太守贺兰进明，统马步兵五千来助。公陈兵而迎之，相揖哭于马上，凄恸三军，宴犒甚厚。进明遂屯平原城南，息养士马。公每事咨谋之，自是兵威之重稍移于进明矣。而公不以为嫌，进明未有所。李择交兵入清河，寻又破于堂邑。而因公以有功，礼逊于进明，加河北招讨使。择交、（范）东馥各征进官级。其清河、博平有功，不录一人。时论进明必有后败，未期，果失律于信都城下，有诏抵罪。公纵之，使赴行在。进明以全，乃公护之也。君之曰'窃人之财，犹为之贼'。况窃人之功乎！进明之不死，幸也。然公亦过于宽厚矣"。

9 《旧唐书》卷一〇五《杨慎矜传》："二十五日，诏杨慎矜、慎余、慎名并赐自尽。……乃使监察御史颜真卿送敕至东京，殿中侍御史崔寓引慎名，令河南法曹张万顷宣敕示之。……及宣敕了，慎名曰：'今奉圣恩，不敢稽留晷刻，但以寡姊老年，请作数行书以别之。'寓揖真卿，真卿许之。"

10 司马光《资治通鉴》卷二一六玄宗天宝十一载条。

后事如何，亦可考索。诚然，唐时重内轻外，史称"杨国忠秉政，郎官不附己者悉出于外，峘自考功郎中出为睢阳太守"[11]，与殷亮同一观点。然同时人岑参《送颜平原并序》有记："十二年，有诏补尚书十数公为郡守，上亲赋诗，觞群公宴于蓬莱前殿，仍赠以缯帛，宠饯加等。"李华《杭州刺史厅壁记》亦称："天宝中，朝廷以尚书郎人物之高选，二千石元元之性命，始以省郎临大部。若密迩京师，或控压冲会，万商所聚，百货所殖，将择良吏，重难之。"[12] 以郎官超拜州郡，在开元天宝年间是为习见，见诸史乘者，有《杭州刺史厅壁记》云，永泰元年"诏以兵部郎中范阳卢公幼平"为杭州刺史；独孤及《韦缜碑》，天宝十载，韦幼成"自尚书兵部郎中出守汉中，兼山南西道采访处置使"；李华《衢州刺史厅壁记》："开元、天宝中，始以尚书郎超拜名郡，贺兰大夫（进明）为之、李郎中（俛）为之。"另外《旧唐书》又记于休烈"出为中部郡（坊州）太守"[13]、李峘"自考功郎中出为睢阳（宋州）太守。寻而弟岘出为魏郡太守"[14]云。以五六品的郎官出守三四品的州牧，并不见有排抑的含义，此其一。其二，以郎官出守外郡，鲁公亦不以为忤，《封氏闻见记》卷一〇《修复》有记：

> 颜真卿为平原太守，立三碑，皆自撰书。其一于郡门内，纪周（同）时台省擢授牧诸郡者十余人。其一立于郭门之西，纪颜氏：曹魏时颜裴（斐），高齐时颜之推，俱为平原太守，至真卿，凡三典兹郡。其一是东方朔庙碑，镌刻既华，属幽方起逆，未之立也。

鲁公平原三碑，除了《东方朔庙碑》（《东方朔画赞》）因"安史之乱"未及立之外，其他二石皆已铭立于郡门之内与郭门之西。其三，郡有处士张镐，多才博识，隐居于闹市，鲁公荐之于廉使，褐衣拜拾遗，三年以入相，殷亮以此为贤，亦言之凿凿。史记"天宝末，杨国忠以声名自高，搜天下奇杰，闻镐名，召见荐

---

11 《旧唐书》卷一一二《李峘传》。
12 《全唐文》卷五一六。
13 《旧唐书》卷一四九《于休烈传》。
14 《旧唐书》卷一一二《李峘传》。

之，自褐衣拜左拾遗"[15]。唐制秋日廉察，杨国忠其"召见荐之"者，盖在鲁公荐引、廉使萧昕奏闻之后，时在天宝十三载秋日，鲁公牧郡正值周年。

天宝末年杨国忠右相任上，鲁公内弟殷寅亦曾为其判官，岑参有《崔仓曹席上送殷寅充右相判官赴淮南》志之。按，《新唐书·宰相表》记天宝十一载十一月"庚申，御史大夫判度支事、剑南节度使杨国忠为右相兼文部尚书"，唐制右相不设判官，此判官为剑南节度使辅官，盖出杨氏自辟之幕宾，亦属亲密之人，其下距鲁公出为平原守不数月。

至于天宝十四载鲁公遣使入奏，密告其上司河北节度使安禄山反状的亲客蹇昂，留京后之所以能成为杨国忠门客，偕何盈为之侦求安禄山阴事，也说明了颜、杨之间是并无芥蒂的。

君子群而不党，鲁公于政治不见结党。尽管友朋甚多，且各居高位，如天宝末年在平原太守任上迎致而来的平卢军将，是时已封王晋爵，列为强藩；如田神功，检校右仆射，信都郡王；董秦，赐李姓，改名忠臣，检校司空、同中书同下平章事，封西平郡王；侯希逸，司空、淮阳郡王；李正己，原名怀玉，正己乃锡名，司徒，饶阳郡王。鲁公虽以"重名节，敦故旧"为时所称，然"慎交游"，乃其家教，恪守甚严。上引诸人，仅田神功因其属下所请为之撰书《八关斋功德记》称颂外，皆不见及其他文字。即使祈福，是为滥谀，终非投谒，私下攀附，田、颜之间，史乘亦无其周旋、结游之记。

细检鲁公平生，无论与荐人崔琇、王铁、刘晏、杨绾及常衮的关系，还是与"开天八子"萧颖士、李华、赵骅、柳芳、殷寅、陆据、邵轸以及源衍、王端、阎伯玙的交情，抑或姻亲杜济、沈震、韦渠牟、张景佚、康希铣的戚谊，就是通家之好如鲜于仲通、叔明，臧怀亮、怀让、李公弼、光进，宋升、浑诸兄弟，其故旧固然敦且善，但在鲁公近五十年（开元廿四年廿八岁入仕为校书郎至贞元元年七十七岁遇害于蔡州龙兴寺）的游宦生涯中却无政治上的干系。著名的如武威王、太子太保李光进（太应）相与往来颇频，多通询问，鲁公存世书信八通，其荐引张澂，庇之甚幸；举家食粥，乞之以米；病妻服药，渴惠鹿脯；病疮少愈，勿忧为佳；马病朝回，未遂驰谒，不胜其勤，惟不及政事，殊少附势。细举一例，如房琯，时为

---

[15]《旧唐书》卷一一一《张镐传》。

八关斋功德记

宰相，鲁公则更以肃正朝廷为己任，恪守宪部职责，初弹劾其党中书舍人崔漪带酒容上朝，谏议大夫李何忌在班不肃，又奏告其门人董庭兰招纳货贿，甚见严苛。

按，房琯（696—763）字次律，河南（治所在今河南洛阳市）人。肃宗至德初年以文部尚书入相，史有记："此时瑁为宰相……但与庶子刘秩、谏议李揖、（李）何忌等高谈阔论，说释氏因果，老子虚无而已。此外，则听董庭兰弹琴，大招集琴客筵宴，朝官往往因庭兰以见琯，自是亦大招纳货贿，奸赃颇甚。"[16]鲁公虽与房琯诸人一无瓜葛，但其仲兄允南与房琯"笃忘年之契"，与刘秩"特敦莫逆之欢"，颇有行谊，鲁公在《颜允南碑》[17]中皆有记述，语出颂扬。惟其鲁公严正执着，不加宽宥。至房琯获罪罢相，左拾遗杜甫上表疏救，肃宗嫌其辞旨迂诞，诏令御史大夫韦陟、礼部尚书崔光远与鲁公（时任宪部尚书）三司推问，鲁公亦未见行私。众所周知，杜甫为一代名诗人，少鲁公三岁，然长一辈，为其友婿杜济从叔，与之父执贺知章、老师张旭、姻亲岑参以及友朋高适、李光弼、鲜于仲通、田神功、杨绾、哥舒翰诸人皆有交游，尤其内弟韦有夏，台省同僚，书信往返，行谊深契。经三司推问，杜甫固然减罪，但杜甫之减罪，功不在鲁公。《新唐书》以为出之新

16　《旧唐书》卷一一一《房琯传》。
17　全称《正议大夫行国子司业上柱国金乡县开国男颜府君神道碑铭》。

替宰相张镐，有"宰相张镐曰：甫若抵罪，绝言者路。帝乃解"[18]之记。从《旧唐书》所记"（韦）陟因入奏曰：'杜甫所论房琯事，虽被贬黜，不失谏臣大体。'上由此疏之。……乃罢陟御史大夫，颜真卿代"[19]云，韦陟或亦加以援额，而始终不见记有鲁公一言。

此前，鲁公曾援救御史中丞宋浑，高呼"奈何以一时之忿而欲危宋璟裔乎"！此后，为陷贼官协律郎郑洵首举贞白，奏摄同州录事参军，引入幕下，殆非是浑俗和光之人。当年黄本骥编鲁公文集至是，扼腕长叹之，有云"（杜）甫称诗史，于禄山事言之甚详，独平原喧赫之功无一语及之"，盖"鲁公讯斯狱，与甫无恩"。洵然，鲁公无恩子美，然亦无负于纲纪，按章办事，不容私情，其鲁公之所以为鲁公，忠贞正直可以概见矣。当鲁公代韦陟兼任御史中丞上表致谢之时，即在杜甫减罪不数日间，肃宗批答盛称鲁公"卿德重才博，久而益彰。深竭忠贞，克著名节。乃今再造区夏，藉卿以振朝纲"，便是对他的肯定。

鲁公从政，三遭左迁，初放同州刺史（至德二载），又谪蓬州长史（乾元三年），皆出忤旨，即使三贬峡州别驾，旬余改吉州（永泰二年），事出权相以诽谤时政罪之，亦缘起于忠直敢言，尽职尽责。较之徐浩以货贿权相，结党朝臣，妾弟"冒选违典"，幺弟"特恩赐官"，营私舞弊，贪赃枉法，虽并为俊才，皆具书名，同朝重臣，亦三见贬谪，其品行直天壤之别，几不可同日而语。《新传》称"真卿立朝正色，刚而有礼，非公言直道，不萌于心"，其之谓也，洵公论也。

（二）

鲁公自大历七年十一月注授新职，翌年正月至任，至十二年四月十二日诏召入京，在吴兴四年零四月。安然外郡，其间不曾离州上计，亦不见与朝中重臣如上引诸王通讯问、相往来。然朝廷时事，甚见注重，有必记之，如《刘中使帖》：

> 近闻刘中使至瀛州，吴希光已降，足慰海隅之心耳。又闻磁州为卢子期所围，舍利将军擒获之，吁，足慰也！

---

18 《新唐书》卷二〇一《杜甫传》。
19 《旧唐书》卷九二《韦陟传》。

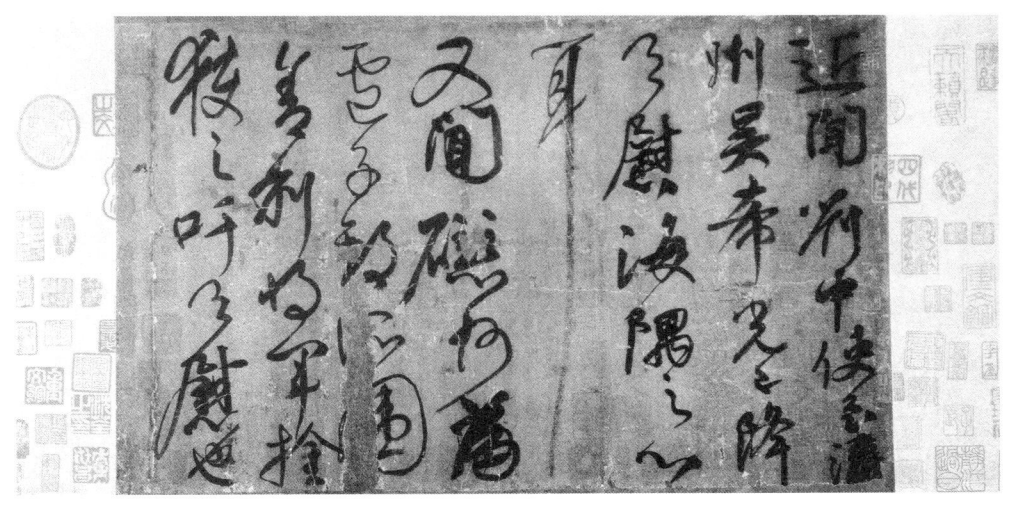

刘中使帖

　　刘中使即刘清潭（？—799），代宗朝得宠宦官，大历十三年（778）五月赐名忠翼。明年德宗即位，翌月即除名长流，既行，赐死。吴希光（？—784）、卢子期（？—775），魏博节度使田承嗣之将，吴希光时为瀛州刺史，大历十年（775）十一月初七日，以城降；十四年闰五月，授以右羽林大将军、检校散骑常侍、兼御史中丞，充渭北鄜坊丹延都练观察使，后从朱泚叛唐。兴元元年（784）六月泚败被擒，神策军节度使李晟即斩之于安国寺前。卢子期之袭磁州，昭义节度使李承昭战而破之，擒而斩之，《旧纪》分别记在大历十年（775）八月己丑（二十八日）与十月甲子（初四）日，早于吴希光之献城归顺。颜真卿之倒叙，盖出传闻之讹，而传闻或出自来湖士人。

　　当时来湖文士中，不少是浙江西道观察处置使李涵的幕僚，如判官袁高、支使吕渭、推官康造以及沈益、褚冲、沈仲昌、刘全白、魏理诸人。观察处置使简称观察使，由节度使兼任之，有考察州县官吏、治理民事的职责。作为佐官、幕府中人，其来湖当非仅止游赏一事。鲁公与之迎来送往亦倍见恭敬，如《妙喜寺碑》记袁高巡部至州，鲁公作为州牧不仅在杼山立三癸亭以迎之，且陪其骆驼桥玩月，开元寺观碑。尤其在杼山，赏亭赏桂之暇，桂下独辟幽径，因袁高时带朝衔殿中侍御史，故以"御史"名其径，可见对这位判官的重视。

　　按，袁高字公颐，即后之言卢杞奸邪者，神龙复辟功臣袁恕己之孙，时年四十六，少鲁公十九岁，柳宗元父镇之友，为一代诤臣，有"贞直忠謇，举无与比"[20]之誉。后来也来湖任刺史，任上有《茶山诗》，脍炙人口，流传至今。读其

20　柳宗元《先君石表阴先友记》。

"我来顾渚源，得与茶事亲。㽝辍耕农耒，采采实苦辛。一夫旦当役，尽室皆同臻。扪葛上欹壁，蓬头入荒榛。终朝不盈掬，手足皆鳞皴。悲嗟遍空山，草木为不春。阴岭芽未吐，使者牒已频。心争造化功，走挺麋鹿均。选纳无昼夜，捣声昏继晨。众工何枯栌，俯视弥伤神。皇帝尚巡游，东郊路多堙。周回绕天涯，所献愈艰勤。况减兵革困，重兹同疲民。未知供御余，谁合分此珍。顾省忝邦守，又惭复因循。茫茫沧海间，丹愤何由申"云，盖又一贤太守。

至于观察使李涵，大历七年（772）二月甲寅以兵部侍郎充使，五月改御史大夫、苏州刺史，仍为观察使，至十一年（776）四月丙子迁京畿观察使。在苏州四年，有否与鲁公交游，不得而知，但从《嘉泰吴兴志》卷十八《食用故事·茶》所记"自大历五年始分山析造，岁有客额，鬻有禁令，诸乡茶芽置焙于顾渚，以刺史主之，观察使总之"之事推测，湖州茶事由湖州刺史颜真卿主持之，浙西观察使李涵总理之，颜、李之间例有周旋。

这位大历中叶鲁公的上司，数年后成了鲁公礼仪使处置山陵的副手，或许出自鲁公的奏请。

鲁公不仅对上级机关浙西观察处置使人员殷勤酬应，凡来湖士宦如皇甫曾、耿沛、李阳冰、王圆、张严、张志和诸人亦甚见款待，每每欢宴唱和，不拘主客。从存世皎然奉应诗中可以发现其款待者多来自宪台，如皇甫曾、张严都是殿中侍御史；李阳冰虽不属于宪台，但职称京兆府法曹，也是司法监察人员；王圆，诗题称员外，其实也是宪台的侍御史，皎然有《翔隼歌送王端公》诗，王端公即其人。联想到以后诏回宪台，再为常伯，其攀附景仰，联结旧僚岂止于韬光养晦，实已寓有待时而动之心矣！

鲁公在湖州还与一位御史中丞有着联系，此人即是后为德宗相的崔祐甫。

崔祐甫（721—780），字贻孙，博陵安平（今河北安平县）人。大历十一年（776），鲁公所撰《崔孝公宅陋室铭》便出自他的请托。按，孝公讳沔，字若冲，祐甫之父，官至太子宾客、东都副留守，开元廿七年（739）卒于位，赠礼部尚书，孝为其谥号。李邕为之撰墓志铭颂述之，有称："邕十三同学，廿同游。昼连榻于蓬山，夕比烛于书帷。直则为友，道则为师。一刚一柔，厥迹颇异。好文好义，职允攸同。情以久深，心以知尽"，为莫逆知交，非出寻常。鲁公其铭有谓"凤仰名教，实钦孝公之盛德；晚联台阁，窃慕中丞之象贤"。孝公崔沔，乃出神交。中丞即祐甫，宝应初年曾任司勋、吏部员外郎，为吏部侍郎颜真卿下僚，是为同事。

鲁公于三十九岁自长安尉入御史台，初监察御史，历殿中侍御史而至从六品侍御史，其后"二为吏部侍郎，三为刑部尚书（一带衔、一正授、一检校，不包括湖州后的职守），四兼御史大夫"，可谓是资深的司法监察官员。而是时，祐甫为大夫，职掌刑政，鲁公折节相交，勉力往返，叙旧铭功，自有宪台情结在，然亦不可不谓另寓别意，且寄之殊深矣！大历十二年（777）奸臣元载伏诛之后，宰相杨绾、常衮便是以鲁公之旧德，换言之即有这方面的经历，遂征拜为刑部尚书。当时门下省所出的《授颜真卿刑部尚书告》有称：

……（颜真卿）含和毓灵，经德秉义。继文儒之业，宏亮直之风。执礼鸣谦，敦诗变雅。扬名四极，流誉三朝。夙著嘉猷，聿形大节。既茂次公之绩，宜褒越石之勋。询谋佥同，堪登右序；矫枉过正，亦会左迁。知进退而经始一心，交荣悴而用舍一致。今载举遗典，重理庶狱，以遵旧服，其教在明。可刑部尚书。

一生评价，甚见概括，其制诰者洵为知人。

鲁公在湖州有一姻亲名沈怡者，时任太庙斋郎，是御史中丞沈震的父辈，亦可归为宪台情结。沈震是德宗生母、太子妃（后册尊为太后）沈氏之弟，天宝末年曾以侍御史出任平原郡防御使判官，是鲁公旧属。鲁公《吴兴沈氏述祖德记》："南齐征士吴兴沈君名麟士，郡人也……征士尝制《述祖德碑》，立于金鹅山之先茔……乾元中，为盗火所袭，碑首毁裂，嶷然将堕。过江二十叶孙御史中丞震，移牒郡国，请具封葺。或属兵凶，旷而莫修。……权检校宗事十九叶孙前太庙斋郎怡，拜泣松槚，增修旧茔。……以真卿江南婚姻之旧，中外伯仲之穆，谬忝拜刺，见托斯文，刊诸碑阴，以传无朽……时有唐大历八年冬十二月。"联想到《授颜真卿太子太师告》"况太后崇徽，外家联属"云，其"江南婚姻之旧"是说不诞。

按，颜氏自晋西平靖侯含始，侨居上元七叶，所谓"江南婚姻之旧"当缔结其时，上引鲁公《清远道士同沈恭子游虎丘寺有作》的沈恭子沈炯，或即其姻亲，惟谱牒未详，已难确考。武康沈氏乃南朝豪族，"江东之豪，莫强周、沈"。周是阳羡周氏，始于西晋周玘，后为沈充所灭。不数年，沈充亦败。至晋、宋间，沈氏以军功复起，齐、梁间转向文化士族，以沈约、沈麟士最著名。颜杲卿有一"从父甥"沈盈，是鲁公同祖姊妹之子，也是吴兴武康人，天宝末年偕杲卿、季明死于常山之难，后赠"大理正"五品京官。盈与震盖出同族。其后德宗欲"倚以为相"[21]，盖缘起于沈后之姻亲。

（三）

在湖州追立放生池碑，虽不涉政务，但周旋实多，且事涉湖州，亦值得一提。

《天下放生池碑》，鲁公撰于乾元三年（760）三月戊辰，在升州刺史任上。当时，肃宗命左骁卫左郎将史元琮、中使张庭玉等人，奉宣于天下州县临江带郭处各置放生池，始于洋州之兴道，暨山南、剑南、黔中、荆南、岭南、江西、浙西诸道，讫于升州之江宁秦淮太平桥，上下五里，凡八十一所。[22] 鲁公受命于江宁太平桥置池后，即撰《天下放生池碑铭》一章，又出私俸购石，先后两次写进，以求肃宗赐额，于上元元年（760）七月十七日上《乞御书题额恩敕批答表》，有称：

> 臣时不揆愚昧，辄述《天下放生池碑铭》一章。又以俸钱于当州采石，兼力拙自书。……因令微臣获广昔贤善颂之义，遂绢写一本，附史元琮奉进，兼乞御书题额，以光扬不朽。缘前书点画稍细，恐不堪经久。臣今谨据石擘窠大书一本，随表奉进，庶以竭臣下一偻偻之诚。

然而，御题垂下，即遭遭迁。直至大历六年（771）八月，所置乐石乃委诸上元岩麓间，未遑树立。

湖州放生池在霅溪东侧骆驼桥边，与升州太平桥放生池置于同时，为当年"临江带郭"八十一所之一。鲁公至任湖州，初假座此地修编《韵海镜源》，后于九年

---

21 令狐峘《颜真卿神道碑》。
22 金和《秋蟪吟馆诗钞》卷一《颜鲁公放生池怀古序》引。他本《乞御书天下放生池碑额表》不明记山南、剑南、黔中、荆南、岭南、江西、浙西诸道。

月至任州東有菩雲兩溪溪左有放生池焉即我寶應元聖文武皇帝之所置也州西

有白鶴山山多樂石於是採而斲之命吏幹磨礱之家僮鐫刻之建于州之駱駞橋東盖以

抒臣下追遠之誠昭先帝生成之德額既未立追思莫逮客或請集先帝所賜

天下放生池碑銘（《忠义堂帖》本，局部）

（774）七月二十七日遂追建《天下放生池碑》，并撰《碑阴记》志之：

> 州东有苕、霅两溪，溪左有放生池焉，即我宝应元圣文武皇帝之所置也。州西有白鹤山，山多乐石，于是采而斫之，命吏干磨砻之，家僮镌刻之，建于州之骆驼桥东。盖以抒臣下追远之诚，昭先帝生成之德。额既未立，追思莫逮。客或请集先帝所赐敕书批答中诸字，以缉而勒之，真卿从焉。

是石，采之湖州白鹤山，自与江宁有别，鲁公不言重书，盖出上元之本，即"缘前书点画稍细，恐不堪经久。臣今谨据石擘窠大书一本，随表奉进"者，是石规模、款式皆依旧制，宜是不允稍改，所谓"命吏干磨砻之，家僮镌刻之"，恐亦与前石同，全出之于私俸。惟鲁公之文，自撰述始，经两度绢书奉进，至今上石镌刻，已先后十五年，而滞留私箧、珍藏深密亦整整十四年矣！其间，鲁公流离颠沛，仕途坎坷，上下反复，用舍无常。平生三谪，二谪此时，故《乞御书题额恩敕批答碑阴记》曰：

> 肃宗皇帝恩许，既有御札垂下而斯答，真卿以疏拙蒙谴。粤若来八月既望，贬授蓬州长史。洎今上即位，宝应元年夏五月，拜利州刺史，属羌贼围城，不得入，恩敕追赴上都，为今尚书、前相国、彭城刘公晏所让，授尚书户部侍郎。二年春三月，改吏部。广德元年秋八月，拜江陵尹兼御史大夫，充荆南节度观察处置等使，未行受代，转尚书右丞。明年春正月，检校刑部尚书兼御史大夫，充朔方行营、汾、晋等六州宣慰使，以招谕太师中书令仆固怀恩。不行，遂知省事。永泰二年春二月，贬峡州别驾。旬余，移贬吉州。大历三年夏五月，蒙除抚州刺史。六年闰三月，代到，秋八月至上元。……七年秋九月，归至东京，起家蒙除湖州刺史，来年春正月至任。

按，鲁公之贬蓬州，在于失言，自谴"言事忤旨"[23]，咎由自取。时人虽然归罪

---

23 颜真卿《鲜于氏离堆记》："上元之岁，秋八月哉生魄，猥自刑部侍郎以言事忤旨，圣恩全宥，贬贰于蓬州。"

乞御书题额恩敕批答碑阴记（局部）

于他人，亦不规避鲁公之失言，如殷亮《颜鲁公行状》："上元元年秋，时御史中丞敬羽狙诈险惨，班列皆避之，鲁公与之言及政事，遂遭诬"云者。而峡州之贬，出于权相元载之排抑，诚如史书所称"以不附元载，载陷之于罪也"[24]。所记"员外别驾"即编制外官员，连代宗都以为"罚过其罪"[25]，旬日间追改为上州别驾。蓬州之谪，不及二年，代宗即位，即拜江陵尹，而峡州之谪，虽有除抚州，为中州刺史，迁湖州，升作上州刺史。然两州之间作"具员"二十余月，遂以"起家"复出。湖州固富庶，是为远郡，山水清远，"宾客非特有事于其地者不至焉"[26]，且元载在朝，结党营私，恩宠正盛。

所遇肃宗，虽称中兴之主，但实为平庸之君，史称其"偷取一时之安，不思永久之患"[27]，倚重宦官，养痈遗患；猜忌功臣，姑息藩镇，"由是祸乱继起，兵革不息，民堕涂炭，无所控诉，凡二百余年，然后大宋授命"[28]。其放生乃煦煦小仁，本无足称道，然鲁公撰文颂之，且上表乞御书题额，如今十五年后竟又旧事重提，缉集御书批答中字以为额，追而立之。此举，苏轼以为意出规劝，其《题鲁公放生池碑》有称：

湖州有《颜鲁公放生池碑》，载其所上肃宗表云："一日三朝，大明天子之孝；问安侍膳，不改家人之礼。"鲁公知肃宗有愧于是也，故以此谏。孰谓鲁公区区于放生池哉？

24　《旧唐书》卷一一一《代宗纪》永泰二年二月条。
25　殷亮《颜鲁公行状》。
26　苏轼《墨妙亭记》。
27　司马光《资治通鉴》卷二二〇乾元元年条下按。
28　同上。

按，鲁公"一日三朝"云者，同在《天下放生池碑》中，然非出上肃宗表。是时肃宗已逝去多年，代宗执政亦逾一纪，若有所谏，谏有何用？其实，鲁公追立是碑，意不在放生，而在于怀旧，诚然如其《碑阴记》所言"抒臣下追远之诚，昭先帝生成之德"，即昭明肃宗之德。又按，鲁公自校书郎入任以来，近五十年历经二十八任，官至太傅，历玄宗、肃宗、代宗、德宗四朝，前后上表无数，然而存世惟见肃、代两朝十一通，其中肃宗有七通，如：

卿才推翰苑，望重朝廷。昆弟成名，俱效忠节。顷蜂虿纵毒，郡邑多虞。卿能审事宜，捍御凶盗。虽平原不守，而功效殊高。自远归朝，深副朕望。（《让宪部尚书表》）

卿德重才博，久而益彰。深竭忠贞，克著名节。乃今再造区夏，藉卿以正朝纲。曳履之荣，允膺其象；弄印之宠，无以易卿。（《谢兼御史大夫表》）

卿簪绂之端，名节素重。出镇藩翰，克效忠勤。况自同（州）及蒲（州），襟带相接。宣风布化，实伫于卿。特委股肱，尤当勉励。防虞恤隐，必应事宜。（《蒲州刺史谢上表》）

卿学行有闻，谋猷克壮。屡经寒岁，不改松筠。且江宁古之帝都，实为巨防。自非宿德，其可滥居。委卿忠诚，俾当连帅。宜宏筹略，为朕缉绥。（《谢浙西节度使表》）

卿之乃祖，尝为硕儒。既高倚相之能，遂有臧孙之后。不堕其业，在卿之门。式覃追远之恩，俾蒙贻厥之庆，加赠方岳，以表哀荣。（《谢赠官表》）

《乞御书题放生池碑额表》为鲁公上肃宗最后一表，肃宗批答亦最后一通，且出御书，非翰苑抄件，是为特例，殊为恩典，岂能私门缄秘，不加公布，何况《批答》有称：

> 朕以中孚及物，亭育为心。凡在覆载之中，毕登仁寿之域。四灵是畜，一气同和。江汉为池，鱼鳖咸若。卿慎微盛典，润色大猷。能以懿文，用刊乐石。体含飞动，韵合铿锵。成不朽之立言，纪好生之上德。唱而必和，自古有之。情发于中，予嘉乃意。所请者依。

重在放生，"纪好生之上德"，尽合大历年间佞佛之时俗。

按，赵明诚《金石录》记放生池立有三石：一、《放生池碑》上、下（目第1497—1498）；二、《乞题放生池碑额表》，肃宗《批答》附（目第1499）；三、《放生池碑阴记》（目第1500）。其《放生池碑阴记》后有团练副使、别驾以下僚属题名，凡八十二人。一郡吏员同然猥多，其题名之众，一无遗漏，亦是碑之崇重。史乘不记鲁公树碑之事，其有无文酒之会与题名之仪，更不得而知。然一池之上，崇立三石，一州之吏，来集此地，加上幕宾游宦，士众百姓，瞻仰徘徊，如入庙堂之内，肩摩毂击，犹如临淄之途，其规模之宏大自可想见。

鲁公以"具员"起家，只身赴任，初礼谒郡上名士如陆羽、皎然，折节结游，复私聘旧雨如李萼、权器与杨昱，委以行政，如今又立石展示先帝之恩德与前朝之寄重，其之用心，尽人皆知。"唱而必和"，其碑下题名召感僚属（唐制州吏迁改不与州牧同步，大多出自旧日留用），自有一番手段。联想到鲁公平原之功，多出李萼谋策，如联结三郡（平原、清河、博平），收复魏郡，又如试行榷盐法，谋集军资，此石之追立，郡吏之题名，或亦出自其人之筹画。

一郡吏胥之题名，周而不比，虽无关政务，然乃重演"左袒"之故事，有助郡人之知新牧。鲁公之治湖州安能不清闲也哉！

七、翰墨余论

（一）

挺赟惠学该儒释，袖有颜徐真草迹。
一斋三请纪行诗，诮我垂鞭弄鸣镝。
寺悬金榜半山隅，石路荒凉松树枯。
虎迹印雪大如斗，闰月暮天过得无。

——卢纶《敩颜鲁公送挺赟归翠微寺》

挺赟即皎然《送赟上人还京》诗中"久游春草尽，还寄北船归"的赟上人。卢纶诗题明言"敩颜鲁公"，且"一斋三请纪行诗"云云，颜真卿与他当有周旋，其纪行诗或即作于吴兴，与皎然同时。

作者卢纶，字允言，蒲州（治所在今山西省永济市西）人，大历年间，与吉中孚、韩翃、耿沣、钱起、司空曙、苗发、崔峒、夏侯审、李端诸诗人文咏唱和，驰名京华，号称"大历十才子"。他是颜真卿夫人韦氏堂妹之子，即韦渠牟"外生"，颜鲁公乃其长辈，有姻亲之谊。同时与徐浩也有过从，行谊或有胜之。当是时，卢纶因宰相王缙奏荐，入集贤院为学士[1]，而徐浩即自大历初年始，已以吏部侍郎兼任集贤院学士副知院事，是他的上级。他的《和常舍人晚秋集贤院即事十二韵寄赠江南徐薛二侍郎》即作于徐浩大历八年（773）典选违格出贬明州之时，其"列署齐游日，重江并谪年。登封思议草，侍讲忆同筵"云，亦可见其同僚之好。

"颜徐"之谓，盖颜鲁公与徐浩。颜、徐以书法并称，始见是诗。

颜、徐并称者，还有陆羽论书语，《全唐文》卷四三三作《论徐颜二家书》，其谓：

徐吏部不授右军笔法，而体裁似右军；颜太保授右军笔法，而点画不似。

---

[1] 《旧唐书》卷一六三《卢简辞传》。

何也？有博识君子曰：盖以徐得右军皮肤眼鼻也，所以似之；颜得右军筋骨心肺也，所以不似。

颜真卿无太保之任，太保乃太师之误。颜真卿任太子太师，时在建中三年（782）八月，徐浩已归道山数月[2]，陆羽之文，盖撰于其后。

是篇，或附在《僧怀素传》后，不知从何书散出。以其有称鲁公"太师"，盖作在贞元初年。

陆羽，大历之后行迹不至京洛，他与徐浩是否交往，史不明言。徐浩是元载集团中人，史称他"贪而佞，倾南方珍货以赂载"[3]。三年后即大历八年（773）二月，身为吏部侍郎的徐浩即因"惑于其妻"，为妾弟陈岕谋取畿尉而典选违格，出贬明州。"左宦登吴岫，分家渡越溪"[4]，其赴任即依当时的习惯，自洛入淮，沿邗南下，次扬州，渡京口，转运河，然后历苏杭，经会稽而至明州，走的是水路，平望乃其必经之路，徐浩自有湖州之游。陆羽为湖上一高士，又是州牧幕宾，而徐浩平生好交流，陆、徐两人必有周旋，游宴亦或不少。

皇甫冉《送陆鸿渐赴越序》中记鲍防之爱陆羽，"将推食解衣以拯其极，讲德游艺以凌其深，岂徒尝镜水之鱼，宿耶溪之月而已"。陆羽之评颜、徐之书，亦当一如鲍防，不专以体裁之分、笔法之能而论之者也。

徐浩（703-782），字季海，越州会稽（治所在今浙江绍兴市）人，郡望自东海郯县（今山东郯城县）。出身清寒，门阀未宏。会稽始祖澄之仅六品县令，曾祖囗敬已为逸人。祖师道（字太真），虽曾入裴行俭秦州总管幕府，并授有九品九陇县尉之职，但不久因"非其志也，弃官门隐。及终，谥曰'文行先生'"[5]，再不见功名。父峤之（字惟岳）始入仕，然仕途未畅，仅位至三品刺史。

徐浩父祖，虽职卑位下，未有政绩，然两代书名高标，有称于史。师道以草书见称于张怀瓘《书断》，与武后朝书家王知敬、孙过庭、陆柬之、高正臣、卢藏用等并列于能品。至于峤之，唐人蔡希综《法书论》及窦臮《述书赋》并加著述，

---

2 《旧唐书》卷一二《德宗纪》。
3 《资治通鉴》代宗大历五年（770）条。
4 包佶《奉和常阁老晚秋集贤院即事寄徐薛二侍郎》。
5 朱长文《续书断》。

至宋尤见推崇。朱长文《续书断》有记："太真精于翰墨，峤之能承之，以世名家。……正书入妙，行书入能，道媚有楷法，姚崇母之墓、湖州《孝义寺碑》，皆合作者也。尝进书六体，手诏答曰：'得进书甚可观览，回鸾顾鹊，堕露凝云，虽古人临池悬帐之妙，何以过此。'仍赐物四十段以旌之。"《宣和书谱》编修者尝见其真迹，以为"评其字谓如回鸾顾鹊之势，识者不以为过"。其不独工书，又富庋藏，鉴识亦在精能。武平一《徐氏法书记》有云："豫州刺史东海徐公峤之，怀才蕴艺，依仁践礼，自许笔精，人称草圣。九邱七略，五车百氏，未遇仲尼之贤，犹繁茂先之室。至于魏陵逸策，鲁室前书，字辨阳循，疑招束晳，师宜削去之版，逸少为题之扇，莫不烟霏露凝，鸟跂鱼跃，填彩笥，溢雕厨，贻之后昆，永为家宝。"[6]《述书赋》及张彦远《历代名画记》之《叙古今公私印记》并收其印鉴，引以为"识鉴宝玩之家"。

尤可记述者，徐浩之母张氏，其先出自范阳方城（今河北涿州），而为河南济源人，与颜氏并为东晋渡江百氏之一。其父太子詹事张庭珪乃有唐名臣，《旧唐书》有传，与李乂、薛登、韦凑、韩思复、王求礼、辛替否等并列为良臣，史臣赞曰："张子法言，实裨时政。"《新唐书》去李乂、薛登、王求礼，补宋务光、李渤、裴潾、李中敏为一传，张氏为首列，撰之者有称："若廷珪数子，优游弥缝，皆中时病，非所谓贾直自荣者也。"张氏善隶书，亦为时所称，《旧传》有谓："既善楷隶，甚为时人所重。"又说："素与李邕亲善，邕所撰碑碣之文，必请廷（庭）珪八分书之。"至晚唐吕总作《续书评》，评述有唐隶书，近三百年间仅列五人，张氏赫然在内，名居韩择木、史惟则之前，且评之曰："如古木崩沙，闲花映竹。"徐浩的《张庭珪墓志》在追述外祖家世、政绩之外，尤记其书，有"右军父子，俱擅笔精"之比谓。此虽出私美，然以存世的张氏书迹（十通）而论，尤其是《修孔子庙碑》，不失确评。按，李邕善书，又眼高一世，不轻许于人，而其所撰碑碣，特允庭珪书之，庭珪之善书，盖非虚名。"父子"论者，其子即浩之舅氏，如门下省符宝郎博雅、大理少尹博望、鸿胪少卿博济、太子右赞善大夫博爱诸人，亦当善书，斯或出之家学。徐浩父祖不以隶书名，其善隶书盖出自母族。

景龙三年（709），颜真卿出生在长安吴儿坊百年祖宅里，后徐浩六年。按，

---

[6]《法书要录》本讹夺甚多，今本之《全唐文》卷二六八。

颜氏家族自高祖隋长寿王侍读思鲁（孔归）奉迎唐高祖李渊于长寿宫以后，任职秦王府记室，便居住于敦化坊，与欧阳询同里。

颜真卿祖先，自高祖思鲁率子入唐为秦王府记室起，多为唐室亲近之臣。如其子师古（籀）为崇贤、弘文两馆学士，官至秘书监；相时，秦王天策府学士，又为文学馆十八学士之一，官至礼部侍郎；育德，太子通事舍人，与兄相时、勤礼并为东官僚属。其孙即颜真卿之祖昭甫，亦任王府侍读；曾孙即颜真卿之父惟贞，为太子文学、薛王友。直至永徽六年，颜勤礼因坐后夫人柳氏之兄柳奭谏废皇后事，出贬外郡，家道遂随之剧变。颜勤礼有子七人，即昭甫、敬仲、殆庶、无恤、少连、务滋、辟强。昭甫、敬仲，元配殷夫人出。敬仲，官至吏部郎中，封平昌男。殆庶以下，柳氏所出。柳氏五子，皆因坐柳奭事，终身不得仕进。

按，昭甫之官仅止王府侍读，联想到其父颜勤礼左迁夔州都督府长史，其弟敬仲为酷吏所诬，季女颜真定率二妹割耳诉冤，遂左迁益州大都督府长史，以及仲子惟贞以亲累授衢州参军等史实，昭甫、敬仲兄弟两人虽出之殷夫人，与柳氏无关，然劫数难逃，还是受到连累的。由是，颜氏之称，不在功名，惟在学业矣，诚如有史所称："初，（温）大雅在隋，与颜思鲁俱在东宫，彦博与思鲁弟愍楚同直内史省，彦将与愍楚弟游秦典校秘阁。两家兄弟，各为一时人物之选。少时学业，颜氏为优；其后职位，温氏为盛。"[7]

颜氏一门传承有绪的学业，著名于世者除训诂、正字两学之外，便是书法。先祖颜之推、颜师古辈不论，亦如徐浩仅止于父、祖两代，即昭甫与元孙、惟贞三人。《颜氏家庙之碑》便有称其祖昭甫："幼而颖悟，尤明诂训，工篆籀、草隶书，与内弟殷仲容齐名，而劲利过之，特为伯父师古所赏重，每有著述，必令参定。尝得古鼎二十余字，举朝莫识，尽能读之。"又说其父辈元孙、惟贞兄弟，少孤，寄养于外祖家，舅氏殷仲容教以笔法。家贫无纸笔，兄弟俩"以黄土扫壁，木石画而习之，故特以草隶擅名"。《颜元孙碑》也称其伯父"尤善草隶。仲容以能书为天下所宗，人造请者笺盈几，辄令代遣，得者欣然莫之能辨"。颜元孙又善鉴，《颜元孙碑》有记："（玄宗）因出诸家书迹数十卷，曰：'闻公能书，可为寡人定其真伪。'君分别以进上，玄宗大悦，因赐藤笺、笔墨、衣服等物。尝和《游苑诗》，

---

7 《旧唐书》卷六一《温大雅传》。

御札八分批答云：'孔门入室，鲁国称贤，翰墨之妙，莫之与先。'[8]君一览无遗，兼该故实。"（按，末句当移前，紧接"定其真伪"后，在"君分别以进上"之前。）颜真卿诸如此类之论，虽陈思《书小史》已本之，有称昭甫、元孙父子"善草隶书"，但总嫌其为一家之言，纯出追述祖德，私颂家门，言辞终不及武平一之记徐峤之，少些夸饰。颜真卿父祖当年的书名似不及于徐浩之父祖。

徐浩父祖年岁无考，按常理，祖师道卒在开元十一年（723），浩年二十一；父峤之卒在二十四年（736），浩年三十四。浩又为第四子，长兄浚长其十岁，浩之父祖盖为长寿之人。而颜真卿父祖则皆英年早逝，享寿不及半百，子孙孤幼，寄养于舅氏家，已经两代，是盖有异于徐浩者也。

颜真卿父卒之后，其母殷夫人便携孤寄居于通化坊之娘家，依舅氏而养育之。

按，殷、颜世结秦晋，颜真卿五代祖颜之推夫人即殷外臣从姐妹，四代祖颜思鲁夫人乃殷英童之女，曾祖颜勤礼先夫人亦为陈郡殷氏，祖颜昭甫夫人又是殷令名之女、殷仲容之姊。颜真卿季姑颜真定是殷令德之孙、殷仲容从侄殷履直的夫人。颜真卿长兄阙疑娶殷履直幼女，六兄幼舆又娶殷践猷长女。加上颜真卿先妣为殷践猷长妹，即太常博士、吴县令殷子敬之女。殷、颜表亲婚姻自颜之推起凡六代八人。

殷氏不独是陈郡望族，又以翰墨传承为书法世家。《历代名画记》卷九记其先祖书画，有谓："殷令名，陈郡人，父（曾伯祖）不害，累代工书画。殷闻礼，字大端，书画妙过于父（英童）。……闻礼子（孙）仲容，天后任太仆秘书丞、工部郎中、申州刺史，善书画，工写貌及花鸟，妙得其真，或用墨色，如兼五采。"殷令名书有《裴镜民碑》存世，《金石录》有"笔法精妙，不减欧、虞"之评，知者以为不虚。殷仲容则见称于《述书赋》："殷公、王公（知敬），齐名兼署。大乃有则，小非无据。骐麟将腾，鸾凤欲骞。题二榜而迹在，叹百川而身去。"

以颜真卿所记父辈学书故事，其笔法盖出自殷氏。颜氏家数，素为严密，"教妇初来，教儿婴孩"，相沿而演为传统。《颜氏家训》云："吾家儿女，虽在孩稚，便渐督正之；一言讹替，以为己罪矣。"《颜元孙碑》所记："真卿越自婴孩，特蒙奖异，且兼师父之训，岂独犹子之恩。"以及《颜允南碑》之谓仲兄允南兼工草、

---

8 《家庙碑》作"孔门称哲，宋室闻贤，翰墨云捷，莫之与先"。

隶书，深为伯父元孙所赏识，其他从兄弟如曜卿、旭卿、茂曾者亦并精翰墨，颜氏之擅书法盖出其家学。颜真卿婴孩之日，书法亦如音辞，并由父辈"渐督正之"，而诱诲者，殷夫人也。

徐浩、颜真卿年岁相仿，出身差同，都是清寒人家，且母族皆善书，及长，书法又相类，时人莫不以为同门，并出张旭门下。时有《传授笔法人名》，首见张彦远《法书要录》，谓"旭传之李阳冰，阳冰传徐浩、颜真卿……凡二十三人"。李阳冰为徐、颜后辈，"阳冰传"三字盖衍。卢携《临池妙诀》本是，宣称"旭之传法，盖多其人，若韩太傅滉、徐吏部浩、颜鲁公真卿、魏仲犀……又传清河崔邈"。至郑枃《衍极》刘有定"五代而宋"条下注遂改定之，有"旭又得褚遂良余论，以授颜真卿、李阳冰、徐浩、韩枃、邬彤、魏仲犀、韦玩、崔邈等二十余人"云。

徐浩少年得志，十五岁即明经入第。及长，以文学先后为宰相张说、张九龄所激赏，入集贤院职掌篇籍，兼任待诏。肃宗朝又以中书舍人充任集贤院学士，内居西掖，独掌诏敕，且文笔赡精，可谓宠绝一时。至永泰、大历间，名声远播，文雅并称，文坛宿儒、名公雅士如独孤及、刘长卿、皇甫曾、常衮、钱起、卢纶、司空曙、包佶以及秦系等人无不诗文酬唱俯事交结。政治上又是灵武扈从立功之臣。在"安史之乱"中，虽然因为治军不严，抵御不力，未见显赫功绩，但是在后期处理叛臣的问题上，能提出区别主从，要平恕处置的意见，还是深得人心的。《徐浩碑》有一段记载，说："丧乱即平，皇极反正。……当时似陷贼衣冠，正名同恶，百辟会议，三司定刑，其徒三千，将置重典。公上引大易'三驱'之口，雅诰'惟轻'之议。近征侯君集反于辇毂，太宗惟罪四人；越王贞反于汝南，狄仁杰议诛元恶。而言国章有素，故事斯在。词简理要，端如贯珠，百僚倾听，无复异论。廷诤三进，竟获减论。"斯事私谥，或有夸饰，但较之当时按狱使如兵部侍郎吕諲用法严峻，御史大夫崔器又希旨刻深，"将置重典"，显然轻简也是事实。联想到《古迹记》直书内府书迹的散佚，与赏鉴之无人无能，以及对褚遂良《右军书目》以为第三的右军《东方朔画赞》有"为伪迹，不近真"之评[9]，可见也是一位敢言的文臣。

9　徐浩《古迹记》"大王正书三卷"句下有注："《黄庭》第一，《画赞》第二，《告誓》第三。"参文内记《乐毅论》因太平公主散出，已投灶下，不可复得云，是时已失，故排次更易。

颜真卿自二十六岁登科以来，仕途不如徐浩单纯与坦荡，每见其自述仕履，多见起伏，且轻外郡之职，如大历六年（771）《大宗碑》有记："进士、校书郎。举文词秀逸，醴泉尉；清白名闻，长安尉。历三院御史、兵部员外郎，以平原太守拒禄山。凡五为侍郎、右丞，三为尚书，四为御史大夫，七为刺史，二为节度、采访观察使。"其前，乾元二年（759）《颜勤礼碑》之记便少州牧，仅言"七为宪官，九为省官，泺为节度、采访观察使"。即使其后建中元年（780）所撰《颜氏家庙之碑》，赤县长安尉以后改成"三院御史，四为大夫，六为尚书，再任采访、节度，充礼仪使"，仍少州牧。颜真卿外郡之任，其或不屑，常见隐晦，然颇具政绩，有若殷亮《颜鲁公行状》所记，抚州任上，"在州四年，以约身减事为政，而接遇才人，耽嗜文卷，未曾暂废焉"。湖州任上，"加勤于政"，"境内晏然"，陆长源有《去思碑》志之。令狐峘《颜真卿神道碑》亦记其"政尚清净，长孤养者，彻备浚隍，式廉明，进吏事，特责大旨而已。郡人悦之，立碑颂德。而耽嗜文籍，卷不释手"云。或以为殷亮乃其近戚，令狐峘是为下僚，其歌功颂德，不免私美，有所增饰，然其"耽嗜文籍，卷不释手"，如著有《吴兴集》十卷、《庐陵集》十卷、《临川集》十卷以及编纂《韵海镜源》三百六十卷，大行于世，终是事实。治政未宴，安能清且闲悠悠然从事于文哉？惟其湖州任上，政闲才高，遂能寄心清雅，还我学者本色，俨俨然如一岩下老儒。

至于湖州任上聚集文士，大开诗会，游赏赋诗，联句唱和，可知者竟有九十五人，其中如陆羽、袁高、吕渭、刘全白、张荐、吴筠、柳淡（中庸）、皇甫曾、张志和、耿沣、杨凭、杨凝及皎然与尘外（韦渠牟）等皆为名诗人。忠厚之人，所交必醇，其四海名士，吴中隐逸，或皆善书，然以书名者，惟李阳冰其人，相见亦晚。

颜真卿祖上多以学业著名，自五代祖之推在隋日太子召为学士起，至曾祖勤礼，祖孙三代五人为学士，如思鲁为隋东宫学士，师古、勤礼充唐崇贤、弘文两馆学士，相时为秦王天策府学士，又为文学馆十八学士之一。惟其叔祖颜敬仲因坐柳奭谏废皇后事，家道剧变，颜氏家族几与馆阁无缘。颜真卿与集贤院中人士如韩择木、王延昌、李阳冰之类虽多见往来，然终其生未尝与集贤院有着些微干系，加上其友朋如"开天八士"之萧颖士、李华、赵骅、柳芳、殷寅、陆据、邵轸以及后之"五君子"（柳芳、王端、颜真卿、阎伯玙、源衍）之王端、阎伯玙、源衍并为天下名才士，竟无一人以本职充兼院中职事，或与徐浩有所周旋。加上玄、肃两朝，颜真卿多在宪、刑两部，其以"深竭忠贞、克著名节"[10]为己任，自与中书内臣徐浩有别，声名之所重全在朝纲之振、曳履之荣。此亦是史学家如《旧唐书》之所以未将颜真卿列入"文学之臣"而与殷秀实合传，引为"正直之臣"之缘由所在。史家称其"守道殁身，为时垂训，希代之士也"，又谓"如清臣富于学，守其正，全其节，昌文之杰也。苟无卢杞恶直，若任之为相，遂行其道，岂有希烈之叛焉"[11]云。按，任相之事，盖本之于令狐氏之《颜真卿碑》："上方倚以为相，为权臣所忌，迁太子太师，外示崇高，实以散地处之也。"其实正直之臣，未必都能相君治国，且以颜真卿之识见，小者如与宪台旧雨御史中丞敬羽语及政事，大者视肃宗为中兴之主，亦与徐浩等类，并不见高明。所以当其厕身玄、肃两代君主之间，游走于诸派系之中，便不知自主自立，更不能自晦自保，最后为人所乘，出逐朝廷，远离权力中心而不能挽之。令狐峘"方倚以为相"之说，若非猜度，盖出初议，并没有实行，亦是不可能实行的。

大历初年，正是徐浩辉煌之时，《旧传》有称："浩属词赡给，又工楷隶，肃宗悦其能……玄宗传位诰册，皆浩为之，参两宫文翰，宠遇罕与为比。"以职官而言，宝应元年（762）六月自庐州长史入京，复为中书舍人，加银青光禄大夫，充集贤院学士副知院事。大历二年（767），迁工部侍郎，进爵会稽县开国公，五月，外放为广州刺史、岭南节度观察使，明年冬，入朝，迁吏部侍郎，"掌天下官吏选授、勋封、考课之政令"，仍充集贤院学士副知院事。

其仕途坦顺，又得权相元载、王缙赏重，徐浩亦乘势结纳之。《册府元龟》卷三三八《宰辅部·贪黩》记："元载大历中为相……遂肆志贪饕。徐浩任广州以赂闻，竭南方珍产纳于载。""竭南方珍产纳于载"者，史记"数十万缗"[12]，联想到苏涣《赠零陵僧》"忽然告我游南溟，言祈亚相求大名。亚相书翰凌献之，见君绝意必深知。南中纸价当日贵，只恐贪泉成墨池"云，贪名之大，贿赂之丑，已为士

---

10 颜真卿《谢兼御史大夫表》肃宗批答。
11 《旧唐书》卷一二八《颜真卿传》。
12 《旧唐书》卷一四六《李栖筠传》。

类所不齿。徐浩虽有才名，惟其结纳奸佞，沦为贪猥，终是疵瑕，诚如《旧唐书》编者所言"半乏全德，愧于后人"，堪可叹息者也。

徐浩书名早于颜真卿。开元九年（721）十月未及弱冠，即楷书沈惟南所撰《唐易州遂城令康府君碑》，立在清河县，见《宝刻丛编》卷四引《金石录》。乾元初年窦臮撰写《述书赋》，历记"前后所亲见者，并今朝自武德以来迄于乾元之始，翰墨之妙，可入品流者"，徐浩赫然在列，有"娅姹钟门，逶迤王后"之誉，且引以为"令范之首"，名高韩择木、蔡有邻、史惟则、李阳冰之上。友朋周旋，亦大多以书家视之，且多喻之王子敬。不独《徐氏法书记》称其书有"献之之妙"，即使"不交州府之客"[13]的苏涣《赠零陵僧》也有"亚相书翰凌献之"之谓。而是时颜真卿书名未起，所见碑志的撰书，每每出之私人请托，以亲好为主，奉敕之举仅《李抱玉》一通，时在大历十三年，是为晚年。至于书法评论，辄始于晚唐，如吕总《续书评》和亚栖《论书》，较之徐浩以及韩择木、李阳冰同辈书家见称于《述书赋》者，要晚百余年。

徐浩的善鉴明识也是独出于时、名高一代的。他数次充任图书搜访使，收集天下散佚书画，固然出之于玄宗、肃宗的倚重和收藏家世如乃翁徐峤之、外祖张庭珪的影响，但与他自身雅好图书、精别古迹的禀性和能力也是分不开的。以书法而论，著名的"鹰隼翚翟"说，便是他明识的力证：

> 钟（繇）善真书，张（芝）称草圣，右军（王羲之）行法，小令（王献之）破体，皆一时之妙。近世萧（子云）、永（智永）、欧（阳询）、虞（世南）颇传笔势，褚（遂良）、薛（稷）已降，自郐不讥矣。然人谓虞得其筋，褚得其肉，欧得其骨，当矣！夫鹰隼乏彩而翰飞戾天，骨劲而气猛也；翚翟备色而翱翔百步，肉丰而力沉也。若藻耀而高翔，书之凤凰矣。欧、虞为鹰隼，褚、薛为翚翟焉。（《论书》）

此说，切合大历年间文艺批评的时风，与颜真卿"适中"的文学主张也是一致

---

13 杜甫《苏大侍御访江浦赋八韵纪异有序》。

的，较之杜甫"书贵瘦硬方通神"[14]来，更显得高明，诚不愧为至理名言。

能言未必能行。徐浩身处禁垣，待诏金门，其承恩命笔，唯恭俭为上，平常书写，也是楷正是敬。《论书》有谓："字不欲疏，亦不欲密，亦不欲大，亦不欲小。小促令大，大蹙令小，疏肥令密，密瘦令疏，斯其大经矣。笔不欲捷，亦不欲徐，亦不欲平，亦不欲侧。侧竖令平，平峻使侧，捷则须安，徐则须利，如此则其大较矣。"正是他的书写心得。因浩久处台阁，又掌集贤院事，影响所及，《论书》盖已演为院内书写手则。一则，院中书直、书手，职掌抄写经籍，既谨又速，惟楷且正，是不允略带情性、稍作加减的。二则，集贤院兼有教学之责，院中当有讲授，是宜为教本。细检馆阁、台省书法，其之所以不失规矩，敬慎自重者，实在于致用。不独徐浩如是，前辈书直如钟绍京，资深书手如史惟则亦如是。近世出土如书直张若芬（隶书，万俟庆《张休光志》，开元二十二年）、书手李九皋（正书，徐峻《阿史那毗特勒志》，开元十二年），便是明证。徐浩之《论书》正合台省、馆阁以及州郡胥佐书写要旨，莫不引以为经典，为不二之法，只是偏之致用，重在法则，楷正至极，敬谨过之，下笔既窘守于形势，复滞碍于平实，即使老重精熟，筋骨并立如其自书，有"渴骥奔泉"之势，亦难免有吏书之讽。

笔者曾在《中国书法史·隋唐五代卷》开篇《概述》中评论徐浩书法，当代书论家大都以为甚当，多加引述。今移录如下再作申明：

> 大抵初、盛唐，并用二王行法，多出之于怀仁所集王字《圣教》，至徐浩、颜真卿出，始见篆、隶笔势，雄健厚硕，遂为盛唐典型。按米芾《海岳名言》所称："开元已来，缘明皇字体肥俗，始有徐浩，以合时君所好。"参司空图《书屏记》所记时论，谓徐浩之书如"怒猊抉石，渴骥奔泉"，其怒猊抉石，渴马之奔水，岂属肥俗之状？又参徐浩之论书，"夫鹰隼乏彩而翰飞戾天，骨劲而气猛也；翚翟备色而翱翔百步，肉丰而力沉也。若藻耀而高翔，书之凤凰矣"，其又何尝迎合时尚，力崇肥俗？况且，徐浩功成名就，乃在肃、代两朝，当时明皇之书，已见轻视，上引《述书赋》所评"迹且师于翰林，嗟源浅而波细"者，便是。窦臮为徐浩之友，且属下僚，其所言者自当知晓。联想到米芾有称

14　杜甫《李潮八分小篆歌》。

"徐浩为颜真卿辟客"，徐浩较之鲁公，年纪、职事并高，且属元载集团，为别人一营垒中人，斯殆不知徐浩其人故也。其实，徐浩之真、行书，虽囿于绳律，或有乏韵致，然参入隶法，亦不失为盛唐新风之始肇，且久居中书，职掌集贤，声望之崇，影响之大，无人可及。中唐以后，墓志书法大多从其而出。

传世徐浩、颜真卿并有《朱巨川告身》。徐浩所书为《钟离县令朱巨川告敕牒》，敕下在大历三年（768）八月四日。颜真卿所书二告，前告起居舍人，建中元年（780）八月下；后告中书舍人，三年（782）六月十六日下。按，帖主朱巨川（725或727—783），字德源，嘉兴人。二十擢明经。初仕左卫率府兵曹，历睦州录事参军、钟离令兼大理评事，入鄂岳观察使独孤问俗幕，兼监察御史、殿中侍御史，大历七年（772）后改李栖筠浙两节度从事，入朝为左补阙，起为起居舍人、知制诰，换司勋员外郎，拜中书舍人。建中四年（783）三月卒，年五十九（一作五十七），李纾为之撰神道碑记述之。参其碑文"豪州独孤及悬托文契，举授钟离县令兼大理评事"，及梁肃《朝散大夫使持节常州诸军事守常州刺史赐紫金鱼袋独孤公（及）行状》"若艺文之士，遭公发扬盛名，比肩于朝廷，则有故中书舍人吴郡朱巨川"云，钟离县令，盖出独孤及举荐。独孤及，盖徐浩之友，其书朱巨川，良有由矣。

按，是告著录首见《宣和书谱》卷三，惟误行书为正书。台北"故宫博物院"藏有墨迹本，纸本，纵高27厘米，横长185.8厘米。前隔水绢本，纵高26.7厘米，横长12.2厘米；后隔水绢本，纵高27厘米，横长12.5厘米。拖尾亦纸本，有鲜于枢、张斯立、张晏、董其昌诸人题跋。其吏部注授官，如金紫光禄大夫吏部尚书（裴）遵庆、银青光禄大夫行吏部侍郎（王）延昌、朝议大夫守吏部侍郎（杨）绾、尚书左丞上柱国（蒋）涣及郎中（杜）亚诸人签署，皆合制度。

颜真卿二告，亦入宣和内府，著录首见米芾《书史》，其云："朱巨川告，颜书。……余以金梭易之。义一告类徐浩书，在邑人王衷处，亦巨川告也。刘泾得余颜告背纸，上有五分墨，至今装为秘玩，然如徐告，粗有徐法尔。王诜与余厚善，爱之笃，一日见，语曰：'固愿得之。'遂以韩《马》易去。……此书至今在王诜处。"其入内府，盖在王诜后。《金石萃编》卷一〇二又附见邓文原、乔篑成、陆完等三跋。

朱巨川与颜真卿未见交游,其广德年间睦州录事任上,曾来湖与皎然、陆羽、阎伯玙、裴澄、房从心诸人交游联唱,有《暗思》《乐意》《恨意》联句。惟时颜真卿在京师,无缘谋面,亦无友朋荐引之。如前告,颜真卿在吏部尚书任上;后告在太子少师任上,并充礼仪使处置元陵事务,职位崇高,起居、中书两舍人与之毫无干系。朱巨川果若借重鲁公书法求其缮录,当在其后。然其明年正月十七日即赴许州宣慰李希烈,相隔仅有半年。新敕初下,即与旧令一并请人抄录,似嫌不妥,且告中细书迥异于正文,为别一人手笔。又,前告细书有"光禄大夫行吏部尚书上柱国吴郡开国公臣真卿"一行,唐制吏部尚书一人,题名真卿者即颜真卿,而爵称吴郡开国公;尚书左仆射知省事(侯)希逸,左仆射,左亦误右,盖出缮写时笔误。若固出颜真卿或颜氏后裔,亦断不至于讹误如此。两告合一,书法类徐,殆可疑也。其实此告明代已见疑,惟疑者狡狯,闪烁其辞,非明眼人是不能察觉的,如文嘉《钤山堂书画记》有记:"一真一伪,真本乃陆氏旧物,黄绢缜密,真佳品也,但笔觉差弱。诸法皆备,亦不易得。"又记别本云:"黄纸,上所书略无毫发动,名迹也。曾刻入《停云馆帖》。"又如汪珂玉《珊瑚网法书题跋》卷二记:"告身在绢上,并邓(文原)、乔(篑成)二跋,已刻《停云馆》中。"又引王衡(辰玉)跋:"其的的为鲁公无疑,然持以示人,疑信参半。盖字学之衰久矣,其法盖尽坏于长洲之文氏,字取匀美圆净而止,其顿挫抑扬,用而不尽用之际,多所未讲。即如此诰,一经模勒,便塌拖如肉鸭,都无可观,骅骝气丧,岂不惜乎。"以其书法不类鲁公而归之于模勒之误,洵善言者也。

德宗即位之后,颜真卿以吏部尚书充礼仪使。不日,徐浩征召自明州回京,拜彭王傅。

按,徐浩自大历八年(773)五月十一日出贬明州始,任职浙东几近七年,先前几年即大历八年至十二年(773—777)间,正值颜真卿湖州刺史任上。其相与游宦江东,又为旧识,自当有所应酬;是时,陆羽为颜真卿门客,或亦随之周旋。

建中三年(782)四月二十五日,徐浩老死于长安永宁里私第,其年十一月即葬于东都偃师县首阳原先茔。惟其有赠(太子少师),不见行状,既葬,又不见碑志,盖已佚散。存世所见神道碑乃贞元十五年(799)追建之石,因其为文学之臣，以书名世，作者尤特申翰墨之妙，有称："先府君擅书，□尝受笔法。□□忘倦，草隶兼优。开元、天宝之间，倾玉帛、刻琬琰者，一门二妙而已。议无优劣，以王右军父子拟焉。"

后三年，即贞元元年（785）八月二十四日，颜真卿被害于蔡州龙兴寺，卒年七十七，少徐浩三岁。是为忠臣烈士，有赠司徒，谥曰文忠，朝廷为之辍朝五日。明年四月淮西平，神榇归京，至十一月三日安葬于长安万年县凤栖原祖茔。行状、神道碑铭并存，其叙述家世仕履、著述之外，尤着重于道德操守，有称："公平居之日，自卑有井介之操，而能容众；有洁己之方，不以疵物。与道合岁寒者，终始无渝变。况君臣大义，名教大节，而得造次焉，可夺求生而害仁者。於戏！淮宁之难，岂止天不慭遗，盖亦有无良之人以怨报德，投之于无存之地也。悲夫！"[15] 又谓："善与人交，执友之子，义均甥侄。介操所至，不迁其守。刚而中礼，介而容众，静而无闷，动而有光。便于己，希权幸不为也；君有命，蹈汤火不辞也。心在弭乱不在功，志图报国不图生。故其杀身成仁，视死如归，虽汉之龚胜、魏之工经，无以加焉。"[16] 其与徐浩相较，轻重立见。是虽出私人追述，各见所崇，各申其高，然歌而颂者，道成为上，艺成下之，徐浩书法固精善绝代，鲁公齐大非耦，雕虫之小技岂侪没世之功业、赫然之声名。鲁公之特立卓然，为史尤重，盖在于斯。

（二）

陆羽还记述了鲁公与怀素交游事，他存《僧怀素传》中记：

至晚岁，颜太师真卿以怀素为同学邬兵曹彤弟子，问之曰："夫草书于师授之外，须自得之。张长史（旭）睹孤蓬惊沙之外，见公孙大娘剑器舞，始得低昂回翔之状。未知邬兵曹有之乎？"怀素对曰："似古钗脚，为草书竖牵之极。"颜公于是倘佯而笑，经数月不言其书。怀素又辞之去，颜公曰："师竖牵学古钗脚，何如屋漏痕？"素抱颜公脚，唱贼久之。颜公徐问之，曰："师亦有自得之乎？"对曰："贫道观夏云奇峰，辄尝师之。夏云因风变化，乃无

---

15 殷亮《颜鲁公行状》。
16 令狐峘《颜真卿神道碑铭》。

常势。又无（遇）壁坼之路，一一自然。"颜公曰："噫！草圣之渊妙，代不绝人，可谓闻所未闻之旨也。"[17]

是记，曾慥《类说》卷五八引《书法苑》目作"古钗脚屋漏痕"。字句或异，且稍见简洁。

按，《怀素传》，贞元初年陆羽作于宦游湖湘之日[18]，是时鲁公蔡州遇害多年，所记盖出怀素之口，藉之以自重。其所谓"观夏云""遇壁坼"者，盖出张旭"孤蓬惊沙"之演绎。"孤蓬惊沙"，句出鲍照《芜城赋》，《文选》卷一一收录是篇，李善曾于"孤蓬自振，惊沙坐飞"句下注："无故而飞曰坐飞。""自"与"坐"乃互文同义。怀素观夏云而能悟草书之妙，其所谓"得草圣之三昧"[19]者，盖非夸饰。

又，怀素壮游中州，以书交友，江潭一路诗人竞加称诀，有如李白"张颠老死不足数，我师此义不师古。古来万事贵天生，何必要公孙大娘浑脱舞"，窦冀"吴兴张老（旭）尔莫颠，叶县公孙（大娘）我何谓"，马云奇"贺老（知章）遥闻怯后生，张颠不敢称先辈"，诸如此云，莫不肆意评述，姿性张扬，此固美言巧辞，褒贬失实，是文人伎俩，然少年怀素昧于谄言，"狂来轻地界，醉里得真如"，好生得意，只是南下广州，干谒亚相祈大名之时，碰了钉子，无功而返，或许气调不合，路数相异，徐浩不加理会，善书如子敬者，岂能重其狂逸之态、矫饰之情与徇名之举。到了洛下，偶遇鲁公，正待职闲居为一介具员，遂招至府中，相与论书，且为之作《怀素上人草书歌序》，有云：

> 开士怀素，僧中之英，气概通疏，性灵豁畅。精心草圣，积有岁时，江岭之间，其名大著。故吏部侍郎（一作尚书）韦公陟，睹其笔力，勖以有成；今礼部侍郎张公谓，赏其不羁，引以（一作引共）游处。兼好事者，同作歌以赞之，动盈卷轴。夫草稿（一作草书）之作，起于汉代，杜度、崔瑗，始以妙闻，迫乎伯英（张芝），尤善其美。羲（王羲之）、献（王献之）兹降，虞（世

---
[17] 《全唐文》卷四三三。
[18] 详见《唐代书法考评·怀素〈自叙〉考》附《僧怀素传》始撰于贞元初年。
[19] 李肇《国史补》上卷记怀素"自言得草圣三昧"。

南)、陆(彦远)相承,口诀手授。以至于吴郡张旭长史,虽姿性颠逸,超绝古今,而楷法精详,特为真正。真卿早岁尝接游居,屡蒙激昂(一作激劝),教(一作告)以笔法,资质劣弱,又婴物务,不能恳习,迄以无成。追思一言,何可复得?忽见师作,纵横不群,迅疾骇人,若还旧观。向使师得亲承善诱,亟挹(一作揖)规模,则入室之宾,舍子奚适?嗟叹不足,聊书此,以冠诸篇首。

然而,酬应之中,甚见审慎,所谓"吴郡张旭长史,虽姿性颠逸,超绝古今,而楷法精详,特为真正。……忽见师作,纵横不群,迅疾骇人,若还旧观。向使师得亲承善诱,亟挹规模,则入室之宾,舍子奚适","向使"云云,言外之意,其若能登堂入室,尚须得张旭"亲承善诱,亟挹规模"。而张旭早已下世,岂能起之以"善诱"?此话分量很重,可以说是对上引歌行之否定,不一毫之虚美,信善书之至言也。对此,怀素未见作愕然状,或有所回避,有《洛下帖》为证:

怀素字藏真,生于零陵。晚游中州,所恨不与张颠长史相识。近于洛下,偶逢颜尚书真卿,自云颇传长史笔法。闻斯八法,若有所得也。

观其以后所书《论书》《苦笋》诸帖,用笔稳沉,不见"迅疾骇人"之状,盖有领悟。诚如郑杓《衍极》云:"鲁公之书,怀素喜而有得,似不在语言、文字之苴乎?"

怀素为张旭之再传,陆羽《僧怀素传》记得更是确切,除上引鲁公以为邬肜弟子外,又详记"怀素心悟,曰夫学无师授,如不由户而出,乃师金吾兵曹钱塘邬肜,授其笔法。"邬肜为张旭弟子,鲁公视为同学,故出同门。按,邬肜以草书名,吕总《续书评》列评唐人善草书自张旭至怀素凡十二人,肜列第六,有评"寒鸦栖林,平冈走兔,属小行草书。近世洛阳出土邬肜撰书之《侯知什墓志》(元宝七载五月十五日入窆),其小行楷,清劲不俗,全类徐浩,较鲁公亦无大异。联想到唐人如蔡希综《法书论》认为张旭就王字内"弥更减省",为王献之之再生,邬肜得其"善诱","亟揖规模",得旭之旨者如徐、颜同,走的非颠逸一路,其先时人传有"右军《恶溪》小王《骚劳》之帖,拟此书课",亦是明证。怀素传其血脉,盖尤善小楷行书。《宣和书谱》评张旭"其草书虽奇怪百出,而求其源流,无一点画不该规矩者",怀素自诩"得草书三昧",正此之谓也。

其生既晚,怀素未曾一见张旭,旭之"八法",盖闻之于鲁公。

张旭始弘八法,见于韩方明《授笔要说》:

> 清河公(崔邈)虽云传笔法于张旭长史,世之所传得长史法者,惟有得'永'字八法,次有五执笔,已下并未之有前闻者乎。方明传之于清河公,问八法起于隶字之始,后汉崔子玉历钟(繇)、王(羲之)以下,传授至于永禅师(智永)。而至张旭,始弘八法,次演五势,更备九用,则万字无不该于此,墨道之妙,无不由之以成也。

何谓"八法"者,"永"字之八画也,即侧、勒、努、趯、策、掠、啄、磔八种笔画。掠即是撇;磔又名波,即捺。顾名而思义,此"永"字盖本自《兰亭序》之首字,相传李阳冰有谓王羲之十五年偏攻永字,以其备八法之势,能通于一切之字。[20]

永字八法,其实仅言笔势,唐宋间流传甚广,影响亦大。黄山谷有记:"承学之人,更用《兰亭》'永'字,以开字中眼目,能使学家多拘忌,成一种俗气。"[21] 既成俗气,来由盖早。旧说有三:智永说,见《书苑菁华》所引《禁经》;张怀瓘说,见《墨池编》所引《玉堂禁经》;张旭说,出自上揭《授笔要说》。前两说,余绍宋《书画书录解题》及先师沙孟海《永字八法非智永创始说》[22] 已加论述,并以为皆出传伪,姑不再赘言;后说,似尚可补叙之。

张旭草书借颠以名世,因醉而广之,其始于天宝初期而盛于大历中叶,尤称绝于大和、开成年间。然其"笔札"之称,包括正楷、小行草,则早已争鸣于世,吴道子、崔邈、颜真卿、徐浩、韩滉、邬彤、李阳冰诸人大都受业于开元、天宝之

---

20 陈思《书苑菁华》卷二"永字八法"引《禁经》。
21 黄庭坚《山谷题跋》卷四《题绛本法帖》。
22 《沙孟海论书文集》第827页。

际。当是时，张旭正、草并善，亦为一代教化主，惟其全凭弟子传扬，不如褚遂良地位崇重，生前已声名显隆。张旭弟子以吴道子、颜真卿、徐浩、李阳冰最著名，初则颜、徐并称，后则颜、李齐名[23]，然不见有传承旭之善饮者，更无一人以颠名，即邬彤时人比之张旭，有"亲得张公之旨"[24]之誉，亦不以狂名。其他弟子多以正书名世也是事实。张旭正书之传承盖绝胜于草书，细检群籍，众弟子如徐浩辈言永字八法者实鲜。徐浩有《论书》一篇，论用笔、结字甚详尽，其大小一伦，乃集贤院中训示弟子之言，米芾视作"张颠血脉"[25]，竟无一言提及永字八法。

蔡希综《法书论》有记张旭言：

> 或问：书法之妙，何得齐古人？曰：妙在执笔，令其圆畅，勿使拘挛；其次识法，须口传手授，勿使无度，所谓笔法也；其次在布置，不慢不越，巧使合宜；其次变通适怀，纵合规矩；其次纸笔精佳。五者备矣，然后能齐古人。

韩方明所谓后世之所传得长史法，"惟有得永字八法，次有五执笔"者，实出张旭"执笔""识法""布置""变通适怀""纸笔精佳"五者之一二，而前者即其"识法"之演绎。《法书论》记张旭书论，尚有用笔一条：

> 仆尝闻，褚河南用笔如印印泥，思其所以久不悟。后因阅江岛间平沙细地，令人欲书，复偶一利锋，便取书之，峻劲明丽，天然媚好，方悟前志。此盖草正用笔，悉欲令笔锋透过纸背，用笔如画沙印泥，则成功极致，自然其迹，可得齐于古人。

按，此条句读多见与上文分割，以为蔡氏之言。参阅宋人朱胜非《绀珠集》卷二所引韦续《书诀墨薮》所记："张长史曰：'褚河南论书云用笔如印泥画沙。初不悟，后于江岸见沙地平净，以锥画字，媚好可爱，始信。'长史之言，贵藏锋

---

23 朱长文《续书断》神品三人即颜真卿、李阳冰与其业师张旭。
24 陈思《书小史》。
25 米芾《海岳名言》云："浩大小一伦，犹吏楷也。……书韵自张颠血脉来，教颜'大字促令小，小字促令大'，非古也。"

344

也。"盖本之《法书论》,"仆尝闻"句例应与上文紧连,乃为张旭之言。

至于程颐所谓"见担夫与公主争道"[26],苏轼《书张长史书法》同,盖误读《唐国史补》:"旭言:始吾见公主担夫争路,而得笔法之意。"《新唐书》本之。是谓公主之担夫争道于稠人广众之中,诚如黄山谷之理解"公主担夫争道,其手足肩背皆有不齐,而舆未尝不正"[27]者也。其"公主""担夫"间衍一"与"字,意义歧异,遂致争讼不止,不见真旨。

张旭弟子见有《八法颂》者,惟颜真卿一人,《书苑菁华》诀一条下引《书画谱注》一作颜真卿《八法颂》。其云:

> 侧蹲鸱而堕石,勒缓纵以藏机。
> 弩弯环而势曲,趯峻快以如锥。
> 策依稀而似勒,掠仿佛以宜肥。
> 啄腾凌而速进,磔抑趞以迟移。

近查颜真卿存世碑志,《多宝佛塔感应碑》(天宝十一载)"永平之日""永垂贞范"两"永"字,第二笔折转连竖,不作横长一画。其他如《东方朔画赞》(天宝十三载)"精灵永戢",《郭氏家庙碑》(广德二载)"将永图而观德","既无敩于永怀",《元次山铭》(大历七年)"薨于永崇坊之旅馆",《李玄靖碑》(大历十二年)"永负借山之记",《颜氏家庙之碑》(建中元年)"永不祧",诸"永"字不仅第二笔不按"勒"字书写,即左边"啄""磔"两笔,也连写成一竖向左弯钩上出。而"永""永"两字,并见于《干禄字书》,谓"上通下正"。可知鲁公写"永"字并不按照永字八法。

永字八法,坊间习传,本出自蒙童,大抵与托名于卫铄、王羲之、李世民与欧阳询诸笔法并行而盛于中唐,至晚唐始见诸于文字,卢携《临池妙诀》便记有《永字八法执论》一章。是论不得而见,或疑出于宪宗朝,盖元和初年拨乱反正、重振书学,是为始作俑者。《墨池编》收有《用笔法》一篇,其永字八法图录下记

---

26 《二程遗书》卷一八"伊川语四"。
27 胡仔《苕溪渔隐丛话》前集卷七引《诗眼》所载。

345

多宝佛塔感应碑（局部）

有文字：

> 侧不得平其笔。勒不得卧其笔。努不得直（直则无力）。趯须踦其锋（得势而出）。策须背笔（仰而策之）。略须笔锋（左出而利）。啄须卧笔疾罨。磔须题笔（战行右出）。

此所见最早永字八法，非诀非颂，不伦不类，纯出村学陋儒所为，较之柳宗元《永字八法颂》，雅俗立见：

> 侧不愧卧，勒常患平。
> 努过直而力败，趯宜存而势生。
> 策仰收而暗揭，掠左出而锋轻。
> 啄仓皇而疾掩，磔趣趙而开撑。

按，柳颂首见于《墨池编》，题作"张长史传永字八法"，至陶宗仪《书史会要》出，遂归之于柳氏名下，目曰"笔精赋"。《全唐文》《柳宗元集·外集·补遗》本之，改今名。然《墨池编》《书史会要》等所录异文互见，而《柳宗元集·外集·补遗》已作校勘，故上录引文据之。惟柳宗元以章草名，不见有言涉楷书者，且以工书为病癖[28]，撰颂如是，虽清雅不入凡格，终难以令人深信。反观颜真卿《八法颂》，朱长文不收，陈思纳入《书苑菁华》，又迟柳颂三二百年，其衍化之迹、伪托之嫌，益见显明。

韩方明自言出自崔邈门下，乃张旭之再传。又称受法于徐璹。璹为徐浩子，亦出张旭之嫡系。张旭为一代教化主，颜真卿、徐浩诸人曾蒙其口传手授，教以笔法。其"始弘八法，次演五势，更备九用"，信或有之，然非"永字八法"。所谓"世之所传长史法者，惟有得永字八法"，盖高标张旭，张扬师承，借此以自重者也。

怀素洛下所闻八法，诚鲁公之传授，同出之张旭，亦其一己之心得，有所领悟，必有所发明者在。

大凡书法传承，口诀手授，是不二法门。鲁公之八法，口传之外亦当兼有手授。《宣和书谱》卷一九收有怀素《吴郡》《梦游天姥山等歌》诸帖，或以为曾游江南。吴郡治所在苏州，天姥山在天台，并属湖州邻邦。其若来江南，必客吴兴，为鲁公座上之宾。欢宴雅集，旧雨新朋，自出高调与笑谑，盖有胜于当年洛下论书。

这里顺便提一下颜真卿的《张长史十二意笔法记》，见于明安国纂辑的《颜鲁公集》卷一四（《四库全书》本）。是篇书迹首见清代康熙年间江湄撰集的《职思堂法帖》，题作"唐颜真卿述十二笔法"，有米芾、许衡、赵孟頫、倪瓒诸人题跋。其实《张长史十二意笔法记》宋人已经著录，朱长文《墨池编》题曰"张长史笔法十二意"（《四库全书》本题作"唐颜真卿传张旭十二意笔法记"）；陈思《书苑菁华》改削传抄，题作"述张长史笔法十二意"。此文，有人以为"十二笔法，由谨严而造精微，书学妙理，尽于此矣"[29]，细究之，纯属空谈，一无妙理。所谓"平、直、均、密、锋、力、转、决、补、损、巧、称"十二意，以及二王、元常优劣论，皆出自张彦远《法书要录》卷二《梁武帝观钟繇书法十二意》；所不同者，少

28　柳宗元《报崔黯秀才为文书》称："凡人好辞工书者，皆病癖也。吾不幸蚤得二病。"
29　朱履贞《书学捷要》。

"聊复日记，以补其阙，非欲明鲜，强以示语"四句，并改"元常谓之古肥，子敬谓之今瘦"为"献之谓之古肥，旭谓之今瘦"。其他回答之词，也肤浅支蔓，多见抄袭之辞，如"称谓大小"条，语出王羲之《笔势论》，与徐浩《论书》语也大同小异；"神用执笔"条，出自蔡希综《法书论》。对此，宋人早已疑伪，朱长文题记曰："旧本多谬误，予为之刊缀，以通文义。张彦远录《十二意》为梁武笔法，或此法自古有之，而长史得之以传鲁公耳。"又在其《续书断》张旭条下说："世或以《十二意》谓君以传颜者，是欤非欤？"

其论开篇有云："予罢秩醴泉，特诣京洛（一作东洛），访金吾长史张公，请师笔法。长史于时在裴儆宅，憩止已一年矣。"按，天宝元年十月，鲁公依资授醴泉县尉；五年以清白为关内道黜陟使王铁荐举，陟长安县尉，未经罢秩。又按，裴儆字九思，玄宗朝祠部员外郎祯之第二子。祯，裴胐《大唐故朝仪郎行尚书祠部员外郎裴君墓志铭》记："开元二十八年十二月十九日，终于长安光德里私第，春秋卅。其先葬于闻喜之东凉原也，即以辛巳岁二月癸丑二十日壬申，旋窆于长安万春乡神和原，礼也。"辛巳岁即开元二十九年。祯四子：倩、儆、倚、侑，见独孤及《唐故尚书祠部员外郎赠陕州刺史裴公行状》。而裴胐（仅大鲁公八岁）不记儆等兄弟名字，仅曰"嗣子倩等"。其父卒年四十，儆等或皆未及冠。倩，卒于大历七年，权德舆作神道碑志述之，其云："年十一，以相庭推恩，授家令寺丞，满岁，选部铨第甲乙，补太常寺主簿。居先府君丧，水浆不入于口，孺慕殆于灭性，宗门忧其死于孝。"[30]

旧礼："成圹而归，不敢入处室。居于倚庐，哀亲之在外也；寝苫枕块，哀亲之在土也。故哭泣无时，服勤三年。思慕之心，孝子之志也，人情之实也。"[31] 其父既葬，儆也当偕兄倩服勤三年，有"灭性"之孝。若"三年之丧，二十五月而毕"，则当在天宝二年三月后方可入处室，交嘉宾。裴宅在长安光德里，其父祯卒于斯，其兄倩卒于斯，其子瑾妻柳氏亦终于斯[32]，是知此室至贞元十六年（800）尚未迁徙。天宝初年，儆未及冠，不当分居洛阳，即使儆如兄，并有"相庭推恩"，

---

30 《尚书度支郎中赠尚书左仆射正平节公裴公神道碑铭》。
31 《礼记》卷十《问丧第二十五》。
32 柳宗元《亡姊前京兆府参军裴君夫人墓志铭》。

曾任职洛阳，居丧期间也当停职守孝，居于是宅。天宝初年，张旭年近七十，若与儆有忘年之交，又憩止裴宅，鲁公访谒例在长安光德里，而不当在裴儆洛阳客所。裴儆之父，卒于岁末，《颜氏家训》明诫子弟："南人冬至岁首，不诣丧家。……北人至岁之日，重行吊礼。礼无明文，吾则不取。"鲁公岂敢违之。

张旭字伯高，官至左率府长史，见唐人窦蒙《述书赋注》并宋僧适之《金壶记》。其官金吾长史，则首见是文。若是，其分左右，所任在西京，属现职官员，张旭虽狂逸，亦不当擅离职守，长居裴宅一年，且开元二十九年十月正书张九言《尚书省郎官石柱记序》及新出土天宝元年十二月《严仁墓志》已不见署职衔，盖已退隐林下矣。是篇末有"自此得攻书之妙，于兹五年"云云，若始自"罢秩醴泉"而"于兹五年"，岂有"金吾长史"之称。又有一号称"明拓"书迹本[33]记曰："自此得工墨之术，于兹七载……天宝五年丙戌九月，颜真卿述。"更见荒诞无稽。由此而知，是篇首记，盖误。斯为后人伪托，或可无疑矣！其文既伪，焉言其书。所传鲁公书《述十二笔法》者，无论明拓、清刻，皆属赝品，诚无须赘言矣！

"呜呼东吴精，逸气感清识。"风雅如是，岂能如三家村之老塾师，亟亟于笔法也。

（三）

历代论颜氏碑志，以朱长文《续书断》最见概括，其谓：

> 观《中兴颂》，则闳伟发扬，状其功德之盛；观《家庙碑》，则庄重笃实，见夫承家之谨；观《仙坛记》，则秀颖超举，象其志气之妙；观《元次山铭》，则淳涵深厚，见其业履之纯。余皆可以类考。

《中兴颂》即《磨崖碑》，立在大历六年，书于抚州刺史任上；《家庙碑》即《颜惟贞碑》，立在建中元年，书于吏部尚书任上；《仙坛记》即《麻姑仙坛记》，立在大历六年，亦书在抚州；《元次山铭》即《元公次山墓表》或称《元结碑》，

---

[33] 《书法》1987年第3期。

大唐中兴颂

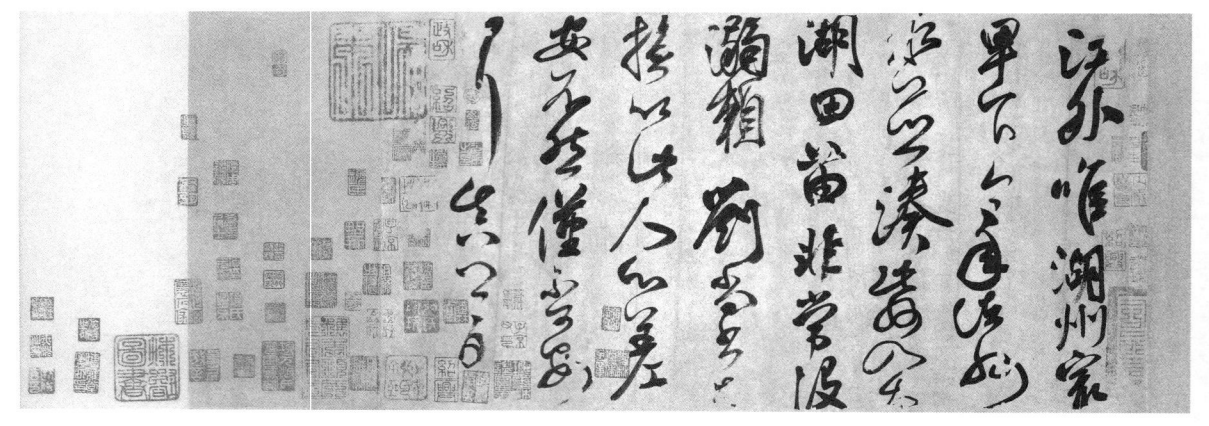

湖州帖

大历七年，书于京华，其时虽受命为湖州刺史，但尚未赴任。湖州碑志有如《干禄字书》《妙喜寺》《颜杲卿》《欧阳琟》《李玄靖》《杜济》《殷夫人颜氏》《祖庙》《康希铣》诸碑，以及《射堂记》《西亭记》和《湖州》《刘中使》诸帖，其中著名的不少，惟其久隐佚去，即存亦多，或泐损不堪，或重刻失真，终不见称于宋贤。

（一）当州采石刻颂，用寄碑于墓左。

欧阳詹《吊九江驿碑材文》记：

斯碑之材，昔太师鲁国颜忠肃（文忠）公所建祖亭之碑也。公素负辞华，昭代之铭志，多公之辞。又好采异留名之致，顷为湖州牧，州产碑材石，每使工琢之，与词兼行，磨砻而成，常心使用者不可胜数。斯碑也，终山之穷僻，得之于自然。趺本有龟，护顶有螭，虽不甚成，而挐躩债兴，如神如灵。公神而珍之，精选所处，湖州无称立；罢守回朝，载而途卜。出苏台，入毗陵，亦无称立；转丹阳，游建业，亦无称立。次江州，南有湖，湖东有山，蛟奔螭引，直至湖心。顿趾之处，则茂林峭石，势瑰气胜，非往时所睹，而神祠曰"祖将军庙"在焉。公觏其诡秀，与碑材叶，即日以酒脯奠其祖神，出钱五万，造亭曰"祖亭"。……亭既就，公制亭之文，手勒斯碑而立之。

《乞御书题额恩敕批答碑阴记》亦称："州西有白鹤山，山多乐石。于是采而斫之，命吏干磨砻之，家僮镌刻之，建于州之骆驼桥东，盖以抒臣下追远之诚，昭先帝生成之德。"[34] 按，米芾《海岳名言》有谓"颜真卿每使家僮刻字，故会主人意，修改披撇，致大失真"，盖本之于是。惟是碑所署刻工吴文休，与后之《李含光碑》刻工吴崇休，并见休字，且同出吴兴，盖兄弟行，属休字辈，为本地刻石世家（鲁公存世碑志署有刻工名者仅此二石），鲁公之"家僮镌刻之"，与上句"吏干磨砻之"同，俱委派负责之意，而非以其自为之。刻石盖一技艺，非专攻无以臻善，米芾强调石刻失真，误读之致，嗣后一讹再讹，遂演变成为鲁公自镌矣！

由是可知，鲁公吴兴诸碑志，本地如《妙喜寺碑》《射堂记》《西亭记》《颂王碑阴述》诸石撰于斯、铭于斯，亦镌于斯、立于斯，外地如《颜杲卿碑》（长安祖茔）、《欧阳琟碑》（荥泽）、《李玄靖碑》（勾容茅山）以及《祖庙碑》（九江）、《颜夫人殷氏》（洛阳）、《康希铣碑》（山阴离渚）诸石亦皆出于斯，如前湖州数石同。其实，此是鲁公惯例。当年，抚州任上，因州产石，鲁公诸多碑志如可知者颜允南、乔卿、真长、幼舆、允臧包括长兄阙疑以及舅氏殷践猷家诸石和大历六年《颜含大宗碑》、七年重书李阐旧碑（颜延之铭）《颜含碑》，皆是"于州采石刻颂，用寄碣于墓左"[35]，即委派州上吏干或府上学僮具体负责完竣的。

---

34 《忠义堂帖》本。
35 颜真卿《曹州司法参军秘书省丽正殿二学士殷君（践猷）墓碣铭》。

郭氏家庙碑（《忠义堂帖》本，局部）

殷亮称鲁公在抚曰"以约身减事为政"[36]，才高事闲，宜其于书法特加留意，屹屹案头之上，驰驱碑志之间，诚一书家者流也。上引鲁公名碑，其二《中兴颂》《仙坛记》即出之于抚州任上。

（二）据石擘窠大书出自绢本。

鲁公《乞御书题放生池碑额表》有记"兼力拙自书……遂绢写一本……奉进……缘前书点画稍细，恐不堪经久，臣今谨据石擘窠大书一本，随表奉进"云，《忠义堂帖》所收其字大于同帖之《郭氏家庙碑》，即所谓"据石擘窠大书"，而其"点画稍细"者，则为平常格局，盖与《多宝塔》《郭氏家庙碑》者类同；帖中《东方先生画赞碑阴记》更大于是本，其"擘窠大书"又当特例。唐代碑版，至盛中唐多摹勒铭石，渐改书丹旧习，盖时无大纸，"绢写"乃其惯例，非特颜真卿一人，其宽博浑雄处是宜迥别于前朝，尤胜日常之写本包括墓志诸类。

最后，附带提涉两件鲁公湖州书迹：

1.《裴将军诗》，书法有异于鲁公寻常手段，是为特例，或以为后人伪托。按，是帖又称《裴将军北伐诗》，著录首见《忠义堂帖》，惟"剑舞跃游电""威声雄震雷"，《颜鲁公文集》作"剑舞若游电""威名雄震雷"，略不同。另有一墨迹纸本，藏北京故宫博物院，甚异，笔势并弱，洵为赝品。

裴将军即北平太守裴旻，朱景玄《唐朝名画录》有记："开元中，驾幸东洛，吴生与裴旻将军、张旭长史相遇，各陈其能。时将军裴旻厚以金帛，召致吴道子于东都大宫寺，为其所亲将施绘事。……又，张旭长史亦书一壁。都邑士庶皆云'一日之中，获睹三绝'。"李昉《太平广记》卷二一二引唐人《唐画断》亦称："开元

---

36 《颜鲁公行状》。

裴将军诗（《忠义堂帖》本，局部）

中，驾幸东洛，吴生与裴旻、张旭相遇，各陈其能。裴剑舞一曲，张书一壁，吴画一壁，都邑人士，一日之中，获睹三绝。"裴旻以舞刀射虎有名于世，史记其随幽州都督孙佺北伐，"为奚所围，旻舞刀立马上，矢四集，皆迎刀而断，奚大惊引去"[37]。李肇《国史补》卷上亦说："裴旻为龙华军使，守北平。北平多虎，旻善射。尝一日毙虎三十有一，因憩山下，四顾自若。"其居母丧，留居洛阳与吴道子、张旭相遇，时在开元二十三四年间，即所谓"开元中"，详见笔者《唐代书法考评·张旭考》。颜真卿是诗，似作于当年甫擢进士正意气风发之时。

按，王维《赠裴旻将军》诗亦作于同时，其云："腰间宝剑七星文，臂上雕弓百战勋。见说云中擒黠虏，始知天下有将军。"诗意与鲁公全同。是诗书法，真行相间，放拘并遣，篆笔隶格，沉雄奇古，意趣与《送刘太冲序》同出一辙，盖书在湖州任上，惟其上距撰日，竟逾三纪矣！

先师沙孟海先生崇重颜字，尤服膺此帖，终生追摹，以为风神胎息于《曹植庙碑》、智果《评书帖》，纵横驰骤，奇正相生，境界最高，晚年有《临裴将军诗自记》，谓：

余早岁习颜，爱临《蔡明远》《刘太冲》两帖。为其接近《裴将军》，可以阶而升也。黄鲁直尝谓"《送明远序》，非行非隶，屈曲瑰奇"，董玄宰亦谓"颜书惟《蔡明远序》尤为沉古，米海岳一生不能仿佛"。言之匪艰，行之惟艰。玄宰口能言之，手不能随之。元章不能仿佛，玄宰能仿佛耶？

---

[37]《新唐书》卷二〇二《文艺中》本传。

夫子自道，可谓体悟之深！

2.《湖州石柱记》，欧阳修以为"非颜鲁公不能书也"，见《集古录跋尾》卷八。其谓是记"文字残缺，其存者仅可识读，考其所记，不可详也。惟其笔画奇伟，非颜鲁公不能书也"。是时盖已泐损，不见年月，更无书人姓名。

唐制，州署设官抄写，掌文案之职。是记，有记山川陵墓及图志之类，固出州牧所纂，终为府史缮录。其铭石为碑，义非同时，必为后人追立，以志地理之胜者。欧阳修之谓或因其颜字，且奇伟，"非颜鲁公不能书也"，终嫌揣测，是不可征信的。

方志之作，至隋改为官修，"隋大业中，普诏天下诸郡，条其风俗、物产、地图，上于尚书（省）"[38]，时有《诸郡物产土俗记》一百五十一卷、《区宇图志》一百二十九卷、《诸州图经集》一百卷。唐承隋制，更趋成熟。湖州方志类文献，著名者有陆羽之《吴兴图经》《湖州刺史记》《湖州历官记》和《顾渚山记》《杼山记》。鲁公的《石柱记》亦当如此者类，是湖州"上于尚书者"原始材料之部分，或是在湖州综合如陆羽诸书后副录留存"上于尚书省"正本的残稿，两者必居其一，盖以后者为近是。地方奏本，盖由州牧署名，吴兴则归之鲁公，然署名非必亲撰。《石柱记》为之副稿残本，亦是。

鲁公湖州之任，史载特简，新旧《唐书》记抚、湖两州仅列官名，一笔带过。存世颂述湖州事迹的，唐人仅殷亮《颜鲁公行状》与令狐峘《颜真卿碑》[39]两通。

按，令狐碑本之殷行状，而殷是鲁公表侄，即表兄永宁尉殷寅之子，又为弟媳幼舆夫人之兄，鲁公卒后即由其（时任给事中）偕柳冕（时任吏部员外郎）协助吉州刺史李萼、检校国子祭酒杨昱、户部员外郎权器处理丧事。最初颜氏遗族上报朝廷的《行状》便出之其手，必然郑重其事，甚少虚辞。朝廷诏赠司徒，谥曰文忠，全依据于是状。今赘引之，爰为总结。其记：

七年九（十一）月，拜湖州刺史。公以时相未忘旧怨，乃加勤于政，而以杭州富阳丞李萼为本州防御副使，苏州寓客、校书郎权器、游客、前大理司

---

[38]《隋书》卷三三《经籍二》。
[39] 全称《光禄大夫太子太师上柱国鲁郡开国公颜真卿神道碑》，《全唐文》作《墓志铭》。

直杨昱为判官，委垦草辟田之务于荸，委阅簿检吏、接词政之务于器、昱等，而境内晏然。公初在平原，未有兵革之日，著《韵海镜源》，成一家之作。始创条目，遂遇禄山之乱，寝而不修者二十余年。及至湖州，以俸钱为纸笔之费，延江东文士萧存、陆士修、裴澄、陆鸿渐、颜祭、朱弁、李莆、清河寺僧智海、兼善小篆书吴士汤涉等十余人，笔削旧章，该搜群籍，撰定为三百六十卷。大凡据（陆）法言《切韵》次其字，按经史及诸子语，据音韵次字成句者刊成文，裁以类编。又按《仓》《雅》及《说文》《玉篇》等，其义各注其下，谓之字脚。韵海者，以牢笼经史之语，依韵次之，其多如海；镜源者，八体之本，究形声之义，故曰镜源。绵亘数载，其功乃毕。表奏上之，有诏付所司，藏之于书府。大抵求经史撰集篇赋，利于后学焉。此外，饯别之文及词客唱和之作，又为《吴兴集》十卷。今检校国子祭酒杨昱，自御史中丞、京畿采访使，除为汉州刺史，转湖州刺史，以旧府之恩，乘州人之请，纪公遗事，刊石立《去思碑》于州门之外，即今都官郎中陆长源之词也。

十二载，元载伏诛，召公为刑部尚书……

八、在湖年表

唐代宗大历七年壬子（772）六十四岁

九月，自东京归至西京；十一月起家为湖州刺史，本月二十六日，撰书《元结墓表》。

唐代宗大历八年癸丑（773）六十五岁

正月，至任湖州，先后以杭州富阳丞李萼为本州防御副使，前校书郎权器、前大理司直杨昱为判官，委以州事。

本月，于柳家寺造访游龙兴寺诗僧皎然。

立春后四十五日，例入顾渚山贡茶院主事贡茶事，至谷雨日还郡。

春仲，登临岘山，与皎然及名士陆羽等赋诗联句，有《登岘山观李左相石樽联句》诗，参与联唱凡二十九人，并序。

宴集清风楼送吴筠归林屋洞，皎然有《奉同颜使君真卿清风楼赋得洞庭三山歌送吴炼师归林屋洞》诗志其事。又有《滑语联句》《醉语联句》，与唱者李萼、皎然、沈益、陆羽、刘全白诸人。

夏六月，荟集法海、陆羽诸文士于州学放生池修撰旧著《韵海镜源》。至十月，徙修于杼山。二十一日，建亭于妙喜寺东南，陆羽以癸丑年、癸卯朔、癸亥日名之"三癸亭"。有《题杼山三癸亭得暮字》《谢陆处士杼山折青桂花见寄之作》诸诗志其事。时浙江西道观察判官袁高巡部至州，颜真卿陪游杼山，会皎然移居于是山之妙喜寺，相与联唱，有《夜晏咏灯联句》《月夜啜茶联句》《五杂组拟作联句》，与之者尚见陆士修、张荐、李萼、崔万、殷佐明、蒋志诸人。

陪同袁高、皎然诸人上骆驼桥玩月，登开元寺观碑。有《文殊师利菩萨碑》及《文殊帖》。书有"文殊堂额"。

十二月，姻亲沈怡新立南齐沈麟士述祖德碑，为之撰书《吴兴沈氏述祖德记》，立石德清沈氏先茔。

唐代宗大历九年甲寅（774）六十六岁

正月初七日，正书伯父颜元孙《干禄字书》并序之，立石于刺史宅东厅院。

本月，立去年秋七月二十五日追建并正书乾元三年所撰之《天下放生池碑》于骆驼桥东。

春三月，《韵海镜源》修毕，从皎然之请，撰书《妙喜寺碑》志其事。又宴游诸文士，联唱甚盛，有《竹山连句题潘氏书堂》以及《清明日游因送萧主簿》、《修〈韵海〉毕东溪泛舟饯诸文士》、《州中重宴》、《修〈韵海〉毕会诸文士东堂重校》（已佚）诸诗。自去年至本年春，又有起居郎裴郁等文士二十七人来往登历杼山，与颜真卿及其修书诸文士游赏唱酬。

会皇甫曾自丹阳来游，旋即辞归。有《喜皇甫曾侍御见过南楼玩月联句》《重联句》及《同皎然皇甫曾西亭重会〈韵海〉诸生》、《泛舟送皇甫侍御曾》（已佚）诸诗记其交游。

又于骆驼桥东立《乞御书放生池碑额表》以及肃宗批答，并集批答中字以为额。七月二十七日，撰书《碑阴记》志其事。

易太湖馆为东迁馆。

秋八月，玄真子张志和自越来访，盛宴待之，从者六十余人，有《观玄真子置酒张乐舞破阵画洞庭三山歌》《落玄真子舴艋舟歌》诸诗。

十二月，有《水堂送诸文士戏赠潘丞联句》。与唱者为颜真卿、皎然、潘述、陆羽、权器、李萼。

撰书堂兄颜杲卿《神道碑》，立石于祖茔。

改开政馆为雪溪馆。

书《横山庙碑》，重立于灵济庙前。

唐代宗大历十年乙卯（775）六十七岁

春日，偕陆羽、徐士衡、李成钜诸人唱和张志和《渔父词》，凡五首。

七月二十八日，杭、苏、湖、越诸州遭大风，海水翻潮，民受其害甚巨。

嗣后，散骑常侍萧昕奉命来湖宣谕。有《江外帖》。

秋仲，至平望驿，有《登平望桥下作》。张志和戏水而卒，为之撰神道碑称颂之。

秋日，与皎然、李萼游法华寺，皎然有诗志之。题有"游舣屿"三字。

十月，应欧阳岯之请，为其父商州刺史欧阳璀撰书神道碑，立于郑州荥泽县。

十一月间，有《刘中使帖》。

改孙王庙为吴文皇帝庙。

长子颇自天宝末年质于平卢将刘正臣，至是始归，皎然有《奉贺颜使君真卿二十八郎隔绝自河北远归》诗志其事。

唐代宗大历十一年丙辰（776）六十八岁

春日，副使李萼改任他职，与皎然、张荐、卢纶诸人饯行之，有《送李侍御联句》《玩初月重游联句》。

又送崔子向，有《重送横飞联句》。与唱者张荐、李萼、颜真卿、清昼皎然。

又有《乐语联句》《馋语联句》。与唱者李萼、颜真卿、皎然、张荐。

四月，应旧僚御史中丞崔祐甫请托，为其父撰述《崔孝公宅陋室铭》。

拾遗耿沨充括图书使来吴越，先适湖州，然后赴严、越诸州。夏秋之间又经湖州归朝，会杨凭、杨凝兄弟并旧友陆涓等来游，遂与皎然等宴集队联唱。有《与耿沨水亭咏风联句》，与唱者耿沨、颜真卿、皎然、裴幼清、杨凭、杨凝、左辅元、陆士修、陆羽、权器、□乔、陆涓；《溪馆听蝉联句》，与唱者耿沨、颜真卿、皎然、杨凭、杨凝、权器、陆羽、□乔、裴幼清、□伯成诸人。又有《送耿沨拾遗联句》。

秋日，与皎然游白蘋洲。作八角亭供人游息。又作茅亭，书柳恽《江南曲》于其上。

重阳日，与皎然诸人登水楼赏菊。

应姻亲秀州长史康元瓌之请，为其父台州刺史康希铣撰书神道碑，明年立在越州山阴离渚墓左。

撰有《和政公主神道碑铭》和《唐玄宗贤妃卢氏墓志铭》,并吴通微行书,立在京兆万年县。

是年,建韵海楼。

唐代宗大历十二年丁巳(777)六十九岁

二月初一日,送辛晃北上,有《送辛子序》。

颜真卿为佛川寺慧明大师菩萨戒弟子。

三月二十八日,权相元载得罪下狱,不日赐自尽。四月十二日,因杨绾、常衮举荐,诏召入京。是月有《柳恽西亭记》。

四月,撰书《射堂记》。题有永兴寺额。

下旬,李阳冰经郡,西上献书,于岘山饯行之,皎然有诗志其事。

五月初,重立项王庙碑,撰书《项王碑阴述》记其事。

又因旧友景昭法师之请,为其师李含光撰书碑铭,立于茅山玉晨馆。

本年,又有《湖州石柱记》。

湖州任上,于谢公塘立《晋谢太傅塘碑》,并撰书碑阴记志之。

湖州任上交游者尚有王圆、张严、澄师、裴澄与李纵、樊系。

颜真卿在湖州日,题有"明月峡"三字。

有《吴兴集》十卷。

本年出平望,经苏州,入毗陵,转丹阳,历建业,溯江西下,至江州,然后次洛阳。八月廿五日,除刑部尚书。十一月廿日至西京,献《韵海镜源》正、副二本,分别藏于集贤院与秘阁。

颜真卿书迹著录考略

一、雁塔题名

颜真卿书。

开元二十二年,书于京兆。著录首见《宝刻类编》卷二。欧阳辅《集古求真》卷十二所见留元刚《忠义堂帖》十卷本内收录,以范大澈《碑帖纪证》所记"《忠义堂帖》,宋人所刻,不知几卷,予得二大帙,俱颜鲁公书《东林》《西林》《雁塔题名》《家庙碑》,北墨白绵纸,刻亦清劲,惜乎不全"云,今本《忠义堂帖》仅八卷,不及见上引四通之谓二大帙者,盖已佚之,其《雁塔题名》清初尚可见矣。

按,雁塔题名始于唐初,见《唐摭言》卷三:"神龙已来,杏园宴后,皆于慈恩寺塔下题名。同年中推一善书者记之,他时有将相,则朱书之。及第后知闻,或遇未及第时题名处,则为添'前'字。"其刻石流传,始于北宋,见陈思《宝刻丛编》卷七《慈恩雁塔唐贤题名十卷》条下引樊察序:"自神龙以来,进士登科,皆锡燕江上、题名塔下,由是遂为故事。五季寺废,惟雁塔岿然独存,有僧莲芳始葺新之,塔之内外皆以涂塈,唐人题字不复可见。元丰间,塔再火,乡人王正叔始见画壁断裂,自划括甃甓,得题名数十,乃录以归,屡白好事者,使刻石,逮今逾四十年,卒不果。重和戊戌,察仇书东观,偶与同年柳伯和纵谈及此,击节怅然。明年,伯和出使咸秦,暇日率同僚登绝顶,始命尽划断壁,而所得尤富,皆前此未之见者。又俾刊者李知常知本摹拓,随其断缺,不复敢增益一字。时正叔隐居里中,素工书法,乃属以次第标目,分十卷,刻于塔之西南隅,于是一代奇迹,烂然在目。"中国科学院考古研究所藏有《慈恩寺雁塔唐贤题名帖》宋拓残本,卷上有"董居中元和十年题名",有"郑知章、董季之、董居中、董从直、郑武,元和十年囗月十七日同登,更上,从此第三层西北梁上见颜鲁公任校书郎时手札题名"云。后附翁方纲所抄宣和庚子九月望日樊廉卿序言,内补录颜真卿、杜甫二人者,有谓"冯文敏(铨)《快雪堂题跋》云,在柳伯和所摹题名第四卷"。《忠义堂帖》盖据此拓收录。

二、张仁蕴碑

齐处仲撰,颜真卿正书。

碑目又称《周醴泉县令张仁蕴德政碑》。天宝初年，立在醴泉县。著录首见赵明诚《金石录目》第七七二，惟其记"长寿三年四月"。参其跋尾有记"醴泉尉颜真卿书"，且称"或云碑虽建于长寿中，至鲁公为尉，重书而刻之，未可知也"（卷二五）云。按，颜真卿任醴泉县尉，时在天宝元年十月至五年四月间，见拙编《颜真卿年谱》，上距长寿三年四纪有逾，所书盖出齐处仲旧文。或曰旧碑重书者，近是。

撰者齐处仲，新、旧《唐书》无传，据李昉《太平广记》卷二五引《朝野佥载》记魏光乘品题朝士事，玄宗朝开元初有中书舍人齐处仲与兵部尚书姚崇、黄门侍郎卢怀慎同僚并为魏氏所戏喻。据林宝《元和姓纂》卷三"高阳齐氏"条下记齐处仲"中书舍人"，中书舍人乃齐处仲终官。又，是碑撰者出于其人，"长寿三年立"，必撰于武后朝。赵氏跋尾所记"唐醴泉县令"云者，盖非原碑之目。

碑主张仁蕴无考，以碑目"醴泉县令"推之，盖颜真卿醴泉县尉任上之前县令，甚有政绩可嘉。

三、王琳墓志

徐峤撰，颜真卿正书。

志目全称《唐故赵郡君太原王氏墓志铭》。开元二十九年十一月二日，入窆洛阳龙门西岗清河王岭。志石二〇〇三年秋日出土，高九〇厘米、宽九〇点五厘米。志文三十二行，行三十二字。颜真卿结衔"朝散郎前行秘书省著作局校书郎"。著录首见文物出版社《书法丛刊》二〇〇五年第三期（总第八十五期）。

志主王琳（？—七四一），字宝真，润州刺史江南东道采访处置兼福建等州经略使慈源县开国公徐峤夫人，封赵郡君。开元二十九年"秋七月二旬有八日，薨于润州之正寝"，不纪年龄。按，颜真卿二十六年校书郎任上丁内忧，守丧洛阳，去年服阕，其兄允南转右领军录事参军，是碑结衔前冠一"前"字，盖未转迁，是为具员，故明年扶风郡太守崔琇荐举之，入勤政务本楼参加"博学文词秀逸"制科考试。志称："危旌旅榇，沂江而回。男行女随，哀哀不绝。万里孤帆，爰届洛都。即以其年十一月二日，安厝于龙门西岗清河王岭，从遗语也。"颜真卿正书是志，必在旅榇抵洛之后、安厝龙门之前，即其秋冬之日，尤以冬十月为近是。徐峤一代名士，自徐齐聃、徐坚至其，祖孙三代为中书舍人，时人传为佳话，且时守大郡，

王琳墓志

年职并高，颜真卿以其九品前资官为其正书所撰夫人墓志，盖有缘由。按，《旧唐书》卷一〇二《徐坚传》记"坚妻即侍中岑羲之妹"，岑羲乃峤之舅。颜真卿为岑献内侄，见《颜真定碣》"君号真定……叔父吏部郎中敬仲府君为酷吏所诬，君率二妹宜芳（长举）令裴定期妻、司业岑献妻割耳诉冤"云，国子司业岑献即岑羲之兄，亦即徐峤之舅。颜之与峤乃为群从兄弟，少二十三岁。《王琳墓志》，盖出峤之所请。

徐峤墓志与《王琳墓志》同时出土，惟无道题。刘讯撰，刘绘正书。志石高八九厘米、宽八八厘米，略小于《王琳墓志》。按，徐峤，《新唐书》列传见卷一九九"儒学中"，然极简略。是志所记甚详，可补阙如。其有记峤卒在"天宝元年九月癸卯……春秋五十有六"，所撰夫人之志，盖出最晚手笔。

四、罗婉顺志

李琎撰，颜真卿正书。

志目全称"大唐故朝议郎行绛州龙门县令上护军元府君夫人罗氏墓志铭"。篆盖"唐故龙门令元府君夫人罗氏墓志之铭"四行六十字。志石二〇二〇年夏日出土。

颜真卿结衔"长安县尉"。志主罗婉顺（六七二—七四六）字严正，本姓叱罗，鲜卑人，北魏孝文帝时改罗姓，为龙门县令元大谦（仲和）夫人。天宝五载三月五日卒，天宝六载二月三日合祔于咸阳县武安乡元大谦祖茔。

五、郭虚己墓志

颜真卿撰并正书。

志目全称《唐故工部尚书赠太子太师郭公墓志铭》。天宝九载五月十五日，入窆偃师首阳山。一九九七年十月出土，高一〇六厘米，宽一〇四厘米。志文三十五行，行三十四字。正书，盖书"唐故工部尚书赠太子太师郭公墓志铭"篆书十六字。颜真卿结衔"朝议郎行殿中侍御史"。现存河南省偃师博物馆。

碑主郭虚己（六九一—七四九），字虚己，太原人，官至工部尚书，赠太子太师，谥曰献。其天宝五载至卒年兼御史大夫，乃颜真卿宪台上司，故志有"以真卿宪台之属，尝饱德音，见任则深，敢忘论撰"云。《元和姓纂》卷十"诸郡郭氏"条下不记其家世，仅云："工部郎中郭虚己，京兆人，生恕、弼、彦、枢。恕，少府少监；彦，绵州刺史；枢，京兆兵曹。"是志所记其家世甚详，有云："公即隋骠骑大将军开府仪同三司昶之玄，皇朝泾州刺史朔方道大总管赠荆州都督、谥曰忠澄之曾，朝散大夫太子洗马琰之孙，朝议大夫赠郑州刺史义之子也。……有子五人：长曰揆，河南府参军，先公而卒，赠秘书监；次曰恕，右金吾卫兵曹；次曰弼，太原府参军；次曰彦，左威卫骑曹；季曰枢，冲年未仕。"可补史阙，亦可见上引《姓纂》所记"工部郎中"乃工部尚书之误。四子职衔，乃其终官。其子五人而少长兄，盖早逝。按，长子郭揆（七二六—七四九），字良宰，崇文生，明经及第，官至河南府参军，先父而卒，年仅廿四，赠秘书丞。颜真卿另有《河南府参军赠秘书丞郭君神道碑铭》称述之，参其"先大夫懿其天姿，亲疏行状"云，及记有其父之赠、谥，揆盖卒在父前而铭石记颂在其后。颜真卿《中散大夫京兆尹汉阳郡太守赠太子少保鲜于公（仲通）神道碑铭》有记："天宝五载，户部侍郎兼御史

郭虚己墓志

大夫郭公虚己代琼（章仇兼琼）节制，郭以庶务一皆仗公。……及郭公云亡，恸哭之，曰：'公亡矣，吾无为善乎！'初，郭公对扬天休，每荐公有文武之才，堪方面之倚。至是遂拜公为蜀郡大都督府长史兼御史中丞，持节充剑南节度副大使。"鲜于仲通为郭虚己蜀郡长史后任，后入台为监察御史（天宝六载），乃颜真卿宪台同僚，后兼御史中丞，为颜氏上司。郭氏乃鲜于之知遇，其碑其志盖出其请托。

六、多宝塔碑

岑勋撰，颜真卿正书，徐浩隶额。

碑目又称《千福寺多宝佛塔碑》《多宝佛塔感应碑》《多宝塔感应碑》《千福寺多宝塔碑》《楚金和尚法华感应碑》。全称《大唐西京千福寺多宝佛塔感应碑文》。文见《全唐文》卷三七九。天宝十一载四月廿二日，立在京兆安定坊千福寺内。著录首见张彦远《历代名画记》卷三。王昶《金石萃编》卷八九记："碑高七尺九

多宝塔碑

寸，广四尺二寸。三十四行，行六十六字。正书。"颜真卿结衔"朝议郎判尚书武部员外郎"。现存西安碑林。

碑主楚金禅师（六九八—七五九），俗姓程氏，京兆广平人，九岁出家，初为西京龙兴寺僧，后主持兴建多宝塔。碑记其"先刺血写《法华经》一部、《菩萨戒》一卷、《观普贤行经》一卷……同置塔下……又奉为主上及苍生写《妙法莲华经》一千部，金字三十六部用镇宝塔。又写一千部散施受持"云，盖一善书者。赞宁《宋高僧传》卷二四有传，称"以乾元二年七月七日子时，右胁示灭焉。……春秋六十二，法腊三十七"云。

撰者岑勋，李白友。李白《酬岑勋见寻就元丹丘对酒相待以诗见招》诗，记其交游；又有《鸣皋歌送岑征君》《送岑征君归鸣皋山》诗，其岑征君，或以为即岑勋。郭沫若《李白与杜甫》以为《狂歌行赠四兄》乃岑参作，后人误以为杜甫诗，而其四兄即岑征君。岑参，兄弟五人，即渭、况、参、秉、亚。参，排行第三。四兄者，盖其行第四，为其从兄云。参《狂歌行赠四兄》"与兄行年较一岁，贤者是兄愚是弟"云，其大岑参一岁。《多宝塔碑》未署职衔，岑征君盖即其人。岑参之父晋州刺史岑植与国子司业岑献为从兄弟，岑参兄弟为其从侄。岑献即颜真卿之从祖姑夫，见《颜真定碣》。岑勋、岑参与颜真卿乃为群从兄弟。天宝七载，颜真卿监察御史任上曾出使河西、陇右，参有诗送行。又，天宝四载，参曾游千福寺，有《登千福寺楚金禅师法华院多宝塔》诗志其事。陈铁民、侯忠义《岑参集校注》附录《岑参年谱》："大历四年己酉（公元七六九年），五十五岁。……岁末，东归不遂，卒于成都旅舍。"参生于开元三年，少颜真卿六岁，勋当生在开元二年。其书《多宝塔碑》，盖出岑勋之荐而与岑参有关。

题额人徐浩（七〇三—七八二），字季海，越州人，望出东海郯县，明经出身，官至彭王傅。新、旧《唐书》有传，见《旧唐书》卷一三七、《新唐书》卷一六〇。按，徐浩去年出任金部员外郎，虽属检校，亦在省中，颜真卿时判在兵部，盖为同僚，当有周旋。徐、颜合作碑版，首见此例（参见拙文《颜真卿与徐浩》，详前）。

是碑末款，王昶以为"四月乙丑朔"乃"丁丑朔"之讹，见《金石萃编》碑记按语。甚是。

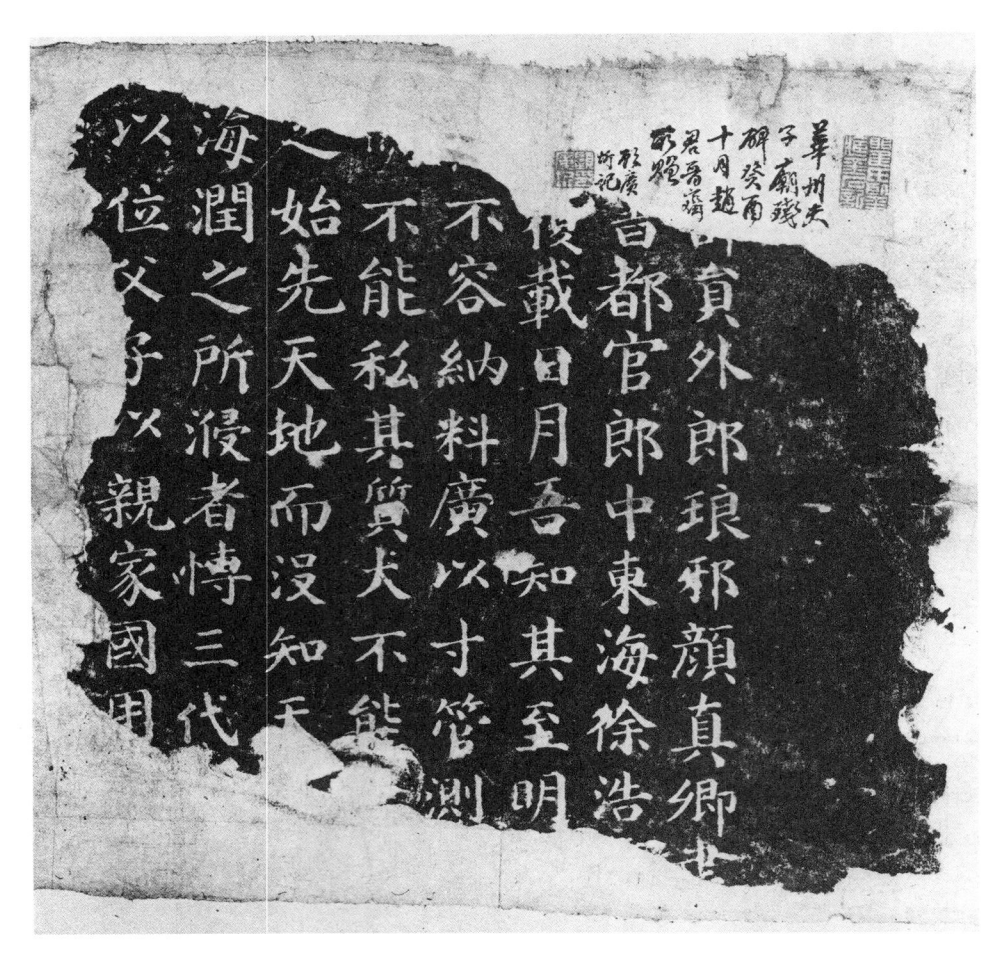

扶风孔子庙堂碑

七、扶风孔子庙堂碑

著录首见赵崡《石墨镌华》卷三《唐颜真卿断碑》条，其记："华州王氏掘地得石一片，云'员外郎琅邪颜真卿书'，又有云'都官郎中东海徐浩篆'。其余数十字则不成文，不可知何碑。但其字法虽严正，而钩磔处不及鲁公他碑。存之以俟考。"

按，严可均《铁桥金石跋》卷二记："今华州王氏藏有残石七十一字。其前二行鲁公及徐季海列衔与《多宝塔碑》同，乃天宝时书也。近山西新获颜碑，行列字次与华州残石悉合，盖即以彼本翻刻者。末行年月日亦与《多宝塔碑》同，惟'二十二日戊戌'作'二十二日丙戌'为异，盖翻刻者疑乙丑朔则二十二日非戊戌，故妄改，不知《多宝塔碑》之乙丑乃鲁公误笔。……然鲁公一日未必连书二碑，想是华州本末行久泐，翻刻者摹取《多宝塔碑》之月日补之，遂臆改'戊戌'为'丙戌'，'戌'字又非鲁公体，浅人涉手辄谬如此。然赖有此翻刻，得见华州碑款式，且悟《唐文粹》所载别是一碑。"其"山西新获颜碑"，即贾度至正元年三月依冀宁庙学之石所摹勒者，黄本骥《颜鲁公文集》卷二十一记有碑式，其标题"驾部郎中程浩撰"，内文全同《唐文粹》所收程浩《扶风县文宣王庙记》，唯少"扶风古县也"以下二百八十七字。

顾炎武《金石文字记》卷四记："此文载于《唐文粹》为《扶风县文宣王庙记》，大历二年驾部郎中程浩文。而今西安府学有僧梦英书此一记，其文正同，但云'扶风古县也'以下半篇，其跋云：'此记刊石（原）在湖州临安县，梦英爱而书之。'岂驾部先作此于扶风，鲁公又书之于湖州而去其半篇邪？又，考唐地理志，临安县属杭州，不属湖州，得非梦英之误邪？今华州有此残碑数十字，其文同。"梦英所书西安本，其与贾度摹本以及华州本并少"扶风古县"以下半篇。据其跋"此记刊石元（原）在湖州临安县，梦英尝爱斯文，见其格高才大，言婉思逸，其可以发扬夫子之圣德"云，盖出于湖州本。

颜真卿出守湖州时在大历中叶，不当移立天宝旧石。又，程浩职守，大历八年《唐昭义节度薛嵩神道碑》和十四年《唐赠司徒马璘新庙碑》，并题衔礼部郎中，见《宝刻丛编》。礼部郎中，品近驾部郎中，盖以《唐文粹》明言大历二年所撰《扶风县文宣王庙记》为是。天宝十一载职官，据岑仲勉《郎官石柱题名新考订》所引天宝十四载《公故夫人独孤氏志》题记"通直郎行海（河）南府洛阳县主簿程浩撰"，其品秩当低于从八品上阶。贾度摹本所记"驾部郎中"者，显然讹误。

综上所述，元至正元年贾度摹勒本为华州残石之翻刻，华州残石其文又与宋太平兴国七年梦英重书而刻之于西安府学者悉合，并为大历二年驾部郎中程浩所撰《扶风县文宣庙记》之前半篇。其裁改程浩之文，始作俑者虽为梦英，然明言自书并篆额，后为亦不甚重视之，故《石墨镌华》卷五《宋梦英夫子庙堂碑》条下有评语谓其"忽尔蹶张，全用柳诚悬《玄秘塔》法，不师其遒劲，而师其粗疏，所谓真'恶札'也"。其摹取《多宝塔碑》前题后记以为伪鼎者，盖始于华州之石，时在南宋。

八、咸宁县孔子庙碑

著录首见于弈正《天下金石志》。《颜鲁公文集》卷二十二《书评二》收录是碑，有按语曰："此碑未载撰人姓名，亦无建立年月，疑即天宝十四（一）载四月程浩所撰之文，而鲁公书之也。然无确据，未敢遽断。考咸宁系京兆附郭县。天宝七载改万年县曰咸宁，乾元中仍名万年……。此碑以咸宁标题，仍附于天宝之末，以俟详考。"是文若即程浩所撰，盖在大历二年。其标题咸宁，乃出自乾元复旧名之前。当如《扶风孔子庙堂碑》系后人伪托，或即出是碑之重立。

九、东方朔画赞

夏侯湛撰，颜真卿正书并篆额。

碑目又称《东方先生画赞》《东方曼倩赞碑》《东方朔画像赞》。全称《汉太中大夫东方先生画赞》。文见萧统《文选》卷二四。天宝十三载十二月朔日，立于德州安德县。著录首见欧阳修《集古录跋尾》卷七。《金石萃编》卷九十记："碑连额高一丈一寸二分，广四尺五寸五分，厚九寸。四面刻，连阴共三十六行，行三十字，正书。额题'汉太中大夫东方先生画赞碑'十二字，篆书。"颜真卿结衔"平原太守"。参《碑阴记》，是碑盖出旧文重书。

是赞，《集古录跋尾》卷七称："赞在《文选》中。今校选本，二字不同而义无异也：选本曰'弃俗登仙'，而此云'弃世'；选本曰'神交造化'，而此云'神友'。"今校之，尚有"处沦罔忧"而作"处俭"义不同者也。至于《金石萃编》所见，"傲世不可乖训"乃"垂训"之误，"墟墓六年"乃"徒存"之异，"民思其祀"乃"其轨"之变，盖并出刓刻之讹。

一〇、东方朔画赞碑阴记

颜真卿撰并正书隶题。

碑目又称《画赞碑阴记》《东方朔画像赞碑阴记》。全称《东方先生画赞碑阴记》。文见《全唐文》卷三三八。天宝十三载十二月朔日，附《画赞》立于安德县。著录首见《集古录跋尾》卷七。《金石萃编》卷九〇记："碑阴记，正书。额题'有汉东方先生画赞碑阴之记'十二字，隶书。"颜真卿结衔"平原太守"。参董逌《广川书跋》卷八："今其石刓剥，后世复为摹拓以传。"王世贞《弇州山人稿》卷一三五："碑已再刻，余所得乃旧本，虽小磨泐，然其峭骨逸气，溢郁奋

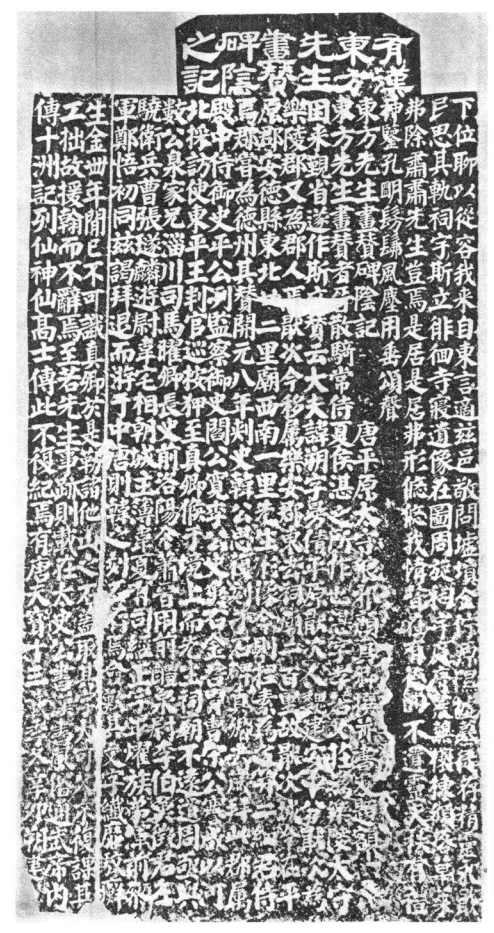

东方朔画赞

张,亦足辟易余子。"是石北宋时已刓剥,明代所见则为重刻者(或谓金代所镌)。

《忠义堂帖》收纳是记,不见"八分题额",前题有"唐平原太守琅邪颜真卿撰书及题额"十五字,又不见刓剥,盖出自唐拓而失原题者。留元刚不取碑阳而独收是阴,亦可见其有别于南宋流传诸本。《颜鲁公文集》所收是记"东去祠庙二百里"作"六百里"者,盖出重刻之误。

《全唐文补遗》第六辑,收有《汉太中大夫东方朔先生墓碑》,谓颜真卿撰并书,署"平原郡太守琅邪颜真卿"。末款三行"朝散大夫检校尚书都官郎中东海徐浩鉴定,河南□华勒石,元宝十四载岁次乙未仲冬庚寅朔建",不合有唐制度,且徐浩去年春季已见任兵部郎中,是年十二月即外放襄阳郡太守。(详参拙著《徐浩事迹系年》,见《唐代书法家年谱》卷五,江苏教育出版社,二〇〇一年八月)是款结衔全出《多宝塔》,显伪。又,天宝十四载仲冬即十一月朔乃丙辰,庚寅误。若庚寅在日,即十二月初五(丙戌朔),非在仲冬。错乱如是,几可谓陋且劣者矣!

一一、郭敬之墓碑

著录首见《颜鲁公文集》卷二三《书评三》引《古今碑目》。《宝刻丛编》卷八引《集古录目》有《唐赠太保郭敬之碑》，苗晋卿撰，萧华书。"肃宗元年建寅月"立在万年县，先颜真卿撰书《郭氏家庙碑》八年，且是时颜真卿正弃平原奔赴行在途中。是碑，盖误录。

一二、颜母陈夫人碑

颜真卿草书。

碑目又称《颜允南妻陈夫人碑》。至德二载春日，立在内乡县。著录首见陈鉴《碑薮》。惟其他书未载，鲁公草书铭石亦仅见于此。

碑主陈夫人，即颜真卿二嫂，颜颇、颜颖之母。按，颜氏兄弟夫人可知者，长兄阙疑，为殷履直幼女，见《殷履直碣》；六兄幼舆，为殷践猷长女，见《颜幼舆碑》；弟允臧，为奉明县君韦氏，见《颜允臧碑》。三兄乔卿、四兄真长，无考。二兄允南，《颜允南碑》未曾提涉夫人事，又不见其合祔于祖茔。惟其碑有记允南天宝中叶自殿中侍御史出贬襄阳丞。碑主陈夫人必为颜真卿二嫂，颜颇、颜颖之母。内乡在邓州西北析水上游京襄往返水陆转驿处。允南有子名颇，参案记"真卿使颇奏事彭原，上文章"云，彭原为肃宗行在，时在至德元载，颇当随叔平原郡，颜真卿弃郡赴行在，颇亦当随行。陈氏碑在内乡，盖先夫而亡，权窆内乡而未克迁葬。颜母，乃依颇而言。盖是时狼烟正炽，郡邑多虞，行色匆匆，未允颜真卿叔侄从容扫祭，故草书铭石，以为权宜之举。是文，若非出自颜真卿亦当代其所撰，而以后者为近宜。

一三、祭伯父文稿

颜真卿撰并行书。

帖目又称《祭伯父濠州刺史文》。文见《全唐文》卷三四四。乾元元年十月二十一日，祭于洛阳墓田。著录首见米芾《宝章待访录》。颜真卿结衔"银青光禄大夫使持节饶州诸军事饶州刺史上轻车都尉丹阳县开国侯"。

顔文忠公二祭藁

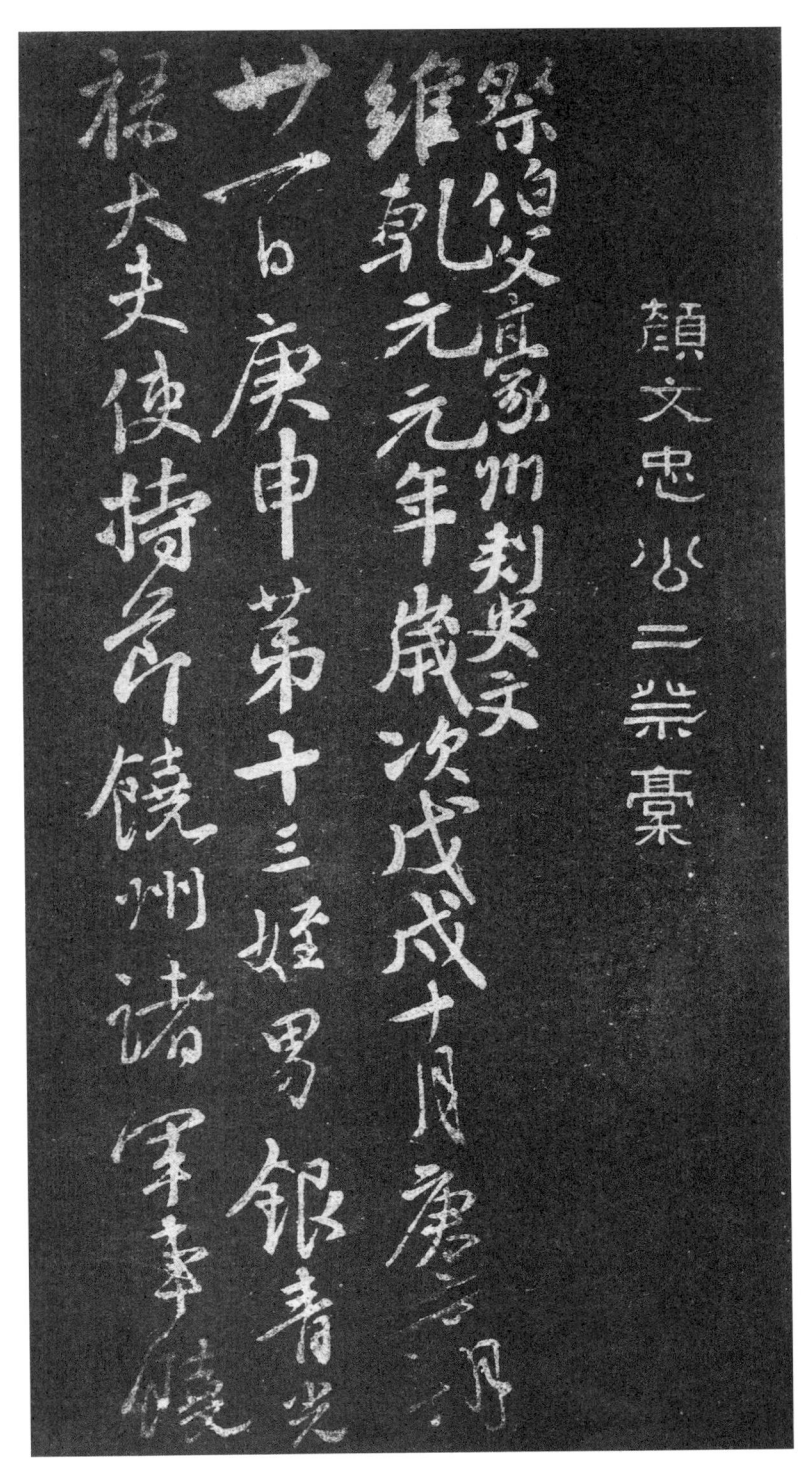

祭伯父豪州刺史文
維乾元元年歲次戊戌十月庚戌朔
廿日庚申第十三姪男銀青光
祿大夫使持節饒州諸軍事

祭伯父文稿

帖主元孙（六六八—七三二），字聿修，杲卿之父，季明之祖。告中所称"甥侄季明、卢逖等被贼害者八人"及"嫂及儿女皆被拘囚"者，皆其子孙辈。八人者：杲卿子季明，甥卢逖、沈盈，侄颇（颜真卿子质于刘正臣者，误传），孙诞、子干、沛，以及侄孙诩。是时已并加赠五品京官，《颜杲卿碑》有记："赠季明、诩，左右赞善；诞，义王咨议；侄子干，都水使者；沛，尚食奉御；颇，洗马；（卢）逖，郑王友；从父甥博野尉沈盈，大理正。"当时封官者如碑所谓"封夫人崔氏，清河郡太夫人；授泉明，郫县令；男威明，太仆丞；侄男翔，汉州司马；孙证，左内仓曹；讯，兵书（曹）"者，皆出脱于贼手之"嫂及儿女"。按，杲卿死难之事至乾元元年五月二十八日方加恤问，追赠太子太保，《颜杲卿碑》有"杨国忠受（张）通幽诡说，贾深又不证明"之言，洵来之不易。告之所谓"大父赠华州刺史，兄弟儿侄尽蒙国恩"者，皆缘于杲卿，故宜拜扫之际谨加昭告以慰伯父母于九泉。

是告与《祭侄文稿》《争坐位帖》合称"三稿"，惟真迹早佚，《甲秀堂帖》所收未见为好，甚可叹息。

日本二玄社出版的《书迹名品丛刊》收有颜真卿"三稿"即《祭侄文稿》《争坐位稿》《告伯父文稿》，其中《告伯父文稿》出自大西氏所藏《甲秀堂帖》。今较之集本，见异如下：

首行自书"祭伯父豪州刺史文"目，且"豪"不作"濠"；

"岁次戊戌"，"戌"作"戍"；

"敢昭告于亡伯"，句前有"谨以清酌庶羞之奠"语，加以圈去；

"故豪州刺史"，旁有小字"朝议大夫"；

"君之灵曰"，夺一"曰"字；

"羯"，旁添"日者"两字而似"曩"字；

"侵扰"，作"傲扰"；

"兵甲靡遗"，为"兵甲靡夷"，且作浓墨窜改状；

"二兄杲卿任常山郡太守，忠义愤发，首开土门"，先作"二兄杲卿常山作郡首唱忠义愤发，首开土门"，后圈去"作郡首唱"四字；"常山"前傍加"任"字，下旁加"郡太守"三字；"愤"见糊抹，其下或为"开"字；

"挫其凶慝"，句下先作"城孤援绝，身陷贼庭"，后抹去"城孤"两字，"援绝"旁加添"先累授卫尉卿兼御史中丞，城孤"数字（按，"累"，集本作"盖"）；

"圣朝哀荣"，先作"圣恩哀荣"，后改"恩"为"朝"；

"褒赠太子太保，甥侄八人季明卢逊第被贼害者并赠五品京官，嫂及儿女皆被拘囚"，先作"褒赠太保，嫂及儿女皆被拘囚"，后"太保"旁加添"太子""太子"两句四字；"嫂及儿女"旁即"贼庭"下空白处，先添"甥侄八人并赠五品京官"（"京"字落底，"官"字加右），后"侄"旁加添"季明、卢逊等被贼害者"二行（"第"作"等"）；

"真卿比在平原，遭罹凶逆，与杲卿同心协德亦著微忱"，"忱"作"诚"，"杲卿"上加一"⌐"形而无见对应；

"大父赠华州刺史，兄弟儿侄，尽蒙国恩，允南授膳部郎中"，先作"大门赠华州刺史，允南授膳部郎中"，后旁添"兄弟儿侄，尽蒙国恩"；

"允臧授侍御史，咸明试太仆丞，颇（頗）授太子洗马，顶授协律郎，颎授秘书省校书郎赐绯鱼袋，泉明、颢、颋、颖等并蒙迁改。一门之内，生死哀荣"，先作"允臧授侍御史，咸明试太仆丞，真卿男颊太子洗马，顶。一门之内，生死哀荣"，"顶"字下空行添加"授协律，泉明、颢、颋、颖等并蒙迁改"；后"协律"下添一"郎"字，"郎"下加"袁衡华亭丞"，隔行又加"颎授秘书省校书郎赐绯鱼袋"字样，原行"授协律"上添"诸侄男等"。若连读为"允臧授侍御史，咸明试太仆丞，真卿男颊（頗）授太子洗马，顶授协律郎，颎授秘书省校书郎赐绯鱼袋，袁衡华亭丞，诸侄男等泉明、颢、颋、颖等并蒙迁改。一门之内，生死哀荣"，则衍"真卿男""袁衡华亭丞"（按，袁衡，无考，以袁姓而言，盖为常州长史袁履谦之子，是不当搅入此文中）"诸侄男等"数字，且误顶、颎为真卿子；

"时赴饶州至东京"，"时"作"将"；

"得申拜扫，又方远辞违，伏增感咽，谨以清酌庶羞之奠"，先作"得申拜扫，伏增感咽，以清奠□□尚飨"，"伏增感"旁加"又方远辞违"，"清"下"奠□□尚飨"圈去，旁添上"酌庶羞之奠"，下加"以"字，"伯母河南县君元氏配尚飨"另起行，"河"字盖出他字所改。颜真卿文思不当如是迟钝，事理又不当如是暗昧，且空格预留，故作加添，错讹并出，有意错漏，以示初创，反而画蛇添足，益见粗陋。

是帖盖本自祭文而作伪，出一习颜氏行草书者手笔。《宝章待访录》目作"颜真卿祭叔濠州使君文"，或凭传闻，未及亲睹。是帖，著录首见于米芾，其伪必在同时或稍前。

一四、请御书表

王玙撰，颜真卿正书。

表目又称《请御书逍遥楼诗碑额表》。乾元三年，刻在蒲州玄宗《登逍遥楼诗碑》后。著录首见陈思《宝刻丛编》卷十引《集古录目》。颜真卿结衔"蒲州刺史"。

撰人王玙，史记乾元二年七月丁亥，"刑部尚书王玙为蒲州刺史，充蒲、同、绛三州节度使"，见《旧唐书》卷十《肃宗纪》。《丛编》所引《集古录目》："《唐玄宗登逍遥楼诗》：唐玄宗御制并分书。太常卿姜皎书年月。蒲州刺史王玙以诗刻石，请御书；碑额表一，蒲州刺史颜真卿书；答诏，肃宗书。乾元元年立。"乾元元年，盖三年之讹。

一五、马承光碑

杜光泰撰，颜真卿正书、篆额。

碑目又称《华阴□节度马公碑》《华阴等五郡节度使马公碑》《唐卫尉少卿马承光神道碑》。乾元元年立于泾州。著录首见《宝刻类编》卷二，惟其记"贞元六年"者乃重立之年。

碑主马承光，为颜真卿蒲州刺史之前任，见司马光《资治通鉴》卷二一九，有"（至德二载六月）会陕郡贼将杨务钦密谋归国，河东太守马承光以兵应之"云。《册府元龟》卷一三四《帝王部·念功》记："肃宗至德二载九月，河东兵马节度马承光奉诏发河东兵马屯于渭北，而冯翊太守王凤佚执异见，沮军不发，承光斩之。诏责不上闻，使使劾之。有上言称承光有大功，贼陷潼关，承光收河东；逆贼崔乾祐攻安邑，承光引兵收陕郡，解安邑围，走崔乾祐，皆承光之功，合得免死。帝优诏免之。"盛唐时州牧多充任节度兼领军使，碑称"华阴等五郡节度使马公"，

378

盖即其人，任在至德年间。华阴等五郡，当包括河东、冯翊诸郡。若"华阴节度"为其终官，盖卒于优诏免死后数年。颜真卿至德二载十二月出贬同州，乾元元年三月除蒲州，十月改饶州。同州即冯翊，蒲州即河东，乾元元年复郡为州。其既为冯翊太守王凤佚后任，又除使持节蒲州诸军事蒲州刺史充本州防御使，与河东、冯翊等五郡节度使马承光必有周旋。以杜光泰撰文仍称郡旧名而推之，必书于蒲州任上。

撰人杜光泰，无考。

一六、荐福寺碑

著录首见《宝刻类编》卷二颜真卿条下，其有注"饶，雷震破"云。

王象之《舆地纪胜》卷一《饶州碑记》是碑目下注引《冷斋夜话》云："范文正公守饶，有书生献诗甚工。生自言平生未尝饱。时，欧阳率更《荐福寺碑》墨本直千钱，文正为打千本，使售京师。纸墨已具，一夕雷击碎其碑。坡诗'一夕雷轰《荐福碑》'，盖碑是也。"参《一统志》："鲁公亭，在鄱阳县荐福山。《明一统记》：'山有唐欧阳询所书《荐福寺碑》，颜真卿尝复以亭，后人因名。'"是碑盖欧阳询所书，《类编》归之颜真卿名下，显误。

一七、与蔡明远帖二首

颜真卿撰并行书。

《与蔡明远帖》《邹游帖》两帖合称"与蔡明远帖二首"。文见《全唐文》卷三三七。乾元二年秋，书于金陵。著录首见潘师旦《绛帖》第十。惟其与《忠义堂帖》有异，前帖二十四行，多二行；后帖行同，而字列不同。盖另一本。《墨池编》卷十八记为"传模本"。

帖主蔡明远，鄱阳人，颜真卿饶州旧吏，帖有"真卿昔刺饶州，即尝趋事。及来江右，无改厥勤"云。邹游，盖亦一友人，偕明远同来金陵者。《邹游帖》"及吾于淮泗之间"句，《颜鲁公文集》夺一"于"字，所见或为另本。

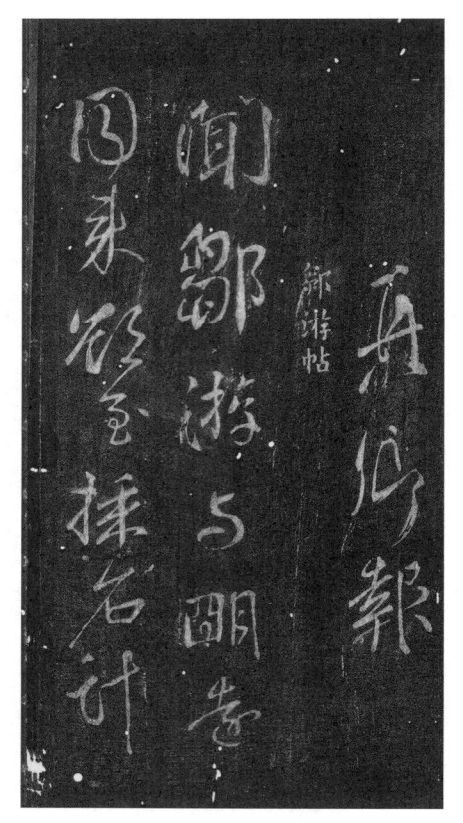

与蔡明远帖　　　　　　　　　　　　邹游帖

一八、题卢楞伽壁画

著录首见黄休复《益州名画记》卷上"妙品"卢楞伽条下。其记："至德二载起大圣慈寺。乾元初，于殿东西廊下画行道高僧数堵，颜真卿题，时称'二绝'。"参其《楞伽传》"明皇帝驻跸之日，自汴入蜀。嘉名高誉播诸蜀川，当代名流咸伏其妙"云，颜真卿未见入蜀，且乾元初年在饶、升两州刺史任上，不当题记益州寺壁。是记盖误。颜允南至德年间曾随驾至蜀都，任司膳郎中，见《颜允南碑》。卢楞伽壁画题记，盖出允南手笔，时在初起大圣慈寺之日。

一九、鲜于氏离堆记刻石

颜真卿撰并正书。

碑目又称《鲜于氏离堆记》《离堆山鲜于氏读书记》。文见《全唐文》卷三三七。宝应元年五月十六日，立在新政县。著录首见《墨池编》卷十八。碑末题记"帝唐龙集后壬寅仲夏己卯朔十五日甲午刻于门序之左右"云，五月己卯朔，

鲜于氏离堆记刻石

甲午乃十六日，十五日盖出误记。

  是碑，陆增祥《八琼室金石补正》卷五九引马存（《颜鲁公文集》引作马庚）《离堆颜鲁公祠堂记》："上元中，颜鲁公为蓬州长史，过新政，作《离堆记》，四百余言，书而刻之石壁上，字径二（三）寸，虽崩坏剥裂之余，而典型具在，使人见之凛然也。元符三年，予友强叔来尹是邑，始为公作祠堂于其侧，而求文以为记。"又引《筠清馆金石记》："《离堆记》，凡仟一百五十字，今存残拓仅五十八字。以行格推之，行十八字，凡四十五行。道光十年，郭兰石尚先为四川学政，吴梅梁杰为川北道，始访得之于南部县崖壁间。"宋代元祐间已见崩坏损泐，至清道光十年仅存五十八字。参故宫博物院所藏拓本题跋"此碑晚出四川，道光庚子冬周捷廷由川省入都持此相赠，余择其完好者四十余字补缀成片，亦殊可宝"云，其道光庚子（二十年）又泐"处置使入""忠贬郡阴""太守冬十"十二字。

  王象之《舆地碑记目》卷四《阆州碑记》有"颜鲁公磨崖记"，条目下注："在新政县离堆岩下。欧阳公《集古录》：唐颜真卿撰并书，以宝应元年立在阆州。"盖即是碑。

  碑主鲜于仲通（六九四—七五五），名向，以字行，阆州新政人，颜真卿宪台同僚。颜真卿有《鲜于仲通碑》称："真卿与公，同在御史；亡兄国子司业允南，弟今江陵少尹允臧，又与少尹同时台省。既接通家之欢，载敦世亲之好。"以是记有"乾元改号上元之岁秋八月哉生魄，猥自刑部侍郎以言事忤旨，圣恩全宥，贬贰于蓬州，沿嘉陵而路出新政。适会昱以成都兵曹取急归觐，遭我乎贵州之朝。留游缔欢，信宿陉岘。感今怀昔，遂援翰而志之"云，盖缘起其子鲜于昱而撰书于上元元年八月新政旅舍。

二〇、韦缜碑

  独孤及撰，颜真卿正书。

  碑目又称《赠太常卿韦缜神道碑》。全称《唐故朝议大夫申王府司马上柱国赠太常卿韦公神道碑铭》。文见《全唐文》卷三九〇。宝应二年二月，立在京兆。著录首见《宝刻丛编》卷七引《京兆金石录》。

碑主韦缜（？—七二四），出自韦氏南皮房，有郎官韦家之谓，明经登科，初仕校书郎，官至申王府司马。开元十二年卒于任，至宝应二年因子追赠太常卿。其长子幼成，碑记"天宝十载，自尚书兵部郎出守汉中兼山南西道采访处置使"，盖颜真卿兵部同僚。

《颜鲁公文集》卷二三《书评三》是碑条下，黄本骥有按"《唐书·宰相世系表》：缜，魏王府长史庆植第八子顼之曾孙。鲁公娶中书舍人迪之女，迪则庆植长子瑶之曾孙也。公以妇族为书其碑"云，不知何据。韦庆植出自彭城公房，与南皮房纯属二支，且韦迪乃鄘城庄公韦范之后，见开元二十二年条，与彭房公房一无干系，何有妇族之份？颜真卿与之兵部僚友，所书碑，盖出韦幼成、幼章兄弟之请。

撰者独孤及（七二五—七七七），字至之，河南洛阳人，应制登科，初仕华阴尉，官至常州刺史，谥曰宪。新、旧《唐书》有传，见《旧唐书》卷一六八、《新唐书》卷一六二。梁肃《朝散大夫使持节常州诸军事守常州刺史赐紫金鱼袋独孤公（及）行状》："上元初，授左金吾兵曹，掌都统江淮节度书记。"参《新传》"辟江淮都统李峘府掌书记"云，独孤及乃上元年间李峘掌书记，颜真卿守升州日，李峘为其上司，颜与独狐氏必有周旋。颜真卿正书铭石，盖缘之于韦幼成、独孤及诸人。是碑，《集古录》《金石录》《金石略》并不收，盖时已绝少见。

二一、争坐位帖

颜真卿撰并行书。

帖目又称《与郭仆射书》《争坐位书稿》《与郭仆射郭英乂书》《与郭英乂论坐位书》《争坐位书》。文见《全唐文》卷三三七。广德二年十一月，书于京兆。拙稿《颜真卿年谱》系在十一月十四日郭子仪自泾阳入觐代宗安福寺宴劳之明日。著录首见苏轼《东坡题跋》卷四。颜真卿结衔"金紫光禄大夫检校刑部尚书上柱国鲁郡开国公"。

帖主郭英乂（？—七六五），字元武，瓜州晋昌人，玄宗朝名将郭知运季子，

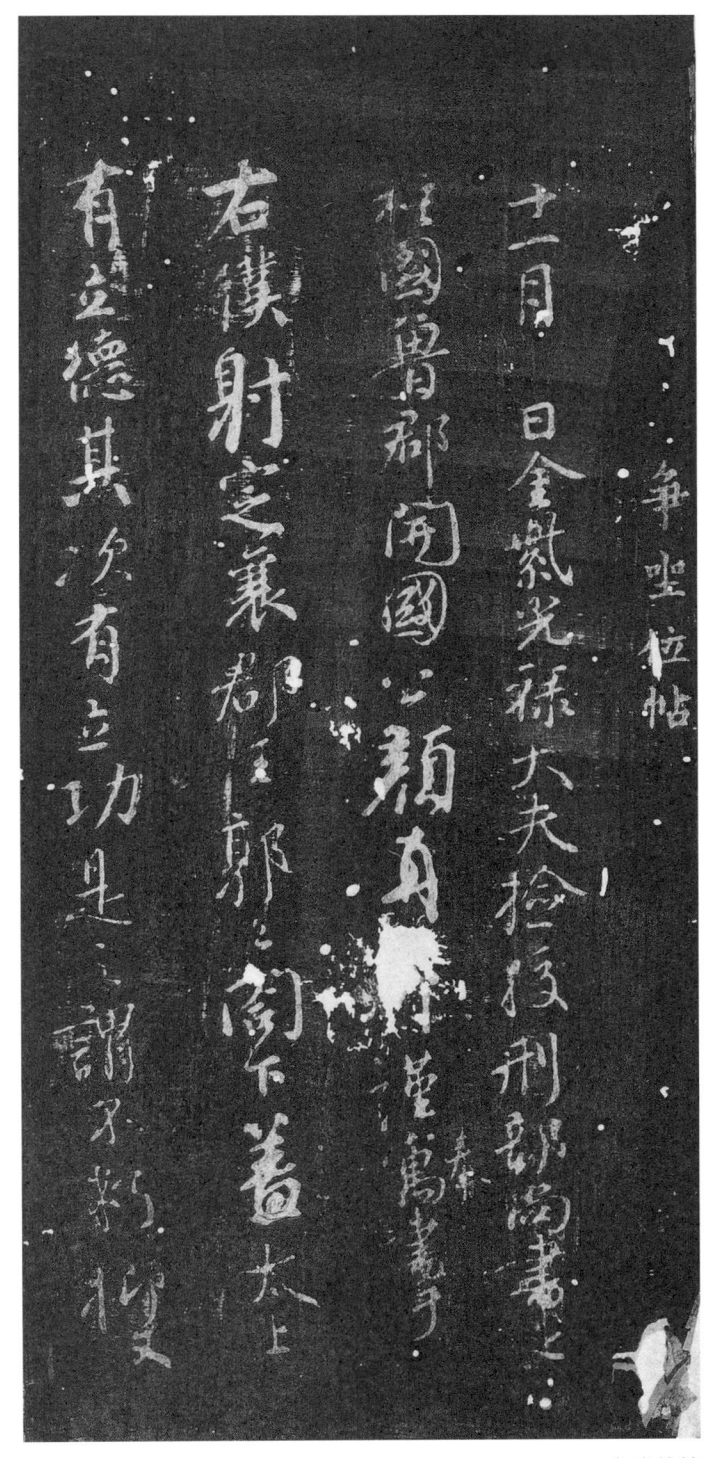

争坐位帖

官至右仆射，封定襄郡王。新、旧《唐书》有传，见《旧唐书》卷一一七、《新唐书》卷一三三。郭氏乃元载死党，为颜真卿尚书右丞及检校刑部尚书上司，史有称："恃富而骄，于京城创起甲第，穷极奢靡。与宰臣元载交结，以久其权。会剑南节度使严武卒，载以英乂代之，兼成都尹，充剑南节度使。既至成都，肆行不轨，无所忌惮。……又颇恣狂荡，聚女人骑驴击毬，制钿驴鞍及诸服用，皆侈靡装饰，日费数万，以为笑乐。未尝问百姓间事，人颇怨之。"《旧唐书》史臣赞曰"失政"。明年即永泰元年十二月死于灵池兵哗。元载撰有神道碑志其事。

是帖为颜真卿名稿，与《祭侄季明文》《告伯父文稿》合称"三稿"。传世摹刻甚多，仅清代王昶所见即有七：京兆安师文本、吴中复重刻本、米芾临本、北京本、戏鸿堂本、嘉善魏学濂本、关中即今西安碑林本。此外，黄本骥还见有另五本：海昌本、濮州本、乾隆御刻墨妙轩本、孔继涑玉虹鉴真本、谢希曾契兰堂本。纵观其先后摹勒翻刻者有十二种之多。是帖在宋时，甚为世人所重，苏、黄、米、蔡北宋四大书家，莫不临仿摹习之。米芾年少时，曾临一本，几可夺真。东坡手拓数十本大行于世。其原为安师文旧物，尝刻以传世，吴中复谓其未尽笔法，因再模刻。其后安氏兄弟析居异财，一剖为二。最后，前后二段相继进入内府，遂不复知其外见。米芾《书史》曾经记载，真迹用唐畿县狱状槌熟纸起草，其中小字乃于行间添注，不尽，又于行下空纸边横写，与当时刻本全不相同。

存世宋刻宋拓《忠义堂帖》亦收是稿，其亦小字添注不尽乃于行下空纸边横写，盖非当时石刻即安师文和吴中复本（陕本）重勒者。元代袁桷曾见苏东坡手拓本，其《清容居士集》谓"无纤毫失真，旁有'眉阳苏氏'及'赵郡苏轼'印记"。米芾临本，据《书史》宜有"元章戏笔"字印。忠义堂刻不见苏、米印记，是刻或当以鲁公真迹入石，有高于苏拓、米临之本以及安、吴诸刻，更远胜北京以下诸帖矣。

按，是本，"如鱼军容阶虽开府官即监门将军朝廷"十六字误移于"纵是开府"句之前，以致不可卒读，盖出装裱之不慎。

二二、郭氏家庙碑

颜真卿撰并正书，代宗隶额。

碑目又称《赠太保郭敬之庙碑》《郭汾阳王家庙碑》《太保祁国公庙碑》。全称《有唐故中大夫使持节寿州诸军事寿州刺史上柱国赠太保郭公庙碑铭》。文见《全唐文》卷三三九。广德二年十一月廿一日，立在京兆。著录首见《墨池编》卷十七。《金石萃编》卷九二记："碑高一尺八寸，广五尺一寸。三十行，行五十八字。正书。"额题"大唐赠太保兴国贞公庙碑"十一字，隶书。颜真卿结衔"金紫光禄大夫检校刑部尚书上柱国鲁郡开国公"。现存西安碑林。

碑主郭敬之（六六七—七四四），汾阳王郭子仪之父，华州郑县人，官至寿州刺史，因子仪追赠太保，封祁国公。碑立在广德二年十一月廿一日，其撰书盖出《与郭仆射书》同时而稍后。颜真卿与郭子仪有旧谊：一、弟允臧，乾元元年充朔方兵健衣资使，郭子仪请为判官，见颜真卿《颜允臧碑》；二、殷亮《颜鲁公行状》记："（天宝十五载）时方盛暑，公知光弼、子仪禁断侵掠，将士少衣服，乃送十五万帛，为三万人装以遣。人至饶阳，属潼关不守，两军却入土门，遂留不行。"参《旧唐书》卷一二〇《郭子仪传》"（天宝十五载）六月，子仪、光弼率仆固怀恩、浑释之、陈迴光等阵于嘉山……"云，同书卷九《肃宗纪》又明记六月庚寅"其日，李光弼与贼将史思明战于常山东嘉山，大破之，斩获数万计"。颜真卿时任河北采访使，与节度使李光弼共领一道。颜、郭当有周旋。又，颜真卿河北采访使判官王延昌，广德元年十月见任郭子仪（关中河东副元帅）行军司马，是时正随郭子仪自泾阳入觐。颜真卿为之撰书家庙碑，似缘起于其人。

是碑书迹以《忠义堂帖》最具神采。惟出移刻，一行六字，已非全碑，前不见代宗书题额"大唐赠太保兴国贞公庙碑"十一字，目少"有唐故中大夫使"七字；而首题有"御题额，金紫光禄大夫检校刑部尚书上柱国鲁郡开国公颜真卿撰并书"二十九字，显然出自石本者。较之集本：

"代为太原著性"，集本为"代惟太原著姓"；

"汉有光禄大夫广意"，"广意"作"广德"；

"不屑下位"，为"不憎不位"；

"金谷府折冲兼左卫长"，为"金吾府折冲兼左卫长"；

"中大夫策勋上柱国"，为"中大夫策勋中柱国"；

"果君子之行"，误为"累君子之行"；

郭氏家庙碑

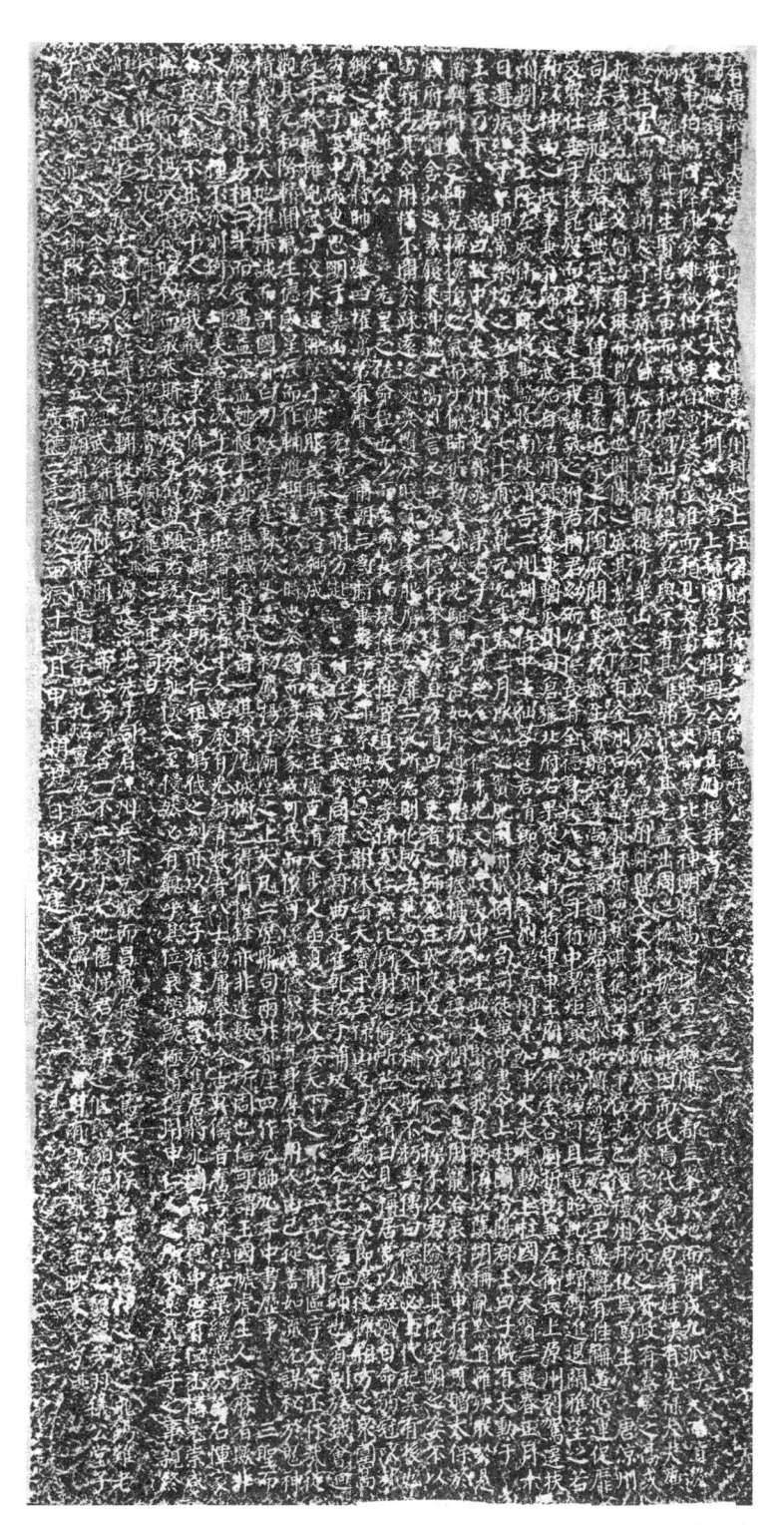

郭氏家庙碑

"于戏府君"，误为"于戏君"；

"天下之不安"，"不安"为"未安"；

"宽身厚下"，为"宽仁厚下"；

"霆击于云雷之初"，误为"电击于云雷之初"；

"朱轮不出于十人"，缺一"于"字；

"于乎清庙之兴"，为"于戏清庙之兴"；

"独美龙旂之祀"，"祀"误为"祝"。

以上引"汉有光禄大夫广意"，苗晋卿《寿州刺史郭公神道碑》有记"曾祖广意，光禄大夫"云，集本作"广德"盖误。是本虽未完整，然殆初拓，宋季已见珍贵。

《金石萃编》收有碑阴，谓"共三十四行，分三截书，上截男，中截孙，下截曾孙，字数不等，行书"，不记撰、书人姓氏。《忠义堂帖》不收。

二三、岑夫人志

颜真卿书。

志目又称《董淑妻岑氏志》《岑夫人碑》。广德后立在吉州。著录首见郑樵《金石略》卷下。王象之《舆地纪胜》卷三一《吉州碑记》本志条下记："《集古录》云：不著书撰人名氏。夫人南阳人，适陇西董淑。碑以广德中立。"今本《集古录跋尾》不见是志，盖欧阳棐《集古录目》之讹。《墨池编》亦著录是志，不记撰书人姓名。广德年，颜真卿在京检校刑部尚书任上，未见至吉。广德或系岑氏卒年。《宝刻类编》卷二亦归入颜真卿名下，然以其编集惯例，大凡撰者自书者，多标记"撰并书"字样。是碑阙如，仅记"广德中立"数字，当非颜真卿撰者。是碑或他人先撰，后经颜真卿铭石而追立者。广德盖非立石之年。

按，岑氏乃颜家姻亲，国子司业岑献为叔祖敬仲女婿，有姑夫之份。其侄岑参、岑征君兄弟即为群从兄弟。岑夫人盖出岑献后人，与颜真卿同辈。颜真卿永泰二年出贬吉州为别驾，秋季至任，大历三年四月除抚州刺史。是志铭石，盖出其间。

二四、与李太保帖八首

颜真卿撰并行书。

《捧袂帖》(帖目又称《张溆帖》)

《奏事帖》

《奉别帖》

《疏拙帖》(帖目又称《硖州帖》)

《朝回帖》(帖目又称《马病帖》)

《乞米帖》

《鹿脯帖》(帖目又称《不审帖》《乞脯帖》)

《鹿脯后帖》

以上八帖,帖目合称"与李太保帖八首"(《颜鲁公文集》作九首)。文见《全唐文》卷三三七。《捧袂》,永泰元年二月二十四日书。《奏事》,元年闰十月十四日书。《疏拙》,二年二月十一日书。余下诸帖书于元年二月十四日至二年二月十一日间,确实月日无考。《鹿脯》,著录首见《墨池编》卷十八,记作"传模本"。《乞米》,著录首见《集古录跋尾》卷八。《朝回》,著录首见周密《云烟过眼录》卷上。《捧袂》《疏拙》《奏事》,著录首见米芾《宝章待访录》。《奉别》《鹿脯后》,著录首见《忠义堂帖》。《捧袂》《奏事》《奉别》《朝回》《鹿脯》结衔"刑部尚书"。《疏拙》结衔"硖州别驾"。

帖主李太保李光进,字太应,有唐中兴名将李光弼季弟,《新唐书》有传,见卷一三六《李光弼传》后,谓:"初为房琯裨将,将北军战陈涛斜,兵败,奔行在,肃宗宥之。代宗即位,拜检校太子太保,封凉国公。吐蕃入寇,至便桥,郭子仪为副元帅,光进及郭英乂佐之。自至德后与李辅国并掌禁兵,委以心膂。光弼被谮,出为渭北、邠宁节度使。宁泰初,封武威郡王。累迁太子太保,卒。"是时为太子太保。其荐引张溆,庇之幸甚;举家食粥,乞之以米;病妻服药,渴惠鹿脯,以及病疮少愈,勿忧为佳;马病朝回,未遂驰谒,甚往复告示,殊不胜其勤,可见友情之深。联想到颜真卿撰其兄李光弼碑之时,有称"(季弟光进)清识表微,沈谋绝众,刚亦不吐,柔而能立。与公(光弼)并时仗钺,分阃□□。凌霄翼圣,既有戴天之功;华原统帅,独闻禁暴之德。方当会同正至,荣曜君亲。入侍黼帷,峨二貂乎泰阶之上；归联采服，顿双节于高堂之下。斯欢未剧，遗恨何居？昔斛律丞相与弟并州，同务烈于北齐；贺拔行台与兄雍州，亦宣力于西魏。咸称义烈，各懋勋庸"云，顺颂之丞，宜缘之于相知。兄之碑铭，盖出其请托。（参见拙文《颜真卿研究·著述考·与李太保帖》，详后）

是帖，《忠义堂帖》收纳，较之《颜鲁公文集》少异：

如，《鹿脯帖》"病妻服药，要少鹿肉，干脯有新好者，望惠少许"，集本作"病妻服药，要少鹿肉脯，有新好者，望惠少许"。按，《鹿脯帖》与《争坐位帖》俱为宋人安师文旧物。董其昌曾见真迹以及宋拓本，不惟字形大小不伦，即其文亦有小异。明安世凤《墨林快事》云："此帖原文药须鹿肉，恐鹿肉难得，乃思及于鹿脯中新好者，如今之不得鲜姜用干姜也。今云（宋拓本）药兼鹿脯，何以又云新好者？文理不通。"是本"病妻服药，要少鹿肉"云，尽合安世凤之所见，盖以墨迹上石者，远胜他刻。黄氏之误，亦见他本之泐损。

又，《捧袂帖》"当时出城不获"，集本"城"字已泐。

《鹿脯后帖》"承美疹痊损，更加保爱"，集本作"承美口痊损，更加保重"，亦出刓刻之讹。

《朝回帖》"十一日刑部尚书颜真卿状上"，集本少"十一日"三字。按，岳珂《宝真斋法书赞》收有是帖真迹本，少"十一日刑部尚书颜"八字，依其跋语谓"文与秘阁帖相似而大小不同"云，宋代流传尚有秘阁本，然似以是本为最完善。

二五、东林寺题名

颜真卿撰并正书。

碑目又称《东林题名》《东林寺耶舍碑侧题名》《东林寺题铭》。永泰二年七月八日，题在江州《耶舍禅师碑》侧。文见《全唐文》卷三三九。著录首见《山谷题跋》卷四。《金石录目》第一三九六作"永泰元年六月"。按，其文"唐永泰丙午岁真卿以罪佐吉州，夏六月壬戌……同次于东林寺"云，丙午，永泰二年；其六月乙酉朔，无壬戌，壬戌乃七月八日。"夏六月壬戌"，盖出"夏七月壬戌"之刊误，赵明诚从之。元年之记更误，盖是时已泐损。又有韦桓尼题名，韦道冲《唐故奉义郎行京兆府泾阳县丞韦府君（柏尼）墓志文》记"公讳柏尼"，《元和姓篆》亦作"柏尼","桓尼"盖讹。《墨池编》卷十八记作"传模本"。同游者内侄殷亮、妻弟韦柏尼及贾镒诸人。

二六、西林寺题名

颜真卿撰并书。

碑目又称《西林题名》《律藏寺永公碑阴题名》《西林寺题铭》。永泰二年七月九日，题于江州欧阳询《西林道场碑》上。文见《全唐文》卷三三九。著录首见《山谷题跋》卷四。《金石录目》第一三九七作"永泰元年六月"。按，其文"夏六月癸亥"，癸亥，乃七月九日，即东林寺题名七月壬戌之翌日。"六月"盖"七月"之讹。元年，误。韦柏尼作"桓尼"，亦讹。同游者殷亮、韦柏尼、贾镒、杨鹈诸人。

二七、颜显甫碑

颜真卿撰并书。

碑目又称《赠华州刺史颜显甫碑》。永泰二年，立在京兆。著录首见《宝刻丛编》卷七引《京兆金石录》。

碑主颜显甫，字周卿，避中宗讳改名昭甫，颜真卿之祖，颜元孙、颜惟贞之父。曹王、晋王（高宗）侍读，有硕儒之称。《颜氏家庙碑》称："幼而颖悟，尤明诂训，工篆、籀、草、隶书，与内弟殷仲容齐名而劲利过之，特为伯父师古所赏重，每有著述，必令参定。尝得古鼎二十全字，举朝莫识，尽能读之。"乾元元年二月十七日赠华州刺史，颜真卿有谢表，亦称："伏膺文儒，克笃前烈，能读《三坟》《五典》《八索》《九丘》，特为伯父故秘书监先臣师古之所赏爱，师古每有注释，未尝不参预焉。又与学士令狐德棻等同侍天皇，得备顾问。有时无命，天阏盛年。臣亡父故薛王友先臣惟贞、亡伯故濠（豪）州刺史先臣元孙等，并襁褓苴蔴，孩提未识，养于舅氏殷仲容，以至成立。"按，其元子颜元孙，仪凤二年年十岁，当生于乾封三年；次子颜惟贞卒于先天元年，享寿四十三四，当生于总章、咸亨年间，详见拙编《颜真卿年谱》。又，季女颜真定，开元二十五年卒，年八十四，逆推生于永徽五年，见《颜真定碣》。显甫卒日，正属盛年，元孙、惟贞兄弟又并在

"褓袱苴麻"之时，其当生于贞观初年而卒在咸亨、上元年间。有二子即元孙、惟贞，二女即御史大夫张知泰妻鲁郡夫人与钱塘丞殷履直之妻颜真定。按，张知泰夫人有伯姊之称，当属长女，而颜真定年长于元孙、惟贞，碑又称"季女"，盖出张知泰夫人之后、长子元孙之前，"季女"者，最小女也。

是碑，《集古录》《金石录》《金石略》不载。《宝刻类编》仅记撰文，有异于《京兆金石录》之"撰并书"。斯者，宋代当已泐损且罕见之。

二八、玄侃法师碑

唐玄宗撰，颜真卿正书。

碑目又称《兴唐寺玄侃法师碑》《兴唐寺大慧禅师玄侃法师碑》。永泰年立在万年县。著录首见《墨池编》卷十七。《宝刻丛编》卷八引《访碑录》列在永泰年末诸碑间，或有所据，今从之。《宝刻类编》卷二记在越州，参《金石略》注在京兆，《类编》盖误，抑或出自重立。

碑主玄侃，无考。按，京师兴唐寺有大慧禅师乃普寂，赞宁《高僧传》有传，俗姓冯，卒于开元二十七年，惟《旧唐书》记作"大照禅"，李邕撰普寂碑文亦作《大照禅师塔铭》。玄宗朝谥号"大慧禅师"者乃怀让，俗姓杜，天宝三载终于衡岳，无玄侃之号，更非兴唐寺僧。又，一行，普寂弟子，俗姓张，名遂，开元十五年终于新丰从驾途中。《高僧传》有记"睿宗、玄宗并请入内集贤院，寻诏住兴唐寺"云，亦可目为兴唐寺僧，玄侃法师盖即其人。一行（六八三—七二七），魏州昌乐人，贞观名臣郯国公张公谨之孙，父擅，武功令。著有《大衍论》三卷、《摄调伏藏》十卷、《天一太一经》以及《太一局遁甲经》《释氏系录》各一经，又撰有《开元大衍历经》。卒时，唐玄宗撰书神道碑志之，立在铜人原。《旧唐书》有传，见卷一九一《方伎传》。

是碑，《集古录》《金石录》不载，《金石略》不记寺名，《寰宇访碑录》存而不详，《宝刻类编》又误立石之地，宋代盖已少见且泐损过甚。

二九、鲜于仲通碑

颜真卿撰并正书。

碑目又称《京兆尹鲜于仲通碑》。全称《中散大夫京兆尹汉阳郡太守赠太子少保鲜于公神道碑铭》。文见《全唐文》卷三四四。大历二年正月，立在新政县。著录首见《墨池编》卷十七。卷三有《赠太子少保鲜于仲通磨崖碑》，记颜真卿"撰并书，大历元年立。"参《舆地碑记目》，《鲜于仲通碑》有二："一在三教院崖上，一在墓田，其文与书皆出颜鲁公。"《磨崖碑》即三教（佛、道、儒）院崖上碑，盖墓田碑之翻刻，元年乃二年之讹。《舆地碑记目》又有《新政大历碑》，目下注"在新政县江崖之次，颜鲁公书碑。傍有佛、老、孔子像，像旁又有二小记，皆大历中所建"云，其即三教院崖上之碑，惟宋代已见损泐，不可复识其文字矣。

　　碑主鲜于仲通（六九四—七五五），名向，以字行，阆州新政人，代为豪族。进士登第，官至京兆尹、剑南节度使，赠卫尉卿、太子少保。有《坤枢》十卷、《文集》十卷行于世。鲜于氏与颜家有通家之好，宝应元年颜真卿撰《鲜于氏离堆记》，有称"真卿犹子曰纮，从父兄故偃师丞春卿之子也，尝尉阆中，君故旧不遗，与之有忘年之契。叔明、昱、炅亦笃世亲之欢，真卿因之，又忝宪司之寮，丞与济南蹇昂奉以周旋，盖著通家之好。兄允南以司膳、司封二郎中，弟允臧以三院御史，皆与叔明首末联事"云。按，鲜于仲通卒于天宝十四载，葬于翌年。而是碑有称"弟今江陵少尹允臧"，允臧自广德三年冬十月拜，至大历三年冬十一月终，在江陵先后三年。参是碑立在大历二年正月而文内又有"永泰二年秋八月有诏"云云，其必撰书于大历改元前后。

　　又，碑内有称其弟晋，"字叔明，敦厚温敏，少以任侠闻。事公（兄）以悌称，与朋以信著，好读书而不为章句，精吏道尤擅循良。再为法官，三秉天宪，二登郎署，一宰洛阳……擢拜商州刺史，无何，超迁京兆尹，不十年而兄弟相代，论者伟之。永泰二年秋八月，有诏自太子左庶子复拜为邛州刺史兼御史中丞、邛南八州都防御观察等使"云，甚详。是碑之撰书，盖出斯人之请托。按，鲜于晋（？—七八七），曾赐姓李，明经登科，初为杨国忠剑南节度使判官，后官至右仆射，以太子太傅致仕。卒在贞元三年，谥曰襄。新、旧《唐书》有传，见《旧唐书》卷一二二、《新唐书》卷一四七。上引叔明"京兆尹"，《旧传》作"少尹"，《新传》为"尹"，或先"少尹"后晋为"尹"。又，以"太子左庶子复拜为邛州刺史"，新、旧《唐书》并作"右庶子"，或出刊刻之误。颜真卿友人岑参、高适并与之交游，岑参有《与鲜于庶子自梓州成都少尹自襄城同行至利州道中》《与鲜于庶子泛汉江》诸诗，高适有《同鲜于洛阳于毕员外宅观画马歌》。

三〇、奖谕仲通碑

颜真卿书。

著录首见《舆地纪胜》卷一八五。按，其《鲜于仲通碑》下注："又有《奖谕仲通碑》，亦在墓田，非鲁公之文，亦鲁公之笔也。"鲜于仲通卒于天宝十四载，《鲜于仲通碑》及《奖谕碑》，盖出后之追立，书当同时，惟撰人及书体、立石年月，无考。

三一、鲜于氏里门记

著录首见王象之《舆地纪胜》。其《蓬州碑记》记"颜鲁公书碑刻"，条目下有注"颜鲁公为蓬州长史，在蓬四年，往来新政县鲜于氏家，为书《离堆记》，今在县之西南崖石间。又书《鲜于仲通里门记》，复以小字书之。又大书《磨崖碑》，广数丈，今皆在崖石间。自书崖石，故书体尤为精妙"云。

按，是碑，《金石录目》第一五二三、一五二四记为："韩云卿撰，韩秀弼八分书，李阳冰篆。大历十二年五月。"陆增祥《八琼室金石补正》卷六四以拓本收录，虽残损不全，其题记有"朝议郎守尚书礼□郎中上柱国""史武阳县开国男翰林待诏韩秀□"字样。参《平蛮颂》题记，礼部郎中为韩云卿，翰林侍郎乃韩秀实。《平蛮颂》末行有记"大唐大历十二年□月二十五日"，与是碑同年。是时，颜真卿正奉诏自湖州入京，见其《项王碑阴述》"恩命追真卿上都，克期首路，竟陵是诿。……时则仲夏方生明之日"云，不当远游阆州，重访新政，亲书崖石之间。又按，阆、蓬二州，《鲜于仲通碑》《离堆记》并在鲜于氏乡里阆州新政县。是碑既记其里门，故亦不当铭之于异地，且蓬州与鲜于氏兄弟子侄一无干系。王象之所见蓬州崖石间颜碑，当出自阆州传刻者。

上引《金石录目》误"韩秀实"为"韩秀弼"，并误李阳冰"篆额"为"篆"，盖是时已经泐损。

三二、靖居寺题名

颜真卿撰并正书。

碑目又称《靖居寺题铭》《颜鲁公题铭》。文见《全唐文》三三九。大历二年十月，题在吉州青原山。著录首见《集古录跋尾》卷七，惟其误以为"永泰二年"。

三三、"祖关"两字

颜真卿隶书。

大历二年十月，题在吉州靖居寺。著录首见《金石萃编》卷九四引《宝刻类编》。《金石萃编》记："字径三尺许，隶书。"是二字，王昶跋记："按，《青原志》云'上石后落永泰年吉州司马款'，《宝刻类编》云'鲁公为吉州别驾，大历二年十月题此'（此句，翁方纲跋尾亦引，谓'鲁公为吉州别驾，题名吉之净居寺。大历二年十月题此'。今本不见）。《旧唐书·颜真卿传》以诽谤贬硖州别驾、抚州、湖州刺史，不载吉州别驾之官。《新传》则云贬硖州别驾，改吉州司马，迁抚、湖二州刺史。真卿之刺抚州，在大历三年，则改吉州司马，当在二年。若永泰年，其时宜初贬硖州，未改吉州，似《宝刻类编》较确也。惟吉州别驾，或《宝刻》传讹，当从传作司马耳。"按，《颜鲁公行状》记："贬峡州别驾，代宗为罚过其罪，寻换吉州别驾。"传颜真卿《天台山国清寺智者大师传》亦有"永泰间贬吉州别驾"之记。郑薰《移颜鲁公诗记》："颜鲁公……由刑部尚书贬夷陵郡别驾。大历六（元）年，又以前秩转庐陵郡……"其别驾不诞，《新传》作"司马"误，《青原志》所载永泰年吉州司马款更讹。王昶非《类编》之记，盖误从《新传》。

三四、守政帖

颜真卿撰并行书。

帖目又称《与绪汝帖》。文见《全唐文》卷三三七。大历二年书于吉州。著录首见洪迈《容斋随笔》。

是帖，有云："政可守，不可不守。吾去岁中言事得罪，又不能逆道苟时为千

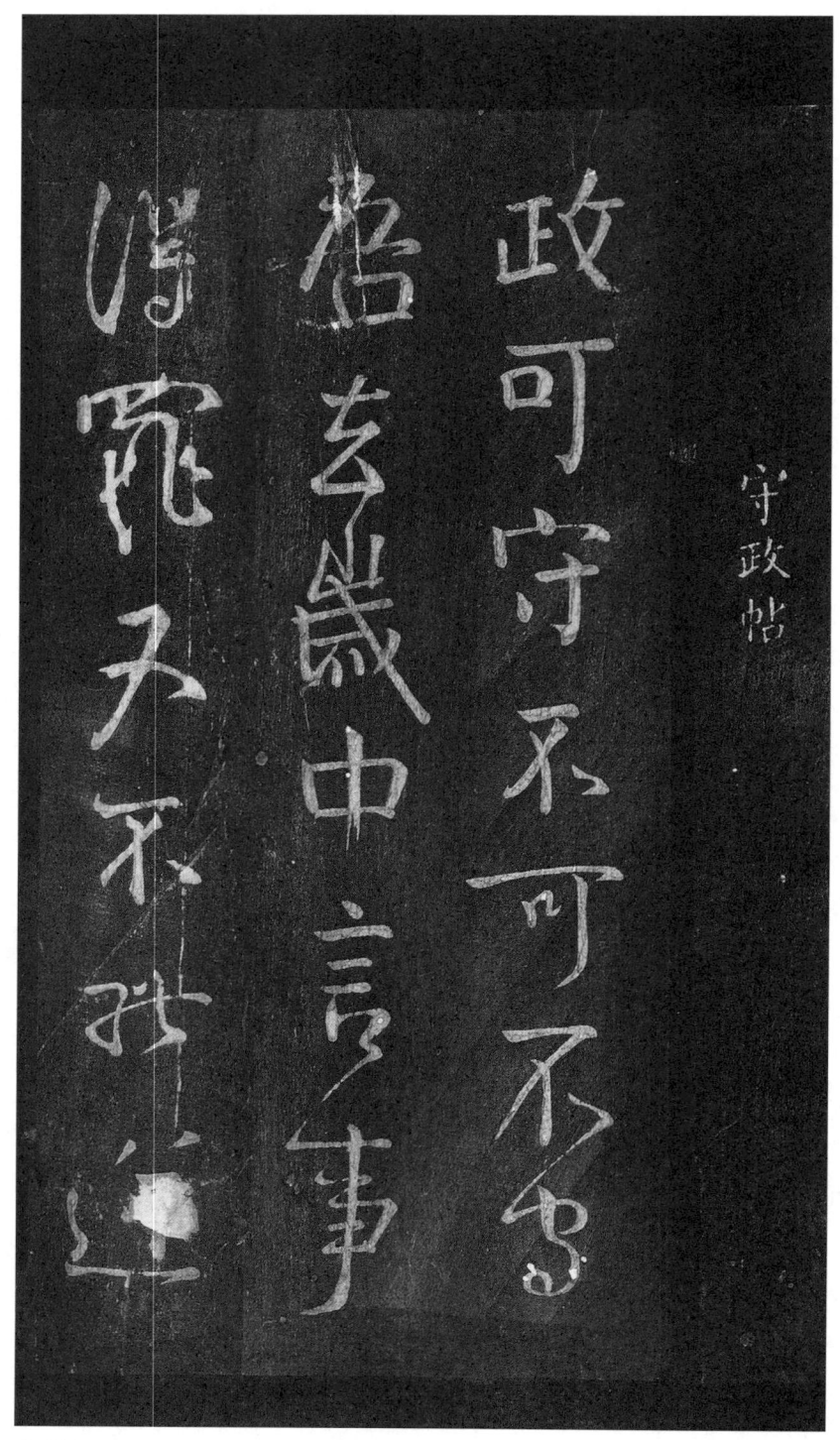

守政帖

政可守不可不言當乎歲中言事得寬又不欲近

古罪人也。虽贬居远方，终身不耻，绪汝等当须谓吾之寸心不可不守也。"按，绪汝，无考，当为颜真卿子侄辈。"去岁中言事得罪"，即永泰二年二月初九出贬硖州别驾事，旬余改吉州别驾。是年十一月改元，是帖当出大历二年吉州别驾任上。《忠义堂帖》收录，惟"道苟时为千古罪人也，虽贬居远方终身不"十七字误裱入《广平帖》中。又，"绪汝等当须谓吾之寸心不可不守"，集本作"会吾之志不可不守也"，盖出别本之泐损。

三五、桥仙观碑记

颜真卿撰并正书。

碑目又称《宝盖山记》《华盖山王郭二真君坛碑铭》。文见《全唐文》卷三三八。大历四年正月廿五日，立在崇仁县。著录首见《舆地纪胜》卷二九《抚州碑记》，惟其"宝盖山"乃"华盖山"之讹。颜真卿结衔"金紫光禄大夫行抚州刺史上柱国鲁郡开国公"。

是碑，《颜鲁公文集》目作《华盖山王郭二真君坛碑铭》，陈垣《道家金石略》作《桥仙观碑记》。《金石略》称"《三仙真经》，以《三真君事实》卷一校补"，盖本之以《三仙真经》。较之集本，略有异词，如："王郭二真君"作"二真者"，"王则方平之从侄"作"之再从"，"自玉笥山将之麻姑洞"作"玉笥山"（《全唐文》同），"山下父老诣而再拜"作"请而再拜"，"晋惠帝元康二年"作"三年"（李冲元《三真记》同），"二真君乃骖鸾驾鹤"少一"君"字，"故事昭然"句上多"美乎"二字，"飞文染翰"作"摛文染翰"，"学则弥众"作"学作彼众"，"道应穹旻"作"穹旻"（《全唐文》同），"浮云世速"作"势速"，"俨若圣祉"作"圣址"。末有款题"金紫光禄大夫行抚州刺史上柱国鲁郡开国公颜真卿撰并书。唐大历四年己酉正月二十五日立石"。斯盖出拓本之异同。按，碑称"余祗膺圣泽，廉察临川。一日，按地理图，得属邑崇仁县华盖山有王、郭二真君坛存焉，欣睹异事，未原其始。他日公余，因令军将往山下访求碑铭，果得一石记，乃隋开皇五年焚修道士李子真。于坏碑上再录出其文，则知王、郭二真君（者），仙不显名。王则方平之从侄（再从），郭乃王之族（？）弟也。……故事昭然，仙踪俨若，虽遗史籍，安泯声华。……因与府官议崇观宇，永利（列）焚修。寻差军将以公用钱诣山换殿宇门廊，不日而回，云工毕矣。予德惭好道，任忝分符。原始要终，罕测冲天之日；飞（摛）文染翰，用贻终古之芳。"参李冲元《三真记》"临川山秀水灵，颇多前代神仙遗迹，丹井仙坛往往杂出于图记文字间，可以考信，而崇仁华盖山王、郭二真君祠，灵迹尤著。唐颜鲁公取隋开皇五年旧碑所载事为记，不著名字、州里，而世系复舛谬，惟曰……"云，所谓《华盖山王郭二真君坛铭》，乃焚修道士李子真旧文。颜真卿所撰者，盖另一碑铭。今从《道家金石略》。

是记，《集古录》《金石录》《金石略》以及《宝刻丛编》《宝刻类编》不见，宋代盖已隐佚。

碑主王、郭二真君乃浮丘弟子，不知名字，于晋元康三年羽化。宋代熙宁中诏封王为冲应真君、郭为诚应真君，与师合称"三真人"，每旱必祷，甚有灵应，李冲元作《三真记》记述之。

三六、谢康乐翻经台记

颜真卿撰并正书。

碑目又称《抚州宝应寺翻经台记》《宝应殿记》。文见《全唐文》卷三三八。大历四年四月初八日，立在抚州。著录首见《金石略》卷下。《舆地纪胜》卷二九记"今碑已重刻"，惟不明重立于何人何时。

碑主谢灵运（三八五—四三三），陈郡阳夏人，移籍会稽。晋时袭封康乐公，故有称"谢康乐"。入刘宋，曾任临川内史。《宋书》卷六七、《南史》卷十九有传。碑有称："公以昙无纤所翻《大涅槃经》，语少朴质，不甚流靡，品数疏简，初学者难以措怀，乃与沙门范惠严、顾慧观依旧《泥洹经》共为润色，勒成三十六卷，义理昭畅，质文相宜。"盖主持旧经文字之润色，翻经台之设，以祭谢公者也。按，碑目"宝应寺"者，乃出明年七月观察使魏少游所奏请，十月二十三日"圣恩允许"，见《抚州宝应寺律藏院戒坛记》，而是碑有记"大历己酉岁四月丙午都人士庶相与大会，设严供而落焉。以真卿业于斯文，见咨纪述"云，盖出立石时新加。

是碑，《集古录》《金石录》《宝刻丛编》《宝刻类编》并不收，而《金石略》存目未详，且误作《宝应殿记》。宋代盖已隐佚。

三七、颜乔卿碣

颜真卿撰并正书。

碣目又称《富平尉颜乔卿墓碣》。大历四年四月，立在万年县凤栖原。著录首见《金石录目》第一四二八，其卷二八有跋："右《唐颜乔卿碣》，在长安，世颇罕传。或云其石今亡矣。有朝士刘绛如者，汶阳人，家藏汉石刻四百卷，以予集录阙此碣也，辄以见赠。宣和癸卯中秋，在东莱重易装裱，因为识之。"赵明诚盖以拓本入载。

碑主乔卿，颜真卿三兄，富平尉。《大宗碑》称"精《晋史》，有吏道"。其立石年月与《幼舆碑》《允臧碑》同。参《幼舆碑》"大历四年夏四月壬戌，季弟真卿命君孟子前武功丞顶、叔子左千牛愿度远日而祔焉"云，《允臧碑》亦记"四月壬戌"，四月壬戌，盖出祭祀之日，立石必当同时。

三八、颜幼舆碑

颜真卿撰并正书。

碑目全称《左卫率府兵曹参军赐紫金鱼袋颜君神道碑铭》。文见《全唐文》卷三四一。大历四年四月，立在万年县凤栖原。著录首见《颜鲁公文集》卷二四《书评四》。

碑主颜幼舆（七〇三—七五〇），字令轨，颜真卿第六兄，小名㮣，后土斋郎起家，历新息县主簿，官至左卫率府兵曹，天宝九载七月十三日卒于任上，年四十八。夫人殷氏，殷践猷之长女，殷寅之弟，广德二年十月二十一日卒于随叔允臧江陵少尹任上。四子：孟曰顶，武功丞；仲曰颛，凤翔参军；叔曰愿，左千牛；季曰顿。是时，颛、顿早逝。《颜氏家庙碑》有记"顶，干办，扬府法曹；愿，长厚清白，朝邑尉"，盖出建中初年职守。黄本骥《颜鲁公世系表》，顶，"扬府法曹"下尚有"丞、县男"三字。按，"丞"当"承"之误，惟其列于真长、幼舆间空格下，不知何故，似出刊误。碑记："调补汝南郡新息县主簿……太守赵国公王琚器君才名待以殊礼。"按，《旧唐书》卷一〇六《王琚传》："（开元）二十二年，起复右庶子，兼巂州刺史，又改同、蒲、通、邓、蔡五州刺史。天宝后，又为广平、邺郡二太守。"琚为汝南郡太守，盖在开元天宝之际，宜以天宝初改元、改郡名后为近是。幼舆之任新息县主簿，必在同时而稍前。又，碑记"哥舒之攻石堡城，请君随军，拜左卫率府兵曹参军"。按，哥舒即陇右节度使哥舒翰，其攻石堡城，《旧纪》记在天宝八载八月，幼舆随军，除率府兵曹，盖在石堡城改名神武军之闰六月间。《颜勤礼碑》《家庙碑》作"左清道率府兵曹"，盖误。

三九、颜允臧碑

颜真卿撰并正书。

碑目又称《江陵少尹颜（允）臧碑》。全称《朝请大夫行江陵少尹兼侍御史荆南行军司马上柱国颜君神道碑铭》。文见《全唐文》卷三四一。大历四年四月，立在万年县凤栖原。著录首见《金石略》卷下。

碑主允臧（七一〇—七六八），字季宁，颜真卿之弟，解褐为太康尉，天宝十载制举"县令对策"，及第，授延昌令。至德初追封行在，拜监察御史，寻充朔方兵健衣资使，郭子仪延为判官。二年八月，迁殿中侍御史；十二月十五日以立功之臣，迁栎阳县令。后历侍御史、大理正，复拜侍御史，兼太子中允。广德三年十月拜江陵少尹，又兼侍御史、荆南行军司马。代到，屡诏征入京，未得行。大历三年十一月五日卒于江陵，年五十九。夫人奉明县君韦氏，有子：颛，京兆参军；颀；禺。《家庙碑》记有"颛，有吏干，歙州录事参军，曲阜男；颀，好为诗，富阳尉；禺，好为文，常州参军"云，盖建中初年职守。颛，即颛之异名。《唐尚书省郎官石柱题名》卷十六《金部员外郎》有颜颛题名，盖即其人，曾任郎官。《唐会要》卷四十一记：元和六年闰十二月，颛"量移官司户参军员外置同正员"，其庐州司户，盖出左降官。禺，一作颙，官至台州刺史，见《赤城志》卷八"历代郡守"大和二年条下记，善书，著录可见有《严公碑》（严绶撰，元和九年立）、《智者大师画像赞》）（正书，颜真卿撰，颜汝玉篆额，大和四年十二月立）二通及篆额《修桐柏宫碑》（元稹撰并书，大和四年立）。按，允臧广德三年十月所任江陵少尹、兼荆州南行军司马，其江陵尹、荆南节度使乃卫伯玉，颜真卿之（未行）后任，允臧盖以殿中侍御史为其幕僚。

奉明县君韦氏，元和六年十二月二十七日卒，颛正左迁庐州司户任上。

四〇、颜真长碑

颜真卿撰并正书。

碑目又称《颜处士残碑》《颜家垄断碑》。大历四、五年，立在海昏县。著录首见《金石录目》第一五五一，记在"大历中立"。《颜鲁公文集》卷二四《颜处士残碑》条下黄本骥有按"公同母兄弟七人，仲兄允南、第三兄乔卿、第五兄幼舆、弟允臧，公皆撰有墓碑，惟长兄阙疑，第四兄真长无之。阙疑，判杭州参军，亦非处士。惟真长无官早世，《家庙碑》称其清直，则是碑当为真长作也。乔卿、幼舆皆以大历四年四月允臧归祔万年县先茔同为立碑，则阙疑、真长二碑当亦同时所立，而阙疑碑则佚之也。……碑出于此（海昏县颜家垄），或真长随鲁公至江右而卒，遂葬建昌，独未归葬上都与"云，近是。建昌，唐隶洪州，当出抚州任上。参王象之《舆地碑目》卷二"南康军"条下"黄太史记海昏县斋观智显寺竹林中所得颜家垄断碑，鲁公大字，清劲秀发者是也"云，其出土时已残损不堪，不复知其碑主矣。《宝刻类编》卷二记有篆额。

碑主真长，颜真卿第四兄，《大宗碑》记"清直，举明经"，《家庙碑》称"早世"。其不记职守，盖未曾入仕，卒于明经及第后不久。按，大历初年，颜真卿年五十八，其兄幼舆年已逾六十，而弟允臧亦五十五岁，真长排名幼舆之先，年当长之，不当有"早世"之说。《金石录目》所记"大历中立"，盖出追立之石。颜真卿三任江西，初饶州刺史，再吉州别驾，后抚州刺史。以初任为上限，时在乾元元年，颜真卿年已五十，真长更长，其卒不当有"早世"之谓。又，颜氏兄弟登科，可见者仲兄元孙在垂拱初，颜真卿在开元二十二年，真长明经及第，必在垂拱后至开元二十二年间，以开元初叶为近是。唐人多以弱冠登科，真长必早世于而立之前。海昏盖非葬地。《幼舆碑》有称："季弟真卿命君孟子前武功丞顶，叔子左千牛愿，度远日而合祔焉。"幼舆，天宝九载先葬于万年县祖茔，大历初年乃归祔祖茔。又，允臧同时，见《允臧碑》"其兄真卿，闻丧哀摧，甚去手足，乃命侄男前武功丞顶，谂于其妻奉明县君韦氏，其孤前京兆参军頵、皋、頍、禺等，以明年夏四月壬戌，归祔君于上都万年县凤栖原先茔之北，礼也"云。是时，颜真卿在抚州，未曾赴上都，两碑盖撰书于抚州。《殷践猷碣》："真卿以恩宥刺抚，于州采石刻颂，用寄碣于墓左。"抚州产石，其碑又当如殷氏之碣并出"于州采石刻

401

颂，用寄碣于墓左"者。真长之碑，洵偕幼舆、允臧以及乔卿、允南或包括长兄阙疑诸兄弟并撰述于斯、铭书于斯、镌刻于斯。其留海昏，盖未克"用寄碣于墓左"。《金石录目》所记"大历中立"，似以大历四、五年为最宜。

四一、魏夫人仙坛碑

颜真卿撰并正书，张宙篆额。

碑目又称《魏夫人上升记》《立晋紫虚玄君南岳魏夫人仙坛记》。全称《晋紫虚玄君领上真司命南岳夫人魏夫人仙坛碑铭》。文见《全唐文》卷三四〇。大历四年三月，立在临川县井山。著录首见《金石略》卷下。

碑主魏夫人，名华存（二五二—三三四），字贤安，任城人，小有清虚真人王裒弟子，封紫虚玄君，领上真司命南岳夫人。治天台大霍山洞台，乃神仙道教上清派始祖。碑称"夫人能隶书，为王君立传，事甚详悉，又述青精䭀饭，注《黄庭内景经》"云，盖一能书善文之人。曾来临川布道，于临汝水西立坛，置精舍，院东造冢圹，又于石井山建戒坛，或谓此地龟原乃其升仙处。后经有唐女道士黄令微号华姑者继修香火，复见鼎盛，甚闻灵验。开元二十九年，刺史张景佚有《圣德感应碑》志其事，碑云："大历三年，真卿叨刺是邦……有仙坛（台）观道士谭仙岩者，修真自远，法侣是宗，请以男官黄道士二七人，抽隶洞灵，共申洒扫；高行女道士黎琼仙七人，萃居坛院，精力住持已久，率励往来，增修观宇。从之。"又有铭云："真卿刺州，谒拜斯频。乃命仙子，增修鼎新。"斯坛之修，盖出谭仙岩之请，黎琼仙之修，是碑之颂，必出谭、黎二道士之请，而在观宇鼎新之日，与《华姑仙坛碑》同时。参《华姑仙坛碑》有"大历三年，真卿获刺是州。明年春三月"云，《宝刻类编》卷二目下又注有"大历四年十一月建"字样，其必撰书于大历四年。《颜鲁公文集》卷六题下注"大历三年"，微误。《舆地碑目》卷二"抚州碑记"列有是碑，惟引《晏公类要》云"在坛侧，唐大历四年立，颜真卿文"，似未曾目睹。又，《集古录》《金石录》及《宝刻丛编》并未录，《金石略》目曰《魏夫人上升记》。是碑宋代盖已泐损殆尽，或隐佚罕见。

张宙，无考。

逍遥楼刻石

四二、逍遥楼刻石

著录首见王昶《金石萃编》卷九五，有款"大历五年正月一日颜真卿书"，又记："石高九尺六寸，广四尺。正书，径二尺七、八寸。在广西临桂。"大历五年，颜真卿在抚州任上，不见有广西之行。逍遥楼在山西临漳县，唐太宗、唐玄宗并幸于此，有诗志述之。颜真卿蒲州任上，曾书王玙《请御书逍遥楼诗碑额表》。肃宗亦有《刻逍遥楼诗答诏》并立在乾元元年。若颜真卿果有题"逍遥楼"颜，当在同时。是三大字，书法板滞，不类颜真卿平常风貌，且格局及题款不合有唐习俗，盖出后人仿书而重摹者。

四三、书马伏波语

马援撰，颜真卿正书。

大历五年四月，书于抚州。著录首见《忠义堂帖》，惟误"五年"为"三年"。颜真卿结衔"金紫光禄大夫行抚州刺史上柱国鲁郡开国公"。陈垣《道家金石略》收有《刘仙严立马援诫子书碑》，出自《萃珍阁蜀碑录》第五册。颜真卿行迹不至蜀中，且是帖，《宝刻类编》又记在越州。《蜀碑记》所记"碑高一尺八寸，广一尺一寸。六行，行十一字。正书"，全与《忠义堂帖》款式不合，又误谭仙严为刘仙严，盖后人重立于蜀中者。刻者皇甫华，亦非大历年间人。

帖主谭仙严，抚州仙坛观道士，麻姑山女道士黎琼仙弟子，参《抚州宝应寺翻经台记》"真卿叨刺是邦，兹用忾息，有高行头陀僧智清，绪发洪誓，精心住持，请以佛迹寺僧什喻、仙台观道士谭仙严同力增修，指期恢复"，及《魏夫人碑》"大历三年，真卿叨刺是州……有仙（坛）台观道士谭仙岩者，修真自远，法侣是宗，请以男官黄道士二七人，抽隶洞灵，共申洒扫；高行女道士黎琼仙七人萃

馬伏波云聞人
之過如聞父母

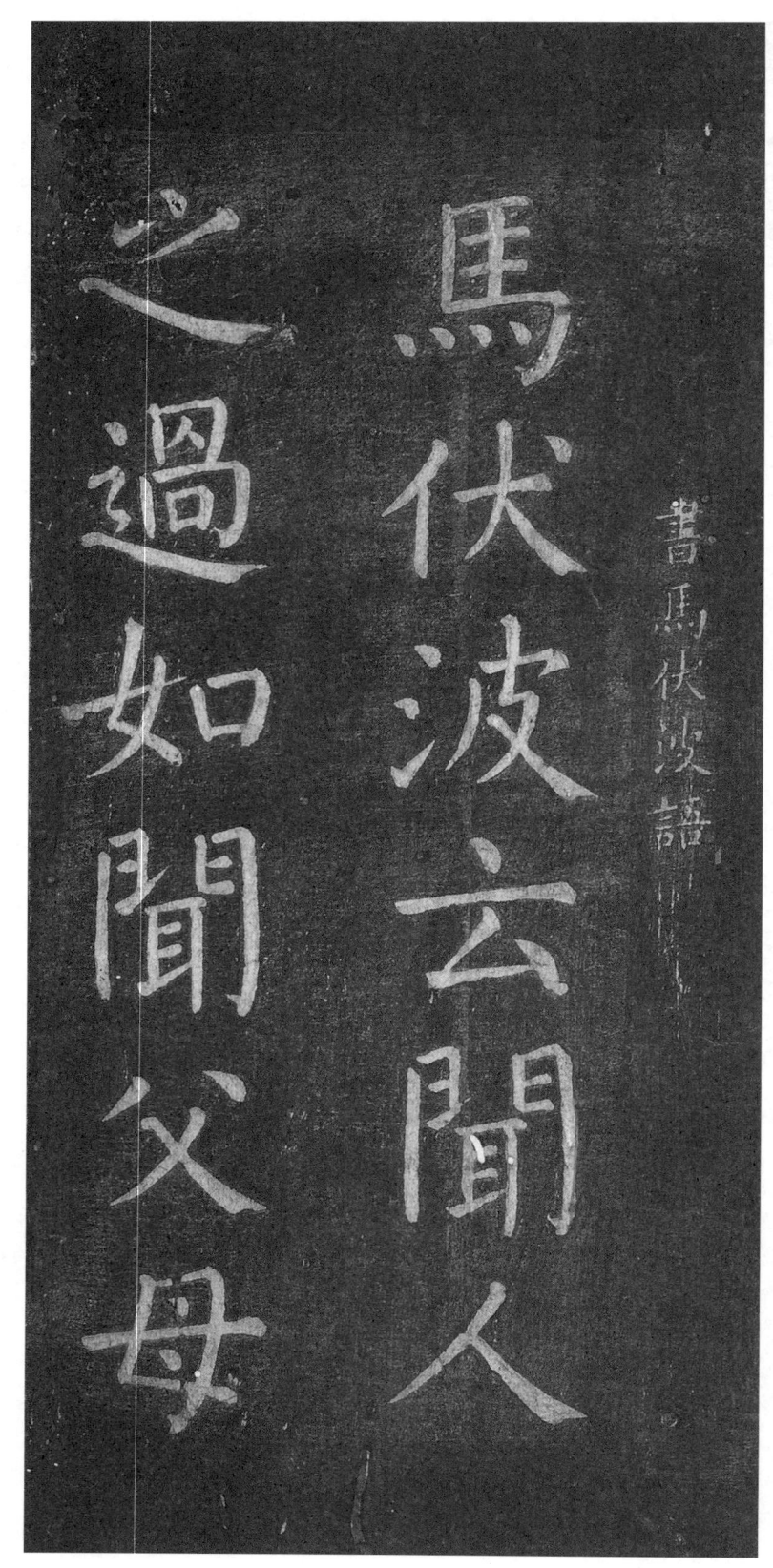

書馬伏波語

书马伏波语

居坛院，精力住持已久，率励往来，增修观宇，从之"云，其与颜真卿道缘非浅。谭、颜之交，盖出吉州靖居寺僧智清荐引，始于抚州任上。按，颜真卿大历三年夏五月除抚州刺史，见《乞御书题额恩敕批答碑阴记》。《忠义堂帖》所署"大历三年夏四月"，"三年"盖"五年"之讹。

四四、殷践猷碣

颜真卿撰并正书。

碑目又称《丽正学士殷践猷碑》《丽正殿学士殷践猷墓碣》。全称《曹州司法参军秘书省丽正殿二学士殷君墓碣铭》。文见《全唐文》卷三四四。大历五年五月，立在新安县。著录首见《墨池编》卷十七。

碑主殷践猷（六七四—七二一），字伯起，陈郡长平人，太常博士吴县令子敬之子，申州刺史、名书家殷仲容之侄，惟贞夫人之兄，即颜真卿之舅。初仕杭州参军。开元五年文儒异等科及第，与褚庭诲同年，授秘书省学士，寻改曹州司法充丽正殿学士，与韦述、袁晖同修王俭《今书七志》及《群书四录》。又受宋升、苏颋知遇，询以当代之务。因其博览群书，尤精《史记》《汉书》、百家氏族之说。至于阴阳、数术、医方、刑法之流，亦无不该洞。与贺知章、陆象先、颜元孙、韦述相友善，贺知章呼之为"五总龟"，以龟千年五聚，问无不知也。未及知命而卒于任。新、旧《唐书》有传，见《旧唐书》卷一〇二、《新唐书》卷一九九《儒学中》，有称"明班史，通于族姓"。夫人萧氏（六七八—七五八），司空萧瑀之孙，抚州司马宋国公兴宗之女。有三子：长曰摄，大斌令；次曰寅，澄城丞；季曰克齐，高平尉，曾为颜真卿河东复屯军试判官。又有长女适幼舆，季女适邠州司马陆超。碑记"（寅子）亮以校书郎迁寿安尉为真卿荆南节度推官。广德二年十有二月，与弟今荥阳尉永，匍匐徒步，力护双榇合祔君夫人于新安县之龙涧原，三子茔从，理命也。大历五年夏五月，真卿以恩宥刺抚，于州采石刻颂，用寄碣于墓左"云，是碑盖撰书并刻于抚州。参《殷摄碑》，亦颜真卿撰并书，立在同时，时必另有寅与克齐二石，亦并出于颜真卿之手。殷氏三子以殷寅最具声名，其字直清，天宝四载进士及第，初仕太子校书，历永宁尉，官至澄城丞，新、旧《唐书》有传，亦见《旧唐书》卷一〇二、《新唐书》卷一九九《儒学中》。以"达于名理"

有称于李华《三贤论》。与王端、柳芳、陆据友善，《新唐书》卷一四九《王绍传》引陆据言，有"端之庄，芳之辩，寅之介，可以名世"云。又以谱学著名，《新唐书》卷一九九《柳冲传》有记："唐兴，言谱学者，以路敬淳为宗，柳冲、韦述次之。……后有李公淹、萧颖士、殷寅、孔至，为世所称。"开元天宝年间，与颜真卿、柳芳、陆据、萧颖士、李华、邵轸、赵骅，同志友善，时人有语曰"殷、颜、柳、陆、萧、李、邵、赵"，见《新唐书》卷二〇二《萧颖士传》引，《旧唐书》卷一八七《赵骅传》同。又与岑参交游，岑有《崔仓曹席上送殷寅充右相判官赴淮南》，右相乃左相之讹，即中书令崔圆，其任淮南节度使时在上元二年至大历三年，见《唐方镇年表》卷五。陈铁民、侯忠义《岑参集校注》"疑在广德元年作于长安"，近是。与源衍莫逆，偕颜真卿、柳芳、阎伯玙、王端为五君子，见陆据《源衍墓志》："后来有柳芳、王端、殷晋（寅）、颜真卿、阎伯玙，皆稀世鸿宝，一相遇，便为莫逆之交。夫君（源衍）辩不如柳，庄不如王，介不如陈郡，勇退不如颜氏，危言不如伯玙，然此五君子，动静周旋，辄以君以表缀。"陈郡即殷寅也。寅有《铨试后征山别业寄源侍御》诗。二子：长曰亮，宝应二年见任校书郎，广德元年间以寿安尉为颜真卿荆南节度使推官，贞元二年为给事中，撰有《颜鲁公行状》，后迁杭州刺史，与戴叔伦有交游，戴氏有《赠殷亮》诗；次曰永，大历五年见任荥阳县尉，贞元九年为侍御史、郴州刺史。参权德舆《和司门殷员外早秋省中书直夜寄荆南卫象端公》诗，又当有司门之任，以品阶而言，盖出初仕。有一女，适华州司士权隼。

四五、殷摄碑

颜真卿撰并正书。

碑目又称《大斌令殷摄碑》。大历五年五月，立在新安县。著录首见《金石录目》第一四四二，惟其不记立石年月。《宝刻类编》卷二记"大历五年五月"。参《殷践猷碣》："君讳践猷……三子：摄、寅、克齐等，皆克负荷。摄，大斌令。克齐，高平尉……。并不幸早世"云，是碑盖追立，当出父碣同时。《类编》盖是。

四六、颜允南碑

颜真卿撰并正书。

碑目又称《国子司业颜允南碑》。全称《正议大夫行国子司业上柱国金乡县开国男颜府君神道碑铭》。文见《全唐文》卷三四一。大历五年,立在万年县凤栖原。著录首见《墨池编》卷十七。《宝刻丛编》卷七引《京兆金石录》,记"宝应元年立在使厅"。按,其文有"薛王友赠太子少保惟贞府君""太夫人兰陵郡太夫人殷氏"之谓。颜夫人殷氏,加封兰陵郡太夫人,与韩择木母张氏同制,下于宝应二年十一月一日。其前三月颜惟贞因子允南官加赠秘书少监,并见《忠义堂帖》所载颜惟贞并夫人殷氏两告。太子少保品阶高于秘书少监,加赠当在其后。碑记其卒于宝应元年十一月,十二月十六日葬于祖茔,"宝应元年"者,盖误葬日为立石之年。《宝刻类编》卷二记在"大历五年",近是。今从之。《集古录跋尾》卷八,记为残碑,有"虽甚残缺不忍弃之"云。《丛编》又引《集古录目》:"碑不见其首尾。"《类编》不记名字,宋代盖已残损甚之。

碑主允南(六九四—七六二),字去惑,颜真卿二兄,开元十五年以挽郎选糊名考判登科,初仕鹢觚县尉,后改右武卫兵曹。二十六年丁内忧,服阕,转右领军录事、江南经略判官、大理评事、左补阙。天宝九载迁殿中侍御史,贬襄阳丞,移河东司户,除京兆士曹。十五载赴蜀中行在,随驾,擢屯田员外郎。至德二载迁司膳郎中,转司封郎中,封金乡县开国男,进国子司业,卒于任上。其擅诗文,工草、隶,与从祖姑子刘同昇齐名。碑称,天宝年间"与谏议大夫郑审、郎中祁贤之,每应制及朝臣唱和,必惊绝佳对,人人称说之",与房琯、韦陟、张倚为忘年交,陆据、刘悚、刘秩、李揆、裴士淹为莫逆,敬括、李华、李涵、卢允毕友善,又见重于父执寇泚、陆象先、韦陟、陆景融。允南长真卿十六岁,碑云:"至若发虑学文之亲,立身复礼之道,非仁兄之规诲,曷暨所蒙,且有师训之资……"兄弟之情谊,洵非异常。允南卒于宝应元年,即葬于万年县祖茔,是碑盖出追立,与幼舆、允臧同时。《幼舆碑》撰于大历三年,翌年立石,且"于州采石铭刻,用寄碣于墓左",是碑亦当如是。二子:曰颖、曰频,皆善诗。频随叔,在平原曾奉命奏事彭原,擢校书郎,早卒。颖,时以左卫兵曹迁河南府士曹,建中初年见任京兆兵曹,袭金乡县男。

是碑不记夫人陈氏，盖未合祔。陈氏墓在内乡，见前条。

四七、张景佚碑

颜真卿撰并正书。篆额。

碑目又称《张景佚清德碑》。大历五年，立在抚州。著录首见《舆地纪胜》卷二九，惟误张景佚为张景倩。

碑主张景佚，姑夫张知泰之子，即颜真卿姑表兄弟。开元二十九年见任抚州刺史，见上引《魏夫人仙坛碑》。《旧唐书》卷三七《五行志》有记："天宝初，临川郡人李嘉胤所居柱上生芝草，状如天尊像，太守张景夫拔柱以献。"是当本之段成式《酉阳杂俎·前集》卷十九，张景夫即张景佚，"夫"字讹。《舆地纪胜》已误"佚"为"倩"，盖宋代已泐损过甚。"清德"云者，乃纪其抚州业绩，非神道之碑也。朱长文《墨池编》卷十九记有张景佚《叶公庙诗》，盖一善书者。

篆者，俟考。

四八、元子哲碑

颜真卿撰并正书。

碑目又称《抚州元子哲遗爱颂》《崇仁令元子哲遗爱碑》。大历五年，立在崇仁县。著录首见《舆地纪胜》卷二九，惟不记书者姓名。《宝刻类编》卷二列入颜真卿名下，又云"石今亡"，盖久佚矣。

碑主元子哲，河南洛阳人，陈留太守元彦将（冲）之子，曾任崇仁县令。按，元彦冲，天宝九载至十一载在陈留郡任上，见高适《陈留郡上源新驿记》"伊陈留雄称山东，声英海内……。壬辰岁，太守元公连率河南之三载也"云。《册府元龟》卷六六四亦记："元彦冲，玄宗时为陈留郡太守……天宝十二载坐失移官。"其父玄宗朝太守，元子哲任崇仁令，必非本朝。大历年立者，盖出追记先贤，如张景佚之颂德。

四九、律藏院戒坛记

颜真卿撰并正书。

碑目又称《抚州宝应寺律藏院戒坛记》。文见《全唐文》卷三三八。大历六年三月,立于抚州。著录首见《墨池编》卷十七。颜真卿结衔"行抚州刺史鲁郡开国公"。

碑主慧钦,俗姓徐,洪州建昌人。律宗道宣七代传人,见碑"至元魏法聪律师始,阐四分之宗。聪传道覆,覆传惠光,光传云晖、愿,愿传理隐乐、洪云,洪传遵,遵传智首,首传道宣,宣传洪,洪传法励,励传满意,意传法成,成传大亮、道宾,亮传云一,宾传岸超、慧澄,澄传慧钦"云。著有《律仪辅演》十卷,尝有《抚州龙兴寺戒坛碑》见称于世。大历五年三月始,主持宝应寺。宏律甚力,受具者凡一万余人,幅员千余里。置律藏院,创立戒坛,是为"伫钦公之来仪,且施肇纪之不朽",意在纪念。是碑,《舆地碑记》引《集古录》谓"院坛皆僧智融所立",颜真卿之撰书,盖出智融所请,然观其记律宗传受之详,寺内高僧之众,津津乐道者,或亦出州牧之心仪。今移录有关董修、法事诸僧人句"于是……乃请止观大师法源、法泉,襄阳乘觉,清源善宏,罗浮圆觉,佛迹十(什)喻,余杭慧达暨当州海通、海岸,同住董修,以资景福……明年三月,乃请钦登坛而董振铎焉。仍俾龙岗道干、天台法裔、招提智融、白马法允、衡岳正觉、同德义盈、香城藏选、龙兴藏志、开元明澈等同秉法事"云,洵然亦可见颜真卿其释儒之交之广且契者也。

是碑,宋后未见著录,盖已久佚。

五〇、麻姑仙坛记

颜真卿撰并正书。

记目又称《麻姑坛记》《抚州南城县麻姑仙坛记》。全称《有唐抚州南城县麻姑山仙坛记》。文见《全唐文》卷三三八。大历六年四月,立在南城县。著录首见《集古录跋尾》卷七。《金石萃编》卷九六记:"石横广二尺八寸,高九寸。记四十六行,行二十字。……正书。"宋时有小字本两种:其一,黄庭坚谓"庆历中一学佛者所书"(《金石录》引陈无已语);其一,见《忠义堂帖》,有"令姚免"三字。

是石,《萃编》记在南城县,参其所引都穆《金薤琳琅》:"元柳待制《道传》云:《麻姑坛碑》小字楷法尤精紧,比谓旧石焚毁山中,虽重刻无复当时笔意。则亦以小字为颜书,但谓石已不存,非也。吴文正公云:《麻姑碑》在吾乡,旧为雷所破,重刻至再,字体浸失其真,则被焚者乃临川大字本,而南城之石,至今固无恙也。"又,明藩益王朱祐滨重刻碑跋有"抚州南城县旧有颜鲁公《麻姑仙坛碑》,后分南城入建昌,碑随入公廨,闻为一守橐之归,而命俗工摹一碑于郡,今所相传者是也。余广访宋拓,命良工精刻,函之邸中,用存故事。其碑阴卫夫人等书,一一并留,不差毫发,临池者尚鉴余之苦心哉"云。由是可知其大字本,元时已焚,存世乃重刻者;而小字本,明时有三石:一南城旧石移建昌公廨者,一俗工摹留南城者,一朱氏依宋拓重刻者(阴附卫夫人等人小楷)。惟其南城旧石出自何时,与上引两本有何干系,朱氏所据宋拓又出自何石,俱俟细考矣。

美国安思远藏有旧拓本《小字麻姑山仙坛记三本合装本》,其一为南城刻石初断本,少"光于耀日"至"谢灵运"十八行三百六十三字;第二后拓本;第三翻刻本,系何绍基、何绍业兄弟所集,有何氏题签和题跋。又,故宫博物院所藏《晋唐楷帖十一种》,亦有《小字麻姑山仙坛记》,正文五十四行,全同,而行字数有异,且首题"有唐抚州南城县麻姑山仙坛记颜真卿撰并书",更不同于《忠义堂帖》之分两行题记者,且少颜真卿结衔。

按,《忠义堂帖》本,较之故宫博物院所藏明翻刻明拓本:"心中念言"作"心中所言","大历二年"作"三年","龟源"作"龟原",(集本亦有异:"忽还语家"为"忽还语家人","车驾五龙各异色"作"车驾五龙合异色","淙下三百余尺"为"淙下三百八丈"。)加上首题多"金紫光禄大夫行抚州刺史上柱国鲁郡开国公"字样(集本亦夺),盖出宋拓本,文字有胜于重刻本。惟其书法有异,多作俗书或通用字,如从、光、厨、或、冈、辄、召、益、流诸字,全不类颜真卿平常手法,且华姑称花姑,后又有"令姚免"三字,甚可疑者也。

碑记:"自麻姑发迹于兹岭,南真遗坛于龟源(原),华姑表异于井山。"麻姑发迹,见是碑。南真即紫虚玄君,领上真司命南岳夫人魏华存,其遗坛于龟原,

有唐撫州南城縣麻姑山仙壇記

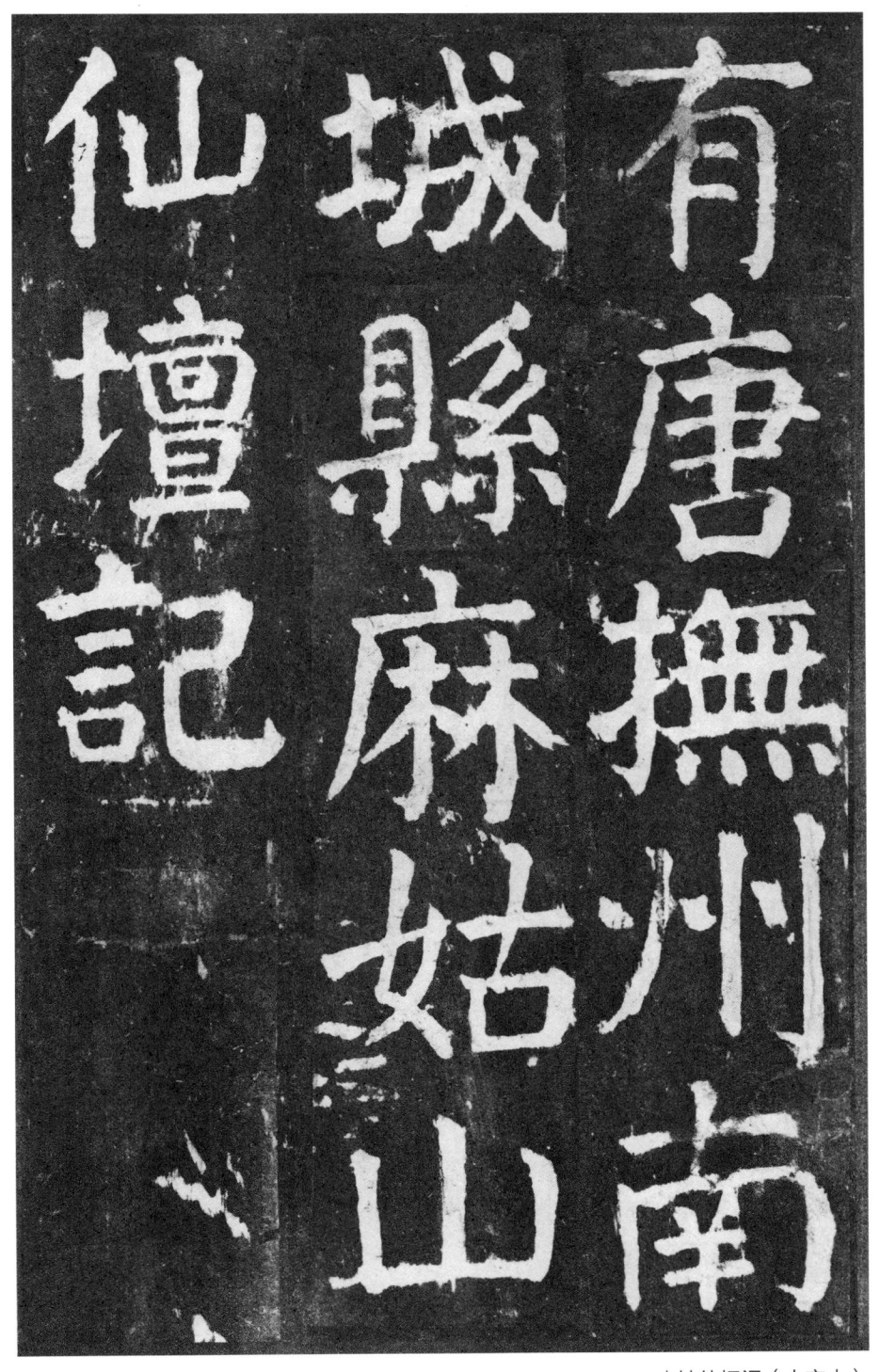

麻姑仙坛记（大字本）

见《魏夫人仙坛碑》。华姑，俗姓黄氏，讳令微，抚州临川人，其羽化升仙，时在开元九年，表异于井山者，有《抚州临川县井山华姑仙坛碑铭》志述之。三碑盖同时而立，前二碑出州牧之手，后碑亦当同一人撰并书之。是碑又称："今女道士黎琼仙年八十而容色益少，曾妙行梦琼仙而餐华绝粒，紫阳男侄曰德诚继修香火，弟子谭仙岩法箓尊严，而史玄洞、左通玄、邹郁华皆清虚服道。非夫地气殊异，江山炳灵，则曷由纂懿流光若斯之盛者矣。"按，上引诸人，除郑德诚、邹郁华两人外，《华姑仙坛碑》记之甚详。参《魏夫人仙坛碑》所记："有仙坛观道士谭仙岩者……请以男官黄道士二七人抽隶洞灵，共申洒扫；高行妙道士黎琼仙七人，萃居坛院。精力住持已久，率励往来，增修观宇，从之。"颜真卿与之交游，并撰书三碑亟颂道教上清派始祖及有唐之传人，皆缘起于谭仙岩其人。

五一、大唐中兴颂

元结撰，颜真卿正书。

碑目又称《磨崖碑》《浯溪中兴颂》。文见《全唐文》卷三八〇。大历六年六月，立在祁阳县。著录首见《集古录跋尾》卷七。《金石萃编》卷九六记："磨崖高一丈二尺五寸，广一丈二尺七寸。二十一行，行二十字。左行。正书。"颜真卿结衔"金紫光禄大夫前行抚州刺史上柱国鲁郡开国公"。是颂撰于上元二年秋八月，系旧文铭石。欧阳修《集古录跋尾》有记："右《大唐中兴颂》……字尤奇伟，而文辞古雅，世多模以黄绢为图障。碑在永州，磨崖石而刻之。模打既多，石亦残阙。今世人所传字画完好者，多是传摹补足，非其真者。"是碑，宋代已见残损。

撰者元结（七一九—七七二），字次山，河南汝州鲁山人，郡望出自洛阳，颜真卿饶州刺史任上友朋。进士及第，官至容州刺史。卒后，颜真卿为其撰书神道碑铭称述之（详见《元结墓表》条）。是文，元结撰于上元二年八月荆南节度判官任上，至大历六年六月刻石，历时十年。记称"湘江东西，中直浯溪，石崖天齐。可磨可镌，刊此颂焉，何千万年"。盖立在永州浯溪。按，元结行迹不止抚州，且大历四年已寄住永州，见《再让容州表》"伏奉四月十三日敕，以臣前在容州，殊有理政，使司乞留，以遂人望。起复臣守金吾卫将军员外置同正员兼御史中丞、使

大唐中兴颂

持节都督容州诸军事兼容州刺史，充本管经略守捉使……。臣今寄住永州，请刺史王庭琡为臣进表陈乞以闻"云。颜真卿《元结碑》记元结拜左金吾将军兼御史中丞，其恳辞再三者，时在大历四年四月。斯记若是，元结大历四年已在永州。元结其前尚有永州之游，《朝阳岩铭》有记："永泰丙午中，自舂陵诣都使计兵，至零陵，爱其郭中有水石之异，泊舟寻之，得岩与洞，此郡之形胜也。"浯溪诸文如《浯溪铭》《庼廎铭》《峿台铭》《丹崖翁宅铭》《东崖颂》以及《右堂铭》，皆出其间所撰。按，《峿台铭》，大历二年六月十五日刻，见《金石萃编》卷九四；《庼廎铭》，大历三年八月九日，□□林云刻；《右堂铭》，大历六年闰三月，高重明书。并见《八琼室金石补正》卷六一，皆出后来追立。《中兴颂》盖亦并出州牧王庭琡之追立，颜真卿不见永州之游，其书盖出为元结千里乞书者。《集古录跋尾》《金石萃编》并记为摩崖碑，其模勒上石者又当藉他人之手。

五二、大宗碑

颜真卿撰并正书。

碑目又称《晋颜含大宗碑》。全称《晋侍中右光禄大夫本州大中正西平靖侯颜公大宗碑》。文见《全唐文》卷三三九。大历六年十一月，立在润州白下。著录首见《金石录目》第一四六〇至一四六二。《宝刻丛编》卷十五引《集古录目》记颜真卿结衔"抚州刺史"。

按，后有《颜氏家庙碑》亦追述颜氏世系，其立在建中元年，后是碑十年，益见详尽，黄本骥编纂《颜鲁公世系表》多本之。今校补如下：

颜含三子：长髦，字君道；仲谦，字子让；叔约。髦子綝。谦子纶，廷尉。约子熙，散骑常侍；显，护军司马。

颜胜之，盖腾之误，字宏道，巴陵太守。善书，梁武帝《草书评》云："颜腾之、贺道力，并便尺牍，少行于代。"

颜协，字子和，撰《晋仙传》五篇、《日月灾异图》两卷，文集二十卷。

颜之推，字介，著《家训》二十篇、《冤魂志》三卷、《证俗字音》五卷，文集三十卷。

颜勤礼，字敬，著作郎后尚见任"修国史，夔州长史。赠虢州刺史"。生昭甫、敬仲、殆庶、无恤、少连、务滋、辟强。

又，颜氏系望族，颜真卿本系外，史乘所见亦多，今笺补之：

颜约，零陵太守，生显。显，护军司马，生延之。

延之（三八四—四五六），金紫光禄大夫，领湘东王师，谥曰宪，赠特进，《宋书》卷七三、《南史》卷三四列传。以文名，与谢灵运并称"颜谢"，有文集三十卷行于世，今仅存《颜光禄集》一卷。有妹适刘宪之。三子：长曰峻（四一五—四五九），字士逊，官至侍中，封建城县开国侯，《宋书》卷十五、《南史》卷三四有传；次曰测，官至江夏王义恭大司马录事参军，亦以文章见知，先峻而早卒，《旧唐书》卷四七《经籍志下》记有《颜测集》十一卷；三曰𩰬，官至中书侍郎。按，峻，是碑作"浚，吏部尚书"；测，"临淮太守"；𩰬，"五兵尚书"，盖出家乘。近人颜普元《颜氏家学与风徽》记颜含以下世系，有简表：

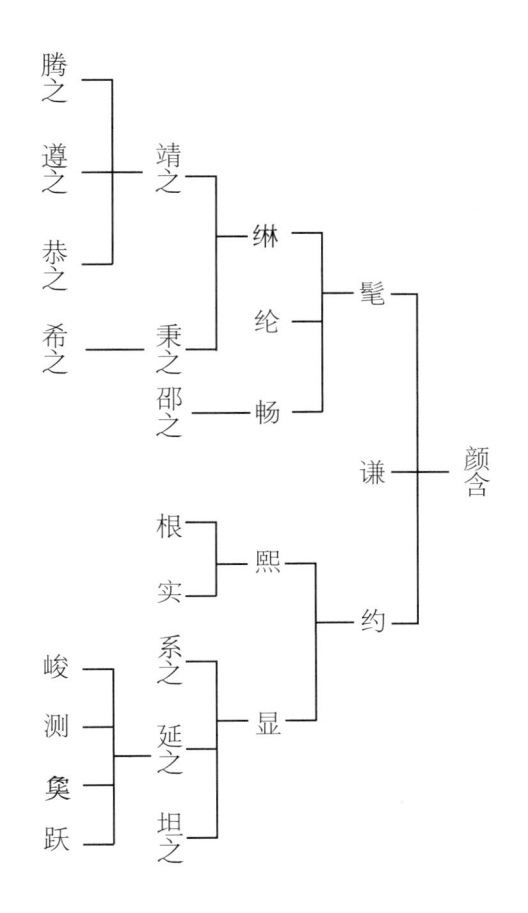

```
腾之 ┐
遵之 ┼ 靖之 ┐
恭之 ┘      ├ 綝 ┐
希之 ── 秉之 ┤   ├ 纮 ┐
              └ 邵之 ┴ 畅 ┴ 髦 ┐
                                ├ 谦 ┐
              根 ┐               │   │
              实 ┴ 熙 ┐          │   ├ 颜含
                     ├ 约 ───────┘   │
              系之 ┐  │              │
峻 ┐          延之 ┼ 显 ────────────┘
测 │          坦之 ┘
奰 ┼
跃 ┘
```

按，《大宗碑》子孙多记旁系，其孙有"纮，廷尉"，盖出谦子。又，南京近年出土颜綝、颜镇之印。碑及上引颜表不见镇之，镇之当与靖之同辈，或孙、纮子。

又记：秉之，字敬宗，散骑常侍；邵之领军司马；根，字道熙，治书御史，晋安太守；实，字道安，御史大夫，永安太守；系之，益州刺史；坦之，东阳太守。较之是碑多秉之、实、坦之诸人。另，玄孙遵之，散骑常侍；恭之，司徒王谯主簿；跃，东湘太守。亦不见于是碑，不知何据，或出其所记参考书目之《云桥颜氏四修族谱》，俟考。

颜师伯，字长渊，邵（邵之）之子。长兄竣，盖同祖从兄。官至左仆射，封平都县子，谥曰荒子。《宋书》卷七七、《南史》卷三四有传。有弟师仲、师叔。师仲，晋陵太守；师叔，司徒主簿，南康相，并附见师伯传中。有子六人，与父并诛，不见姓名。师仲子干，继其爵位。《宋书》卷一七有僧道，《梁书》卷二二有齐兴太守僧都，或与僧度、僧超兄弟行。

腾之，一作胜之，《颜氏家学与风徽》记有子兴之，为炳之兄，安宁太守。其子登，字康之，梁鄱阳王府郎中令。炳之有子宣仁，见远弟，巴陵王参军。

颜千里，《八琼室金石补正》卷三十有龙门题名，贞观十五年为淄县令，碑记殷王府主簿，盖其终官。

颜之仪（五二三—五九一），字子升，以直言见称，《周书》卷四〇、《北史》卷八三有传。又以文名世，有文集十卷行于时。《北史》称为之推弟，显误。

颜昶，《大唐故桂州始安县丞云骑尉颜府君（昶）墓志铭》记其有子颜万石，字子舆，"曾祖协……祖之仪……父昶，□□、德阳二县令，轻车都尉"。昶，碑记"宁仁令"，乃"宁民令"之误，武德六年见任，见《新唐书》卷三七《地理一》"蓝田"条下注。志文所泐，盖宁民二字，万石，乃含之十一代孙，与师古同辈，官至始安县丞，卒于调露元年，年七十八。

颜游秦，官至郓州刺史，封临沂县男。有《汉书决疑》十二卷，为世所重，师古注《汉书》，多取其义。新、旧《唐书》有传，附《颜师古传》后。

颜师古（五八一—六四五），字籀，《旧唐书》作名籀、字师古，今从《新唐书》。思鲁长子，初仕隋安寿尉，入唐官至中书侍郎，封琅邪县男。谥曰戴。以儒学称，尤以注《汉书》著名于世，有谓"班孟坚忠臣"。所注《汉书》《急就章》大显于时。新、旧《唐书》有传，见《旧唐书》卷七三、《新唐书》卷一九八《儒学上》。《新传》记："永徽三年，子扬廷为符玺郎，表上师古所撰《匡谬正俗》八篇。"按，是碑有记"杨（扬）庭，蒋王侍读；光庭，博学，注《后汉书》，涉令；趋庭，职方郎中、吉州刺史"云，参《元和姓纂》记师古"生趋庭，职方郎中"。扬庭、光庭、趋庭，盖兄弟行，并为师古子。《姓纂》又记其有曾孙迢、元孙庶，不知出自何子。

颜相时（？—六四五），字睿，师古弟，入唐秦王府学士，后官至礼部侍郎，史称"师古死，不胜哀而卒"，盖卒于贞观十九年。新、旧《唐书》有传，附《颜师古传》后。《姓纂》记"生益期。期曾孙交"。是碑有记"欣期，著作郎；益期，详正学士"，并为兄弟行，并为相时子。

颜有意，《姓纂》记"之善孙"。按，碑记含十代孙有"昶，宁仁（民）令；愍楚，侍御史；游秦，度支郎中，廉州刺史。……颐隋，汝南侯，侍郎"。昶为之仪子。愍楚、游秦为思鲁弟，之推子。颐隋乃之善子，盖有意之父。《金石录》卷二四《唐益州学馆庙堂记》："成都县令颜有意书。"其永徽元年盖在成都县令任上。有意，乾封二年二月又有《滁州刺史刘君碑》（李俨撰），正书，盖亦一善书者。

颜利仁，不知何人子，《新唐书》卷九六《杜如晦传》记杜如晦次子杜荷言，有称其"善星数，言天有变，宜建大事，陛下当为太上皇"云，盖为李承乾集团中人。承乾事败，亦当坐诛。

颜隐朝，《登科记考》卷二七引作"朝隐"，《全唐文》卷四〇〇《对驱傩判》作者，参隐朝后尚有"匡朝，工五言，朐山令"，其兄弟行。"朝隐"，盖讹，《家庙碑》亦作"隐朝"。

颜说、颜顺，《登科记考》卷二七引作一人，谓"说顺"，亦误。

颜升庠，亦见《家庙碑》。《登科记考》卷二七"同寅"条下注"颜含十二代孙，明经升庠"云，盖误读碑文。

颜逸，字士骋，广德年曾任湖州武康令，与皎然交游，皎然有《五言赋颜氏古今一事得晋仙传送颜逸》《五言妙喜寺达公禅斋寄李司直公孙、房都曹德裕、从事方舟、颜武康士骋四十二韵》等诗志其事。当其离任赴鄂州，独孤及有诗送行。按，是碑之立，上距广德年八九年而依然称"武康令"，盖其终官。参独孤及《送武康颜明府之鄂州序》诗序："多故以来，干禄者进必欲速，大抵悉弃夷道而趋捷径。颜子独曳儒服，非其知己之命不苟合，非稽古力所致不妄动。今其来斯也，不以贿，不以名，不以游眺，挟策读书，艺成而去，君子哉！若人邪！将以特舟片帆，沂洄于大江秋涛之中，涉彭蠡，历西塞，浮于潜，蹢于沔，吾子安于忠信，亦当安于风波，况滔滔江汉，茫茫禹迹乎？"盖已挂冠远隐江湖之间矣。

五三、颜含碑

李阐撰传，颜延之铭，颜真卿正书。

碑目又称《晋颜含碑铭》《右光禄大夫西平靖侯颜府君碑》。文见《全上古三代秦汉三国六朝文》卷一三三（引《景定建康志》）。大历七年四月，立在润州白下。著录首见《墨池编》卷十七。《宝刻丛编》卷十三引《集古录目》记颜真卿结衔"前行抚州刺史"。

碑主颜含，颜真卿十三代祖。十四代孙者，盖连本身计。延之乃含曾孙，原碑盖出追立。《晋书》卷八八有传，多本是文。《大宗碑》立于大历六年，迟三百余年，除卒年九十三讹作九十二之外，其于家世记述较李阐碑尤见甚详，似作补叙，为后之《家庙碑》张目。其记含父祖事迹，多加疏漏，今移录如下以全之：

魏有斐、盛。盛，字叔台，青、徐二州刺史，关内侯，始自鲁居琅邪，代传恭孝，故号所居为孝悌里。生钦，字公若，明《韩诗》《礼》《易》《尚书》，多所通说，学者宗之，历大中大夫，东莞、广陵太守，葛绎贞子。生默，字静伯，晋汝阴太守、护军将军。生公（含）……

五四、刻清远道士诗

诗，清远道士撰；和作，颜真卿撰。两诗并颜真卿正书。

诗目又称《清远道士同沈恭子游虎丘寺有作》。和作又称《刻清远道士诗因而继作》。诗见《全唐诗》卷一五二。大历六年，书于苏州虎丘山。著录首见《忠义堂帖》，惟其所收末题"大历五年十二月十日刑部尚书颜真卿"者，显见伪迹。

此诗，后之追和者甚众，著名有李德裕、皮日休、陆龟蒙诸人，黄本骥皆引入《颜鲁公文集》附鲁公诗后。然皮日休之序，出之《吴郡志》，略少于《全唐诗》，《全唐诗》盖出另一本。今补录如下：

圣人为春秋，凡诸侯有告则书，无告则不书，盖所以惩其伪而敦其实也。夫怪之与神，虽曰不言，在传则书之者，亦摅其实而为之也。若然者，神之与怪果安邪？噫，圣贤有不得其志者，则必垂之于言也。大则为经诰，小则为歌咏，盖不信于当时，则取憖于后世，抑鬼神有生不得其志者，死亦然邪？若凭而宣之，则石言乎晋，物叫于宋是也。若梦而辩之，则良夫有昆吾之歌，声伯有琼瑰之谣是也。自兹已后，人伦不修，神藻益炽，在君人者，悟之则为端，

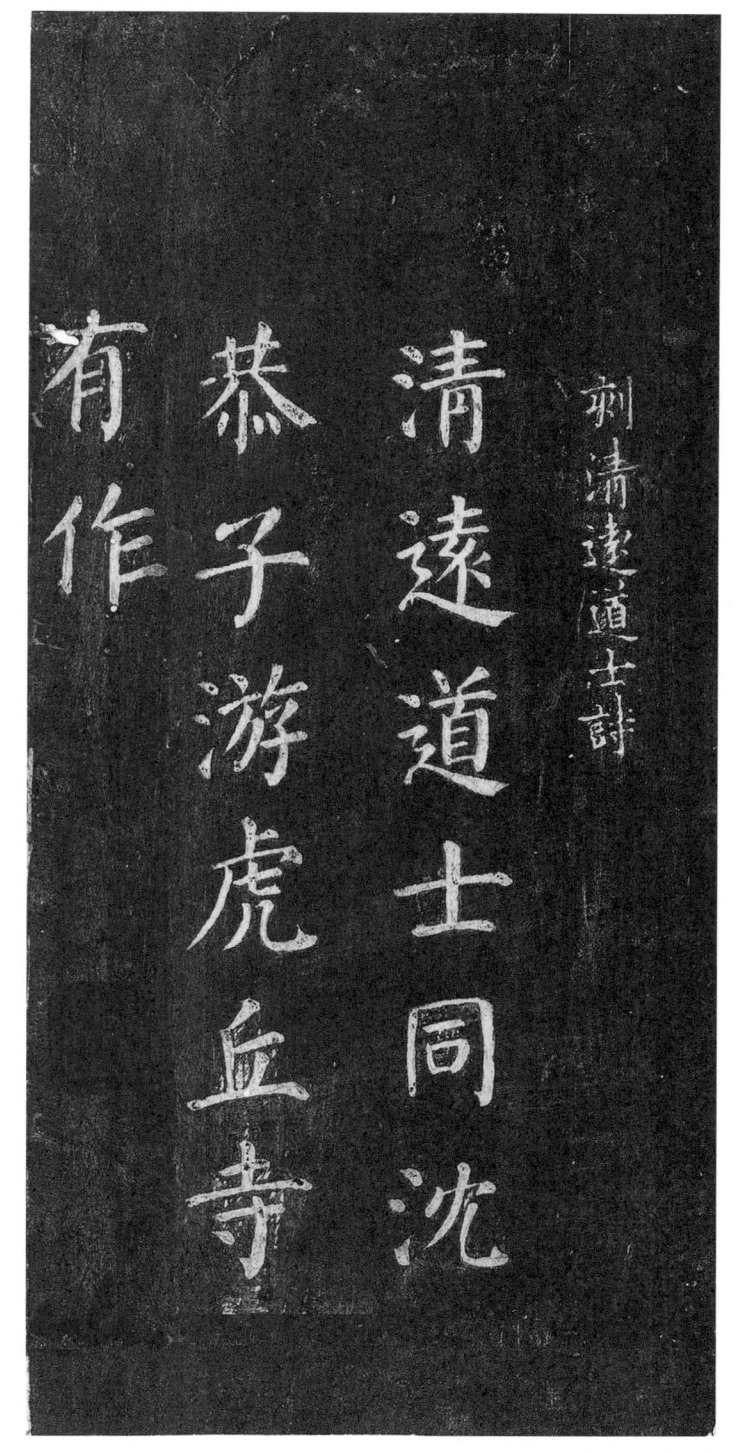

刻清远道士诗

清远道士同沈
恭子游虎丘寺
有作

逆之则为妖，其冥讽昧刺，时出于世者，则与骚人狎客，往往敌于忽微焉。……又《幽独君诗》二首，亦甚奇怆。予嗜古者，观而乐之，因继而为和答。《幽独君》一篇，不知孰氏之作，其词古而悲，亦存于篇末。太玄曰：……

是帖见于《忠义堂帖》，宋季盖已流传，惟其铭书崖壁上，何以仄小孱弱如是？且是诗"吟眺川之阴"，"眺川"误为"挽川"；又，"虎"字二见，皆不避唐讳。其他，"本"字竖笔中断，"历"字从木，"遊"字作"游"，都不类颜真卿平常书法。是帖宣和内府未收，赝迹盖出宣和之后。

存世尚有墨迹本，《颜鲁公文集》卷二六引《石刻题跋》记有文彦博、薛昌谔元丰壬戌仲春望日观款，以及余深大观三年四月、张晏大德十年丙午三月八日、李倜延祐仲秋二十八日、陈继宣德七年四月二日、商辂天顺八年十月、丰坊正德十四年长至后六日题记，还有梅山拙逸、郭畀（天锡）、徐达左诸人跋语。参黄本骥记"原题大历五年十二月十日刑部尚书颜真卿书""此帖'虎'字凡两见，皆直书不避"云，全同《忠义堂帖》，盖本之是帖而加诸人题跋。黄本骥又称："陈继跋与卞氏所录《祭伯父》内陈敬宗跋，语意全同，疑此书是后人伪作。"其亲睹墨迹，且加稽查，自当可信！

五五、横山庙碑

颜真卿撰并书。

文见《全唐文》卷三三八。大历六年，立在广德县。著录首见《舆地纪胜》卷二四引《宣城志》。

黄本骥误横山为湖州之衡山，故定为鲁公任职湖州时所作，见《颜鲁公文集》卷十一、二十八。其《横山庙碑》条下记："按《全唐文》是碑仅存'神居武陵，其地有湖，每出则神兽前导，形如白马'，凡十有九字。《湖州府志》乌程县有衡山，衡、横字通用，庙祀其山之神。"按，《横山庙碑》，著录首见《舆地纪胜》卷二四《广德军碑记》，同卷《景物上》又记："祠山，在军西五里，旧为横山，有广德张王祠，天宝中封为祠山。又按《宣城志》，颜鲁公尝书《横山碑》云：'新室之乱，野火燎其祠，建武中复立。'"是碑盖立于广德军。广德，唐时为县，隶宣州，在溧水县东南处，见《元和郡县图志》卷二八《宣州》。

《嘉泰吴兴志》卷十三"祠庙"条有记："灵济庙，在子城西北报恩观之右，广德祠山张王也。有敕赐庙额，累封王爵。王，后汉人，初居郡之白鹤山，唐颜真卿碑载其事。"又引《显灵集》云："王讳澂，姓张，后汉时人，初居苕溪之白鹤山。注云其事见湖州碑，大历九年刺史颜真卿书重立，徐浩题额。"以其碑载"新室之乱，野火燹其祠"云，颜真卿"书重立"者即《横山碑》。撰人无考。徐浩题额，盖在大历八年出贬明州别驾道出湖州之日。颜、徐合作碑版，又见一例。

五六、题蒲塘客旅

颜真卿撰并书。

帖目又称《左伯桃墓诗》，即《经古烈士左伯桃墓下作》旧诗。大历六年，题于溧水县。著录首见郑薰《移颜鲁公诗记》。左伯桃墓在荆州，是诗作于永泰二年出贬吉州途中（详考参见拙著《颜真卿年谱》）。

大历六年留题蒲塘客舍者，参郑记"词韵凄激，点画崭壮，穷国艺之奇事，厥后洎于大中之丁丑岁，八十七年矣。孤宇夐闻（阒），扃縢不固，久为飘暴薪牧所困，一挑半剔，往往泠缺。余作镇到此，有客谓余者，惜之，立召工将王少儒领其部匠，凿垣复匦，移窆于北望楼之西隅，且以为郡居之胜绝，镌石其下，俾后之观者知改置之意无忽"云，所见盖为墨迹。何时传刻，俟考。

五七、江宁国题名

颜真卿书。

著录首见朱长文《古今碑帖考》。江宁国，无考。若"江"字衍，为"宁国"之讹，则当书于大历六年，客游宣州之日。

五八、三教会宗堂

颜真卿书。

颜名又称《遗名先生三教会宗堂》。大历六七年间，书于上元。著录首见《景定建康志》卷一七"山川"。

颜主韦渠牟（七四九—八〇一），号遗名子、北山子，京兆万年人，颜真卿内从弟。十一岁能诗，李白教以古乐府之学。大历四年入道，为茅山道士李含光弟子。八年改为僧，法名尘外，大历末还俗。贞元二年入浙江东西观察使韩滉幕为从事，八年为四门博士，十二年奉诏参预三教论衡，寻授校书郎，逾月迁右补阙，十一月拜右谏议大夫。后历太府卿，官至太常卿。卒后赠刑部尚书，谥曰忠。权德舆有墓志铭称颂之，记有《文集》若干卷，又撰有《庄子会释》《老子释文》《金刚经释文》《孝经疏》《维摩经疏》《三教会宗图》和《贞元新集开元后礼》一书二十卷。权德舆《右谏议大夫韦君集序》又记有《诗集》十卷。新、旧《唐书》有传，见《旧唐书》卷一三五、《新唐书》卷一六七。其工诗，集序有称："苦心藻虑，俪词比事，纤密清巧，度越群伦。尝著天竺寺六十韵，鲁郡文忠公序引而和之，使画工图于仁祠，摘句配境，偕为胜绝。又于江南著卧疾二十韵，晋国忠肃公手翰以美之，曰'卓尔独立，其在我韦生乎'。其为名臣宗公所称赏如此。又与竟陵陆鸿渐（羽）、杼山僧皎然为方外之侣，沉冥博约，为日最久。而不名一行，不滞一方，故其曳羽衣也，则曰遗名；摄方袍也，则曰尘外；被儒服也，则今之名字著也。周游三教，出入无际，寄词诣理，必于斯文。"《墓志铭》序亦记："于是传心印之法于金陵，授谷神之道于华阳，或为尘外人，或为遗名子。其达观也，不名一行。其元同也，会归三教。盖周游揭厉，无入而不自得焉，终以儒服服素王之道。……鲁公尝称遗名子洞澈三教。"陶宗仪《书史会要》称其"工书"，盖有所凭。

此颜曰"遗名先生"者，盖在大历八年改僧名尘外之前。颜真卿《李含光碑》记："真卿与先生门人中林子殷淑、遗名子韦渠牟，尝接采真之游，绪闻含一之德。"又称："大历六年，真卿罢刺临川，旋舟建业，将宅心小岭，长庇高踪。而转刺吴兴，事乖夙愿。"颜、韦兄弟尝有接采真之游，其盖始于茅山之日。渠牟父冰，宅在上元，见《太平广记》卷三八四引《广异记》，旧制族居，且冰为颜真卿妻叔，为其上辈，自当参拜之。是颜之题，必出颜真卿滞留上元之日。

422

五九、志公像赞

李白撰，颜真卿正书。

碑目又称《志公画赞》。文见《全唐文》卷三五〇。大历六七年间，书于上元蒋山寺。著录首见杨士奇《东里续集》卷二，有称："吴道子画，李白赞，颜真卿书，世称'三绝'。旧刻已坏，此重刻者，不复见书法之妙矣。"叶奕苞《金石录补》卷十七记："此碑毁于宣德中，后灵谷寺僧本初以旧拓勒石，去原本远矣。石在扬州。"严观《江宁金石记》记毁于成化间。扬州之石，凡九行，行八字，目曰"宝公像"，额篆"普济一真"四字。首题吴道子画，次行李太白赞，末款颜真卿书，皆不合有唐制度，乃重刻时所改。叶氏所谓以旧拓勒石，盖出想当然。

六〇、送刘太冲序

颜真卿撰并行书。

文见《全唐文》卷三三七。大历七年春日，书于上元。著录首见米芾《书史》，谓碧笺书，王钦臣故物。又称："其子云，与智永《千文》、柳公权书《柳尊师志》、欧阳询《鄱阳帖》并同葬矣！"又谓刘泾在宿州收有"白麻纸临颜书太冲序，乃其后秘笈第一物"。庆元五年石本有戴援（绶）跋："第序脑亡'太'、'冲'、'彭'三字，考汝、越帖亦然，莫可补阙云。"《忠义堂帖》首句又损"刘""者"两字，末题结衔仅存"鲁郡公"三字。《墨池编》卷十八记为"传模本"。

帖主刘太冲，名才士刘太真之兄，宣州人，望出彭城，天宝十二载进士登科，与弟太真并师事萧颖士。按，刘太真（七二五—七九二），天宝十三载登进士科，裴度《刘府君（太真）神道碑铭》有称："弱冠以行义修洁，词藻瑰异，名声藉甚于诸公间。当时文士兰陵萧茂挺，才高意广，诱接甚寡，一见公，便延之座右，以孔门高弟，不在兹乎？天宝中，与伯氏太冲迭升太常第，议者荣之。"萧颖士《江有归舟诗序》亦称"太真元昆，前已甲科，未始间岁，翱其连举"。其兄弟师事萧颖士，盖在进士登科之前。太真，字仲适，为太冲二弟，其贞元八年三月八日卒，年六十八，盖生于开元十三年，且元昆登科仅早一年，兄弟间年纪不会相距太大，或仅几岁而已。《刘太真碑》记其世系：晋永嘉末，衣冠南渡，遂为金陵人。一代

送劉太沖序

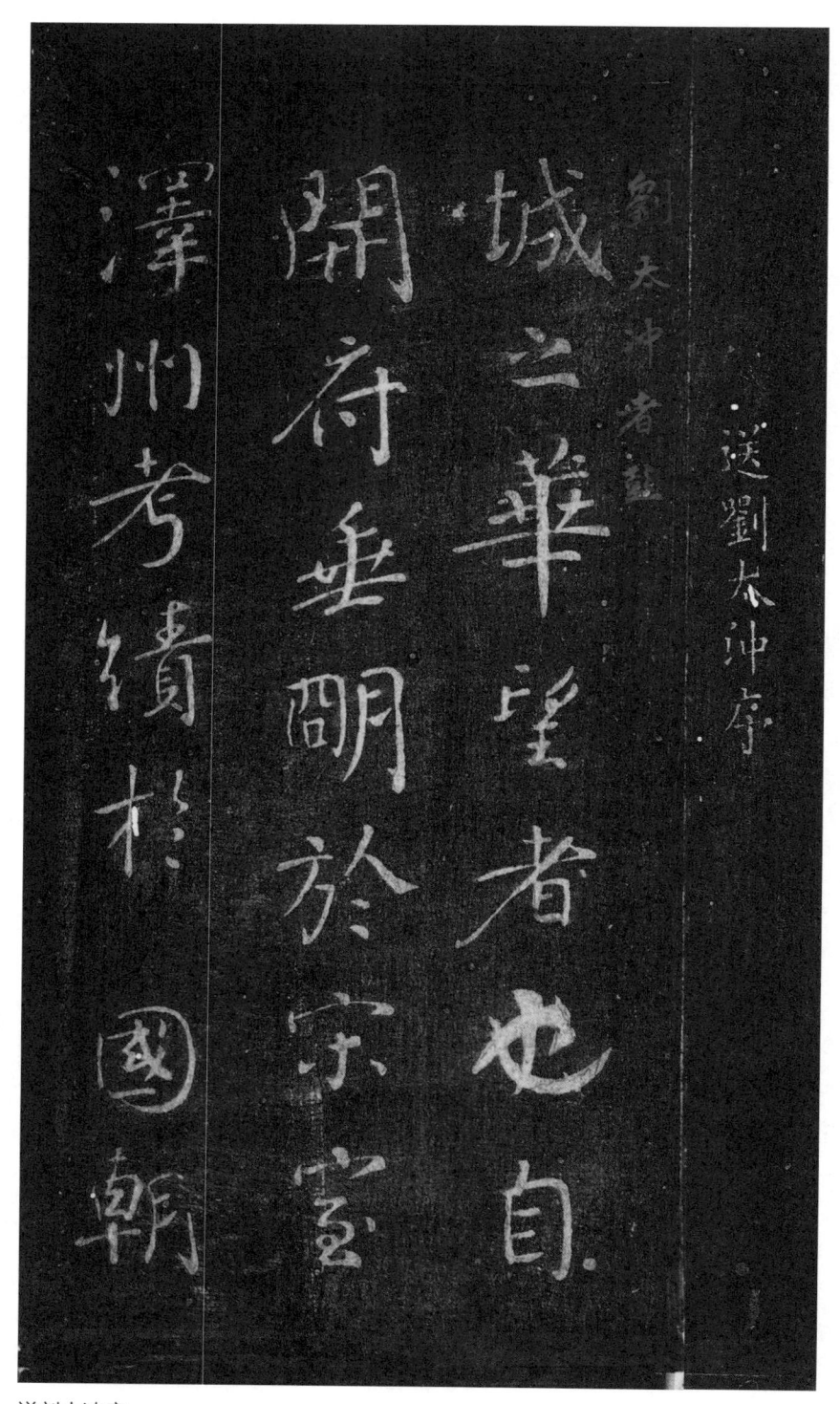

劉太沖者蓋城之華望者也自開府垂明於宗室澤州考績於國朝

祖悱，隋伏波将军、桂阳太守。高祖关，皇襄州别驾。曾祖轸，皇沂州刺史。祖际，皇洪州录事参军。考若筠，皇赠谏议大夫。又记其兄弟之情，有谓"谏议府君尝被热疾而为疽……后因与元兄营甘鲜之膳，自城邑而归。未至所舍，而遇曛黑。则有偷者，引弓遮道。公遽告之名居，且曰身惟所取，无害吾兄。盗者乃愕然自失，曰不谓是刘家兄弟，乃惭而退。则赵孝之争死让生，不是过也"云。

是序曰："昔余作郡平原，拒胡羯而请与从事；掌铨吏部，第甲乙而超升等夷。"颜真卿"作郡平原，拒胡羯"，时在天宝十四载，后太冲登科二年，所谓从事，盖在幕下，而尚未入仕。"掌铨吏部"，在广德元年，其"第甲乙而超升等夷"者，或亦为颜真卿下僚。按，颜真卿乃其师萧颖士之"少相知"。《新唐书》卷二〇二《萧颖士传》有记："颖士友殷寅、颜真卿、邵轸、赵骅，时人语曰殷、颜、柳（芳）、陆（据）、李（华）、萧、邵、赵，以能全其交也。"《旧唐书》卷一八七《赵骅传》"骅"作"晔"，所记八士之交全同。颜、刘之交，盖与萧颖士有关。元昆行谊如是，其弟太真与颜氏情义亦当不浅。

六一、颜默碑

颜真卿正书。

大历七年四月，立在汝阴县。著录首见《金石录目》第一五五三，其跋尾卷二八有记"右《唐颜默残碑》者，初颍州人家以其石为马台，皇祐中王回深父之弟囧容季见而识其为鲁公书，因摹本以传"云，是时盖残泐已甚。黄本骥以为"公书（颜）含碑，为晋江夏李阐文，则默碑当亦重书旧文，非公自撰也"（《颜鲁公文集》卷二八《书评八》是碑条下按语），或是。

碑主颜默，字静伯，颜含之父，即颜真卿十四代祖，《大宗碑》有记"晋汝阴太守、护军将军"。汝阴太守，盖其终官。是碑立在颍州，盖未曾归葬琅邪。汝阴属河南道，在陈州东南三百里处。《元和郡县图志》卷七称"西取陈州路至上都一千八百二十里"。颜真卿大历七年赴京曾出汴州，有《开元寺碑》，其当从俗西取陈州之路，而颍州为其首站。途中扫祭，不允从容铭石。是碑盖亦出抚州"采石刻颂，用寄碣于墓左"者。

六二、八关斋功德记

颜真卿撰并正书，田悦篆额。

碑目又称《宋州官吏八关斋会报德记》《八关斋会记》。文见《全唐文》卷三三八。大历七年五月八日稍后，立在宋州。著录首见《金石录目》第一四七七至一四八二。《金石萃编》卷九八记："幢八面，高一丈一尺四分，广二尺五分。每面五行，行二十八字。正书。"末记"唐宋州刺史徐向及官吏奉为汴宋节度使观察右仆射信都王八关斋会报德记"二行篆书。篆书盖出田悦手笔。是碑，杨士奇《东里续集》卷二十记："碑在，今归德州城外僧寺中。永乐丁酉秋，进士尹崇高奉使河南为余致此本，而每行下阙四字，盖打碑时为夏潦所淹也。"参侯方域《壮悔堂集》"崇祯戊寅春，碑之址筑为堞，下临濠水，久之浸及碑。郡人张翺迁之。碑高八尺，横八棱，棱尺许，凡八百八十六字，阙七十四字"（《金石萃编》引）云，明季碑之下段已见泐损。

碑主田神功，冀州南宫人，原为平卢兵马使，颜真卿平原任上"自北海迎致之"归顺朝廷者，官至检校右仆射，封信都郡王，赠司徒。新、旧《唐书》有传，见《旧唐书》卷一二四、《新唐书》卷一四四。《旧传》有称"神功忠朴干勇，当时所称。（大历）八年冬……遘疾信宿而卒。上悼惜，为之彻乐，废朝三日，赠司徒，赙绢一千匹，布五百端，特许百官吊丧，赐屏风茵褥于灵座，并赐千僧斋以追福。至德已来，将帅不兼三事者，哀荣无比"云。杜甫《承闻河北诸道节度入朝欢喜口号绝句十二首》其三即颂其人。

此乃记卒前下属宋州刺史徐向为之祈福事。徐向，字文伯，时为东道主。颜真卿撰并正书是碑，盖出其之请托。

是石，会昌中废佛被仆，仅存三面；至大中三年，崔倬出任州牧，访求之，乃以前刺史唐弘实所得模本，"攻治其伤残，补续其次"，重铭石，五年正月一日立于州上，有《石幢记》志其事。崔倬，贝州武城人，玄宗朝良吏刑部尚书崔隐甫曾孙，河南少尹崔微之孙，太常少卿崔溉之子，曾任河南怀卫节度（李芃）掌书记、大理评事（建中四年），州县主簿，后历秘书佐郎、集贤修撰（大和九年）、天平军节度使（王源中）判官、侍御史（开成三年至五年）、宋州刺史（大中三年至五年），官至国子祭酒。与韦应物友善，韦氏有《独游西斋寄崔主簿》诸诗志之。善

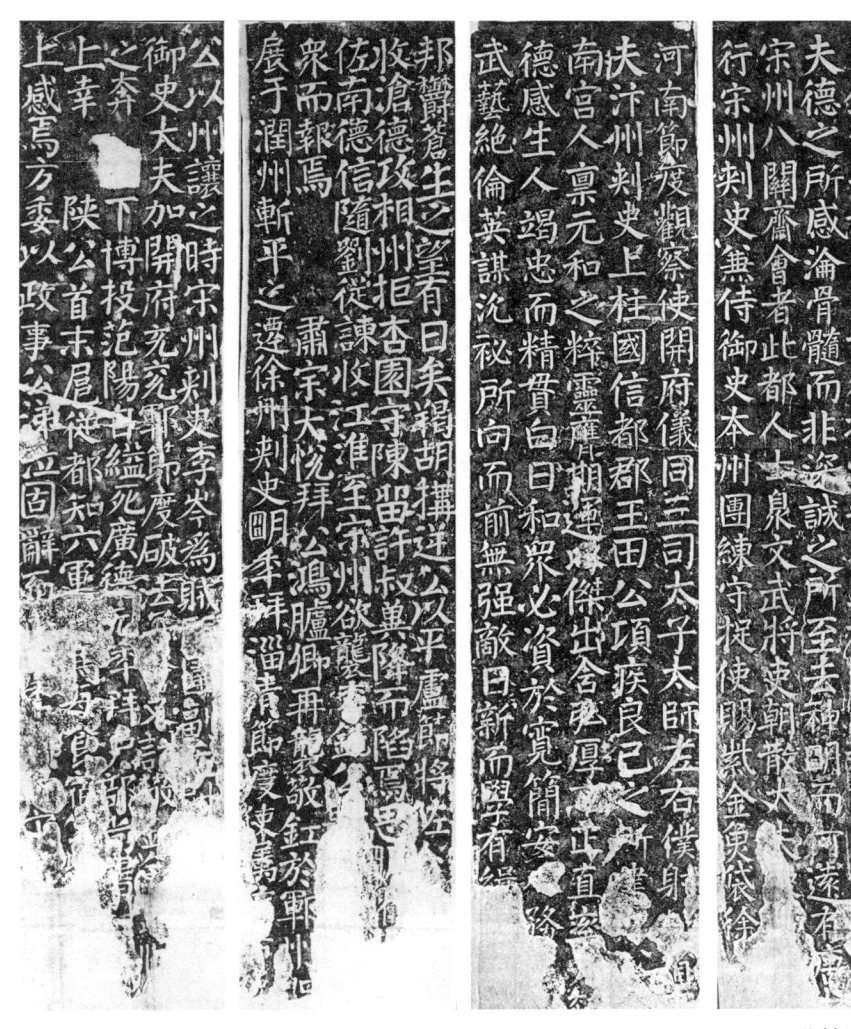

八关斋功德记

书，有正书《崔洧墓志铭》（崔耿撰，开成元年二月）存世。另有《崔芑夫人郑氏墓志铭》，崔倬撰。正书，不署书人姓名，以其"叔父命倬刻石置于墢内，以扬其徽音"云，盖并出倬手。《石幢记》所谓"倬自幼学，慕习鲁公书法，才不能窥涉其门宇，然……补续其次，虽真赝悬越，貂狗相属，且复瞻仰鲁公遗文，昭示于后"者，谦卑之处，实出自诩。

篆者田悦，魏博节度使田承嗣之侄，平州卢龙人，乃田神功族中子弟。官至检校尚书右仆射，封济阳王，新、旧《唐书》列传，见《旧唐书》卷一四一《田承嗣传》，《新唐书》卷二一〇《藩镇魏博传》。德宗朝与朱滔、王武俊、李纳结盟称王，国号魏，僭称魏王。兴元元年去王号。《旧传》："仍令给事中、兼御史大夫孔巢父往魏州宣慰。……悦方宴巢父，为其从弟绪所杀。"参《新传》死时"年三十四"云，本年当二十三岁。《金石萃编》卷九八颜真卿《八关斋会报德记》碑末题记悦结衔"宣德郎楚丘县令"盖其时职。楚丘，隶宋州，为徐向下僚。颜、田，盖有交游，惟其合作碑版，仅见此例。毕沅《中州金石记》以为"其篆至劣……唐人之不通篆学如此"，又说"今依隶造篆不成字体"。评之如何，惟已不得一睹而鉴之。

是记云："徐公悦而从之，来五月八日，首以俸钱三十万，设八关大会，饭千僧于开元伽蓝，将佐争承，唯恐居后。已而，州县官吏长史苗藏实设一千五百人为一会，镇遏团练官健副使孙琳等设五百人为一会，耆寿百姓张列等设五千人为一会，法筵等供仄塞于郊坰，赞呗香花喧填于昼夜，其余乡村聚落，来往舟车，闻风而靡，督自勤耸而怵先胥懋者，又不可胜数矣。……某叨接好仁，饱承余烈，睹慈盛美，益觊求蒙，若不垂诸将来，则记事者奚述？"其斋会之盛烈，莫有与侔，颜真卿佞佛，又亲历其间，奚能无慨？

六三、开元寺僧碑

颜真卿正书。

大历七年，立在汴州。著录首见《金石录目》第一五四四，其跋尾卷二八有记"书撰人姓名残缺"，又称"初，仁宗朝，吴长文参政在京师僦居，治地得之"。是碑宋初盖已残损。

汴、宋两州毗邻，汴宋设节度使。颜真卿自宋入都，若走水路，出通齐渠至汴三百里。唐制，三十里一驿，其客次开元寺，必在七年五月八日立《八关斋会记》后旬余日。

六四、宋昇碑

颜真卿撰并正书。

碑目又称《宋广平碑》《唐相宋昇碑》《唐故太尉文贞宋公碑》《宋文贞璟碑》《广平郡公宋昇碑》《右丞相广平文贞公宋昇碑》《广平郡文贞公碑》《广平文贞公宋昇碑》《尚书右丞相文贞宋昇碑》。全称《有唐开府仪同三司行尚书右丞相上柱国赠太尉广平文贞公宋公神道碑铭》。文见《全唐文》卷三四三。大历七年九月二十五日，立在沙河县。著录首见《墨池编》卷十七。《金石萃编》卷九七记：

宋升碑

"碑高一丈一尺七寸，广六尺。侧厚一尺二寸五分。两面俱二十七行，行五十二字。侧七行，行五十字。正书。"颜真卿结衔"金紫光禄大夫行抚州刺史上柱国鲁郡开国公"。是碑久晦，至明复显，王世贞《弇州山人稿》卷一三五记："余始有碑侧记，又后一岁乃得碑文，颇剥蚀。"都穆《金薤琳琅》卷十六记："文贞墓在直隶之沙河县，碑久埋没土中。近予友方思道作县，出之重树于墓，以拓本见示。"参归有光《震川集》卷五所记"右《广平宋文贞公碑》，颜鲁公书，在今沙河县之东北康陵。丁丑之年，岁末方思道为沙河令，碑已断没，出之土中，镕二百斤铁贯而续之"云。都穆，弘治进士，其友方思道"丁丑之年"为沙河令者，丁丑乃正德十二年，其时已见断且蚀矣！按，《金薤琳琅》附有宋编修国朝会要所检阅文字官范致君崇宁二年记，谓《宋公神道碑》独完好，惟碑侧记缺八字"。其后都穆有称"今读其文，完好无缺。惟前碑缺九字，考之拓本良然。但细玩此碑，字画似已磨灭重经开刻者，故碑文与此书所载时有小异"云，都穆所得略有小异者，盖出重开之石，时在宋代。

都穆云："余家藏《鲁公文集》中有此碑，因得比较，以补石本之缺。但其文时有小异，如：集本云'建一言而天下倚平'，碑'一言'作'一阳'；集本云'曾祖宏俊'，碑作'宏峻'；集本云'尝梦大鸟衔书，吐公口中，公吐之'，碑作'大鸟衔书，吐公口中而咽之'；集本云'优游自免'，碑作'乡里'；集本云'左右震竦'，碑'左右'作'天后'；集本云'敕使驰救之'，碑'救'作'敕'；集本云'与执政通同'，碑作'与执政通开'；集本云'玄宗将幸西蜀'，碑作'中宗将幸西京'；集本云'公盛气诘之'；碑'气'作'色'；集本云'东宫有大功，宗庙社稷主也，安得异议'，碑作'春宫有大功，主安得异议'；集本云'驾幸洛阳'，碑作'驾达东都'；集本云'驰道险隘，行不得前'，碑作'驰道隘稽，车骑不得前'；集本云'以臣免之'，碑'臣'字下有'言'字；集本云'母宠子爱'，碑作'母宠子异'；集本云'敕公按覆'，碑无'敕'字；集本云'置之座右'，碑'之'作'诸'；集本云'仲冬十九日'，碑作'十有九日'；集本云'丧葬官供'，碑'丧葬'作'器葬'；集本云'戊寅岁五月'，碑无'岁'字；集本云'叩太仆之下烈'，碑'烈'作'列'；集本云'义形言色'，碑'言'作'颜'；集本云'既迁邺城'，碑'迁'作'还'；集本云'汗洽流浆'，碑'流'作'如'，其不同者又如此。"《颜鲁公文集》全同都氏家藏集本，盖出重开之前本，《全唐文》本之。然今故宫博物院所藏明拓装裱本又不同于都氏所见，明显非出刻画之讹者，如"建一言而天下倚平"，"左右震竦"，"敕使驰救之"，"公盛气诘之"，"敕公按覆"，"戊寅岁五月"，"义形言色"，"既迁邺城"等，同于集本，或时又另有一本在。

又，王澍《竹云题跋》有记碑与集之所异，谓："碑云'梦大鸟衔书，吐公口中而吞之'，集作'公吞之'；碑云'异而召还'，集作'后异而召还'；碑云'贵近不宜与执政通问'，集作'不宜与执政通同'；碑云'公实佐奇谋'，集作'其谋'；碑云'中宗将幸西京'，集作'玄宗将幸西蜀'；碑云'又为洛州长史'，集作'寻入为洛州长史'；碑云'东宫有大功，主安得异议'，集本'大功'下多'宗庙社稷主也'六字；碑云'兼黄门监修国史'，集本少一'监'字；碑云'五年复兼侍中'，集作'改号侍中'；碑云'明年驾幸洛阳'，集无'驾'字；碑云'以臣言免之'，集无'言'字；碑云'母宠子异'，集作'母宠子爱'；碑云'手诏优遂'，集作'优许'；碑云'佴公而殁'，集作'蹑公而殁'。"较之《颜鲁公文集》："不宜与执政通同"，"通同"为"通问"；"兼黄门监修国史"，"明年驾幸洛阳"，"以臣言免之"三句不见"少监""驾""言"字；"五年复兼侍中"，亦不见"改号侍中"之易。王澍所见集本，或又与都氏家藏者异版，而碑则略同于故宫本。

六五、宋升碑侧记

颜真卿撰并正书。

碑目又称《宋升碑阴记》。全称《唐故太尉广平文贞公宋公神道碑侧记》。文见《全唐文》卷三三八。大历十三年三月，附刻于沙河《宋升碑》侧。著录首见《金石录目》第一四七三。《金石萃编》卷九七记："碑侧，长与碑同，厚一尺一寸。十行，行七十字。正书。"颜真卿结衔"吏部尚书"。

碑主宋升（六六三—七三七），邢州南和人，祖籍出自广平，有唐名丞相，封广平郡公，世称宋广平，新、旧《唐书》有传，见《旧唐书》卷九六、《新唐书》卷一二四。其子宋俨之从父浑乃颜真卿御史台上司，其《碑侧记》称"真卿时忝监察殿中，为中丞（御史中丞浑）属吏"。是碑亦言"宪台执简，承谕德（太子左谕德浑）之深知"。《颜鲁公行状》有记其援额宋浑事，交情不同于一般。《金石萃编》卷九七引《宋升碑》，首题"金紫光禄大夫行抚州刺史上柱国鲁郡开国公颜真卿撰并书"，末款"大历七年岁次壬子九月二十五日孙俨追建"。按，碑有称："大历五年冬十二月，孙俨惧遗盛美，不远求蒙，以真卿……谨凭吏部员外郎卢僎所上行状，略陈万一，多恨阙遗。"参大历六年六月《中兴颂》、七年四月甲寅《颜含碑》，结衔"行抚州刺史"前冠一"前"字，是碑盖始撰于大历五年十二月，而成于六年闰三月抚州代到之前，末款年月盖立石之日。俨，璟第七子尉氏令华之子，后官至苏州刺史。其碑侧记论述立碑始末，后又明题"十三年春三月吏部尚书颜真卿记"。功德圆满者，盖在十三年三月间。而是时，俨之六伯衡自谪居沙州后，守敦煌，陷吐蕃，吐蕃闻其父名礼送归朝，至去年十一月回京。代宗超奖，仅不数月。可谓是石因衡而息，因衡而起。

六六、广平帖

颜真卿撰并草书。

文见《全唐文》卷三三七。大历七年九月之后书。著录首见《忠义堂帖》。

其云"得示，问《广平碑》本。了来数日，故当封呈"。《广平碑》即《宋升碑》，其始撰于大历五年十二月而成于六年闰三月代到之前。是帖垂问此碑答当封呈，盖在完稿之后数日间。帖主宋俨，时职无考。

六七、与夫人帖

颜真卿撰并行书。

帖目又称《顿首夫人帖》。文见《全唐文》卷三三七。大历七年十一月八日，书于汴州。著录首见米芾《书史》。《墨池编》卷十作记为"传模本"，在宋次道家。米芾《宝章待访录》云："真迹，楮纸破烂过半，在驸马都尉王晋卿家。"是帖完整无损，文亦未见短缺，盖以破烂前之摹本入石者。

帖主"夫人"乃韦夫人，太子中舍人韦迪之女，京兆尹杜济夫人之姐，尘外上人即后之太常卿韦渠牟堂姐，长子颜颇之生母。是时，鲁公自抚州返京待命新职，夫人偕行，道出洛阳，盖迁伯父元孙夫妇之柩归葬长安祖茔。是书出于初至汴州之日。

得示問廣平不輝在了

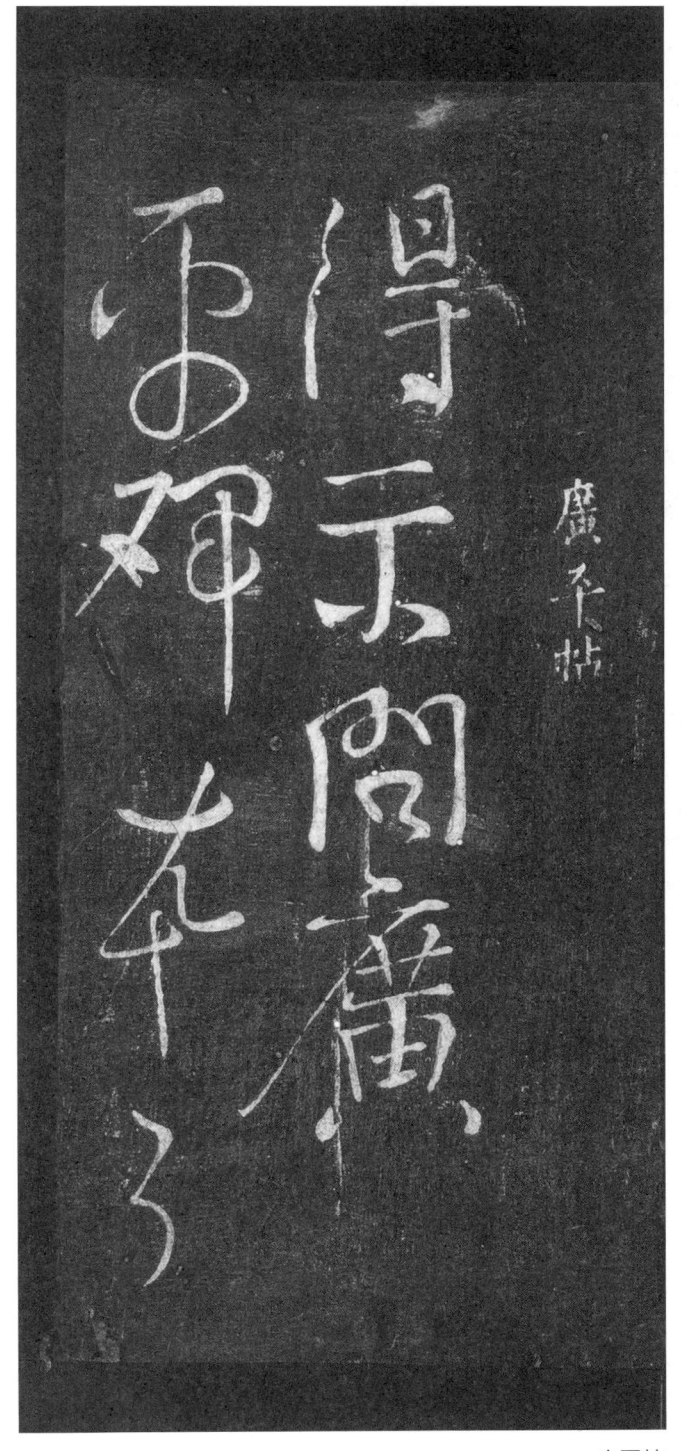

广平帖

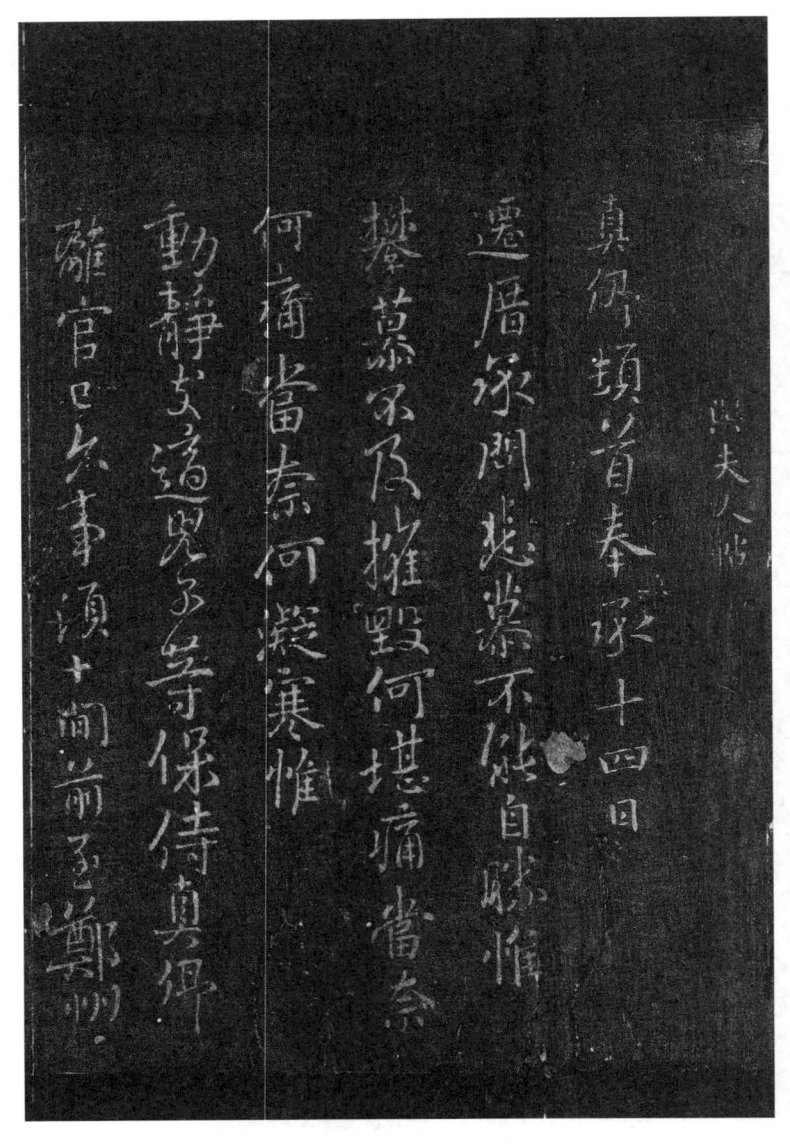

与夫人帖

　　按，夫人韦氏不见册封，殷亮《颜鲁公行状》、令狐峘《颜真卿神道碑》亦不见记述。又，颇，大历中叶自河北归来，皎然有《奉贺颜使君真卿二十八郎隔绝自河北远归》志其事。时年垂三十岁。颜真卿《妙喜寺碑》记时有子颀、顾，不记职官，似属年少。黄本骥以为即頵、硕之初名。年纪与颇相距甚大，且《行状》明言时"公无子息"。頵、硕盖非出自韦氏。颇，《大宗碑》记其死于安史之乱，有赠五品官；《颜杲卿碑》记在乾元元年五月二十八日，赠洗马，与从伯杲卿、从兄弟季明、诩同时。参其记"杨国忠受（张）通幽诡说，贾深又不证明，竟不蒙恤问。乾元元年夏五月二十八日，肃宗乃追赠太子太保。……赠季明、诩，左右赞善；诞，义王谘议。侄子进干，都水使者；沛，尚食奉御；颇，洗马；（卢）逖，

434

郑王友；从父甥博野尉沈盈，大理正；封夫人崔氏清河郡太夫人，授泉明郫县令，男威明太仆丞。……谥公忠节。从父弟国子司业允南洎真卿表谢。"其有表谢，必有申报。此皆在颜自河北归回之前，而其后之《颜勤礼碑》《颜氏家庙碑》不改旧说，不加更正，盖有碍于当年之申报与表谢。非如黄本骥之所谓"其时颜已物故，故仍书赠官"者也。意以为颜自河北归来，即加隐遁，其生母韦氏似随之流落湖州而未归京师，故是帖之后，一无韦氏母子消息。王谠《唐语林》卷六引《戎幕闲谈》所谓"小青衣翳䌽者，颇善承事"及后由其迎丧，咸遵遗旨云云，必出有因。

六八、颜元孙碑

颜真卿撰并正书。

碑目又称《颜秘监碑铭》。全称《朝议大夫守华州刺史上柱国赠秘书监颜君神道碑铭》。文见《全唐文》卷三四一。大历七年十一月，立在万年县凤栖原。著录首见《墨池编》卷十九。

碑主颜元孙（六六八—七三二），字聿修，颜惟贞长兄，即颜真卿伯父。垂拱元年进士及第，初仕彭城主簿，后官至华州刺史。新、旧《唐书》有传，见《旧唐书》卷一八七下、《新唐书》卷一九二《颜杲卿传》附。善书，出自殷仲容，《家庙碑》有记其与弟惟贞少孤寄养于外祖家，舅氏殷仲容蒙教笔法。家贫无纸笔，兄弟俩"以黄土扫壁木石画而习之"。是碑亦称："尤善草、隶，仲容以能书为天下所宗，人造请者笺盈几，辄令代遣，得者欣然莫之能辨。"世无遗迹见存，若有必当酷似殷氏。又善鉴，是碑有记："(玄宗)因出诸家书迹数十卷，曰：闻公能书，可为寡人定其真伪。君分别以进上。玄宗大悦，因赐藤笺、笔墨、衣服等物。尝和游苑诗，御札八分批答云：孔门入室，鲁国称贤。翰墨之妙，莫之与先。(《家庙碑》作"孔门称哲，宋室闻贤。翰墨云捷，莫之与先"。) 君一览无遗，兼该故实（此句当移前，紧接"定其真伪"后，在"君分别以进上"之前）。"能文，有《颜元孙文集》三十卷、《干禄字书》一卷，并行于世。与殷践猷、寇泚、苏晋、陆象先相友善。开元二十年七月卒于绛州翼城县，年六十五岁。广德二年三月二十二日，赠秘书监。是碑称其"身长六尺二寸"，为颜真卿制碑之特例，高大当有别于他人。夫人元氏，封新城县君（《祭伯父文》作河南县君），先夫而卒。有子五人：

长曰春卿，偃城县丞，《新唐书》卷一九二有传，记其十六举明经，初仕犀浦主簿，历蜀尉，终偃师丞。盖卒于开元二十九年，年岁无考，详见《颜真卿年谱》。是碑所记翼城丞，盖在蜀尉后、偃师丞之前。次曰杲卿，另有碑记。次曰曜卿，十五（《颜勤礼碑》作十六）以文章直崇文馆，历历城丞，官至淄川司马，亦工草、隶。次曰旭卿，允山令，善草书。次曰茂曾，善诂训，工篆籀，嘉陵司马（《颜勤礼碑》《家庙碑》作犍为司马）。春卿子纮，方义尉（《颜勤礼碑》作通义尉），为鲜于仲通剑南节度判官，天宝中叶征阁罗凤而卒于蛮。又有孙潗，早卒。子干，公刘府果毅，赠都水使者；沛，赠尚食奉御。按，子干、沛同遇常山死难，盖随杲卿之任，或即春卿之子、纮之弟，因父亡而依叔。翘，入道（《颜勤礼碑》作早夭）；翙（原作诩，今从《颜勤礼碑》《家庙碑》），与泉明子诞同质于禄山，常山失守，并被害，赠左赞善。按，其称杲卿侄，且幼小，亦当为纮弟依叔于常山者。翔，通义令（《颜勤礼碑》作温江丞，《家庙碑》作华原主簿）；觌，汉州参军（《颜勤礼碑》作绵州参军，《家庙碑》作襄阳尉）；靓，盐亭尉；珝、觐，未仕。皆曜卿、旭卿、茂曾兄弟之子。按，《旧传》记"（元孙）历官长安尉、太子舍人，亳州刺史卒"，《新传》称"有名垂拱间，为濠州刺史"。以是碑所引广德二年春三月二十二日制曰"故濠州刺史"及颜真卿《祭伯父濠州刺史文》，终官似为濠州刺史。濠一作豪，《旧传》"亳州刺史"盖"豪州刺史"之误。然碑目明题"朝议大夫守华州刺史"。华州刺史曰守者，盖为职官，卒时当在任上。观其有"起为濠州刺史，累加朝议大夫、上柱国，中书令张嘉贞深相器重，方引知制诰，（原本缺）右职，属罢相不行。代至，风疾停家"云，其缺文必有华州之记。是碑缺文多处，当年收集录文时盖已是泐损。欧阳修《集古录》、赵明诚《金石录目》、陈思《宝刻丛编》等金石丛书并不录，《宝刻类编》记"碑不完"，宋代盖已不全且隐晦罕见。

六九、元结墓表

颜真卿撰并正书。

表目又称《元次山铭》《容州都督元结碑》《元结碑》《元公次山墓表》《元君表墓碑》《元次山墓碣铭》《元次山碑》。全称《唐故容州都督兼御史中丞本管经略使元君表墓碑铭》。文见《全唐文》卷三四四。大历七年十一月二十六日，立在鲁

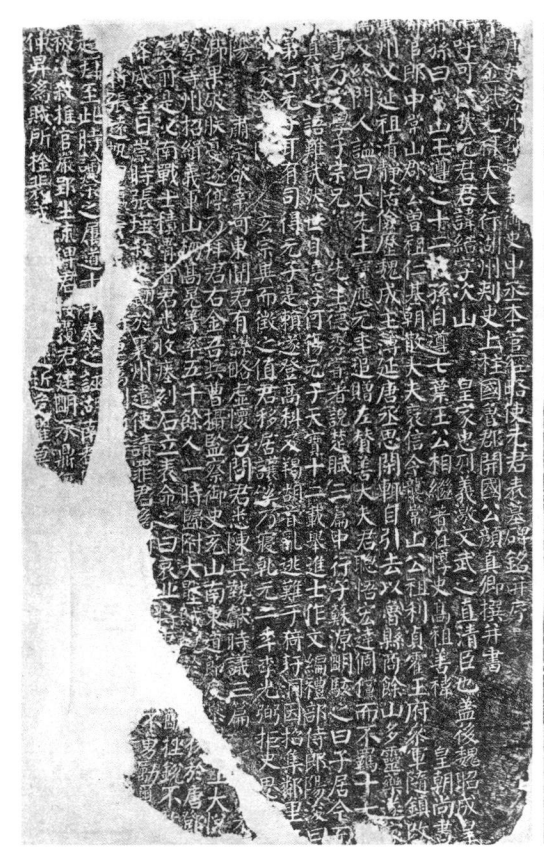

元结墓表

山县。著录首见《集古录跋尾》卷八。《金石萃编》卷九八记:"碑高八尺,广三尺九寸,厚一尺一寸五分。四面刻,面、背均十七行,左、右侧均四行,共四十二行,行三十三字至三十五字不等。正书。"颜真卿结衔"金紫光禄大夫行湖州刺史上柱国鲁郡开国公"。

碑主元结(七一九—七七二),字次山,自号元子、猗玗子、浪士、漫郎、聱叟、漫叟。郡望河南,世居太原,后移居汝州鲁山,因父延祖(太先生)以鲁县商余山多灵药,遂家焉。天宝十三载,进士及第,初仕右金吾兵曹参军(乾元二年),历水部员外郎、著作郎(宝应元年)、道州刺史(广德元年,二年至任),改容州刺史(大历三年),拜左金吾卫将军、御史中丞(大历四年),终于奉召归途,年五十四,赠礼部侍郎。颜真卿撰书是碑以志之,《新唐书》列传多本之。其家世:高祖善祎,皇朝尚书都官郎中,常山郡公;曾祖仁基(《新传》记字惟固),朝散大夫、襄信令,袭常山公;祖利贞(《新传》记名亨、字利贞),霍王府参军,随镇改襄州;父延祖……历魏城主簿、延唐丞……及终,门人谥曰太先生。宝应元年追赠左赞善大夫。二子,曰以方、以明。是可补《姓纂》之或阙。是碑有称:

437

"中书舍人杨炎、常衮皆作碑志以抒君之德业。故吏大历令刘衮、江华令瞿令问，故将张满、赵温、张协、王进兴等感念恩旧，皆送丧以终葬，竭资鬻石，愿垂美以述诚。真卿不敏，常忝次山风义之末，尚存蘁往，敢废无愧之辞。"是碑之外，尚有杨炎、常衮之文，且并出其故吏刘衮诸人之请托。

王昶收有是碑拓本，曾较集本，有谓："碑云'高祖善袆'，集作'善袆'；'曾祖仁基，朝散大夫'，集作'朝请'；'宗兄先生德秀'，集无'先生'二字；'卿杲（果）破朕忧（下注传同）'，集'破'下有'贼'字；'招辑（缉）义军'，集'招'作'拓'；'威望日崇'，集作'日隆'；'部将张远帆'，集无'帆'字；'将家瀼滨'，集作'瀼滨'；'作甘棠颂以美之'，集无'颂'字；'君单车入洞'，集作'单军'；'七年春正月'，集无'春'字；'二子以方、以明'，集无'以方'二字；'躬是三者而见重于今'，集'见重'作'身重'；'拥旄麾幢'，集作'拥旌'；'而感激者不能不为之叹（太）息也'，集无'者不能'三字；铭词'率性真方'，集作'方直'；'秉心真淳'，集作'真纯'；'赉志莫申'，集作'素志莫申'。"今较《四部备要》本多同石本，惟"七年春正月""率性方直"（有注石本"方直"作"直力"）、"素志莫申"诸处有异如上引所言，王昶所见乃另一集本。惟其讹别者，非关抄刻，实出碑石损泐之不同，或模打精粗之差异。

李商隐《容州经略使元结文集后序》称"见憎于第五琦、元载"。其与颜真卿不仅为文友，政治上或亦出同调。又，元结自称"书学自业，老于儒家"，见《乞免官归养表》，盖亦一知书者，宜其《中兴颂》留与颜真卿书之。道州故吏刘衮诸人请托颜真卿撰并书其碑记"垂美以述诚"，洵不愧为深知元结者也。

七〇、文殊帖

颜真卿撰并行书。

文见《全唐文》卷三三七。大历八年十月，书于湖州。著录首见《书史》，谓"苏之才收碧笺《文殊》一幅，鲁公妙迹。……今在王诜家"。

其云："近作一《文殊师利菩萨碑》，但欲发扬主上圣意，盖不近文律耳。"皎然有《奉同颜使君真卿开元寺经藏院会观树文殊碑》诗，其湖州开元寺所树文殊碑，盖即其《文殊师利菩萨碑》。参皎然《杼山上峰和颜使君真卿袁侍御（高）五

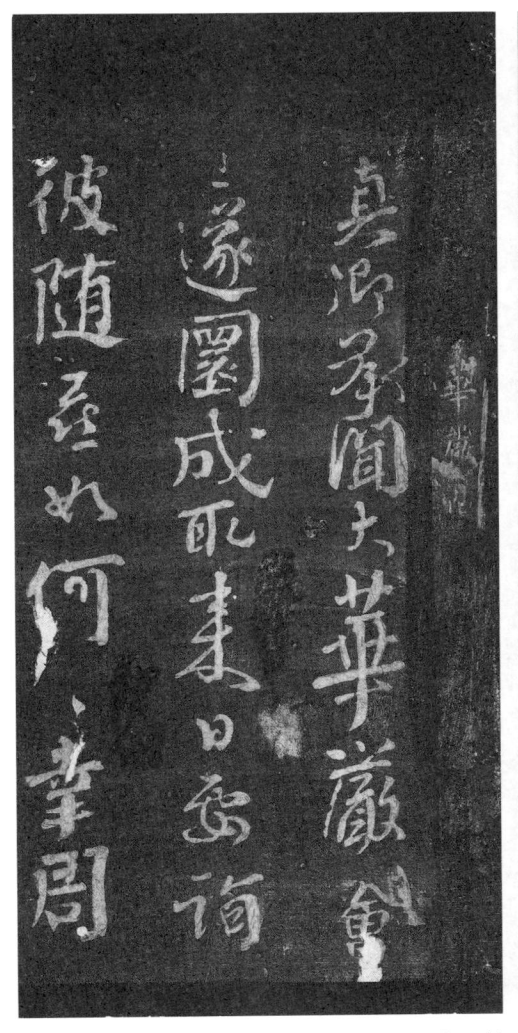

华严帖 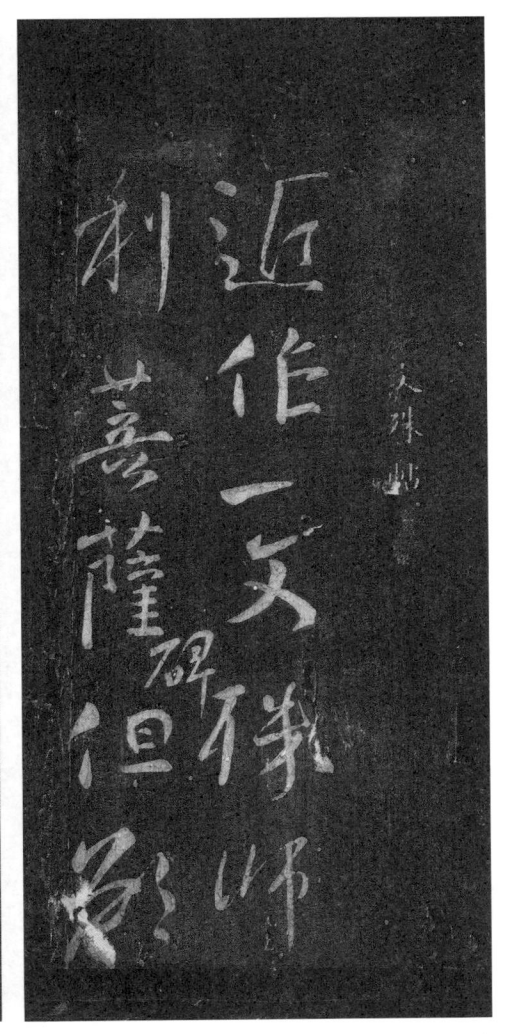　　　　　　　　　　　　　　　　文殊帖

韵赋得印字仍期明日登开元寺楼之会》，其开元寺树文殊碑，盖在袁高来湖之日。袁高（七二八—七八七），字公颐，中宗复辟功臣袁恕己之孙，沧州东光人，时任殿中侍御史，为浙江观察处置使李涵判官，巡部至州，在大历八年初冬，详见年谱。是帖，盖出树碑之前。

七一、华严帖

颜真卿撰并行书。

帖目又称《与澄师帖》。文见《全唐文》卷三三七。大历八年，书于湖州。著录首见《忠义堂帖》。《颜鲁公文集》卷三十引郁逢庆《郁氏书画题跋记》误作《华严经》。

帖主澄观（七三八—八三九），俗姓夏侯氏，越州山阴人，有唐华严宗第四祖，后为代州清凉寺主，世称"清凉国师"。著有《华严大疏》六十卷、《华严经随疏演义钞》九十卷。《高僧传》卷五有传。是帖云："真卿承闻大华严会已遂圜成，取来日要诣彼随喜。"按，大历八年初冬，颜真卿有《文殊帖》，见前考，华严宗始祖杜顺正是文殊师利菩萨化身，开元寺树《文殊碑》之日，盖有大华严会，而讲席乃其澄师。《高僧传》称"朝臣归向，则……韦太常渠牟，皆结交最深"。韦渠牟，时号尘外，是年春日在湖州，颜真卿与澄师开元寺结缘，盖起于其人。详见《著述考》。

《忠义堂帖》，"已遂圜成"，"已"字已泐；"大德侍者"，"者"日字右半缺。

七二、文殊堂额

颜真卿书。

大历中叶，书于湖州。著录首见《嘉泰吴兴志》，其卷十三"寺院"报恩光孝禅寺条下引《统记》云"文殊堂额，颜鲁公书之"。按，报恩光孝禅寺，神龙二年改孝义寺，中宗时复旧名，至会昌五年废。徐峤之正书徐陵《孝义寺碑》即立在寺内。志记"文殊堂额"于其后，堂必出是寺，盖已随寺而毁。

七三、沈氏述祖德碑阴记

颜真卿撰并书。

碑目又称《吴兴沈氏述祖德记》。大历八年十二月，立在湖州金鹅山。著录首见《嘉泰吴兴志》卷十八"碑碣"。是碑，宋代残存十六段，在德清县狱中。至元祐年，太守林希重刻之。重刻之石，时存墨妙亭。书体俟考。

是碑，原先为南齐高士沈驎士所制述祖碑，立在德清先茔，其后因"年月淹远，风雨蠹蚀，朽字残文，翳而莫分。乾元中，为盗火所焚，碑首毁裂，嶔然将堕。过江十叶孙御史中丞震移牒郡国，请其封茔，或属兵凶，旷而莫修"。至大历中，九叶孙前太庙斋郎怡增修旧茔，重立先碑，乃请州牧、姻亲颜真卿撰碑阴记以志之。颜真卿自称与沈氏为"江南婚姻之旧，中外伯仲之穆"，参《授颜真卿太子太师告》"况太后崇徽，外家联属"云，太后乃德宗生母太子妃沈氏，建中元年遥尊为皇太后，沈震即其弟。沈、颜为姻亲，盖不虚，惟不知起于何时何人？按，沈怡，颜真卿明言乃吴兴望族沈骥士十九代孙，曾任太庙斋郎，盖大御史中丞沈震一辈。沈震，为德宗生母广平王（代宗）妃沈氏之弟，曾以侍御史出任颜真卿平原郡防御使判官。颜氏自晋西平靖侯含始，侨居上元凡七叶，其"江南婚姻之旧"盖即缔结于其时，惟其谱牒未详，难以确考。颜、沈姻好，可见者有沈盈其人，沈盈之母乃颜真卿姐妹，见上考。其父郡望即出吴兴，与沈震同族。沈怡与颜真卿亦当有姻亲之谊。

七四、干禄字书

颜元孙撰，颜真卿正书。

干禄字书

《干禄字书》有序，见《全唐文》卷二〇三。大历九年正月初七日，立在湖州刺史宅东厅院。著录首见《集古录跋尾》卷七，惟其题误作"干禄字样"。开成四年六月二十九日杨汉公摹刻。《金石萃编》卷九九记"勾咏潼川本"："碑下截缺。凡两面，一高七尺八寸五分，一高六尺九寸七分，俱广四尺七寸。书分五层，三十三行，行九字，正书。额题'颜氏干禄字书'六字，篆书。"颜真卿结衔"金紫光禄大夫行湖州刺史上柱国鲁郡开国公"。杨汉公《干禄字书后序》："闲录《干禄字书》镌于贞石，仍许传本示诸后生。一二工人用为衣食业，昼夜不息，刓缺遂多。亲侄禺（顒）顷牧天台，惧将磨灭，欲以文字移于他石，资用且乏，不能克终。汉公谬憩棠阴，获观墨妙，得以余俸，成顒之意，自看模勒，不差纤毫，庶笔踪传于永永。"按，禺（顒）乃颜真卿八弟允臧第三子，《赤城志》记大和二年任台州刺史。《宝刻丛编》卷十二引《集古录目》："《唐修桐柏宫碑》。……台州刺史颜顒（禺）篆额……。碑以大和四年四月立。"颜真卿所撰《天台禅林寺智者大师画像赞》即其所书，立于四年十二月。杨汉公所说若是，是石大和初年已刓缺几尽，开成初年另立者，乃出其传本。参勾咏《干禄字书记》："石刻在刺史宅东厅院，传之惟艰，故世罕得善本，而蜀士大夫所见惟板刻，尤鲜得其真。府尹龙阁宇文公比刺湖州，得鲁公所书与杨汉公所摹二本，特为精详。……于是俾以杨、蜀二本参校，若颜书之刓缺者，以二本补焉。不可推究者，阙之，命通颜书之士摹勒刊石于泮……。自开成历五季迄皇朝，距今凡五甲子，汉公传本亦浸磨灭，鲁公真迹所存终十四五尔。"是碑至南宋绍兴壬戌（十二年）勾咏作记时，汉公摹本亦已磨损，十存四五，而惟其蜀石尚存，《萃编》所见即为是石。

七五、放生池书迹三种

颜真卿撰并正书，吴文休镌。

《放生池碑》，碑目又称《天下放生池碑铭》。文见《全唐文》卷三三九。《宝刻丛编》卷十四引《集古录目》记其结衔"升州刺史浙西节度使"，盖撰书于乾元年间。

《乞题放生池额表》，又称《乞御书天下放生碑额表》。文见《全唐文》卷三三六。

以上两种，著录并首见《东坡题跋》卷四。

《碑阴记》，又称《乞御书题额恩敕批答碑阴记》。文见《全唐文》卷三三八。大历九年正月，立在湖州。著录首见《集古录跋尾》。

《忠义堂帖》所收《乞题放生池额表》《碑阴记》，盖出拓本。其《乞题额表》"中使张庭玉等"句下插入《碑阴记》全文，乃出裱者所误。

按，是本，一行五字，《碑阴记》前有题记"金紫光禄大夫行湖州刺史上柱国鲁郡开国公颜真卿撰并书"七行二十五字。较之集本：集本"既有斯答，御札垂下"，作"既有御札，垂下而斯答"；"拜江陵尹"，少一"陵"字；"不行"，少一"行"字；"所置碑石"，"置"为"采"；"秋九月归自东京"，"归自"作"归至"；"命吏干磨，家僮镌刻之"，作"命吏干磨砻之，家僮镌刻之"；"额既未立，追恩莫达"，"达"作"逮"；"客或请先帝所赐敕书"，"请"下多一"集"字；"勒愿斯毕"，"勒"作"勤"。

《乞题额表》，亦一行五字，其前题"乞御书题天下放生池碑额表并御书批答"。较之集本："魏帝外禅之主"，"魏帝"作"魏文帝"；"顿首谨言"，作"顿首顿首死罪谨言"；末款多"上元元年七月十七日银青光禄大夫行尚书刑部侍郎柱国丹杨县开国侯臣颜真卿上表"三十六字。

《肃宗批答》，行草书，一行三字，其中"必登仁寿之域"，"必"作"毕"。集本所本或为原石，而《忠义堂帖》乃出拓本，惟时已见损泐。

按，《乞题放生池额表》有记"兼力拙自书……遂绢写一本……奉进……缘前书点画稍细，恐不堪经久，臣今谨据石擘窠大书一本，随表奉进"云，《忠义堂帖》所收大于同帖之《郭氏家庙碑》，其所谓"据石擘窠大书"，而"点画稍细"者，则为平常格局，盖与《多宝塔》《郭氏家庙碑》者类同。帖中《东方先生画赞碑阴记》更大于是本，其"擘窠大书"又当特例。唐代碑版，至盛中唐多摹勒铭石，已渐改书丹旧习，而时无大纸，"绢写"乃其惯例，非特颜真卿一人，其宽博浑雄处允宜有别于前朝，而胜于日常写本与墓志书法。

吴文休，无考。

七六、妙喜寺碑

颜真卿撰并书。

碑目又称《湖州乌程县杼山妙喜寺碑铭》。文见《全唐文》卷三三九。大历九年三月，立在湖州。著录首见留元刚《颜鲁公年谱》。

碑主皎然（七二〇一？），俗姓谢，字清昼，晚年以字行，简称昼。湖州长城人，郡望出自陈郡阳夏，自称谢灵运十世孙。天宝初年，应试未第遂出家，初居润州江宁长干寺。至德后定居湖州，先隶湖州龙兴寺，至大历八年移住杼山妙喜寺。《高僧传》卷二九有传，称"时颜鲁公为刺郡，早事交游而加崇重焉"。史家大都以其《五言赠李中丞洪》诗所谓"安知七十年，一朝值宗伯"，其"七十年"为实志年岁，逆推生年在开元八年前后，时年约五十四岁。按，皎然有《冬日送颜延之明府抚州觐叔父》诗，颜真卿曾为抚州刺史，颜延之赴抚州觐省叔父，时在大历三至五年间，皎然与之盖为旧识。又按，皎然开元二十七年，曾赴京应举求仕，干谒王侯，见贾晋华《皎然年谱》，有《张伯高草书歌》"长安酒榜醉后书，此日骋君千里步"云，作于京华似出亲莅其境。张伯高，即草书家张旭，伯高乃其字，颜真卿之师，皎然在京例有干谒，而与颜氏必有周旋。"早事交游"盖始于天宝三载出家之前，即寓居京华之数年间，而相知"加崇重"者，则在大历八年湖州重聚之后。

其传又称："颜鲁公真卿命禅赞《韵海》二十余卷。"按，颜真卿《妙喜寺碑》详记《韵海》修订之事，未见皎然参预。称述者有"时杼山大德僧皎然工于文什，惠达灵煜，味于禅诵。相与言曰'昔庐山东林，谢客有遗民之会；襄阳南岘，羊公流润甫之词，况乎兹山深邃，郡士响集，若无纪述，何以示将来？'乃左顾以求蒙，俾记词而葳事"云，其纯出赞助典事，又以故事相激劝者。细检皎然奉和有关《韵海》诸诗，亦无一言提涉之。赞宁"禅赞"之记，盖误读碑文，想当然也者。

颜真卿之与皎然，其儒释之交，日见亲密。大凡湖州诗会（前后参预者八十余人）多以皎然为首席。颜真卿有诗，皎然必有奉和。且同声相应，文论几同。于颜氏意旨，皎然《诗式》亦多见采纳。

按，是碑，宋代金石典籍如《集古录》《金石录》《宝刻丛编》《宝刻类编》诸书皆不录。参谈钥《嘉泰吴兴志》，嘉泰年间妙喜寺尚在，改名宝积禅院，不见记有是碑；参颜真卿在湖其他碑石，如《射堂记》《项王庙碑阴》《干禄字书碑》虽残甚并见在。是石，盖隐佚不存矣！黄本骥《颜鲁公文集》卷二八有云："文载集中，无书者姓名。然此碑为胜游而作，必公自书也。当与《放生碑》《石柱记》同为郡守鼕地具矣，可胜慨哉！"是言良且仁矣，安可不从之者也！今观集本，"大历七年"下注"七当作八"，"评事汤衡，清河丞，大祝柳察"下注"旧刻鲁公文集载杼山寺碑，有评事汤衡清河丞，太祝柳察二人。留元刚撰公年谱引此条作汤某、柳察"，"颜祭"下注"一本作颜察"，诸如此类，宋前旧本之所出盖已见泐损矣！

七七、颜杲卿碑

颜真卿撰并正书。

碑目又称《颜氏残碑》《赠太子太保颜杲卿碑》《颜杲卿残碑》。全称《摄常山郡太守卫尉卿兼御史中丞赠太子太保谥忠节京兆颜公神道碑铭》。文见《全唐文》卷三四一。大历九年，立在京兆。著录首见《墨池编》卷十七。《宝刻丛编》卷七引《复斋碑录》："大历九年鲁公书建，至贞元十八年倾倒，石折。元和元年十月孙男证重建立。"卢佐元重书。

碑主颜杲卿（六九二—七五六），字昕，颜真卿从兄，即颜元孙第二子，颜春卿之弟，颜曜卿之兄。起家江州司马，转遂州，改郑州，擢魏郡录事参军，迁范阳郡户曹，为安禄山营田判官，光禄、太常丞，又为安禄山节支（度）判官，兼摄常山郡太守。天宝十四载十二月二十三日，据州反正，归顺朝廷，拜为卫尉卿，兼御史中丞。翌年正月初八，史思明攻陷常山，被执送洛阳支解而终。乾元元年五月二十八日，追赠太子太保，谥曰忠节。夫人崔氏为清河郡太夫人。子侄死难者季明、诩，赠左右赞善；孙诞，义王谘议；侄子干，都水使者；沛，尚食奉御；颇，洗马；卢逖，郑王友；从甥博野尉沈盈，大理正。其子泉明，郫县令；威明，太仆丞；侄翙，汉州司马；孙证，左内仓曹；讯，兵曹参军。乾元元年正月葬于祖茔。是碑，记述夫人崔氏甚略，葬日不明，盖出追记。《金石录目》所记大历九年当为立石之日，似缘起于夫人崔氏之归祔。

《唐文拾遗》卷一九有赵州司户包处遂《上颜常山书》，出自凌义渠《湘烟录》

引包谞《河洛春秋》，有称："明公身荷宠光，位居牧守，乃弃万全之良计，履必死之畏途，取适于目前，忘累于身后，窃为明公不取。"同书又引有颜杲卿上安禄山书，编者以为"此书或援兵之策，未必诬也，题曰《伪降上禄山书》，而于杲卿千秋大节曾不加损"云。两书盖出有因，非为诬也，此即碑中所谓"杨国忠受（张）通幽诡说，贾深又不证明，竟不蒙恤问"之缘由所在。

是碑，宋代赵明诚所见已残，故集本文字多见讹夺，谬误亦显然。

元和元年重建者颜证，为杲卿孙，泉明之子，时为桂州刺史。初立日，即大历九年，为左内仓曹。贞元二十年十二月庚午，证以桂管防御使为桂州刺史、桂管观察使，见《旧唐书·德宗纪》。

赵明诚《金石录目》记"其甥卢佐元重书而刻之"。其"甥"乃颜证之甥，盖出卢遜之后，为"甥孙"之夺。

七八、竹山堂连句

著录首见《宣和书谱》，末记"大历九年（公元七七四年）三月"，前题"光禄大夫行湖州刺史鲁郡公颜真卿叙并书"。按，颜真卿散官光禄大夫，时在大历十二年（公元七七七年）迁刑部尚书之后。大历年间颜真卿散官仅正三品金紫光禄大夫，其结衔历历可明，试举几例：

大历六年《大唐中兴颂》："金紫光禄大夫前行抚州刺史、上柱国、鲁郡开国公颜真卿撰并书。"

大历七年《元结碑》："金紫光禄大夫行湖州刺史、上柱国、鲁郡开国公颜真卿撰并书。"

大历九年《干禄字书》："第十三侄男，金紫光禄大夫、行湖州刺史、上柱国、鲁郡开国公真卿书。"

《忠义堂帖》所收大历十二年《授颜真卿刑部尚书制》也称："金紫光禄大夫、使（持节）湖州诸军事前（湖州）刺史……（可）刑部尚书，散官（勋封）如故。"

又，唐制爵分十等，"国公""开国郡公"等同为封爵名称，"开国"两字题衔必不可少。鲁公封爵为"鲁郡开国公"，属正二品，见上所引碑版结衔。是书仅题"鲁郡公"，盖不明唐代爵位名称。

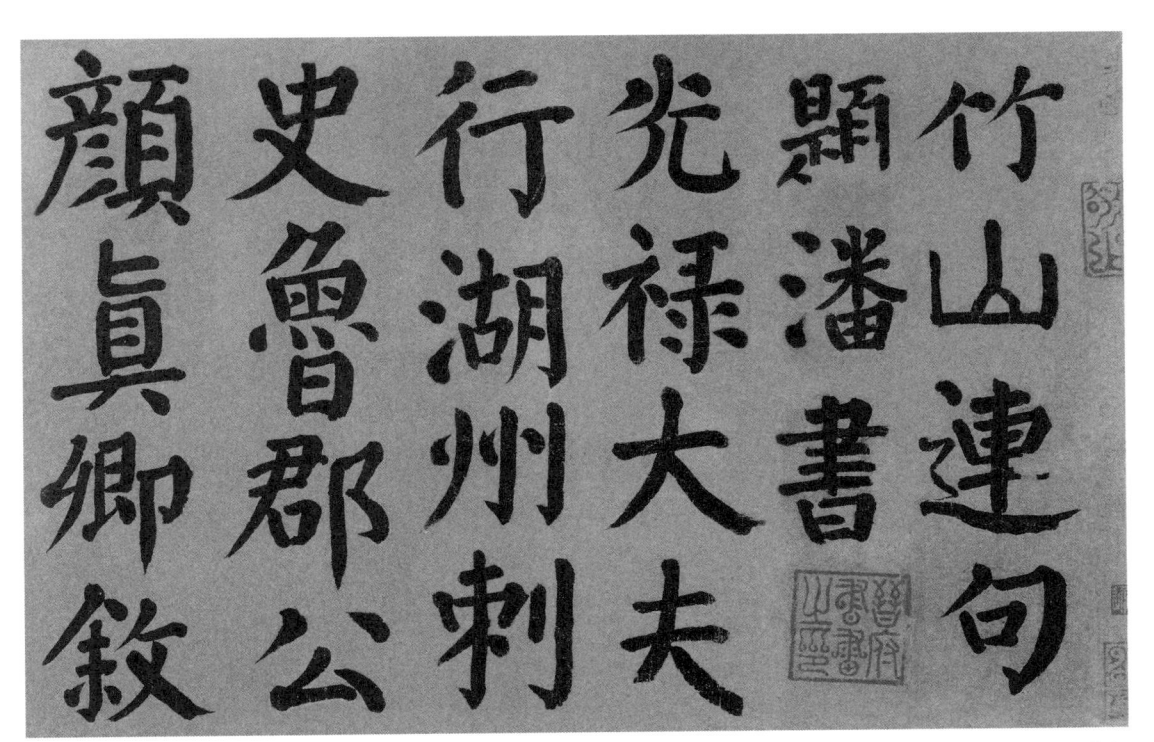

竹山堂连句

至于"昼饮山僧茗","茗"作竹字头;"远野下牛羊","野"字土重出讹为"墅";"道在器犹藏","器"字本以犬守之,而其作"大"字,皆不合《说文》。"禽闲喜颉颃","喜颉颃"作"喜颉行"。颉颃,鸟飞上下貌,出于《诗经》"燕燕于飞,颉之颃之"(《燕燕》),后引申为不相上下,如《晋书》"藩交连辉,颉颃名辈"。此言"颉行",显然杜撰,与上句"怜清浅"者失对。诸如此类,不言而喻。是非鲁公手迹盖无疑矣。

七九、湖州帖

颜真卿撰并行书。

帖目又称《江外帖》。文见《唐文拾遗》卷十九。大历十年七月二十八日后数日,书于湖州。著录首见《宣和书谱》卷三。

是帖,宋嘉定十年巩嵘增入《忠义堂帖》,与存世墨迹本不同。墨迹本,纸本,纵高七点六厘米,横长五〇点二厘米。"拯"作"抚",显然另本。今藏故宫博物院,徐邦达《古书画伪讹考辨》疑为米芾所出。文中所称"刘尚书",即吏部尚书刘晏,颜真卿旧友。宝应元年,颜真卿自蓬州长史除利州刺史,不克至任,追赴上都,刘晏时任京兆尹、户部侍郎判度支,举以自代,遂改户部侍郎。史有

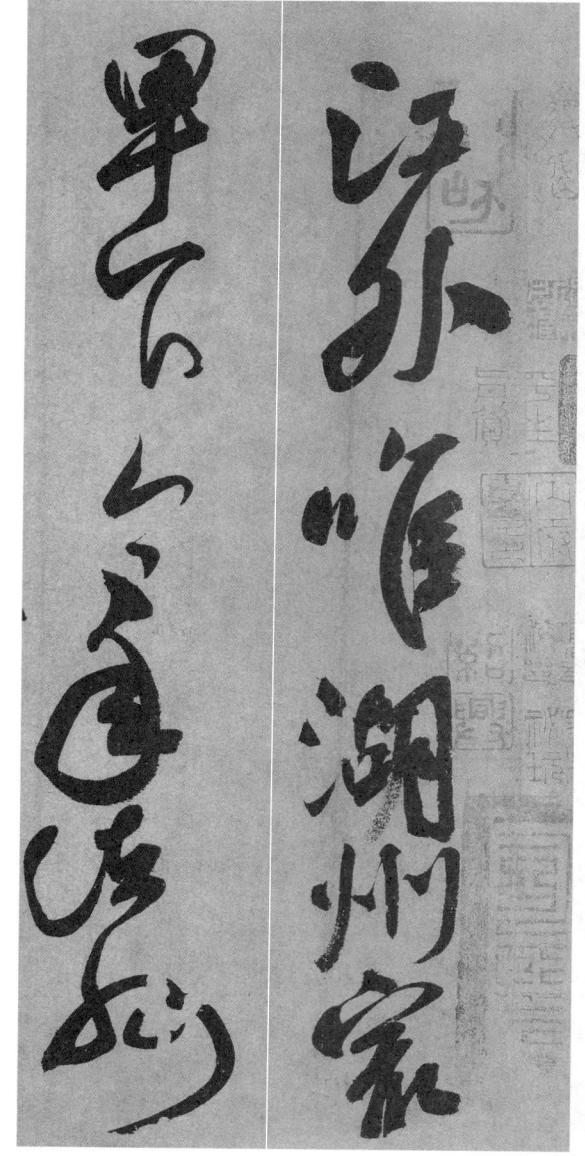

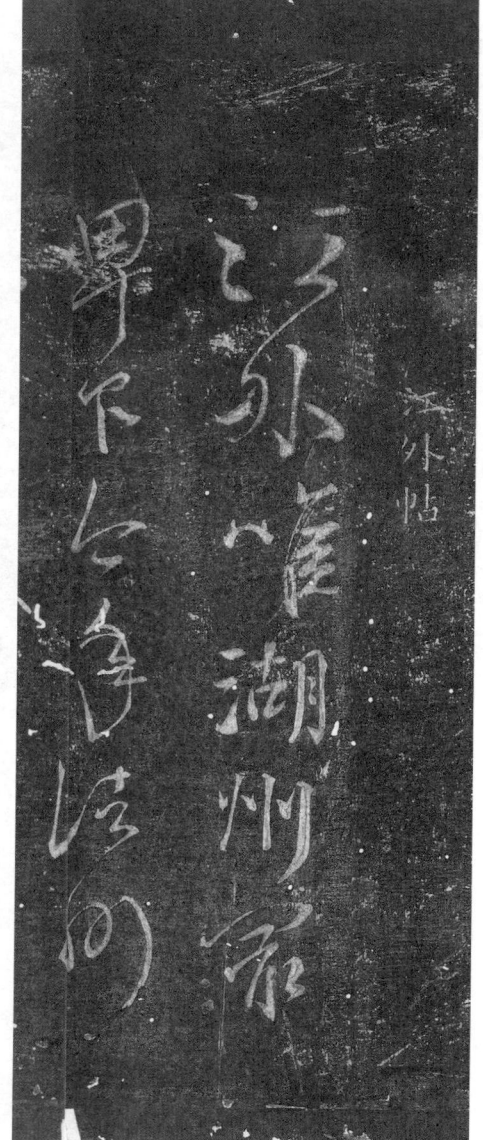

湖州帖（墨迹） 　　　　　　　　　湖州帖（刻本）

称"举真卿才，忠也……忠正之道，复出于人"云。其字士安（七一五—七八〇）（《新传》卒年作六十五，今从《旧传》，六十六），曹州南华人，以丰财忠良为肃宗、代宗两朝丞相，新、旧《唐书》有传，见《旧唐书》卷一二三、《新唐书》卷一四九。其自大历六年始与户部侍郎、判度支韩滉分领诸道财赋，是时正领江南道。《新传》有记："晏通计天下经营，谨察州县灾害，蠲除振救，不使流离死亡。"其"与拯"云者，盖固出于"蠲除振救"，以安民心，然个中缘由实出于州牧之关注民情，其恳恳申报与执请者也。

448

八〇、法华山题"流觞屿"三字

颜真卿临王羲之行书。

大历十年秋，题于湖州法华山。著录首见陆心源《吴兴金石记》卷三，其记："右磨崖，高二尺，广二尺三寸。正书，字径五寸。署款两行（流觞屿。真卿临右军书），在右方下，字径二寸余。在乌程县北法华山白雀寺后。……鲁公在郡累年，刻石甚多……惟此以摩崖仅存。"参《吴兴志》卷十三《寺院》所记："惠觉寺，在（乌程）县西北一十五里法华山，梁普通二年建，号法华寺。寺有偃松、九曲池、流杯亭、望湖亭。"法华寺毁于会昌初年灭佛时，所存者，仅其摩崖数字。又，皎然《五言同颜使君真卿李侍御萼游法华寺登凤翅山望太湖》诗"积翠遥空碧，含风广泽秋"云，时记秋景，大历十一年初春，李萼离湖他任（参见拙著《颜真卿年谱》）。其题字，盖出十年秋日游历法华寺之时。惟不合有唐款式，甚可疑矣。

陆心源《吴兴金石记》光绪十六年刊行，距今仅百十余年，题字当未泐损殆尽，俟访之一鉴。

八一、欧阳琟碑

颜真卿撰并正书。

碑目又称《商州刺史欧阳琟碑》。全称《游击将军左领军卫大将军兼商州刺史武关防御使上柱国欧阳使君神道碑铭》。文见《全唐文》卷三四三。大历十年十月，立在荥泽县。著录首见《集古录跋尾》卷七。

碑主欧阳琟（六九七—七六一），字子琟，长沙人，郡望出自渤海，欧阳询之后裔，初仕安西大都护府参军，充汤嘉惠节度推勾官，后官至游击将军、左领军卫大将军、兼商州刺史。夫人徐氏（七一二—七六七），大历七年十月二十四日合祔。

是碑"崘也不远千里，泣而求蒙，敢述无愧之词，或扬不朽之烈"云，盖欧阳琟之请托而本之于所传家牒。

《集古录跋尾》记"铭阙其末数句，不补"。其治平元年所得石本已残损，盖有逊于宋次道所见之遗文。

按，是碑记："使君讳璀，字子璀，渤海人。其先出自帝颛顼高阳氏，汉有欧阳伯和，伯和孙高，高孙地余，并列儒林。晋有坚石，著名文苑，贤达继轨，其来邈乎。六代祖僧宝，始自渤海徙居长沙；五代祖頠，陈山阳郡公；高祖纥，陈开府仪同三司、左屯卫大将军，交、广等十九州诸军事、广州刺史，袭山阳郡公，功业并著于前史。曾伯祖询，皇朝银青光禄大夫、给事中、率更（令）、崇贤馆学士，以词学德行见重前朝，笔法孤标，垂名不朽。曾祖允，年十七以名门子入侍，见赏于太宗，十八加正议大夫、鲁王傅，奉使和突厥，不拜虏廷，朝廷嘉之。回，封南海郡公，施、光二州刺史；祖谌，洛州巩县令；父机，汉州什邡令，以休懿传世，著闻于家邦。使君即什邡之第四子。"

斯之世系，欧阳修《集古录跋尾》卷七示谬有四："颜公书穆公封山阳郡公，吕学士云，陈无山阳郡。山阳，今楚州是也。当梁、陈时，自为南兖州，而以连州为山阳郡，然则《陈书》及《旧谱》，皆云穆公封阳山公为是，而颜公所失者一也。《旧谱》皆云坚石子质，南奔长沙。颜公云，自景达（僧宝）始南迁，其所失者二也。欧阳生以前汉以来，诸史皆云字和伯，而颜公独云字伯和，二字义虽不异，然当从众。又颜氏独异，初无所据，盖其缪尔，其所失者三也。《元和姓纂》及《谌铭》（《欧阳谌墓志铭》），皆云胤（允），约之子，而颜公独以为纥子，其所失者四也。"是疑甚是。又，欧阳高，《汉书》卷八八记为欧阳生曾孙，《姓纂》同，而颜真卿误以为伯和（和伯）孙。按，是碑出自璀子崘之请托，崘乃頠六代孙，传承已远。且安史之乱后，中唐士族新纂谱系多出疏舛，颜真卿本之家乘，谅有失矣！

今参《姓纂》《新唐书·世系表》及欧阳修《欧阳氏谱图序》，列临湘欧阳世系如下：

欧阳质（纯之）— □ — □ — □ — □ — □ — 景达（敬远）— 僧宝（士章）— 頠（字靖世，陈阳山郡公，谥穆）

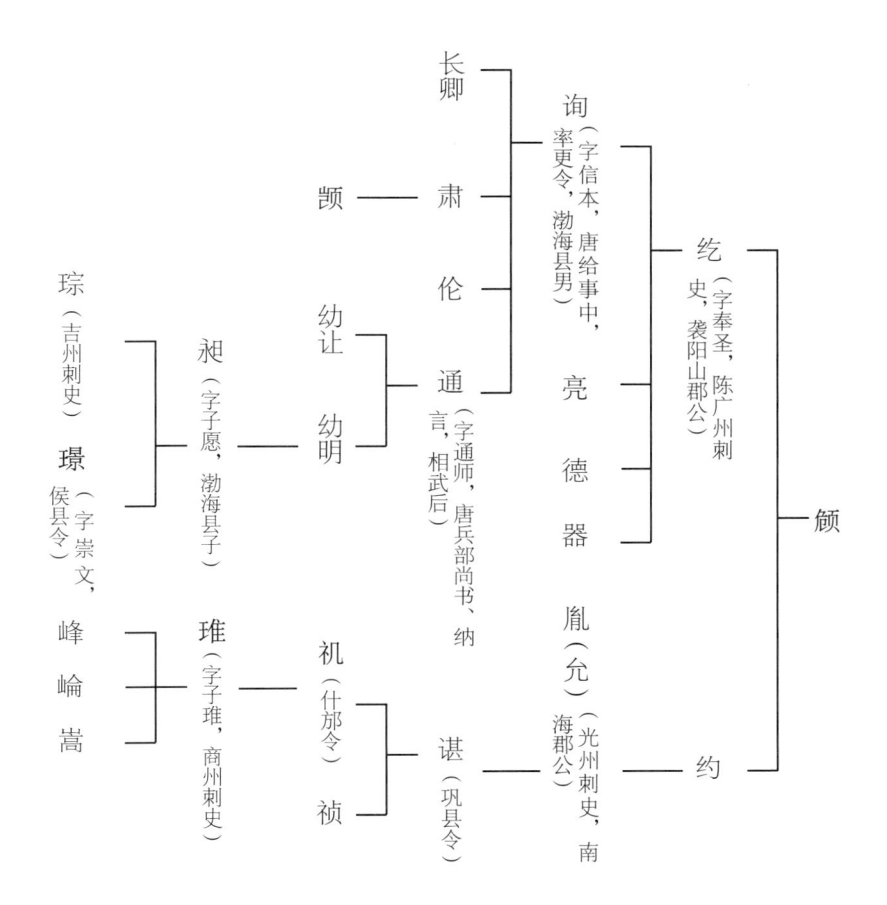

颛 — 肃 — 长卿
　　　　伦
　　　　幼让
　　　　幼明
　　　　通（字通师，唐兵部尚书，纳言）

询（字信本，唐给事中，渤海县男）— 纥（字奉圣，陈广州刺史，袭阳山郡公）— 颎
　　　　　　　　　　　　　　　　　亮
　　　　　　　　　　　　　　　　　德
　　　　　　　　　　　　　　　　　器
　　　　　　　　　　　　　　　　　胤（允）（光州刺史，南海郡公）— 约

昶（字子愿，渤海县子）— 琮（吉州刺史）
　　　　　　　　　　璟（字崇文，侯县令）峰崡嵩

瑾（字子瑾，商州刺史）— 机（什邡令）
　　　　　　　　　　祯
　　　　　　　　　　谌（巩县令）

八二、刘中使帖

颜真卿撰并行书。

帖名又称《瀛州帖》。文见《全唐文》卷三三七。大历十年十一月间，书于湖州。著录首见《宣和书谱》卷三。

存世墨迹本，纸本，纵高二八点五厘米，横长四三点一厘米。凡八行，四十一字。现藏台北"故宫博物院"。

其云："近闻刘中使至瀛州，吴希光已降，足慰海隅之心耳。又闻磁州为卢子期所围，舍利将军擒获之。吁！足慰也。"按，刘中使即刘清潭（？—七七九），代宗朝得宠宦官，大历十三年五月赐名忠翼，明年德宗即位，翌月即除名长流，既行，赐死。《旧唐书》有传，附卷一一八《黎干传》后，有称："天宪在口，势

近聞劉中使𠃬
州吳希光已降

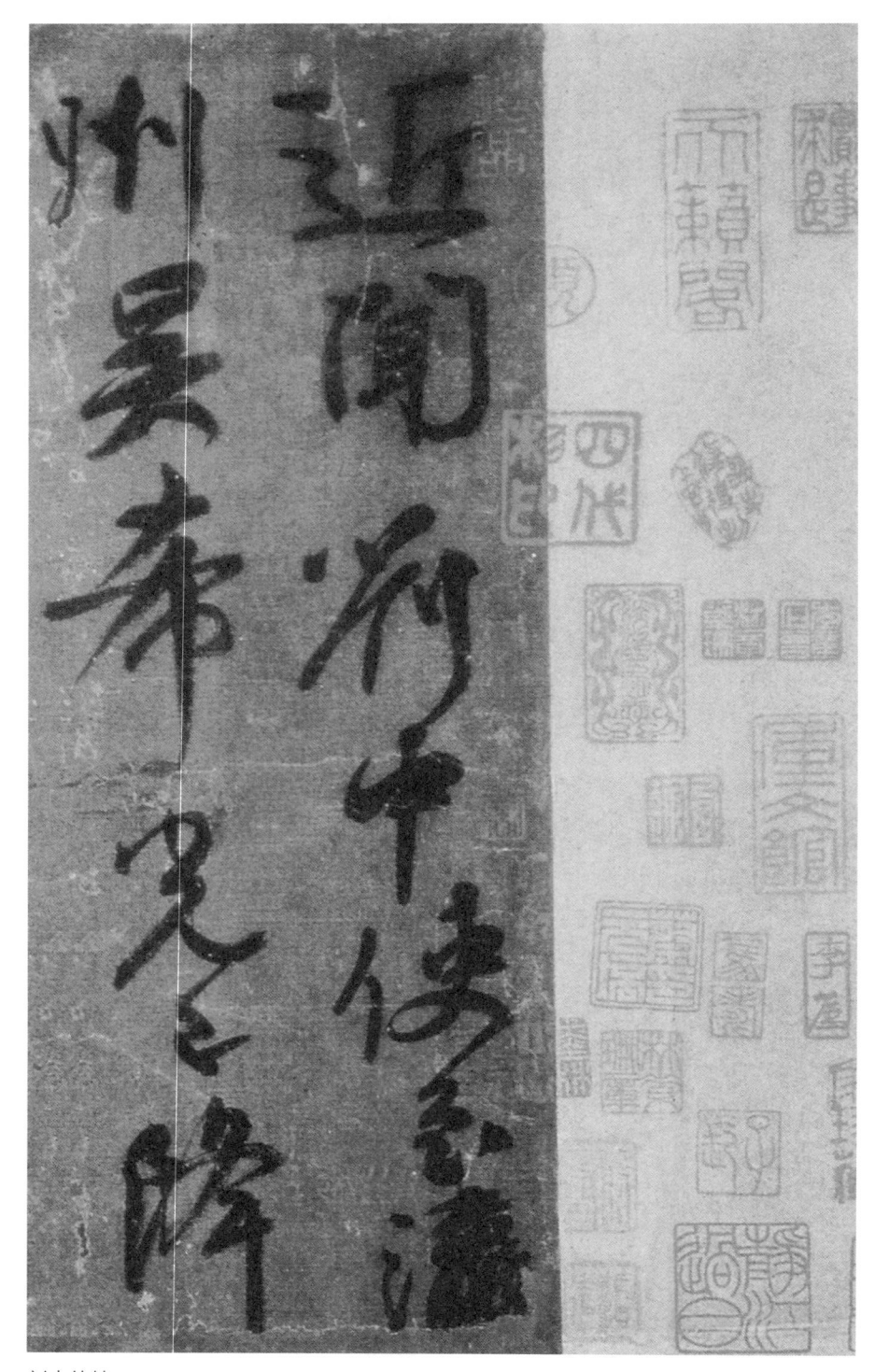

刘中使帖

回日月，贪饕纳贿，货产巨万。大历中，德宗居东宫，（黎）干及清潭尝有奸谋动摇。及是，积前罪以诛之。"吴希光（？—七八四）、卢子期（？—七七五），魏博节度使田承嗣将。吴希光时为瀛州刺史，大历十年十一月初七日以城降，十四年闰五月以右羽林大将军、检校散骑常侍、兼御史中丞，充渭北鄜坊丹延都练观察使，后从朱泚叛唐，兴元元年六月泚败被擒，神策军节度使李晟即斩于安国寺前。卢子期之袭磁州，昭义节度使李承昭战而破之，擒而斩之，《旧纪》分别记在大历十年八月己丑（二十八日）与十月甲子（初四）日，早于吴希光之鄜城归顺。颜真卿之叙倒置，盖出传闻之讹。

《旧唐书》卷一四二《王武俊传》："宝臣将有节，生擒子期以献。"《新唐书》卷二一一《李宝臣传》："会王武俊执贼大将卢子期，遂降洺、瀛。"王武俊为李宝臣裨将，似为有节主帅，舍利将军者，盖有节也。《旧纪》之记李承昭，盖与《新唐书》之言称王武俊同，并出于弃细择大归功于主帅者也。

八三、章仇公夫人魏氏墓志

著录首见陈思《宝刻丛编》卷二十引《金石录》："颜真卿撰并正书，大历十一年九月。"惟赵明诚《金石录目》第一五一四目下注不见鲁公字样，且明记"李积（一作植）撰，薛邕八分书"。

志主魏氏，即章仇兼琼之妻。兼琼卒于天宝中叶，见欧阳棐《集古录目》卷七："《户部尚书章仇兼琼碑》，检校仓部郎中冯用之撰，左卫率府兵曹参军集贤院待制蔡有邻八分书。……碑以天宝十载立。"是碑《丛编》记在京兆府长安县。旧制，夫妇合祔，志乃随窆，大历十一年九月或出葬日。是年，颜真卿正刺湖州，未见有上计之记，返京又在十二年八月后。陈思所记，盖误。

八四、送辛子序

颜真卿撰并行书。

帖目又称《送辛晃序》。文见《全唐文》卷三三七。大历十二年二月初一日，书于金陵。著录首见《宝章待访录》。

帖主辛晃，生平事迹无考，仅知其时自越而来，然后赴金陵、向滁州。有《寄

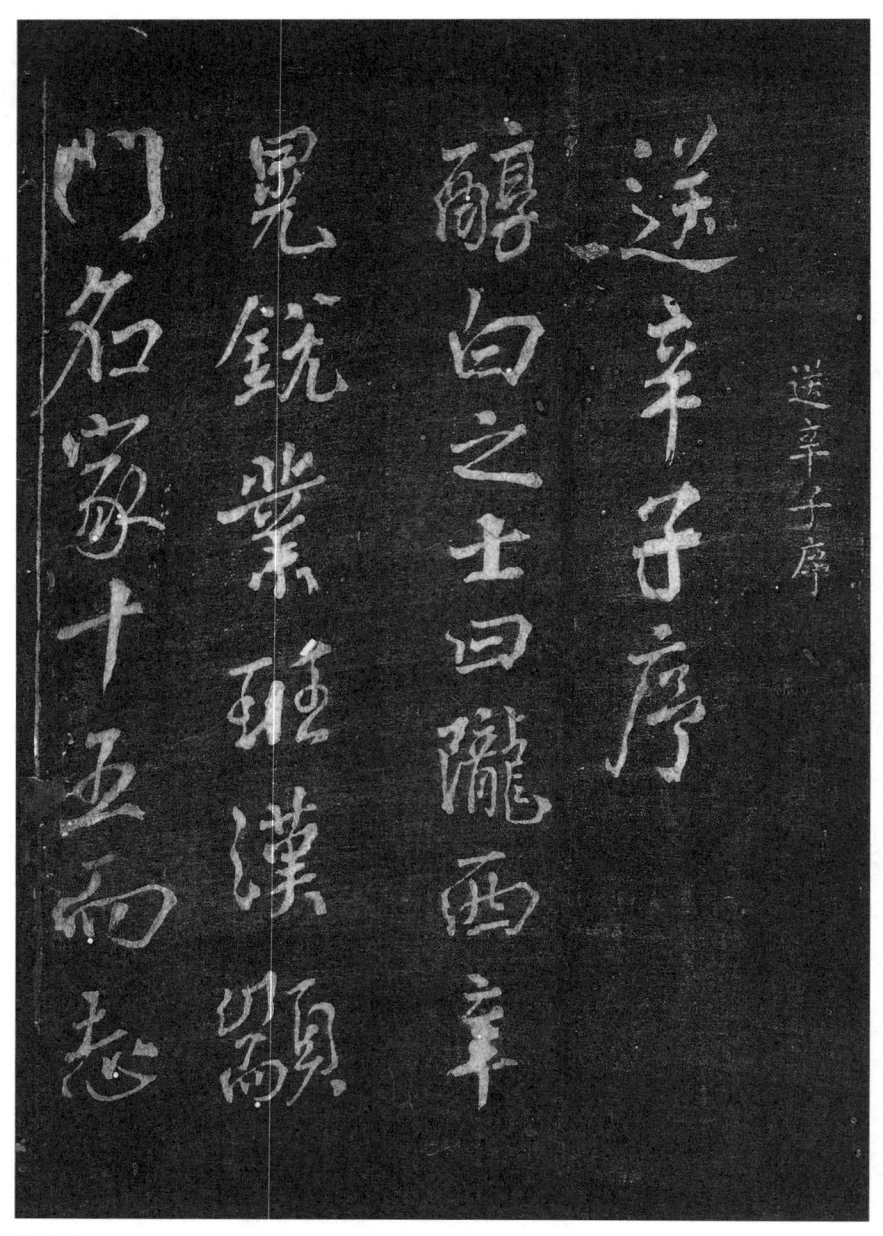

送辛子序

司空曙李端联句》，预唱者耿沣、王早。以诗寄司空曙、李端，盖有交往。

　　序有记："醇白之士曰陇西辛晃……昔我高叔祖郓州使君著《决疑》一十二卷，问答称为大颜；曾伯祖秘书监府君集注解，成一十二帙，名儒斟酌烦省，捃摭英华，勒成三十篇，名之曰《汉略》。夫其发凡举例，晃序言之已详。"郓州使君即颜游秦，秘书监府君即颜师古，叔侄并为《汉书》学者，辛晃为之序，儒学必有可称，洵"锐业班汉"之不虚也。"群子赋诗"饯行者，必当有皎然、陆羽诸人在。其与颜氏之友情，盖不仅止于颜真卿一身。

《忠义堂帖》所收，书法全不类颜真卿。较之集本："名儒斟酌"，夺一"名"字；"名之曰《汉略》"，"汉略"两字全泐。末款"鲁郡公颜真卿叙"，不另行，不合有唐制度及颜真卿平常格式。殆可疑也。

八五、射堂记

颜真卿撰并正书。

大历十二年四月，立在湖州。著录首见《集古录跋尾》卷七，其称："鲁公在湖州所书，刻于石者，余家集录多得之，惟《放生池碑》，字画完好，如《干禄字书》之类，今已残缺，每为之叹息。若《射堂记》者，最后得之。今仆射相公笔法精妙，为余称颜氏书《射堂记》最佳，遂以此本遗余。以余家素所藏诸书较之，惟《张敬因碑》与斯记为精劲，惜其皆残缺也。"《金石录目》第一五一九目下记"撰人姓名残缺"。《宝刻丛编》卷十四引《集古录目》作"颜真卿撰"，《宝刻类编》卷二同，今从之。

是石既残，宋嘉泰年前已迁移至墨妙亭，见《嘉泰吴兴志》卷十二"军营"："唐有射堂，在白苹洲西……今废。颜真卿有《射堂记碑》，在墨妙亭。"欧阳修、赵明诚诸人所见，盖出拓本。按，墨妙亭，宋知州事孙觉始建于熙宁五年，苏轼有《墨妙亭记》志其事，谓凡境内自汉以来古文遗刻取以实之。参《嘉泰吴兴志》卷十三"亭"下记："忠烈庙……嘉祐中，郡人建神祠……其后知州事张田增葺……又移公所书《干禄字碑》《放生池碑》《项王碑》《射堂碑》列于两庑。"其徙墨妙亭之前，已移置于忠烈庙庑下。是记无文字见存，嘉祐年间盖残损过甚，已不复成其文矣。

八六、柳恽西亭记

颜真卿撰并书。

碑目又称《梁吴兴太守柳恽西亭记》。文见《全唐文》卷三三八。大历十二年四月，立在湖州。著录首见《颜鲁公文集》卷二八引《湖录》。

碑主李清，天宝十二载进士登第，与皇甫曾、刘太冲及鲍防同年，并出杨浚榜下。大历初年在越州，偕吕渭、鲍防诸人预唱《柏梁体状云门山物》。大历十年出任乌程县令，十二年四月代受，赴京，皎然有诗送行。生平事迹未详，惟见是记"清，皇家子，名公之胤……两参隽乂之列，再移仙尉之任，毗赞于蜀邑，子男于吴兴，多为廉使盛府所辟荐"云。至于政绩，尤见赞许，有称："弦歌二岁，而流庸复者六百余室，废田垦者三百顷，浮客臻凑迨乎二千，种桑畜养盈于数万，官路有刻石之堠，吏厨有餐钱之资，敦本经久，率皆如是。……夫知邑莫若州，知宰莫若守，知而不言，无乃过乎？"按，皎然诗题曰《送乌程李明府得陟状赴京》，又有云："士林推玉振，公府荐冰清。为政移风久，承恩就日行。"参是记"真卿……启于十连优诏以旌清之美也"云，李清之移官，盖升迁，出自颜真卿之启旌也。

是记有石刻存世，金石经籍则不见著录。《嘉泰吴兴志》有记嘉祐中张田移颜真卿所书《干禄字书》《放生池碑》《项王碑述》和《射堂记》于忠烈庙，而不见有是记，盖早佚于嘉祐之前而或在晚唐年间，而今复见之。

八七、永兴寺额

大历十二年四月，书于湖州射村。著录首见《嘉泰吴兴志》卷十三"寺院"条下记。惟其引元和五年吴行周记："郡守工部尚书颜公篆额，即颜真卿也。"工部尚书，诚误。

永兴寺，在归安县射村，《嘉泰吴兴志》记原名鹿苑寺，梁大同元年夏分舍宅建之。后废，至大历三年沙门明哲重建，诏赐名永兴。宋治平二年改旧名。是额，元和年间当尚在，或毁于会昌初年排佛时。治平改名，盖出重建，已不复可见颜真卿之遗迹矣！

八八、项王碑阴述

颜真卿撰并正书。

碑目又称《项王庙碑阴述》《项王碑述》。文见《全唐文》卷三三八。大历十二年五月方生明日，立在湖州。著录首见《墨池编》卷十八。《金石录目》第一四六六记"大历七年四月"。《宝刻丛编》卷十四引《集古录目》作"七年五月",《宝刻类编》卷二同。《舆地纪胜》卷四亦为"七年"。按,七年四月或五月,颜真卿尚未起为湖州刺史,所记当误读碑文,抑或为项王庙碑阳立石年月。

碑主西楚霸王项羽,秦末与叔梁避仇于吴,即今之湖州。皎然原在项王祠东之兴国寺,颜真卿加树颠碑,撰文志之,又云"其神灵事迹具见竟陵子陆羽所载图经",盖缘起于皎然、陆羽两人。

是碑,嘉祐年间知州事张田移置忠烈庙,熙宁五年知州事孙觉又迁至墨妙亭,嘉泰年间尚在,见《嘉泰吴兴志》。参其下有注"颜鲁公书,自'湖州刺史'字下六字刻缺"云,时当另有题款,"六字刻缺"者,或即"颜真卿撰并书"六字。惟不见记有碑阳文字,亦不知撰者姓氏,是磨损无存、抑或另为一石,俟考。

是石,陆心源《吴兴金石记》(光绪十六年)已见佚。

《全梁文》卷十四引《艺文类聚》七九有梁简文帝《吴兴楚王神庙碑》,严可均有注"按碑文当是东汉楚王英,而题为吴兴楚王则项王矣,误改无疑"云,甚是。是碑,盖与颜真卿重树者无涉。

八九、李抱玉碑

杨绾撰,颜真卿正书。

碑目又称《太保昭武公李抱玉碑》。大历十三年,立在长安县。著录首见《墨池编》卷十七。《宝刻丛编》卷七引《集古录目》记颜真卿结衔"刑部尚书"。撰、书,并出于奉敕。

碑主李抱玉(七〇四—七七七),本姓安,始名重璋,至德二载五月以功赐姓李氏。乾元初为李光弼裨将,屡建勋绩,官至代宗相,河西、陇右、山南两道节度使、副元帅。初封武威郡王,后徙凉国公。卒后赠太保,谥曰昭武。新、旧《唐书》列传,见《旧唐书》卷一三二、《新唐书》卷一三八。《旧传》史臣称之"以武勇之材,兼忠义之行,有唐之良将也"。碑文已佚。

撰者杨绾(?—七七七),字公权,华州华阴人,进士登第,初仕太子正字。天宝十三载,应制举词藻宏丽科,加试诗赋各一篇,时登科三人,为之首,超授右拾遗。肃宗朝,初拜起居舍人,知制诰。后历中书舍人、礼部侍郎。代宗朝,迁吏部侍郎,历国子祭酒,迁太常卿,充礼仪使。大历十二年三月,元载伏诛。翌月，拜中书侍郎、同中书门下平章事。七月，卒。赠司徒，初谥文贞，后改文简。以清德名，时人比之杨震、山涛、谢安。新、旧《唐书》有传，见《旧唐书》卷一一九、《新唐书》卷一四二。史以儒道称。《旧传》赞曰："善人为邦百年，即可胜残去杀。杨绾入相数日，遽致移风易俗。周、召、伊、傅、萧、张、房、杜，历代为相之显者，蔑闻斯道也。"是碑，盖出初任丞相之日，为其最后奉诏之文。

《颜真卿碑》记颜真卿诏召回朝，出自杨绾、常衮之举，其奉敕书碑，殆与此两人有关，而时在其出任吏部之后。

《丛编》又引《京兆金石录》，碑阴有祭文，出自韩云逵所撰，其子李自正正书，记在大历十三年。十三年，乃其立石之日。颜真卿奉敕书，仅此特例，惟不见拓本流传。

九〇、李抱玉庙碑

颜真卿撰并书。

立在长安县李抱玉墓下。著录首见《颜鲁公文集》卷二八《书评八》引《古今碑目》，谓在墓前。《天下金石志》略同，惟书为撰。

按，是碑既在墓田，且明季尚见存，虽书、撰记述不一，宋时当有闻见。然《金石录》《金石略》《宝刻丛编》及《宝刻类编》引《李抱玉碑》时并不记之，《古今碑目》《天下金石志》，或仅凭拓本，不见另有此石。

九一、李玄靖碑

颜真卿撰并正书，吴崇休镌。

碑目又称《玄靖先生后碑》《李玄靖先生碑》《玄靖李先生碑》《茅山玄靖先生李君碑》《茅山玄靖先生李含光碑》《李含光先生碑》《李含光碑》。全称《有唐茅山玄靖先生广陵李君碑铭》。文见《全唐文》卷三四〇。著录首见《墨池编》卷十八。大历十二年五月，立在句容县茅山。《金石萃编》卷一〇〇记："碑已断裂，约高一丈余，广三尺二寸五分，厚一尺四分。四面刻，前后各十九行，两周各四行，行皆三十九字。正书。"颜真卿结衔"金紫光禄大夫行湖州刺史上柱国鲁郡开国公"。又记："绍兴丁巳（公元七年）五月十四日大风折颜碑，雪溪沈作舟扶起

李玄靖碑

之。"参张廷济道光十一年题跋"颜书《茅山元静先生碑》……绍兴七年丁巳为大风所折。嘉靖三年甲申玉晨观火，碑石糜碎"（上海博物馆藏南宋拓本）云，是碑明代中叶已见碎裂。王澍《虚舟题跋》记："原碑断于宋绍兴七年丁巳，不知何时毁去。今茅山所有碑乃是覆刻，笔画细瘦，全乏鲁公雄健之气，且字之讹者七十余处，而原碑不可复得矣。"王澍，清代康、雍时人，其所见重刻者，或立于晚明。是碑，因前有大历七年张从申行书柳识《玄靖先生碑》（李阳冰篆额，世称"三绝碑"），遂称为"后碑"。

碑主李含光（六八二—七六九），本姓弘，因避孝敬皇帝庙讳，改本姓，广陵江都人。神龙初度为道士，四十八岁从师司马子微，居茅山紫阳观，赐号玄靖。为上清派道士第五代传人，即陶宏景（隐居）—王远知（升元）—潘司正（体元）—司马子微（正一），传三洞真法。工篆籀、楷书。又善文，著有《本草音义》两卷、《〈老子〉〈庄子〉〈周易〉义略》三卷、《内学记》二篇。碑记："真卿，乾元二年以升州刺史充浙江节度，钦承至德，结慕元微，遂专使致书于茅山，以抒诚恳。先生特令韦练师景昭复书于真卿，恩眷绸缪，足励超然之志。"其乃神交，不及谋面，然钦承、结慕之情已溢于言表，后之奉道尤特崇于上清派，以至于有出世之想、归心茅山者，盖缘起于此也。

复信人景昭（六九四—七八五），字怀宝，丹阳延陵人，俗姓韦氏，父思葳、祖道会，并为道士。初师事包士荣。乃上清派第七代传人，即陶宏景—王远知—王轨—包方广—包法整—包士荣。天宝十一载奉诏与李玄靖修功德，造茅山紫阳观，因而居之。碑称其为玄靖门人，盖误。贞元元年卒，检校国子司业陆长源撰碑颂述之。与《述书赋》作者窦臮友善，有称"声同道韵，理契德源"，见陆长源《华阳三洞景昭大法师碑》，时任浙江东西道节度支度判官、检校尚书兵部郎中、兼侍御史，为之正书铭石，立在雷平山。是碑又称："大历六年……永负借山之记，而景昭洎郭闶等以先生茂烈芳猷，愿铭金石，乃邀道士刘明素来托斯文。"郭闶，葛立方《韵语阳秋》引陆羽《王维画孟浩然马上吟诗图》序有记"颜太师好异典，郭山人闶赠金匮文"云，颜、郭盖有交游，而时在修《韵海镜源》之大历八九年间。是年来湖托撰者为刘明素，颜氏之与景昭，或亦仅为神交，未曾周旋。

是碑有记颜真卿与李含光门人殷淑、韦渠牟"尝接采真之游，绪闻含一之德"。道家重养生修摄，李含光有《修真秘旨》一书，是或亦一金丹之术，"采真"乃"修真"之异称。

碑原存江苏句容县茅山玉晨观。上海博物馆藏有南宋拓本，今较集本："采捕渔猎，食荤血者"，集本"渔"作"鱼"，"荤"作"晕"；"遂遥请先生为玄师"，"请"作"礼"；"又征先生于紫庭别院馆之"，"紫庭"作"紫阳"；"物我均焉"，作"我物均焉"；"其十二月"，作"其年十二月"；"门人赴丧而至者凡数千人"，少一"凡"字；"先生识思真淳"，"识思"作"器识"；"老庄周易为洁静之书"，"洁静"作"洁净"；"强请先生楷书上经一十三纸，以补杨许之阙"，"补"作"备"；"阴阳数术"，作"阴阳术数"；"浙西节度"，作"浙江节度"；"寄白云而攸远"，"攸"作"悠"；"曷足辩于鸿蒙"，"辩"作"辨"；"敦云坐忘"，作"敦云坐亡"。盖出拓本之异，或为刻工所讹。内又有"生门人"与"门人中"三字，"子韦"与"韦渠"二字，"接"与"采"字相叠，显然出自铭石时所改，斯亦可见当时上石摹勒，刻工仅依点画直斤斤然而不论文字。

吴崇休，无考，或与《放生池碑》刻工吴文休并出一家。

九二、杜济墓志 杜济碑

颜真卿撰并正书。

志目又称《杜济墓志铭》《梓州刺史杜济墓志》。全称《京兆尹兼中丞杭州刺史剑南东川节度使杜公墓志铭》。碑目全称《京兆尹御史中丞梓遂杭三州刺史剑南东川节度使杜公神道碑铭》。文并见《全唐文》卷三四四。大历十二年十一月二十四日，入窆（立石）万年县。著录首见《集古录跋尾》卷七。《墨池编》卷十七作"大历十三年"，盖误。

《隋唐五代墓志·北京卷》收有《杜济墓志》，谓："出土于陕西省西安市。拓片高三三厘米，宽三五厘米。正书。"按，是志二十四行，行二十四字，不署撰书人姓氏。书法出自颜字。其文字，较之集本：首句"九首无虞"，作"□有虞卿"；其后，"姿度韶举"，"姿"作"资"；"悉居友婿"，"婿"作"胥"；又，"绵州刺史"，少"刺史"两字；"剑南行军司马"，"剑南"下衍"南"字。并出讹误，显然伪鼎。

黄本骥《古志石华》卷十三收有《杜济墓志》，首题"友婿颜真卿撰"，不见"并书"字样。其编次《颜鲁公文集》"书评"条下引《集古录跋尾》《金石录跋尾》以及《集古录目》《金石录目》有关文字，所谓鲁公书者多出揣测之词。《集古录跋尾》已有"盖世颇以为非颜氏书"之记，至黄氏则直言非鲁公书，其《颜鲁公年谱》大历十二年条下有"作友婿京兆尹杜济墓志并为济撰书神道碑"云者，甚为审慎，其笔画并非宋人所谓"非鲁公不能为者也"盖泛泛之谈也。

志（碑）主杜济（七二〇—七七七），字应物，襄阳人，望出杜陵，杜甫从侄。太子中舍人韦迪三女婿，即颜真卿妻妹夫，有友婿之份。解褐南郑主簿，后官至京兆尹，终于杭州刺史任上。三子：匡、陟、肃。《新表》"襄阳杜氏"条记"匡、陟、缉、宁、杨"五子，盖误读碑文，以"缉宁家残"句中之"缉宁"为杜济两子名。黄本骥《颜鲁公文集》卷十于碑后已考正之。"杨"为"肃"之讹。匡、陟、肃为颜真卿襟侄，是时未见职守，或尚未入仕。杜氏三兄弟，见于史者，仅陟一人，《宋高僧传》卷十六《唐钱塘永福寺慧琳传》有"元和丁亥，太守、礼部员外城南杜陟，请出永福寺登坛"云。元和丁亥，即元和二年。另，《唐才子传》卷七"李远"条记"大和五年，杜陟榜进士及第"。元和二年、大和五年相距二十五年，两杜陟，盖非一人。杭州刺史杜陟当是。进士杜陟，为别一人。四女，长女时适校书郎卢少康。

《唐会要》卷七九《谥法上》"简"条下记有"杭州刺史杜济"。碑、志，并不见，盖出追谥。

杜济为元载集团中人，京兆尹任上为徐浩妾弟侯莫陈忿冒选违典，为御史大夫李栖筠弹劾，史称："始，（徐）浩罢岭南节度使，以瑰货数十万饷（元）载，而（杜）济方为京兆，（薛）邕吏部侍郎。三人者，皆载所厚，栖筠并劾之。"（《新唐书》卷一四六《李栖筠传》）济为之违典，虽承元载意旨，盖亦出自徐浩请托。

又，杜济永泰元年剑南节度行军司马任上，因节度严武故，奏请郭英乂为节度，见《新唐书》卷一四四《崔宁传》。按，严武卒于四月庚寅，郭英乂为成都尹、充节度使在翌月癸丑，其奏请，盖在四月庚寅至五月癸丑间，并见《旧唐书》卷十一《代宗纪》，而前年十一月十五日颜真卿因郭英乂诣事军容使鱼朝恩有《与郭仆射书》，先后未隔半年。颜、杜为联襟，而视右仆射郭英乂清浊如是，其与权相元载者更有墨朱之别矣！

《集古录跋尾》卷七称《杜济碑》："已残缺，铨次不能成文，第录其字法尔。"宋代盖已残甚。其别称《梓州刺史杜济碑》者，洵有由也。

九三、祖庙碑

颜真卿撰并书。

碑目又称《祖将军庙碑》。大历十二年，立在江州。著录首见欧阳詹《吊九江驿碑材文》。观其文，"公制亭之文，手勒斯碑而立之。公，文为天下最，书为天下最。斯亭之地，亦天下最。庶资三善加以斯……。后典州吏于州之九江驿，有修坏之劳，状其末绩，乃取斯碑，划公之述，置己之述，今为九江驿之碑焉。……以祖亭方九江驿，则兰室鲍肆矣；以鲁公之文，方今之文，则牢醴糟糠矣；以鲁公之札翰，方今之札翰，则锦绣枲麻矣；以鲁公之用，方今之用，则华夏夷狄矣。痛哉！斯碑出祖亭，入九江驿，失鲁公文，得人之文，削鲁公之札翰，题人之札翰，亡鲁公之用，就人之用，是去兰室而居鲍肆，舍牢醴而食糟糠，脱锦绣而服枲麻，黜诸夏而即夷狄，可悲之甚者"云云，撰与书，盖并出鲁公。

按，欧阳詹，卒于贞元末年，韩愈有《欧阳生哀辞》祭之。参欧阳所记："后典州吏于州之九江驿，有修坏之劳，状其末绩，乃取斯碑划公之述，置已之述，今为九江驿之碑焉。"是碑，盖划削于贞元中叶。

九四、殷君夫人颜氏碑

颜真卿撰并正书。

碑目又称《殷夫人墓志》《钱塘县丞殷府君夫人碑》《杭州钱塘县丞殷府君夫人碑》《殷府君夫人碑》《钱塘县丞殷履直夫人颜氏碑》。全称《有唐故杭州钱塘县丞殷府君夫人颜君神道碑铭》。文见《全唐文》卷三四四。大历十二年，立在洛阳。著录首见《墨池编》卷十七。《宝刻类编》卷二作"开元二十六年"。参《金石萃编》卷一〇一，是碑标题记颜真卿结衔"金紫光禄大夫行湖州刺史上柱国鲁郡□□□公"，盖书于湖州刺史任上。

颜真卿湖州任上不见上计归京事，其洛下扫祭伯母当在大历十二年五月后归京次洛之日。"开元二十六年"，盖殷氏夫妇合葬之日，《类编》误。《萃编》记："碑两面刻，连额高七尺七寸五分，广二尺二寸三分，各九行。两侧各四行。每行并二十九字。正书。额题'唐钱唐丞殷君夫人颜君之□'十二字，篆书。"是碑久晦，至清复显，见黄叔璥《中州金石考》卷六引《金石补遗》："四面环刻……在河南府学道居寺天王殿前，新自地中掘起者。"按，刘青藜《金石续录》卷三有记"《唐殷夫人墓志》。右志在河南旧府治门内掘土得之，委弃粪壤。学博齐君怀瑜言于当事，移置关将军庙中。剥落殊甚，其可识者：篆额'唐钱塘丞殷'，余缺。首行'钱塘县丞府君夫人□□'，侧书'并序'二字。次行'第十三侄男金紫光□□□□湖州刺史上柱国鲁郡□□□公真卿撰并'。志云'君（号）□定，琅邪临沂人。北齐黄门侍郎之推府君之元□，皇朝寿（秦）王记室思鲁府君之曾□，著作郎弘文□贤□之孙，天皇曹王侍读赠华州刺史昭甫□君之季女'。以下文字漫漶不可句"云，所谓墓志者，诚误。

殷君夫人颜氏碑

　　按，瞿中溶《古泉山馆金石文编残稿》卷二记："右碑文廿六行，两面两侧环刻……皆正书。其上横题，篆书，两面各六字。在洛阳玉虚观（道寺居）。嘉庆丁丑虞山张子恂文学夔游中州，手拓其文，归以赠予。"刘青藜所见"唐钱塘丞殷"诸字，乃碑阳之篆额。所谓墓志云者，盖未见碑阴字题额。是时碑阴当已泐损，且其出土地及之移置关将军庙者，与《金石补遗》相左，盖出而复晦，至时遂重见之。参刘青藜卒于康熙中叶，其重见已移置关将军庙中，则必在康熙初年。

　　碑主颜真定（六五四—七三七），颜昭甫之季女，颜真卿之姑母，钱塘县丞殷履直之妻。碑记："君号真定……天后当宁，旁求女史，太夫人殷氏以彤管之才，

464

膺大家之选，召置左右，不遑顾复。二弟曰秘书监元孙府君、太子少保惟贞府君，藐焉始孩，顷隔怙恃。君躬自诲育，教之诗书，悉擅大名，皆君力也。叔父吏部郎中敬仲府君，为酷吏所诬。君率二妹宜芳令裴安期妻、司业岑献妻，割耳诉冤，因获减死。"其乃颜昭甫小女，元孙、惟贞之姐。按，颜敬仲遭诬获免而左迁外郡，时在仪凤二年，颜元孙生于乾封三年，正值十岁，见《颜真卿年谱》。太夫人殷氏"膺大家之选"，必出其前。又，《颜元孙碑》记元孙"少孤养于舅殷仲容家"，真定年长十四岁，其"律母师"，代母诲弟，当在其后。其为殷仲容侄媳，古制虽族居，然夫亡多寄归娘家，元孙、惟贞兄弟少孤，随母寄养于外祖家，亦即迁至姐夫家与之同居于殷家，宜有诲育之恩！二妹，宜芳令裴安期妻、司业岑献妻，盖从妹，为敬仲之女也。按，宜芳令裴安期，《新书·世系表》记为汾州司马，宜芳令乃其父知久。裴谟《唐故陆浑县令裴府君墓志铭》亦记："公讳行著，字长裕……五代祖囗（立）本，皇朝户部郎中。郎中生宜芳县令知久。宜芳生长举县令安期。"宜芳令者盖误父为子。长举县令，乃其终官（元稹《唐故福州等州都团练观察处置等使中大夫使持节都督福州诸军事守福州刺史兼御史中丞上柱国赐紫金鱼袋赠左散骑常侍裴公（乂）墓志铭》误为长安县令）。

三子：长曰嘉绍，武康丞，工小篆，柳冕乃其婿，时职太乐令；次曰齐望，处士；幼曰成己，晋州长史。碑记颜氏开元二十五年卒于成己尉氏县尉任上，晋州长史，盖在其后。或与嘉绍，并为时职。六女：长适李氏，乃安陆令李铨之母；次适王元淑；次适蔡九言；次适颜昭粹；次适杨钦；季适颜阙疑。碑称成己每与内第曜卿、允南同赋诗，其亦当有娶于颜氏也。颜真卿同母十人，七男三女，其颜氏者，盖居其一，为其长姐。柳冕乃其姻亲。

九五、康希铣碑

颜真卿撰并正书。

碑目又称《台州刺史康希铣碑》。全称《银青光禄大夫海濮饶房睦台六州刺史上柱国汲郡开国公康使君神道碑铭》。文见《全唐文》卷三四四。大历十二年，立在山阴县离渚。《宝刻丛编》卷十三引《诸道石刻录》有记"官遣匠摹本，为村民击碎"云，宋季盖已佚。

碑主康希铣（六四六—七一六），字南金，会稽人，年十四明经登科，选补左内率府胄曹。又应词藻宏丽制举，中甲科，授秘书省校书郎，后官至国子司业，封爵汲郡开国公，开元四年卒于会稽允里第。夫人殷氏（六四八—七一六），封丹阳郡夫人，同年卒于洛阳章善坊，乃太子中舍人闻礼之曾孙，右清道率令德之孙，洛州录事参军子恩之第五女，即钱塘丞殷履直之妹，殷仲容、殷子敬之侄女，颜惟贞夫人之从妹，颜真卿之姨。天宝四载合祔于山阴离渚村先茔，是碑盖出追立。四子：长曰元瑛，婺州司马，袭爵；次曰元瑾，会稽县男；次曰元场，宣州司士、奉先尉，会稽县男；次曰元环，获嘉丞。一女曰辨惠，适盩厔县令、陕郡长史郜象钺。是碑盖出其侄秀州长史元瑰之请。颜氏于康氏之词学尤加推崇，有称"文意丽藻，工雅所祇"，且记有《自古以来清白吏图》四卷，"仍自为序赞，以见其志，宰相黄门侍郎韦承庆、中书舍人马吉甫等美而同述焉，盛行于世"，又谓"赴海州时，君兄德言为右台侍御史，弟为偃师令，俱以词学擅名，时同请归乡拜扫，朝野荣之，与狄仁杰、岑羲、韦承庆、嗣立、元怀景、姚元崇友善，至是咸倾朝同赋诗以饯之，近代未有此比"。又记其父国安有《文集》十卷、《注驳文选异议》二十卷、《汉书□（注）》十卷、《自述文集》二十卷，兄显《文集》十卷、《词苑丽则》二十卷、《海藏连珠》三十卷、《累璧》十卷，侄□（子）元《周易异议》二十卷，元瑰《干禄宝典》三十卷，侄孙南华《代耕心镜》十卷，□□□□□百二十卷。盖一儒学世家。

康氏世系，所记甚详，今移录如下，或可补史乘之缺：

权（魏强弩将军）— 泰（晋虎贲中郎）— 威（□□太守）— 翼（兰陵令、奋节将军，随晋元帝过江，为吴兴郡丞，乃乌程康氏始祖）— 镇（豫章太守）— 钦信（征虏司马、建武将军）— 黯（宋晋熙王兵曹参军）— 高（南台郎）— 孟真（齐骠骑大将军）— 僧朗（梁散骑侍郎）— 宗谔（陈给事中、五兵尚书，后为山阴县令，乃会稽房始祖）— 孝范（江夏王府法曹、临海县令）— 英（隋，齐王府骑曹、江宁县令；入唐，随郡王行军仓曹）— 国安（右典戎卫录事参军、太学博士、白兽门内供奉、崇文馆学士，赠杭州长史）— 希铣是碑,《嘉泰会稽志》卷十六《碑刻》称残碑,谓在府治听壁。时,施宿又得二十余字于民间,并置之。

九六、怀圆寂上人诗

颜真卿撰并正书。

帖目又称《使瑶台寺有怀圆寂上人》。诗见《全唐诗》卷一五二。大历十三年二月,书于刑部尚书任上。著录首见《墨池编》卷十八。《金石录目》第一五三三记"十二年十二月",误。

诗主圆寂(?一七五二),昭陵瑶台寺僧,参序"真卿昔以天宝元年尉醴泉,亟过瑶台寺圆寂上人院,秩满,迁监察御史,巡复诸陵,而上人已去此寺"云,盖三十六年前故友。《金石录目》第一三一一记有《瑶台寺大德碑》,韩择木隶书,天宝十一载十二月,其注"大德名圆寂"。若是,盖卒于天宝十一载。按,瑶台寺传为唐太宗所建,在昭陵澄心寺之南,详见张沛《昭陵碑石》,咸亨二年有僧普昌正书《张阿难碑》,书法遒逸,有称于《潜研堂金石文跋尾》;天宝二年立有《佛顶尊胜陀罗尼经幢》,近年出土于寺址。

九七、瑶台帖

颜真卿行书。

大历十三年二月,书于昭陵。著录首见《宣和书谱》卷三。

疑为《怀圆寂上人诗》异名,或其中一部分。

九八、马璘新庙碑

程浩撰,颜真卿正书,韩秀实隶额。

碑目又称《泾原节度使马璘先庙碑》《马璘先庙碑》《扶风郡王君璘碑》《赠司徒马璘新庙碑》。全称《唐故尚书左仆射知省事扶风王赠司徒马公璘碑》。大历十四年七月,立在京兆。著录首见《墨池编》卷十八。《宝刻丛编》卷七引《集古录目》记颜真卿结衔"吏部尚书",韩秀实结衔"太子中允翰林待诏"。其后久晦,

马璘新庙碑

至光绪十六年西安蕃署出土,已残损裂为五石,存二十二行四百余字及隶额(缺唐、仆、扶、徒四字)。陶子久有跋记之。现存西安碑林。《西安碑林书法艺术》记"宽一一四厘米"。

碑主马璘(七二一—七七六),字仁杰,扶风安定人,为抚边名将,官至检校左仆射知省事,封扶风郡王,卒后赠司徒,谥曰武。常衮撰有神道碑铭志述之。新、旧《唐书》有传,见《旧唐书》卷一五二、《新唐书》卷一三八。一九九五年元月,西安洪庆镇田王村出土《马璘墓志铭》,全称《大唐故四镇北庭行营节度兼泾、原、颖、郑等节度观察、尚书左仆射、扶风郡王赠司徒马府君墓志铭》,亦常衮撰，挚宗正书，并出奉敕。其记卒于大历十一年十二月十三日，《旧传》所记十二年，盖误。其志不记谥号，其谥必在其后。《旧传》称："广德初，仆固怀恩不顺，诱吐蕃入寇，代宗避狄陕州。……代宗还宫，召见慰劳之，授兼御史中丞。永泰初，拜四镇行营节度，兼南道和蕃使。"按，颜真卿扈从幸陕，除尚书左丞，随驾还京，除检校刑部尚书、兼御史大夫，充朔方行营汾、晋等六州宣慰使，时在广德二年正月初五日，与马璘授中丞相先后，详见《颜真卿年谱》。大夫乃御史台长官，中丞为其副手。又，《马璘墓志》"永泰二年，特加御史大夫"云，是年二月，颜真卿出贬峡州，马璘之大夫，盖其后任。颜、马，盖有宪台同僚，例有行谊。

《旧纪》：大历十四年七月"壬申，毁元载、马璘、刘忠翼之第，以其雄侈逾制也"。此碑曰新庙，盖其私第为新君德宗所毁者。立碑，盖其前，以六月为近是。是碑多目，如《金石录》作《马璘先庙碑》，《金石略》作《泾原节度使马璘先庙碑》，《宝刻丛编》引《集古录目》作"赠司徒马璘新庙碑"，《宝刻类编》作"扶风郡王君璘碑"，盖出于残损所致。当年毁第之时殆祸及池鱼，随之颠仆，至宋代已见不完。是石虽存，不见全貌，良可惜也。

篆额人韩秀实，韩择木之子，与兄秀荣、弟秀弼并继家业以隶书名世，历梁州都督府长史，官至太子中允，以书充翰林待诏。封武阳县男。所书碑志见于著录者凡十：《薛嵩碑》（程浩撰，大历八年十月立）、《郝玉碑》（杨炎撰，大历九年立）、《李光进碑》（杨炎撰，大历十年）、《李深碑》（大历十二年三月立）、《鲜于氏里门记》（韩云卿撰，李阳冰篆额，大历十二年五月立）、《平蛮颂》（韩云卿撰，李阳冰篆额，大历十二年□月二十五日立）、《李氏墓志》（独孤恮撰，大历十三年七月二十四日入窆）、《辛浩墓志》（成朝秀撰，大历十三年入窆）、《禹庙碑》（韩云卿撰，李阳冰篆额，建中元年三月二日立）以及是碑。

九九、颜勤礼碑

颜真卿撰并正书。

碑目又称《颜勤礼神道碑》《夔州都督府长史颜勤礼碑》。全称《秘书省著作郎夔州都督长史上护军颜公神道碑》。文见《全唐文》卷三四一。大历十四年，立在万年县凤栖原。著录首见《集古录跋尾》卷七。《金石录目》卷二八记"元祐

忽驚列岫曉來逼
朔雪洗盡煙嵐昏

劉二縣尉故相國蘇頲舉茂才又爲張敬忠劍南節度判官偃師丞杲卿忠烈有清識吏幹累遷太
常丞攝常山太守殺逆賊安祿山將李欽湊開土門擒其心手何千年高邈遷衛尉卿兼御史中丞
城守陷賊東京遇害楚毒參下詈言不絕贈太子太保謚曰忠曜卿工詩善草隸十六以詞學直崇
文館淄川司馬旭卿善草書胤山令茂曾訥言敏行頗工篆籀犍爲司馬闕疑仁孝善詩春秋杭州
參軍允南工詩人皆諷誦之善草隸書判頻入等第歷左補闕殿中侍御史三爲郎官國子司業金
鄉男喬卿仁厚有吏材富平尉真長耿介舉明經幼輿敦雅有醞藉通班漢書左清道率府兵曹真
卿舉進士校書郎舉文詞秀逸醴泉尉黜陟使王鉷以清白名聞七爲憲官九爲省官薦爲節度採
訪觀察使魯郡公允臧敦實有吏能舉縣令宰延昌四爲御史充太尉郭子儀判官江陵少尹荊南
行軍司馬長卿晉卿邠卿充國質多無祿早世名卿倜佶伋倫並爲武官玄孫紘通義尉沒于蠻泉
明孝義有吏道父開土門佐其謀彭州司馬威明邛州司馬季明子幹沛詡頗泉明男誕及君外曾
孫沈盈盧逖並爲逆賊所害俱蒙贈五品京官濬好屬文翹華正頵並早夭頲好五言校書郎頍仁
孝方正明經大理司直充張萬頃嶺南營田判官顗鳳翔參軍頊通悟頗善隸書太子洗馬鄭王府
司馬並不幸短命通明好屬文項城尉碩温江丞覿綿州參軍靚臨亭尉顥仁和有政理蓬州長史
總明仁順幹蠱都水使者頼介直河南府法曹頔奉禮郎頎江陵參軍頡當陽主簿頌河中參軍頂
衛尉主簿頠左千牛頵頵並京兆參軍頫須頌並童稚未仕自黃門御正至君父叔兄弟子姪揚
庭益期昭甫强學十三人四世爲學士侍讀事見柳芳續卓絕殷寅著姓略小監少保以德行詞翰
爲天下所推春卿杲卿曜卿允南而下泉君之聲從光庭千里康成希莊日損隱朝匡朝昇庠恭敏
鄰幾元淑溫之舒說順勝怡渾允濟挺式宣韶等多以名德著述學業文翰交映儒林故當代謂之
學家非夫君之積德累仁貽謀有裕則何以流光末裔錫羨盛時小子真卿聿修是忝嬰孩集蓼不
逮過庭之訓晚暮論譔莫追長老之口授君之德美多恨闕遺銘曰

颜勤礼碑

间，有守长安者后囿建亭榭，多辇取境内古石刻以为基址。此碑几毁而存，然已摩去其铭文"云，是时盖已残损磨灭。其石久晦，至民国十一年始显，见宋伯鲁碑下题记："右《唐夔州都督府长史颜勤礼碑》，曾孙鲁郡开国公真卿撰并书。民国十一年壬戌十月之初，何容星营长获之长安旧蕃廨库堂后土中，石已中断，上下皆完无缺。"按，碑不见额及铭，盖已早佚于宋时。现存西安碑林。

《西安碑林书法艺术》记："高二六八厘米，宽九二厘米，三面刻四十四行，行三十八字。"故宫博物院藏有初拓片，较之集本，集本多误，有如："文苑有传"，作"文学有传"；"齐书黄门传"，作"学书黄门传"；"幼而朗晤"，"晤"作"悟"；"授朝散正议大夫勋"，少"正议"二字；"太子内直"，少一"内"字；"制曰具官，君学艺优敏"，少"具官"两字；"旋窆于京城"，作"归窆于京城"；"滁、沂、豪三州刺史"，"豪"作"濠"；"会宗，襄州参军孝友，楚州司马"，"孝友"作"考"；"张敬忠"，作"张敬宗"；"旭卿，善草书"，少一"书"字；"幼舆敦雅，有蕴藉"，少一"有"字；"长卿、晋卿、邠卿、充国、质，多无禄"，"邠卿"作"邠"；"父开土门"，作"又开土门"；"季明、子干、沛、翊、颇、泉明男证"，"翊"作"诩"，少"颇"字；"颛，好五言"，"颛"作"颖"（其句下有注"颖见后，当是颛之误。《家庙碑》云颛好五言，校书"，盖见时已泐）；"顶，卫尉主簿"，"顶"作"项"；"贻谋有裕"，少一"裕"字；"锡羡盛时"，"羡"作"美"；"婴孩集蓼"，"蓼"作"慕"，盖出拓本之异同。故宫博物院所藏初拓本，亦间见夺字，不可句读以致文理不通，盖出装帧之误。

碑主颜勤礼（？—六六一），字敬，颜真卿曾祖，解褐秘书省校书郎，历右领（军卫）左右府铠曹参军（武德中），轻车都尉、兼直秘书监（武德九年十一月），兼行雍州参军事（贞观三年六月），秘书佐郎（贞观六年七月），詹事主簿（贞元七年六月），转太子（詹事）直监、加崇贤馆学士，出补蒋王文学、弘文馆学士，擢陈王府属（永徽元年）。迁曹王友，无何，拜秘书省著作郎。后以夫人柳氏受其兄中书令柳奭亲累，出贬夔州府长史，显庆六年卒于任上。夫人，先殷氏，后柳氏。七子：昭甫（即颜真卿祖父）与弟敬仲，出自殷氏；殆庶、无恤、少连、务滋、辟强，出自柳氏，受舅氏柳奭之累，终身不得仕进。六孙：元孙、惟贞、会宗、孝友、澄、润。元孙、惟贞为昭甫子，会宗、孝友、澄、润为敬仲子。十七玄孙：春卿、杲卿、曜卿、旭卿、茂曾、阙疑、允南、乔卿、真长、幼舆、真卿、允臧以及长卿、晋卿、邠卿、充国、质。按，颜真卿《祭侄季明文》自称第十三叔，《干禄字书》《颜真定碣》自称"第十三侄"，其行第当十三。今列名第十一，之前当有二兄。又，《家庙碑》自称第七子，今列名为弟六，参《允南碑》允南为惟贞第二子，《幼舆碑》幼舆为惟贞第六子，允南、幼舆间当有一兄，上引长卿、晋卿、邠卿、充国、质五人早世者，必有二人早生于真卿，而其一为亲兄弟，另三人少于真卿。按，元孙年长惟贞二十年，真卿亲兄一人除外，余下四人盖并为元孙子。又，《殷践猷碣》谓其母殷氏中年孀嫠，遗孤十人，未能自立，今可知者仅阙疑、允南、乔卿、真长、幼舆、真卿、允臧七人，加上早世一人为八人，允臧即其第八子，与真卿仅隔周年，不当更有早世者，意以为间少二人者必为女子，而殷成己夫人必为其一，其长于允南，盖长姐也。按，江西观察使韦丹，韩愈撰有墓志铭称"以甥孙从太师鲁公真卿学，太师爱之"云，甥孙乃姐妹之孙，其祖母即韦政之母，为颜真卿之姐妹。又有沈盈，《颜杲卿碑》称"从父甥"，《颜氏家庙碑》为"外孙"，其必颜惟贞之女子，即颜真卿姐妹之子。联想到颜真卿《沈氏述祖德碑阴记》自称"江南婚姻之旧"，《授颜真卿太子太师告》又谓"太后崇徽，外家联属"，太后沈氏即沈震之妹，"外家联属"，颜、沈姻谊，盖出沈盈之母。韦、沈二夫人亦"遗孤十人"中人，偕殷成己夫人为颜真卿之三姐妹。为是七男三女，正合"遗孤十人"之谓。

一○○、张敬因残碑

颜真卿撰并正书。

碑目又称《和州刺史张敬因碑》《赠和州刺史张敬因碑》。大历十四年，立在许州。著录首见《集古录跋尾》卷七。参欧阳修云"碑在许州临颍县居民田中，庆历初有知此碑者，稍稍往模之。民家患其践田稼，遂击碎之。余在滁阳，闻而遣人往求之，得其残缺者为七段矣"，北宋时已残损过甚。参端方《匋斋藏石》记："碑已残毁，现存之石，广三尺一寸，高尺寸不计。前后漫灭，惟中间八行，行存四五字。正书，径一寸八九分。"是碑至清末光绪年间残存仅一石，惟得三十余字矣。

张敬因残碑

故宫博物院有端方旧拓本。

碑主张敬因，无考。据《集古录跋尾》所记，乃南阳人。祖澄，父连。

一〇一、"龙溪"两字

颜真卿书。

大历初，书于吉州永新县。著录首见《颜鲁公文集》卷二四引《广舆记》。王士祯《池北偶谈》卷二四记："'龙溪'两大字，镌于石壁，方广径丈。"黄本骥以为黄庭坚《青原山诗》"鲁公大字在，笔势欲倾摧"即谓此"龙溪"两字。刘绎《吉安金石志》谓字刻在禾山绝壁上，后一行有"天宝五载平原颜真卿铁笔题禾山龙门石壁"十八字，如若为"龙溪"二字之注脚，则画蛇添足，反彰其伪。

一〇二、臧怀恪碑

颜真卿撰并正书，李秀岩摹勒。

碑目又称《赠工部尚书臧怀恪碑》《将军臧怀恪碑》《右武卫将军臧怀恪碑》。全称《唐故右武卫将军赠工部尚书上柱国上蔡县开国侯臧公神道碑铭》。文见《全唐文》卷三四二。大历中，立在三原县。著录首见《墨池编》卷十七。《金石萃编》卷九五记："碑高一丈一尺一寸，广五尺四分。共二十八行，行字自五十八至六十四不等。正书。"颜真卿结衔"金紫光禄大夫行抚州刺史上柱国鲁郡开国公"，李秀岩结衔"翰林待诏、光禄卿"。以其子希晏，卒于广德而葬于大历五年，父之重立碑，盖在同时。《宝刻丛编》卷十引《集古录目》及《宝刻类编》卷二作"开元十二年"。顾炎武《金石文字记》卷四作"广德元年"，《金石萃编》所记"李秀岩题额"，并误。

现存西安碑林。首行题记颜真卿条下有"翰林待诏、光禄卿李秀岩模勒"字样，为行书，盖出李氏自题。故宫博物院藏有晚明拓本，较之集本，集本多异，如："祖宠皇通议大夫"，"皇"下有"朝"字；"兼安北都护"，为"兼安北都护军"；"知征马使"，"征马使"作"兵马使"；"何得与我拒战乎，时仆固怀恩父设支"，"乎"作"于"；"诏曰故具官公"，"公"作"某"；"公兄左羽林军大将军"，"左"作"在（右）"；"豊州别驾赠宋州刺史"，作"丰州别驾赠宋州刺

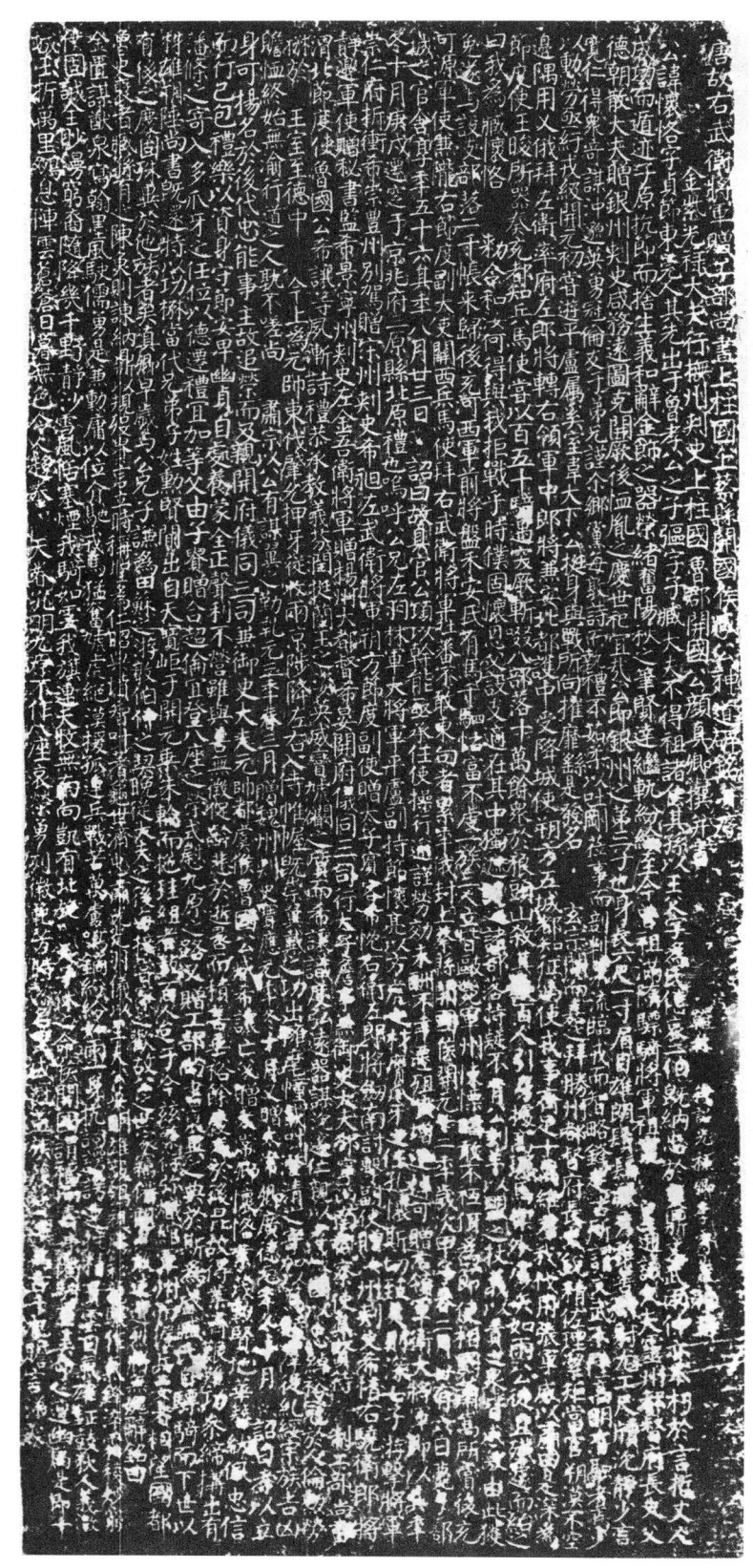

臧怀恪碑

史";"赠太常卿",作"大常卿";"业茂勋贤","业"作"弃";"幽贞自处",作"幽贞自适";"垂裕余庆",作"垂祐余庆";"臧氏以骠骑而下","骑"作"骁";"再接尝僚之欢","尝"作"常";"光光羽仪",作"道光羽仪"。盖出刊刻之讹。按,是本裱装亦有讹错,如"(又赠)太常卿,广德元年"句,"德元"另出一行,移在"太常卿"前;"(促龄)悲于逝晷而积善垂裕余庆,光于后昆,故得业(济艰难)"作三行,为"善垂裕余庆光,悲于逝晷而积,于后昆故得业",以致不可卒读;"我骑如云,我旗连天",前句误作"骑好云我";"令人趋奉","趋"讹作"趋"乃出装帧之不慎。是碑有篆额"唐故东莞臧公神道碑"三行九字,王昶失载。

碑主臧怀恪(六六九—七二四),字贞节,东莞人,初仕胜州都督府长史,后官至右武卫大将军,赠工部尚书,封爵上蔡县侯。颜真卿与其侄即怀亮子谦为田苏之游,又为其子希让山南西道节度使辖下州牧(蓬州刺史、利州长史),自有交谊。是碑记其七子希崇、希昶、希忱、希憺、希景、希晏并有赠官,盖已下世,而于希让又特加颂述,其撰并正书者,殆出其人之请。

一九八五年四月,陕西三原陵前乡三合村出土颜真卿所撰《臧怀亮墓志》,记祖宠骠骑将军,父善德银州郡太守。是碑,误骠骑将军为其曾祖满(《臧氏纠宗碑》同),父德少一善字,盖误从李邕碑,银川郡太守亦从之作赠官(张孚《臧希晏碑》作德善)。

李秀岩,时以光禄卿充翰林待诏。其他俟考。

一〇三、千金陂碑

颜真卿撰并书。

大历中,立在抚州。著录首见柏虔冉《新创千金陂记》。《金石略》《宝刻类编》,并归颜真卿名下,惟目下一无所注,或残损已甚。书体无考。《新创千金陂记》:"抚州刺史渤海李公……得华陂旧基焉。(田户邹)棱曰:'华陂始于上元,在大历中有若颜鲁公,亦建土塍陂,寻亦废塞;在贞元中有若戴公(叔伦),置冷泉陂,其迹寻荒。……相承八十余年,皆仪图其地,卒不能就。'公(李渤)曰:'不然。吾试为汝成之。'……(贞元)九年八月,凿冷泉故基……绮错鳞差,二十余派，陂偃五所，以节水势。公又于其上横截汝江，置千金陂。"其千金陂之名始于咸通九年。颜真卿时，尚名华陂。宋人所见碑石，其不记年月，盖出贞元易名之后重立者，且已残泐不堪。其是否出自颜真卿，固甚可疑。然而，颜公在抚，亦重民事，兴修水利，其功不可没。殷亮所谓"在州四年，约身简事为政"者，盖寓别意，以张扬慎独，怡然于诗文自乐。

一〇四、臧氏故宅碑

颜真卿书。

大历中，立在三原县九坡城三家村。与《臧氏纠宗碑》同时。著录首见《碑薮》。

按，臧氏故宅，盖出臧怀恪、希让一族。故人族居，东莞一族，又世居京兆，臧怀亮故宅即在西京平康里，臧希晏在安邑里，其故宅碑不当立在墓田。细读《碑薮》所记在三原县九坡城臧氏墓上者，有臧氏碑石凡七通，即《臧氏纠宗碑》《臧怀恪碑》《臧怀亮碑》《臧希忱碑》《臧希晏碑》《臧崇碑》以及是碑，惟是碑目下有注"在三家村"，盖与三原长坳乡臧氏先茔为别一地。按，《臧怀亮墓志》一九八五年四月出土于陵前乡三合村，三合村当是臧氏墓田所在地。三家村故宅，始于何人，俟考，或即出自初迁京兆者。撰人，无考。

一〇五、臧氏纠宗碑

颜真卿撰并书。

碑目又称《东莞臧氏纠宗碑铭》。文见《全唐文》卷三三九。大历中，立在三原。著录首见《书史》。

东莞臧氏世系以是碑为最详尽，然谬误亦多。其记东莞臧氏隋骠骑将军满以下世系为："满生皇朝通议大夫、灵州都督府长史府君讳宠。宠生银青光禄大夫、银州刺史、赠太子少师讳善德。……（善德）生三子，曰：右武卫将军，赠幽州大都督□□□怀庆；冠军左羽林大将军，兼营府都督、御史中丞、充平卢节度、采访、两藩使怀亮；河源军使、安北都护、右领军将军、上柱国、上蔡县开国侯，累赠太常卿、魏州刺史、工部尚书怀恪。……怀庆五子，曰：左金吾中郎将、范阳节度经略副使希古，右威卫将军、中受降城使希真，殿中监、朔方经略副使希宾，原州长史、监牧副使希昢，银青（光禄大夫）、北平太守、仍充军使希逸。怀亮五子，曰：胜州都督、朔方节度副使敬廉，金紫（光禄大夫）、文安太守、范阳节度副使希庄，左清道率、幽州经略副使敬之，太常卿、特进、武州刺史、今上元帅都知兵马使让之，左监门将军敬此（泚）。怀恪七子，曰：右卫中郎将、赠口州刺史希崇，丰州别驾、赠宋州刺史希昶，左骁卫中郎将、赠太子宾客希忱，忠武将军、赠汝州刺史希憕，壮武将军、左威卫中郎将、赠秘书监希景，云麾、麟、宁三州刺史、左金吾将军、左街使、赠扬州大都督希晏，鲁国公希让等……"《臧怀恪碑》从之（是碑记怀恪字贞节，又记希让结衔"开府仪同三司行太子詹事、兼御史大夫、邠、宁、山南观察使、集贤侍制、工部尚书、渭北节度使、鲁国公"，较《纠宗》详尽）。

一九八五年四月，陕西省三原县陵前乡三合村西侧二百米处出土《臧怀亮与夫人任氏合祔墓志》，志石高、宽均七五厘米，正书，盖篆书"大唐故臧府君墓志铭"三行九字。志文出自颜真卿之手，时任朝议郎行侍御史。其记怀亮父祖有异于是碑，其云"生君之王祖父随（隋）骠骑大将军宠焉，奕诞君之王父银川郡太守善德"。按，其前李邕有《臧怀亮碑》《臧怀亮墓志》二通，不记宠有骠骑将军衔；善德，少一"善"字，单名德，又误银州郡太守为赠官（另有无名氏《臧怀亮墓志》亦从邕文）。参颜文"府君之志业，毕勒于故北海郡太守李邕之碑述也，故扬榷而为之铭"云，显然有补纠之意，当以颜文为是。《臧怀恪碑》其后几近四纪，其父单名德，银川郡太守为赠官，盖误从李文，而祖职骠骑将军误标以为高祖，盖出家乘之混乱。是碑撰于同时，并误。

按，张孚《臧希晏碑》有记希晏卒于广德二年八月五日而迁葬于大历五年十月十五日，且有称希让"赠太子太师"，而《臧怀恪碑》不记。又，希让充渭北节度使始于大历四年六月丁酉，见《旧纪》。《臧希恪碑》必撰书于大历四年六月丁酉至五年十月十五日间，以四年近是。《纠宗碑》不记赠官，盖出同时。《宝刻丛编》卷十引《集古录目》颜真卿结衔"湖州刺史"，殆立在湖州任上。

今列东莞臧氏世系如下：

满（隋银青光禄大夫海州总管，东海公）— 宠（隋骠骑将军，唐朝请大夫、灵州长史，袭东海公）— 善德（一作德善，银青光禄大夫、银川郡太守，赠太子少师）

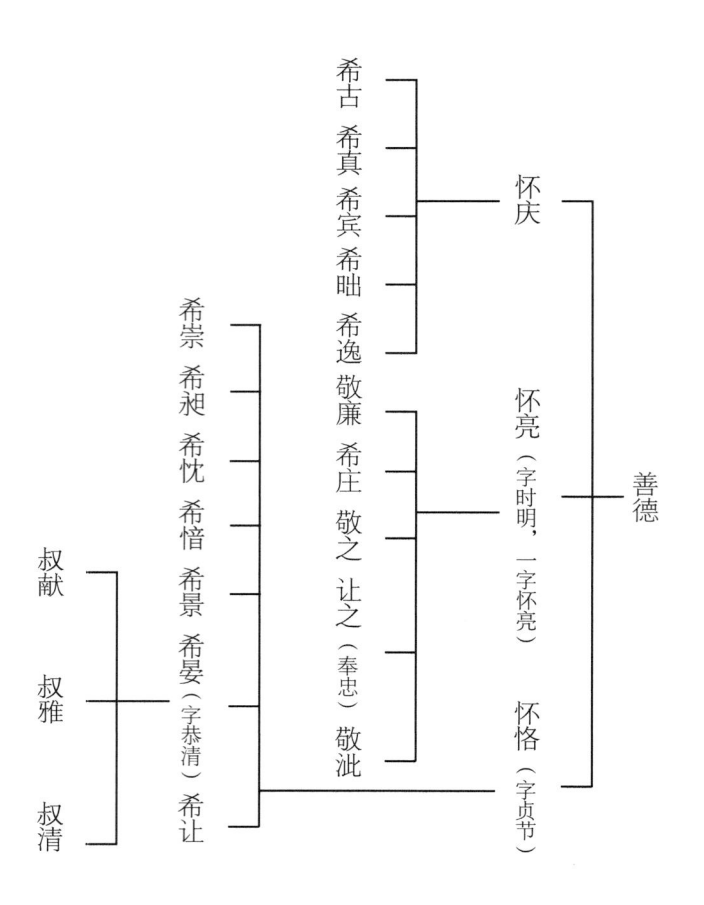

```
                                    ┌ 希古
                                    │ 希真
                                    │ 希宾
                                    │ 希昢 ┐
                                    │ 希逸 │── 怀庆 ┐
                                    │ 敬廉 │        │
              ┌ 希崇                 │ 希庄 │        │
              │ 希昶                 │ 敬之 │        │
              │ 希忱                 │ 让之 ├── 怀亮 │
              │ 希憺                 │ (奉忠)│ (字时明,├── 善德
              │ 希景                 │ 敬泚 │  一字怀亮)│
      ┌ 叔献  │ 希晏                 │        │        │
      │ 叔雅 ─┤ (字恭清)             │        │        │
      │ 叔清  │ 希让                 │        ├── 怀恪 ┘
                                                (字贞节)
```

一〇六、唐兴寺主碑

颜真卿正书。

碑主及撰人无考。大历中立。著录首见《金石录目》第一五五〇，其记"撰人姓名残缺"，盖泐损已甚。

唐兴寺，未能确考。《全唐文》卷二六八有许景先《唐朝议大夫行闻喜县令上柱国临淄县开国男于君请移置唐兴寺碑》，记闻喜县有唐兴寺，建于唐初，至开元六年，县令于光庭自西山移置县之大道旁。开元初年下距大历五六十年，香火正盛，碑主或出是寺，而立在闻喜。然颜真卿书有《兴唐寺玄侃法师碑》，碑主一行，详见前《玄侃法师碑》条，《金石录目》不载。是目"唐兴寺"者，或出"兴唐寺"之讹。寺主乃玄侃法师也。

一〇七、张日昌碑

颜真卿书。

碑目又称《鲁郡太守张府君碑》。大历中，立在兖州。著录首见《天下金石志》。撰人无考。大历前张姓鲁郡太守，郁贤皓《唐刺史考》唯记张日昌一人，其考自出李阳冰《龚邱县令庾公（贲）德政颂》："于是齐鲁丕变，井间咸复。三载考绩，一方归最。都督兼侍御史清河张公日昌，牧伯之贤也。……大历中，邑老彭滔等三十五人，以公抚柔之大，咸愿刻石褒美，申于元戎，元戎允答。"(《全唐文》卷四三七)《庾贲碑》立在大历五年，见《金石录目》第一四四三。《张日昌碑》，盖在其后。

一〇八、"骆驼桥"三字

颜真卿正书。

大历中，书于湖州。著录首见《湖州府志》，有记"后传刻失真"云。唐人无题桥名例，此三字，疑出后人所集，至清已见磨损。

一〇九、谢太傅塘碑阴记

颜真卿撰并书。

记目又称《题湖州碑阴》。文见《全唐文》卷三三八。大历中，立在湖州。著录首见《舆地纪胜》卷四"湖州碑记"。

《嘉泰吴兴志》记《晋谢太傅塘碑》旧在长兴县谢公乡，后移置墨妙亭，苏轼《墨妙亭记》所载《谢公碑》即此。然与裴清《吴兴太守谢公碑》为另一石，其乃道铦书，大历七年十月十一日皎然立在龙兴寺者。参是记"郡西至长城县通水陆，今尚称谢公塘。及迁去，郡人用怀思，刻石记功焉。历代至皇唐天宝末，群盗起，公之碑志失于所在。眷求芜没，深为怆然。借旧史遗文，敬刊息石"云，盖立在东晋，毁于唐之天宝末年，而复刊于大历年间，颜真卿撰《碑阴记》以志之。陆心源《吴兴金石记》不载，盖已佚。

一一〇、湖州石柱记

颜真卿编并书。

记目又称《湖州石记》《石柱记碑》《吴兴地记》。文见《颜鲁公文集》卷五。大历中,立于湖州杼山。著录首见《集古录跋尾》卷八,其记"文字残缺,其存者仅可识读,考其所记,不可详也。惟其笔画奇伟,非颜鲁公不能书也"云。是时盖已泐损不见年月而无书人姓名。

唐制,州署设官抄写,掌文案之职。是记,记山川陵墓及图志之类,固出州牧所纂,终为府史所缮录。其铭石为碑,殊非同时,必为后人追立,以志地理之胜。欧阳修所谓"非颜鲁公不能书也"者,或出颜字,然终系揣测,姑可存疑。是石,宋初字已漫漶,后移置墨妙亭。《吴兴金石记》,已佚。其记,朱彝尊于康熙四十年为之补记,郑元庆又为之笺释,各有序志之。

一一一、韦璟碑

颜真卿书。

碑目又称《尚书左丞相韦璟碑》。大历中立。著录首见《宝刻类编》卷二。其不记撰人姓氏及书体、立石年月,所见盖已残甚。

碑主韦璟,无考。颜氏与韦氏有姻亲,如真卿夫人韦氏、允臧夫人韦氏。又有江西观察使韦丹为颜真卿甥孙,其祖母乃真卿姐妹。韦璟官至左丞相,盖姻亲韦氏中人。

一一二、"真卿"二字

颜真卿正书。

大历末年,签署于《岭南刺史告》。著录首见《宝章待访录》,谓真迹在朝奉郎许彦先处。《书史》记其出自"吏部尚书时,字甚淳劲"。是告久佚,不知岭南刺史为谁。按,唐制州郡名无岭南,其岭南非刺史之谓。何以所之,其可疑矣。

一一三、颜氏家庙碑 碑后记

颜真卿撰并正书，李阳冰篆额。

碑目又称《赠太子少保颜惟贞庙碑》《颜少保碑》《赠太子少保薛王友颜惟贞家庙碑》。全称《唐故通议大夫行薛王友柱国赠秘书监国子祭酒太子少保颜府君碑铭》。文见《全唐文》卷三四〇。《碑后记》，见《唐文拾遗》卷十九。建中元年十月，立在京兆。著录首见《墨池编》卷十八。《金石录目》以其碑阳竣工日（唐建中元年七月朔日）误以为立石年月。《金石萃编》卷一〇一："碑连额高一丈一尺四寸四分，广五尺三寸。二十四行，行四十七字，碑阴同。侧广一尺二寸，各六行，行五十二字。并正书。篆额题'颜氏家庙之碑'六字，篆书。"颜真卿结衔"光禄大夫行吏部尚书充礼仪使上柱国鲁郡开国公"。现存西安碑林。

一一四、颜氏家庙碑后额

颜真卿撰并正书。

碑目又称《颜家庙碑额斋堂记》《碑阴额上题字》。文见《唐文拾遗》卷十九。建中元年十月，立于京兆。与《颜氏家庙碑后记》并在碑阴。著录首见同《颜氏家庙碑》。《金石萃编》卷一〇一记"正书，十行，行九字"。

故宫博物院藏有宋拓本，校之集本，集本多异，如："夷鼎"，作"彝鼎"；"率烛"，作"率髑"（《大宗碑》作"率躅"）；"斐、盛"，"斐"作"裴"；"生晋侍中，右光禄大夫，西平靖侯讳含"，少一"右"字；"彦将与游秦同典秘阁"，"与"前多一"时"字；"业彰素里……鹤龠驰称"，作"德彰素里……鹤龠驰誉"（《大宗碑》《勤礼碑》同）；"生昭甫"下有注"有名显甫"，集本无；"每有注述"，作"每有著述"；"历滁、沂、豪三州刺史"，"豪"作"濠"凡三见；"糊名考判入高等"，作"糊名考试，判入高等"；"访察使"，作"察访使"；"占君不宜临圹"，作"不利临圹"；"其年秋七月"，少"秋"字；"河南源光俗"，作"源光裕"；"有吏材"，作"吏才"；"贼庭"，作"贼廷"；"蹈舞"，作"舞蹈"；"左清道兵曹"，作"左清道率府兵曹"；"敦实孝悌"，作"敦质孝悌"；"季明、子干、沛、

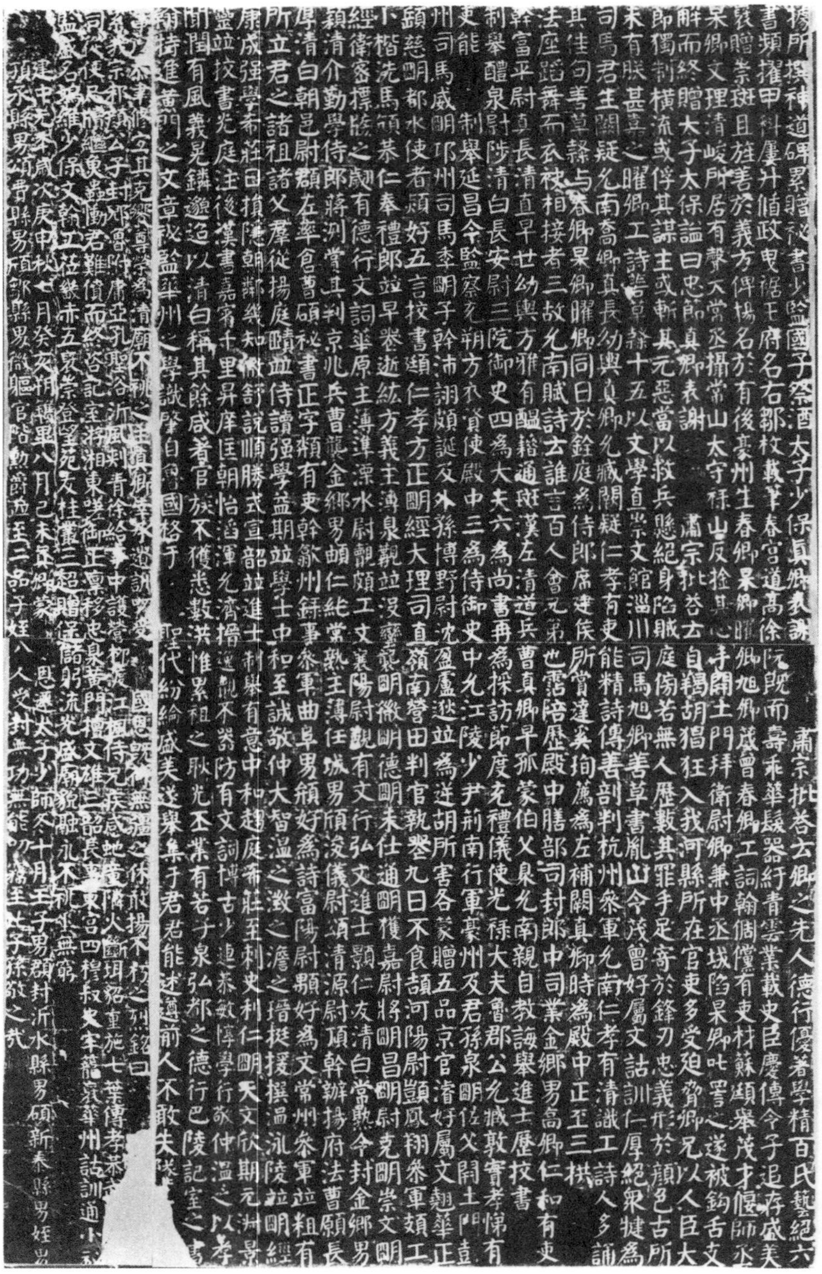

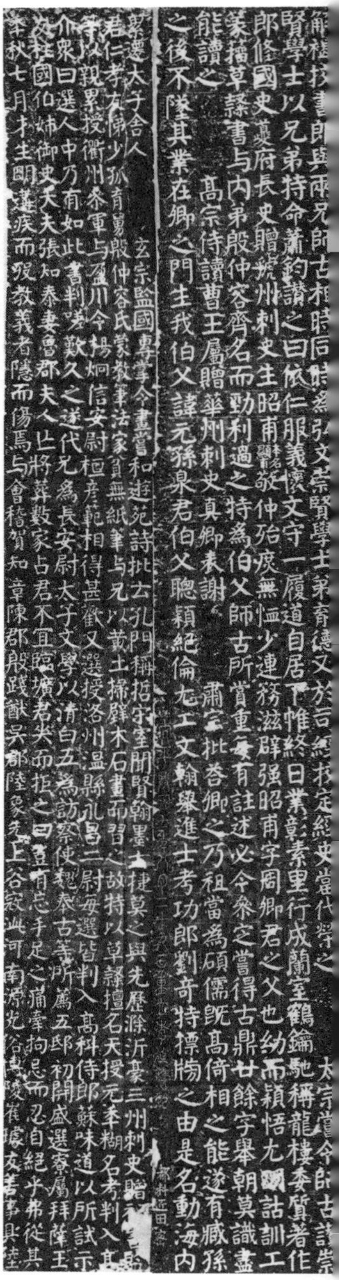

唐故通議大夫行薛王友柱國贈秘書少監國子祭酒太子少保顏君廟碑銘並序

集賢學士李陽冰篆額

高祖記室君國初居此里有夷鼎而不述皇子後別封小宗以尚書會稽公諱遊秦為叔祖德業具陳子敦禮具真卿家廟碑銘並序

...

顏氏家廟碑后額

诩、颇、诞","诩"作"翊";"颎好五言，校书","颎"作"颐";"顿仁纯，常熟尉","顿"作"岫";"顶干办，扬州法曹","办"作"辨";"颙好为文，常州参军","颙"作"禺";"君之诸祖、诸父"，作"君之诸祖父"。盖出刊刻之误。

碑主颜惟贞（？—七一二），字叔坚，即颜真卿之父，官至薛王友，与贺知章、殷践猷、陆象先、寇泚、源光裕、崔璩友善。陆据撰神道碑颂述之。后因子追赠秘书监、国子祭酒、太子少保。是碑不载夫人殷氏，及出追立，又称"家庙"，自非同于平常碑志。殷夫人后夫君二十六年卒，其时归葬合祔于祖茔，必有碑志，惟已无可考知矣。

惟贞七子，见《大宗碑》："惟贞七子：阙疑，……杭州参军；允南，……累迁司封郎中、国子司业，金乡男；乔卿，……富平尉；真长，清直举明经；幼舆，……左卫率府兵曹；……允臧……江陵少尹。"真卿排名第六，而是碑标题称"第七子"。按，《颜允南碑》称允南第二子，《颜幼舆碑》称幼舆第六子，《颜允臧碑》称允臧第八子。幼舆为真卿兄，允臧为真卿弟，真卿排行第七正是。然碑述仅阙疑、允南、乔卿、真长、幼舆、真卿、允臧七子。黄本骥《颜鲁公年谱》以为"公兄之夭者，当在允南以下、幼舆之上"者，盖是。然其早世者真长，亦列名其间。此兄，疑其非出殷氏，且未见功名，故为真卿兄弟所不叙。

《碑后记》记建中元年十月壬子，封子頵，沂水县男；硕，新泰县男；侄顶，承县男；颂，费县男；颀，邹县男，并至二品。按，顶，六兄幼舆子，时为扬州都督府法曹。惟颀，浚仪县尉；颂，清源县尉，不知何兄之子。按，颂、颀，《家庙碑》为颀、颂，《大宗碑》同。《家庙碑》列颖、顿后，顶、愿前。《大宗碑》在颖、顿（岫）后，颙、颀前。颖为二兄元孙子，顶为幼舆子，顿时封任城县男、常熟主簿，行第在颀之前，颀、颂与其必为元孙、幼舆间诸兄之子。颜真卿长子頵，排行二十八，见皎然诗。幼舆四子，颀、颂当在二十二、二十三间。

碑后有李准宋太平兴国七年八月廿九日重立记，有称"颜真卿之隶书，李阳冰之古篆，二俱奇绝也，好古之士重如珠璧。自唐室离乱，其碑侧于郊野尘土之内，更虑年深为牧童樵□□□（夫之所）毁坏。且夫物不终否能者，即兴有都院孔目官李延袭者，真好古博雅君子也。特上告知府郎中移载入于府城，立于先圣文宣王庙庑，其永示多人，流传千古，乃命南岳梦英大师秉笔书记"云。《苍润轩碑跋》

记有梦英"太平兴国七年八月廿九日重立，李延誉记"篆书，十七字，今不可见。可知是碑初随庙毁而晦，至宋初始显，欧阳修、赵明诚辈所见皆为重立之石。

篆者李阳冰，结衔集贤学士，盖在院中。唐制，书额者即题碑目必带碑主职衔，今简书仅"颜氏家庙之碑"六字，亦为特例。阳冰结衔亦见简略。

一一五、王密碑

李舟撰，颜真卿正书，李阳冰篆额。

碑目又称《刺史王密德政碑》《明州刺史王公德政碑》。建中二年十月，立在明州。著录首见《墨池编》卷十七。《宝刻丛编》卷十三引《集古录目》记颜真卿结衔"太子少师"。

碑主王密，杜陵人，扬州刺史易从之子，太子右庶子、集贤院学士定之兄，官至明州、湖州（大历十四年）、越州（贞元二年）刺史。是碑乃遗爱碑，出自州人潘澜、阮津等人所请。《集古录目》卷八引《丛编》记密有自明州移湖州刺史敕书同刻于碑，出自徐浩手笔，是时浩正贬谪明州为别驾。

撰人李舟，字公受，陇西人，柳宗元父友，官至处州刺史，封陇西县男。贞元初年，卒于任上，年四十八，梁肃有祭文，且撰墓志铭志述之。是时在浙东观察使崔昭判官任上。《处州刺史李公（舟）墓志铭》称："辟宣歙、浙东二府，府主崔侯昭，咨以小大之政，由监察转殿中侍御史。"崔昭，大历五年为宣、歙、池都团练观察处置使，兼任宣州刺史，见独孤及《独孤玙墓志》。十一年七月改浙东，兼任越州刺史，见《嘉泰会稽志》。李舟从幕于斯人，职带监察衔。又有湖州之行，其与颜真卿例有周旋。

篆额者李阳冰，结衔"国子监丞"，盖同书于京师。

一一六、裴儆纪德颂

著录首见《墨池编》卷十九，目下有注："王密撰，颜真卿书，李阳冰篆额，乾元二年。"《集古录跋尾》卷七、《金石录目》第一四九三，并记大历八年。王密撰，李阳冰篆。《宝刻丛编》卷十三引《复斋碑录》记："唐王密撰，李阳冰篆并古文额。大历八年立。建炎中焚毁，今有重刊本。"参王密结衔"越州刺史浙江东

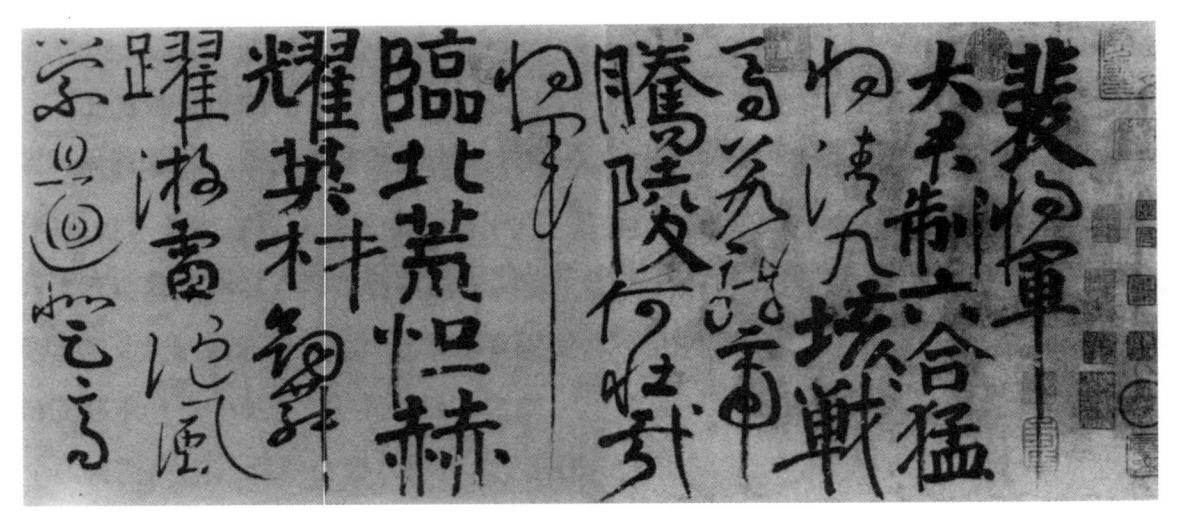

裴将军诗（墨迹本）

西节度副使"，立石当在建中二年六月后。乾元二年、大历八年，并误。是颂，北宋年间或已残损。李阳冰篆书铭石，仅见碑额。其书正文，盖出朱长文误收。

一一七、朱巨川告

颜真卿正书。

帖目又称《朱巨川告身》《朱巨川告敕》。前告起居舍人，建中元年八月下；后告中书舍人，三年六月十六日下。著录首见《书史》，其云："《朱巨川告》，颜书。……余以金棱易之。又一告，类徐浩书，在邑人王衷处，亦巨川告也。刘泾得余颜告，背纸上有五分墨，至今装为秘玩，然如徐浩，粗有徐法尔。王诜与余厚善，爱之笃，一日见语曰，固愿得之，遂以韩马易去。……此书至今在王诜处。"其入内府，盖出自诜处。《金石萃编》卷一〇二附见邓文原、乔篑成、陆完等三跋。

帖主朱巨川（七二五或七二七—七八三），字德源，嘉兴人。二十擢明经。初仕左卫率府兵曹，历睦州录事参军、钟离令兼大理评事，入独孤问俗鄂岳观察使幕，兼监察御史、殿中侍御史，大历七年后改李栖筠浙西节度从事，入朝为左补阙，起为起居舍人、知制诰，换司勋员外郎，拜中书舍人。建中四年三月卒，年五十九（一作五十七），李纾为之撰神道碑记述之。广德年间睦州录事任上，曾来湖与皎然、陆羽、阎伯均、裴澄、房从心诸人交游联唱，有《暗思》《东意》《恨意》联句。是二告，曾入宣和内府。按，前告，颜真卿在吏部尚书任上；后告在太子少师任上，并充礼仪使处置元陵事务。若朱巨川藉重鲁公书法有求其缮录告身事，则必在其后。惟其明年正月十七日即赴许州宣慰李希烈，其间仅间半年。

新敕初下，即偕旧令，觅人抄录，似嫌不妥，且告中细书迥异于正文，为别一人手笔，即正文书法亦不类鲁公，诚如米元章所谓"粗有徐法尔"。又，前告细书有"光禄大夫行吏部尚书上柱国吴郡开国公臣真卿"一行，唐制，吏部尚书一人，题名真卿者即颜真卿，而爵称吴郡开国公，盖出缮写时笔误。若果出颜真卿或颜氏后裔手笔，亦断不至于讹误如此，洵可疑者。

一一八、元德秀碑

李华撰，颜真卿正书，李阳冰篆额。

碑目又称《元鲁山墓碣》《元鲁山墓碣铭》。文见《全唐文》卷三二〇。建中四年秋日，立在伊阳县。著录首见《金石录目》第一五七七。《宝刻丛编》卷四引《集古录目》记颜真卿结衔"太子太师"。《新唐书》卷一九〇下《李华传》有"后人争模写之，号为'四绝碑'"云。

碑主元德秀（六九六—七五四），字紫芝，鲁山人，郡望河南，祖籍太原。开元二十一年进士登科，初仕南和县尉，补龙武录事参军。后为鲁山令，世称"元鲁山"。秩满，退居陆浑山，至天宝十三载卒，门人谥曰"文行先生"。李华作墓碣，元结作墓表志述之。李华以兄事之，将其与萧颖士、刘迅合为"三贤"，作《三贤论》颂述之。新、旧《唐书》有传，见《旧唐书》卷一九〇下、《新唐书》卷一九四。

撰人李华（七一五—七六六），字遐叔，赵州赞皇人。开元二十三年进士登科，初仕南和尉，擢秘书省校书郎，后官至检校吏部员外郎。永泰元年，因病去官，隐居楚州。与萧颖士齐名，世称"萧李"。颜真卿友善，乃开元天宝八士之一，并为韩、柳古文运动之前驱。新、旧《唐书》有传，见《旧唐书》卷一九〇下、《新唐书》卷二〇三。详见年谱。

是碑，颜真卿结衔"太子太师"，盖书于建中三年八月二十七日，自少师迁太师之后至翌年正月十七日奉命赴许州宣慰数月间。时碑主元德秀，卒已二十八年，上距撰人李华之卒亦十六年。颜真卿为之铭石树立之，缘起何因，俟考。

《丛编》引《集目》记李阳冰结衔"□□院学士"，所缺乃"集贤"二字。李阳冰篆额，盖在京师而出于同时。

是石，宋代已见残损。宋后不见著录，盖隐佚不闻矣。

一一九、奉命帖

颜真卿撰并行书。

帖目又称《奉使蔡州帖》《奉使题字》《奉使蔡州书》。文见《全唐文》卷三三七。建中四年十月间，题于汝州龙兴县。著录首见《忠义堂帖》。《颜鲁公文集》卷三十引靖康元年七月壬申秘阁修撰知同州军事唐重题记："重既摹公之像于蒲，绘而祠之。又访得此石本，状貌老矣。公以乾元元年自同徙蒲至奉使时垂三十年，气节不衰而状貌非昔也，乃刻石而置之祠室，俾观者有考焉。"是帖出自题壁，且北宋已见拓本。留元刚所收，盖非真迹显然。

一二〇、"天中山"三字

颜真卿书。

贞元元年，书于蔡州。著录首见《天下金石志》。其若非后人集字，盖颜真卿最晚手笔。黄叔璥《中州金石考》卷八有注"明嘉靖乙巳（二十四）年重刻，在城北三里"。清代所见盖重镌之书。

一二一、郭福善碑

颜真卿撰并书题额。

碑目又称《工部尚书郭福善碑》。立在洛阳。著录首见《宝刻类编》卷二。《墨池编》有《益州郭福善碑》，不记书撰人姓名。参《宝刻丛编》卷八"万年"引《集古录目》记有《益州长史郭福善碑》："碑首残缺，不见书撰人名氏。……碑以贞观十二年立。"又，王应麟《墨华通考》"河南府"条下有"故工部尚书蜀郡长（史）郭福善碑"，归列颜真卿名下。洛阳碑乃万年旧碑重书再立者，工部尚书盖再立时赠官。宋初已见残损。

碑主郭福善，字福善，太原晋阳人，官并益州都督府长史，谥曰慎。

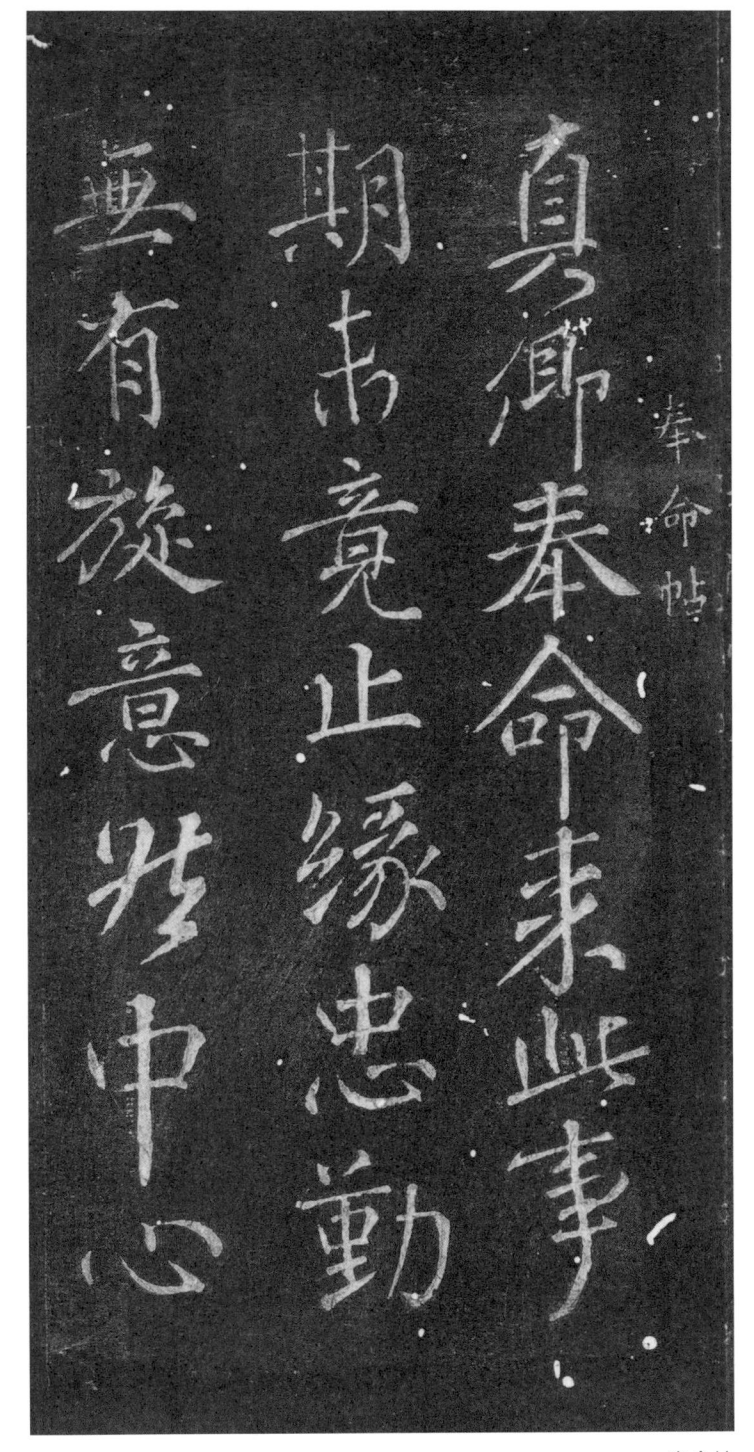

真卿奉命来此事
期未竟止缘忠勤
无有旋意然申心

奉命帖

一二二、皋陶碑

颜真卿书。

著录首见《颜鲁公文集》卷三十《书评十》引《古今碑录》记在临汾县。《宝刻类编》卷六有元达所书《皋陶庙记》,大中年立在寿州。临汾隶于晋州,与寿州分属二道,盖非庙记显然。

碑主皋陶,一作咎繇,高阳氏颛顼玄孙,为尧理官,管理刑法。是碑撰人及立石年月、书体,待考。

一二三、裴将军诗

颜真卿撰并草书。

诗目又称《裴将军北伐诗》。诗见《全唐诗》卷一五二。著录首见《忠义堂帖》。《颜鲁公文集》卷三十引《弇州山人稿》有称:"书兼正行体,有若篆籀者,其笔势雄强劲逸,有一掣万钧之力,拙古处几若不可识,然所谓印印泥、锥画沙、折钗股、屋漏痕者,盖兼得之矣。"另有一墨迹纸本,藏北京故宫博物院,甚异,笔势并弱。

是诗,"剑舞跃游电""威声雄震雷",集本作"剑舞若游电""威名雄震雷"。

裴将军即北平太守裴旻,朱景玄《唐朝名画录》有记:"开元中,驾幸东洛,吴生与裴旻将军、张旭长史相遇,各陈其能,时将军裴旻以金帛,召致吴道子于东都大宫寺内,为其所亲将施绘事。……又,张旭长史亦书一壁。都邑士庶皆云'一日之中,获睹三绝'。"李昉《太平广记》卷二一二引唐人《唐画断》亦称:"开元中驾幸东洛,吴生与裴旻、张旭相遇,各陈其能。裴旻剑舞一曲,张书一壁,吴画一壁,都邑人士,一日之中,获睹三绝。"裴旻以舞刀射虎有名于世,《新唐书》卷二〇二《文艺中》本传记其曾随幽州都督孙佺北伐,"为奚所围,旻舞刀立马上,矢四集,皆迎刀而断,奚大惊引去"。李肇《国史补》卷上又说:"裴旻为龙华军使,守北平。北平多虎,旻善射。尝一日毙虎三十有一,因憩山下,四顾自若。"其居母丧,留居洛阳与吴道子、张旭相遇,时在开元二十三四年间,即所谓"开元中",详见《张旭考》。颜真卿是诗,似作于当年甫擢进士,正意气风发之时。按,王维《赠裴旻将军》诗亦作于同时,其云:"腰间宝剑七星文，臂上雕弓百战勋。见说云中擒黠虏，始知天下有将军。"诗意全同。是诗书法真、行相间，放拘并遣，篆笔隶格，沈雄奇古，意趣与《送刘太冲序》正同，盖出于湖州任上，惟其上距撰时，已愈三纪矣！

一二四、慈竹诗

颜真卿书。

帖目又称《大字慈竹诗》。撰人、立石年月、地理及书体无考。著录首见《宝刻类编》卷二。

颜真卿善诗，如《裴将军诗》即出自书，此《慈竹诗》或为自撰，然无大字先例。若出他人，即必伪，鲁公无此习惯。

一二五、寒食帖

颜真卿撰并行书。

帖目又称《天气帖》。文见《全唐文》卷三三七。著录首见《集古录跋尾》卷八《唐颜鲁公帖》。按，其有《二十二字帖》，内容无考，字数正同，疑即是帖之异名。《宝刻类编》卷二重出，乃误从《集古录》。目下有注"钱明远题"，钱明远，盖收藏者也。按，《书史》记是帖，"绿枣花绫，是唐人勾填"。《宝章待访录》谓绫纸书，记在钱勰家。钱勰，结衔"中书舍人"，明远，盖为其字。

一二六、乍奉辞帖

颜真卿撰并草书。

帖目又称《报蔡明远后帖》《奉辞》《与卢仓曹帖》。文见《全唐文》卷三三七。著录首见《绛帖》"法书第十"。惟其与《忠义堂帖》本分行同而字列异（"国家图书馆藏本"，其"叙本"页误移在"数日"前，以致不可卒读；"故宫博物院藏本"，少末行"廿四日"三字）。

"乍奉辞"，集本作"昨奉辞"。又与《卢八帖》《送书帖》合称《与卢仓曹帖三首》。其有"已过埭"云，埭者，盖邵伯南埭，见《蔡明远帖》。唐制，州有仓

493

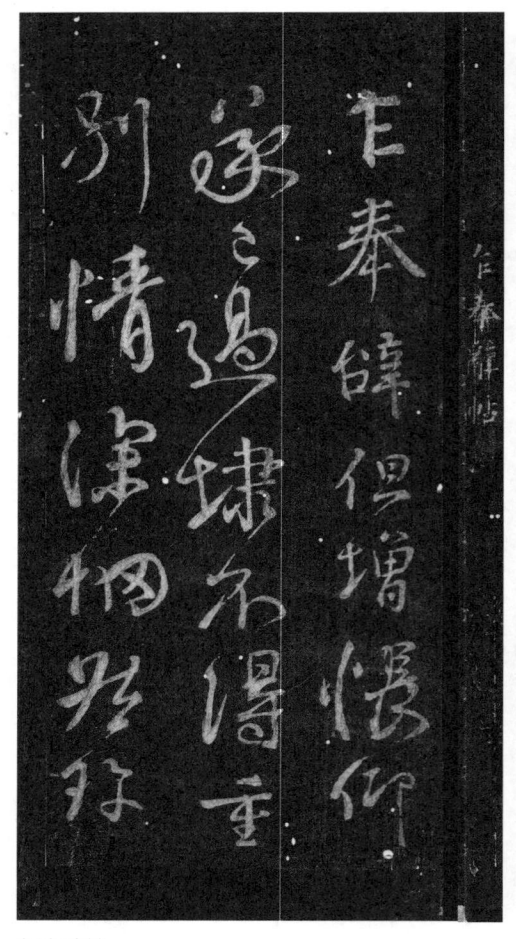

乍奉辞帖 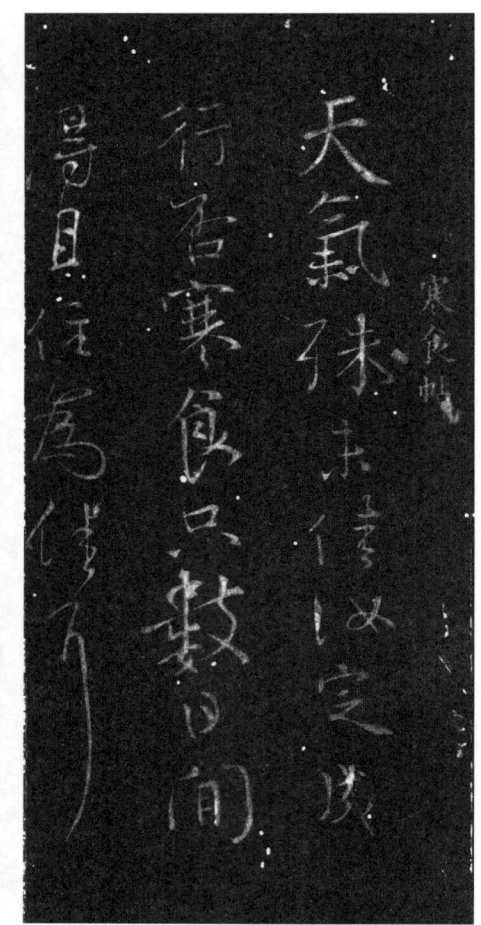　　　　　　　　　　　　　　寒食帖

曹，卢八即为饶州属吏陪送迁任者。是帖又称《报蔡明远后帖》，盖出于《蔡明远帖》同时稍后，即乾元二年秋季。后二帖同。

帖主蔡明远，见前；卢仓曹，参下"卢八帖"，即卢八，饶州仓曹。

一二七、与卢仓曹帖二首

颜真卿撰并草书。

《送书帖》《卢八帖》两帖合称"与卢仓曹帖二首"。文见《唐文拾遗》卷十九。《卢八帖》著录首见《墨池编》卷十八，记为"传摹"本。《绛帖》所收《卢八帖》与《忠义堂帖》本，行同而字列异。曾入宣和内府，《宣和书谱》有记。《送书帖》，见《忠义堂帖》摹刻，惟其上下两页误置，"所欲拙书今勒送十余纸望领之勿怪弱"句误移于《送书帖》"足下今日"之前。

帖主卢八，即卢仓曹，排行八，饶州仓曹。

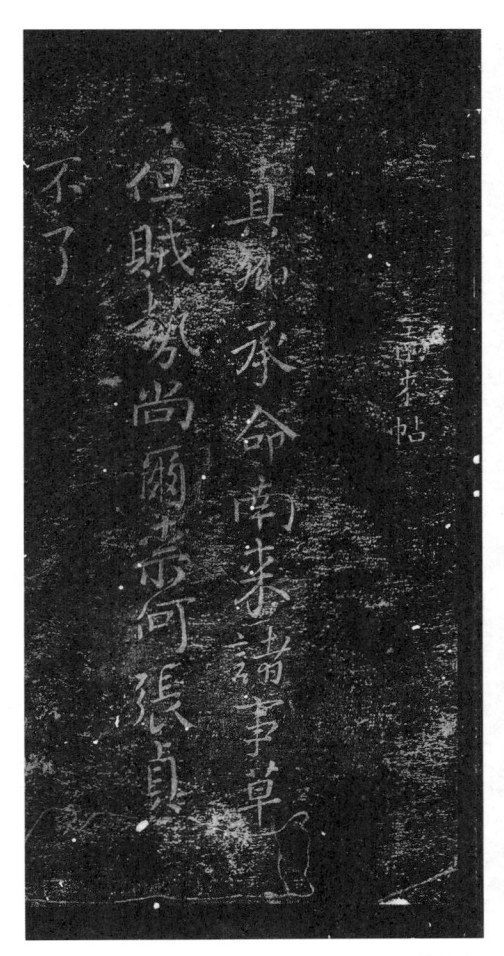

南来帖 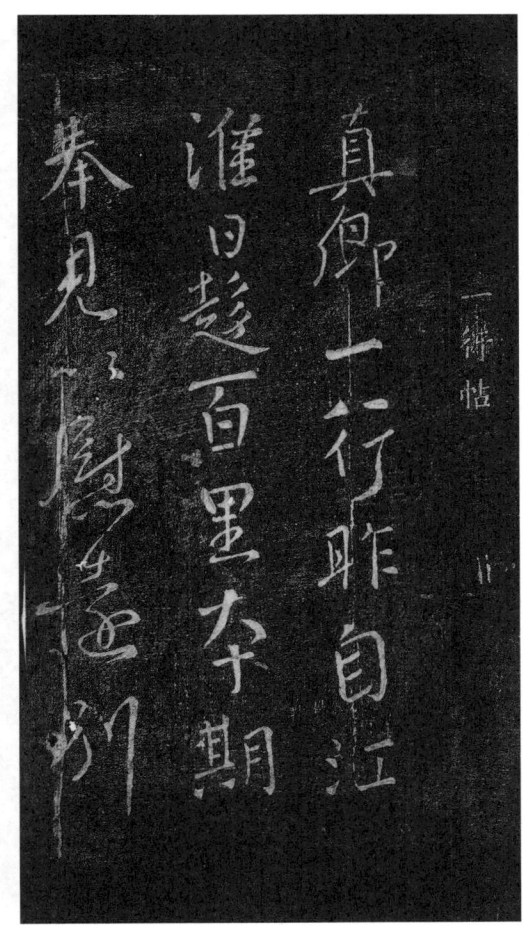　　　　　　　　　　　　　　　　　一行帖

一二八、一行帖

颜真卿撰并草书。

帖目又称《江淮帖》。文见《唐文拾遗》卷十九。著录首见《汝帖》，出自《兰亭续帖》。王澍《竹云题跋》以为"好事者集鲁公字双钩所成"。

一二九、南来帖

颜真卿撰并行书。

文见《唐文拾遗》卷十九。书写年月及地理，无考。著录首见《忠义堂帖》。

其首行"诸事草"、二行"张贞"句下泐，各占一字大小。集本"草"下作"草"，为"诸事草草"，"张贞"句下作"□"，甚是。颜真卿承命南下，唯宣慰李希烈一事，"贼势"云云，盖淮西拥兵自立之谓，其必出于建中四年后留陷许、蔡

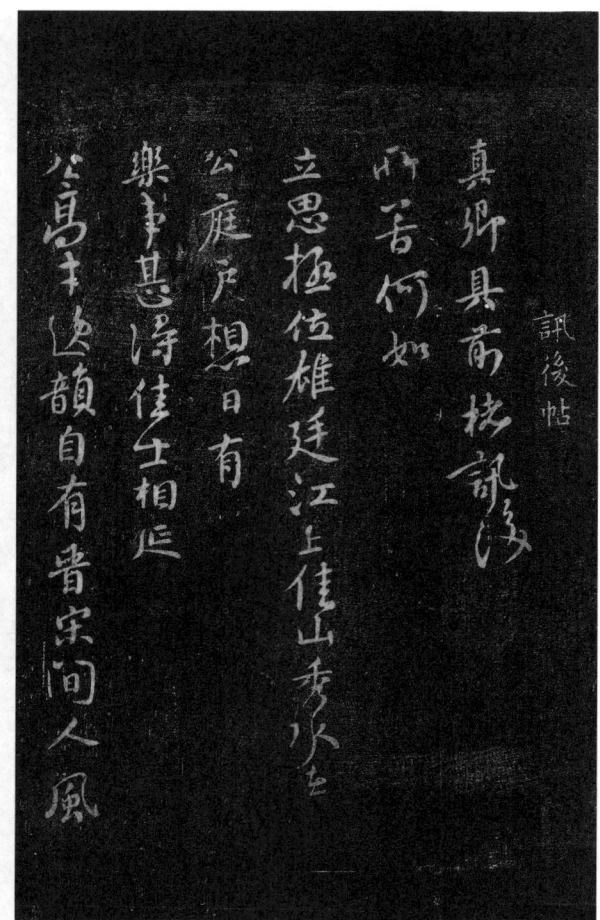

御史帖　　　　　　　　讯后帖

之时。"张贞"或"张贞口"，无考。

一三〇、讯后帖

颜真卿撰并行书。

文见《全唐文》卷三三七。书写年月及地理，无考。著录首见《忠义堂帖》。

是帖较之集本，集本有讹，如："立思极位"，作"立斯极位"；"仁者如公之，岂久在江左"，作"仁者如公之俦，岂久在江左乎"。

一三一、御史帖

颜真卿撰并行书。

文见《全唐文》卷三三七。书写年月及地理，无考。著录首见《忠义堂帖》。

是帖"真卿"具名下有"又闻"二字，其后必有另纸阙如。

一三二、颜氏六告

颜真卿正书。

《颜元孙滁州刺史制》，开元二年二月二十三日下。

《颜昭甫赠华州刺史制》，乾元元年四月十六日下。

《颜惟贞赠秘书少监制》，宝应元年七月廿七日下。

《兰陵郡太君殷氏赠兰陵郡太夫人制》，宝应二年十一月一日下。

《颜真卿刑部尚书制》，大历十二年八月廿八日下。

《颜真卿太子少师制》，建中元年八月廿八日下。

文见《颜鲁公文集》，卷十七"外集五"。

颜惟贞并殷氏两制，著录首见《山谷题跋》卷四。其余诸制，著录首见《忠义堂帖》。六制合称"六告"。《华州刺史告》《太子少师告》，旧刻在永嘉郡斋；另外，《薛王友·兰陵夫人告》在沂阳，《刑部尚书告》在巴陵，嘉定八年留元刚勒于乐石并有跋"右《颜氏告》，世传鲁公亲笔。或谓頵、顗辈所书"云，诸告皆出颜頵、颜顗辈所书，盖是。且书之于颜真卿逝世之后。

六告，所谓"合墨本而模之"者，参集本：《赠颜昭甫华州刺史制》，"夙负良才"为"夙负奇才"；《自书太子少师告身》，"非求忠贤"为"非求忠良"；《自书刑部尚书告身》，"经德秉义，实继文儒之素"，少"实"字，"素"作"业"。并出于原石之泐损。其出墨本者，盖仅《颜元孙滁州刺史制》一通而已。

《颜真卿太子少师制》，后有蔡襄至和二年十月廿三日观款七行三十字，至和二年距嘉定八年凡百六十年，亦当非墨本入石。

周密《云烟过眼录》卷下记有谓尚见徐容斋琰子方所藏"《自书刑部尚书告》，乃用纸书，不可晓"，其《志雅堂杂钞》又记有马德昌所送"徐浩书颜真卿刑部尚书诰，大历十二年所书者，奇物也"。两告不知是否一物？周密晚于留氏，所见或出另本，"用纸书""徐浩书"，显然可疑。

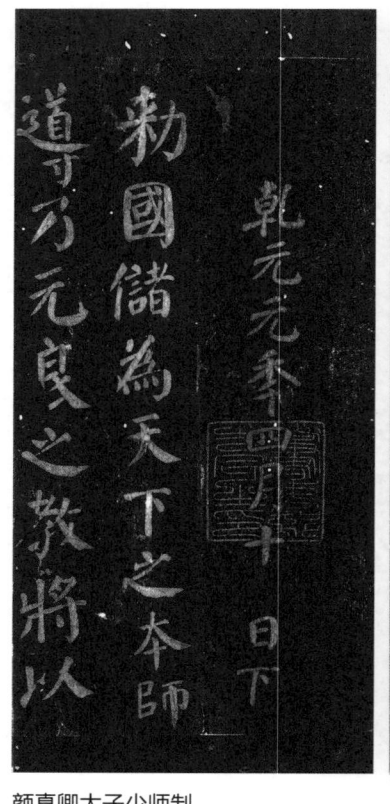

颜真卿太子少师制 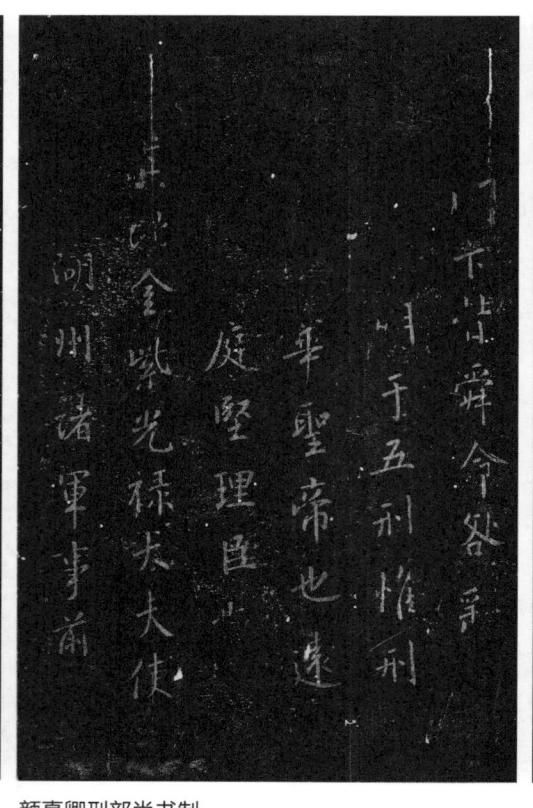　　　　　颜真卿刑部尚书制 　　　　　　　　兰陵郡太君殷氏赠兰陵郡
　　　　　　　　　　　　　　　　　　　　　　　　　　　　　　　　　太夫人制

一三三、与柳冕帖

颜真卿撰并草书。

书写年月无考。著录首见李纲《梁溪集》卷一六三，有称"此帖尤奇，虽笔势屈折如盘钢刻玉，劲峭之气不少变，盖类其为人"云。

帖主柳冕（？—八〇四），字敬叔，蒲州河东人。史官柳芳之子，颜真定之孙婿，即武康丞殷嘉绍之婿，颜真卿姐成己夫人乃其叔丈母，颜真卿为其长辈，不仅有父执之分，且具姻亲之谊。大历中历太乐令、右补阙。建中元年坐刘晏事，贬巴州司户。贞元元年任太常博士，迁吏部员外郎，任上偕吉州刺史李萼、检校国子祭酒杨昱，户部员外郎权器及内弟给事中殷亮协理颜真卿丧事。其后官至御史中丞、福建观察使，贞元末年代还而卒，赠工部尚书。新、旧《唐书》有传，见《旧唐书》卷一四九《柳登传》附、《新唐书》卷一三二《柳芳传》附。是文，已佚。

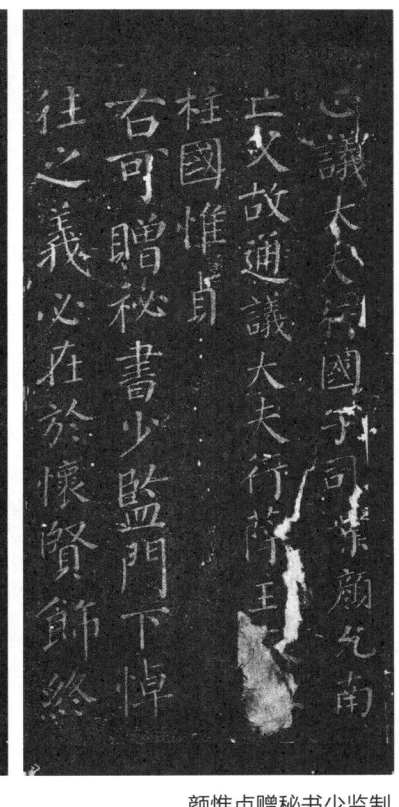

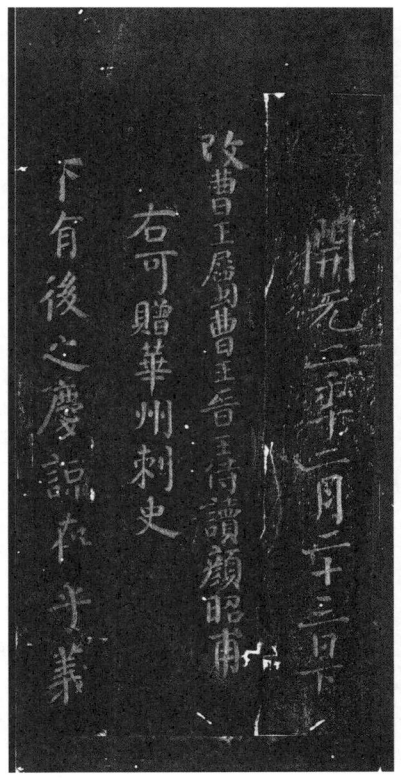

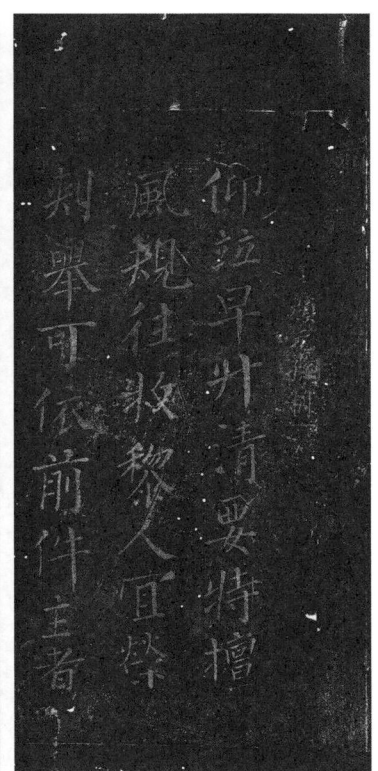

颜惟贞赠秘书少监制　　　　　　颜昭甫赠华州刺史制　　　　　　颜元孙滁州刺史制

一三四、泰山题名

颜真卿书。

著录首见王世贞《游泰山记》，其云："又有颜鲁公题名，损于方元焕诗，固不着苔土埋翳之，尚可洗而有之。"明时因叠书方元焕诗而见损。

一三五、坐怀帖

颜真卿书。

著录首见《碑薮》。其记有米芾临本，或为行草书。书写年月及地理，无考。

一三六、"霄汉阁"三字

颜真卿书。

著录首见李调元《蜀碑记补》卷四，记在"广安治西"。广安，唐为渠江县，属山南西道渠州，系蓬州毗邻郡县，盖书于上元年蓬州刺史任上。书体无考。

499

一三七、临十七帖

颜真卿行书。

帖目又称《临右军帖》。著录首见《甲秀堂帖》。北京图书馆所藏是帖拓片（善拓五五六号），有跋称所临十七帖清劲疏宕，"释文笔法与小字《麻姑仙坛记》相似"。然有二疑：一，上有司马承祯印；二，"释文署衔行湖州刺史者大历元年云云"。此即江藩半毡斋跋文，前者盖为无识者妄加，后者所见讹误亦出作伪手段。殊不知凡临古帖，全不署职守，与示人者不同也。

一三八、益州学馆庙堂记

著录首见朱长文《墨池编》卷十八。于弈正《天下金石志》从之。是记《集古录跋尾》卷五注称"永徽元年颜有意书"。《金石录目》第六〇九目下亦注"颜有意正书"，其跋尾卷二四记其结衔"成都县令"。参《八琼室金石补正》卷三五所收是碑阴有成都县令上骑都尉琅邪颜有意题名，欧阳修、赵明诚所记无误。朱长文误收。

颜有意为颜之善孙，颜勤礼从兄弟，乃颜真卿曾祖辈先人。其书出自家学，形质自见相类，而碑又残损，遂误以为颜真卿所书。

一三九、浯尊碑

著录首见陈鉴《碑薮》。《天下金石志》从之。是碑，《集古录跋尾》卷七记"元结撰，瞿令问书"，"永泰二年"。参《八琼室金石补正》卷六十所收是碑系篆书，碑末明记"瞿令问书。□□二年十二月廿日刻"。

瞿令问，颜真卿《元结碑》记为"江华令"。江华县，属道州，乃元结属吏，同年五月十二日所刻元结《阳华岩铭》亦出其手笔。且颜真卿不擅篆书，是时正初至吉州别驾贬所。所为颜真卿书者，盖误。

一四〇、"虎邱剑池"四字

著录首见《天下金石志》，有记"一，颜真卿；一，蔡襄书"。《颜鲁公文集》卷二六《书评六》引《古今碑目》亦谓"虎邱剑池"凡三处：一，唐颜真卿书，在剑池畔；一，宋蔡襄书，在观音殿；一，元周伯温书，在崖下。惟其颜书风韵不类，盖重刻失真，抑或亦出于伪托。

一四一、玄妙观老君赞

著录首见《天下金石志》，其记："玄宗赞，颜真卿正书，吴道子画。"《颜鲁公文集》卷三十目下黄本骥有记："姑苏天庆观道士马大同得吴道子画太上混元黄帝圣像，乃玄宗皇帝四言御赞，十有六句，题为臣颜真卿书。宝应元年刻于石。正书，径五分。字不类颜。"盖出后人仿书重刻者。

一四二、华严寺鉴法师碑

著录首见郑樵《金石略》卷下，记在杭州。《宝刻类编》同。杭州华严寺僧为玄览，姓褚氏，赞宁《宋高僧传》卷二十六记："览以开元二十二年示疾，终于临平所造寺，春秋八十四。……工部侍郎徐安贞撰碑颂德焉。"陈思《宝刻丛编》卷十四引《集古录目》亦记："《华严寺玄览法师碑》，工部侍郎徐安贞撰，谏议大夫褚庭诲书。法师，庭诲之诸父也，为杭州华州寺僧，碑以开元二十五年八月立。"《类编》不记撰人、姓氏及年月日，是碑当已残缺，"鉴"为"览"之讹。然褚庭诲书法不类鲁公，郑樵辈何以错讹若此。开元二十五年下距大历中叶几近四十年，或时法师名鉴者，颜真卿为其重书再刊之。

一四三、自书告身帖

著录首见《忠义堂帖》，且有墨本流传。是告称："太后崇徽，外家联属，顾先勋旧，方睦亲姻。"太后即德宗生母睿真皇后沈氏，《旧唐书》有传，曰："吴兴人，世为冠族。父易直，秘书监。开元末，以良家子选入东宫，赐太子男广平王。天宝元年，生德宗皇帝。禄山之乱，玄宗幸蜀，诸王、妃、主从幸不及者，多陷于贼，后被拘于东都掖庭。及代宗破贼，收东都，见之，留于宫中，方经略北征，未暇迎归长安。俄而史思明再陷河洛，及朝义败，复收东都，失后所在，莫测存亡。代宗遣使求访，十余年寂无所闻。"又记德宗即位后，于"建中元年十一月，遥尊圣母沈氏为皇太后，陈礼于含元殿庭，如正室之议"（《旧唐书》卷五十二《后妃下》）。沈氏遥尊为皇太后，新、旧《唐书》"德宗纪"都记在是年八月丁巳。丁巳即二十六日，较是告所署八月二十五日后一天。又，颜真卿迁太子少师，《旧纪》记在八月戊午日，颜真卿自撰《颜氏家庙碑》记在八月己未日，戊午即二十七日，己未即二十八日，并在遥尊太后之后。是告所署"二十五日""二十六日"，显然讹误。此其一。其二，唐制，注官，"阶高拟插曰行，阶卑拟高曰守"（《旧唐书》卷四十三《职官二》）。是告所附三省审复官员如于邵"银青光禄大夫中书舍人权知礼部侍郎"，"银青光禄大夫"，散官，从三品，"中书舍人"，职事官，正五品，阶高拟卑，当署以"行"，作"银青光禄大夫行中书舍人权知礼部侍郎"，而其阙如。又，"正议大夫吏部侍郎上柱国吴县开国公赐紫金鱼袋"条，"正议大夫"与"吏部侍郎"也当有一"行"字。其三，唐制，百官注拟必经三铨，"三铨注拟讫，皆当铨团甲，过左右仆射。若中铨、东铨，则过尚书讫，乃上门下省。给事中读，黄门侍郎省，侍中审，然后进甲以闻，听旨授而施行焉"（《旧唐书》卷四十三《职官二》），如《朱巨川告》所记"朝议大夫守给事中臣崔容读，银青光禄大夫守门下侍郎同平章事上柱国臣杨炎省，侍中阙"。而是告少侍中一款，给事中条不署名姓，且误"读"为"审"，杨炎条下夺一"臣"字。给事中以审为读，是僭越职事，不合章程。杨炎署款，不称臣者，更是大不敬。鲁公曾任吏部之职，熟悉三铨之事，且身为礼仪使，有"深达礼体"之称，对此无礼之事，岂能熟视无睹？又，是帖"奉敕如右，牒到奉行，建中元年八月廿六日，告光禄大夫太子少师"二十六字，为《赠殷氏兰陵郡太君制》中语，见《忠义堂帖》。按例，《自书告身帖》中也不当有此语。其四，颜氏世代重视字法，颜元孙曾撰《干禄字书》，分正、通、俗三体，其中说："所谓俗者，例皆浅近。唯籍账、文案、券契、药方，非涉雅言，用亦无爽，傥能改革，善不可加。所谓通者，相承久远，可以施表奏、牒启、尺牍、判状，固免诋诃。若须作文言及选曹铨，兼择正体用之尤佳。所为正者，并有凭据，可以施著文章、对策、碑碣，将为允当。"颜真卿也曾在大历九年（公元七七四年）书丹立石，以示后人。

是告属于雅言，高文大册，理当择正体而书之，但告中"规""年""当""启""光""徽""况""属""专""叔""稷""本""亦"诸字，一反常规，并弃正体不用，而择

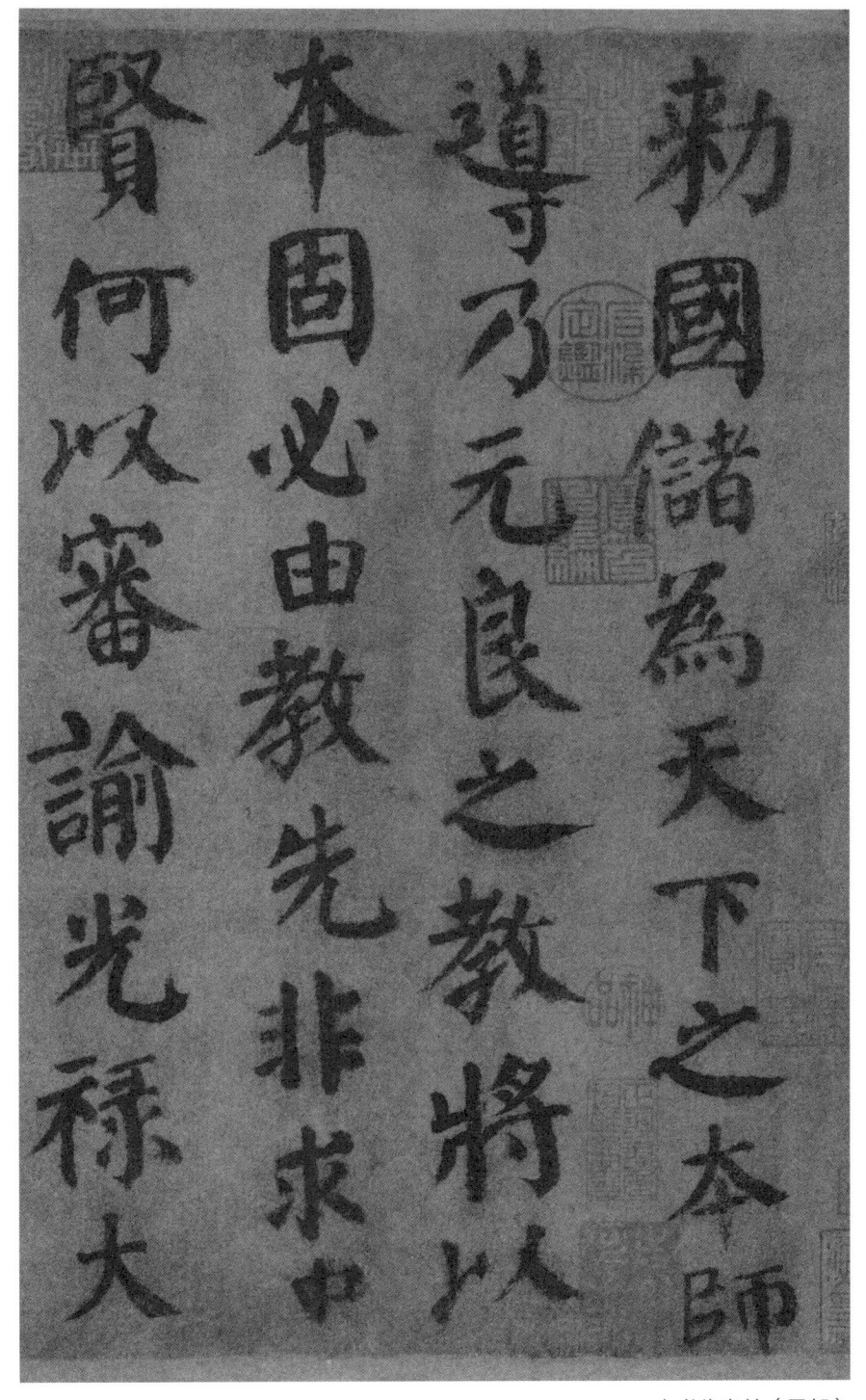

敕國儲為天下之本師
導乃元良之教將以
本固必由教先非求中
賢何以審諭光祿大

自书告身帖（局部）

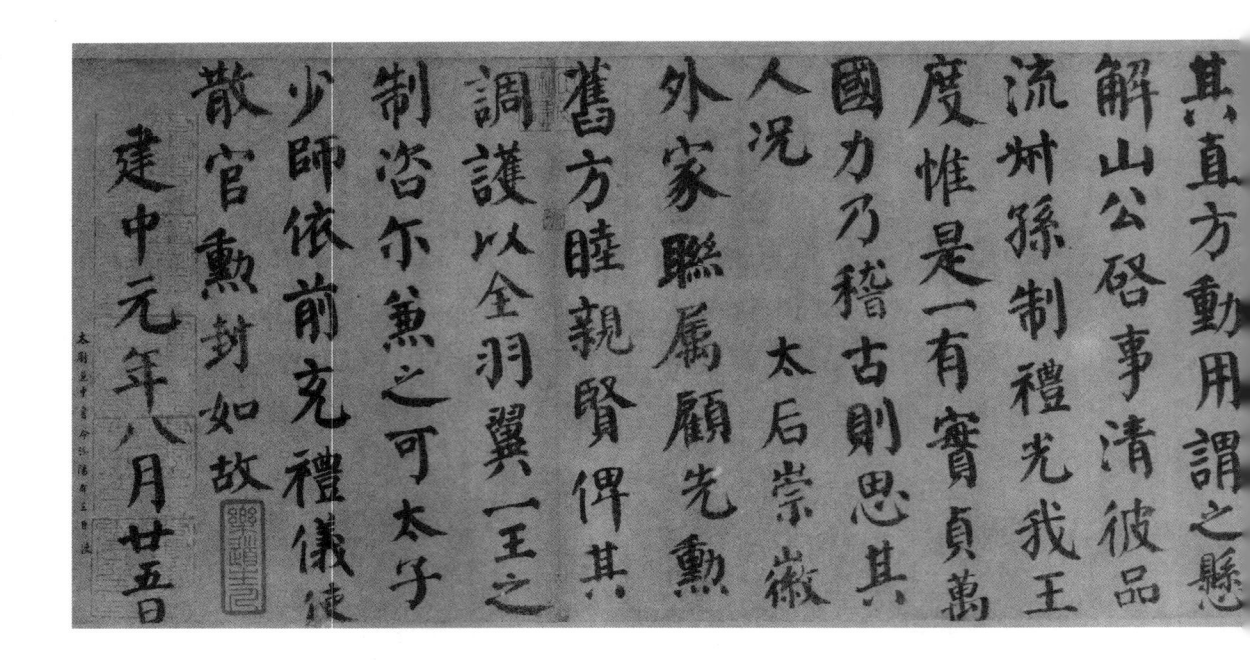

"通""俗"之体书之。此外,还有"懿""馨"等字,写作别体字。因此留元刚《忠义堂帖》题跋,以为颜頵辈所书,盖是。

一四四、旌儒庙碑

著录首见《天下金石志》,谓"颜真卿书,在坑儒谷"。《金石萃编》卷一二八有《重刊旌儒庙碑》,立在临潼坑儒谷,大中祥符三年张绰重立,有记,并重书篆额。其标题"兵部侍郎贾至撰,都官都中徐珽书"。参陈鉴《碑薮》记:"颜真卿文,张行(谊)书。富平县西四十五里。"盖颜真卿另有碑记。《天下金石志》所谓"颜真卿书"者,洵误。

一四五、与兄帖

著录首见张丑《真迹目录》,有记:"《颜鲁公与兄帖》:'真卿乞怜天听,上恩好生,未忍诛戮,已得西峡之命。趋生无路,死可向也。吾门誓以忠义传家,兄当愤发,使宇宙清廓,死无憾耳。不得一别,深惘然。珍重,珍重。不具。真卿白,常山太守兄左右。'"又引董其昌题"鲁公书,世传《祭稿》《争坐帖》《送蔡明远》及《乞米帖》,皆石刻本,此独真迹,奕奕有神,颜书甲观也"云。

按,颜真卿弃郡奔赴行在,在天宝十五载十一月二十四日,上距常山失守和颜杲卿遇害已有十月之久。是帖所云,一派胡言。董氏之题,盖亦为伪。

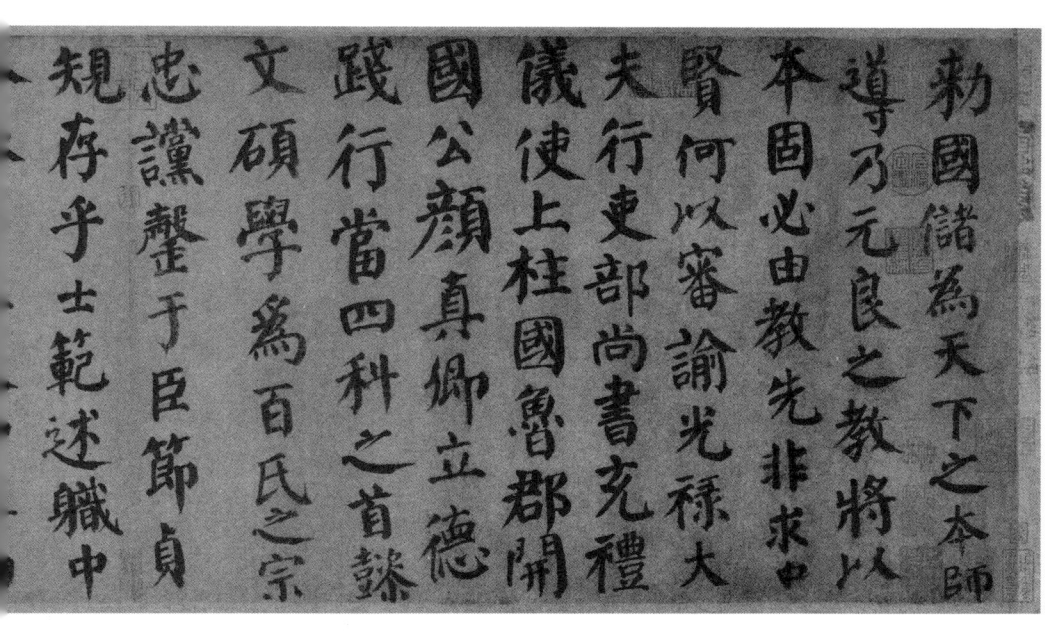

自书告身帖

一四六、华严经

颜真卿正书。

帖目又称《小字华严经》。书写年月及地理，无考。著录首见《颜鲁公文集》卷三十《书评十》引鲍观光《重刻米书鲁公尸解事跋》。参其所云："忆癸丑（万历四十一年）北上遇徐硕庵先生向余称鲁公真迹，有僧手唐笺一幅，阔可尺三寸，直尺七八寸，书《华严经》八十一卷。初看如丝，不能识认；谛视则笔势劲遒，精神横溢。书尾记年月日，积书十载，则鲁公笔也。"是出传闻，无可征信。其细小如丝，盖出经生之手，非颜真卿笔也。

一四七、摩利支天经

颜真卿正书。

帖目又称《摩利支天经咒》《摩利支天菩萨陀罗尼经》。书写年月及地理，无考。著录首见顾起元《懒真草堂集》。参张丑《清河书画舫》"红字号"记"鲁公正书《摩利支天经咒》，硬黄真迹，乃公奉敕书也"，盖书于京师。詹景凤《玄览编》记："用硬黄纸书。纸厚，碎折如蛇腹断。文字亦寸余许大，后署某官颜真卿奉敕书。然方劲而乏古雅之致，其内书咒语数行，则稍小而近俗，恐是唐僧人学书此经，诡其名以引重耳。"

一四八、三表

三表，即颜真卿上表之《谢赠祖官》《谢兼御史大夫》《让宪部尚书》三种稿本，皆为赝鼎。黄本骥辨之确确，信为定评，今录如下：

道光四年，丹徒包祥高又得《谢赠祖官》《谢兼御史大夫》《让宪部尚书》三表草稿，刻于汉上，其文皆见《鲁公集》中，其书则临《坐位稿》者，伪作也。《赠祖官表》内删去"建一言而天下倚平，含九德而三光式序"二句，此乃公撰《宋广平碑》语移置于此。广平为有唐贤相，因足当之。鲁公之祖昭甫，仅王府属官，以杲卿死事，推恩赠"华州刺史"，固不得谓天下倚平，三光式序，况臣于君前自誉其祖，有如是者乎？盖作草稿不能不有涂改，欲自作又恐不类鲁公语气，即窃取鲁公他文，以售其欺，而不知败露处即此一端，已毋庸置辩矣。又，《让宪部表》云"殒身碎首，何以报上"，初写作"何以上报"，"上"字

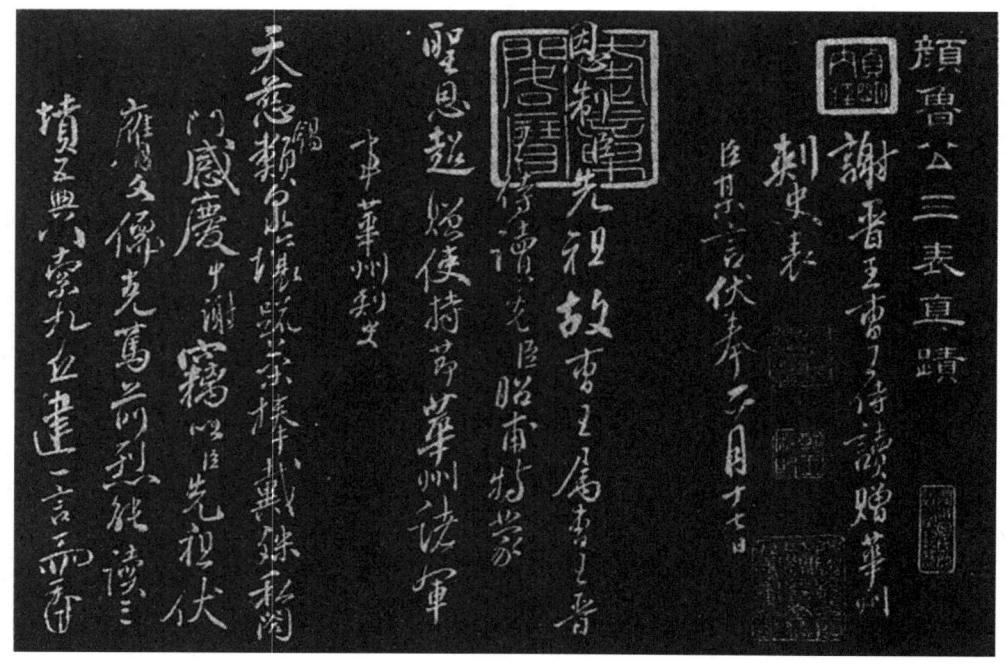

谢赠祖官表

另行抬写,乃涂去"上"字添注于"报"字之旁,若系鲁公自改,则应于"何以"下添"报"字,涂去,另行"报"字,则"上"字仍系抬写,此定理也,"上报"之上轻,"报上"之上重,岂有涂去尊重之字而旁注者乎。其余涂抹之字,皆系后文所有而故书于前者。所谓心劳日拙,作伪者固不能自掩其伪也。今不录其书而附辩于此。(《颜鲁公文集》卷二三《书评三》《告伯父豪州刺史文》后跋)

此三表显然后出,全本之自集本,低劣之甚,几不堪卒读。然为识作伪手段,尚可赘述数言:

第一表,目自题作"谢晋王曹王侍读赠华州刺史表"。"臣真卿",作"臣某";"亡祖",作"先祖";"九邱"下多"建一言而无倚平,含九德而三光式序"两句,然而抹去;"特为伯父","伯父"前添加一"先"字;"师古之赏爱,师古每有注释,未尝不参预焉。又与学士令狐德棻等同侍天皇",初写夺"师古每有注释,未尝不参预焉"句,后添加之,"天皇"作"天后";"襁褓",误作"褓襁"。

第二表,目自题作"六月某日谢兼御史大夫表"。"屡及成命",作"累及成命";"惭惶靡据,中谢",初写夺"靡",再添加之,"中谢"作"申谢";"明刑天下,振举朝纲",初写句下有"东方朔军"四字,后涂去,盖出眼误隔行抄入;"候隙请间",夺一"请"字;"惶惧益深",作"惶恐益深";"恩命",作"恩送";"虽死犹生"句,夺一"死"字。

第三表,目自题作"至德二载丁酉四月某日让宪部尚书表"。"为恶冈辩",初写夺"恶"而添补之;"诸郡",初作"诸军",后改之;"因之固守"下衍"斯"字,后抹去;"得贼未减"旁添"又令李光",未了涂去;"大驾西巡",初作"西幸",后改正之;"宠以非次",初夺"次",后添补;"常伯亚相",初作"常伯亚卿",后添"相"字,忘涂去记"卿"字,而为"常伯亚相卿";"殒身碎首,无以上报",作"何以上报",后涂去"上"字,移添于"报"下,而为"何以报上";"行官邓昌珍、杨神功、裴法成等",初夺"裴法成",后旁添补之;"相继渡海"句下初有"行已有日,傥事省中"句,后涂去;"致此颠沛","颠沛"中衍一字涂去;"缘刘正臣使杨神功将牒与臣","牒"字误涂去;"累奉圣旨",初夺"奉"

字；"弘善"，不避唐讳；"与臣大损"，初夺"臣"字；"实披至诚"，"实"初作"诚"字；"重贬臣一官以示天宪，使天下知有必行之法"，"天宪"两字，初为"池"字，后改添，加"～"号示之，弄巧成拙，竟不知何意。

　　文理迟滞如是，殆出自市井书估之下三流者也。后之翻刻，纯在渔利，凡稍具识知者必不屑。

颜真卿著述考

一、李梗墓志铭

全称"唐故朝议郎陈留郡开封县令李府君（梗）墓志铭并序"。署"殿中侍御史颜真卿撰"。其记墓主："公讳梗，字良辅，其先陇西人，汉前将军广之后……今为蓨人也。高祖贞公纲，仕周为齐王参军，至国朝为太子少师……曾祖堂邑令少植，祖新昌公安仁，历兵部、吏部侍郎。父朝散大夫导江令，赠汾州司马讳进德……公即司马君第五子……年十六选崇文生，十七以明经登科，丁父忧，哀毁愈礼。服阕，署陕州参军，历秦府仓曹……丁内艰，泣血柴立。终丧，补绛州司法，历蒲州司户……作程州邑，授开封县令……天宝八载八月十六日终于官舍，享龄六十七。……五子：方大，方外、敬直、敬贤、诞……以天宝九载十一月廿四叶龟策于凤栖原，礼也。"

二、臧怀亮墓志铭

全称"大唐故冠军将军左羽林军大将军东莞郡开国公上柱国臧府君墓志铭并序"。署"朝议郎行侍御史颜真卿撰"。有记墓主："君讳怀亮字怀亮，东海东莞人。其先寓居朔方，今遂为之人也。……由是而四为军使，三入将军，再统部护之雄，六绾总管之寄，五权并督之重，一昇分阃之崇……率领冠军大将军左羽林军大将军，东莞郡开国公上柱国……以开元十六年八月廿一日薨于西京平康里之私第，享寿七十六。……开元十八年十月廿四日礼厝于三原县之长坳，礼也。夫人乐安郡太夫人任氏，以天宝二载八月廿七日薨于君子之寝。……有五子焉……嗣子正议大夫榆林郡都督上柱国东莞郡开国公，贬永阳郡别驾敬廉。第三子游击将军郑鄩府折冲都尉，仍充范阳三阳经略副侍，上柱国，赐紫金鱼袋，敬之，皆享年不永，荣禄早世。第二子正议大夫，银川郡都督，仍押吐蕃，党项侍，上柱国赐紫金鱼袋希庄。第四子游击将军，左威卫翊府中郎将、右羽林上下，上柱国，赐紫金鱼袋奉忠。第五子昭武校尉守黄石府折冲都尉，上柱国，赐紫金鱼袋敬泚。……以天宝十载四月廿一日祔窆于三原之故茔。……于戏，府君之志，业毕勒于故北海郡太守江夏李邕之碑述也，故杨権而为之铭。"

511

三、独孤彦夫人陈至墓志铭

全称"唐故太子右赞善大夫陇西独孤君故夫人颍川陈君（至）墓志铭并序"。署"金紫光禄大夫刑部尚书上柱国鲁郡开国公颜真卿纂"。有记墓主："君讳至，字萨云若，颍川人，陈义阳王隋八州都督侍中江国公叔达之玄孙，皇陈州刺史迪之曾孙，赠工部尚书瑾之孙，左相兼兵部尚书太子太师许国公希烈之第三女。太子右赞善大夫陇西独孤彦之妻也。……以天宝十三年四月十六日捐馆。葬于万年县洪固乡凤栖原。君凡生十子，九子不育，长男良裔，今太仆少卿，新妇博陵崔氏。良裔居丧至孝，绝浆泣血，几至于灭姓。君之二女，长适恒州长史范阳卢位。次适少府监丞清河张惟丰，……以大历十二年十一月十七日终于永宁坊之私第。呜呼，粤以来夏四月廿一日合祔君于陇西之茔，礼也。"

志末有称"君第前太仆少卿太子洗马，知东京少府监事汭，相门才子，汉室名卿，情余尝接于周行，见托勒铭于幽础"云。是志盖出墓主弟陈汭所请托。

四、华严帖

一作《与澄师帖》。著录首见《忠义堂帖》。无书写年月。《颜鲁公文集》卷四收纳。有云："真卿承闻大华严会已遂圜成，取来日要诣彼随喜，如何如何？幸周（问）副老。草，不悉。真卿顿首和南。澄师大德侍者。十日。敬空。"按，华严会者，讲赞华严经之法会。大历、贞元间华严宗法师名澄者，惟代州清凉寺主澄观其人，著有《华严大疏》六十卷。赞宁《宋高僧传》卷五《唐钱塘天竺寺法诜传》曾记："（法）诜初讲天竺寺，盛阐《华严》。时越僧澄观就席决疑，深得幽趣。"参同卷《唐代州五台山清凉寺澄观传》："释澄观，姓夏侯氏，越州山阴人也。……大历中，就瓦棺寺传《起信》《涅槃》。又于淮南法藏受海东《起信疏义》。却复天竺诜法师门，温习《华严大经》。"又云："（大历）七年，往剡溪……十年，就苏州……大历十一年，誓游五台……"其预"华经法会"，"就席决疑"，必在东走剡溪之后，北赴苏台之前。

《宋高僧传》称澄观与韦渠牟"结交最深"。韦渠牟乃颜真卿夫人之从弟，权德舆《右谏议大夫韦君（渠牟）集序》记："（渠牟）尝著《天竺寺六十韵》，鲁郡文忠公序引而和之，使画工图于仁祠，摘句配境，偕为胜绝。"载之又有《唐故太常卿赠刑部尚书韦公（渠牟）墓志铭》云："未弱冠，博极今古，尤精史籍，力行于人。……于是传心印之法于金陵，授谷神之道于华阳，或为尘外人，或为遗名子。"参《太平广记》卷三八〇引《广异记》记其父韦冰大历八年夏月卒于上元。又，其大历八年名号尘外，尚在湖州偕皎然、陆羽同登岘山观李适之石尊联句事，其走钱塘，游天竺寺，必在夏月之前。若韦氏与澄观结交始于是时，其《天竺六十韵》，当记法诜"盛阐华严"之盛况。而颜真卿"序引而和之，使画于仁祠，摘句配境，偕为胜绝"者，或与湖州开元寺经藏院树立《文殊师利菩萨碑》有关。

颜真卿《文殊帖》称"近作一《文殊师利菩萨碑》，但欲发扬主上圣意，盖不近文律耳"，参皎然《奉同颜使君真卿开元寺经藏院会观树文殊碑》"雁门传法至，龙藏立言时"云，华严宗始祖杜顺和尚即文殊之化身，其立石之际，或当有讲赞华严之法会。澄观乃华严宗四祖，圜成大华严会之"澄师大德"，盖即其人，而时在大历九年自杭赴吴途经湖州之日。

五、与李太保帖

《与李太保帖》，《颜鲁公文集》卷四作"九首"，实则八首，即《捧袂》、《奏事》、《奉别》、《疏拙》（《硖州》）、《朝回》（《马病》）、《乞米》以及《鹿脯》前后两帖。米芾《宝晋英光集》以为"李大夫者，名光颜，唐功臣也。"王澍《竹云题跋》卷四以为非光颜，其有称："《宝晋英光集》以李太保为光颜，以穆宗初年加同中书门下平章事。当公（颜真卿）为刑部尚书时，光禄名位尚微，不得遽称太保。今考李光弼传称代宗即位，拜太子太保，正在广德二年，则此太保决知为光弼无疑也。光弼为国元老，尽力王室，与鲁公为气类，其从光弼乞米、乞鹿脯，宜其不厌于烦矣。"

按，颜真卿有《唐故开府仪同三司太尉兼侍中河南副元帅都督河南淮南淮西荆南山南东道五节度行营事东都留守上柱国赠太保临淮武穆王李公神道碑铭》云："公讳光弼，京兆万年人也。……今上登极，宝应元年夏五月，进封临淮郡王。广德元年……冬十一月，上在陕州，以公兼东都留守，制书未下，久待命于徐州。将赴东都，属疾痢增剧。公知不起，使使赍表奉辞。广德二年秋七月五日己亥薨于徐州之官舍。……九月己未，追赠'太保'。"是光弼卒于太尉任上，太保乃其赠官。且光弼虽为颜真卿至友，始交于天宝末年河北招讨采访使任上，共拒安禄山之叛。然其自上元二年五月出镇临淮，即移徐州，至死未曾稍留京师与鲁公操觚论撰。王澍所谓"代宗即位拜太子太保"者，盖误。

李太保者，乃其弟光进，见《李光弼碑》广德二年立石时之结衔"开府仪同三司、太子太保、兼御史大夫、渭北节度使、凉国公"（其兄光颜为"特进鸿胪卿"，与米芾所记穆宗朝为太保者光颜别一人）。留元刚、黄本骥《颜鲁公年谱》均记八帖始于广德二年，终于永泰元年者，或因是而系之。然是时颜真卿结衔"金紫光禄大夫、检校刑部尚书、上柱国、鲁郡开国公"，尚未实授。其正除始于永泰元年，见《旧唐书》卷九二《韦陟传》并《封氏闻见记》卷四"定谥"条。《与李太保帖》中《捧袂》《奏事》《奉别》《朝回》及《鹿脯》前后帖，自称刑部尚书，是当在正除之后。且《奏事》有"冬闰初寒"之称，又有"闰月十有四日"之记，代宗朝大历之前见闰月者惟其宝应二年、永泰元年两年。颜真卿题衔刑部尚书，复云"冬闰初寒"，盖在永泰元年。又，《旧唐书》卷十一《代宗纪》记鲁公出贬硖州时在永泰元年二月乙未（九日），而《疏拙》"二月十一日硖州别驾颜真卿状上李太保公阁下"云，其卸任刑部已经三日。由是可知，与李太保八帖，其始于永泰元年二月十四日（《捧袂》）迄于翌年二月十一日（《疏拙》）。留、黄两谱并误。

六、世系谱序

《全唐文》卷三三七有《世系谱序》一文，其云："颜氏之先出自黄帝之孙安为曹姓，其裔邾武公名仪父，字伯颜，子友，别封郳，为小邾子，遂以颜为氏，世为鲁国卿大夫。孔门达者七十二人，颜氏有八，回居四科之首。其后战国有率躅，秦有芝贞，汉有异肆、安乐，魏有裴、盛。盛字叔台，历青、徐二州刺史、关内侯。其后子孙咸著官族，有若宏都之德行，巴陵、记室之书翰，特进、黄门之文章，秘监、华州之学识，肇自鲁国，格于圣代，纷纶盛美，举集于兹，述遵前人，不敢失坠。建中元年岁次庚申秋七月癸亥序。"此文《颜鲁公文集》收纳，且按"《唐书》《宋史》'艺文志'皆有《颜氏家谱》一卷，未著撰人名氏。以是序证之，《家谱》亦鲁公自撰"云。

514

按，是序全以《颜氏家庙碑》出，且抄易之迹甚显，以末题"建中元年岁次庚申秋七月癸亥序"盖《家庙碑后记》首句"建中元年岁次庚申秋七月癸亥朔镌毕"省文，或即出自拓本。是为赝品，一较则明，《全唐文》误收。黄本骥以其而证《家谱》亦出鲁公自撰，更是失鉴。

七、张长史十二意笔法论

著录首见江湄《职思堂法帖》，题作"唐颜真卿述十二笔法"，后有米芾、许衡、赵孟頫、倪瓒诸人跋。《颜鲁公文集》从录于卷五。

按，《张长史十二意笔法论》，宋人已经收录。朱长文《墨池编》题曰"张长史笔法十二意"，其后陈思《书苑菁华》改削传抄，题作"述张长史笔法十二意"。此文有人以为"十二笔法，由谨严而造精微，书学妙理，尽于此矣"（朱履贞《书学捷要》），其实纯属空谈，一无妙理。所谓"平、直、均、密、锋、力、转、决、补、损、巧、称"十二意，以及二王、元常优劣论，俱出自张彦远《法书要录》卷二所收《梁武帝观钟繇书法十二意》。所不同者，少"聊复日记，以补其阙，非欲明鲜，强以示语"四句，并改"元常谓之古肥，子敬谓之今瘦"为"献之谓之古肥，旭谓之今瘦"。其他回答之词，亦肤浅支曼，多见抄袭之辞，如"称谓大小"条，语出王羲之《笔势论》，与徐浩《论书》语大同小异；"神用执笔"条，出自蔡希综《法书论》。由此，宋人早已疑伪，朱长文题记曰"旧本多谬误，予为之刊缀，以通文义。张彦远录'十二意'，或梁武笔法，或此法自古有之，而长史得之以传鲁公耳"。其《续书断》张旭条下又说："世或以'十二意'谓君以传颜者，是欤？非欤？"

是篇，留元刚《颜鲁公年谱》记在天宝五载（公元七四六年）作。今据篇末所记"自此得攻书之妙，于兹五年"云者逆算，颜真卿诣洛阳师事张旭，当始于天宝元年（公元七四二年）。其开篇云："予罢秩醴泉，特诣京洛（一作东洛）访金吾长史张公，请师笔法。长史于时在裴儆宅憩止已一年矣。"按，裴儆，字九思，玄宗朝祠部员外郎祯之第二子。祯，裴胐《大唐故朝议郎行尚书祠部员外郎裴君墓志铭》记："开元二十八年十二月十九日，终于长安光德里私第，春秋□□。其先葬于闻喜之东凉原也，即以辛巳岁二月癸丑二十日壬申，旋窆于长安万春乡神和原，礼也。"辛巳岁即开元二十九年（公元七四一年）。祯四子：倩、儆、倚、侑，见独孤及《唐故尚书祠部员外郎赠陕州刺史裴公行状》。而开元二十九年裴胐所撰《裴祯志》不记儆等兄弟名字，仅曰"嗣子倩等"。其父卒年四十，儆等不记，盖时皆未及冠。又，儆兄倩，卒于大历七年（公元七七二年），权德舆曾作《尚书度支郎中赠尚书左仆射正平节公裴公神道碑铭》志述之，其有云"年十一，以相庭推恩，授家令寺丞，满岁，选部铨第甲乙，补太常寺主簿。居先府君丧，水浆不入于口，孺慕殆于灭性，宗门忧其死于孝"。旧礼，"成圹而归，不敢入处室，居于倚庐，哀亲之在外也。服勤三年，思慕之心，孝子之志也，人情之实也。"（《礼记》卷十《问丧第二十五》）其父既葬，儆也当偕兄倩服勤三年。若"三年之丧，二十五月而毕"，则当在天宝二年三月之后方可入处室、交嘉宾。即使儆与其兄一样，并有"相庭推恩"，曾官洛阳之事，居丧期间也当停职守孝。其后新授，例在同时。裴宅在长安光德里，其父祯卒于斯，其兄倩卒于斯，其子堘妻柳氏亦终于斯（柳宗元《亡姊前京兆府参军裴君夫人墓志》），是知此室至贞元十六年（公元八〇〇年）尚未迁徙。

天宝初年，儆未及冠，不当分居洛阳，即官洛阳，居丧期间也当居于是宅。天宝初年，张旭年近七十，若与儆有忘年之交，又憩止在裴宅，颜真卿访谒理当在长安光德里，而不当在裴儆洛阳客所。裴儆之父，卒于岁末，《颜氏家训》曾明诫子弟："南人冬至岁首，不诣丧家。……北人至岁之日，重行吊礼，礼无明文，吾则不取。"又，颜真卿迁长安县尉为关内道黜陟使王铁所荐举，而王铁任此职则在天宝五载三月，所黜陟者是现职官吏。颜真卿既为王铁所荐，时当在他出任黜陟使的三月以后。颜真卿所任醴泉县尉，当无"罢秩"之事。张旭字伯高，官至左率府长史，见窦臮《述书赋注》并宋僧适之《金壶记》。其官金吾长史，首见是文。若是，其分左右，所任在西京，当属现职官员，张旭虽狂逸，亦不当擅离职守，长居裴宅一年之久，且开元二十九年（公元七四〇年）十月曾在长安书写张九言所制《尚书省郎官石柱记序》。由此而知，是篇首记者，诚误。斯为后人伪托，或可无疑矣！

八、汎爱寺重修记

《全唐文》卷三三七有《汎爱寺重修记》一文，其云："予不信佛法而好居佛寺，喜与学佛者语，人视之若酷信佛法者然，而实不然也。予未仕时，读书讲学恒在福山，邑之寺有类福山者无有无予迹也。始僦居，则凡海印、万福、天宁诸寺无有无予迹者。既仕于昆时，授徒于东寺，待客于西寺，每至姑苏，恒止竹堂。目予实信其法，故为张侈其事，以惑沙氓，则非知予者矣。"此文《颜鲁公文集》亦收纳，然黄本骥有按"昆即今苏州府昆山县，在唐为苏州吴郡属县。记云'即仕于昆'，又云'每至姑苏，恒止竹堂'，考公官迹未尝于昆山。惟十有三岁时，侍母殷随外祖子敬任，曾至吴郡，其时年幼不应栖止竹堂僧寺。其后大历六年三月罢抚州刺史事，八月移寓江宁，曾绕道吴郡，亦不得云每至姑苏。此记疑非鲁公所作，《全唐文》不知据何本采入，存之而附辨如此"云。黄疑甚是。

按，颜真卿佞佛出自家教，《颜氏家训·归心第十六》有云："三世之事，信而有征，家世归心，勿轻慢也。其间妙旨，具诸经论，不复于此，少能赞述，但惧汝曹犹未牢固，略重劝诱尔。……汝曹若观俗计，树立门户，不弃妻子，未能出家，但当兼修戒行，留心诵读，以为来世津梁。人生难得，无虚过也。"其交游皎然，相契严峻，友善上恒，褒异沈真乘之出家，敦慕谢灵运之译经，且以"深于禅味"而为湖州佛川寺慧明法师"菩萨戒弟子"，也是事实。至于撰文纪颂，写经书赞者，更与是记所谓"于不信佛法而好居佛寺，喜与学佛者语，人视之若酷信佛法者然，而实不然"云者相左。是记，盖出他文误收。

九、永字八法颂

此颂首出宋代陈思《书苑菁华》，《颜鲁公文集》从录。按，元人刘惟志《字学新书摘抄》列在《蔡氏传神授永字八法集论》条下，目作"一颜鲁公颂"，参其后"二柳宗元颂"，颜、柳二颂盖并出《书苑菁华》。其卷第二《永字八法·诀一》有云："侧蹲鸱而坠石，勒缓纵以藏机。弩弯环而势曲，趯峻快以如锥。策依稀而似勒，掠仿佛以宜肥。啄腾凌而速进，磔抑趋以迟疑。""御览本"目下有大理寺丞职衔汪如瑔注："《书画谱》注云'一作颜真卿《八法颂》'。"参刘氏注"《八法集论》未详所出。庐陵萧氏《书谱》题曰'神人八法'，潞阳李氏《书法》题曰'永字八法'。萧详于李，今从之"云，其在元时，已不知来路，或纯出之民间传本。

细考颜真卿存世碑志，《多宝塔感应碑》（天宝十一载）"永平之日""永垂贞范"两永字，第二笔折转连竖，不作横长一画。其他，如《东方朔画赞》（天宝十三载）"精灵永戢"，《郭氏家庙碑》（广德二年）"将永图而观德""既无口于永怀"，《元次山铭》（大历七年）"甍于永崇坊之旅馆"，《李玄靖碑》（大历十二年）"永负借山之记"，《颜氏家庙碑》（建中元年）"永不祧"，诸"永"字，不仅第二笔不按"勒"法"缓纵以藏机"书写，即右边"啄""磔"两笔也联写成一竖向右弯钩上出。而"永""氶"两字，《干禄字书》并收，谓"上通下正"，即《多宝塔感应碑》之"永"字为通假字，而其他诸"永"字为正体。颜真卿之"永"字并不依所谓"八法"者书写。

"永字八法"之说，肇自中唐元和以后，盖其时风，如柳宗元之《永字八法颂》。颜氏之颂，显出后人伪托。

十、天台山国清寺智者大师传

最澄《传教大师全集·天台山灵应图本传集》卷二收有《天台山国清寺智者大师传》（文长不录），目下记"颜真卿撰"。按，其文有称："唐鲁郡公颜真卿，永泰间贬吉州别驾，因遇法源大师，遂获隋灌顶法师所著《行状》，并天台《国清百录》，辄摄其要旨，继此传云。"盖出他人语气。颜真卿或另有智者大师传，是篇当出他人。

颜真卿有《天台智者大师画赞》，末记："写照随形殊好存，源公（法源）瞻礼心益敦。俾余赞述斯讨论，庶几亿载垂后昆。"是赞或即上揭所谓"继此传"者。